2017
全椒年鉴

QUAN JIAO NIAN JIAN

全 椒 县 人 民 政 府　主办
全椒县地方志办公室　编

方志出版社
Publishing House of Local Records

图书在版编目（CIP）数据

全椒年鉴. 2017 / 全椒县地方志办公室编. —北京：方志出版社，2017.11
ISBN 978-7-5144-2771-4

Ⅰ. ①全… Ⅱ. ①全… Ⅲ. ①全椒县—2017—年鉴
Ⅳ. ①Z525.44

中国版本图书馆CIP数据核字（2017）第296829号

全椒年鉴（2017）

编　　者：全椒县地方志办公室
责任编辑：王海荣
出 版 人：冀祥德
出 版 者：方志出版社
地址　北京市朝阳区潘家园东里 9 号（国家方志馆4层）
邮编　100021
网址　http://www.fzph.org
发　　行：方志出版社图书经销中心
电话（010）67110500
经　　销：各地新华书店
印　　刷：合肥汇利丰印务有限责任公司

开　　本：889 × 1194　　1/16
印　　张：25.5
字　　数：623千
版　　次：2017年11月第1版　2017年11月第1次印刷
印　　数：0001～1000册

ISBN 978-7-5144-2771-4　　**定价**：228.00元

《全椒年鉴（2017）》编辑委员会

《全椒年鉴（2017）》编辑部

编辑说明

一、《全椒年鉴》1998 年开始编辑出版。本卷年鉴以马克思列宁主义、毛泽东思想、邓小平理论、“三个代表”重要思想、科学发展观、习近平新时代中国特色社会主义思想为指导，坚持辩证唯物主义和历史唯物主义的立场、观点和方法。全面、系统、翔实地记载2016 年全椒县国民经济和社会发展的基本情况和发展特点，为社会各界提供咨询服务，为各级领导提供决策依据，为读者提供认识、了解全椒各方面情况的基础性资料。

二、为保持年鉴的连续性，本卷基本延续上年的编纂框架。为适应经济社会发展变化和读者需求，对部分栏目进行调整，突出图文并茂，增强资料性和可读性。

三、全书文字材料采用分类编排法，基本结构为类目、分目、条目 3 个层次。加内扉页标类目标题，分目加底纹，条目标题为黑体字加“【】”表示。全书分 26 个类目、145 个分目、856 个条目，63 万字。

四、本卷年鉴所载资料主要由各镇人民政府和县直各部门、各单位提供。对书中交叉重复材料，在分清主次和互相协调的基础上，采用详略互见的记述方法予以记载。书中涉及全县国民经济和社会发展的主要数据，均以县统计局公布的为准；没有列入统计范围的，以部门提供的为准。全书的数字、标点符号、计量单位使用均参照国家有关规定，少数非统计意义的数据计量单位仍用习惯的市制。

五、本年鉴中图片由各单位以及蒋思武、金明、柴发华、张平等提供，部分图片来自网络，无法确定作者。

全椒县经济社会发展概览

2016年，面对复杂的国际形势和国内宏观经济持续下行的压力，全县人民在县委、县政府的坚强领导下，立足新起点，抢抓新机遇，承担新使命，在攻坚克难中砥砺奋进，在应对挑战中主动作为，全县经济保持了稳中有进、稳中向好的发展态势，城乡居民收入提高，社会事业全面进步,顺利实现了“十三五”良好开局。

规模以上工业增加值（单位：亿元）

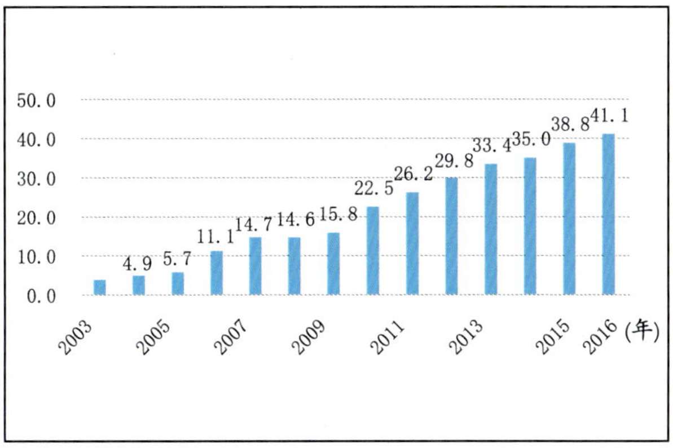

地区生产总值（单位：亿元）

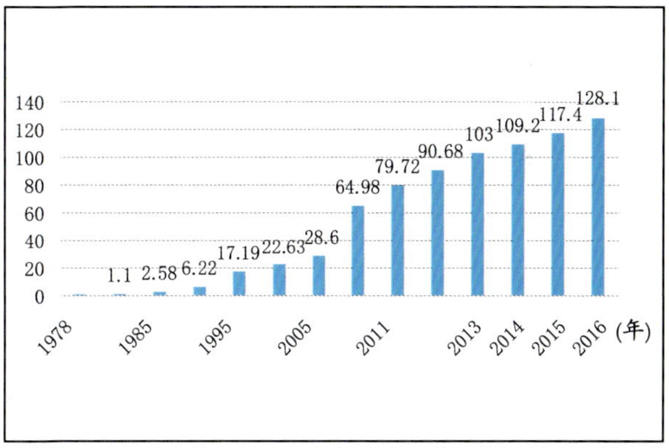

规模以上工业企业单位数（单位：个）

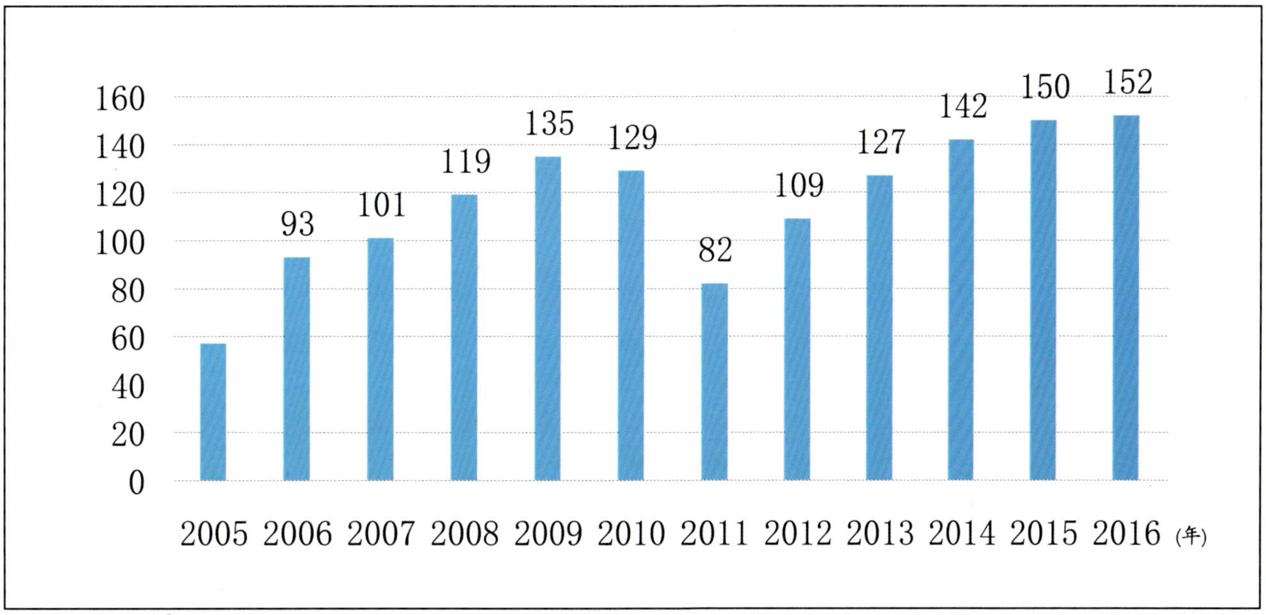

三次产业结构(2015年)

三次产业结构(2016年)

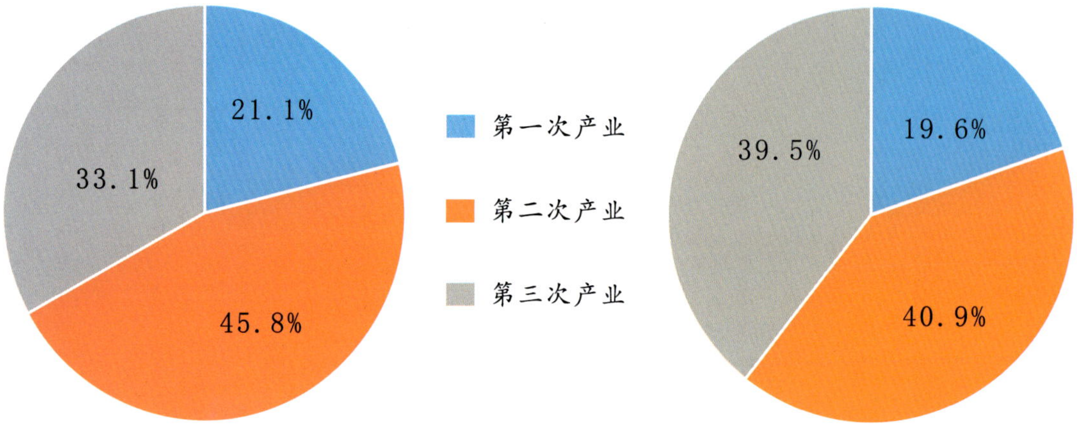

总人口（单位：万人）

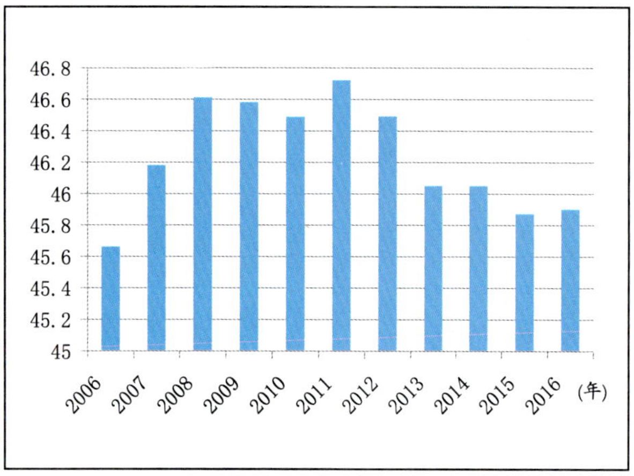

固定资产投资完成额（单位:亿元）

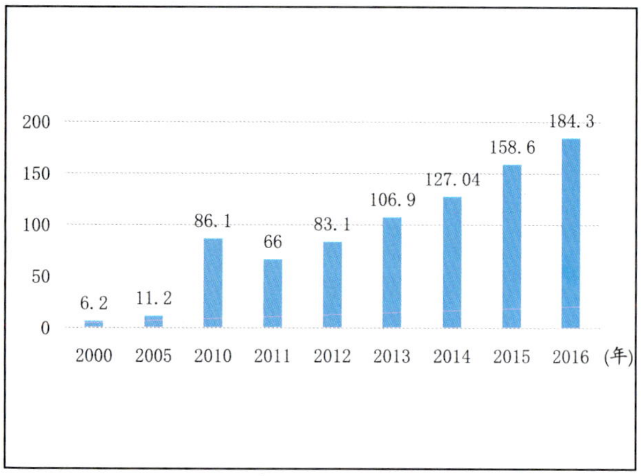

财政收入（单位：亿元）

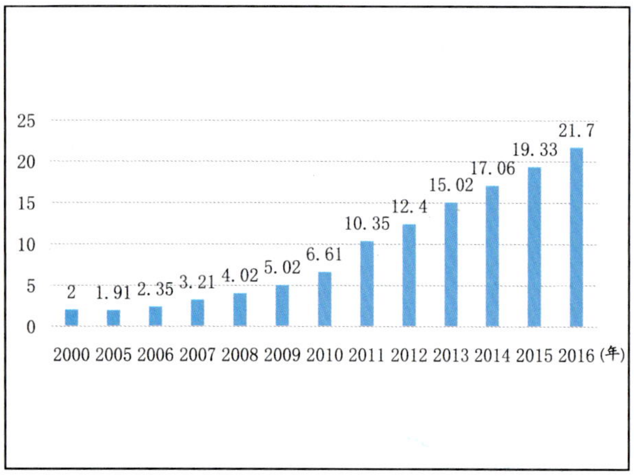

财政支出（单位：亿元）

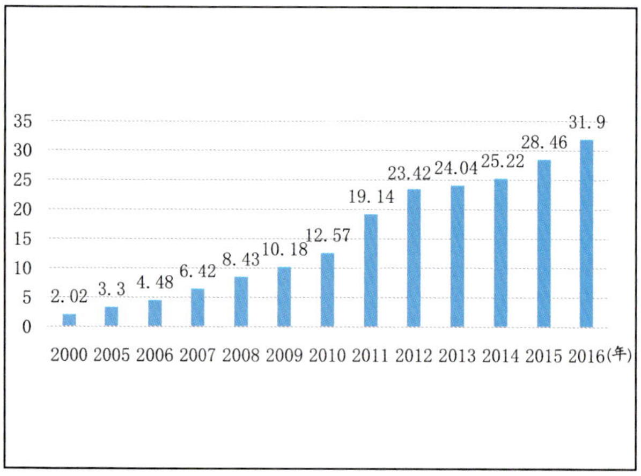

金融机构年末存款余额（单位：亿元）

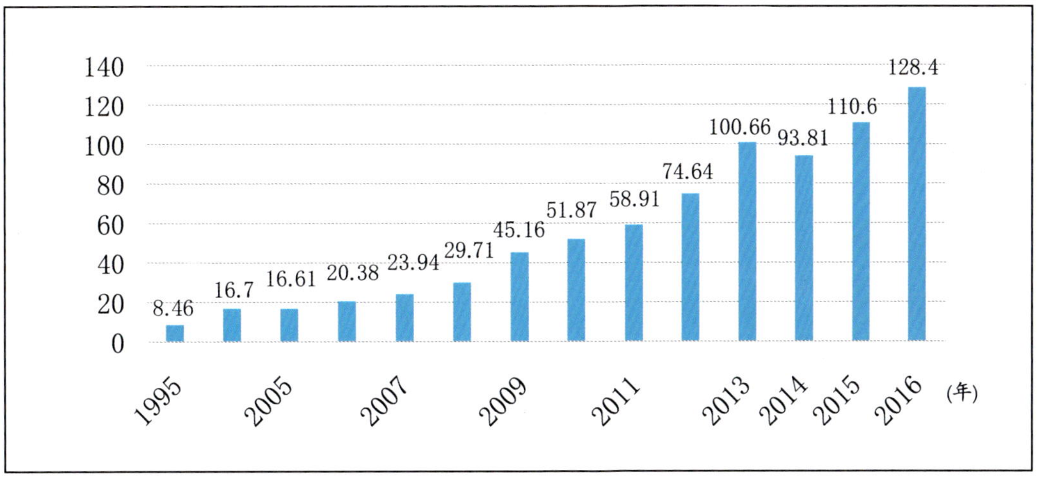

金融机构年末贷款余额（单位：亿元）

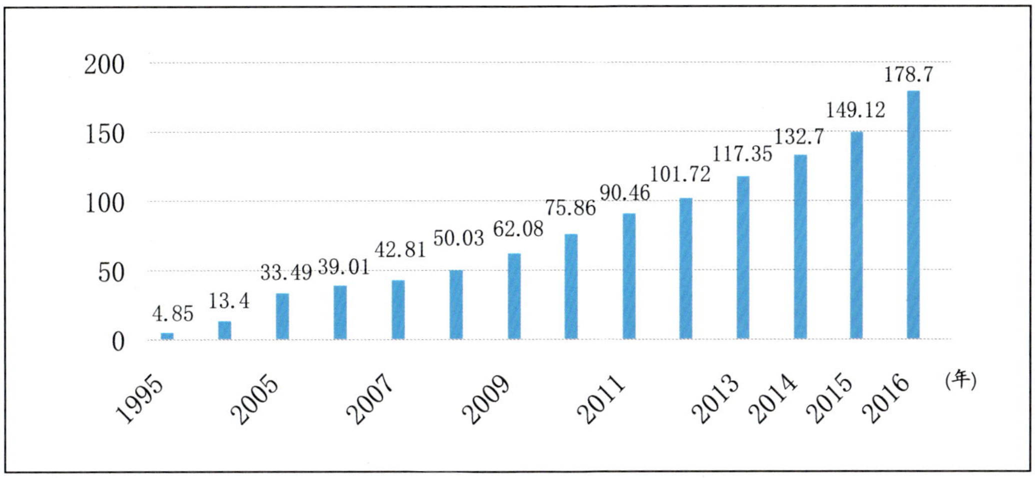

社会消费品零售总额（单位：亿元）

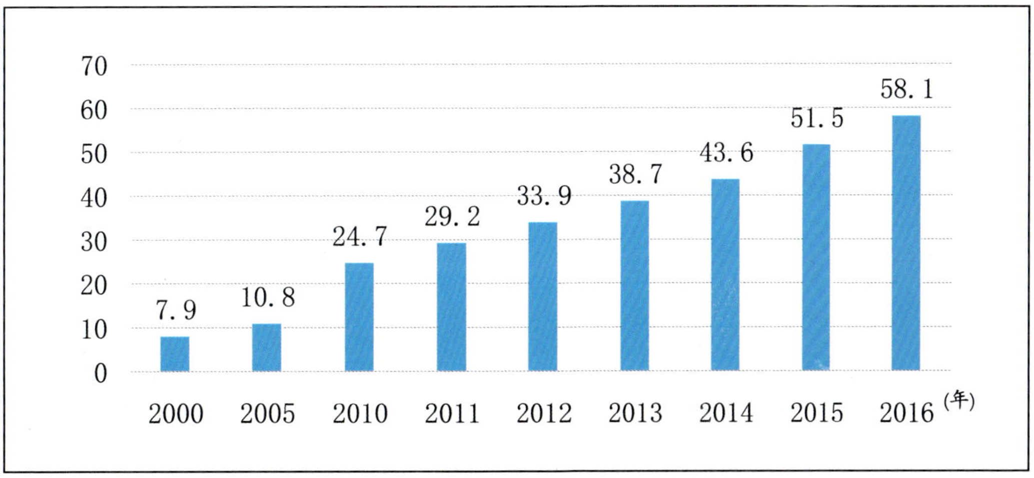

城市新貌(摄于2016年6月)

太平阁(摄于2016年6月)

政务新区(摄于2016年5月)

华 泰 汇 景

生园(摄于2016年4月)

碧云湖(摄于2016年8月)

笔峰毓秀——南屏山(摄于2016年8月)

2016年1月23日，央视CCTV军事农业频道《美丽乡村快乐行》春节特别节目在全椒县太平文化广场进行现场录制

2016年2月2日晚，由县委、县政府主办，县委宣传部、县文广新局、县电视台承办，县文化传媒演艺公司、县文化馆协办的2016年猴年春晚在椒陵会堂隆重举行

2016年2月23日，全椒县在县行政服务中心广场举办2016年军瑶杯民间花灯大赛

2016年6月30日，县委、县政府在椒陵会堂召开纪念中国共产党建党95周年暨表彰大会

2016年9月30日为国家烈士纪念日。上午，全椒县委书记王成山带领县几个班子领导及各镇、县直各单位主要负责人，驻全武警官兵和社会各界代表满怀赤诚之心、崇敬之情，冒着大雨，到周岗烈士陵园举行公祭活动

2016年11月6日，县委书记王成山对部分城市建设重点项目进行调研

2016年12月16日，县委副书记、县长王珏到大墅镇对镇人大换届工作、美丽镇村建设以及龙山旅游项目进行调研

目 录

特 载

全椒概况

中共全椒县委员会

全椒县人民代表大会

县纪律检查委员会

社会团体

政法 军事

国土　环境　人口

城乡建设与管理

交通　邮电

工业经济

农村经济

园区建设

商贸　旅游

综合经济管理

教育　科技

文化传媒

大事记

文件选录

索　引

Main Contents

SPECIAL

GENERAL SITUATION OF QUANJIAO COUNTY

QUANJIAO COUNTY COMMITTEE OF THE COMMUNIST PARTY OF CHINA

QUANJIAO COUNTY PEOPLE' S CONGRESS

QUANJIAO COUNTY PEOPLE' S GOVERNMENT

QUANJIAO COUNTY COMMITTEE OF THE COMMUNIST PARTY OF CHINA

QUANJIAO COUNTY DISCIPLINE INSPECTION COMMITTEE

Social Groups

POLITICS AND LAW & MILITARY AFFAIRS

LAND ENVIRONMENT POPULATION

RURAL AND URBAN CONSTR-UCTION AND MANAGEMENT

TRSNDPORTATION AND POST&TELECOMMUNICATION

AGRICULTURE ECONOMY

BANKING AND INSUARANCE

BUSINESS & TRADE AND TOURISM

COMPREHENSIVE ECONOMIC MANAGEMENT

EDUCATION AND SCIENCE AND TECHNOLOGY

CULTURE AND MEDIA

SOCIETY AND LIFE

TOWN DEVELOPMENT

CHRONICLE OF EVENTS

INDEX

特载

● **凝心聚力讲看齐，砥砺前行争进位**
奋力谱写全椒“十三五”跨越发展新篇章

——2016 年 12 月 31 日在县委十四届三次全体（扩大）会议上的报告

● **政府工作报告**

——2017 年 1 月 5 日在县第十六届人民代表大会第一次会议上

凝心聚力讲看齐,砥砺前行争进位
奋力谱写全椒“十三五”跨越发展新篇章

——2016年12月31日在县委十四届三次全体(扩大)会议上的报告

中共全椒县委书记　王成山

中共全椒县委书记　王成山

一、今年以来的主要工作

今年以来,县委团结带领全县上下,紧紧围绕中央和省、市委的决策部署,牢牢把握“稳中求进、好中加快”工作总基调,团结奋进,攻坚克难,经济稳步发展、改革有序推进、民生不断改善、社会大局稳定、党的建设不断加强。预计全年可完成地区生产总值128亿元,增长9.5%;财政收入21.67亿元,增长12.1%;固定资产投资185亿元,增长16%;规模以上工业增加值41.4亿元,增长10%;社会消费品零售总额58亿元,增长12.5%;城镇、农村居民人均可支配收入分别为24268元、11526元,分别增长10.5%、12%。

(一)深入学讲话,“四个意识”更加坚定。我们深入学习习近平总书记系列重要讲话特别是视察安徽重要讲话精神,持续加强对中共十八大及中共十八届三中、四中、五中、六中全会精神的学习贯彻,真正做到思想上充分信赖、政治上坚决维护、组织上自觉服从、感情上深刻认同。聚焦思想建党,高标准开展“两学一做”学习教育,通过开展大学习、大调研、大走访等系列活动,共征集意见建议3900多条。结合重点工作、中心任务,2100多名干部深入基层帮助群众解决问题1万多件。认真落实省市委部署,迅速启动“讲看齐、见行动”学习讨论,通过集中学习、专题研讨、深入宣讲,推进各级党员干部重点是党员领导干部自觉增强“四个意识”,特别是核心意识和看齐意识。

(二)县域经济综合实力明显提升。我们积极适应经济发展新常态,坚持提质增效、转型升级,扎实推进供给侧结构性改革,认真落实“四督四保”推进机制。

加快"调转促"步伐。工业经济稳步向好,全县规上企业发展到153家、新增25家,居全市第一。纳入市重点调度的13家骨干企业累计产值74.4亿元,增长6.1%。高新技术企业发展到23家,产业产值达101亿元,增长10.7%,战略性新兴产业产值62.2亿元,增长20%。南大光电科研团队入选"安徽省十大科技创新团队",全市唯一国家级光刻胶工程实验室及产业化项目开工建设。预计全年完成工业固定投资86亿元,其中技改投资48亿元。全柴集团获批国家级企业技术中心,全年生产各类柴油机31.5万台,总产值33.4亿元。农村经济持续发展,预计全年粮食总产45万吨,农业综合机械化率达81.42%。百万元以上农副产品加工企业发展到95家,全年产值88亿元。市级以上农业产业化龙头企业发展到27家,其中省级3家。申报省示范现代农业产业化联合体4家,家庭农场达558家,农民专业合作社发展到660家。加快现代农业示范区建设,重点实施"五大"核心示范园区10项重点工程。特色农业加快发展,全县薄壳山核桃产业发展面积达3万亩,居华东地区首位。现代服务业提质增量,预计全年可实现增加值50亿元,增长12%。电子商务运营体系日渐完善,村级服务站布点165个,年交易额可达2.5亿元。旅游业发展态势良好,预计年接待游客145万人次、总收入12.5亿元,分别增长16.9%和22.5%。民宿业破题发展,大墅龙山、六镇神山先试先行。园区平台加速转型,县开发区实现规上工业总产值130亿元,增长10.5%,获批"安徽省知识产权示范园区"。十谭园新入园项目10个,总投资19.1亿元,其中亿元以上项目8个。城北新城道路、路灯、绿化等配套建设加快推进。5个镇工业集中区基础设施投入不断加大,承接能力有效提升。

精准落实"去降补"任务。运用市场化、法治化方式,成功盘活"僵尸企业"5家,清理闲置土地436.3亩。稳定房地产市场,积极拓展南京等周边销售市场,启动"房产超市"建设,商品房库存74.6万平方米,去化周期降至14.5个月。成功发行10亿元企业债券,全市第一家。兴达机电主板上市签约,旭能光伏、金色田园即将"新三板"挂牌。认真执行"营改增"等减税降费政策,出台降成本18条,全年为企业降低成本1.2亿元。基础设施建设投入持续扩大,全年投资10.7亿元,增长43%,全椒闸重建、农村公路路网修缮等一批城乡基础设施建成使用。合宁高速改扩建启动建设,滁州大道、古大线等重点项目加快推进。

努力扩大有效投入。坚持把招商引资作为"一号"工程、"一把手"工程,紧盯大企业,主攻大项目,全面提升项目引进质量。全年亿元以上"三新"项目分别为45个、36个和29个。在全市招商观摩活动中受到市委、市政府好评。项目建设成果明显,全县47个省"大新专"项目投资超年度计划一倍,11个纳入市十大工程的重点项目全部竣工投产,121个县级政府投资重点项目加快推进,累计投入项目资金92.2亿元。全年共申报项目150个,获批各类政策性资金20亿元。

(三)*城乡人居环境不断改善*。坚持推进以人为本的新型城镇化,完善规划体系,推进"多规合一",加快城乡统筹发展。

城市功能明显提升。坚持规划引领,着力提升城区品质。全年实施重点城建项目55项,总投资55亿元。完成新续建道路15条、14千米,改造后街巷道约6300平方米,改造各类管网48千米,新建及提升城内绿化59万平方米。古襄河景观提升、南屏山文体公园、城东片区一期路网、吴敬梓路改造提升等重点项目加快推进。全面提升城市管理水平,网格化管理机制不断完善,"两违"整治深入有效。大力引进社会化服务,基本实现环卫保洁市场化全覆盖。积极开展省级文明县创建,"精致县城"建设成效初显。

美丽镇村亮点突出。大力实施"百镇计划",武岗、石沛、西王、大墅4个集镇"两治理一加强"工作有序推进。美丽镇村建设提档加速,完成5个省市示范村建设。大力推行PPP模式,实现农村生活垃圾治理县域全覆盖,全省治理工作现场会在全椒县召开。加快产业发展,18个中心村成为市级"一村一品"示范村。同步提升社会管理水平,制定完善村规民约,全面推行村民理事会制度,完善农村公共文化和体育设施。央视《美丽乡村过大年》特别节目走进全椒县,《长江两岸是我家——水润全椒》专题片在央视播出,全方位展示全椒县美丽乡村建设成效。

生态建设有序推进。加强大气污染防治,有序淘汰高污染高耗能企业,实现秸秆禁烧零火点,启动城区烟花爆竹限放工作,空气质量明显改善。实施城市绿化增量提质和农村丘陵增绿突破工程,新增造林1.34万亩,石沛、马厂、西王等镇成功创建省级森林城镇,河东新村等43个村庄成功创建省级森林村庄。新华社、《安徽日报》等主流媒体对全椒县森林增长工程建设情况进行联合报道,全省森林抚育现场会在全椒县召开。实行最严格的环境保护制度，加大污水治理力度，集中清理黄栗树水库周边45家规模养殖场（户），年度治理任务基本完成。

（四）民主法治建设全面加强。坚持党的领导、人民当家做作主和依法治县有机统一，持续巩固团结和谐的政治局面。

不断加强党对人大工作的领导，支持和保证县人大及其常委会切实加强对“一府两院”的法律监督和工作监督，认真行使重大事项决定权和人事任免权，充分发挥各级人大代表作用，落实县镇人大代表提出意见建议967条。不断加强协商民主建设，支持县政协切实履行政治协商、民主监督、参政议政职能，开展协商议政活动21次，切实做好110件委员提案办理，办复率100%。坚持依法行政，加快法治政府建设，认真落实重大决策事前社会风险稳定评估和法律顾问制度。全面启动“七五”普法，持续开展法治宣传教育，县司法局被评为全省“六五”普法先进集体。积极做好统战工作，充分发挥非公经济人士和党外干部作用。支持少数民族村经济社会发展，依法加强对宗教事务的管理。支持工会、共青团、妇联、工商联等群团组织在经济发展、民生保障、促进和谐中发挥作用。加强人民武装和国防动员工作，推动军民融合发展，不断巩固“双拥模范县”创建成果。

积极推进社会治理创新，深化信访制度改革，完成省级矛调中心试点建设，全县信访形势平稳向好。县检察院“第三方”参与涉法涉诉信访做法，被人民网等主流媒体宣传报道。严厉打击各类违法犯罪活动，成功破获公安部毒品目标案件、省公安厅挂牌督办的特大电信诈骗案件，社会治安秩序稳定向好。完善安全生产责任体系，落实专项检查制度，开展督察整改“回头看”，安全生产形势总体平稳。严格落实食品药品安全“四有两责”，全市食安民生工程现场会在全椒县召开。

（五）民生改善取得新成效。牢固树立共享发展理念，加大民生投入和脱贫攻坚工作力度，努力织牢民生保障网。

民生项目扎实推进。深入实施32项民生工程，投入财政资金8.6亿元，增长21%。认真办好十件为民实事，城市公共自行车一期、农村危房改造、城市便民摊点群、城乡公交一体化等项目基本完成；老旧小区改造、老体育场改造正在推进。

脱贫攻坚取得初步成效。按照“四个精准”要求，制定完善配套政策措施，因村因户施策，做到“有贫必扶、特困特扶、极贫重扶”。大力实施脱贫攻坚“十大工程”，完成9个贫困村“一村一品”产业扶贫项目建设，18个光伏扶贫项目并网发电、285户受益。加快贫困村道路、水利等基础设施建设，就业、健康、教育、社会帮扶等扶贫工程扎实推进，全市旅游业扶贫现场会在全椒县召开。全椒县法律援助扶贫做法在《人民日报》刊载。5个贫困村出列、1627户3818人脱贫的年度目标可顺利实现。

社会事业全面发展。不断加大教育投入，薄改项目年度任务全面完成，学校标准化建设达标率100%。义务教育均衡县创建通过省级验收，将接受国家认定。努力提升医疗卫生水平，推进县域医共体试点建设，初步建立分级诊疗制度，鼓励和引导社会资本办医，积极开展对外医疗合作，与南京鼓楼医院、中大医院等省外知名医院合作建设重点科室。落实“全面两孩”政策，不断提升管理服务水平。不断完善社会保障体系，稳步提高城乡居民低保标准，扩大社会保险覆盖面，城乡各类社保参保人数达49.6万人次，发放保险金5.3亿元，新农合参合率达99.7%。实施更加积极的就业政策，城镇新增就业12915人，城镇登记失业率控制在3.1%以内。积极开展全民健身运动，成功举办“正月十六走太平”、全市美丽乡村农民篮球赛和山湖大道自行车赛等活动。

（六）改革开放持续深化。坚持将全面深化改革扩大开放作为推进发展的有力抓手，在改革中谋求动力，在开放中寻找机遇。

全面深化重点领域改革，高质量完成农村土地承包经营权确权登记颁证工作，加快推进国有林场、小型水管体制、供销体制等改革。商事制度、行政体制、医药卫生体制、财税体制等改革纵深推进。农村集体产权制度、公共资源交易、水生态文明城市等改革试点取得新进展，入选首批“全省城乡社区协商试点县”。推进公务用车改革，全国地方公务用车制度改革现场会在全椒县设立观摩点。

努力扩大对外开放，主动承接国家“三大战略”，对接南京江北新区建设，全年承接亿元以上项目8

个，总投资13.8亿元。积极融入合肥都市圈，加快大墅产业新城建设。支持县内企业“走出去”，省进出口公司在全椒县设立分公司，预计全年引进外资1亿美元，增长60%。

（七）从严治党不断深化。坚持将抓好党建作为最大政绩，严格落实党建责任，认真学习贯彻《关于新形势下党内政治生活的若干准则》和《中国共产党党内监督条例》，推进全面从严治党纵深发展。

扎实推进宣传思想文化工作。着力加强理论武装，扎实推进各级理论中心组建设，建立健全理论学习制度，县委中心组开展专题学习14次，全市党委（党组）中心组学习现场会在全椒县召开。强化舆情舆论管控，加强网宣队伍建设，美好全椒政务微信总阅读量超700万次，位居全省前列。扎实推进好人评选和好人事迹宣传活动，共评选出各级好人38名，为85名好人和道德模范进行道德信贷评级授信。实施文化惠民工程，全省文化市场行政审批培训会和全省文化执法培训会均在全椒县召开。

着力加强基层组织建设。进一步压实基层党建责任，推进“清单制”管理，组织开展基层党建专项巡查，抓好基层党建述职评议，解决党建问题132项。实施示范村创建工程，完成13个软弱涣散党组织整顿，全县村级集体经济经营收入全部达3万元以上。统筹抓好“非公”、机关、学校等领域党建工作。深化职业化村干部队伍建设，稳步提升村干部工作报酬和保险标准，落实基层保障经费4200多万元。着力强化党员管理服务，严格党员证管理制度，全面推行农村党员“3+2”分类管理。实施四项整治，补缴党费147.9万元，全年各级党组织走访慰问困难党员和老党员359名。

不断强化干部队伍建设。完成县镇党委换届，通过换届选举出心齐气顺的县镇党委班子；石沛镇作为省委组织部党委换届观摩点，换届工作得到省委、市委充分肯定。同时，县委也切实加强班子自身建设，努力打造坚强有力的领导集体。紧盯发展之需选配干部，全年共调整干部198人次，其中提拔重用52人。强化干部能力素质提升和综合管理，坚持重点岗位锻炼和专题理论培训并重，全年培训干部1424人次；完成1100名干部档案审核，消化超职数配备干部59名。大力实施人才高地建设工程，完成激励保障措施，加大引进和培养力度，全县技能型人才达37900多名，高端人才引进量居全市首位。

持续开展党风廉洁建设和反腐败斗争。压紧压实“两个责任”，出台考核、约谈和述责办法，开展落实主体责任专项检查，大力支持和指导各级纪检组织履行监督责任。深化反腐倡廉宣传教育，县党风廉政教育基地建成开放，围绕2015年查办的典型案件，制作警示教育片，编印教育读本，党员干部近万人次接受教育。深入推进廉政文化建设，创建市级以上廉政文化示范点16个，其中省级6个。深入推进巡察整改，认真做好省市巡视巡察反馈问题整改和“4+4+6”专项整治，问题整改率达97.2%，建立完善各项制度111个。组织实施两轮巡察及巡察“回头看”，涉及40个县直单位二级机构和村（社区），发现问题线索79个。始终保持惩治腐败高压态势，全年共立案256件，给予党政纪处分256人次，移送司法机关4人，较好发挥纪律审查的惩处作用和威慑作用。严格执行容错纠错机制，及时为76名受到不实举报的党员干部澄清问题，对66名有轻微违纪行为的党员干部进行批评教育或诫勉谈话，有效保护和调动干部干事创业积极性。

回顾过去的一年，我们倍感欣慰，在宏观经济形势较为严峻、改革发展稳定压力较大的情况下，取得上述成绩实属不易。这些成绩得益于市委、市政府的亲切关怀和坚强领导，得益于县几个班子的团结合作、聚力奋进，得益于全县各级组织及广大党员干群的爱岗敬业、扎实苦干。在此，我代表县委常委会向全县广大党员干部，向所有关心、支持、参与全椒建设和发展的社会各界人士，表示衷心的感谢，并致以诚挚的敬意。

在正视取得成绩的同时，我们必须清醒地认识到存在的困难和问题，主要表现在：产业发展水平不高、规模不大，有带动作用的大企业、龙头企业少；基础设施建设与群众需求有差距，部分重点项目推进缓慢；农民致富能力不强、增收不快，脱贫攻坚任务艰巨，民生保障存在短板；一些领域遗留问题引发的矛盾纠纷和信访案件易发多发，群体性、越级非访偶有发生；少数党员干部精神状态低迷，责任意识不强，担当精神不足，等等。对此，我们要高度重视，深入研判，认真解决。

二、2017年工作主要任务

2017年是实施“十三五”规划重要一年，是供给侧结构性改革深化之年，做好2017年工作意义重大。最近，中央和省分别召开经济工作会议，研判当前形势、部署2017年工作。中央经济工作会议明确提出2017

年经济工作的总基调、总要求、总目标。省经济工作会议作出“四个新”的分析判断，提出“四个更加突出”的工作要求，部署“六个方面”的重点工作，强调要“坚定讲看齐、坚持总基调、贯彻新理念、把握新常态、突出抓主线、着力促创新、力创新业绩、喜迎十九大”。市委昨天召开市委六届二次全会，提出具体贯彻意见，明确全市2017年工作着力点。这些都为我们在“怎么看”上凝聚共识，在“怎么干”上理清思路。面对新形势新任务，县委将带领全县干部群众，奋发努力，争先进位，以结构性改革撬动发展全局，让创新成为发展第一驱动，把全椒巨大的发展潜力转变为发展现实，走好全面建成小康社会的“关键一程”。

2017年工作总的要求是：全面贯彻中共十八大和中共十八届三中、四中、五中、六中全会精神，深入学习贯彻习近平总书记系列重要讲话精神，认真落实中央经济工作、农村工作会议和省十届二次全会、省经济工作会议精神，牢固树立和贯彻落实新发展理念，统筹推进“五位一体”总体布局和协调推进“四个全面”战略布局，按照市第六次党代会提出的“346”奋斗目标，以提高质量和效益为中心，扎实推进供给侧结构性改革，全力实施五大发展行动计划，深入推进全面从严治党，以一心一意谋发展、聚精会神抓党建的优异成绩，迎接党的十九大胜利召开。

2017年工作总的基调是：坚持“稳中奋进、好中加快、能快则快”。主要指标增速要快于全省、全市平均水平，主要指标的总量要确保缩小与排位在前县（市、区）的差距，努力实现综合实力“年年要进位，五年明显进位”。

2017年主要经济社会发展的主要预期目标是：地区生产总值增长10%以上，财政收入与地区生产总值同步增长，固定资产投资增长16%以上、力争达18%，规模以上工业增加值增长12%，社会消费品零售总额增长12.5%，城镇和农村居民人均可支配收入与财政收入同步增长。

落实2017年工作总体要求，实现经济社会发展目标任务，关键要认真贯彻落实中央和省市委决策部署，按照县第十四次党代会部署和“十三五”规划要求，大力实施五大发展行动，精准发力、扎实推进，重点抓好以下六个方面工作。

（一）大力实施产业转型升级攻坚行动。深入抓好“去降补”五大任务，积极稳妥淘汰落后产能、改造提升传统产业、培育壮大新兴产业，不断增强县域经济综合实力。

一要全力推进实体经济发展。全椒县传统产业比重大、链条短、总量偏小现状比较突出，产业转型升级迫在眉睫。坚持工业强县主战略不动摇，认真落实市“三个一百工程”要求，确保全年亿元开工、竣工、投产项目分别不低于58个、40个、10个，全年完成工业固定投资82亿元，规模以上企业发展到170家。主攻传统产业升级，加快推进先进工程机械产业集聚发展基地建设。支持全柴集团转型发展，深化与知名企业战略合作，积极支持并加快配套产业园建设，力争本地配套率提升2个百分点以上。认真落实“三重一创”建设任务，设立新兴产业发展基金，力争全县战略新兴产业实现产值72亿元。要深入推进园区转型升级工程，完善县内园区“1+2”管理体制，力争全年园区三新项目均不少于15个。大力发展现代农业，深入推进农业供给侧结构性改革，坚持用工业的理念发展现代农业，用建设工业园区的理念打造现代农业示范园区。加快农业产业化步伐，推进荣鸿、荒草圩等5个现代农业示范园建设，力争新增市级以上农业龙头企业6家。着力培育一批新型农业经营主体，新发展家庭农场30家，新增农民专业合作社20家。大力提升农业机械化和农业品牌化水平，不断提升粮食生产能力，全县农业总产值达44.5亿元。繁荣发展现代服务业。积极推进“国家全域旅游示范区”创建，加快推进旅游项目建设、旅游产品研发和旅游人才队伍建设，努力提升旅游产业水平，力争全年旅游收入超15亿元。大力发展民宿业，立足区位优势和生态人文、民俗风情资源，加大示范点建设扶持力度，力争周洼、辉隆等示范点发挥作用。积极推进全省电子商务示范县创建，加快颐高电子商务产业园建设，加快电子商务骨干企业培育和示范企业创建，推进电子商务进农村，力争全年完成交易额3.5亿元以上，增长15%以上。聚焦文化产业发展，加快文化产业园区建设，积极培育省级文化产业示范基地。支持健康养老、休闲养生、现代物流、金融服务等生产生活性服务业发展，力争服务业增加值增长12.5%。

二要着力推进供给侧结构性改革。紧密联系实际，精准施策，深入推进“三去一降一补”。去产能上，严把高能耗、高污染项目入驻关，坚决淘汰附加值低、工艺落后产业。多措并举盘活“僵尸企业”，稳妥处置好职工下岗就业、债务负担等问题，防范社会风险，今年确保盘活5家以上。加大企业技改投入，力争全年投入不少于40亿元。去库存上，按照“房子是用来住的，不是用来炒的”定位，加强房地产市场监管，加快推进购租并举的住房制度改革，全面推进棚改货币化安置，商品房去库存周期控制在13个月以内。去杠杆上，完善政府债务预警机制，严控政府举债成本，加快存量债务置换，优化债务结构。鼓励企业扩大直接融资，力争实现直接融资5000万元以上，新增“新三板”挂牌企业2家。降成本上，认真落实降成本政策，加大帮扶帮办力度，努力降低企业制度性交易成本。补短板上，创新投资机制，积极鼓励包括社会资本在内的各类资源优先投放到群众急盼、发展急需领域，努力补齐农业农村、社会事业、生态环境、基础设施等短板。着力帮助企业解决难题，加强金融扶持，补齐帮扶帮办短板。强化项目谋划、申报和储备，坚持“经济工作项目化、项目工作责任化”，落实“四督四保”要求加强项目管理和建设，在补齐发展短板、增加有效供给中助推经济发展。

三要深入实施创新驱动战略。坚持把创新放在全县发展全局的重中之重，尊重创新规律，整合创新资源，激发大众创业、万众创新活力。积极推进大众创业、万众创新平台建设，设立专项扶持资金，全面兑现扶持政策，鼓励引导高校毕业生、返乡农民工等重点群体开展创业创新，力争建设众创空间2个，新增个体工商户1920家，私营企业420家。着力推进开放式创新，切实加强与省内外高校、科研院所合作，开发区至少要与1所国家级一流院所建立合作关系，利用高校、院所智力和人才优势，开展产业发展技术瓶颈攻关和技术研发。实施“互联网+”行动计划，推进农村宽带网络、有线电视等基础设施建设，带动农村电商发展，促进互联网与经济社会深度融合。

（二）**着力实施城乡统筹发展攻坚行动**。围绕新型城镇化，坚持“一尊重五统筹”，全面提升城乡规划建设管理水平。

一要大力提升城市品质。对接大滁城“141”总体格局，以“三治三增三提升”为抓手，进一步完善县城功能、提升品位内涵。突出精致秀美，彰显县城“山水、人文”特色，充分考虑未来发展，提高城市规划水平，全面完成“多规合一”和专项规划编制工作。加大城市基础设施建设力度，推进道路交通、教育卫生、文化体育等重点城建项目建设。积极推进城市棚户区、老旧小区和城中村改造，完善雨污水管网、垃圾处理、路灯等配套设施建设。深化城市管理执法体制改革，加大“两违”整治力度，推进智慧城市、海绵城市建设，努力实现城市管理科学化、规范化、精细化。

二要持续推进美丽镇村建设。深入实施“百镇计划”，全面完成武岗镇、石沛镇、西王镇集镇整治任务，启动古河镇、十字镇、二郎口镇、六镇镇、马厂镇集镇治理。加快美丽乡村建设，完成县域村庄布点规划修编，有序推进示范村建设。建立健全美丽乡村长效管理机制，全面推进村民理事会制度，充分发挥群众参与建设管理的积极性、主动性。同步推进产业发展，增强美丽乡村建设永续动力。深入推进“三线三边”环境整治，完善农村环卫保洁市场化机制，持续改善农村人居环境。

三要加快推进基础设施建设。坚持以“十大重点”工程建设为抓手，加快城乡基础设施完善步伐。完成襄河三期治理、江北大道（滁马高速连接线），加快推进滁州大道，启动西一环、襄河港等重点交通工程建设，努力消除县域发展交通掣肘。完成第二水厂、古襄河整治，推进化工集中区污水处理厂，启动客运站搬迁、吴敬梓纪念馆二期等重点配套基础设施建设，着力完善城市配套功能。启动县体育中心、职教中心、历史文化中心（博物馆），推进中医院迁址、前进小学迁建、第八中学等民生重点工程建设，方便群众生产生活。

四要不断提升群众文明素质。加强精神文明建设，以成功创建“省级文明县”为目标，进一步建立和完善文明素质提升长效机制，形成文明创建常态化工作格局。推进“好人全椒”建设，充分发挥各级好人、道德模范和先进人物的示范引领作用，加强各级各类志愿服务队伍建设，持续开展文明劝导、“文明大讲堂”“小手拉大手”等活动，推进社会主义核心价值观宣传教育，努力彰显太平文化、儒林文化深刻内涵，形成知耻明礼、崇善敬业、互助友爱的良好社会风尚。

（三）**聚力实施生态文明建设攻坚行动**。牢牢把握“绿水青山就是金山银山”的要求，以创建国家级生态文明建设示范县为契机，切实涵养好椒陵大地绿水青山。

一要加强生态修复和保护。持续优化县域国土空间开发格局，合理控制开发强度，坚决守住耕地、林地和森林三条红线。实施山水田林湖生态保护和修复，加快推进农田林网、骨干道路林网、城市绿化提升等工程建设，构建绿色生态屏障。巩固提升森林增长工程，实施林业增绿增效行动，完成森林长廊建设，推进滁河风光带和襄河下游林带建设，确保完成全年造林任务。

二要强化环境综合整治。落实最严格的环境保护制度，推动政府、企业、公众共治的环境治理体系，全力打好大气、水、土壤污染防治三大战役，开展重点行业挥发性有机物污染、工业污染、农业面源污染、建筑工地扬尘等综合整治，确保完成主要污染物减排约束性指标。实行全年全域秸秆禁烧，推进秸秆综合利用，加快秸秆发电项目建设。全面实施规定区域烟花爆竹限放禁放，切实改善空气质量。突出水环境综合整治，推进"河长制"管理，加强滁襄河水质监测，加大黄栗树水库等饮用水源地环境整治，切实解决好群众普遍关心的生态环境问题。

三要大力倡导生产生活方式绿色化。强化资源节约高效利用，鼓励企业利用清洁生产技术，实行产品绿色设计和绿色制造，减少主要污染物排放总量。开展绿色生活行动，倡导垃圾分类处理、可再生资源回收利用，创建节约型机关单位，推广使用节能产品，完成公共自行车二期工程建设，推进城乡公交一体化建设，引导城乡居民养成绿色低碳、文明健康的生活方式。

（四）全力实施民主法治建设行动。坚持以法治为引领，全面深化平安建设，努力提高社会治理水平，确保人民群众安居乐业、社会和谐稳定。

一要全面加强法治全椒建设。加强党内规范性文件和制度建设，全面推进重大决策合法性审查，党委、政府法律顾问制度。规范运行政府权责清单，推进党务、政务公开信息平台建设，提高法治政府建设水平。推进司法行政体制改革，深化审判权运行机制、执行工作机制和司法责任制改革，努力提高司法审判质效。落实"谁执法谁普法"责任制，全面实施"七五"普法，持续开展"法律六进"活动，抓好重点群体学法用法工作。完善法律服务体系，加强法律人才队伍和法治文化阵地建设，努力营造良好的法治氛围。

二要着力抓好社会治安综合治理。始终将维护社会稳定作为一项重要政治任务，认真落实社会治安综合治理领导责任制，严格执行重大决策社会稳定风险评估和重大不稳定问题清单制度，深入开展社会矛盾纠纷排查化解，健全县、镇、村社会管理三级平台体系。鼓励"第三方"参与化解信访问题，着力提升信访工作的信息化、规范化、法治化水平。深入开展平安镇村建设，完善立体化、信息化社会治安防控体系，严密防范和依法打击各类违法犯罪活动。严格落实安全生产责任制，加强交通运输、学校医院、食品药品、危化品等重点领域、场所、行业的安全监管，持续开展专项隐患排查整治行动，坚决防范重大安全事故的发生，确保全县社会秩序持续稳定。

三要切实加强民主政治建设。支持人大及其常委会依法履行立法、监督、决定和任免等职权，加强对"一府两院"和"三重一大"事项的监督，进一步加强各镇人大建设，加强和改进代表工作，提高履职能力。支持政协更好履行政治协商、民主监督、参政议政职能，研究制定人民政协协商民主建设的实施意见，积极改进协商方式，提高人民政协协商民主制度化、规范化、程序化水平。坚持发展基层民主，推进"全省城乡社区协商试点县"建设，完善基层党组织领导的基层群众自治制度。做好新形势下统战工作，充分发挥非公经济人士、党外人士、工商联的积极作用，切实抓好民族宗教、侨务、工会、共青团、妇联、老干部、文联、科协、残联、红十字会、关工委等工作。坚持党管武装，加强国防动员和后备力量建设，推进军民融合深度发展，确保全省"双拥模范县"两连冠。

（五）勠力实施民生事业完善攻坚行动。牢固树立共享发展理念，坚决兜住民生底线，统筹抓好各项民生工作，让人民群众有更多的获得感。

一要坚决打好脱贫攻坚战。继续把脱贫攻坚作为最大政治任务来抓，严格落实脱贫责任，各镇各单位要各负其责、各司其职，形成脱贫攻坚的工作合力。驻村工作队和帮扶责任人要真正沉下去，真心实意地帮助贫困户解决实际问题。严格责任追究机制，从严追究工作推进不力、影响全县目标任务的单位和个人。精准施策、靶向帮扶，以脱贫攻坚"十大工程"为抓手，重点加大产业脱贫力度，统筹推进就业、教育、健康等各项扶贫措施，确保完成4个贫困村出列、约3500人脱贫的年度目标任务。

二要努力提升公共服务水平。深入实施32项民生工程，加大民生投入，办好城市便民设施建设、农贸市场整治、儿童先天性心脏病筛查救治等10件为民实事。积极推进就业促进工程，落实更加积极的就业政策，抓好职业和就业技能培训，完善就业服务机制，确保零就业家庭动态“清零”，全年新增城镇就业14245人，城镇登记失业率控制在4%以内。完善社会保障体系，推进机关事业单位人员养老保障制度改革，推进城乡居民养老保险工作。实施农村敬老院改造提升工程，探索推进养老机构医养结合模式，扩大居家养老覆盖面，构建多层次养老服务体系。完善社会救助体系，切实保障残疾人、孤儿、特困人员等困难群众的基本生活，建立健全农村留守群体关爱服务体系。

三要协调发展社会事业。坚持教育优先发展，不断优化教育布局，落实教育经费保障，进一步改善义务教育办学条件，全面实现城乡义务教育均衡发展。统筹发展学前教育、素质教育、特色职业教育等，深化教育教学改革，加强教师队伍建设，全面提高办学水平和教育教学质量。开展形式多样的全民健身活动，完成南屏山文体公园建设。认真落实国家基本公共卫生服务项目，加强重点专科和医技人才队伍建设，推进服务均等化。加大医疗卫生基础设施建设投入，推进妇幼保健医院等重点工程建设，确保疾控中心、残疾人康复中心等投入使用。坚持计划生育基本国策，提高管理服务水平，确保工作争先进位、人口素质不断提升。

（六）奋力推进全面深化改革攻坚行动。坚持向改革要动力，向开放要空间，努力创造改革新经验，打造开放新高地。

一要深化各项改革。紧扣“四个有利于”改革方向，全面落实中央和省委、市委各项改革任务，努力取得决定性成果，积极争取更多的试点任务，争取形成更多可复制、可借鉴、可推广的改革成果。加大农村综合改革力度，推进“三权分置”，以“三变”改革为重点，加快推进农村产权制度改革，让权属关系焕发市场功能，以权证换权益，以权益促增收；以农村产权流转交易市场建设为路径，探索农村“三权”抵押贷款模式；以农业“三合一”改革、供销社改革为抓手，创新农业社会化服务体系。深入推进医药卫生体制改革，完善县域医共体试点建设，巩固和扩大医改成果。加快“放管服”改革，深化商事制度改革，推行“五证合一、一照一码”，持续推进行政审批流程再造，推行“政务服务超市”模式，推进公共资源交易监管体制改革。统筹推进财税金融等重点领域和关键环节改革，全面推进教育、住房、社保等社会事业领域改革，加快社会信用体系建设。加强对改革工作的组织领导，严格执行“三察三单”制度，确保各项改革举措落准落实。

二要扩大开放合作。深度融入国家和省市发展战略，积极对接南京江北新区建设，深化与合肥都市圈各县市区合作发展，积极开展人才、技术合作交流和园区、基础设施共建共享，加快大墅产业新城建设，努力打造县域经济发展第二增长极。积极承接京津冀、长三角、珠三角等发达地区产业转移，围绕产业定位、产业链条、知名企业开展“大招商、招大商”，注意学习和承接发达地区亲商安商的先进经验，进一步营造良好的招商环境，力争全年新引进亿元以上项目50个，到位资金100亿元。努力扩大对外贸易，支持有条件的企业拓展海外市场，深化央企、名企合作，支持企业“走出去”，力争全年利用外资1.08亿美元以上，外贸进出口额达1.1亿美元以上。

三、坚持党要管党从严治党，不断提升领导力和执行力

中共十八届六中全会通过的《关于新形势下党内政治生活的若干准则》《中国共产党党内监督条例》以及省委、市委的《意见》，都是指导我们全面加强党的建设的指导性文件，全县各级党组织和党员干部都要深入学习领会、认真贯彻落实，着力提高本领、转变作风，为县域经济社会发展献计出力。

（一）要坚定理想信念，坚决讲看齐、见行动。强化理论武装，推进各级理论中心组建设，认真学习习近平总书记系列重要讲话特别是视察安徽重要讲话精神，增强“四个自信”，树牢“四个意识”特别是核心意识、看齐意识，更加扎实地把中央和省委、市委各项决策部署落到实处。认真贯彻意识形态工作要求，落实意识形态工作责任，牢牢掌握宣传思想文化舆论阵地的主动权和话语权。加强学习研究，各级干部特别是领导干部要加强党的理论路线方针政策学习，自觉开展业务、法治等知识学习，努力解决“知识不足”“本领恐慌”等问题；注重调查研究，找准发展难题症结，提出有效解决措施，积极推进县域经济社会发展。

（二）要加强干部队伍建设，强化队伍保证。以县镇两级人大、政府以及县政协换届为契机，不断加强各级班子建设，优化班子结构。高度重视“一把手”选配，注重激发副职积极性，努力建设“九牛爬坡、个个出

力”的奋进集体。坚持好干部标准，严格执行干部选拔任用工作条例，落实党委党组讨论使用干部规定，把公道正派作为干部工作核心理念，树立干事创业的选人用人导向。合理使用各年龄段干部，大力选拔优秀年轻干部，注重女干部、党外干部培养使用，积极为发展选人用人。坚持大规模培训干部，发挥党校干部培训主阵地作用，按分级培训原则，力争全县各级干部每年至少接受一次培训。加强干部监督管理，完善“四位一体”监督体系。以高度的政治责任，做好党的十九大代表推荐工作。坚持党管人才，推进人才工作体制改革，探索建立高层次人才柔性引进机制，统筹推进各类人才队伍建设，完善人才激励保障机制，确保全椒县人才工作全市领先。

（三）要加强基层组织建设，强化基础保证。坚持抓在日常、严在经常，巩固提升“两学一做”学习教育成果，将从严治党要求落实到每个支部、每名党员。压实基层党建工作责任，制定落实“三个清单”，扎实开展基层党工委书记抓基层党建工作述职评议，并探索推进评议工作向其他类型党组织延伸。实施基层组织建设提升年行动，加大“整乡推进”力度，继续整顿软弱涣散村（社区）党组织，做好村“两委”换届工作，全面完成农村基层党建保障工程三年行动计划和发展壮大村级集体经济“123”工程目标任务。加强非公经济和社会组织党建，持续抓好“红领领航”工程，努力实现“三个覆盖”。加强社区党建，完善“一办四中心”建设，推进在职党员到社区报到。统筹抓好机关、企事业、中小学校等领域党建工作，深化党组织和党员联系服务群众工作机制。加强党员教育管理，深化党员“3+2”分类管理，落实“三会一课”、民主生活会、民主评议党员等制度，全面推进县镇党代会年会制和党代表任期制。

（四）要深化作风建设，坚持敢担当、善作为。切实加强机关效能建设，坚持“会不开长、事不隔天、文不过夜”，全面践行一线工作法，提振状态、主动作为、敢于担责。积极构建“亲”“清”新型政商关系，持续优化发展环境。建立健全正向激励机制，完善容错纠错免责办法，支持鼓励想干事、敢干事的人，旗帜鲜明地为担当者担当、为负责者负责。完善工作考核评价体系，科学设置指标，加强过程考核，强化考核结果运用，真正体现“干与不干不一样、干好干坏有区分”。强化督察问责，研究建立责任落实体系，建立健全督察检查、情况通报、整改反馈和责任追究制度，切实加大督察和问责力度，确保中央和省市县委决策部署落到实处。坚持“作风建设永远在路上”，建立长效机制，坚决反对“四风”，持续推进中央“八项规定”精神和省市县相关规定的贯彻落实。

（五）要抓好党风廉洁建设和反腐败斗争，强化纪律保证。严格落实“两个责任”，坚持“一岗双责”“一案双查”，推进管党治党责任有效落实。加强廉洁和警示教育，推进廉政文化建设，引导党员干部养成守纪自觉。强化党内监督，认真贯彻执行党内监督条例，充分发挥纪委监督专责机关作用，落实基层党组织监督职责和党员监督义务。强化权力运行制约监督，紧扣“六大纪律”“四个着力”，盯住“三个重点”，扩大巡察覆盖面，推进从严治党向基层一线延伸。精准把握执纪监督“四种形态”，保持反腐高压态势不放松，突出纪律审查重点，坚决倡清廉、反贪腐。坚持制度建党，按照“四个全覆盖”要求完善制度体系，不断推进管党治党走向“严实硬”。

县委及其常委会是全县各项事业的组织者、领导者和推进者，要观大势、抓大事、管全局，切实加强自身建设，严格执行民主集中制原则，不断提升科学、民主、依法决策水平。常委会组成成员要相互支持、相互配合，勤奋工作、勤勉敬业，牢记“十个必须”“十个坚决”，努力把县委常委会建成让市委放心、人民满意的坚强领导集体。

同志们，2017年改革发展稳定任务艰巨、责任重大。让我们紧密团结在以习近平同志为核心的党中央周围，在省委、市委的坚强领导下，牢固树立“四个意识”，为民务实、真抓实干，凝心聚力、砥砺前行，努力实现县域经济综合实力“年年有进位、五年明显进位”，以更加优异的成绩迎接党的十九大胜利召开！

政府工作报告

——2017年1月5日在县第十六届人民代表大会第一次会议上

县人民政府县长　王　珏

全椒县人民政府县长　王　珏

一、2016年及过去五年工作回顾

刚刚过去的一年，面对复杂多变的外部宏观环境和艰巨繁重的改革发展任务，我们在市委、市政府和县委的坚强领导下，在县人大、县政协的监督支持下，坚定地用新发展理念统领发展全局，主动适应新常态，积极抢抓新机遇，加快"调转促"，全力"去降补"，经济社会发展稳中有进、好中加快，实现"十三五"良好开局。预计，全年完成地区生产总值128亿元，增长9.5%；财政收入迈上20亿元台阶，达21.6亿元，增长12.1%；固定资产投资185亿元，增长16%；社会消费品零售总额58亿元，增长12.5%；城镇、农村居民人均可支配收入分别达24268元和11526元、分别增长10.5%和12%。

（一）坚持发展为要，经济结构呈现优化升级、加快转型的良好态势

工业经济持续转型。大力实施工业强县战略，出台系列政策措施支持企业稳产促销，促进企业创新发展。新增规模以上工业企业25家、居全市第1位，总数达153家，预计实现增加值41.4亿元，增长10%。推进产业集聚，机械制造、新型建材、绿色食品、轻纺服装四大主导产业实现增加值33亿元，增长6.2%。全柴、海螺分别实现产值33.4亿元和7.8亿元。86个项目完成技改投资48亿元，增长73.7%、居全市第1位。28家战略性新兴产业企业实现产值62.2亿元，增长20%。推进园区转型，县经开区完成新一轮总规修编、化工集中区扩区规划和10个专项规划编制，投入5.3亿元实施集中供热、污水管网等12项基础设施工程，优化园区公交线路，启动园区环境整治，全年新签约、新开工、新投产项目分别为39个、34个和21个，跻身首批“安徽省知识产权示范园区”。推进企业帮扶，扎实开展“企业帮扶年”活动，整合优化“三帮”中心，对全县117家重点企业实行“一企一策”、精准帮扶，通过“4321”政银担、“税融通”、续贷“过桥资金”等措施为197家企业解决资金17.3亿元。设立3亿元产业扶持基金，发放企业技术装备升级、科技创新奖励资金9958万元。帮助183家企业解决用工12809人。

现代农业持续推进。加快推进农业供给侧结构性改革，全年粮食总产45万吨，实现“十三连丰”。辉隆、荣鸿、龙山、牧龙山、荒草圩5个精品示范园新增投入2.7亿元，带动近3.6万农户增收。成功创建全国绿色食品生产基地30万亩。稻虾连作面积发展到12万亩，全省现场会在全椒县召开。新增土地流转面积2.8万亩、农民专业合作社53个、家庭农场114个、种粮大户50户。开展“助收助耕助种”专项行动，发放涉农资金3.4亿元。江淮分水岭地区生产生活条件不断改善。全县上下众志成城、齐心协力，取得防汛抗洪全面胜利。

服务业发展持续加快。预计全年实现服务业增加值50亿元，增长12%。旅游业实现新突破。成功入选国家全域旅游示范区创建名录。组建神山黄栗树风景区管委会(筹)，成立太平旅游发展有限公司。成功举办桃文化旅游节、首届迷你马拉松、山地车邀请赛等活动。积极发展民宿旅游业，大墅禾墅恋、荣鸿高井等民宿旅游项目加快建设。注册保护性商标131个。全年接待游客145万人次、实现旅游总收入12.5亿元，分别增长16.9%和22.5%。商贸服务业实现新提升。成立进出口企业协会，引进省进出口公司在全椒县设立子公司，预计进出口总额超1亿美元，增长60%。出台促进电子商务发展政策，成立电子商务协会，颐高电子商务产业园、青年电商产业园投入试运行，成功与阿里巴巴电商平台签订合作协议，电商服务站实现村级全覆盖。金融业实现新发展。出台金融机构考核奖励办法，联合打击非法集资，严防金融风险，新增贷款18.5亿元，增长39.2%。

(二)坚持项目为重，发展质量呈现稳步提升、持续向好的可喜变化

招商引资成效明显。按照“大项目进园区、小项目进集中区(乡镇)”的发展思路，坚定不移地推进产业招商、以商招商、招大引强，大力开展“开门红”“百日攻坚”“决战四季度”等系列招商活动，举行项目集中签约、集中开工活动，成功引进亚士创能科技、科华微电子、泰石岩棉、纳晶电子科技、南京和谐曲轴、擎天伟嘉等一批重点产业项目，全年新签约、新开工、新投产亿元以上项目达45个、36个和29个，到位资金98亿元。在全市“三看三比”观摩活动中获得市委、市政府好评。

项目建设提质提效。认真落实“四督四保”机制，压茬推进121个政府投资类项目和“十大重点工程”，全年新开工、新竣工亿元以上项目分别为55个和35个。纳入省“大新专”项目库的47个项目、市“十大工程”的11个子项目、市“三百工程”的28个项目累计完成投资92.2亿元。全年获批上级政策性资金20亿元、国家专项建设基金项目4个，开工率100%。

“去降补”精准落地。认真贯彻中央和省、市关于供给侧结构性改革系列部署，研究出台“1+5”方案体系，综合施策，精准发力，发展新动能加速集聚。聚焦“去产能”，成功重组“僵尸企业”5家，盘活低效用地436.3亩。加快淘汰落后产能，整治工业燃煤锅炉10台，淘汰黄标车638辆。聚焦“去库存”，在全省首创“房产超市”，消化库存商品房16.8万平方米，去化周期缩短4个月；推行棚户区改造货币化安置，完成房屋征收7.6万平方米。聚焦“去杠杆”，在全市第一家成功发行10亿元企业债券。兴达机电、悦达实业完成主板上市签约，旭能光伏、达诺乳业、上诺环保、金色田园4家企业即将在“新三板”挂牌。聚焦“降成本”，打出“组合拳”，出台降成本“18条”，全面推行“营改增”等减税降费政策，为3000多家中小微企业和个体工商户降低各类成本1.2亿元。聚焦“补短板”，坚持民生优先、城乡统筹，一批基础设施项目加快推进，合宁高速改扩建工程开工建设，滁州大道一标段、古大路改造工程基本完工，完成387千米农村道路畅通工程和11座小水库除险加固工程。

(三)坚持统筹为基，城乡建设呈现宜居宜业、精致秀美的崭新面貌

秀美县城加快建设。紧紧围绕“一尊重、五统筹”的总体要求,积极融入大滁城“一主四副”总体布局,深入推进“三治三增三提升”专项行动,城市规划建设管理水平不断提升。城市规划力求精致。在全市率先启动“多规合一”规划编制,共投入1000万元,高标准完成地下综合管网、特色街区风貌、公共服务设施等7项规划编制和古襄河景观提升、南屏山文体公园等11项城市设计。县规划馆对外开放。加强规划管理,严格“三区四线”管控。城市建设力求精品。加快推进55个重点城建项目,完成投资30亿元。吴敬梓路提升改造、城东片区路网一期、吴敬梓纪念馆周边环境整治等18个重点项目加快建设;党校二期、襄河大桥拆除重建、达园等30个项目投入使用。新建、改造城市道路14千米。新增城区绿化面积59万平方米。城市管理力求精细。以创建省级文明县为契机,创新推行城市网格化管理,切实解决“看得见的无权管、有权管的看不见”的问题,城区道路基本实现环卫保洁市场化全覆盖。加大“两违”查处力度,拆除违建1.2万平方米,清理违法用地405亩。开展“三大车”、“三小车”、农贸市场等专项整治,城区交通秩序、市容市貌明显改善。

美丽镇村焕发新颜。大力实施“百镇计划”,完成9个镇总规修编和集镇整治规划编制,加快实施石沛、武岗、大墅、西王4个集镇整治工程,镇容镇貌持续改观。加快推进大墅产业新城规划建设、招商引资,启动龙山大道改造等18个项目建设。推动美丽乡村“以点为主”向“由点到面”转变,完成6个省级示范村建设,实施2个省级中心村和3个市级中心村建设。周洼新村入选“安徽省乡村旅游示范村”。农村生活垃圾治理PPP模式实现县域全覆盖,全省现场会在全椒县召开。《长江两岸是我家——水润全椒》专题片在央视《美丽中国乡村行》栏目播出。

生态建设成果丰硕。加快滁河、襄河水质改善专项治理,开展黄栗树水库等饮用水源保护区专项整治,关停拆除养殖场45家。秸秆禁烧实现全年“零火点”。实施森林增长工程,新增造林1.34万亩,成功创建“省级森林城市”;薄壳山核桃产业面积发展到3万亩,居华东地区首位,全国培训现场会在全椒县召开。

(四)坚持改革为先,发展活力呈现持续增强、加速释放的生动局面

重点改革全面深化。认真落实习近平总书记在农村改革座谈会上的讲话精神,积极争当击楫中流的改革先锋。深化行政体制改革。动态调整“三个清单”,行政审批事项精简30%。推进市场监管“双随机、一公开”改革。启动机关事业单位养老保险制度改革。完成机关单位公车改革。深化农村综合改革。完成农村土地确权、农业补贴“三合一”改革。试点推进集体产权制度改革,推动“资源变资产、资金变股金、农民变股东”。国有林场改革、供销社综合改革加快推进。深化商事制度改革。全面实施“五证合一、一照一码”,新增市场主体3378户,增长16.6%。深化医药卫生体制综合改革。完成县域医共体建设,新农合县内就诊率73.9%,增长6.7%。深化社区管理体制改革。入选全省首批城乡社区协商示范点建设名录。殡葬改革获得全国表彰。财税体制、文化体制、新型城镇化等改革不断取得新进展。

科技创新不断加强。出台加快科技创新、高新技术企业认定等配套奖励政策,支持企业加大科技创新力度,全柴集团被认定为全市唯一一家“国家技术创新示范企业”。南大光电科研团队入选“安徽省十大科技创新团队”。获批省级“专精特新”企业3家。国家级光刻胶工程实验室及产业化项目启动建设。发明专利授权量67件,增长71.7%;获批市级以上企业(工程)技术中心3个,新增高新技术企业5家,实现高新技术产业产值101亿元,增长10.7%。

(五)坚持民生为本,社会事业呈现统筹协调、全面进步的和谐篇章

脱贫攻坚首战告捷。按照“六个精准”和“五个一批”的总体要求,大力实施脱贫攻坚“十大工程”。突出产业扶贫,完成9个贫困村“一村一品”建设,18个光伏扶贫项目并网发电,285户贫困户受益。开展电商扶贫,贫困村电商服务中心全部建成运营。实施基础设施扶贫,完成42千米道路畅通和84处小型水利工程,解决1820名贫困人口饮水安全问题。就业扶贫、教育扶贫、健康扶贫等各项扶贫工程加快实施。法律援助促扶贫经验做法在《人民日报》刊登。顺利完成5个贫困村出列、3818名贫困人口脱贫任务。

民生实事赢得点赞。全面实施省、市各项民生工程,投入资金8.6亿元,增长21%。真心实意为群众办好“十件实事”:新投放城市公共自行车1000辆;购置新能源公交车46辆,开通全椒至古河城乡公交专线;

新建4500平方米便民摊点群、6个公共停车场、10座城市公厕、4个街头游园；完成1400户农村危房、10条后街巷道、3个老旧小区和老体育场改造工程；成功搬迁襄水路蔬菜批发市场。新增城镇就业12915人，城镇登记失业率控制在3.1%以内。城乡各类社会保险参保人数达49.6万人次，发放保险金5.3亿元。新农合参合率达99.7%，发放补偿金1.8亿元。发放城乡低保和五保对象资金7154万元、困难群众救助金1651万元、老人高龄津贴504万元。

社会事业统筹发展。优先发展教育事业，以创建全国义务教育发展基本均衡县为契机，开工建设第八中学、前进小学，完成职教中心、体育中心规划设计等前期工作。繁荣发展文化事业，“千年古县”通过民政部专家组评审。新图书馆、文化馆对外开放，国光楼保护工程竣工。积极发展卫生计生事业，妇幼保健医院、疾控中心、残疾人康复中心主体工程完工；启动县中医院迁址重建；加大“两非”案件查处力度，落实全面二孩政策，计生工作群众满意度不断提高。

社会大局和谐稳定。坚持用法治思维和法治方式化解矛盾，建成省级矛盾纠纷联合调处中心。加强安全生产和食品药品安全监管，切实保障群众生命财产和饮食用药安全。县气象地震科普馆建成对外开放，被评为“全国县级防震减灾工作先进单位”。强化社会治安防控体系建设，严厉打击各类违法犯罪活动。全面启动“七五”普法。科普工作不断取得新成效。县工商联被评为“全国‘五好’县级工商联”。

（六）坚持法治为纲，政府自身建设呈现锐意进取、开拓创新的良好风貌

深入推进依法行政，严格履行宪法和法律赋予的职责，认真落实县委决策部署，自觉接受县人大及其常委会的法律监督、工作监督和县政协的民主监督，共办理人大议案、代表建议和政协委员提案186件，满意率100%。扎实开展“两学一做”学习教育和“讲看齐、见行动”学习讨论，认真落实中央、省委巡视和市委巡察“回头看”反馈意见整改工作，严格落实“准则”和“条例”，坚决把纪律和规矩挺在前面，政府系统党建工作不断加强。开展“制度建设规范年”活动，完善县编委会、土委会、规委会和公管委会的议事规则，制定政府投资项目管理、审计、招投标等15项制度。加强行政监察，强化审计监督，核减工程款5.7亿元。主动融入公共资源交易市县一体化改革，政府投资类重大项目在市交易中心招标，节约资金4.5亿元。完成县政府门户网站改版，开通政务微信、微博，积极打造“阳光政务”。

各位代表！刚刚过去的2016年，是“十三五”开局之年，也是本届政府的“收官之年”。五年来，我们始终坚持发展第一要务，紧紧团结和依靠全县人民，统筹抓好稳增长、促改革、调结构、惠民生等各项工作，较好完成十五届人大一次会议确定的五年奋斗目标，为全面建成小康社会奠定坚实基础。

五年来，我们始终坚持稳中求进，着力加快结构调整和转变发展方式，经济实力迈上新台阶。地区生产总值突破百亿大关，年均增长9.5%；财政收入实现翻番，年均增长15.1%；五年累计完成固定资产投资665.4亿元，年均增长18%；社会消费品零售总额年均增长11.3%。整县制获批国家级现代农业示范区，建成市级以上现代农业示范园5个，荣获“全省粮食生产先进县”。规模工业增加值年均增长9.5%。全柴入选“中国机械工业百强企业”，荣获“市长质量奖”。五年累计接待游客658万人次，实现旅游总收入42.1亿元，荣获“最美中国旅游目的地城市”。

五年来，我们始终坚持改革创新，积极深化体制机制改革和开放合作，转型发展取得新成效。全面落实中央和省、市关于深化改革的决策部署，积极推进344项重点改革。深化行政审批制度改革，全面建立“三个清单”制度，县级审批项目由235项减少为165项。完成新一轮政府机构、农村土地确权、集体林权、小型水管体制和文化体制改革。加大招商引资力度，累计引进亿元以上项目276个，总投资超900亿元；累计利用外资3.9亿美元，年均增长12.5%。荣获“中国招商引资最具竞争力城市”“中国最佳投资环境城市200强”。县经开区建成面积8.3平方千米，五年累计完成基础设施投入32.2亿元，入驻企业255家，获批“安徽省小微企业创业基地”“安徽省新型工业化产业示范基地”。镇工业集中区累计入驻企业175家。

五年来，我们始终坚持城乡统筹，协调推进基础设施建设和环境整治，城乡面貌呈现新变化。全面完成新一轮城市总规修编，城市控规实现全覆盖。五年累计实施重点城建项目223个，完成投资152亿元。城市建成区拓展到24平方千米，常住人口城镇化率达53.3%。新襄河改造、古襄河治理、城南新区建设、城东片

区改造、新县医院等一批重大项目展露新姿。完成棚户区改造55万平方米,7100户群众喜迁新居。城区近4000辆非法客运"三小车"有序退出。蝉联"省级文明县城"。成功创建"省级园林县城"。襄河镇荣膺"全国文明村镇"称号,古河镇跻身"全国重点镇"。深入推进美丽乡村建设,建成美丽乡村示范点22个,黄栗树村获评首批"全国美丽乡村示范村"和"中国乡村旅游模范村"。五年完成交通、水利、能源建设投资分别为22亿元、12.6亿元和16亿元。

五年来,我们始终坚持绿色发展,持续加强节能减排和生态文明建设,人居环境实现新提升。单位GDP能耗和主要污染物总量减排均完成目标任务。五年累计实施节能技改项目477个,否决高污染高能耗项目58个,依法整治非煤矿山22座。荣获"中国最佳绿色发展县"称号,成功创建"省级生态县"和7个省级生态镇。"五河两库"全面禁采,新襄河被评为国家级水利风景区,获批"全国水生态文明建设试点县"。大力实施森林增长工程,森林覆盖率达37.7%,创建省级森林城镇4个、森林村庄43个。

五年来,我们始终坚持以人为本,不断加大民生保障和公共服务力度,人民生活迈上新水平。五年滚动实施民生工程47项,投入资金35.5亿元,年均增长8.6%。城镇、农村居民人均可支配收入年均分别增长12%和12.8%。织牢民生"保障网"。五年累计新增就业岗位5.5万个,荣获"全省就业工作先进县"。城乡低保、五保实现动态调整、应保尽保。累计救助城乡困难群众204万人次,发放救助金4.3亿元。扎实开展扶贫脱贫工作,1万贫困人口如期脱贫。新建各类保障性住房108万平方米,累计发放住房公积金贷款6.3亿元。完成9558户农村危房改造。推行公交惠民政策,优化调整10条公交线路,新增122辆新能源公交车。扩大社会"普惠面"。投入教育经费22亿元,加快学校标准化建设,完成20.8万平方米校安工程,投放校车40辆。被评为"中国民间文化艺术之乡""全国群众体育工作先进单位"。构建和谐"大格局"。深入推进法治全椒、平安全椒建设,荣获"全省依法治县先进县",连续五年获批"全省平安县"。先后被评为"全国信访工作先进集体"、首批"全省食品安全示范县"、"全省双拥模范县"、"全省残疾人工作示范县",县人武部被省军区授予"全面建设十佳标兵单位"称号。此外,国防、人防、消防、税收、统计、审计、地震、供销、档案、老龄、慈善、对台、外事侨务、民族宗教、关心下一代、机关事务管理等各项工作取得新进展,工会、共青团、妇联、残联、文联、工商联、科协、红十字会等各项事业实现新进步。

各位代表！过去五年是全椒加快发展、追赶跨越的五年,也是全椒综合实力提升最快、城乡面貌变化最大、人民群众获得感最多的五年。上述成绩的取得,是市委、市政府和县委统揽全局、坚强领导的结果,是县人大、县政协及社会各界有效监督、鼎力支持的结果,是全县广大干部群众同心同德、务实苦干的结果,也是历届班子历任领导打下良好基础的结果。在此,我代表县人民政府,向全县人民,向各位人大代表和政协委员,向离退休老领导老同志,向驻县各单位和部队官兵,向在全椒投资兴业的企业家朋友,向所有关心、支持、参与全椒建设和发展的社会各界人士,致以崇高的敬意和衷心的感谢!

各位代表！奋斗历程难以忘怀,发展经验弥足珍贵。总结五年来的工作,我们深刻体会到:无论形势如何变化,必须把坚持党的领导作为第一要求。紧密团结在以习近平同志为核心的党中央周围,切实增强政治意识、大局意识、核心意识、看齐意识,始终在思想上政治上行动上与党中央保持高度一致。无论任务如何艰巨,必须把加快发展作为第一要务。牢固树立和积极践行新发展理念,扎实推进供给侧结构性改革,坚定不移地调结构转方式促升级。无论条件如何改善,必须把增进民生福祉作为第一追求。坚持问政于民、问计于民、问需于民,真正做到发展为了人民、发展依靠人民、发展成果由人民共享。无论道路如何艰难,必须把改革创新作为第一动力。大力弘扬敢闯敢试、敢为人先的"大包干"精神,以自我革新的勇气破除体制机制弊端,不断厚植发展新优势,积蓄发展新动能。无论情况如何复杂,必须把加强党风廉洁建设作为第一保障。坚持依法行政、廉洁从政,以忠诚、干净、担当的良好形象取信于民。

各位代表！在肯定成绩的同时,我们也要清醒地认识到,当前全椒县发展中还面临不少困难和问题,主要表现在:一是受经济下行压力加大、速度换挡、增速放缓等宏观因素影响,实体经济困难仍然较多,加快"调转促"、推进"去降补"压力较大;二是城镇化水平不高,城市规划建设管理不够精细,镇域发展不平衡,公共服务和基础设施建设还存在不少"短板";三是社会不稳定因素相互交织,特别是一些历史遗留问题处置难度较大;四是少数单位和干部积极进取、勇于负责、敢于担当的精神不够,不敢为、不会为、乱作为的现象还时有发生,存在新常态下的“本领恐慌”,高效廉洁政府建设需要进一步加强。对此,我们要坚持问题导向,强化底线思维,突出精准发力,逐步加以解决。

二、新一届政府未来五年发展展望

各位代表,今后五年是全椒加快“调转促”、推进“去降补”的关键期,也是全面深化改革、提升经济实力的攻坚期,更是开启新征程、全面建成小康社会的决胜期。新一届政府将牢牢把握发展大势,切实增强时不我待、只争朝夕的责任感和使命感,自觉肩负起时代赋予的重大使命。从宏观形势看,我国仍处于重要战略机遇期,经济发展长期向好的基本面没有改变,随着国家“一带一路”、长江经济带、南京江北新区、皖江城市带展期等重大战略的深入实施,持续深化改革带来的政策红利,产业转型升级打下的坚实基础,这些都为县域经济发展提供难得机遇和有力支撑;从全椒县自身看,凭借优越的交通、区位和生态优势,经过多年努力,全椒县发展已经站在新的历史起点上,改革创新深入推进,产业结构持续优化,基础设施不断完善,发展优势不断积累,实现更好更快发展、创造更加美好前景其时已至、其势已成。面对经济发展的新方位、新常态,只要我们审时度势、科学谋划,坚定信心、攻坚克难,就一定能够抢抓新机遇,培育新动能,发展新经济,闯出新路子,奋力开创经济社会和各项事业发展新局面。

根据县第十四次党代会和县“十三五”规划纲要的部署,今后五年,县政府工作的指导思想是:认真贯彻中共十八大和中共十八届三中、四中、五中、六中全会精神,深入学习习近平总书记系列重要讲话特别是视察安徽重要讲话精神,统筹推进“五位一体”总体布局和协调推进“四个全面”战略布局,全面落实中央经济工作会议和农村工作会议、全省经济工作会议精神,按照省第十次党代会、市第六次党代会、县第十四次党代会的决策部署,主动适应经济发展新常态,坚定不移地用新发展理念统领发展全局,以提高发展质量和效益为中心,以推进供给侧结构性改革为主线,以实施五大发展行动计划为抓手,以增进人民福祉为根本,稳中奋进、好中加快、能快则快,努力把全椒打造成为动力之都、文化名城、绿色家园,为美丽滁州、美好安徽建设做出新的更大贡献。

全椒县经济社会发展的主要目标是:按照省委“坚定不移闯出新路、决战决胜全面小康”,市委“346”发展目标和县委实现“四个翻番”、冲刺“省市前列”的目标要求,实现地区生产总值确保230亿元,力争260亿元;财政收入确保35亿元,力争40亿元;规模以上工业企业数达350家以上,工业增加值达90亿元;固定资产投资达300亿元以上;城镇和农村居民人均可支配收入年均分别增长9.5%和10%以上。

为实现上述目标,我们将突出抓好五个方面工作:

深入实施创新发展行动,推动产业转型和动能转换“双提速”。牢固树立“创新第一动力、科技第一生产力、人才第一资源”的理念,大力推进科技创新、制度创新、管理模式创新,加强顶层设计,主动顺应“中国制造2025”“互联网+”发展趋势,着力推进产业发展集聚化、产业竞争高端化,基本形成以战略性新兴产业为先导、装备制造业为骨干、现代生态农业为支撑、大中小企业合理布局的现代产业体系,努力将全椒建设成为安徽省先进制造业基地。深入推进供给侧结构性改革,坚定不移把“去降补”各项任务落到实处。坚持把创新驱动贯穿于经济社会发展各领域,着力推动产业发展从要素驱动向创新驱动转变,产品结构由价值链低端向价值链高端延伸。到2021年,发明专利授权量年均增长8%,高新技术企业达46家,战略性新兴产业产值突破300亿元,全柴集团实现“百亿”目标,培育产值超10亿元企业10家、超亿元企业100家。

深入实施协调发展行动,推动基础设施和公共服务“双提标”。坚持走以人为核心的新型城镇化道路,遵循规划出精品、建设做精致、管理求精细的“三精”原则,加快形成秀美县城、特色集镇、美丽乡村“三位一体”的城乡一体化发展新格局。注重城市设计和历史文化特色塑造,着力打造具有儒林文化“元素符号”的建筑风格,加快建设山水生态人文、宜居宜业宜游的精致秀美城市。到2021年,常住人口城镇化率达57%以上,争创全国文明县城。按照集聚集约集中的原则,加快大墅产业新城建设,推进古河、二郎口等中心镇建设,积极发展一批特色小镇。按照“发展中心村、保护特色村、整治自然村”的要求,努力实现美丽乡村建设县域全覆盖。

深入实施绿色发展行动，推动生态建设和环境保护“双提优”。牢固树立“绿水青山就是金山银山”的发展理念，坚持把生态文明建设融入经济建设、政治建设、文化建设、社会建设各方面和全过程，加快构建绿色发展方式和低碳生活方式。严格落实主体功能区规划，严守生态红线，全力打好大气、水、土壤污染防治三大战役，争创国家级生态文明建设示范县。巩固提升森林增长工程，到2021年，力争森林覆盖率提高到40%以上，争创国家森林城市。实行最严格的环境保护制度，加大节能减排力度，推进城乡生活污水一体化处理，县城和农村生活污水集中处理率均达100%。

深入实施开放发展行动，推动深化改革和合作交流“双提高”。坚持刀刃向内、破字当头，持续深化重点领域和关键环节改革，深入推进农村综合改革、财税体制改革、基层医药卫生体制改革，推动“放管服”改革，不断增强发展动力。发挥区位优势，强化区域合作，深度融入南京、合肥两大都市圈，全方位对接南京江北新区，加大招商引资、招大引强力度，综合运用产业链招商、以商招商、园区共建等方式，主动出击，精准招商，不断掀起招商引资热潮，力争五年累计引进到位资金500亿元、外商直接投资6亿美元。到2021年，园区规模以上工业总产值突破300亿元。引导帮助企业开拓国际市场，加快企业“走出去”步伐，不断拓展开放合作新空间。

深入实施共享发展行动，推动社会事业和民生幸福“双提升”。坚持人人参与、人人尽力、人人享有，持续加大民生投入，持续增加居民收入，努力增进人民群众获得感。坚持把脱贫攻坚作为最大民生工程，确保“小康路上一个都不能掉队”。大力推进就业创业，建立健全多层次的养老服务体系，不断提升社会保障水平。推进教育优质均衡发展，提高医疗卫生服务水平，积极发展体育事业，繁荣发展文化事业，加强“法治全椒”建设，努力让群众物质更富足、精神更富有、生活更幸福。

三、2017年工作安排

2017年是党的十九大召开之年，也是新一届政府起始之年，更是实施“十三五”规划的重要一年和供给侧结构性改革的深化之年。做好今年的各项工作，具有十分重要的意义。

按照全省经济工作会议、市委六届二次全会和县委十四届三次全会部署，今年全县经济社会发展的预期目标是：地区生产总值增长10%以上；财政收入增长12%；固定资产投资增长16%以上，力争达18%；社会消费品零售总额增长12.5%；进出口总额增长11%；城镇、农村居民人均可支配收入分别增长10%和10.5%。节能减排完成年度目标任务。

围绕上述目标，重点做好以下八个方面工作：

（一）致力于转型升级、优化供给，增强发展竞争力

围绕“促转型”，持续增强工业经济实力。工业强则全椒强，产业兴则全椒富。坚持工业强县战略不动摇，坚定不移地实施大项目带动战略，努力推动工业经济总量提升、结构优化、实力增强，力争新增规模以上工业企业20家，实现工业增加值46亿元，增长12%。做大做强优势产业。瞄准汽车产业发展方向，加快推进机械装备制造产业转型升级。支持全柴与国际国内一流企业开展战略合作，走强强联手之路，加快推进年产10万台非道路柴油机、年产15万台缸体柔性加工线、年产10万台汽油机等重大项目建设，力争产值突破40亿元。支持机械制造企业做大做强，完成和谐曲轴、擎天伟嘉等20个亿元以上项目建设。发展壮大新兴产业。把发展战略性新兴产业作为工业转型升级的主抓手，瞄准“微笑曲线”两端，力争在新材料、新能源、电子信息产业发展上取得新进展，力促亚士创能科技、泰石岩棉、科华微电子、南大光电MO源、纳晶电子科技、天安新材料二期、旭能光伏二期等25个项目建成投产，实现新兴产业产值增长20%以上。改造提升传统产业。整合创业、天使等各类产业发展引导基金，扩大“4321”政银担、“税融通”、“过桥资金”覆盖面，切实加大对本土企业的帮扶力度，支持食品加工、轻纺服装等传统企业加大技改投入，推进“机器换人”，弘扬“工匠”精神，增品种、提品质、创品牌，力争实现传统产业产值增长15%以上。加快建筑业发展，力争建筑业产值、税收均增长20%以上。

围绕“调结构”，不断提升服务业发展水平。顺应个性化、多样化的消费需求，加快培育新的消费增长点，力争服务业增加值增长12.5%。聚力发展全域旅游。强化规划和政策引导，编制全域旅游发展规划，加快推进大墅龙山、神山碧云湖片区、吴敬梓纪念馆二期、西王四季花海风情小镇等旅游项目建设；做实做细“旅游+”文章，适应大众休闲游、散客自驾游兴起等趋势，大力推动旅游与文化体育、健康养生、社会化养老等产业融合发展；依托辉隆千亩樱花、龙山千亩桃园等生态资源，支持民宿业示范项目建设，大力发展乡村民宿游、生态游，力争全年游客接待量、旅游总收入均增长20%以上。大力发展电商产业。围绕创建全省电子商务示范县，实施百家农村网店计划，引导传统商贸企业对接电商平台，加快颐高电子商务产业园建设，再引进1~2家全国知名电商企业入驻，力争电子商务交易额达3.5亿元，增长15%以上。繁荣发展文化产业。深入实施文化惠民工程，推进镇综合文化服务中心、农民文化乐园、美丽乡村大舞台等项目建设，鼓励创作具有全椒特色的文化产品，促进地方文化可持续发展。同时，支持社会力量兴办养老、医疗、家政、健康等服务机构，大力发展生活性服务业。

围绕“去降补”，深入推进供给侧结构性改革。坚持把供给侧结构性改革作为经济发展的主线，不断推进“去降补”取得新成效。坚定不移去产能。综合运用市场机制、经济手段、法治办法加快淘汰落后产能，积极稳妥处置“僵尸企业”，全年盘活“僵尸企业”5家以上。分类施策去库存。按照“房子是用来住的、不是用来炒的”定位，加强房地产市场监管，全面推行棚改货币化安置，拓展房产销售市场，商品房去化周期控制在13个月以内。积极稳妥去杠杆。实行政府性债务限额管理，优化债务结构。引导支持企业上市直接融资，力争在“新三板”挂牌企业2家，1家企业完成主板上市辅导备案。多措并举降成本。认真落实降成本政策措施，切实降低企业用工、用电、物流、融资和制度性交易成本，以“简政之道”帮助企业“轻装上阵”。抓住关键补短板。持续在农业农村、民生保障、基础设施、公共服务等领域加大投入，强化项目支撑，优化要素配置，不断提高供给质量和效率。

（二）致力于引资引智、开发开放，强化发展牵引力

力求招商精准有效。坚持招商引资“一号工程”“一把手工程”不动摇，坚持产业招商、以商招商的思路不放松，坚持大招商、招大商的目标不改变，抢抓国家“一带一路”、长江经济带重大机遇，全面拥抱南京“大江北”战略，谋划编制沿江北（区域性）产业发展规划，等高对接滁州产城融合发展示范区，变招商为招产业，从产业“增链、补链、强链”出发，大力推进产业链招商；围绕重点区域、重点项目、重点企业，开展“一对一”“点对点”专业化招商，提高招商引资精准度和实效性。突出引资引技引智一体化，积极引进研发、采购、物流等产业链高端环节，大力开展与央企合作，鼓励企业设立地区总部、研发机构、运营中心和销售中心。完善招商项目预审、决策、督察机制，强化双向约束，提高项目档次和产出效益。继续举行项目集中签约、集中开工活动，力争引进亿元以上项目50个，到位资金100亿元，当年项目转化率不低于50%。

力促园区转型发展。按照“产城一体、产城融合”的发展思路，坚持经开区“1+2”发展模式，整合十谭产业园和杨桥工业园，加快推进园区一体化发展。争取县经开区扩区规划获省政府批准，启动总投资3.6亿元的18个重点项目建设，确保集中供热中心、邻里中心建成投入使用。积极探索“飞地经济”、建设“园中园”，开展与国家级一流院所合作，力争全年新签约、新开工、新投产亿元以上项目均不少于15个，园区产值、税收均增长20%以上。开展对各镇工业集中区的考核，完善道路、供水、供电等基础设施建设，进一步提升承载能力，力争每个镇工业集中区新开工、新投产企业均不少于5家。

力推项目快速高效。叫响压实经济工作项目化、项目工作责任化，全面实施“四督四保”制度，进一步提高项目的开工率、竣工率、达产率和转化率。围绕国家投资方向，结合“十三五”规划，在“三重一创”、产业转型升级、新型城镇化、生态环保、基础设施建设等方面，深入谋划和编报一批重点项目，争取获批政策性资金20亿元以上。按照源头严把、过程严控、验收严格、纪律严明的“四严”要求，建立健全项目帮扶帮办工作机制，做实做细项目前期工作，加强项目分级分层调度，倒逼项目加快进度。继续实施“政府投资十大重点工程”，同时加大PPP模式推广运用力度，在市政设施、生态环保、交通、教育、医疗等领域加强合作示范，促进投资持续健康较快发展。

（三）致力于宜居宜业、精致秀美，提升发展承载力

推动县城提品质。围绕融入大滁城“141”总体布局，结合南京“大江北”战略，按照“东扩、北上、内整”的发展思路，继续推进“三治三增三提升”专项行动，确保全年政府投资不少于20亿元。实施规划提升行动。完成“多规合一”、海绵城市、地下空间利用、竖向平衡、县城排水防涝、教育布点、店招店牌及户外广告等规划编制。高标准实施全椒火车站周边和南屏山东广场等地块城市设计。坚持“适度超前”，兼顾“规划留白”，为远景发展留出余地和弹性。牢固树立“规划即法”意识，加强规划批后建后监管，维护规划的严肃性、权威性。实施公共服务提升行动。确保妇幼保健医院、疾控中心、残疾人康复中心竣工投入使用。推进古襄河改造提升、第八中学、前进小学、中医院迁址、南屏山文体公园二期等13个项目建设。开工建设职教中心、历史文化中心（博物馆）、老年活动中心等一批重点项目。适时启动体育中心建设。实施基础设施配套行动。完成吴敬梓路提升改造工程。加快建设城东片区，完成一期路网建设，实施二期路网工程和部分地块有序开发。有序推进城北片区开发建设。启动新龙河整治工程。完成第二水厂建设。实施老旧小区改造行动。完成2个老旧小区改造，加快实施老城区雨污水和供水管网改造工程，进一步改善人居环境。实施棚户区改造提升行动。确保儒学苑、丰乐园安置房全部回迁入住。适时启动2～3个地块的棚户区改造项目。实施城市管理提升行动。巩固提升省级文明县创建成果，启动实施城市执法体制改革，深度推进城市网格化管理，夯实责任体系，提升精细化管理水平。围绕补齐城市交通秩序、环卫保洁、小区物业、绿化亮化等方面的“短板”，加大对市容市貌、渣土运输、店招店牌、户外广告等领域管理，继续加大对违法用地、违法建设的打击力度。完成“数字城管”建设，着力打造“智慧城市”。

支持集镇创特色。按照“人口集中、产业集聚、要素集约、功能集成”的要求，全面完成新一轮乡镇总体规划修编，完善公共服务和配套设施，加快培育一批特色小镇。大墅镇围绕打造合宁之间的重要节点集镇，充分发挥“左右逢源”的交通区位优势，按照“产城一体”的发展理念，加快建设产业新城，推进龙山生态养老产业园二期工程建设，加强与知名企业合作共建，力促一批重大项目早日落地开工。按照“两治理一加强”的要求，全面完成武岗镇、石沛镇、西王镇集镇整治工程，启动实施古河镇、十字镇、二郎口镇、六镇镇、马厂镇集镇整治，进一步完善集镇功能，提升集镇规划建设管理水平。鼓励支持乡镇走差异化、特色化发展之路，培育发展一批经济强镇、智慧小镇。

促进新村建精品。围绕打造农民幸福生活美好家园，完成县域村庄布点规划修编，巩固提升2个省级中心村建设，有序推进4个省级示范村建设。深入推进“三线三边”环境整治，进一步完善农村环卫保洁市场化机制，提高环卫保洁质量。开展“增绿、增彩、增果”行动，推广乡土树种造林。编制历史文化名村、传统村落保护专项规划，挂牌保护一批历史建筑。建立健全美丽乡村长效管理机制，充分发挥群众参与管理的积极性、主动性，推行村民自选、自建、自管、自用管理模式，打造美丽乡村“升级版”。

（四）致力于扶贫脱贫、城乡一体，积蓄发展驱动力

以“六个精准”为目标，坚决打赢脱贫攻坚战。把脱贫攻坚作为重大政治任务和最大民生工程，按照精准扶贫、监测评估、防范返贫、责任落实“四个全覆盖”的要求，深入实施脱贫攻坚“十大工程”，落细落准落实脱贫攻坚任务，确保全年实现4个贫困村出列、3500人脱贫。因地制宜发展产业扶贫，新建村级电商网店9个、光伏电站20个，实现贫困村电商扶贫和光伏扶贫全覆盖。发挥金融扶贫作用，确保新增扶贫小额信贷1000万元以上。开展旅游扶贫试点。切实做好就业扶贫、教育扶贫、健康扶贫，努力解决因病致贫、因残致贫问题。完善社保托底政策，实现扶贫线和低保线“两线合一”。压紧压实扶贫工作乡镇主体责任和县直单位定点帮扶责任，引导社会力量参与扶贫，最大限度汇聚脱贫攻坚的强大合力。

以“五化联动”为路径，大力推进农业现代化。加强农业供给侧结构性改革，坚持用工业的理念发展现代农业，加快构建现代农业产业体系、生产体系、经营体系。推进产业规模化。着力培育一批新型农业经营主体，加快推进辉隆、荣鸿、龙山等现代农业示范园建设，力争新增2个千亩以上的现代农业示范园。推进产品原料化。瞄准市场、农民、企业需求，因地制宜招引农副产品精深加工企业，提高农副产品就地转化率，力争市级以上农业龙头企业发展到30家，产值达35亿元以上。支持龙虾产业发展，建成赤镇龙虾交易市

场，新增“稻虾连作”面积1万亩以上。推进生产机械化。推广大马力农机具200台(套)，主要农作物综合机械化水平达82%以上。新增30套烘干设备和7万吨粮食仓储设施，切实解决粮食“存储难”。推进营销电商化。运用“互联网+农业”，大力发展电子商务进农村，开拓农产品市场，促进农民增收致富。推进模式复合化。大力推进农业与旅游、休闲、健康、文化等相结合，从单纯种养结构向复合型农业发展方向转变。

以“四网共建”为载体，加快推进基础设施一体化。完善综合交通网。全力保障合宁高速改扩建、滁宁轻轨、S206和S331中修工程建设。启动江北大道(滁马高速连接线)、西一环、滁州大道续建工程、襄河港建设。完成S324改建工程和200千米的农村道路畅通工程。深入实施城乡公交一体化。完善水利农田网。启动实施襄河三期治理、黄栗树水库除险加固工程。以“八小水利工程”为抓手，完成7座小水库除险加固工程。实施江淮分水岭综合治理开发项目12个。完成农业综合开发项目1.3万亩。完善能源保障网。加快农村电网升级改造。完成天然气“镇镇通”工程18千米。努力实现经开区集中供热全覆盖。完善信息智慧网。加快“三网融合”，有序推进农村光纤进村入户。加快气象现代化建设步伐，提高气象为农服务水平。

(五)致力于深化改革、创新创业，集聚发展源动力

突出重点领域改革。紧扣“四个有利于”的改革方向，坚持问题导向，突出改革重点，着力打造深化改革的“全椒品牌”。深化行政审批制度改革。动态调整政府“权责清单”和涉企收费清单，进一步精简行政审批事项，优化审批流程，提高办事效率。深入推进“放管服”改革，以政府权力的减法换取市场活力的乘法。深化财税体制改革。进一步完善乡镇财政体制，增强基层加快发展的内生动力。推动国地税征管体制改革。深入推进农村综合改革。巩固提升土地确权成果，推进“三权分置”。以“三变”改革为重点，加快推进农村集体产权制度改革。积极推进供销社综合改革，完成国有林场改革。巩固深化基层医药卫生体制改革。完善公立医院改革，抓好“双下沉、两提升”，努力实现“小病不出镇、大病不出县、看病更方便”。深化商事制度改革，扩大“证照合一”覆盖面。深化社区管理体制改革，提高社区为民服务水平。全面实施机关事业单位养老保险制度改革。稳步实施事业单位分类改革。启动事业单位公务用车制度改革。

突出加快“双创”步伐。系统推进技术创新、产业创新、制度创新和管理模式创新，积极承接国家重大科技“02专项”、打造国家级电子新材料产业基地，力促一批科技成果转化项目早日落地。全面加强与大学大院大所大企业的对接合作，确保与2个国家级的一流院所开展合作，每个亿元以上企业至少有1家技术依托单位，每年至少研发1项以上的新技术、新产品，努力以创新链的提升促进产业链的发展，力争新增高新技术企业5家，授权发明专利75件以上。实施质量强县工程，力争新增省政府质量奖1个、省著名商标和名牌产品6个。支持大众创业，大力发展众创、众包、众扶、众筹空间。加快发展民营经济，鼓励支持企业家“二次创业”，引导全椒在外成功人士返乡创业，力争民营经济增加值增长60%以上。

突出强化要素保障。保障项目用地。完成1500亩土地增减挂钩项目。坚持集约节约用地，大力清理闲置低效用地，制定工业项目弹性供地办法，鼓励企业建设多层标准化厂房。解决资金难题。坚持“金融扶持引导”，加快投融资平台转型发展，提升城基公司、美丽乡村、畅运交投等公司融资能力。践行普惠金融理念，进一步加强政银企对接，鼓励金融机构加大信贷投放，支持实体经济加快发展。强化人才支撑。坚持培养和引进并重，探索建立“不求所有、但求所用”的柔性人才引进模式，实施高层次人才引进计划，开展引硕、引博和专家招引“三大行动”，努力在人才高地建设上取得新突破，力争引进创新创业人才100人。

(六)致力于生态建设、环境保护，培植发展支撑力

持续强化环境治理。实行最严格的节约用地、水资源管理和能耗强度控制制度。坚持源头严控、过程严管、结果严惩，推动政府、企业、公众共治的环境治理体系建设。狠抓大气污染治理，强化工业废气、汽车尾气、施工扬尘、燃煤锅炉改造等专项整治，实行秸秆全年全域禁烧，全面实行城区烟花爆竹限放禁放，让群众看到更多的蓝天白云。突出水环境综合整治，加大黄栗树水库等饮用水源地保护力度，加快推进农村饮水安全工程，让群众喝上干净水、放心水。推行“河长制”管理，强化滁河、襄河及其支流的监测和治理，加快城市黑臭水体整治，确保断面水质稳定达标。加强矿山整治，有序推进采矿权设置出让，持续打击非法开采行为。加大耕地保护力度,开展土壤污染防治,加大农业面源污染防控力度,推广测土配方施肥技术,减少化肥农药不合理使用,实行耕地休耕轮作,大力整治农村污染问题,切实保护好绿水青山。

持续推进节能减排。严格落实节能减排目标责任制,加大节能技术改造力度,大力推进工程减排、结构减排和管理减排。启动城市污水处理厂扩建提标工程和化工集中区污水处理厂建设,确保经开区污水处理厂投入使用,完成22个美丽乡村污水处理设施建设。严把新上项目环评、能评关,从源头上杜绝高污染、高能耗项目入驻。广泛开展节约型机关单位创建活动,推广使用节能产品,完成公共自行车二期工程建设,倡导文明、节约、绿色、低碳新理念。

持续加强生态建设。提升城区绿化水平,完成南屏山东广场绿化提升和2个街头游园建设,启动9条城市道路绿化工程,新增城区绿化面积75万平方米。巩固提升森林增长工程,实施林业增绿增效行动,建设滁河风光带示范段5千米,创建省级森林城镇1个、森林村庄10个,建设薄壳山核桃产业基地5000亩。启动国家级生态文明建设示范县创建工作,持续改善生态环境质量,力争创建1个省级生态镇、3个省级生态村。

(七)致力于以人为本、改善民生,增添发展向心力

办好民生实事,保障民生之本。以发展成果普惠共享为目标,坚持不懈地实施好“十件为民办实事”项目,继续实施省、市各项民生工程,切实办好一批让群众看得见、摸得着、得实惠的实事。认真落实促进就业各项政策,城镇登记失业率控制在4%以内。不断完善社会保障体系,加大各类社会保险扩面征缴力度,稳步提高农村五保、城乡低保保障标准。开展农村敬老院改造提升工程,全面启动“医养结合”试点。完成农村危房改造2000户。加大对困难群体的救助力度,支持慈善、社会福利和残疾人事业发展。

繁荣社会事业,筑牢民生之基。推动教育事业新发展。继续优化中小学布局,加快“三校一中心”建设,加强教师队伍建设,进一步完善绩效考核机制,确保通过全国义务教育发展基本均衡县验收。支持办好马拉松、山地自行车等各项赛事,积极创建省体育强县。推动卫生事业新进步。支持与社会力量合作办医,启动建设县精神医院,进一步完善县域医共体试点工作,建立健全分级诊疗制度,争创省级卫生县城。推动计生工作新提升。坚持计划生育基本国策,加大对计生困难家庭的扶助力度,确保计生工作处于省、市先进位次。

加强社会治理,化解民生之需。围绕打造阳光信访、责任信访、法治信访,不断健全县镇村三级矛盾纠纷排查化解长效机制,发挥人民调解作用,引导群众依法行使权利、表达诉求、解决纠纷。严格落实安全生产“党政同责、一岗双责、失职追责”的要求,加大安全隐患排查整改,确保安全生产形势稳定。坚持最严格的、覆盖全过程的食品药品监管制度,保障群众饮食用药安全。加强社会治安综合治理,深入开展“平安全椒”建设,实施“天网”三期工程,维护社会和谐稳定。进一步完善应急管理体系,切实增强突发事件应急处置能力。深入推进“七五”普法。扎实开展社会主义核心价值观教育活动。加快社会信用体系建设,打造“信用全椒”。加大科普工作力度,全面提升全民科学素质。进一步做好新形势下国防动员、后备力量建设和“双拥”共建工作,推进军民融合深度发展。支持工会、共青团、妇联、残联、文联、工商联、科协、红十字会和关心下一代工作,继续推进档案、统计、人防、地震、气象、消防、供销、老龄、慈善、对台、外事侨务、民族宗教、机关事务管理、公积金管理等各项事业发展,促进社会全面进步。

(八)致力于依法行政、提升效能,夯实发展凝聚力

各位代表,面对经济发展新常态、“五大发展”新要求和人民群众新期盼,新一届政府将牢固树立政治意识、大局意识、核心意识和看齐意识,大力弘扬敢于负责、勇于担当、善于创新的工作作风,团结一致、奋发有为,努力开创全椒加快发展新局面。

坚持依法行政,努力建设尊法守法、科学决策的法治政府。认真贯彻执行《法治政府建设实施纲要(2015—2020年)》,严格按照法定程序和权限行使权力,做到法无授权不可为、法定职责必须为。不断完善政府议事规则,严格执行公众参与、专家论证、风险评估、合法性审查和集体讨论决定程序,提高政府决策科学化、民主化、法治化水平。坚决维护县委权威,坚决执行县委决定。自觉接受人大法律监督、政协民主监督、社会监督和舆论监督，认真办理人大议案、代表建议和政协委员提案。按照“公开是原则、不公开是例外”的要求，加大政府信息公开力度，积极回应社会关切。

坚持以民为本，努力建设为民服务、勤政高效的服务政府。坚持做到权为民所用，紧紧围绕群众关心的热点、难点问题，出实招、办实事、求实效，不断增进群众获得感。坚持做到利为民所谋，认真落实各项惠民利民政策，充分发挥“互联网+政务服务”的平台作用，变“群众跑腿”为“数据跑腿”。坚持做到情为民所系，树立问题导向和目标导向，积极推行“马上办”“立即办”“想办法办”的工作作风，深入践行“一线工作法”，力求情况了解在一线、问题解决在一线、成果体现在一线，以卓有成效的业绩取信于民。

坚持担当实干，努力建设履职尽责、奋发有为的创新政府。以思路引领发展，全体政府工作人员要坚决破除狭隘观念，克服因循守旧思想，大兴学习调研之风，注重研究新理论、新政策、新知识，努力成为系统内和专业上的“行家里手”，不断提升科学研判形势、驾驭复杂局面、应对困难挑战的能力和水平。以目标汇聚力量，注重把握发展大势，抢抓发展机遇，努力在形势变化中把握规律，在政策调整中抢占先机，在转型发展中精准用力，在破解难题中寻求突破。以担当激发干劲，按照“三个区分开来”的要求，建立健全容错纠错机制，为担当者担当，为负责者负责，最大限度调动广大干部职工的积极性、主动性、创造性，加快形成敢为人先、勇争一流的干事创业氛围。

坚持从严执政，努力建设遵规守纪、风清气正的廉洁政府。巩固“三严三实”专题教育和“两学一做”学习教育成果，深入开展“讲看齐、见行动”学习讨论，认真学习习近平总书记系列重要讲话精神，主动向党中央看齐、向党的理论路线方针政策看齐、向党中央决策部署看齐，做政治上的明白人、落实上的带头人、发展上的责任人，打造政治过硬的县政府班子。严守政治纪律和政治规矩，从严执行中央“八项规定”、国务院“约法三章”和省、市加强作风建设相关规定，守住底线、不越红线、不碰高压线。深入推进政府系统党风廉洁建设，健全惩治和预防腐败体系，强化行政监察和审计监督，坚决做到有腐必反、有贪必肃，牢固树立为民务实清廉的政府形象。

各位代表，新的蓝图已经绘就，新的目标催人奋进，新的征程任重道远。让我们紧密团结在以习近平同志为核心的党中央周围，在市委、市政府和县委的坚强领导下，励精图治、团结拼搏，不忘初心、继续前进，撸起袖子加油干，努力创造各项工作新业绩，奋力开创五大发展新局面，以更加优异的成绩迎接党的十九大胜利召开！

全椒概况

- 自然地理
- 历史与人文
- 2016年全椒县国民经济和社会发展统计公报

自然地理

全椒动车站

【位置、面积】 全椒县位于安徽省江淮丘陵的东部，江淮分水岭的南侧；地处东经117°49′～118°25′，北纬31°51′～32°15′，北部、东北部与滁州市毗陵，西部与肥东县接壤，南部、东南部自西向东分别与含山县、和县以及江苏省江浦县隔滁河相望。京沪高铁、沪汉蓉高铁、合宁高速及在建的马滁扬高速穿境而过，县城襄河镇西距合肥100千米，东距南京60千米。县境内东西长约58.5千米，南北宽约44.2千米，总面积1568.58平方千米。

【地貌】 全椒县在地貌单元上属江淮丘陵一部分，西北部为低山丘陵；东部和南部为岗坳相间的波伏平原，残丘零星分布；滁河、襄河、马厂河两侧为较广阔的河谷平原。全县海拔高程小于400米，相对高程大于100米。境内的西北低山，属滁县皇甫山余脉：西从管坝乡龙山起，向东北连绵起伏有玉屏山、铜井山、刀山、峰子山、登禅窝山；南从草庵乡龙王庙山起，向西、北连绵起伏有珠头山、磨盘山、何大山，再与登禅窝山相连，后向东北连接蚂蚁山、杨梅山，出县境与滁县花山相衔，总长约50千米左右，面积约140平方千米。最高山峰为车毂尖，海拔395.4米；其次是龙王尖394米、小龙王尖360米、石龙山345米、峰子山335米、狼头山315米、登禅窝山310米，其余山峰均为300米以下。山脉的特点是：低山与高丘相接，山脉总的走向为西南—东北，一般比高150～200米；山顶多为平顶和圆顶，少数尖顶，一般山顶面积200～500平方米，玉屏山顶为平顶，面积达1600平方米；山的一般倾斜度25～30度，其中龙王山北坡、玉屏山西坡、龙王尖西坡、车毂尖南坡、登禅窝北坡、庙山口西坡等地段达32～40度。总的情况是丘陵起伏，小山连绵，坡度不大。本县群众习惯称县北部海拔高度50米以上地区为山区，该区面积515.4平方千米，占总面积33.7%；中部海拔高度50米以下至15米左右的地区为丘陵，面积796.4平方千米，占总面积52%；海拔高度自东向西10～20米以下地区称圩区，面积218平方千米，占总面积14.3%。北部山区地势较高，差异很大，垂直落差达300米，多为两山夹一洼的山间冲田和岗坡地；水域面积大，有全县五条河流的上游或源头，四座大中型水库坐落该区，还有小型水库、山塘小坝。水域占地88510亩，占全县水域面积25.5%，蓄水库容为16856立方米，占全县蓄水库容56.3%；林地面积大，有林地占全县88%，覆被率达32.8%；此外还有6万多亩荒丘草坡地。中部丘陵区地貌多为岗冲相间，垂直高差较小，且有数百亩、千余亩不等的岗间平原镶嵌其间，该区土地面积占全县一半以上。该区上有四个大中型水库，下有驷马山引江灌溉工程，河流沟渠纵横交错。南部圩区位于滁河北岸，东西长约65千米，南北宽3000～7000米，呈长带状。海拔高度依次为6.9米、10米、20米。这一地区地势低洼平坦。

【气候】 全椒县属于北亚热带季风气候，具有向暖温带过渡性质。气候温和，雨量适中，阳光充足，四季分明，雨热同季，易旱易涝，年平均气温14～15.6摄氏度。无霜期年平均为221天。年平均降雨量为840～980毫米。四季特征：春季平均始自4月1日前后，终至6月2日前后，历时62天左右。逢春节后，冷暖气流在县境内进退交替，因而天气多变，气温变幅较大，常有“倒春寒”“桃花水”。夏季平均始自6月3日前后，终至9月13日前后，历时112天左右。夏季是全年光、热、水最多的季节。季内气候变化，主要是受西太平洋副热高压所左右。副热带高气压势力强，长期控制全椒，就会形成持续高温干热。秋季始自9月14日前后，终至11月15日前后，历时62天左右。秋季天气较凉，降水减少，天高气爽。由于受大气环流的影响，时有“秋老虎”和连阴雨出现。冬季天气干燥，降水偏少。始自11月15日前后，终至翌年3月3日前后，历时137天左右。

【日照】 多年平均日照时数为2174小时，日照百分率为49%。最多年日照时数2445.2小时（1978年）；最少年日照时数1875.2小时（1984年）。多年平均太阳辐射总量为119.2千卡/平方厘米，最大年为128千卡/平方厘米（1966年），最少年为110.4千卡/平方厘米（1975年）。常年风向多为东北风。冬、夏两季由于受单一的冷气团、暖气团控制，所以冬季多偏北风，夏季多偏南风。

【资源】 矿产资源。全椒县在地质构造上属华北地台南缘与扬子准地台北缘结合部，地质构造复杂。全椒县矿产资源主要分布在西北部山区，具有三大特色：非金属建材矿产丰富，深加工附加值高；开采条件好，矿体埋藏浅，易于露天开采；综合开发利用前景大，有较高的工业价值。境内已发现矿种23个，矿点（床）百余处，主要矿种有金、铜、铅、锌、铁、钒、磷、石灰石、砖瓦黏土、石煤、绢云母、重晶石、大理石、花岗岩、海泡石、硅灰石等。其中，非金属矿绢云母主要储藏在复兴、周岗、章辉等地。查明储量29.9万吨，远景储量逾千万吨。境内绢云母白度好，一般均在75%以上，最高90%；橄榄辉绿岩（花岗岩）主要分布在古河镇独山，查明储量625万立方米；大理石主要分布在马厂镇玉屏山。探明储量927万立方米，远景储量数千万立方米。石灰岩主要分布在谭墩、马厂、草庵、石沛、大墅，探明储量2700多万吨，远景储量数亿吨。石煤主要分布在石沛镇河南村、三合张洼、十字兴云一带，查明储量72万吨，远景储量500万吨。金属矿金矿岩金分布在三合大庙山、龙王尖，储量900千克，远景储量3000千克。砂金分布在马厂河体下，储量1644千克，保有储量1000千克。铜矿主要分布在马厂镇东孙家、玉屏山一带，查明铜金属储量3017吨，伴生金479千克，伴生银3000千克。

水资源。水资源充沛，主要为地表水、地下水（地下水量尚待查明）。地表水水源有降水、过境水、入境水、提引长江水。年均地表径流量3.2亿立方米。全椒县位于滁河下游，滁河流经县境119.7千米。其积水在县境内的，算作县内水资源，其上游有1861平方千米的径流水汇入滁河，流入全椒县境内，常年径流量约3.2亿立方米，偏丰年份达4.9亿立方米，枯水年份1.8亿立方米，最枯水年份仅1亿立方米。黄栗树水库上游，从滁州市南谯区来水面积184平方千米，多年平均入境水径流深26厘米，径流量0.48亿立方米。石沛、十字两镇从南谯区的来水，与十字镇流入南谯区水的面积大约相当，故略而不计。西王镇尚有48平方千米的地面径流水，流入肥东县，多年平均径流深23厘米，径流量0.11亿立方米。流入、流出相抵后，全椒县实际入境水0.37亿立方米。1971年驷马山引江分洪河道工程竣工后，多雨年份，可以泄洪，减轻滁河水患。干旱年份，可提引长江之水，以济全椒缺水之忧。提引江水能力为1.96立方米/秒，按提水50计算，可提引江水2.2亿立方米。

生物资源。全椒县在气候上，具有明显的南北过渡性特点，很多原产于南方或北方的生物，都能在本地正常的生长发育。在地形上，北高南低，境内山、岗、丘、圩、湖兼有。因而，全椒县的生物具有多样性，门类多，资源比较丰富。动物类有19纲220科481种；植物类有1127种，其中种子植物140科972种。

旅游资源。县城西北主要是森林湖泊生态旅游资源；南部主要是历史文化遗址旅游资源；东部则侧重文化休闲旅游资源。全椒山清水秀，人文荟萃。境内拥有国家级森林公园1座，省、县级文物保护单位25个，各类景区景点20余个。其中，国家AAA级旅游景区2个，AA级旅游景区2个；国内旅行社5家；三星级旅游饭店1家，二星级旅游饭店2家。吴敬梓纪念馆是国家AAA级旅游景区，位于全椒县城西北隅。

襄园风光

始建于1959年夏，原址在全椒县城荷花塘畔。1964年闭馆后改作他用。现馆为1984年10月重建，占地5000平方米，建筑面积1000平方米。建有东西展厅及古朴迴廊，1986年7月1日正式对外开放。纪念馆大厅前立有吴敬梓一尊铜像，高4.5米，重500千克。馆内收藏有《儒林外史》的各种版本以及吴敬梓的其他著作，如迄今发现最早的刻本《卧闲草堂本》、民国时期的《增补齐省堂本》以及《文木山房集》、《文木山房诗说》，还有其七言古诗手迹《奉题雅雨大公出塞图》的缩小件（原件大约长2米、宽1米，是国家一级文物，现藏于北京故宫博物院）等。东西展厅还陈列中外专家、学者对《儒林外史》的研究成果和其故居的部分文物、石刻以及国内著名书画家的作品。神山国家森林公园是国家AAA级旅游景区。位于全椒县以西20千米处，总面积20平方千米。属北亚热带低山丘陵，最高峰海拔395米左右。山名由来无考，但唐建中年间（780—783年），滁州刺史韦应物有《寄全椒山中道士》诗、山上所存神山寺，可证明1000多年前，佛道均在此争建庙宇道场，颇有“神仙气”。神山群山环抱，林深水秀，九座山围绕神山主峰，故称“九龙盘珠”。其涧壑幽深，石嶂奇竣，溪水绕山而过，甘泉破石而出，环境优美，气候宜人，融秀水、奇石、溶洞、古寺为一体，是一独特而幽雅的森林公园。森林覆盖率达90%，植被多为天然阔叶林与人工长绿针叶混交林，各种树木有400种之多。主要景点有白石泉、神山湖、览胜塔、御溪桥、仙人洞、团山洞、龙洞、青牛洞等，还有充满象形神山石的黑石岂和距今已存1200多年的神山寺。龙山寺风景区是（原名宝公庵）国家AA级旅游景区。位于全椒县西35千米，龙山西麓，管坝境内，沿合宁高速公路大墅道口2千米直达寺院。古寺山峦重叠，林郁景奇，苍松翠竹，黛色参天，岩山幽洞，瀑洒千峰，小桥流水，终年不息，冬暖夏凉，气候宜人。殿宇亭榭，清磬悠钟，千古胜地。迎驾桥、积善桥、放生池、宝公亭、一线天、石林、塔林，撑腰石、仙人洞、龙洞、龙井、夕阳照、母子檀、百子檀、龟驮姐妹树、连理枝、五龙宫、美人山等36景遥相呼应，自然成趣。尤为登上主峰娘娘顶，远眺长江如带，美景庙宇，浑然一体，置身其间，如入仙境。古有诗云："林深无熟径，树老不知年。瀑洒千峰雪，岩开一线天。"明刘瑜诗云："爱此西山矗矗青，几来马首轧须停，从谁乞得愚公力，移得南窗作画屏。"又有清吴国缙诗："林深无熟径，树老不知年，瀑洒千峰雪，岩开一线天。"三塔寺景区是国家AA级旅游景区，省级重点保护寺庙，江淮名刹。在全椒县城西北18千米处六镇东北侧。创建于隋大业年间(605—618年)。北宋徽宗大观元年(1107年)，寺前建有三座塔，因名"三塔寺"。明洪武年间(1368—1398年)，因谒泗、凤两陵，取三塔之砖造毛坦桥，塔被毁。天启年间(1621—1627年)重修。抗日战争期间，寺门被日军毁坏，后又险被国民党军拆庙以建碉堡，经住持力保才得以幸免。全椒解放前夕，该寺房产被利用兴办"全椒县农业职业初级中学"。"文化大革命"中，寺庙建筑被毁。中共十一届三中全会后，寺庙重修，佛像重塑，香火再振。现有殿宇五进，廊房迴曲，规模宏大，是全椒规模最大、佛像最多的寺庙。寺内大悲楼下有千年黄杨一棵和绝世牡丹百余株。每年花开之时，有文人雅士来做"牡丹诗会"。明末进士吴国龙《三塔寺》诗云："偶过萧关息，悠悠爽到秋。鸟为松子下，我以树香留。冗底观松简，嚣余觉寺幽。更欣新再足，恰称小溪流。"清有白衣道人方定国居此，杭州知府薛时雨有《白衣道人行》诗行世，三塔寺遂更知名。还有碧云湖，安徽省十大水库之一，有岔湾数10处，湖心岛5处，名胜古迹7处。四周覆盖着数万顷的亚热带阔叶、针叶混交林，四季郁郁葱葱，景色秀美，气候宜人，是旅游度假的好去处。南屏山省级森林公园位于县城南端，山上的"南岳晴霄""笔峰毓秀"景区是旧时全椒八大景中的两个。县城襄河环绕，围绕襄河有7座历史悠久的古桥，分别是涌金桥、宝林桥、红栏桥、白汪桥、太平桥、积玉桥、拖板桥，景观独特，年代久远。其中又以太平桥最负盛名，每年正月十六，周边几个县市有数十万人前来太平桥走一走，放烟花爆竹，祈求永远太平。多年来，"走太平"已演绎成全椒一大民俗。襄河北岸的国光楼，旧时为明清仕人读书讲学之所，现为省级重点文物保护单位。

全椒最大民俗——"正月十六走太平"

【环境】 地表水水质监测。对县内滁河、襄河等水环境质量进行采样监测，特别是对县城饮用水源地(小徐塘、黄栗树水库)和

全椒秀美山水

乡镇饮用水源地(三湾水库、马厂水库、岱山水库、赵店水库)开展每月一次监测,共取得监测数据3818个。据统计,2016年,全县地表水河流水质状况总体为轻度污染,7个监测断面中,水质为Ⅲ类的占46.4%,Ⅳ类占28.6%,Ⅴ类占21.4%,劣Ⅴ类占3.6%;全县地表水水库水质状况为良好,7个监测断面中,Ⅱ类占3.6%,Ⅲ类占89.3%,Ⅳ类占5.9%,Ⅴ类占1.2%。空气质量监测。2016年度,全椒县城区优良天数为346天,污染天数为20天,15天为轻度污染,5天为中度污染,优良率94.5%。2016年度,全椒县城区空气自动监测子站二氧化硫日平均值为0.003~0.31毫克/立方米。全椒县2016年度城区二氧化硫的平均值0.019毫克/立方米,符合(GB 3095—1996)《环境空气质量标准》二级标准的要求。2016年度,城区空气自动监测子站二氧化氮日平均值为0.001~0.079毫克/立方米。全椒县2016年度城区二氧化氮平均值为0.022毫克/立方米,符合(GB 3095—1996)《环境空气质量标准》二级标准的要求。2016年度,城区空气自动监测子站可吸入颗粒物(PM_{10})日平均值为0.017~0.156毫克/立方米,城区空气自动监测子站可吸入颗粒物($PM_{2.5}$)日平均值为0.012~0.128毫克/立方米。全椒县2016年度城区可吸入颗粒物(PM_{10})平均值为0.060毫克/立方米,可吸入颗粒物($PM_{2.5}$)平均值为0.058毫克/立方米。

(许斌)

历史与人文

【建置沿革】 全椒历史悠久,早在七八千年前的新石器时代,境内就有人类从事农业生产活动。四千多年前,黄帝之孙——古帝颛顼高阳氏,在椒陵山(又名覆釜山,俗名父母山,在今县城内釜山新村一带)建立椒国。后来,国除为椒邑。

汉文帝十六年(前164年),阜陵侯刘安徙封为淮南王,阜陵侯国复为县。

汉武帝元狩元年(前122年),复设九江郡,辖全椒县,隶属扬州刺史部。

新朝王莽时(9—24年),改九江郡为延平郡,改阜陵为阜陆县。

王莽代汉称帝后,扬武将军马成跟随刘秀讨王莽、斩李宪、平江淮,战功卓著。刘秀称帝后,于建武二十七年(51年)封马成为全椒侯,全椒为侯国。并将建阳划归全椒国,隶属九江郡。

二月二龙抬头界首庙会

前221年,秦始皇嬴政统一全国,实行郡县制。全国划为36郡,置九江郡于寿春(今寿县)。全椒为九江郡的东城、历阳(今定远县西南及和县)两县辖地。

汉高祖四年(前203年),废九江郡置淮南国。椒邑始置县,因椒邑多全姓,故名全椒县。又在今和县历阳湖畔,置阜陵县。东汉时城陷,阜陵县迁至长陵坡(今陈浅乡百子)。均属淮南国。

汉文帝六年(前174年),淮南厉王刘长谋反,败后被废淮南王,淮南国除。

汉文帝八年(前172年),淮南厉王刘长子刘安,贬为阜陵侯,阜陵为侯国。

汉明帝永平十六年(73年),汉光武帝刘秀四子淮阳王刘延谋反,败后贬为阜陵王,阜陵为王国。汉章帝建初元年(76年),降阜陵王为阜陵侯,阜陵为侯国。汉章帝章和元年(87年),阜陵恢复为王国。阜陵王刘延世袭五世共七王。末代阜陵王刘赦死于汉献帝建安中期(约208年前后),因刘赦无子,阜陵王国除,复为阜陆县。

汉章帝建初四年(79年),全椒侯国改属下邳国(治所在今江苏省睢宁县西北)。

汉献帝建安十一年(206年),下邳国除,全椒复为县。

三国初,全椒、阜陵为吴、魏争夺之地,未置县。两县地先属吴,吴置屯田都尉,在境内屯田练兵。后属魏,魏改称涂中。魏改九江郡为淮南国,后改为淮南郡。全椒、阜陵两县属地,为其辖区。

西晋时,复置全椒县、阜陵县,两县属淮南郡。

南朝宋武帝永初二年(421年),析豫州淮河以南地区,置南豫州,治所在历阳(今和县)。山桑县、酂县,隶属于南豫州。

南朝宋后废帝元徽元年(473年),复置新昌郡,酂县隶属于新昌郡,山桑县仍属南豫州。

南齐(479—502年),在今县城西南15里置嘉平县(具体地点待考),隶属南谯郡。酂县划归临江郡,山桑县仍属南豫州。

梁朝(502—557年),在嘉平置北谯郡。嘉平县改为北谯县,在今二郎口镇濮集置丰乐县。北谯、丰乐、山桑3县均属北谯郡。

梁武帝大同二年(536年),新昌郡、北谯郡合并,置南谯州于桑根山西(今复兴、三合间)。北谯、丰乐两县属之,废山桑县。

东魏(534—550年),移谯郡治新昌,原谯郡地并入临滁郡,酂县属之。550年,北齐代东魏,临滁郡迁治北谯郡废郡治,北谯县仍属南谯郡。

隋大业(605—618年)初,废滁州,置全椒县,隶属于江都郡(治所在今江苏省扬州市)。

唐武德三年(620年),复置滁州,全椒县属之。

唐太宗贞观元年(627年)后,滁州划归淮南道(治所在江苏省扬州市),全椒县属之。

唐玄宗天宝元年(742年),改滁州为永阳郡,领全椒县。

唐肃宗乾元元年(758年),废永阳郡,复置滁州,全椒县属之。

唐昭宗天复二年(902年),淮南节度使(为淮南道所改)杨行密被唐昭宗李晔封为吴王。杨行密次子杨隆演建国称帝,全椒县属吴国。

951年,后汉邺郡留守郭威,弑汉隐帝刘承祐称帝,改国号为周,史称后周。956年,全椒县隶属于后周。

960年,赵匡胤灭后周,建立宋朝。置淮南路(治所在江苏扬州市),辖滁州,全椒县属之。

宋神宗熙宁年间(1068—1077年),分淮南路为淮南东路、淮南西路。淮南东路仍治扬州辖滁州,领全椒县。

1279年,元朝灭宋后,初置滁州路,领全椒县。后在全国置行省11个。滁州辖全椒县,隶属于河南行省扬州路。

1368年,明朝建立后,废全椒县,并入滁州。

明洪武七年(1374年),改中立府为凤阳府,辖滁州。

明洪武十四年(1381年),全椒复置县,隶属凤阳府滁州。

明洪武十九年(1386年),滁州升为直隶州,仍领全椒县。

清顺治二年(1645年),置江南行省,治所在江宁府(今江苏省南京市),全椒县属江南行省。

清康熙六年(1667年),始置安徽省(治所在安庆),辖全椒县。后置安徽省安庐滁和道,全椒县属之。

民国元年(1912年)4月,全椒县直属安徽省。民国3年(1914年),置安徽省淮泗道,辖全椒县。民国17年(1928年),全椒县直属安徽省。

民国21年(1932年),置安徽省第五专员公署,领全椒县。

1949年1月25日,全椒县从国民党统治下解放。

1949年4月21日,置皖北行署(治合肥)滁县专区,辖全椒县。

1952年4月12日,皖北、皖南行署合并,成立安徽省,辖滁县专区全椒县。

1956年1月12日,滁县、宿县两专区合并,成立蚌埠专区,领全椒县。

1961年4月13日,蚌埠专区划分为滁县、宿县两专区,全椒仍属滁县专区。

1971年3月29日,滁县专区更为名滁县地区;1993年1月5日,撤销滁县地区,置滁州市(地级),全椒县隶属未变。

【行政区划】 全椒从西汉置县至隋朝,在史籍中无行政区划记载。唐朝划为18乡。宋置5乡40里,后划为4乡9村。元朝置3乡。明洪武十四年(1381年)置2乡12里。清初,沿袭明制。清康熙、同治年间(1662—1874年),县城郊置两埠、九铺,县境划为40坊。民国初年,置7区41坊。民国17年(1928年),划为5区85联保、380余保,每保下辖甲10余个。1937年日军侵华,县城两度沦陷,其间全县置3

区、4镇、24乡、322保。1940年6月全椒县抗日民主政府在周家岗建立，辖3区9乡，1943年10月辖2区8乡，1944年1月辖3区12乡，同年8月成立滁全县，境内辖3区16乡，1948年5月成立全合县政府，境内辖2区10乡。1949年1月全椒和平解放，成立全椒县政府，2月改建区乡政权，全县划为5区、1镇、29乡，1950年3月划为6区、2镇、36乡、228个村、1750个生产组，1952年4月划为6区、2镇、89乡，1956年12月并为4区、1镇、22乡。1958年撤区，划为16个乡，后改建为16个人民公社、105个大队、2284个生产队。1960年年初并为1镇、13个公社、92个大队、2284个生产队。1962年设区划社，全县划为4区、1镇、29个公社、174个大队、2660个生产队。1963年增划3个公社，全县4区、1镇、32个公社、179个大队、2718个生产队。1965年增划区、镇、公社，全县设5区、2镇、35个公社、179个大队、2446个生产队。1981年区、镇、公社未变，大队和生产队分别增到191个和2765个。1983年4月，人民公社体制恢复为乡、镇，全县划为2镇、5区、35乡、194个村、2678个村民组，襄河镇、古河镇为县辖镇。1986年，马厂被批准为建制镇，全县调整3镇、5区、34乡、193个村、2627村民组。1992年3月，撤区、设镇、并乡后，全县划为7镇10乡、25个居委会、196个村、2644个村民组。1993年2月，各乡镇辖区恢复到1992年并乡前的建制。1999年章辉乡改设章

全椒县行政区划面积、人口、村居统计表

表1

镇别	面积（平方千米）	人口（人）	村（居）委会（个）	
襄河镇	123.4	122800	8	村委会：花园、老观陈、邱塘、八波、教场、长安、杨桥、千佛庵
			18	居委会：秦岗、庄曹、万寿、南屏、江海、笔峰、南麓、新南、汪塘、果园、水上、城东、太平、儒林、新华、宝林、屏山、襄河
武岗镇	99.7	22900	6	村委会：武岗、荒草圩、康合、官渡、沙石、中心
			1	居委会：武岗街道
十字镇	182.5	40100	10	村委会：汊河、陈浅、百子、杨庄、界首、高桥、王郢、华林、化龙、十字
			1	居委会：十字社区
二郎口镇	178	54820	13	村委会：卜集、古城、峨嵋、广平、下陶、浦北、项集、二郎、上陶、太平、宝塔、赤镇、曹埠
			3	居委会：二郎口街道、赤镇街道、广平街道
古河镇	105	43031	10	村委会：古河、大同、周湖、艾塘、石溪、石涧、晋集、蔡集、独山、再安
			5	居委会：新民、胜利、解放、建设、太平
大墅镇	162	51000	8	村委会：大墅、刘兴、汪店、黄集、章辉、肥全、张岗、新兴
			2	居委会：大墅、章辉
西王镇	142.8	27000	9	村委会：西王、夏集、东张、隆兴、罗塘、华光、管坝、马塘、龙山
			3	居委会：西王、管坝、隆兴
马厂镇	198	40800	11	村委会：新安、方岗、黄庵、玉屏、马厂、喻河、铜井、岗杨、卧龙、复兴、三合
			1	居委会：马厂街道
六镇镇	200.8	44083	11	村委会：大张、赵店、白酒、大殷、小集、六镇、柴岗、东王、孙家、草庵、郑桥
			1	居委会：小集街道
石沛镇	197	28551	8	村委会：大季、石沛、联盟、枣岭、黄栗树、周岗、孤山、白庙
			1	居委会：石沛

（仍治小集），西王乡改设西王镇。全县置10镇、7乡、196个村、37个居委会、2687个村民组。2007年5月，乡镇区划调整为10镇、94个村、36社区（居委会）、2663个村民组。

【文物】 全椒汉始置县，历史悠久，文化底蕴深厚，地上地下文物遗存丰富。第三次全国文物普查，共发现、登记不可移动文物点320处，县域内省级重点文物保护单位4处（国光楼、神山寺、梅花垄古墓群、襄河古桥）、县级文物保护单位20处。现有馆藏文物580多件（套），一级文物33件（套），二级文物18件（套），其中珍贵文物256件。建立县级非物质文化遗产名录39项，涵盖9个门类，其中民间文学3项，民间音乐5项，民间舞蹈10项，戏曲1项，曲艺3项，民间手工技艺7项，人生礼俗2项，民间信仰6项，游艺、传统体育与竞技2项。普查中全县共走访非物质文化遗产传承人29人，掌握极为丰富的非物质文化遗产资源信息。其中《二月二龙抬头》《管坝牛肉》《全椒民歌》《双龙舞》《五马破曹》等10项名录申报市级成功；《走太平》成功申报为省级首批非物质文化遗产名录；市级名录《八朵云》代表性传承人李宗强等6人申报为滁州市首批市级非物质文化遗产项目代表性传承人。组织非遗传统手工技艺"马厂酥笏牌"和"管坝牛肉"参加中国·滁州民俗文化旅游活动周"非遗"产品展示展销以及太湖县五千年文博园非遗产品展销展示活动；举办市级非物质文化遗产项目代表性传承人培训班；《手狮舞》《龙山庙会》申报市级非遗名录成功，《全椒民歌》申报省级非遗名录成功，《走太平》申报国家级非物质文化遗产名录已进入专家评审阶段，有望申报成功。本县现有可移动馆藏文物743件（套），其中一级文物10件（套），二级文物37件（套），三级文物238件（套）。

【县文物保护单位】 国光楼位于全椒县城襄河镇之北岸，今全椒中学东南侧，原名尊经阁。明隆庆六年（1572年）县令严汝麟采纳前任县令佘翔的建议，为申尊经重儒之旨，在学宫东侧建造尊经阁，为明清士人读书讲学之所。明万历十六年（1588年）、清顺治十年（1653年）、康熙四年（1653年）多次重修。清嘉庆年间第四次重修时，更名"奎光楼"，券门上嵌有"奎光楼"三字石横额一方。辛亥革命时，始名"国光楼"。国光楼，楼体高大，系砖石垒成，台基主体为东西向，南北长20.2米，东西宽14.7米，高4.85米，其中有东西走向的券门一道，东西门券上均有勒石一方，上书"奎光楼"三个字；上层尊经阁，二层重檐歇山穿斗式木构架建筑，坐东向西，面阔七间18米，总进深13.2米，四周带廊，黏土筒瓦屋面，房屋正脊东西两面均嵌刻清晰的大字，分别是《礼记·中庸》的五目："博学之、审问之、慎思之、明辨之、笃行之"和《大学》的八条目："格物、致知、诚意、正心、修身、齐家、治国、平天下"。该楼因处于"面山临河，最为形胜"之地，令儒林人士"望者心竦，登者神游"。明代邑人金滢然《尊经阁》诗云："层层飞阁枕襄流，暇日登临此壮游。夹岸繁花撩客赏，隔林啼鸟破春愁。风移树影连波动，日带岚光向晚收。谁共倚栏看剑气，冥鸿千里思悠悠。"

明万历进士、参政、邑人彭梦祖阐述尊经阁之尊经最为全面。他说，君子尊德性而道问学。尊德性即尊经。故建于学宫建筑群中的尊经阁，其承载的文化信息是不言而喻的。清代著名文学家吴敬梓，青少年时代常登楼凭栏远眺，在他的《儒林外史》中，对此楼的宏伟规模，亦有详尽的描述。国光楼建成后，先后有明代著名哲学家、文学家唐顺之、王畿、汤显祖、周汝登等，在此讲学。著名诗人、一代文豪吴鼒、薛时雨等均在此读书。1981年全椒县人民政府拨款重修，同年被公布为县重点文物保护单位。1998年安徽省人民政府被公布为省级重点文物保护单位。国光楼保护范围：北至全椒中学操场边，西至全椒中学大门，东至涌金桥，南至襄河沿。在国光楼周边30米范围内，均属保护区，不得修建有损国光楼风貌的建筑物。

阜陵城位于十字镇百子村西20米处，为东汉时所建。刘延于73年从淮阳徙封于此，至晋城废。1973年，在城边发掘两座东汉大墓，出土鎏金龙头镜架等珍贵文物。墓主可能是阜陵王。今城址城垣已毁，遗址长500米、宽300米。地表暴露出大量陶片，出土有陶罐、铜带钩、碗碟、汉砖等。阜陵城，西汉设县。城址保护范围：东至公路沿，西至灌水渠道埂西边，北至文畈农田，南至塘沿。在城址周边60米范围内，均属保护区，不得深挖和破坏地貌。

丰乐城位于二郎口镇濮集古城村西100米处。城址呈正方形，每边长800米，面积64万平方米。城垣残高3米，基宽7米，为夯土筑成，有对称四城门，城周围有护城河，痕迹尚清晰可辨。掘土深1米，有少量石条平铺路面，有池塘、古井。现上面全部为农田。城址保护范围：东到古城村，西到城外农田。在城址周边60米范围内，均属保护区，不得深挖和修建建筑物。

华龙遗址位于谭墩西2千米谭石公路北侧100米处。遗址为椭圆形台地，南北长80米，东西宽70米，高5米，文化层厚约1～1.5米。采集标本有石斧、鹿焦、陶纺轮、鬲足、鼎足、鬶足、陶片等。陶片质地有夹砂红陶和泥质黑陶，纹饰有绳纹、弦纹、回纹、附加堆纹。现西北坡种旱粮，东南坡为荒地和竹林。遗址保护范围：东到农田，西到华龙村路沿，南到谭石公路沿，北到农田。在遗址周边60米范围内，均属保护区，不得深挖和破坏地貌。

桃园遗址位于襄河镇地藏村北襄河南侧。为长方形台地，遗址北高南低，北高4米，南高1.5米，东西长250米，南北宽140米。采集标本有鬲足、爵足和陶片等，陶片质地有夹砂红陶、夹砂灰陶和泥质黑陶，纹饰有叶脉纹、回纹、网纹、方格纹等，绝大部分为印纹陶。遗址保护范围：东到菜地，西到环河公路沿，南到废弃公路，北到襄河。在遗址周边60米范围内，均属保护区，不得深挖和破坏地貌。

三塔寺位于六镇镇东1000米处。寺始建于隋大业年间(605—618年)，原名无考。北宋大观元年(1107年)在寺前建塔三座，因名三塔寺。明洪武年间塔被拆，天启年间寺重修，清代、民国续修。现存大殿五进，总面积约500平方米。面宽18米，通进深约45米。七架梁，大殿前檐墙竖有石碑三方，一方记载捐资修寺人名，另两方为行草记游诗，书法艺术价值较高。寺东有民国时建的小楼两层各三间，原存厢房一间，建筑总面积约1000平方米。三塔寺保护范围：东到小树林，西至院外，南到公路沿，北到寺外农田。在寺周边60米范围内，均属保护区，不得修建有损三塔寺风貌的建筑物。

神山寺位于草庵西北4000米神山中。神山寺始建于唐大历年间(767—779年)，历代均有修葺，清代大修，民国重修。现存中进大殿三间，檐高6米，通高11米。为十一架梁，斗拱完好，进深8米，间架3.5米。柱础仍为唐时所凿，有莲瓣纹，宋太祖赵匡胤破滁过此寺，寺前有龙纹石刻。前进为楼房两层，另有厢房两间，院内有柴王石井。该寺近年来拨款大修。此外，又重建韦公祠、戚公祠、惠峰双塔、御溪桥、放生池、养生池等，为古建增辉，面貌一新。该寺以其历史悠久，环境奇特优美载入《中国名胜词典》。今神山寺已对外开放，接待游人。神山寺保护范围：东到寺外200米处，西到寺外200米处，南到寺外200米山脚下，北到寺外山后200米处。在此范围内均属保护区，不得修建有损神山寺风貌的建筑物。

阮氏宗祠位于二郎口镇大阮村。阮氏宗祠建于清代，今存正屋两进，每进五间。两厢各2间，为四合院形式，正屋檐高4米，为七架梁，进深6米，总建筑面积240平方米。原雕刻的人物纹饰“文化大革命”期间被破坏。门前尚存石雕雄狮一对，显得宗祠威严庄重。1990年阮氏后裔集资修葺。宗祠保护范围：东至宗祠前沿5米，西至宗祠后沿5米，南至屋山小路，北至山墙外5米。在宗祠周边15米范围内均属保护区，不得违章搭建其他有损阮氏宗祠风貌的建筑物。

梅花垄古墓群位于程家市汽车站西20米园艺场周围。墓群以园艺场为中心，分布在原濮集乡的汪庄、韩庄、胡姚，原广平乡的高庄、田谷、大何、小钱的山岗地带。东西长3000米，南北宽2000米，相对高度2～2.5米。此墓区古墓较多，墓冢呈梅花瓣形，比比皆是，故称梅花垄。1978—1985年对墓区进行三次物探、钻探和发掘，墓群的结构为土坑墓、土坑木椁墓、砖石墓。出土陶器有陶楼、陶屋、陶罐、盘口壶、脂粉盒等；铜器有鼎、壶、舫、盂、甑、铜镜等；瓷器有碗、碟、青白执壶、薰炉等。根据物探和出土器物判断，墓葬从西汉到宋代历代均有。墓群保护范围：东到程家市汽车站，西到原广平乡胡姚，南到田谷村，北到果园外1000米。在此范围内均属保护区，不得深挖和破坏地貌。2012年12月被公布为第七批省级文物保护单位。

西王古墓群位于西王镇北0.5千米的岗地和山脚下。墓区曾出土郢爰、汉罐、铜镜、铜印等。此外在丁洼清理宋代石室墓一组（三各墓），出土绿釉瓷盘、瓷钵、瓷罐、银钗、脂粉盒、铜镜、铜钱等器物。墓群保护范围：东西宽2000米，南北长3000米，在此范围内均属古墓保护区，不得深挖和破坏地貌。

龙山寺位于管坝东南3000米的龙山。寺始建于南朝梁武帝天监年间（502—519年），历代均有修葺。现仅存前进瓦房五间和厢房四间，面积140平方米，为清代建筑结构。另有记载寺的沿革和修葺捐资的石碑三方，其中有一方碑为明进士江以东撰文刻石。寺保护范围：东至后山沿80米处，南至山沿至60米，西向外延伸至80米，北向外延伸60米，在寺周边60米范围内，均属保护区，不得修建有损龙山寺风貌的建筑物。

【地方文化】 全椒县文化艺术丰富多彩。民间曲艺种类主要有安徽大鼓和评话。此外还有琴书、坠子、快板等。春节期间历来有玩灯贺新春的习俗，其主要歌舞形式有唱兰花、旱地行舟（玩花船）、耍狮子、舞龙灯、踩高跷、秧歌灯、跑驴、五马破曹、歪歪（河蚌）灯、八朵云（八盏灯）等。流传的民歌小调有秧歌、车水号子、耕田号子、龙船号子等，内容淳朴，曲调自然。有一定艺术性的民歌，主要有“三劝我郎把兵当”“四句猜”“龙舟竞渡”“秧歌”“兰花灯”等。庐剧是全椒县流行的主要剧种，旧称“倒七戏”，或“小戏”。有浓郁的乡土气息，主要传统剧目有《桃花女》《秦雪梅》《休丁香》《郑小姣》《占花墙》《三请樊梨花》《王清明招亲》《卖花记》等，改编上演的有《七仙女送子》《王华买父》等。京剧，本地人称“朝纲戏”或“宫廷戏”。还有安徽地方剧种之一的黄梅戏。

全椒花灯表演

【民俗庙会】 主要有：三塔寺庙会，农历正月十五。寺内有一株牡丹，盛名久传，会期人流量万人以上，是县内旅游点之一。“走太平”，农历正月十六。人们在桥头烧香、放鞭炮，从太平桥上走一趟，祈求一年平平安安。2006年，民俗“走太平”被列入安徽省首批非物质文化遗产。界首庙会，农历二月初二。20世纪80年代初开始，庙会演变为农副产品交易会，全椒县及滁州、江浦、和县等周边县、市客商从农历二月初一起开始布摊设点，绵延界首街，东西长150米左右，会期人流量3万人以上，时有商业性文艺演出。神山寺庙会，农历二月十九。全椒主要旅游景点，会期人流量2万人以上。龙山寺庙会，农历“二十四节气”中的“清明”日。县内旅游点之一，会期人流量两万人以上。安期洞庙会，农历二月十五。会期人流量万人以上。

【人口】 2016年，全县户籍人口45.9万人，比上年略有增加；常住人口39.7万人，比上年增加0.2万人。城镇化率52.62%，比上年提高1.23个百分点。全年人口出生率9.75‰，比上年上升0.01个千分点；死亡率5.42‰，比上年下降0.11个千分点；人口自然增长率3.75‰。

【少数民族与宗教】 全椒县是全市民族宗教工作重点县（市、区）之一，全县现有回族、满族、畲族等23个少数民族，人口8000余人，占全县总人口的1.6%左右，其中回族人口6000余人，占少数民族总人口近80%。民族村2个：西王镇管坝民族村，下辖11个村民组，总人口4550人，其中少数民族人口1820，占民族村总人口的40%，耕地面积3950亩，2016年人均可支配收入10098元；六镇镇大张民族村，下辖28个村民组，总人口3760人，其中少数民族人口1400人，占民族村总人口的37%，耕地面积15000亩，2016年人均可支配收13000元。民族学校2所：管坝民族学校（九年一贯制）、中心回民小学。

本县居民以信仰佛教为多，他们除在家设香台、供菩萨、烧香拜佛、叩头祈福外，还经常到寺庙上香敬佛。历史上最多时，全县寺庙有近50座，其中以龙山寺、三塔寺的规模最大，历史最早。先后重建或修复开放4座佛教寺庙：坐落于管坝龙山村境内，初建于南朝梁武帝天监年间的龙山寺，又名“宝公庵”；坐落于六镇小石村境内，初建于隋大业年间（605—618年）的三塔寺；坐落于草庵境内国家神山森林公园内，初建于唐大历年间（767—779年）的神山寺；坐落于古河镇街道，始建于清顺治三年（1646年）的大法王寺（原名大王庙）。

全椒县道教信众不多，开放的道观为太神宫道观，位于神山国家森林公园内。该道观初建于唐大历年间，据传有道士在此居住炼丹，白鹤道人、吴半仙等在此传教。

伊斯兰教于明代由陕西传入全椒，清康熙初年，始建寺于管坝。此后，相继在襄河镇、周家岗、白酒岗的西庄和寺下等地修建清真寺，有管坝清真寺、襄河清真寺、周岗清真寺、大张清真寺、西庄清真寺等。

清光绪年间（1875—1808年）基督教传入全椒，其第一所教堂———襄河镇教堂开办于光绪二十五年（1845年），由美国教士司占德到全椒与储攀柱一起住持。

2016年，全县有4种宗教：佛教、道教、伊斯兰教、基督教，爱国宗教团体4个：基督教三自爱国运动委员会、佛教协会、伊斯兰教协会、道教协会，经批准登记的寺观教堂（固定处所）80处：佛教5处、道教2处、伊斯兰教6处、基督教67处。

（柴发华）

2016年全椒县国民经济和社会发展统计公报

2016年，面对复杂的国际形势和国内宏观经济持续下行的压力，全县人民在县委、县政府的坚强领导下，立足新起点，抢抓新机遇，承担新使命，在攻坚克难中砥砺奋进，在应对挑战中主动作为，全县经济保持稳中有进、稳中向好的发展态势，城乡居民收入提高，社会事业全面进步，顺利实现“十三五”规划良好开局。

一、综合

年末全县户籍人口45.9万人，比上年略有增加；常住人口39.7万人，比上年增加0.2万人。城镇化率52.62%，比上年提高1.23个百分点。全年人口出生率9.75‰，比上年上升0.01个千分点；死亡率5.42‰，比上年下降0.11个千分点；人口自然增长率3.75‰。

初步核算，2016年实现地区生产总值（GDP）128.1亿元，按可比价格计算，比上年增长9.1%。在生产总值中，第一产业增加值25.1亿元，增长3.1%，第二产业增加值52.3亿元，增长9.2%，第三产业增加值50.6亿元，增长12.4%。三次产业比为19.6∶40.9∶39.5，一、二产业分别下降1.5和4.9个百分点，第三产业上升6.4个百分点，其中工业增加值占生产总值比重为33.4%，比上年下降4.7个百分点。

2016年全县生产总值构成及增长速度一览表

表2 单位：万元

指 标	绝对数	比上年增长(%)
生产总值	1280674	9.1
第一产业	251000	3.1
第二产业	523213	9.2
工业	427419	9.7
建筑业	95794	7.2
第三产业	506461	12.4
交通运输、仓储和邮政业	27036	6.1
批发和零售业	73327	7.2
住宿和餐饮业	28373	6.4
金融业	71695	17.2
房地产业	62229	9.8
营利性服务业	97926	20.5
非营利性服务业	136374	11.2

二、农业

2016年农作物播种面积88495公顷，增长1.2%。其中，粮食作物播种面积60510公顷，比上年增加700公顷；油料作物播种面积17291公顷，比上年减少243公顷;蔬菜播种面积6086公顷,比上年增加117公顷。

全年粮食总产436256吨、下降4.2%;油料产量47417吨、下降1.7%;棉花产量3032吨、下降15.3%;蔬菜产量194646吨、增长3.7%。

全年人工造林面积895公顷,年末森林面积34800公顷,活立木总蓄积量239.7万立方米,森林蓄积量180.6万立方米,森林覆盖率22.2%。

2016年全县主要农产品产量一览表

表3 单位:吨

名　称	绝对数	比上年增长(%)
粮食	436256	-4.2
其中:稻谷	330954	-5.6
小麦	85607	-0.7
玉米	10610	9.3
大豆	2320	8.9
油料	47417	-1.7
其中:花生	4766	-0.8
油菜籽	42476	-1.8
棉花	3032	-15.3
水果	65996	-3.7
茶叶	55	-8.3
蔬菜	194646	3.7
肉类	54908	2.4
禽蛋	10368	3.0
牛奶	3150	-1.6
水产品	58900	7.9

全年肉类总产量54908吨、增长2.4%,禽蛋产量10368吨、增长3.0%,牛奶产量3150吨、下降1.6%,水产品产量58900吨、增长7.9%。

全县农业机械总动力75万千瓦、增长3.1%。农用拖拉机3.6万台,减少2千台,其中大中型拖拉机3200台,比上年增加307台;排灌动力机械14642台;全年化肥施用量(折纯)3.14万吨、增长0.78%。农村用电量9897万千瓦小时,农田有效灌溉面积39980公顷。

三、工业、建筑业

初步统计,2016年全县152家规模工业企业实现工业增加值41.1亿元,增长10.0%。

2016年全县规模以上工业增加值一览表

表4 单位:万元

指标名称	绝对数	同比(±%)
工业增加值(现价)	410848	10.0
轻工业	101892	9.1
重工业	308956	10.3
内资企业	380741	6.5
外商及港澳台商投资企业	30107	4.3
大中型工业企业	127897	-0.7

全县规模工业五大主导行业呈现“三增两降”态势。其中,一是机械加工行业完成增加值16.6亿元、下降1.3%;二是建材制造业完成增加值6.9亿元,增长17.7%;三是农副产品、食品加工制造业完成增加值3.8亿元,增长4.9%;四是服装玩具制造业完成增加值2.7亿元、下降0.9%;五是电气机械及器材制造业完成增加值3.4亿元,增长66.6%。

规模工业产业重点集中在通用设备制造业、汽车制造业和非金属矿物制品业三个行业中,三个行业实现增加值19.9亿元,增长2.3%,产业集中度为48.4%,同比回落6.7个百分点。

规模工业中战略性新兴产业企业有28家,实现工业产值62.2亿元,增长16.5%,占全部总产值的比重为30.8%,同比上升1.5个百分点;实现增加值11.7亿元,增长18.8%,占全部增加值的比重为28.5%,同比上升0.1个百分点。

规模工业中高新技术产业企业有70家,实现工业增加值21.9亿元,增长8.6%,占全部增加值的比重为53.3%,同比回落2.4个百分点。

2016年全县主要工业产品产量一览表

表5

产　量	绝对数	同比(±%)
发动机(万千瓦时)	1671.8	-7.4
水泥(万吨)	234.8	-3.6
石灰石(万吨)	10.0	28.3
服装(万件)	763.7	-17.1
饲料(万吨)	28.8	-0.8
大米(万吨)	25.4	8.7
家用电冰箱(台)	85597	19.6

全年规模工业企业经济效益综合指数为228.46%,比上年上升3.9个百分点;完成工业总产值201.7亿元;企业年末从业人员2.95万人、增长3.1%;主营业务收入189.8亿元,增长11.9%;实现利税总额20.9亿元,增长16.2%;利润总额17.0亿元,增长34.1%。

2016年全社会建筑业实现增加值9.6亿元,增长7.2%。资质以上建筑企业完成建筑业总产值32.2亿元,增长10.9%;实现利润总额2.0亿元、下降

16.5%；房屋建筑施工面积180.2万平方米、下降5.8%，其中当年新开工面积115.9万平方米；房屋竣工面积102.0万平方米、增长2.6%。

四、固定资产投资

2016年全县完成固定资产投资184.3亿元，增长16.2%。其中，5000万元以上项目完成固定资产投资65.9亿元，增长15.7%，投资总量占全县总量的35.8%，对全部投资的贡献率达34.8%，拉动投资增长5.6个百分点。5000万元以下项目完成投资额74亿元，增长20.9%，投资总量占全县总量的40.2%，对全部投资的贡献率达49.8%，拉动投资增长8.1个百分点。

按产业分，第一产业投资3.8亿元、下降63.4%，同比回落119.4个百分点；第二产业投资88.1亿元，增长42.9%，同比上升22个百分点；第三产业投资92.4亿元，增长6.7%，同比回落18个百分点。三次产业投资占全部投资比重由上年的6.5∶38.9∶54.6变化为2.0∶47.8∶50.2。

工业技改投资增势较好。工业投资完成88.1亿元，增长43.6%，同比上升23.3个百分点；其中，技术改造投资完成48.9亿元，增长66.3%，同比上升26.6个百分点。

2016年，全县在库项目419个(不含房地产)，较上年增加20个。其中，5000万元以下项目353个，5000万元以上项目66个，亿元以上项目47个。5000万元以上项目个数占全部项目总个数的比重仅15.7%，比全市水平低3.6百分点。

房地产开发项目完成投资44.3亿元，增长9.8%，同比上升5个百分点。投资总量占全县总量的24.1%，对全部投资的贡献率为15.4%，拉动投资增长2.5个百分点。全县房屋施工面积308.0万平方米、增长17.7%，房屋竣工面积42.0万平方米、下降27.7%；商品房销售面积87.5万平方米、增长48.6%，商品房销售额35.5亿元，增长50.8%，商品房销售均价4059元/平方米、增长0.2%，其中，住宅销售均价3685元/平方米、增长0.4%；商业营业用房均价9935元/平方米、增长17%。

五、国内贸易

2016年实现社会消费品零售总额58.1亿元、比上年增长12.7%，扣除价格因素实际增长11.0%。分实现区域看，城镇实现消费品零售额48.2亿元，乡村实现消费品零售额9.9亿元，分别比上年增长12.7%、13.0%，城乡消费市场趋于同步发展。分构成看，商品零售额49.5亿元，增长12.7%；餐饮消费额8.6亿元，增长12.9%。分经营规模看，限上单位实现零售额23.6亿元，增长17.5%；限下单位实现零售额34.5亿元，增长9.7%。

从限额以上批发零售企业零售类值完成情况看，吃、穿、用商品零售额分别增长13.4%、20.4%、16.6%。其中，粮油、食品、饮料、烟酒类增长13.1%、家具类增长23.5%、家用电器和音像器材类增长25.2%、汽车类增长17.6%、中西药品类增长25.1%。

六、对外经济和旅游业

2016年全县对外贸易进出口总额11053万美元，增长78.0%。其中，出口8714万美元，增长60.7%；进口2339万美元，增长197.6%。

外商直接投资10149万美元，增长8.1%。

全年接待国内外游客148万人次，增长19.4%。全年旅游总收入12.6亿元，增长23.5%。年末，全县共有星级旅游饭店2家，星级饭店客房数149间(套)。年末A级以上旅游景区(点)5个。

七、交通和邮电

2016年全社会交通运输、仓储和邮政业实现增加值2.7亿元，增长6.1%。邮政部门业务总量1756万元，增长10.1%。

年末，全县机动车保有量为39970辆，比上年增加1978辆。电信、移动、联通等运营商全年业务收入23543万元，增长5.9%。

年末，移动电话用户数25.7万户，下降11.7%。年末国际互联网用户7.26万户，增长33.0%。

八、财政、金融和保险业

2016年完成财政收入21.7

亿元,增长12.1%。其中,地方财政收入16.3亿元,增长13.2%。从收入来源结构看,各项税收完成14.7亿元,增长5.7%,占财政收入的70.2%。

财政支出31.9亿元,增长12.2%。其中,教育支出5.5亿元,增长55.1%;科技支出0.59亿元,增长3.7%;农林水事务支出6.35亿元,增长23.9%;社会保障和就业支出3.4亿元,下降19.2%;医疗卫生支出3.6亿元,下降18.6%;交通运输支出1.29亿元,下降4.8%;住房保障支出0.77亿元,下降41.0%。

年末,全县金融机构人民币各项存款余额178.7亿元,比年初增加29.6亿元,增长19.8%。其中,住户存款122.6亿元,比年初增加11.7亿元;非金融企业存款28.4亿元,比年初增加3.2亿元。金融机构人民币各项贷款余额128.4亿元,比年初增加17.8亿元,增长16.1%。从贷款期限看,短期贷款余额21.3亿元,比年初增加3.32亿元;中长期贷款44.2亿元,比年初增加10.2亿元。从贷款对象看,单位贷款余额60.1亿元,比年初增加4.3亿元;个人贷款余额65.5亿元,比年初增加13.5亿元。

全椒人寿、财产保险全年保费收入11304万元,增长10.5%,其中,人寿保险保费收入6972万元,增长8.0%;财产保险保费收入4332万元,增长17.8%。2家保险公司从业人员292人,增长19.8%;全年保险赔款和给付9424万元,增长45.1%。其中,人身险业务赔款支出4256万元,增长25.5%;财产险业务赔款支出5168万元,增长66.5%。

九、科学技术和教育

2016年年末,全县有民营科技企业57家,比上年年末增加4家。全年专利申请数1228件,增长10.3%;全年授权专利数377件,下降1.8%。国家高新技术企业25家,比上年增加5家;省级工程技术研究中心1家;大中型工业企业技术中心18个,比上年增加1个。高新技术产业完成产值113.6亿元,占规模工业总产值的56.3%。

2016年全县学龄儿童小学入学率100%,初中学龄人口入学率100%,高中毛入学率94.71%。幼儿园25所,入园儿童8770人,比上年减少17人。小学26所,比上年减少5所,小学专任教师1358人,比上年增加30人,小学在校生17709人,比上年减少486人;普通中学19所,比上年增加1所,中学专任教师1598人,比上年减少160人,中学在校生17293人,比上年减少1523人。中小学在校生合计35002人,减少2009人。

十、文化、卫生和体育

年末全县有公共图书馆藏书量55.0万册,增长16.6%,广播、电视台1个,有线电视台1个。全县广播覆盖率98%,电视覆盖率98%,有线电视入户率13%。广播全年播出2595小时,其中自办节目941小时;电视全年播出4950小时,其中自办节目1685小时;有线电视用户5.9万户。全椒报全年发行28.8万份。

年末全县共有卫生机构16个。其中,医院、卫生院12个,疾病控制中心1个,妇幼保健计划生育服务中心1个,新型农村合作医疗中心1个,卫生监督所1个。全县医院、卫生院拥有床位1261张。医疗机构卫生从业人员2114人,卫生技术人员1519人,执业医生483人,注册护士592人。全县5岁以下儿童死亡率7.75‰,比上年下降0.8个千分点;婴儿死亡率7.45‰,比上年上升0.12个千分点;参加新型农村合作医疗人数达33.75万人,参合率99.69%,比上年上升0.19个百分点。

年末全县共有体育场馆2个,主要体育场地4个,全年获省级比赛金牌5枚、银牌1枚、铜牌3枚。

十一、人民生活及其他

2016年城乡居民人均可支配收入17461元,增长9.0%。

全年城镇居民人均可支配收入24202元,增长10.2%。城镇居民恩格尔系数31.0%,比上年降低8.1个百分点。

年末,每百户城市居民家庭拥有家用汽车34辆,摩托车41辆,电冰箱100台,洗衣机96台,热水器103台,空调128台,彩电139台,摄像机4台,照相机17台,计算机86台,固定电话56部,移动电话248部。人均住房建筑面积33.9平方米。

全年农民人均可支配收入11207元，增长8.9%。农村居民恩格尔系数46.0%，与上年持平。

年末，每百户农村居民家庭拥有家用汽车8辆，摩托车67辆，电冰箱95台，洗衣机65台，热水器55台，空调74台，彩电126台，计算机17台，固定电话35部，移动电话242部。农村居民人均住房面积为42.9平方米。

年末全县城镇职工参加基本养老、城镇职工基本医疗保险人数分别为5.08万人和3.66万人，分别增长2.1%和1.1%。参加失业保险人数为2.32万人、增长0.5%，参加工伤保险人数为3.22万人、增长4.6%，生育保险人数为2.52万人、增长2.7%。享受城市最低生活保障人数5711人、减少6.5%；享受农村最低生活保障人数15039人、增长3.7%。城乡低保人均月补差为395元和195元。年末登记失业率为3.1%。

2016年投入专项扶贫资金3261.8万元，其中省专项扶贫资金572.8万元、市专项扶贫资金689万元、县专项扶贫资金2000万元。为发展特色种养业的2582户贫困户发放补助554.5万元；为新建户用光伏的285户贫困户发放补助505.4万元；为就学中职以上的312名贫困户子女发放教育补助86.1万元；为439户贫困户危房改造发放改造补助204.4万元；为全体建档立卡贫困人员代缴新农合176.9万元；为五保贫困户、低保贫困户发放医疗补助146.5万元；为一般贫困户发放医疗补助42.6万元，为337户贫困户发放贴息扶贫小额信贷1304万元；为贫困人员拓展开展职业技能培训126人次、生产技能培训1000人次；帮助1008名贫困人员就近务工；投入327.4万元为1637户贫困贫户开展人居环境改造；投入343.2万元为8个贫困村新建580千瓦村级光伏电站，投入300万元为9个贫困村发展优势产业；投入50万元开展旅游扶贫；投入18万元开展电商扶贫。

年末基层工会总数1336个，比上年年末增加24个。全年送温暖工程筹集资金91万元，发放90万元。全县各类福利收养性单位数12个，床位数1905张，农村五保供养人数2819人。销售社会福利彩票0.38亿元，募集公益金375.8万元，增长8.7%。

年末自来水日生产能力达7万吨，全年自来水供应量1502万吨，城镇用水人口20万人，供水管道长度为280千米。全年供应天然气1100万立方米，其中家庭用量370万立方米。供应液化气550吨比上年减少150吨。

年末全县公交营运线路20条，公交车辆160辆(不包括101和105路)，全年公共汽车客运总量1512.8万人次，全县出租车266辆。

年末，全县建成区面积24.3平方千米，比上年增加0.3平方千米；建成区绿化面积915.1公顷，建成区绿地率41.5%，绿地覆盖率43.4%。

城市年末道路长度243.3千米，其中新建、改扩建道路长度10.3千米。城市排水管长度296.6千米，比上年增加26.6千米，路灯12291盏，比上年增加1408盏。全县公园绿地面积277.4公顷，比上年增加3.3公顷。

全年发生火灾事故199起，直接经济损失92万元、下降23.4%；发生交通事故65起，比上年增加16起。

注：1.本次辑录对前期印发的数据进行修正。

2.生产总值、工业总产值及各产业增加值绝对数按现价计算，增长幅度按可比价格计算。人均生产总值指生产总值与当地常住人口的比值。

3.规模以上工业统计口径2011年及以后为年主营业务收入2000万元以上企业。

4.固定资产投资统计口径2011年及以后为500万元以上项目和房地产投资。

5.人口出生率按公安人口年报数据计算。

6.恩格尔系数是指食品支出总额占个人消费支出总额的比重。

（全椒县统计局）

中共全椒县委员会

- 县委代表大会
- 县委全委会议
- 领导考察调研
- 重要会议
- 县委办工作
- 组织工作
- 宣传思想工作
- 统战工作
- 县直机关工委
- 信访工作
- 老干部工作
- 党校教育
- 档案　地方志　党史

县委代表大会

【县委第十三届代表大会第二次会议】 1月7日，县委召开第十三届代表大会第二次会议。县委常委王成山、王珏、孔祥宁、董光林、杨光、杨勇、凌斌、史法勇、陈飚、张华贵、吴文宏、王永明，县政协主席冯家翠，县人大常委会党组副书记、副主任王万贵等出席会议并在主席台前排就座。会议应到代表280人，因病因事请假25人，实到代表255人，符合法定人数。大会由县委书记王成山主持。会议的主要任务是：以中共十八大和中共十八届三中、四中、五中全会精神为指引，以习近平总书记系列重要讲话为遵循，认真贯彻落实省委九届十四次全会、市委五届十二次全会精神，总结分析2015年经济社会和党的建设工作，审议全椒县“十三五”规划建议，深入谋划部署2017年的各项工作，为全面推动“五个发展”，奋力实现“四个翻番”，全面建成小康社会打下坚实基础。

会上，县委书记王成山代表县委作工作报告，县委常委、县纪委书记史法勇代表县纪委作县纪委工作报告。县委副书记、代县长王珏作《中共全椒县委关于制定国民经济和社会发展第十三个五年规划建议（讨论稿）》的说明。会议从8个方面全面总结2015年工作，指出存在的问题，并就如何就做好2016年及“十三五”工作提出明确要求。

【县委第十四次代表大会】 6月21日，中国共产党全椒县第十四次代表大会在县政务中心椒陵会堂隆重开幕。大会的主题是：高举中国特色社会主义伟大旗帜，深入学习贯彻中共十八大和中共十八届三中、四中、五中全会精神和习近平总书记系列重要讲话精神，团结带领全县广大党员干部群众，坚定信心、奋发图强、创新发展、再攀高峰，为全面建成小康社会而努力奋斗。大会执行主席王成山、王珏、杨勇、董光林、孔祥宁、陈岭、张华贵在主席台前排就座。

由市委换届工作指导组组长、市委组织部副部长、市委非公经济和社会组织工委书记吕祖碧，市委组织部干部一科科长朱伟等组成的市委换届工作指导组专程前来指导、出席开幕会，并在主席台前排就座。

本次会议应到代表298人，因事、因病请假7人，实到代表291人。王成山代表十三届县委作题为“创新发展、再攀高峰，为全面建成小康社会而努力奋斗”工作报告。报告全面总结全椒县十三次党代会以来在经济建设、政治建设、文化建设、社会建设和生态文明建设等方面取得的成绩，明确未来五年全县的指导思想、发展目标和路径。

（县委办室）

县委全委会议

【县委十三届十次全委会议】 6月17日，县委书记王成山在县政务中心会议室主持召开县委十三届十次全会，县委常委王成山、王珏、孔祥宁、杨光、史法勇、陈飚、陈岭、张华贵以及县人大常委会主任杨勇，县政协主席董光林，十三届县委委员、候补委员出席会议。会议讨论确定《关于召开中国共产党全椒县第十四次代表大会的具体时间》。会议决定：中国共产党全椒县第十四次代表大会将于6月21日召开在县城召开。会议讨论研究《县十三届县委工作报告》和《十三届县纪委工作报告》；听取和讨论县委组织部《关于县委换届人事安排方案说明》的汇报和《关于确定我县出席市第六次党代会代表候选人预备人选名单并作说明》。会议表决通过全椒县出席市第六次党代会代表候选人预备人选名单。

【县委十四届一次全委会议】 6月23日中午，中国共产党全椒县第十四届委员会第一次全体会议在全椒县椒陵会堂召开。33名新当选的县委委员及7名县委候补委员参加会议。

会议通过投票依法产生中共全椒县第十四届委员会常务委员11名，书记1名，副书记2名。王珏、王永明、王成山、孔祥宁、史法勇、杨光、张华贵、陈飚、陈岭、金义平、曹宏华（按姓氏笔画为序排列）当选为县委常委，王成山当选为县委书记。王珏、孔祥宁当选为县委副书记。全会还批准县十四届纪律检查委员会第一次全体会议选举产生的县纪委常委、书记、副书记人选。

王成山在会上发表讲话。他说，刚刚闭幕的县第十四次党代会，选举产生新一届县委和县纪委。县委十四届一次全会又选举产生新的县委常委和书记、副书记,通过县纪委一次全会的选举结果。这是各位代表和委员的莫大信任,是全县党员和群众的殷殷重托。这次全会选举他继续担任县委书记,深感责任重大、使命光荣。他决心与全体委员一道,在市委的坚强领导下,牢记使命,精诚团结,励精图治,夙夜在公,努力把全椒的事情办好,决不辜负上级党委的厚望,绝不辜负全县人民的信任。从今天起,十四届县委就接过上一届县委的接力棒,担当起引领全椒在新的历史起点上"创新发展、再攀高峰"的宏伟大业,担负起全面建成小康全椒的神圣使命。作为党执政兴国的"一线指挥部",县委是全县的领导核心,全椒的各位委员,特别是常委会的各位同志,一定要倍加珍惜党和人民的信任,倍加珍惜时代赋予的使命,以严的精神、真的担当、实的作风,只争朝夕,奋发图强,一心一意谋发展,聚精会神抓党建,全面推进县十四次党代会确定的各项目标任务,向党和人民交一份满意的答卷。

王成山希望,大家要严守党的政治纪律和规矩,保持奋发有为的实干精神,严格执行民主集中制,增进人民群众获得感,全面落实县委管党治党责任;要进一步增强政治意识、大局意识、核心意识、看齐意识,更加紧密团结在以习近平同志为核心的党中央周围,在省委、市委的坚强领导下,团结和带领全县各级党组织和广大党员干部群众,同心同德、苦干实干,奋发有为,为建设"六个全椒"、确保与全市全省全国同步建成小康社会而努力奋斗!

【县委十四届三次全委会议】
12月31日,中共全椒县第十四届委员会第三次全体(扩大)会议召开,本次会议的主要任务是:深入贯彻中共十八届六中全会、中央经济工作会议和农村工作会议精神,认真学习习近平总书记系列重要讲话,特别是视察安徽的重要讲话精神,全面落实省委十届二次全会、全省经济工作会议、市委六届二次全会精神,坚定地用新发展理念统领发展全局,全力实施"五大发展"行动计划,扎实推进供给侧结构性改革,深入推进全面从严治党,以一心一意谋发展、聚精会神抓党建的优异成绩,迎接中共十九大胜利召开。

县委常委王成山、王珏、杨光、史法勇、陈飏、陈岭、张华贵、王永明、曹宏华、金义平,县人大常委会主任杨勇,县政协主席董光林以及县委委员出席会议。县委副书记、县长王珏主持会议。

会上,县委书记王成山代表县委常委会向全委会作题为《凝心聚力讲看齐、砥砺前行争进位,奋力谱写全椒"十三五"跨越发展新篇章》的工作报告。

王成山在报告中,从7个方面全面回顾总结2016年工作。他在报告中指出,2016年,县委团结带领全县上下,紧紧围绕中央和省委、市委的决策部署,牢牢把握"稳中奋进、好中加快"总基调,凝心聚力,攻坚克难,经济稳步发展、改革有序推进、民生不断改善、社会大局稳定、党的建设不断加强。预计全年可完成地区生产总值128亿元,增长9.5%;财政收入21.6亿元,增长12.1%;固定资产投资185亿元,增长16%;规上工业增加值41.4亿元,增长10%;社会消费品零售总额58亿元,增长12.5%;城镇、农村居民人均可支配收入分别为24268元、11526元,分别增长10.5%、12%。主要表现在以下7个方面:1.深入学讲话,"四个意识"更加坚定。2.县域经济综合实力明显提升。加快"调转促"步伐,工业经济稳步向好,农业经济持续发展,现代服务业提质增量,园区平台加快转型。精准落实"去降补"任务。努力扩大有效投入。3.城乡人居环境不断改善,城市功能明显提升,美丽镇村亮点突出,生态建设有序推进。4.民主法治建设全面加强。5.民生改善取得新成效,民生项目扎实推进,脱贫攻坚取得初步成效,社会事业全面发展。6.改革开放持续深化,全面深化重点领域改革,努力扩大对外开放。7.从严治党不断深化。扎实推进宣传思想文化工作,着力加强基层组织建设,不断强化干部队伍建设,持续开展党风廉洁建设和反腐败斗争。

王成山在报告中指出,在总结成绩的同时,还清醒地认识到存在的问题,主要表现在:产业发展水平不高、规模不大,有带动作用的大企业、龙头企业少;基础设施建设与群众需求有差距,民生保障存在短板;一些领域遗留问题引发的矛盾纠纷和信访案件易发多发,群体性、越级非访偶有发生;少数党员干部责任意识不强,担当精神不够,等等。对此,我们将高度重视,采取措施,认真解决。

关于2017年的工作任务,王成山在报告中指出,2017年是实施"十三五"规划的重要一年,是推进供给侧结构性改革的深化之年,做好2017年工作意义重大。

2017年工作总的要求是:深入学习贯彻中共十八大及中共十八届三中、四中、五中、六中全会和习近平总书记系列重要讲话,特别是视察安徽重要讲话精神,认真落实中央经济工作、农村工作会议和省十届二次全会、省经济工作会议决策部署,牢固树立和贯彻落实新发展理念,统筹推进"五位一体"总体布局和协调推进"四个全面"战略布局,按照市第六次党代会提出"346"奋斗目标,以提高质量和效益为中心,扎实推进供给侧结构性改革,全力实施五大发展行动计划,深入推进全面从严治党,以一心一意谋发展、聚精会神抓党建的优异成绩,迎接中共十九大胜利召开。

2017年工作总的基调是:坚持"稳中奋进、好中加快、能快则快"。主要指标增速要快于全省、全市平均水平,主要指标的总量要确保缩小与排位在前县(市、区)的差距,努力实现综合实力"年年有进位,五年明显进位"。

2017年经济社会发展的主要预期目标是:地区生产总值增长10%以上,财政收入与地区生产总值同步增长,固定资产投资增长16%以上、力争达18%,规上工业增加值增长12%,社会消费品零售总额增长12.5%,城镇和农村居民人均可支配收入与财政收入同步增长。

王成山在报告中指出,落实2017年工作总体要求,完成经济社会发展目标任务,关键要认真贯彻落实中央和省委、市委决策部署,按照县第十四次党代会部署和"十三五"规划要求,大力实施五大发展行动,精准发力、扎实推进,重点抓好以下六个方面工作:

一、大力实施产业转型升级攻坚行动。深入抓好"去降补"五大任务,积极稳妥淘汰落后产能、改造提升传统产业、培育壮大新兴产业,不断增强县域经济综合实力。要全力推进实体经济发展,坚持工业强县主战略不动摇,大力发展现代农业,繁荣发展现代服务业。要着力推进供给侧结构性改革,深入实施创新驱动发展战略。

二、要着力实施城乡统筹发展攻坚行动,持续推进美丽镇村建设,加快推进基础设施建设,不断提升群众文明素质。

三、聚力实施生态文明建设攻坚行动。要加强生态修复和保护,强化环境综合整治,大力倡导绿色化生产生活方式。

四、全力实施民主法治建设行动。要全面加强法治全椒建设,着力抓好社会治安综合治理,切实加强民主政治建设。

五、勠力实施民生事业完善攻坚行动。要坚决打赢脱贫攻坚战,努力提升公共服务水平,协调发展社会事业。

六、奋力推进全面深化改革攻坚行动。要深化各项改革,扩大开放合作。

关于从严治党工作,王成山在报告中指出,坚持党要管党从严治党,不断提升领导力和执行力。要坚定理想信念,坚决讲看齐、见行动;要加强干部队伍建设,强化队伍保证;要加强基层组织建设,强化基础保证;要深化作风建设,坚持敢担当、善作为;要抓好党风廉洁建设和反腐败斗争,强化纪律保证。

王成山最后在报告中指出,同志们,2017年改革发展稳定任务艰巨、责任重大。让我们紧密团结在以习近平同志为核心的党中央周围,在省委、市委的坚强领导下,团结带领全县各级组织和广大党员干部群众,努力实现县域经济综合实力"年年有进位、五年明显进位",以优异成绩迎接党的十九大胜利召开!

会上,与会人员分组讨论县委常委会工作报告;会议表决通过《中国共产党全椒县第十四届委员会第三次全体会议决议》;表决通过撤销张澍县委委员职务的决议。

会上,县委书记王成山就如何贯彻落实本次会议精神和做好当前有关工作提出几点要求:

一、要不折不扣地贯彻落实好县委十四届三次全会的各项决策部署。要振奋精神抓落实,要有敢为人先的发展信念,要有永争一流的拼搏精神,要有勤勉敬业的工作态度。要求真务实抓落实,增强实干意识,为民意识,团结意识。要强化执行抓落实,要健全责任体系,形成上下合力,狠抓督察督办。

二、不断推进全面从严治

党，要扎实推进“讲看齐、见行动”学习讨论，要严肃认真开好民主生活会，要自觉接受来自党内各方面的监督。

三、要扎实做好当前各项工作。要抢抓首季“开门红”，突出调度重点，完善调度机制，强化政策研判，加强跟踪问效；要利用节庆抓招商。要积极走访慰问，加强宣传推介，做好客商接待；要抓好脱贫攻坚工作。严把源头、严控过程、严格验收、严厉纪律；要抓好考核收好官；要全力以赴保稳定。抓好安全生产、好信访维稳、农民工工资清欠、要盯住利益诉求这个关键群体；要访贫问苦送温暖；要圆满完成县乡换届；要坚持值守不脱岗；要廉洁过年树新风。

大会在《国际歌》声中闭幕。

列席会议的还有：不是县委委员、县委候补委员的县人大常委会、县政府、县政协领导班子成员，县纪委常委、各镇、县直各单位党政主要负责人，正科级事业单位党政主要负责人，部分党代表以及部分重点企业主要负责人。

（县委办公室）

领导考察调研

【上级领导到全椒考察调研】 3月11日，省林业厅厅长程中才、厅计财处处长邱辉、造经总站站长赵学诗一行3人到全椒检查指导森林增长工程，市委常委、副市长汪建中、市林业和园林局副局长薛玉苍、副局长汪海洋和全椒县副县长曹宏华、林业局局长杨新文等相关人员参加检查活动。程中才一行先后查看大墅镇刘兴村1500亩薄壳山核桃造林现场、孤山林场540亩薄壳山核桃示范基地、襄河镇辉隆现代林业示范区、石沛镇现代林业示范区、十字镇滁马扬高速森林长廊。程中才对全椒的森林增长工程所取得的成绩给予充分肯定，对全椒的造林管护工作给予高度评价，对全椒的薄壳山核桃建设寄予殷切的希望，强调要大力支持薄壳山核桃产业发展。市委常委、副市长汪建中也在检查中要求全椒县要对接加工企业，形成产业链，使产业形成突破、形成活力，出成效、促增收。

4月13日，全国人大环资委副主任委员、原沈阳军区政治委员（上将）黄献中，全国人大环资委委员、原空军副司令（中将）赵忠新等一行到全椒对《中华人民共和国水污染防治法》实施情况进行调研。省人大常委会副主任花建慧，省人大常委会委员、城建环资委主任委员余焰炉以及市县领导李明、李耀才、李庆宁、罗建华、王珏、杨勇、童志全、沈文琪等参加调研活动。调研组一行实地察看新襄河综合治理项目、古襄河综合治理项目。新襄河治理工程在建设中注重水资源保护，实行雨污水分流，所有污水全部通过污水管网进行处理；古襄河治理也充分考虑对河道水质、水体的治理与保护，保持水体自然风貌和河流生态系统。调研组对新老襄河治理工程给予充分肯定。

4月16日下午，省委副书记、省长李锦斌深入全椒县调研农业农村改革发展工作。副省长方春明，省政府秘书长杨敬农，省政府副秘书长、政研室主任叶晓明，省农委主任孙正东，省发展研究中心副主任孙东海；市领导李明、张祥安、汪建中，市政府秘书长焦义朝以及县领导王成山、王珏、孔祥宁、曹宏华等参加调研。每到一处，李锦斌都仔细听，认真看，和农业示范园区负责人，县、镇、村工作人员进行深入交流，对于全椒县“三农”建设所取得的成果给予充分肯定和高度评价。他指出，全椒县委、县政府认真贯彻中央和省委、省政府重要部署，在“三农”发展上思路清晰、工作落实到位，农业生产形势良好，现代农业发展加快，改革红利加速释放，脱贫攻坚年度战役开局良好，特别是在面向“三农”，服务群众上取得卓越成效。李锦斌还希望全椒县要适应新常态，立足新发展，进一步向中央“三农”发展的方针政策看齐，与时俱进抓好当前农业农村的改革发展工作。

5月26日，副省长刘莉、省政协副主席童怀伟一行到全椒县江海小学城南幼儿园、第二实小和特教学校，看望慰问少年儿童，给他们送去学习用品，向他们致以节日里最温馨的祝福。省市县有关领导金燕、赵东、张若平、李明、何希勇、金力、王成山、王珏、董光林、陈飚等参加慰问活动。刘莉说，特教学校，是一个特殊的事业，全椒特教学校在特教事业上做出很多贡献，取得很多的成绩，在此，她向老师们的辛勤劳动，表示衷心的感谢。同时也希望孩子们一定要身残志坚，坚定信念，做自尊、自信、自立、自强之人。同时她也希望老师们继续奉献爱心，秉持教学理念，为孩子们健康成长营造良好的环境，把这些孩子培养成对社会有用的人。

6月21日，副省长谢广祥到全椒县，深入部分企业调研督察供给侧结构性改革工作，市委书记李明，市委常委、常务副市长章义，副市长杨东坡及全椒县领导孔祥宁、沈文琪参加调研。调研中，谢广祥强调，供给侧结构性改革是一项系统工程，是推动经济转型发展的治本之策。希望各企业要牢牢把握产品研发、技术改造这一企业生命线，加强资金投入，加快淘汰落后产能，不断适应市场新需求，提升产品竞争能力，在新的一轮市场调整中占领先机。要突出产学研合作，加强与各类高校的沟通，通过参与高校课程设计、技术合作等方式，进一步加强人才队伍储备和技术创新。县政府相关部门要尽职尽责，在项目申报、资金扶持、企业融资、企业用工、降低企业社保成本等方面给予企业最大的支持。

7月6日，副省长谢广祥等一行到全椒县荒草二圩、三圩、黄栗树水库、襄河口闸、襄河排涝站查看堤防、水情等情况，听取相关情况汇报，看望慰问奋战一线的防汛工作人员。市县有关领导张祥安、许继伟、汪建中、焦义朝、王成山、王珏、杨勇、孔祥宁等参加检查指导。谢广祥要求全椒要立足防大汛、抗大洪、救大灾的准备，要科学调度、突出重点、全员上阵；要本着生命至上，减少损失的原则，全面预判，全面准备，严格落实责任，严明防汛纪律。特别要对防汛的重点部位、险工险段，做到心中有数，准备到位；值班值守要到位，要严防严守，发现险情要及时处理到位。

7月7日，省水利厅副厅长王广满一行到全椒县督察指导防汛工作，县委副书记、县长王珏及县水利局主要负责人参加检查。王广满一行先后到襄河闸、荒草二、三圩、襄河口闸，实地察看水情汛情，并听取全椒县防汛工作情况汇报。王广满强调，各级各部门要严格按照省防指会议精神高度重视防御第一号台风“尼伯特”工作面临的严峻形势，认真做好防台风准备工作。要求全椒县要加强防控、值守、观测力度，深化细化各种防汛措施，加大险工险段隐患排查整治力度，保障水库安全，切实落实责任制。

7月16日，市长张祥安深入全椒县大墅镇调研指导“两学一做”学习教育和产业新城规划建设情况。市政府秘书长焦义朝，县委书记王成山，县人大常委会主任杨勇，县委常委、副县长金义平以及市、县有关部门负责人参加调研。张祥安一行先后到大墅镇墅龙新村、龙山现代农业示范园、大墅村村部等地进行调研。张祥安指出，大墅镇“两学一做”学习教育工作的开展卓有成效，希望大墅镇要结合市、县“两学一做”学习教育工作安排，进一步开展好特色性活动和专项整治，加强党员干部作风思想建设。关于大墅镇下一步发展和产业新城规划建设工作，张祥安要求，对大墅镇的发展定位和总体规划要进一步优化，要调整思路，做好加减法，科学安排规划规模，合理设计功能布局；基础设施建设要注重资金使用效率，首先要重点解决城市功能薄弱环节，完善供水、供电、供气、污水处理、道路等城市基础功能，为下一步人口集聚和产业发展提供良好基础和条件；产业定位在积极开展招商引资、注重工业经济发展的同时，要积极研究错位发展，大力发展旅游、休闲、养老、教育、医疗卫生等特色产业。

8月11日下午，省政协副主席牛立文一行到全椒县十字镇华林新村，实地察看新村建设情况。市政协主席何希勇，县领导王成山、董光林、曹宏华、赵丛祥等参加调研。在华林新村，牛立文一行边走边看并听取县委书记王成山等关于全椒县城乡绿色发展的情况汇报。牛立文在考察调研中对全椒县城乡建设绿色发展工作取得的成绩给予充分肯定。他指出，全椒县委、县政府认真贯彻中央提出的创新、协调、绿色、开放、共享的五大发展理念，落实省委“十三五”规划要求，抓真抓实抓细各项工作。近年来，全椒经济社会发展迅速，城乡面貌发生巨大变化，他表示会将此次调研城乡建设绿色发展中面临的问题与困难写成调研报告，通过省政协向省委、省政府反映，推进城乡建设绿色发展和精准扶贫工作迈上更高水平。

10月19日，市委副书记、市长张祥安等一行至六镇镇、马厂镇就扶贫工作走访调研部分贫困户。市政府秘书长焦义朝，全椒县委书记王成山，县委副书记孔祥宁以及市县相关部门负责人等参加调研活动。张祥安等一行先后走访慰问六镇镇、马厂镇部分贫困户，详细询问他们生产生活情况，并嘱咐镇村有关负责人要多关心关注他们的生产生活情况。调研中，张祥安说，脱贫一直以来都是社会发展，人民生活改善的一个重要内容。希望全椒县要认真贯彻落实省委、市委扶贫脱贫攻坚部署安排，在扶贫对象精准、项目安排精准、资金使用精准、措施到户精准、因村派人精准、脱贫成效精准等方面苦干实干、创业创新，确保扶贫工作取得实效，圆满完成任务。

10 月 25 日，省民政厅党组书记、厅长叶露中到全椒县调研指导民政工作。省民政厅办公室主任李永骧，市民政局局长范新玉，县委书记王成山，副县长宣宁宁等参加调研。叶露中要求相关部门和各级要强化监督，规范操作，全力保障困难群体的基本生活。要加大投入，进一步改善环境，提升服务质量，努力打造成县级一流的社会化养老中心。希望社区要结合农村社区民主协商试点工作，建立完善村民协商议事相关制度，充分调动群众参与的积极性，推动村民自治、民主管理工作更好的开展。

10 月 27 日，副省长谢广祥率省教育厅、财政厅等有关领导，到全椒县对基础教育工作进行调研。省政府副秘书长吴行，市委副书记、市长张祥安，市委常委、副市长金力以及全椒县领导王珏、陈飏等参加调研活动。谢广祥等一行先后到南屏中学、江海小学以及全椒中学考察，听取相关情况汇报。谢广祥要求：在推进教育均衡发展、规范办学行为的同时，要多培养孩子的责任感和创造性，要让孩子多动手、动脑、多参与社会实践活动，特别是中考将进行重大改革，考试科目的构成、考试内容、考试成绩的表达等方面将会改变，学校要提前谋划，围绕改革内容，做好准备工作，适应新要求。同时，他也希望各级党委政府还要进一步关注关心留守儿童的成长和学习，特别是学校的教师更是承担着一线的责任。

11 月 9 日，省财政厅党组成员、纪检组长项中胜，省财政厅相关工作人员以及市财政局主要负责人来全椒县调研基础财政工作情况，县人大常委会主任杨勇，县委副书记孔祥宁陪同调研。项中胜一行先后到全椒县武岗镇财政所、全椒县担保公司，实地察看全椒县基层财政工作环境，翻阅查看相关资料，并听取全椒县财政局主要负责人对基层财政管理工作情况汇报。项中胜对全椒县财政工作所取得的成果表示肯定，对全椒县财政部门能够紧紧围绕去产能、去库存、去杠杆、降成本、补短板五大任务，以“两学一做”学习教育为契机，以省第十次党代会精神为引领，突出抓收入、促发展、推改革、惠民生、重扶贫、强监管，圆满完成各项工作任务表示赞同和满意。

12 月 11 日，市委副书记、市长张祥安到全椒县调研企业发展、扶贫脱贫及“讲看齐，见行动”活动开展情况，县领导王成山、王珏、孔祥宁、曹宏华、沈文琪以及市县经信委、扶贫办等相关部门负责人参加调研。张祥安先后到中马橡塑、全椒海螺和全柴集团，了解企业概况、生产经营及下一步打算，并与企业负责人座谈交流。张祥安指出，当前经济形势较为复杂，企业要抢抓机遇主动作为，注重技术研发，加速企业转型升级，提升产品附加值和企业核心竞争力，加大和高新技术企业及高等院校之间的合作力度，为企业的未来发展提升技术支撑和人才保障。随后，张祥安一行走访襄河镇、马厂镇部分贫困户，张祥安要求县、镇、村负责人要经常走访贫困户，了解他们的实际需求，及时提供香菇种植的技术指导，确保产业扶贫落到实处，帮助贫困户早日脱贫致富。

12 月 22 日，省妇联主席黄红一行到全椒县调研妇女工作，市委常委、市委秘书长汪建中，市政协副主席、市政府副秘书长徐崇华，县委书记王成山，县委常委、副县长、县妇儿工委主任陈飏等参加调研。黄红一行先后到全椒辉隆现代农业示范园巾帼科技示范基地、襄河镇城南社区妇女之家、县夕阳红女子剪艺中心、滁州宏胜运动制品有限公司、古河镇蔡集村美丽家园等地，听取相关负责人对全椒县妇女工作的情况介绍。黄红要求全椒县要整合社会资源，有效维护妇女合法权益，为广大妇女事业发展提供优质高效服务；要通过实地考察，广泛听取意见和建议，了解妇女群众需求，结合实际情况，解决妇女群众创业、就业中的困难和问题；要进一步把工作做扎实、做到位、做出成效，多谋妇女之力，多解妇女之忧，为社会和谐、经济发展做出贡献。

【县领导调研走访活动】 1月2日，县委书记王成山对公安系统工作进行调研，县委常委、政法委书记杨勇、县委常委、副县长凌斌参加调研。县委书记王成山在调研时强调，县公安部门要加大公安干警队伍思想建设，作风建设。公安队伍要适应新形势、新要求，要与时俱进，要进一步增强政治意识、以更高的目标、更严的要求，进一步打造全椒安定幸福形象，同时在工作上，要做到有形象、有威慑、有正气、有战斗力，让群众放心、让不法分子畏惧，要持续打击犯罪，对不法分子要保持高压局势；要坚持改革创新，以改革激发公安干警的战斗力，同时要增强公安专业队伍力量、增强年轻力量，打出全椒公安品牌，使全椒公安打造成全省一流、全市排头的公安队伍。

1月13日下午，县委副书记、县长王珏，副县长曹宏华率水利、交通、规建、公安、效能办等单位到全椒闸建设现场考察，现场调度，现场办公。要求施工方以及相关单位科学合理安排工作量，挂图作战，倒排工期，确保全椒闸建设于正月十六前全面竣工通行。王珏要求：各相关涉及部门要加强协调配合，明确责任，加强调度。要抽调专人，领任务，直到把任务完成；各相关部门要充分考虑到天气变化等因素，要科学合理安排工作量和时间表。要重逼加压，挂图作战，倒排时间表，确保正月十六走太平前桥面全面通车；要高度重视工程质量和安全生产工作。如果出现任何问题，将倒追责任；县效能办要加强效能督察。对表现好的、任务落实好的单位要及时进行效能通报表扬，对任务落实差的单位要给予通报批评。要在大闸工程建设上，充分激发正能量以及干事创业的激情。

2月12日，县委书记王成山到县招商局，专题调研招商引资工作，县政协主席、县委办主任董光林，副县长沈文琪参加调研。王成山指出，对于招商引资工作大家在思想上要进一步解放，在理念上要进一步创新，要深入分析、着力解决存在的问题。要在全县范围内抽调一批能干事、想干事的年青干部放到招商平台上进行锻炼，着力解决招商力量不足的问题；要认真分析，深入谋划全椒县产业规划，促进全椒县工业经济科学发展；要进一步完善招商工作机制，把区域招商和产业招商相结合，有针对性地开展宣传、推介；要加强园区管理、促进项目服务专业化，下决心、下狠心解决帮办不到位的问题。

2月28日，县委副书记、县长王珏带领环保、招商、经信、规建、帮办中心等相关职能部门负责人深入十谭产业园，对富达机电等企业进行调研，实施精准帮扶。针对企业反映的招工、入驻电商、生产许可证办理、产品进出口等方面问题，王珏要求政府各相关部门要找准原因、精准施策、通力协作、强化保障，切实履行责任部门职责，帮助企业出谋划策，全力为企业排忧解难，助推企业做大做强。王珏同时鼓励企业要坚定发展信心，用足用好相关政策，抓自主创新，抓产业升级，确保企业健康快速发展。

4月7日，县委副书记孔祥宁，县人大党组副书记、副主任季奎，副县长曹宏华一行深入城区防洪工作重点区域，对城防工作进行现场调度。襄河镇、县水利局、规建局、旅游局等城防责任单位相关负责人参加。孔祥宁等一行先后到站前路东段、柳圩电站、太平文化广场、新华路延伸段等地，对城市防洪中的隐患排查、应急预案、除险工程、排涝设备安装调试等进行全面了解，梳理问题、研究对策，对有关工作进行现场调度、现场交办。孔祥宁要求各相关单位要高度重视2016年的城防工作，对防汛工作中薄弱环节要全面梳理，及时发现问题，尽快明确应对措施和应急预案；要建立责任体系，城防办要切实履行职责，对存在的问题要下单子、派任务，明确工作任务、责任单位、责任人和完成时间；要定期开展工作调度，加强工作督察，确保隐患及时发现，问题及时处理，工作落实到位，确保安全度汛和人民群众生命财产安全。

4月24日，县委副书记孔祥宁深入到六镇、马厂、大墅、西王4个镇，检查指导基层精准扶贫工作。检查中，孔祥宁一行直接来到六镇镇草庵村、马厂镇方岗村、大墅镇章辉居委会和西王镇管坝民族村，调阅查看精准扶贫四项清单等工作材料，与镇村干部就扶贫工作进行座谈交流。孔祥宁说，2016年，全县精准扶贫工作已进入一个关键时期，一年之计在于春，2016年的工作目标任务能否完成好，关键看当前的工作是否按序推进，是否真正落到实处，扶贫对象的致贫原因各有不同，这就要求扶贫措施要切合实际,要有切实可行的办法来帮助群众脱贫。镇村组的工作要细、思路要清晰,县直帮扶单位的工作也要实。精准扶贫是一项需要全社会关注、参与的综合工作,要多措并举,要根据贫困户家庭的实际情况,从产业扶贫、就业扶贫、教育扶贫、医疗卫生扶贫等多方面入手,切实解决贫困户的生产生活困难。要探索社会爱心帮扶、农村户与户结对帮扶等措施,全面推进精准扶贫工作。

5月19日,县委副书记、县长、县防指指挥长王珏深入武岗、襄河、十字、二郎口4个乡镇,督察指导全县乡镇防汛抗旱工作,并对部分镇村秸秆禁烧工作开展随机抽查,县政府办、效能办、防办、禁烧办相关负责人参加督察。就做好今年防汛工作王珏指出,各镇、各职能部门要重视到位、包保到位、组织到位、工程到位、保障到位、监督到位,水利局要加强防汛技术指导,严把工程质量关,县效能办、防指办要加强督察。各镇要明确时间节点,抢抓晴好天气,加快工程进度,保质保量完成全部工程任务。关于秸秆禁烧工作,王珏强调,各镇必须继续在思想上高度重视,各镇、村(社区)实现划片包干,责任到人,加强对重点区域的重点督察,坚持24小时在岗在位,结合各镇实际,配齐人员、备全各类应急设施设备,制定完善的应急预案,采取切实可行的措施,严明纪律,加强巡查,兑现奖惩,严格问责,确保全椒县秸秆禁烧工作取得实效。

6月21日,县领导王成山、王珏、孔祥宁、沈文琪等一行深入全柴集团,和全柴领导班子一起座谈交流,共谋发展。县发改委、科技局、经信委、人社局等部门主要负责人参加座谈。王成山要求,全柴集团要在技术引领上下功夫,加强资金投入和队伍建设,建立国内领先、行业领先的产品研发中心,通过新产品研发升级,技术改造和装备能力的提升,加快淘汰落后的产能,提高产品的附加值和竞争力;要准确把握市场、适应市场,加强对国家政策和行业发展方向的研究,拓展上下游产业链,扬长避短,优化服务,加强与相关企业的合作,在行业洗牌过程中站稳脚跟;要敢想敢做,加快内部改革,强化内部管理,通过改革产生内生动力,降低成本,提升绩效。

6月30日,县委书记王成山深入六镇镇,走访慰问结对帮扶困难家庭,为他们想办法、出主意,共同制定脱贫增收计划,给他们送去大米、食用油等慰问品以及党和政府的关怀和温暖。王成山指出,精准扶贫的关键是精准,要在精准识别的基础上,针对每户的不同情况进行精准施策,多想办法、多创新,在关心关爱贫困户日常生活的同时,以解决就业问题为重点,力争让每一个贫困户有一个长期、稳定的收入来源,让他们真正能够脱贫致富。王成山还要求教体局、团县委等相关职能部门、群团组织要在学习、生活上给予贫困学生更多的关心和支持,让他们感受到社会的温暖,在顺利完成学业,学业有成,走向社会后也能够更多关爱他人。

7月26日,县委书记王成山先后至百姓热线办公室、政务服务中心以及公共资源管理局走访调研。县委常委、纪委书记史法勇,县委办主任陈劲松,县政府办主任关敬文等参加调研活动。王书记说,要把全椒百姓热线作为县委、县政府工作的一个重要方面来抓,要在技术、服务,包括对接线员的培训等方面下功夫,要充分调动方方面面的积极性,把这个为群众服务的事情做实、做好。关于政务中心建设,王成山说,政务中心的工作做得不错,在全市全省位于前列,政务中心的班子在干事、创业、创新方面,敢做敢当,能吃苦,体现高度的为民情怀和党性修养。关于招投标工作,王成山要求,县公管局、业主单位、中介服务机构、竞标人在公共资源交易活动中找准自己的定位。各单位、各部门加强业务学习,要重视公共资源交易管理工作,要与公管局齐心协力,开创公管工作新局面。要加强项目标前管理,重视前期规划设计,概算预算、招标文件、合同签订要严谨。禁止干部插手工程,要实行回避制度,预防腐败。业主、公管局要加强对中介服务机构管理。项目经理,五大员的管理,聘用管理人员备案,项目公示都要接受社会监督。要研究重点工程进入市级平台交易管理办法,进入市级平台项目要加强管理。县公管局要加强业务学习,加强问题研究,加大工作创新力度,加大制度建设,加大协调力度,尤其是在监管上,要更加严格。

8月2日,县委副书记、县长王珏就在建和竣工未验收安置房建设工作进行调研,县委常委、副县长金义平，副县长阚绪瑞及县重点局、规建局、国土房产局、安监局、消防大队等相关部门负责人参加调研。王珏一行先后到在建安置房画荷苑、儒学苑、屏山苑，竣工示验收安置房广源安置小区、千佛庵安置小区、陈勾安置小区、丰乐园，仔细查看项目建设合同、监理日志、施工效果图，听取相关情况的汇报，仔细询问工程进展情况和存在问题。王珏要求各项目业主单位、建设监理单位及相关部门要切实履行职责，加快工程进度，让老百姓早日回迁入住；要解放思想，加强沟通协调，创新工作机制，确保工程顺利推进；要始终严把工程质量关，注重日常监管和指导，充分发挥跟踪审计和项目监理的作用，对于不符合要求的要尽快完善，确保回迁时水、电、燃气等配套设施达到居民入住的条件；要加强项目管理，找出部分工程滞后原因，严格按照合同约定追究相关责任；要加强项目周边的环境整治，对占道经营行为立即进行整改。王珏还就各项目的竣工、验收工作提出明确时限，要求各单位要对照时间要求，列出任务菜单，倒排工期，明确相关责任人。

8月12日，县委书记王成山深入县审计局开展调研，县委常委、常务副县长杨光，县委常委、组织部部长、统战部部长陈岭参加调研。

在调研座谈会上，审计局局长章宗敏就审计局机构、人员组成情况及审计工作开展情况进行汇报。在听取情况汇报后，王成山作重要讲话。他在讲话中要求审计人员要注重学习，关心政治，开拓思路和眼界，深入开展“两学一做”学习教育，把“三严三实”作为自己的座右铭，认真领悟党性教育的重要性；要坚守审计人的专业精神，坚持原则，敢于较真，爱岗敬业、善于钻研、大公无私，将审计作为一项事业，在工作历练自己；要适应当前审计工作的新要求，注重审计报告的建设性，善于对个案中发现问题的总结归纳，及时向县委县政府提出工作建议；要注重审计方法，提高审计效率，把理论知识和实践经验有效地结合起来，把握整体，注重统筹；要注重作风建设，坚持依法审计，把握职业操守道德的要求，树立审计的权威性。王成山最后强调，审计全体党员干部要充分发挥优良的审计传统，承接审计人的精神，为全县的经济社会发展、党的建设和反腐败建设发挥作用。

9月18日，县委副书记孔祥宁，县委常委、组织部长陈岭深入县直机关党工委调研指导工作。调研中，孔祥宁一行现场查看县直工委办公用房使用和清理情况，详细了解人员编制和部门职能分工，并召开调研座谈会。就如何进一步抓好全县机关党建工作，县委副书记孔祥宁提出三点要求：一是明确自身定位。县直机关党工委是县委直属派出机构，要严格按照县委要求，统一思想，提高认识，扎实做好县直机关和市直属单位党的建设各项工作任务。二是明确职责任务。要认真履行指导县直属机关党组织对党员教育发展、党组织建设、党风廉政建设等工作，代表县委落实对县直各单位“党要管党，从严治党”的主体责任。三是明确工作落点。要建立完善各项工作机制，超前谋划，细化任务，加强对县直各单位党建工作的领导，强化督察力度，严格考核；要进一步加强自身建设，努力学习，提高党建业务水平，规范奖惩，激发班子整体活力，保证全县机关党建工作不打折扣、不减分量的完成。

10月9日，县委副书记、县长王珏深入部分重点项目建设现场，对工程进展情况进行调研，县委常委、古河镇党委书记金义平，县人大常委会副主任童志全，县政协党组副书记，副主席赵从祥及县政府办、规建局、重点局、国土房产局、城管执法局、公管局、襄河镇、效能办、县政府督办室等单位主要负责人参加调研。王珏一行先后到吴敬梓路改造提升工程、县公共卫生综合服务中心、城东片区路网、公共停车场建设、老体育场改造、老旧小区改造、便民摊点群建设项目等地，实地察看工作进展，听取相关负责人对建设情况的工作汇报。详细了解项目在建设过程中遇到的难点问题，并分析讨论如何更好更快地推进项目整体工作的顺利开展。王珏指出，重点项目事关经济社会发展大局和人民群众的切身利益，各级各部门在项目建设过程中，要抓好安全施工、严把质量关，科学安排工期，加快施工进度，确保工程如期、高标准完工；要注重细节，合理规划，科学布局；相关单位要强化责任抓落实，积极加强沟通、衔接、配合，合力攻坚克难，强力推进项目建设。

11月1日，县委副书记孔祥

宁深入西王镇和大墅镇调研指导精准扶贫、美丽乡村建设、信访维稳、计划生育4项农业农村重点工作。孔祥宁要求，镇村干部和驻村工作组要继续将扶贫工作抓细、抓好、抓实，村支两委要做好劳务输出的管理工作，要主动与群众对接，组织群众发展种养殖业和光伏产业，驻村干部要深入群众家中，了解其致贫原因、脱贫需求、贫困类型、贫困程度等情况，同时根据整村的实际情况，制定切实可行、可操作性强的扶贫规划与帮扶措施，让帮扶有目标、有任务、有措施，确保脱贫工作见实效。就乡镇美丽乡村建设工作，孔祥宁要求，结合当地实际，科学合理规划，注重统筹协调，把握晴好天气，增上机械和人员，加班加点保质保量整体推进，为美丽乡村考核验收打下坚实基础。要重视好信访维稳工作，突出重点隐患、重点人群，切实做好矛盾化解调处工作，畅通群众利益诉求渠道，维护群众合法权益，坚决打击无理非访，维护正常的信访秩序，确保社会大局和谐稳定。关于计生工作，要正视问题，找准差距，集中力量抓好重点、主攻难点、解决薄弱点，重点查处“两非”案件，提升群众满意度，夯实基层基础，强化督察督办，压实责任，强化保障，坚决打赢计生工作“翻身仗”。

11月2日至11月3日，县委副书记、县长王珏率县政府办、卫计委、扶贫办、监察局、效能办、政府督办室主要负责人，深入襄河镇、石沛镇、西王镇、马厂镇、武岗镇、二郎口镇督察调度计划生育、扶贫攻坚、信访维稳以及美丽乡村建设等工作。每到一镇，王珏听取镇党委、政府关于计划生育、扶贫攻坚、信访维稳工作的情况汇报，县卫计委、扶贫办、效能办负责人指出工作中存在的“短板”和问题，有针对性提出下一步整改措施。王珏强调：各镇要深入学习贯彻中共十八届六中全会、省第十次党代会精神，并迅速在全县上下掀起学习宣传的热潮。同时，要扎实做好县域经济考核、重点项目建设、全面深化改革、党风廉政建设等各项工作，以实际行动把十八届六中全会和省、市党代会精神落到实处、见到实效，确保2016年各项工作都能取得新进展、新突破、新成效。

11月6日，县委书记王成山对部分城市建设重点项目进行调研。县人大常委会主任杨勇，县政协主席董光林，县委常委、副县长陈飚，县委常委、古河镇党委书记金义平，副县长阚绪瑞，县委办主任陈劲松，县政府办主任关敬文以及襄河镇、相关部门负责人等参加调研活动。王成山等一行首先来到吴敬梓路改造提升工程现场，仔细查看工程施工进展情况，听取施工方、监理、审计单位以及项目主管单位有关情况介绍。王成山要求项目主管单位以及建设单位要本着对全椒人民高度负责的精神，高标准、高品质，按时完成提升改造任务，要把这个工程打造成全椒的一个亮点工程、精品工程。同时他也希望监理、施工、审计以及项目主管单位之间多加强交流沟通，依法按规履行好各自职责，将这一项民生工程打造成廉洁工程。他还要求相关单位做好工程施工的保障工作，严厉打击阻碍施工行为，施工单位也要抓住晴好天气，上足人力和机械，加班加点，加快工程建设进度，按时、按质、按量完成提升改造工作。

11月8日，县委副书记孔祥宁深入全椒县马场镇三合村督察脱贫攻坚工作情况，县效能办、扶贫办主要负责人参加督察。孔祥宁一行首先来到马厂镇三合村扶贫工作工作站，听取镇村负责人关于脱贫攻坚工作开展情况汇报，并深入多个贫困户家庭，详细询问生活的家庭基本情况，查看周边的环境情况，查看扶贫手册，并对该村县直单位包保和镇村干部扶贫工作落实情况进行核查。晚上，在马厂镇会议室召开全县脱贫攻坚业务培训会，孔祥宁对此次会议作重要讲话，对近期全县扶贫工作情况做简要分析，要求各扶贫工作小组成员要进村入户走访，宣传政策工作要做到位，思想上不能松懈，要有认真负责的责任心，充分利用产业扶贫、公共基础设施建设扶贫工程、就业扶贫等相关扶贫政策，努力把扶贫工作做好做扎实，结合实际解决实际困难，增强贫困户脱贫信心，使贫困家庭尽早脱离贫困生活。

12月20日，县委书记王成山走村入户，到六镇镇东王村调研指导扶贫脱贫工作，县委办、县扶贫办和六镇镇相关负责人陪同调研。

王成山走访东王村范刘村民组陈学贵、王油坊村民组王维成两个贫困户。每到一户，王成山都关切地询问他们现在的身体状况、家庭生产生活、子女就业就学、产业扶贫、民生政策落实等情况，认真翻阅他们的扶贫登记手册是否填写完整规范，并针对每户的致贫原因、脱贫措施提出建议，鼓励贫困户要树立信心、勤劳致富，争取在党委政府的关心和支持下早日脱贫。王成山要求镇村负责人时刻关心贫困户冷暖，尽快帮助他们改善水、电、厨、卫等基本生活设施，改善人居环境，落实扶贫政策到位。在和镇村负责人座谈交流中，王成山强调，扶贫脱贫是民生工程，更是政治任务，大家要增强责任感和紧迫感。扶贫政策要落实到位，产业帮扶要切实有效，扶贫资金要专款专用，各项工作要扎实细致。

12 月 29 日，县委副书记、县长王珏对县内义务教育均衡发展工作情况进行全面检查，并对四季花海小镇项目建设情况进行调研，县委常委、副县长陈飏及县直有关单位主要负责人参加检查活动。王珏一行先后至十字、石沛、六镇、马厂、大墅等镇的中小学以及教学点，查看学校校容校貌以及软硬件情况，听取学校负责人相关情况汇报，就学校还存在的一些薄弱环节，王珏现场办公，和随行的相关部门负责人以及镇领导研究讨论，拿出可行的解决办法。王珏要求各镇各相关单位以及各所学校，要本着对人民高度负责任的精神，按国家和省市要求，全面做好义务教育均衡发展各项工作。要借助“国检”的契机，不断缩小区域之间、城乡之间、学校之间办学水平和教育质量差距中，促进学校基础设施和教育教学管理工作提档升级。下午，王珏一行到西王镇，考察龙山湖生态旅游示范园暨四季花海小镇项目。听取项目方以及镇上相关情况汇报，希望县相关部门要和镇上做好对接工作，确保项目如期签约，如期开工建设。

（县委办公室）

重要会议

【全县招商引资暨城市建设动员会】 2 月 15 日，全县招商引资暨城市建设动员会议在县政务中心会议厅召开，会议主要任务是：全面贯彻落实中共十八届五中全会和中央经济工作、城市工作及农村工作等系列会议精神，认真落实省市各项决策安排，动员全县各级党员干部尽快走出过节状态，以饱满的热情、充沛的精力、十足的干劲投入到各项工作中去，把 2016 年各项工作谋的更实、谋的更细；对 2016 年全县经济工作以及招商引资工作进行动员部署，真抓实干、奋力拼搏、开拓创新，实现全县经济和社会各项事业稳步健康发展。县几个班子领导王成山、王珏、杨勇、董光林、孔祥宁、凌斌、史法勇、陈飏、陈岭、张华贵、吴文宏、王永明以及各镇、县直各单位班子全体成员，垂直单位、正科级事业单位、全柴集团主要负责人以及部分企业代表等参加会议。

县委书记王成山在会上作重要讲话。他要求：一是要迅速调整工作节奏，提振工作状态。要谋准、谋实、谋细，抓好开局。要有争抢意识，拉升标杆，提升境界，要有铁一般的信仰、纪律、担当，把全椒发展的责任扛在肩上、抓在手上。要认真学习党章，学习习总书记系列讲话精神。对于全椒当前的发展态势，要有忧患意识。要优化工作机制。要上下齐心，统一认识。要抓好开局、抓好招商、抓好调度、抓好为民办实事，抓好安全稳定。要加强学研，深入基层，全面履行好自己的责任。奋力拼搏确保全年任务完成。二是要抓重点，冲刺攻坚，全面实现一季度开门红。对全椒的发展，大家要用情、用心、用力。要加强工作的谋划，要坚持问题导向。要始终坚持以转型升级为引领，实现县域经济健康平稳发展。要在培植产业，调优结构上做文章。要加大招商引资力度，要完成工业化的进程，加快全椒的跨越发展。全县上下要只争朝夕，要抢抓机遇，要把招商引资作为第一要务，招商措施上还要再研究，再完善。要优化发展环境。在城市建设上要突出内容建设，打造特色县城。在城市建设的理念和规划布局上，要认真学习上级有关精神、理念和思路。在原有的规划基础上要做一些完善提升。老城建设要突出古城的概念，新城建设要突出城镇的理念，要把镇当城建。要围绕“十三五”城镇建设目标，加快集镇建设，“三治三增三提升”仍然是全椒县城市建设的一个重要内容。当前的城市建设中的违法建设已到不能容忍的地步。要对违法建设严惩不贷。要成立专门的办案小组，依法办案。要保证每一起案件都能办结。美丽镇村建设，要按照发展中心村，保护自然村，建设特色村思路，完善建设好全椒县的镇村。对照中央和省市的相关部署,要加快完善规划,筹集资金,确定计划,加快推进。要把美丽镇村建设进一步推向一个高潮。要把美丽镇村建设从由点带面向全覆盖推进。要把建设为重转变到建管并重。同时要注重村庄综合治理。注重产业发展。要让村干部成为致富带头人。在美丽镇村建设过程中要注意保护镇村文化。三是要压实责任,狠抓落实。各位县级领导要把各部门的民主生活会督察好。对2015年度的民主生活会要组织考核验收。要以严格的责任抓落实。要以科学的方式方法抓落实。要以昂扬的精神状态来抓落实。

会上,县委副书记、县长王珏就一季度"开门红"、招商引资和城市建设工作进行部署。他要求:1. 迅速收心,紧张快干,确保实现一季度"开门红"。要夯实目标责任,要加快项目建设,要抓好企业帮扶,加强经济运行调度,加强政策学习、研究和落实,要抓好信访维稳。2. 认清形势,提振信心,奋力开创招商引资工作新局面。要正确看待招商引资面临的新形势。招商引资是适应引领新常态的迫切要求,是加快推进"调转促"的关键举措,是推动"五个发展"、实现"四个翻番"、冲刺"省市前列"的现实抓手。要迅速掀起招商引资的新热潮。要明确主攻方向,增强招商引资的针对性,要围绕产业链需求开展招商,要围绕重点区域开展招商,要围绕国家重大战略开展招商。要创新招商方式,着力提高招商引资实效。要充分发挥企业的主体作用,走以商招商之路,要着力提高招商队伍素质,走专业招商之路,要探索"互联网+招商",走智慧招商之路。要健全工作机制,加快推进项目落地生根。要建立线索研判机制,完善项目承接机制,健全帮扶帮办机制。要努力形成招商引资的强大合力。县级领导要率先垂范,各镇各部门要积极主动,督察考核要从严从实。3. 要突出精致,聚力攻坚,努力推进城市建设再上新台阶。要突出秀美精致,着力提升城市规划水平,要突出宜居宜业,着力提升城市建设水平,突出以人为本,着力提升城市管理水平,要狠抓培训和调度,让专业的人做专业的事,要突出改革创新,着力做好各项保障工作。

【全县隆重纪念建党95周年暨表彰大会】 6月30日下午,县委、县政府在县椒陵会堂召开表彰大会,隆重纪念中国共产党建党95周年。县几个班子领导王成山、王珏、杨勇、董光林、孔祥宁、史法勇、陈飚、陈岭、张华贵、王永明、金义平及各镇党委书记、县直各单位党组(党委)书记,县直机关各总支、支部书记、正科级事业单位主要负责人等参加会议。县委副书记、县长王珏主持会议。

县委书记王成山在会上发表重要讲话。他首先向全县各级党组织和全体共产党员致以节日的问候,向受表彰的先进集体、先进个人表示祝贺,他说:中国共产党从诞生到现在,由小到大,由弱到强,走过95年光辉历程。中国共产党的95年历史是为中华民族的独立、解放、繁荣,为中国人民的自由、民主、幸福而不懈奋斗的95年;是中国人民掌握自己命运、意气风发地走向现代化梦想的95年;是不断经受各种风浪考验、不断开创各项事业新局面的95年。

王成山要求:1. 牢记党的宗旨,进一步增强发展信心和决心。要坚定信念,永葆本色不变。要心系群众,一心为民谋福利。要奋发有为,勇于创新谋发展。做思想解放的先行者,率先致富的排头兵,推进发展的实践者。2. 全面加强党的建设,进一步提升基层组织的凝聚力、战斗力。要大力加强干部队伍建设,以坚强的核心引领发展,要大力加强基层组织建设,以坚实的基础推动发展,要加强党风廉政建设,以优良的党风保障发展。3. 坚持围绕中心、突出重点,全面深化改革开放。要理清改革思路,做好改革的顶层设计和总体规划,要把握改革重点,着力推进重点领域改革破题,要选准改革破口,积极争取改革试点,要着力理顺工作机制,狠抓改革任务落实。4. 牢固树立保障意识,进一步优化发展环境。要全力打造优质高效的政务环境,要着力构建良好的服务环境,要营造良好的创业环境,要建设文明城乡环境。5. 着力加强作风建设,进一步树立良好的形象。要大力弘扬开拓进取、攻坚克难的作风,要大力弘扬勇于吃苦、甘于奉献的作风,大力弘扬真抓实干、狠抓落实的作风。

会上,对全县先进基层党组织、优秀共产党员、优秀党务工作者、优秀党组织书记进行表彰,与会县领导为他们颁发奖牌或证书。先进基层党组织代表、优秀共产党员代表、优秀党务工作者代表以及优秀的党组织书记代表分别在会上作典型发言；县委副书记孔祥宁宣读《全椒县直单位共产党员志愿者服务总队组建方案》；县委书记王成山为县直单位共产党员志愿者服务总队授旗。

【县委理论中心组会议】 1月12日下午，县委书记王成山在县政务中心会议室主持召开县委理论中心组学习会。县委理论中心组成员、县直部分单位负责人等参加学习会。会议学习传达《着力打造"四个过硬"的领导班子为全面建成小康社会提供坚强政治保证》《中共安徽省委关于印发贯彻中国共产党巡视工作条例实施办法的通知》。

2月4日下午，县委书记王成山在县政务中心会议室主持召开县委理论中心组学习会。县委理论中心组成员、县直部分单位负责人等参加学习会。会上，传达学习中央有关会议、文件精神。县党政班子成员对当前工作进行安排。王成山要求领导干部要切实担负领导责任，共同为全椒发展出招，为全椒发展发力。

3月26日上午，县委书记王成山主持召开县委理论中心组学习会，学习传达全国"两会"精神、"两学一做"学教方案等相关文件精神，听取县扶贫工作情况汇报，安排部署下一阶段工作。县委理论中心组成员、各镇、县直各单位主要负责人等参加学习会。学习会上，王成山作重要讲话。他要求：干部要增强学习的意识，要认真学习贯彻全国"两会"精神，要结合全椒的实际，创新引领，深度思考谋划全椒今后的发展。

4月18日上午，县委副书记、县长王珏主持召开县委理论中心组学习会，学习传达省长李锦斌在全椒调研相关指示以及在滁州座谈会上重要讲话精神以及《关于落实发展新理念加快农业现代化实现全面小康目标的若干意见》精神。县委理论中心组成员，县直部分单位主要负责人、各镇书记、镇长等参加学习会。王珏在学习会上讲话，要求要认真学习领会李锦斌省长在全的调研指示精神。当前重点要加快土地确权收尾工作；加快扶贫工作的推进，要开展"回头看"，全面实施扶贫措施；要切实做好当前的防汛抗旱工作，思想上要再重视，行动上要再落实，要加强调度，确保防汛各项工作落到实处；要坚持大招商，招大商的思想不动摇，加大招商引资力度，要加强"三个园区"基础设施建设，全面做好企业的帮扶帮办工作；要加强机关作风建设，认真学习领会上级关于"两学一做"精神，严肃工作纪律，整治不作为、慢作为行为。

5月27日，县委书记王成山在政务中心会议室主持召开县委理论中心组学习会。县领导王珏、董光林、孔祥宁、杨光、史法勇、陈飚、张华贵、王永明等出席会议。会议传达学习全省深入贯彻落实习近平总书记视察安徽重要讲话推进大会会议精神，省委书记王学军在全省"两学一做"学习教育工作会议上的讲话精神及省委书记王学军在省委中心组理论学习会议上的讲话精神。县领导孔祥宁、杨光、王万贵、季奎、曹宏华、赵从祥、姚本山分别围绕"三个深入思考"、农村工作、深化改革等方面内容作交流发言。

6月29日下午，县委书记王成山在县政务中心会议室主持召开县委理论中心组学习会。县领导王珏、杨勇、董光林、孔祥宁、史法勇、陈飚、陈岭、张华贵等参加学习会。会议传达学习《中共安徽省委安徽省人民政府关于深入贯彻落实习近平总书记视察安徽重要讲话奋力在中部崛起中闯出新路的意见》《深入贯彻落实习近总书记重要讲话精神确保"十三五"经济社会发展良好开局》《中央巡视组关于对安徽省开展巡视"回头看"的反馈意见和黎小宏、王学军在对安徽省巡视"回头看"情况反馈会上的讲话》《中共安徽省委深入推进全面从严治党的若干意见》等文件。在领学相关文件精神后，结合全椒实际，王成山要求：要高度重视学习，特别是县几个班子领导，要带头学，要增强学习的主动性，要学深、学透，要在与实际工作相结合上下功夫。

7月29日下午，县委理论中心组召开学习会，邀请省委党校科学社会主义教研部研部主任、教授汪兴福就学习贯彻习近平总书记在庆祝中国共产党成立95周年大会上的讲话精神作专题辅导。王成山、王珏、杨勇、董光林、孔祥宁、杨光、史法勇、张华贵、王永明等县委理论中心组成员，各镇党政主要负责人，县直各单位及正科级事业单位主要负责人,全柴集团党委主要负责人参加会议。县委副书记孔祥宁主持会议。

8月31日,县委理论中心组学习会暨"两学一做"学习教育第二专题学习研讨会召开,县委书记王成山主持会议。县领导王珏、杨勇、董光林、孔祥宁、杨光、史法勇、陈飚、陈岭、张华贵、曹宏华、金义平等出席会议。关于"两学一做"学习教育,王成山强调:各级党政领导干部要进一步加强理论学习,牢记并践行习近平总书记提出的"不忘初心,继续前行";要以身作则,以上率下,坚定政治立场不动摇;要齐心协力,坚定不移地落实全面从严治党要求。王成山还对经济运行、城乡建设、创建省级文明县、生态环境保护、作风效能建设、深化改革等当前各项重点工作提出要求。

9月23日下午,县委书记王成山在县政务中心会议室主持召开县委常委扩大会暨县委理论中心组学习,传达学习贯彻市第六次党代会精神。县领导王珏、杨勇、孔祥宁、杨光、史法勇、陈飚、陈岭、张华贵、王永明、曹宏华、金义平等参加会议。县人大常委会副主任、县政府副县长、县政协副主席、县公安局局长、县法院院长、县检察院检察长以及县直单位主要负责人、正科级事业单位领导等列席会议。会上,王成山传达学习市第六次党代会精神;听取和讨论县委办关于《全椒县贯彻落实市第六次党代会精神总体安排方案》情况汇报;听取县委副书记孔祥宁关于文明创建工作情况通报以及下一步工作安排。

10月28日下午,县委理论中心组学习会议召开,迅速传达学习中共十八届六中全会等有关会议、文件精神。王珏、杨勇、董光林、杨光、史法勇、陈岭、金义平等县委理论中心组成员,县直单位主要负责人,各镇书记、镇长,正科级事业单位主要负责人,全柴集团主要负责人参加会议。会议由县委副书记、县长王珏主持。

11月18日下午,县委书记王成山在县政务中心会议室主持召开县委理论中心组学习暨"两学一做"学习教育第四专题学习研讨会,观看相关警示教育片,书面学习相关文件及会议精神,并就"坚守底线,培养高尚情操",开展"两学一做"学习教育专题研讨。县几个班子领导王珏、杨勇、董光林、孔祥宁、杨光、史法勇、陈飚、陈岭、张华贵、王永明、曹宏华、金义平等参加会议。县直单位主要负责人、正科级事业单位、各镇党政主要负责人等列席会议。

12月7日上午,县委理论中心组"讲看齐、见行动"学习讨论第一次专题研讨会召开,观看相关警示教育片,部分中心组成员结合自身工作实际,就如何"讲看齐、见行动"作精彩发言。县几个班子领导王成山、王珏、杨勇、董光林、孔祥宁、史法勇、陈飚、陈岭、张华贵、金义平以及县委理论中心组成员,各镇党政主要负责人、县直各单位主要领导等参加研讨会。县委书记王成山主持会议。

12月21日下午,县委理论中心组学习会暨"讲看齐、见行动"学习讨论第二次专题研讨会召开,学习中央经济工作会议精神,部分县领导围绕"找差距、议举措,我们怎么干?"研讨主题,作交流发言。县领导王成山、王珏、杨勇、董光林、史法勇、陈飚、陈岭、王永明以及县委理论中心组成员,各镇党委或政府主要负责人,县直各单位主要负责人等参加会议。县委副书记、县长王珏主持会议。

(县委办公室)

县委办工作

【秘书工作】 2016年,秘书一科紧紧围绕全县工作大局和重大工程,较好发挥综合服务、参谋助手、运转协调职能作用,保障各项工作顺利运行。做好文字材料起草工作,全年起草领导讲话、调研报告等各类文字材料150余篇,审核校对编排各类文件文稿260多件次;做好领导日常服务工作,协调处理相关事务,接待群众来电来访20多次,办理各类批示件60多件,保证工作秩序正常运转;做好县委常委会议和县党政联席会议纪要的编发等工作,编发县党政联席会议纪要3期,编发县委常委会议纪要5期。县委政府人大政协换届期间,秘书一科紧紧发挥协调服务职能,昼夜连续奋战,做到服务领导、服务一线,及时上传下达,确保政令畅通、指令传达到位,为全县顺利圆满完成县镇党政领导班子换届及人大政协换届工作作出有力保障。2016年6月省督察组到全椒检查贯彻落实习近平总书记视察安徽重要讲话贯彻落实情况，秘书一科充分发挥参谋助手职能，收集整理各项材料台账，统筹各单位扎实做好迎检工作，为全县顺利通过省督察组检查提供支撑和依据。

【改革工作】 县委全面深化改革领导小组办公室（以下简称改革办）设在县委办公室，2016年，县委改革办认真贯彻落实中央、省委、市委改革工作总体部署，坚持上下衔接，突出主体责任，持续推进深化改革工作。在专项改革协调推进上，制定167项工作要点、10项重点调度改革工作、3项国家和省直机关批准的试点改革，建立改革总台账，要求全县改革牵头单位和改革专项小组定期上报改革进展情况，积极开展督促协调工作，实施改革销号制度。在改革成效上，《全椒县国有林场改革实施细则》已经制定并进多次县委全面深化改革领导小组会议研究，国有林场改革取得实质性进展；农村环卫保洁社会化工作（PPP）模式在全省推广，6月15日全省农村生活垃圾治理工作现场会在全椒县召开；9月26日，全国地方公务用车制度改革现场会到全椒县观摩公车改革及公车管理平台建设工作，给予高度肯定。在领导小组议事事务统筹上，组织召开县委全面深化改革领导小组会议，认真准备会议方案，选定会议议题，提出会议审议事项的意见建议，做好会议保障和议定事项的督促落实工作。在改革进展汇报工作上，加强与市委、省委改革办的沟通，及时汇报改革进度，累计书面汇报12次。在信息和宣传工作上，与市委改革办建立信息沟通机制，定期收集、整理和上报改革信息。

【信息工作】 一是高度重视信息工作，加强队伍建设。实行全员办信息制度，着力加强办公室信息工作力量，分别明确办公室副主任、专（兼）职信息员每周信息报送任务，实行信息稿酬奖励办法，激励报送积极性，并将工作成效作为办公室信息员及文秘人员评优评先的重要依据。出台分类管理办法，将各镇各单位明确为75个信息报送对象，确定不同报送任务数。对全县党委系统信息员实行台账管理，使各镇各单位信息工作有人管有人专抓，保证基层信息及时报送。二是严格规范信息管理，加强信息服务。建立一日一报一反馈制度。每日收集专（兼）职信息员所报信息，反馈至分管负责人审核，后向省市上报，做到不错不漏不迟，按时按量。2016年全年共上报省市信息700余篇，被省《每日快报》采用12篇，市《每周综合》采用38篇、《每日要情》采用93篇、《专题报告》采用12篇。全年编发《全椒信息》12期、《要情专报》11期，为领导决策提供参谋助手作用，也为各镇各单位总结谋划工作提供帮助。制定办公室调研计划，由每位副主任牵头，带领办公室专（兼）职信息员分组深入基层开展专项调研工作，发掘工作闪光点，总结优势经验，分析存在问题，及时报送有价值信息。三是不断强化制度建设，完善工作机制。督察调度机制，建立信息周例会制度，由分管副主任、信息专（兼）职人员参加，总结上周工作开展情况，安排新一周工作，确定报送的重点选题，对未完成人员进行调度。建立工作指导制度，通过召开全县办公室系统工作会议、分层举办业务培训、上门指导等方式，加强对各镇各单位的业务指导。通报问责机制。及时对省市县信息采用情况进行统计汇总，坚持每月短信通报、每季度书面通报，通报送县委领导、下发各镇各单位，促进各镇各单位按时按要求做好信息报送工作。考核评价机制。完善党委信息工作奖惩办法，实行稿酬奖励，半年一兑现。对因漏报、错报、迟报、未报党委信息引起严重后果的，按照规定追究相关责任人责任。

【督察工作】 2016年，在县委的坚强领导和县委办公室的科学指导下，县委督察室紧紧围绕县委中心工作，按照“围绕中心，突出重点，抓住关键”的工作思路，制定《网友留言办理制度》《市委领导批示办理制度》《县委重大决策部署落实制度》等多项工作制度，规范县委督察室工作流程。实行《督察交办通知单》制度，量化指标、规定时限、重点督办，在全县各级机关形成各项工作逐级负责、依规办事的工作落实体系。同时，县委督察室以推动工作落实为核心，着力抓好省市县三个层面的网友留言、批示件办理等10项具体工作，强化责任意识，切实促进中央和省市县委各项决策部署落到实处。2016年，办理网友留言共175件，其中，网友给省委书记留言29件，网友给市委书记留言19件，网友给县委书记留言127件，按期回复率100%；推进落实各类批示、部署共100件，其中：市委领导批示31件，市委部署的工作事项8件，县委主要领导批示37件，县委部署的工作事项24件，推进落实率100%。

（县委办公室）

组织工作

【概况】 2016年，县委组织部在县委的坚强领导下，深入贯彻中共十八大及中共十八届三中、四中、五中、六中全会精神和习近平总书记系列讲话精神，坚持以全面从严治党为主线，以"两学一做"学习教育为抓手，凝心聚力，担当作为，狠抓落实，较好地完成全年各项工作任务，为全县经济社会发展提供坚强的组织保证和人才保证。

【"两学一做"学习教育】 强化领导，全面启动。制定"两学一做"学习教育"1+5"实施方案，成立学习教育协调小组，建立35个县领导联系点，每名常委联系1个镇、1个县直单位，其他党员副职联系1～2个县直单位，以领导"带头责任"推动单位"具体责任"的落实。全县28700多名党员全部参加学习教育。抢前抓早，扎实推进。启动"党章集中学习月"活动，开展"四送"到支部，编发简明知识100问读本1万多本，全体党员戴党徽、亮身份、做承诺、争先锋。开展"送党课进基层"活动，县委书记给182名基层党组织书记上党课，35名县级党员领导干部带头到联系镇和分管单位上党课350余次。成立县委宣讲团，组建县直单位"微讲团"，开设"两学一做"宣传专栏，"出实招严问责，提振干事创业精气神"等做法被省、市媒体采用。创新载体，学做结合。开展党章集中学习月、"四送"到支部、"大学习、大调研、大走访"等活动，党员干部全部戴党徽、亮身份，对征集到的3900多条问题、困难、建议纳入"四库"管理。突出督察整改。开展3轮集中督察，对50个单位和部门点名通报，就发现的84个问题下发整改单，建立台账、销号管理。把学习教育与脱贫攻坚、秸秆禁烧、防汛救灾等重点工作结合，2100多名干部深入基层走访调研、宣传政策，帮助解决困难1万余件。氛围营造，加强宣传。成立宣讲团，组建微讲团，开展市党代会精神宣讲68场次，围绕学习内容巡回讲课128场。"互联网+"提升学习实效等做法被《安徽日报》、先锋手机报报道。

【县镇换届工作】 县镇党委政府人大和县政协换届组织提名人选全部顺利当选，整个换届风清气正。坚持把责任扛起来。县委牢牢把握换届工作主动权和主导权，发挥总揽全局、协调各方的领导核心作用。县镇两级均成立换届工作领导小组，党委书记担任换届工作领导组组长，亲自抓方向、抓部署、抓推进。建立县镇领导换届包保工作责任制，成立换届工作指导组、巡回督察组，纪检、组织、人大、政协、统战等各部门各司其职、各负其责，有力地推动换届工作顺利开展。坚持把导向树起来。突出好干部标准，明确"三看三不看"导向，做到"四选四不选"，选优干部、配强班子。坚持把程序严起来。完善考核程序，落实"凡提四必"，坚持两次征求纪检机关意见，实行干部实绩公示，坚决防止"带病提名"，3名干部被取消提名资格。

县镇两级人大换届选举

从严把好代表素质、结构、程序、廉政关，统一采取先差额预选后等额选举的办法选好选优代表。对新一届200名代表开展集中培训。同时,试点开展党代表提案工作,共受理提案4件次。坚持把纪律挺起来。将换届风气监督工作贯穿全过程,严格执行“九个严禁、九个一律”“五严五强化”等规定,认真落实“四必看”要求,用好“一片一书两案例”,制作换届纪律漫画宣传册,得到市委换届指导组充分肯定。组织开展“六个谈一遍”活动,累计谈心谈话1200余人次,签订严守换届纪律等“四个承诺书”2910余份。成立换届风气巡回督察组和问题查核组,快查快核2件举报问题。从严从实推进镇党委换届工作被省组工信息采用。

【干部队伍建设】 认真落实好干部标准,切实加大干部教育、培养、选拔、监督工作力度,打造高素质干部队伍。一是强化教育培训。突出抓好中共十八大,中共十八届三中、四中、五中全会精神以及习总书记系列讲话精神的学习贯彻。全年已举办各类培训班和“椒陵科学发展大讲堂”14期,培训1424人次,安排59名领导干部上讲台授课。组织干部到井冈山、临沂、泾县、小岗村等地,以及县内周岗烈士陵园、全椒干部廉政教育基地,接受党性教育。二是强化选拔任用。认真落实干部能上能下相关规定,结合镇党委换届,集中调整干部62名,给予3名能力偏弱、担当不足的干部改非或调整岗位。实施“干部活力工程”,选派13名优秀年轻干部到基层任职,改非或岗位调整7名能力不足、担当不足的干部,对县直机关内设机构14名干部轮岗交流。三是强化监督管理。完成超配干部消化工作,纠正27名干部行业协会、学会兼职问题,建立监督特别档案13份。全面完成59名超职数配备干部整改消化,对干部人事管理问题突出的41人进行集中整改,对6家存在行业协会和学会不规范问题的单位限期整改。加大举报查核查处力度,对2件干部档案审核年龄不一致问题和1件举报干部年龄不实问题做到快查快核。

【基层党建工作】 压实党建责任。建立常委“1+X”党建联系点和县直单位党组“X+1”脱贫帮扶点,完善“四位一体”考评体系(月提醒、季调度、半年汇报、年终述职),推行党建工作“清单制”管理,县镇两级书记256项承诺全部兑现,基层党建“三个清单”90项任务得到很好落实。开展党建巡查,对镇和开发区逐一“过筛子”,查找6个方面、32项具体问题,下发整改通知单,督促抓好整改。夯实组织基础。深化“三级联创”,加快“整镇推进”试点,实施示范村创建“234”行动,实现整顿软弱涣散村党组织9个,集体经济“空壳村”全部脱壳,年收入10万元以上的村达23个。非公企业党组织组建率达99%,单独组建率提高4%;社会组织党组织组建率达75%,有专职人员的社会组织党组织组建率96%。制定《社区工作职责》,实行工作准入制度,增加经费投入。抓实基层队伍。举办村党组织书记培训班,安排15名村干部参加学历教育,选派10名村干部名村挂职。提请召回1名贫困村第一书记,分别推荐2人参加省优秀选派第一书记标兵、省大学生村官标兵评比。落实基层保障。拨付村级组织基本运转经费727万元;调整村干部报酬,正职年均增加3000余元;投入1660万元为在职村干部办理“三险”;拨付党费54万元支持23个村改建和修缮活动场所。严实党员管理。实行发展党员指标调剂制和审批备案制,新发展党员194人。加强宣传教育,安徽先锋手机报、滁州先锋手机报采用4条和12条,位全市第一,省先锋网采用210篇。成功开办《党建视点》栏目,正式上线播放3期。组织召开庆祝中国共产党成立95周年表彰大会,60个集体和个人获县委表彰,襄河镇八波村被授予全省“五个好”村党组织标兵称号。从严抓好专项整治,完成“五类”党员排查清理,将690多名流动党员纳入组织管理,补交党费148万余元,完成112个党组织换届,慰问老党员、困难党员258人,给予7名失联党员组织除名。

【党管人才工作】 扎实推进人才高地建设工程,坚持以“项目引进人才、以人才引进项目、人才引进人才”的理念,努力做到“事业留人、待遇留人、感情留人、环境留人”,采取“一事一议”方式,提供“一站式”优质服务措施,加强对高新技术企业的扶持,引进一批有影响的高层次人才。新引进省级院士工作站1家(安徽中益新材料有限公司“建筑节能与安全防灾新材料院士工作站”),国家工程院院士2名

(孙钧、王梦恕),新增国家“千人计划”特聘专家1名(陈新江),获批省第二批“特支计划”1人(王志义)、市“221”产业创新团队2个,新建技能大师工作室2个,引进培养创新创业人才121人,培养高技能人才624人,对县第三批“十佳科技致富带头人”、“十佳科技人物”进行表彰,全柴集团引智工作通过省外专局考核验收。举办企业管理人才培训班,培训各类管理人才40名。加快高层次人才队伍建设相关做法被省组工信息采用。

【自身作风建设】 从严加强学习。扎实开展“两学一做”学习教育和“讲看齐、见行动”学习讨论,采取党课辅导、集中讨论、现场感悟、典型带动和反面教育“五种形式”,进行理想信念、职业道德、业务能力、廉洁自律、工作作风“五个方面”教育,部机关开展集中学习20余次。从严规范管理。坚持部长周例会、部机关月例会、组织委员季度例会3项制度,规范工作决策和运行,健全管理机制,有效促进工作落实。组织机关党员干部完成防汛、党员志愿服务、文明创建、综治等中心工作。从严推动落实。抓好脱贫攻坚,开展“一对一”“一对多”结对帮扶活动,对大墅镇刘兴村20户贫困户实施精准扶贫,实现脱贫一户目标任务。加强组工信息宣传,组工信息宣传居全省、全市前列。同时,稳步推进党建制度改革。

(县委组织部)

宣传思想工作

【概况】 2016年,县委宣传部认真贯彻中央及省市县各项决策部署,紧紧围绕县委、县政府的中心工作,争当排头兵,奋力新作为,唱响全椒好声音,传播全椒正能量。

【意识形态工作】 认真履行意识形态工作主体责任,严格贯彻落实中央及省市关于意识形态工作的决策部署,积极研究和探索新形势下意识形态工作的特点规律,牢牢把握意识形态领域工作的领导权、话语权、主动权。

严格落实意识形态工作责任制。制定《全椒县党委(党组)意识形态工作责任制实施细则(实行)》,明确全县各级党委(党组)书记是第一责任人,将意识形态工作列入县委党建年度工作要点,纳入党建工作责任制考评体系,形成“书记抓、抓书记”的工作格局。全面加强意识形态各类阵地管理。出台《关于加强各类报告会、研讨会、讲座和论坛等活动备案管理的通知》等文件,全面加强对各类意识形态阵地的领导和管理。依法管控网络舆情净化网络空间。建立网上舆情监控、预警研判、热点引导、快速反应四项工作机制,突出加强网络舆情管控。出台《全椒县镇党委换届工作舆情突发事件与信息发布应急处置预案》,加强换届工作舆情应对。

【理论武装工作】 强化理论中心组学习。县委中心组带头学,围绕学习贯彻中共十八届六中全会精神、习近平总书记系列讲话精神特别是视察安徽重要讲话精神和“七一”重要讲话精神、中央巡视组关于对安徽省开展巡视“回头看”的反馈意见、省第十次党代会精神和市第六次党代会精神等,设置学习议题,全年组织开展13次专题学习,编印分发《学习参考》,配发《学习活页文选》。开展理论下基层活动。对县法院、县人社局等15家单位理论学习进行调研指导,进一步深化全县学习型党组织建设,推动理论中心组学习向基层党组织延伸拓展。开设“社科大讲堂”,邀请省、市、县专家举办社科讲座10场,受众4000多人次,受到全社会的广泛好评。组织实施“讲看齐、见行动”学习讨论。迅速落实省市县委决策部署,以高度的政治自觉和强烈的使命担当,切实将学习讨论作为一项重要政治任务,加强工作谋划,紧抓关键环节,有序有力推进,不断将学习讨论引向深入。紧抓“关键少数”.坚持上级带下级、主要领导带班子成员、领导干部带一般干部,带头学习讨论,带头听取意见,带头开展工作指导,形成以上率下的良好局面。

【内外宣传工作】 完善工作机制。出台《全椒县对外宣传工作目标考评办法》,细化目标任务,定期督察通报,充分调动各镇、各单位宣传工作的积极性。出台《全椒县新闻外宣奖励办法》,推行“4+X工作法”,首先组织外宣集中会战,取得实践经验后在全县推广。拓展宣传阵地。县电视台广泛征求社会意见,对栏目进行创新调整。新推民生栏目《民生直通车》，以关注民生服务百姓为宗旨，及时宣传县委、县政府民生工作动态。与县委组织部合办《党建》，适时跟进全面从严治党新做法、新成效。与县纪委合办《聚焦》，紧盯效能建设与正风肃纪。原《全椒报》进行改版，推出《滁州日报·全椒新闻》，走向正规化。在《滁州日报》开设“今日全椒”专版，每周一期，深度报道全椒要闻。策划主题宣传。围绕“调转促”“扶贫攻坚”“文明县创建”“城市规划管理”“讲看齐、见行动”等重大主题活动，广泛开展氛围营造，开辟专栏、专题20多个。围绕贯彻落实省市县的决策部署，紧扣时间节点，策划“争创开门红”“奋力双过半”“冲刺三季度”“决胜开局年”等系列访谈活动，为全县经济社会发展鸣锣开道、鼓劲加油。2016年共在中央级主流媒体发稿50余篇，省级主流媒体发稿400余篇，市级主流媒体发稿近1000条。省级以上主流媒体发稿同比2015年增长160%，市级主流媒体发稿同比2015年增长220%。

【文化发展繁荣】 不断增强文化事业的服务力和文化产业的竞争力，全县的文化活力充分焕发，全椒的文化优势更加凸显。公共文化服务进一步完善。全年公共文化服务体系建设及文化民生工程共计投入6000多万元。新“两馆”建成开放，农村应急广播网投入运营，国光楼保护建设工程竣工验收，吴敬梓纪念馆改造提升暨故居周边环境整治工程稳步推进，直播卫星“户户通”工程摸底登记工作基本完成，博物馆建设前期工作启动。政府购买服务“送戏进村”全年演出94场，该项工作在全省做交流发言。农村免费电影放映1128场，完成农家书屋软硬件更新工作。省级试点十字镇百子中心村农民文化乐园、襄河镇综合性文化服务中心、城南社区市民文化乐园均建成开放，各建成试点制度建设到位，管理运行正常。文化惠民深入开展。中央电视台《美丽中国乡村行》走进全椒，举办专场演出。组织开展“走太平·儒林风”大型民俗传统节日系列文化惠民活动，全年共举办春节文艺联欢会、新春音乐会、送戏到乡镇敬老院和军营慰问、新春广场文艺演出、贺新春戏曲演唱会、纳凉晚会、乡镇文化站文艺调演等文化活动40余场，组织“逐梦全椒”书画摄影大赛、美丽乡村农民篮球邀请赛、山湖大道山地自行车骑行比赛灯各类文化体育赛事9场。吴敬梓故居、吴敬梓纪念馆等县内公共文化服务场所免费开放。文化产业发展提质增效。将文化建设纳入经济社会发展总体规划，制定《全椒县2016年文化产业发展工作方案》《2016年文化产业招商工作计划》《全椒县服务业调转促文化产业融合发展工作方案》等。编制“三库一图”，谋划20个文产招商项目，上报6个重点文产招商项目对外推介。扶持重点文化企业，争取扶持政策，成功推荐太平文化产业园、大哲油墨、华艺柔印等文化企业或文化项目获得省、市级资金补助。大哲油墨成功入选2015年度省民营文化企业100强。全县共录入国家和省平台规模以上文化企业19家，增速在16%以上。2016年亿元以上续建重点项目3个，新签约文化产业项目9个，新注册3个，投资完成率在200%左右。“扫黄打非”再结硕果。扎实开展“扫黄打非”工作“护苗”“净网”“秋风”“清源”四项专项行动，深入推进“扫黄打非”进基层和网上“扫黄打非”工作，查处网络侵权盗版工作再次受到国家版权局表彰。“拾零道人”侵犯著作权案受到国家出版局表彰，全椒县“扫黄打非”领导小组办公室、全椒县公安局、全椒县文广新局荣获有功单位二等奖。

【精神文明创建】 围绕“争创首届全省文明县、冲刺全国文明县提名”的目标，坚持常抓不懈、持久发力，一以贯之抓好城乡文明创建工作。选树结合推好人。开展月评全椒好人活动，共评选出全椒好人38名，其中18人当选“滁州好人”，2人被提名“安徽好人”。推进“道德信贷”工程，为127名全椒好人中符合条件的92名好人和道德模范进行评级授信，已授信14户。举办道德讲堂活动，将好人事迹变成故事在道德讲堂上传播，在县图书馆隆重举行“以道德领航，奉献正能量”为主题的道德讲堂活动，将好人的感人事迹和动人故事带上道德讲堂。纵深推进树新风。开展首届文明校园评选活动，全椒中学、江海小学等16所学校被命名为首届“文明校园，”全椒中学荣获滁州市首届“文明校园”荣誉称号。结合全县美丽乡村建设,在全县美丽乡村范围内开展“文明村”“文明户”评选工作,评选出“文明村”10个;“文明户”1000家。建管并重强阵地。在实现乡村学校少年宫全覆盖的基础上,积极向上争取,在大墅小学再建1所乡村学校少年宫,全县共有12所少年宫学校。坚持建管用并举,让文明单位和少年宫结对共建,丰富活动内容,争取多方投入,为未成年人思想道德建设阵地添砖加瓦。

【舆情舆论引导】 着力加强网络内容建设,组织开展系列活动,做大做强网上正面宣传,网络空间正能量充沛,主旋律高扬。

组织系列采风活动。相继组织新浪安徽网络达人“浪客滁州行”全椒采风和凤凰网媒体记者“凤观滁州气越淮扬”全椒采风等活动。来自全国各地的网络媒体人感受生态之美,发展之新,纷纷在新浪网、凤凰网等门户网站上发表帖文,推介全椒,宣传全椒,宣扬太平文化和儒林文化。《我是滁州代言人》——百镇千村小美行网络直播走进马厂镇,对马厂美景和进行现场直播,吸引9700多人在线观看,数百人参与热烈讨论,被新浪微博自动选入“滁州本地”超级话题。

唱响先进网络文化。开展丰富多彩的网络公益活动,弘扬主旋律,传递正能量。举办优秀网络文化作品征集评比展示,2016年度全椒网络文化作品评比以“美丽全椒,美好生活”为主题,经审核向市网宣办推荐11件,其中,网络文学作品3篇,网络音乐1首,微信原创图文3篇,网络微视频4个。

新媒体持续升温加热。全椒新闻网全新改版升级,全年编发各类新闻稿件近万条,形成网上宣传强势。“美好全椒”全年累计发布638期,总阅读量超过750万次,连续22个月稳居全省政务微信排行榜前十名。“全椒发布”微博也多次进入全省政务微博前十名,累计发布微博2000多条,现有粉丝4600多人,总阅读量达到200万人次。微博、微信“双微合璧”,开启政务服务“微时代”。

(县委宣传部)

统战工作

【党建工作】 加强党的领导,构建大统战工作格局。将统战工作纳入党委年度工作要点和领导班子考核内容,将党的统战理论、方针、政策纳入县委中心组学习内容,县委常委会先后两次听取和专题研究统战工作。进一步健全完善党委统一领导、统战部牵头协调、有关方面各负其责的大统战工作格局。2016年5月,省委统一战线工作领导小组到全调研检查,对全椒县贯彻落实中央和省委关于统一战线一系列重大决策部署情况予以充分肯定。

【重点工作】 突出工作重点,开创统战工作新局面,着力提升政党协商的实效。县委、县政府先后召开5次政党协商座谈会,就县委换届人事安排、党代会报告、政府工作报告等重要事项充分征求党外人士的意见和建议。县“两会”上,党外人士的人大代表、政协委员向县人大提交代表议案36件,向县政协提交提案85件。协助抓好县政协换届工作,协商提名县十届政协委员207名,党外委员126名。加强党外干部队伍建设,选拔任用副科级以上党外干部21名,组织5名党外领导干部参加市党外干部培训班,推荐市首届党外知识分子联谊会会员1名、安徽欧美同学会第一届会员2名。将新媒体代表人士、出国和归国留学人员、新的社会阶层人士纳入统战对象人才库。积极开展对台交流活动,充分发挥台中安徽同乡会优势推介全椒,提升在台知名度和影响力。对台交流工作得到台中安徽同乡会会长钟家麟充分肯定。

【自身建设】 加强自身建设,提升服务全局能力。认真开展“两学一做”学习教育和“讲看齐、见行动”学习讨论,提升干部政治素养,锤炼坚强党性。深入推进精准扶贫,结对帮扶贫困户6户,帮助3户脱贫,解决扶贫资金和物品1.5万元。加强对工商联工作指导,引导开展涉企收费清单制度落实第三方评估调研。配合组织部门圆满完成县工商联换届工作。2016年,县工商联被评为全国“五好”县级工商联称号。加强宗教管理,维护社会稳定。争取省市少数民族发展项目3个,协调项目资金65万元,开展“民族一家亲、百企帮千户”活动,为17户少数民族困难户发放慰问金1.7万元。

【服务经济建设】 2016年,县委统战部开展一项特色亮点工作,即推动少数民族聚居地区经济、社会事业发展。积极争取少数民族发展项目扶持。2011年以来,共争取省、市少数民族发展项目资金400余万元,连续4年居全市前列。加快农业新型经营主体发展。2个民族村各类种养大户已发展到450多户,新型农业经营主体已发展到20个(农民专业合作社13个、家庭农场7个),其中市级以上示范社3个。1家省级民族企业(礼庚管坝牛肉有限公司)为全国"十二五"规划少数民族特需商品定点企业,2家种养基地被省市民委命名为"少数民族种植业养殖业示范基地",3家合作社被省市民委命名为少数民族示范合作社。

(县委统战部)

县直机关工委

【概况】 2016年是启航"十三五"、全面建成小康社会决胜阶段的开局之年,更是全面从严治党的更加深入之年。根据县委总体工作部署,立足九大工作职责,围绕党的"五大建设"、紧扣"两大任务",以"两学一做"学习教育为主线,圆满完成全年党的建设各项工作任务。

【制定2016年党建工作要点】 2016年以党建工作要点统领全年工作。经过充分酝酿、认真谋划,研究制定《2016年县直单位党的建设工作要点》,2月29日以县委办〔2016〕16号文件下发至县直各级党组织,该要点一是明确全年工作的指导思想,二是确立总体要求,三是具体强调七个方面重点工作。县直机关工委要求县直各单位党组、党组织召开全体党员大会,认真学习讨论该要点,做到真正吃透文件精神,做到通盘考虑、统筹安排,把党建工作和单位的中心工作一起谋划、一起部署,对照细则建立健全高标准党的建设工作责任制,做到把每个环节的党建工作抓具体、抓深入。

【党建工作评估】 5月12日,县直机关工委根据各党组织上报的本单位党建工作计划进行全面审看和客观评估,认为县市场监督管理局、县国税局、县烟草专卖局等13个单位党组织的党建工作要点标准高、谋划实、重平时、要求严、可操作性强,能充分发挥党组织的战斗堡垒作用和核心引领作用、党员的先锋模范作用和表率作用,发文予以通报表彰。

【扎实开展"两学一做"】 贯彻从严治党要求,狠抓"两学一做"学习教育落实,争当先锋表率。县直机关工委把开展"两学一做"学习教育作为全年一项重大政治任务和党建工作的龙头任务,摆上重要日程,安排专人负责,确保"两学一做"学习教育有人抓、有人管。一是成立"微讲团"、开设"微讲堂"、评选"微党课",开展"三微讲党课,两学我先行"活动。县直机关工委连续下发《关于认真做好县直单位党员学习党章党规、学习系列讲话工作的通知》(直党工〔2016〕17号),《县直单位"三微强党性、两学我先行"主题活动实施方案》(直党工〔2016〕18号)。7月14日,县直机关工委在会议中心5号会议室组织开展讲党课比赛活动,共有36名选手参加比赛,江海小学胡运平、县计生委陈星等10名选手脱颖而出。随后下发《关于组建县直单位"两学一做"学习教育"微讲团"的通知》(直党工〔2016〕19号)、《"两学一做"学习教育"微讲团"宣讲课题》(直党工〔2016〕48号),通过筛选和培训共组建10人微讲师团,推动普通党员上讲台、讲党课。截至12月28日,在县直各基层党组织以及企业、社区、结对共建的镇农村、学校等216个基层党组织巡回上党课97场。二是开展机关"三亮"行动。亮身份:党员佩戴党徽。发放党徽5900枚,要求佩戴、规范言行,时刻提醒我是一名党员;亮岗位:党员亮出岗位职责。行政服务窗口、机关岗位亮党员岗标牌760个,一线服务岗位全部亮明党员身份,接受监督、提升效率。亮阵地:规范党支部阵地建设增强战斗堡垒作用。以党支部(包括党总支以及党委)为单位发放党旗316面,县直单位各级党支部活动室全部悬挂党旗,发挥党组织核心引领作用。三是规范"三会一课"制度。结合"两学一做"中的"学"是基础的要求,下发文件要求各基层党组织必须建立健全"三会一课"制度,并公示上墙,同时为了把各支部的"两学一做"活动严肃起来,规范起来,留下痕迹,县直机关工委按要求定制《"三会一课"记录簿》和

《县直单位党组（党委）理论中心组学习记录簿》，截至12月28日，向县直单位各级党组织共发放756本。四是切实开展党员组织关系集中排查。按照省委组织部《关于进一步开展党员组织关系集中排查的通知》（皖组通字〔2016〕7号）文件要求，下发文件要求县直各级党组织要坚持实事求是原则，强化学习、吃透文件、务实推进。县直机关工委抓住关键步骤、关键环节和时间节点，结合县直单位实际，严格按程序抓好贯彻落实。摸清流动党员（12名）、失联党员（2名）、口袋党员（5名）的底数。现已全部按要求完成整顿规范，理顺党员组织关系，努力使每名党员都纳入党组织有效管理。五是加大整顿软弱涣散基层党组织工作力度。成立整顿工作组，摸清县盐务管理局（盐业公司）等6个党组织党员队伍人员结构情况，配备坚强的支部领导班子，加强党支部队伍建设，培养优秀年轻后备干部，健全工作制度，确保“两学一做”学习教育有人抓、有人管，彻底整顿软弱涣散现象。六是举办县直单位党务干部培训班。5月30日，由县委组织部下发文件和县直机关工委联合下发文件，在县委党校举办培训班，共有50名新任的党组织书记或组织委员参加培训。培训内容以如何围绕中心工作，建设队伍、加强党的建设为主题，深入扎实开展“学党章党规，学系列讲话，做合格党员”学习教育；自觉用党章和党规党纪规范自己的言行，用党的理论创新成果武装头脑；开展党组织换届选举、发展党员、党员的教育管理等党建业务知识培训。同时以开展党史教育为抓手，赴泾县重温党感天动地的奋斗历史，接受革命知识传统教育和洗礼，弘扬党的优良传统和作风；发扬理论联系实际的优良学风，增强党性教育的吸引力感染力和实效性。七是组织开展“两学一做”集中督察，相互了解，取长补短、补缺补差。为进一步全面了解掌握县直单位学习教育进展情况，县直机关工委下发文件成立五个督察组，抽调近30名党务干部于10月12日至13日对各单位学习教育进展情况再进行一次全面集中督察。重点是对年终参加党建目标责任考核的机关党支部为必查；党委、党总支所属党支部随机抽查2～3个。督察内容重点为了解掌握学习教育组织保障、学习讨论、创新方式讲党课、问题查改及“四库”建设、党员立足岗位做贡献和领导机关领导干部做表率、学习教育氛围营造等6个方面情况。督察主要采取听、看、问及现场点评的方式进行。本次督察经总结评比打分，县国税局、江海小学等12个党组织为先进单位，县民政局、县审计局等10个单位为落后单位。

【基层组织建设】 县直机关工委始终抓牢县直单位党组织队伍建设，本着精干高效和有利于加强党的工作的原则，努力建设一支熟悉本部门业务工作、政治坚定、充满活力、得到群众信任、具有敬业奉献精神的专兼职党务工作人员队伍。结合《关于基层党组织长期不换届专项整治工作方案》，高度重视基层党组织的换届工作，对基层党组织到届的，都及时给予指导和督促，截至12月30日，县直机关工委对59个党组织换届选举进行批复；同时结合全县机构改革，新成立卫计委等13个党组织，批复成立由县直党组织管理的19个非公经济和社会组织等党组织，撤销或合并17个党（总）支部；对县政府办党支部书记李道平等178名同志下发党内工作任职的通知。进一步推进发展党员工作的科学化、规范化和制度化建设。发展党员是党的建设源头工程、基础工程。县直机关工委发展党员始终按照确定为入党的积极分子、列为党的发展对象、接受（吸收）为预备党员、转为正式党员四个必须环节和程序进行，按照控制总量、优化结构、提高质量、发挥作用的总要求，制定《全椒县党组织发展党员工作实施方案》，为党组织及时输送新鲜血液。开展党费专项整治和缴纳基数进行重新核定。要求各级党组织充分认识党费收缴工作的重要性和严肃性，切实把党费收缴工作作为党组织各种会议必讲的重要内容，作为加强对党员的管理与监督、增强党员的党性观念、提高党员素质、促进党的建设的一项重要任务来抓。同时要求把党费自查工作通知到每个在职、退休党员，要耐心仔细做好思想政治工作，要明确告知党费收缴基本原则是“自觉、按时、足额”；“愿意按期交纳党费”是加入共产党员必须具备的最低（起码）条件；向党组织按期交纳党费，是党员应尽的义务。认真开展党费清查、补缴和收缴工作，全年共有2808

名党员补交2013—2015年度党费53.2万元;开展自2008—2012年度的党费自查,共有1480名党员补交4.3万元;全年收缴党费合计169.8万元。

【党代表选举工作】 扎实做好县直单位出席县第十四次党代表大会的代表的产生和选举工作。经过充分酝酿、民主推荐,采取自下而上的方式,按分配的代表名额、结构要求等,采取自上而下的推选,经过代表候选人推荐名单、代表候选人推荐人选名单、代表候选人初步人选,再经反复酝酿,召开县直党工委会,并经公示初步确定48名出席县第十四次党代表大会代表候选人预备人选。出席中国共产党全椒县第十四届代表大会代表候选人预备人选名单经县委批复后,县直机关工委6月17日召开县直单位党员代表大会,共有130名县直党代表参加,在充分发扬民主,广泛酝酿讨论的基础上,采用差额选举的办法,产生出席中国共产党全椒县第十四届代表大会代表43名(含县委提名候选人当选代表5名)。圆满规范地完成参加县党代会代表的选举任务。

【开展纪念活动】 为了隆重庆祝中国共产党建党95周年,县直机关工委周密安排,精心组织,和县文化馆联合举办"庆七一,歌声颂党恩"文艺演出活动。县委常委和县直单位党代表530人观看文艺演出。慰问困难党员。在党的生日"七一"期间,县直机关工委走访慰问52名生活困难党员、老党员,特别是新中国成立前2名共产党员,共计送慰问金3.4万元,及时传达县委的关怀、温暖和问候。

【党员教育】 支持基层党组织到红色教育基地接受教育。对林业局党总支等9个党组织到金寨红色教育基地、对县供销社等5个党组织到泾县红色教育基地、对县建管站等2个党组织到淮安周恩来纪念馆和盐城新四军重建军部旧址及纪念馆参观学习考察进行批复。要求党组织以此缅怀革命先烈丰功伟绩、伟大人格、崇高精神和革命事迹;深入学习党的光辉历史,加强革命传统教育,进一步教育党员坚定理想信念,坚持以知促行,做到"四讲四有";使广大党员始终坚持把对党绝对忠诚作为根本政治要求和最重要的政治纪律。

【表彰一先两优】 在县委召开的隆重纪念中国共产党成立95周年暨表彰大会上,县直机关工委推荐的4名优秀共产党员、2名优秀党务工作者、2名优秀党组织书记、1个先进基层党组织获得表彰,其中县执法局党总支副书记上台作先进事迹交流发言。在深入开展"两学一做"学习教育中,展示县直单位党员及党务干部的良好形象和精神风貌,发挥先进典型的示范引领作用,营造积极向上、风清气正、争先创优、干事创业的浓厚氛围。

【文体活动】 和县教体局联合举办机关文体活动,在6月25日、9月26日举办第二届"体彩杯"迎七一、迎国庆乒乓球、羽毛球比赛,共有39个县直单位参赛。和县总工会联合关于举办全椒县"最美劳动者"和"我的农民工兄弟"征文演讲比赛,取得圆满成功。

【党建工作考评】 县直机关工委对2015年度县直单位党建工作进行考核和述职评议。一是明确考核的具体内容,二是制定考核的具体操作规程,三是强调考核的重点内容。1月18—27日,经过10天时间全面的综合考评,考评组认为县市场监督管理局等9个党组织高度重视,着力推进学习型、服务型、创新型党组织建设,扎实开展"弘扬沈浩精神、打造四型机关"专题教育实践活动,始终以"争一流、当先锋、夺第一"的工作要求,建立健全党建工作责任制,高标准、高质量、严要求地抓好党的建设各项工作任务的落实,充分发挥县直单位党组织的战斗堡垒作用和核心引领作用、党员的先锋模范作用和表率作用,努力使县直单位党的建设走在全县基层组织建设的前头;给予评为年度党建考核优秀单位。同时也发现党建工作仍然存在的薄弱环节和制约因素;仍然存在一些亟待解决的问题,需要在以后的工作中逐步加以解决。

【开展志愿服务】 6月30日,在县委召开的隆重纪念中国共产党成立95周年暨表彰大会上,县委副书记孔祥宁宣读《全椒县直单位共产党员志愿者服务总队组建方案》,县委书记王成山为县直单位共产党员志愿者服务总队进行授旗。为迅速组建县直单位共产党员志愿者服务总队吹响集结号。7月7日，县直机关工委根据该方案和县领导的部署，下发文件组建县直单位共产党员志愿者服务总队，总队下设六个大队，分别为党建工作大队、文化教体大队、医疗卫生大队、法律服务大队、科技普及大队、社会服务大队，规模人数为130人左右。9月14日县委办正式下发《全椒县县直单位共产党员志愿者服务总队实施方案》（全办发〔2016〕84号）文件，县直机关工委立即设计并定做600套党员志愿者小红帽、马甲背心、党徽以及22面室外手持党旗；党员志愿者服务总队全年广泛开展13项“五带头·五先锋”系列志愿服务活动。

【反腐倡廉】 县直纪工委强化监督执纪问责，敢于较真、敢于斗争，坚决维护党规党纪的严肃性。全年查处6起违纪问题线索。对农村公路局冉家知、县城乡规划建设局规划股股长苏兴华、县地方海事（港航管理）处党支部书记李荣福、市公路管理局全椒分局李健进行党纪处分。对县交通运输局机关第一支部熊伟、县地税局城关分局科员张群作出开除党籍处分。协助县纪委办理15件党纪处分案件。纪工委向县纪委形成报告，建议给予董玉才、曹红阳开除党籍处分，建议给予章宗兴、杨德金、马宁、鲁兵、蒋家富党内严重警告处分，建议给予朱图服、韦俊贵、罗桂年、卜珍海、刘庆华、林辉、王茂斌党内警告处分，建议给予殷守斌撤销党内职务处分。完成市委巡察组交办9起问题线索调查。2月18日—26日，根据县纪委统一部署，对市委巡查组交办的武岗镇群众反映赵敏在三个村民组领取退耕还林补助等4件问题线索完成初步调查核实并进行移交。8月24—29日，对市委巡查组“回头看”交办的马厂镇卧龙村副主任戴礼宏等5件涉嫌贪污塘坝补助款问题线索完成初步调查核实并进行移交。

【中心工作】 紧紧围绕县委、县政府的中心工作，一马当先、冲锋在前。开展“植树造林突击月”活动。县直机关工委下发《2016年县直单位开展“植树造林突击月”活动实施方案》（直党工〔2016〕5号）文件。方案明确义务植树的工作目标、时间、地点以及保障要求。截至4月30日，县直机关工委和县效能办对县直各单位义务植树任务完成情况进行检查验收。县城乡规划建设局等12个单位在2016年“植树造林突击月”活动中，部署早、行动快，义务植树活动圆满完成任务，成绩突出，表现优秀，给予通报表彰，并在2016年终党建考核等工作中给予加分。完成民兵训练和夏季征兵工作任务。根据县人武部安排，重新对基干民兵进行整组，成立民兵重点分队应急连，在3月15日、24日，5月、10月分别到县民兵训练基地进行武装三情信息和日常基础训练。完成本年征兵各项工作任务，共有3名适龄青年光荣入伍。完成防汛抗洪任务。制定《县直机关党工委城市防汛抗洪责任段工作预案》，在整个汛期分上午、下午、上半夜及下半夜四个班次24小时轮流值班，严格遵守防洪纪律，坚守岗位，尽职尽责。初步完成2016年扶贫攻坚任务。县直机关工委帮扶二郎口镇上陶村共45户，具体一对一帮扶9户，明确分工到每个干部，确保每个贫困户都有帮扶责任人，按序时进度进村入户。2016年，帮助修通宽4米、长1750米进村水泥道路，帮助上陶村党总支向上级党工委争取党建活动经费5万元，慰问贫困户3600元。完成对六镇大般村14个贫困户的2016年脱贫情况及资料互查。完成招商引资任务。泉泉纺织有限公司项目已开工；中网科技（滁州）股份有限公司，2#机房楼建设已完成投产；宁波致博模具有限公司已初步意向。积极上报党建信息，党的思想宣传工作有声有色。全年在安徽先锋网上发表党建文章6篇，在滁州先锋网、全椒先锋网上发表党建文章分别为9篇和13篇，在安徽纪检监察网、全椒纪检监察网上发表党风廉政建设文章1篇、7篇；在全椒政府网上发表党的建设文章8篇。按序时进度完成化肥厂地块征迁任务。县直机关工委本次征迁任务共10户，征收编号自H－153至H－162，证载及图显面积518.5平方米，图无面积308.14平方米，总建筑面积826.64平方米。全体参战人员尽最大努力，尽一切力量，动员一切可以动员的资源，集中优势兵力攻坚克难，确保圆满完成化肥厂地块的拆迁任务。

（县直机关工委）

信访工作

【概况】 2016年，全县信访工作位列省、市第一方阵，共接待群众到县上访1402批6844人次，受理各级人民来信103件；矛盾隐患排查905件，调处905件，调处率100%，已化解791件，化解率达87.4%；上级交办和县自排的信访积案共25件，已全部办结；信访事项处理群众满意率达99.43%。

【综治维稳信访工作中心】 全椒县是2016年全省县级综治维稳信访工作中心建设试点县，综治维稳信访中心主任由县委副书记、县政府县长担任，常务副主任由县委常委、政法委书记担任，副主任由县委、县人大、县政府和县政协分管领导担任。办公地点设在县信访局，2016年，设有一个平台五个室，即综治维稳信访信息服务平台和联合接访室、综合协调室、法律服务室、秩序维护室、督察考核室。11月中旬，该中心建成试运行。12月27日，市委常委、政法委书记、市公安局局长马军带领市政法系统领导一行8人，专程到全椒调研综治维稳信访工作中心建设和运行情况。

【打造网上信访主渠道】 2016年，全县录入系统信访事项总量为1156件，其中网上投诉事项494件，领导信箱事项121件，网上信访占比超过50%以上，网上投诉信访事项实体性办结率为100%。

【分类处理信访投诉请求】 3、4月，成立县通过法定途径分类处理信访投诉请求工作领导小组，制定《全椒县通过法定途径分类处理信访投诉请求工作方案》，召开通过法定途径分类处理信访投诉请求工作会议，全椒县政务信息公开网公示24家县直单位的依法分类处理信访投诉请求清单，清单汇编成册发到各镇、县直相关单位及县信访局各股室，出台《全椒县通过法定途径分类处理信访投诉请求工作机制（试行）》，召开依法分类处理工作培训会。截至12月底，全县通过法定途径分类处理信访投诉请求共46件，其中涉法涉诉类38件、劳动仲裁类7件、行政复议1件。

【领导开门接访】 县级党政主要领导干部每月至少1天、乡镇（县直单位）党政主要领导干部每周至少1天到信访接待场所，公开接待群众来访。2016年，县党政主要领导接待来访群众16天，接待群众24批84人次；其他党政领导共接（约）访51天，接待群众70批122人次。

【开通“全椒信访”微信公众号】 2016年6月1日，县信访局正式开通“全椒信访”微信公众号，便于信访群众通过手机微信了解信访工作政策法规，依法依规表达合理诉求。

【荣誉表彰】 2016年，全椒县被省委、省政府表彰为“2015年度全省信访工作责任目标管理优秀单位”；县信访局在2015年度县直单位目标绩效考核中被县委、县政府授予优秀单位称号。

（县信访局）

老干部工作

【离退休干部基本情况】 2016年，全县共有离休干部98人，其中，县直单位82人，垂直单位16人。44人享受县级待遇，15人抗战时期参加革命工作。另有县级（含享受）退休干部50人。

【落实老干部政治待遇】 开展走访慰问工作。2016年春节前，全体县委常委，县人大、县政协主要领导走访慰问县级离退休干部35人。县直各单位按照统一部署，也在春节期间开展对本单位离退休人员的走访慰问工作，并按照每人3000元的标准发放慰问金。“七一”前夕，县委、县人大、县政府、县政协四个班子领导走访曾担任县级以上职务的离退休干部38人。做好情况通报工作。2016年1月26日，县委召开老干部情况通报会，县委副书记孔祥宁向与会老干部通报县老干部工作情况，县委副书记、县长王珏通报全县经济社会发展情况。6月13日，县委再次召开老干部情况通报会，向老同志通报县委换届、县十四次党代会筹备情况、上半年经济发展情况、党代会报告起草情况及纪委工作报告起草情况。县委书记在情况通报结束后，还就城市建设、现代农业、美好乡村建设、交通建设及其他重点工程向与会老同志征求意见。

【县综合老年活动中心建设】 根据县委主要领导意见及全椒县老干部活动的实际需要，县委决定建设一座集老年教育、学习、健身、娱乐、开展活动、发挥作用为一体的综合性老年活动中心。自2016年3月起，开展项目调研、选址、立项、规划设计邀标、施工清单、造价编制等前期各项准备工作。项目占地约16亩，新征地6亩，建筑面积约7500平方米，其中新建面积5700平方米，改建面积1800平方米。

【特殊困难离退休干部救助】 2016年，县老干局继续对长年患病住院或长年卧病在床，生活不能自理的离休干部及遗孀开展救助工作，全年求助人员达16人，发放救助资金3.3万元。让广大离退休干部在最困难的时候感受到党委、政府的关怀和温暖。

【老年大学工作】 2016年，全县老年大学注册学员近600人，开设课程达24个专业26个教学班。学校在加强日常教学的同时，注重对学员的思想政治教育，专门开设老干部理论学习班，60多名原担任副科级以上职务的离退休干部参加，学员扎实开展理论学习、法律学习和国际国内时事学习，对全椒县美好乡村建设和水利建设开展调研，并撰写调研报告供有关部门参考。为庆祝建校20周年和中国工农红军长征胜利80周年，学校举办一系列座谈会、文艺汇演和书画展，对过去20年的办学成果进行回顾总结和展示，宣传长征精神。

【关工委工作】 2016年，县关工委认真学习贯彻习近平总书记的重要指示，扎实开展“大学习、大调研、大讨论”活动。以社会主义核心价值观教育为重点，开展“放飞中国梦永远跟党走”主题报告活动，大力抓好青少年思想道德建设。以党建引领，着力抓好“双创建”品牌提升建设。倾情倾力资助贫困大学生。共筹集资金38.8万元，帮助153名贫困大学新生顺利跨入大学校门。

（县老干部局办公室）

党校教育

【思想教育】 根据上级要求和自身需要，先后组织广大教职工开展中共十八届五中、六中全会精神，习近平总书记系列重要讲话精神，“两学一做”学习教育，“讲看齐、见行动”学习讨论，法治专题，理论武装等各项学习和专题活动。结合党校职能，及时将《中国共产党廉洁自律准则》《中国共产党纪律处分条例》《中国共产党党内监督条例》《中国共产党问责条例》列入学习和主体班培训内容。

【中专体制验收】 10月27日，县委党校中专体制规格建设顺利通过省中专评审委员会验收工作组的考察验收。县委书记王成山作重要讲话，县委副书记、党校校长孔祥宁作专题汇报。

【培训工作】 根据全县2016年度干部培训计划，党校协同上级部门共完成“全县财会系统干部培训班”“全县新任科级岗位干部培训班”“全县城乡建设档案培训班”“全县工会干部培训班”“全县村党总支书记培训班”“第一期县直单位党务干部培训班”“新录用公务员素质提升培训班”“全县非公企业和社会组织党组织书记暨党建工作指导员培训班”“全县组织干事培训班”“全县文化宣传工作培训班”“2016年全椒县中青年干部培训班”“全椒县2016年度人才工作培训班”11个班次近千人的培训。培训班工作加大管理力度，严格点名，对学员学习情况进行通报。同时积极落实县委主要领导进党校课堂相关规定，县委书记王成山，县委副书记孔祥宁，县委常委、副县长陈飚，县委常委、人武部政委王永明等到班授课。

【科研成果】 结合县全委会精神、县内主要任务和活动的开展，共开展县级基层党校要充分发挥资政服务作用、孵化社会组织，顺利承接政府公共服务职能转移、全椒县乡镇公务员队伍建设路径调研与分析、全椒县大学生村官工作现状调查研究、关于全椒县脱贫攻坚工作的调研5个专题的调研活动并形成调研文章。全年公开发表论文共12篇。

【获奖表彰】 县党校被授予县级双拥模范单位称号；5月“全市党校系统第八届（2013—2014年）科研成果”评审结果揭晓，县委党校各有一篇论文、调研报告分别获优秀论文奖一等奖和优秀咨政报告奖三等奖；一篇论文获全市党校系统论文评比优秀奖。一位教师作为全市县级党校唯一选手入围全省党校精品课比赛。

【新校区建设】 党校新校区二期学院宿舍楼、学员餐厅内外饰全部结束,校园已完成融合,校园环境已完成绿化、亮化、硬化。2016年,正在进行学员生活设备招标采购工作。

【人事安排】 7月21日,周宗金被组织部门正式任命为党校常务副校长;7月24日,周宗金在县委副书记、党校校长孔祥宁,县委常委、组织部长陈岭的陪同下正式上任。党校2016年新招录和公开选拔教师3名。2016年,党校教职工总数为19人。

(县委党校)

档案　地方志　党史

【概况】 全椒县档案局(馆)主要工作职责为做好全县档案管理、档案业务的监督、指导和培训;开发档案资源,有计划地编纂地方史、志等书籍。2016年,县档案局馆藏档案全宗137个,案卷226555案卷,录像、磁带133盘,照片档案1315张,底图642张,馆藏资料12289册,接收文书、会计等各类档案1365卷,机读目录案卷级2.07万条、文件级21.39万条。2016年编纂出版发行《全椒年鉴(2016)》、《中国共产党全椒地方史(第二卷)》(初稿)。

【监督、指导、培训】 一是与县委党校联合举办全椒县2016年城乡建设档案培训班,全县县直单位和各镇的近百名档案工作者参加培训。通过培训充分认识城建档案在经济建设发展中发挥的基础性、史实性作用以及从事城建档案工作的责任感和使命感;认真学习领会城建档案培训内容;坚持人才强档,培养一批具有专业素质的城建档案管理人员。二是与县农委密切配合,做好土地确权建档工作。全县参加土地确权农户79814户,领证79044户,农户一式三份档案归档工作基本完成,综合管理类文件材料收档工作正在验收中。为确保农村土地确权档案真实、准确、完整和安全,顺利通过上级验收,完善农村土地确权档案工作。将土地确权工作中形成具有保存价值的文字、图表、声像、电子数据等历史记录收集齐全,分为综合管理、确权登记颁证、特殊载体三个类别。按照《安徽省农村土地承包经营确权登记颁证档案管理办法(试行)的通知》(皖农经〔2014〕208号)整理编目,一份留村存档,两份分别移交镇政府和县农委。农户或村小组签字确认的一份纸质材料必须移交县农委保管。各镇、村建立综合档案室,实行档案集中统一管理,有专人负责,有专柜存放,确保确权档案安全;三是做好业务指导工作。选派业务骨干积极帮助有关单位做好档案室规范化管理。按照文明县创建标准,加强档案的规范化建设。根据档案业务培训,加强卷宗的规范化管理。根据省、市、县工作要点,加强社区台账的规范化指导。根据档案特点,加强档案利用程序的规范化管理。创新工作方式,为不断提高信息化应用水平,实行对档案进行信息化编码、排序,有效提高工作效率。四是认真做好各级各类档案的进馆和归档工作。2016年度接收进馆档案1365卷。

【党史资料编辑】 一是编撰《中国共产党全椒地方史(第二卷)》工作。已完成三审稿工作,12月底前完成送审稿,2017年上半年出版发行。二是编撰《中国共产党全椒地方史大事记(2010年—2015年)》已完成编审并出版发行。三是积极开展新四军、八路军老战士口述历史档案资料征集活动。2016年按照省、市档案局及老干部局关于开展八路军、新四军老战士口述历史档案资料征集活动的通知精神,认真开展老战士口述历史档案资料征集工作,抢救大量珍贵的历史史料。对12名老战士的对敌斗争经历真实记录,对充实抗战档案、传承抗战精神、守护党史国史、教育启迪后人,具有十分重要的意义。

【年鉴编纂】 围绕地方志工作,挖掘地情,编史修鉴。抽调专人编纂《全椒年鉴》,对征集的稿件进行初审、编纂,高质量完成《全椒年鉴(2016年)》出版发行工作。

【获得奖励】 获中国地方志指导小组《关于对全国地方志优秀成果(年鉴类)的通报表扬》(中指组字〔2016〕6号)县区级综合年鉴三等奖;获安徽省地方志办公室《关于2016年全省地方志成果评奖结果的通知》(皖志办〔2016〕19号)地方志书类三等奖。

(县档案局办公室)

全椒县人民代表大会

- 重要会议
- 监督工作
- 代表工作
- 中心工作和重点工作
- 专题学习教育

重要会议

【县人民代表大会会议】 全椒县第十五届人民代表大会第五次会议2016年1月10日上午在县政务中心椒陵会堂隆重开幕。会议应到代表204人,因事因病请假9人,实到195人,符合法定人数。会议听取和审议县政府、县人大常委会、县人民法院、县人民检察院工作报告,财政预算报告,国民经济和社会发展计划报告,并通过相应决议。大会选举杨勇为全椒县人大常委会主任,王珏为全椒县人民政府县长,季奎为全椒县人大常委会副主任。大会于1月12日上午胜利闭幕。会议期间收到代表议案12件、建议70件,经大会主席团决定:王文明领衔提出的《关于进一步完善和落实黄栗树水库水源地保护、规划及扩容的议案》、丁训剑领衔提出的《关于加大财政对新兴产业实体经济的重点扶持力度》的议案为大会议案。

【全县人大工作会议】 9月28日下午,全县人大工作会议召开,会议的主要任务:全面贯彻落实中共十八大和中共十八届三中、四中、五中全会精神,深入贯彻习近平总书记系列重要讲话精神,认真落实中央和省、市、县委关于人大工作和建设的重大决策部署,进一步加强和改进党对人大工作的领导,更好地推动人民代表大会制度和人大工作与时俱进、完善发展,不断开创全椒县人大工作新局面。县领导王成山、王珏、杨勇、孔祥宁、史法勇、陈飚、陈岭出席会议并在主席台就座。县委副书记孔祥宁主持会议。县人大常委会副主任,县政府副县长,县人民法院院长、县人民检察院检察长,县经开区、县委党校负责人,县人大常委会委员;县直单位主要负责人,县人大常委会机关不是委员的各委室主任、副主任;各镇党委书记、镇长、镇人大主席、副主席、镇人大秘书等参加会议。特邀驻全椒的省、市人大代表,部分县人大代表列席会议。

【县人大常委会会议】 县人大常委会第四十次会议。1月14日,县人大常委会主任杨勇主持召开县十五届人大常委会第四十次会议,县人大常委会党组副书记、副主任王万贵,县人大常委会副主任季奎、王晓平、童志全及常委会全体委员出席会议。副县长宣宁宁,县法院、县检察院及县人大各委、室负责人列席会议。会议听取和审议《关于提请接受许业林辞去第五届滁州市人民代表大会代表职务的议案》《关于提请接受许业林辞去第十五届全椒县人民代表大会代表职务的议案》的报告,通过投票表决,决定:接受许业林因严重违纪辞去第五届滁州市人民代表大会代表职务的请求,并报滁州市人民代表大会常务委员会备案;接受许业林因严重违纪辞去第十五届全椒县人民代表大会代表职务的请求。

县人大常委会第四十一次会议。2月25日上午,县人大常委会主任杨勇主持召开县十五届人大常委会第四十一次会议。县人大常委会党组副书记、副主任王万贵、季奎,县人大常委会副主任童志全以及县人大常委会全体委员出席会议。县委常委、常务副县长杨光以及县人民法院院长朱有亮,县人民检察院检察长喻尊晏,县人大常委会各委、室负责人,各镇大主席团主席或主持镇人大工作的副主席等列席会议。会议审议通过《全椒县人大常委会2016年工作要点(草案)》。

县人大常委会第四十二次会议。3月8日下午,县人大常委会主任杨勇在县人大会议室主持召开县十五届人大常委会第四十二次会议,县人大常委会党组副书记、副主任王万贵、季奎,县人大常委会副主任王晓平、童志全以及全体委员出席会议。县委常委、常务副县长杨光、县法院院长朱有亮、县检察院检察长喻尊晏及县人大机关委、室负责人等列席会议。会议决定任命:宇庆忠为全椒县发展和改革委员会主任,季维传为全椒县安全生产监督管理局局长;决定免去:戴学礼的全椒县发展和改革委员会主任职务,宇龙的全椒县安全生产监督管理局局长职务。新任命人员作供职发言并向《中华人民共和国宪法》宣誓。

县人大常委会第四十三次会议。3月31日下午,县人大常委会主任杨勇在县人大会议室主持召开县十五届人大常委会第四十三次会议,县人大常委会党组副书记、副主任王万贵、季奎,县人大常委会副主任童志全以及全体委员出席会议。县政府副县长吴金华、县人民法院院长朱有亮、县人民检察院检察长喻尊晏、县人大常委会各委室负责人、县政府办公室副主任及相关部门负责人;各镇人大主席或主持工作的副主席等列席会议。会议听取和审议《中华人民共和国农业技术推广法》贯彻实施情况报告,并进行满意度测评;听取并审议通过县十五届人民代表大会第五次会议议案初审情况报告,并作出议案交办决定,决定将全椒县十五届人大五次会议议案交县人民政府办理;听取并审议通过《全椒县黄栗树水库等重点水源地保护工作落实情况报告》;听取《2015 年规范性文件备案审查工作报告》;审议通过《全椒县人大常委会 2016 年专项工作评议对象确定办法(草案)》,并票决确定专项工作评议对象。会议还进行人事任免,决定免去陈庆祥县人大常委会办公室副主任职务。

县人大常委会第四十四次会议。5 月24 日下午,县人大常委会主任杨勇在县人大会议室主持召开县十五届人大常委会第四十四次会议。县人大常委会党组副书记、副主任王万贵、季奎,县人大常委会副主任王晓平、童志全以及县人大常委会全体委员出席会议。县委常委、常务副县长杨光以及县人民法院院长朱有亮,县人民检察院检察长喻尊晏,县人大常委会各委、室负责人,各镇大主席团主席或主持镇人大工作的副主席等列席会议。会上,听取和审议农产品质量安全情况报告、扶贫工作报告;听取和审议《中华人民共和国土地管理法》《中华人民共和国城乡规划法》贯彻实施情况报告,并进行满意度测评,测评结果都为基本满意等次;听取和审议被评议单位专项工作报告,4 个被评议单位(县人民检察院、县市场监督管理局、县环保局、县交通运输局)负责人分别作表态发言;听取和审议并通过县政府《关于提请审议追加义务教育均衡发展经费的议案》。会议还进行人事任免事项。会议决定任命关敬文为全椒县政府办公室主任,免去关敬文的全椒县文化广电新闻出版局局长职务;会议还决定免去李茂田的全椒县人民法院审判委员会委员、审判员职务,司武金的全椒县人民法院城东人民法庭副庭长、审判员职务,张俊英的全椒县人民法院审判员职务、陈发昌的全椒县人民法院审判员职务。

县人大常委会第四十五次会议。7 月26 日,县人大常委会主任杨勇在县人大会议室主持召开县十五届人大常委会第四十五次会议。县人大常委会党组副书记、副主任王万贵、季奎,县人大常委会副主任王晓平、童志全以及县人大常委会全体委员出席会议。县委常委、常务副县长杨光以及县人民法院院长朱有亮,县人民检察院检察长喻尊晏,县人大常委会各委、室负责人,县政府办公室负责人,各镇人大负责人等列席会议。会议听取和审议“一府两院”关于 2016 年上半年工作情况和下半年工作安排的报告;听取和审议 2015 年度预算执行情况和其他财政收支审计情况报告;听取和审议 2015 年度财政决算和 2016 年上半年财政预算执行情况报告;听取和审议打击和防范毒品危害专项工作报告;听取和审议全椒县医疗卫生体制改革工作报告;听取和审议 2016 年度城市建设重点项目计划执行情况报告;审议通过《全椒县人大常委会关于开展第七个五年法治宣传教育决议(草案)》;听取和审议关于全椒县 2016 年改善农村人居环境项目政府购买服务资金分年度列入财政预算的议案;听取和审议关于全椒县化肥厂等四个地块城中村棚户区改造项目政府购买服务分年度列入财政预算的议案;听取和审议关于接受王万贵辞去全椒县人大常委会副主任职务请求的议案;听取和审议关于接受尚云、王斌辞去全椒县人大常委会委员职务请求的议案。会议进行相关人事任免。决定任命阚绪瑞为县人民政府副县长,卢瑞祥为县民政局(县民族宗教事务局)局长,沙浩为县监察局局长,李强为县经济和信息化委员会主任,尚云为县统计局局长;决定免去程进的县民政局(县民族宗教事务局)局长职务,卢瑞祥的县监察局局长职务,唐陈的县经济和信息化委员会主任职务,李强的县统计局局长职务;接受王万贵因到退休年龄辞去县人大常委会副主任职务,接受王斌、尚云辞去全椒县人大常委会委员职务,免去王斌的县人大常委会财政经济工作委员会副主任职务;任命王勤为县人大常委会财政经济工作委员会副主任,张从金为县人大常委会人事代表选举工作委员会(代表联络办公室)副主任。会议经过分组审议,表决通过诸项报告;县人大常委会主任杨勇为新任命人员颁发任命书,新任命人员还现场向《中华人民共和国宪法》宣誓;

部分拟任职人员分别作供职发言。

县人大常委会第四十六次会议。9月12日，县人大常委会主任杨勇主持召开县十五届人大常委会第四十六次会议。县人大常委会党组副书记、副主任季奎，县人大常委会副主任王晓平、童志全以及常委会全体委员出席会议。县委常委、常务副县长杨光以及县人民法院院长朱有亮，县人民检察院检察长喻尊晏，县人大常委会各委、室负责人，县政府办公室负责人，各镇人大负责人等列席会议。会议听取和审议县“调转促”推进工作领导小组办公室关于全椒县“调转促”推进工作情况的报告、县行政执法局关于全椒县城市管理网格化工作情况报告、县公安局关于全椒县社会治安综合治理工作情况报告；会议听取县人民检察院、市场管理局、环保局和交通运输局关于专项工作评议整改情况的报告，听取各走访调查组关于专项工作评议整改走访调查情况报告；会议还听取县人大常委会人选工委关于补选滁州市五届人大代表的议案、关于提请免职人员的情况报告，并听取县委组织部关于提请免职人员的情况介绍。会议还分成两个组对相关工作报告进行审议。会议对县检察院、市场管理局、环保局和交通局专项工作评议进行满意度测评，均为满意；会议补选杨勇、王珏为市五届人大代表；因工作需要，会议决定免去曹宏华、金义平的县人民政府副县长的职务。

县人大常委会第四十七次会议。9月30日，县人大常委会主任杨勇主持召开县十五届人大常委会第四十七次会议，县人大常委会副主任王晓平、童志全及常委会全体委员出席会议。县委常委、常务副县长杨光，县法院、县检察院及县人大各委、室负责人列席会议。会议听取《关于接受潘崇明辞去滁州市第五届人民代大会代表职务的情况报告》，经投票表决，决定：接受潘崇明因涉嫌套取中央投资补助资金辞去滁州市第五届人民代表大会代表职务的请求，并报滁州市人大常委会备案。

县人大常委会第四十八次会议。11月18日上午，县人大常委会主任杨勇主持召开县十五届人大常委会第四十八次会议，县人大常委会党组副书记、副主任季奎，县人大常委会副主任王晓平以及常委会全体委员出席会议。县委常委、常务副县长杨光以及县人民法院院长朱有亮，县人民检察院检察长喻尊晏，县人大常委会各委、室负责人，县政府办公室负责人，各镇人大负责人等列席会议。会议听取和审议全椒县县镇两级人民代表大会换届选举相关事项。会议通过《中共全椒县人大常委会党组关于做好县镇两级人民代表大会换届选举工作的意见（草案）》，通过《全椒县人大常委会关于县镇两级人民代表大会换届选举工作实施方案（草案）》，通过《关于提请任命全椒县换届选举委员会组成人员的议案》。会议还进行相关人事任免事项。会议任命季奎为县人大常委会代表资格审查委员会主任委员；任命刘哲为全椒县人大常委会办公室副主任；决定免去王莉的全椒县人民政府副县长职务，宣宁宁的全椒县人民政府副县长职务，李长华的全椒县国土资源和房产管理局局长的职务；决定任命金力祥为全椒县国土资源和房产管理局局长，王静为全椒县文化广电新闻出版局局长；免去阚军的全椒县人民法院审判委员会委员、审判员职务，金鑫的全椒县人民检察院副检察长、监察委员会委员、检查员职务；任命杨甫源为全椒县人民法院副院长，陈明为全椒县人民检察院副检察长。杨勇为新任命的同志颁发任命书；新任命人员向《中华人民共和国宪法》进行宣誓。

县人大常委会第四十九次会议。11月23日下午，县十五届人大常委会召开第四十九次会议，县人大常委会主任杨勇，县人大常委会党组副书记、副主任季奎，县人大常委会副主任王晓平、童志全及常委会全体委员出席会议，不是县人大常委会委员的各委、室负责人，各镇人大主席列席会议。会议审议通过《关于提请任命全椒县各镇换届选举委员会组成人员的议案》《全椒县第十六届人民代表大会代表名额分配方案（草案）》《关于成立全椒县县镇两级人民代表大会换届选举工作指导组的议案》。

县人大常委会第五十次会议。12月16日，县人大常委会主任杨勇主持召开县十五届人大常委会第五十次会议。县人大常委会党组副书记、副主任季奎，县人大常委会副主任王晓平、童志全及常委会全体委员出席会议。县委常委、常务副县长杨光，县法院、县人民检察院及县人大常委

县十五届人大常委会召开第四十九次常委会议

会各委、室负责人，县政府办负责人，各镇人大负责人等列席会议。会议听取和审议“一府两院”落实县人大常委会2016年度审议意见情况报告、工业企业研发经费投入及政府政策支持相关情况报告、2016年本级预算调整方案报告、县十五届人民代表大会五次会议议案和代表建议办理情况报告；听取10个重点督办建议主办单位办理情况报告，并进行满意度测评。听取和审议关于召开县十六届人民代表大会一次会议时间、建议议程和各项建议名单的报告，决定县十六届人民代表大会第一次会议于1月4日至7日在县城召开。会议补选韦昌平为滁州市五届人大代表。会议还进行人事任免。决定接受杨忠传辞去全椒县人大常委会研究室主任职务；决定任命：王政为全椒县人民法院代理院长，王凯为全椒县人民检察院代理检察长。决定接受朱有亮因工作职务变动，辞去县人民法院院长、审判委员会委员职务，接受喻尊晏因工作职务变动，辞去县人民检察院检察长职务。会议经过分组审议，表决通过诸项报告；县人大常委会主任杨勇为新任命人员颁发任命书，新任命人员向《中华人民共和国宪法》进行宣誓。

县人大常委会第五十一次会议。12月30日，县人大常委会主任杨勇主持召开县十五届人大常委会第五十一次会议。县人大常委会党组副书记、副主任季奎，县人大常委会副主任王晓平、童志全以及常委会全体委员出席会议。县委常委、常务副县长杨光，县人民法院、县人民检察院及县人大常委会各委、室负责人，县政府办公室负责人，各镇人大负责人等列席会议。会议听取和审议《县人大常委会关于召开县十六届人大一次会议的决定（草案）》《关于提请确认杨勇等辞去县选举委员会组成人员职务的议案》《全椒县人大常委会代表资格审查委员会关于全椒县第十六届人民代表大会代表资格的审查报告》。会议进行人事任免。免去关敬海县人大常委会内务司法工作委员会主任职务。

监督工作

【调研考察】 3月9日，县人大常委会副主任童志全率调研组，对黄栗树水库等重点水源地保护工作落实进行调研。县政府副县长沈文琪、曹宏华参加座谈。

4月28日，县人大常委会党组副书记、副主任季奎带领人大内司工委和研究室相关人员，深入县司法局走访调研司法行政工作，副县长金义平参加调研。

5月6日，县人大常委会副主任童志全率领农工委和部分人大代表，到襄河镇和六镇镇调研扶贫开发工作，副县长曹宏华、县扶贫办等负责人陪同调研。

5月10日，县人大常委会副主任童志全带领执法检查组，对全县贯彻实施《中华人民共和国土地管理法》情况开展执法检查。县人民政府副县长吴金华参加执法检查。

5月31日上午，根据《县人大常委会2016年工作要点》安排，县人大常委会副主任童志全带领考察组对全县中小河道管理工作进行考察，部分镇人大主席、县人大代表参加考察。

6月24日上午，县人大常委会副主任童志全率领调研组对2016年度城市建设重点项目计划执行情况进行调研。县人民政府副县长金义平参加调研。

6月28日，县人大常委会副主任王晓平率队调研医疗卫生体制改革工作。县领导曹宏华，部分县人大常委会委员、人大代表参加调研。

6月29日，县人大常委会党组副书记、副主任季奎，带领调研组对全县打击和防范毒品危害工作开展调研，并召开座谈会。

7月12日，县人大常委会副主任王晓平带领调研组，对全椒县2015年财政决算和2016年上半年财政预算执行情况进行调研。县人大常委会主任杨勇参加调研，县委常委、副县长陈飚陪同调研。

7月22日，县人大常委会副主任童志全率领考察组，对全县镇村环卫保洁市场化工作进行考察。县委常委、政法委书记、县政府副县长曹宏华参加考察活动。

8月25日，县人大常委会副主任王晓平带领调研组，对全县上半年"调转促"推进情况开展调研，县委常委、常务副县长杨光陪同调研。

8月30日上午，县人大常委会副主任童志全带领调研组，对全县城市网格化管理工作进行调研。县政府副县长阚绪瑞陪同调研。

9月2日，县人大常委会党组副书记、副主任季奎带领调研组，对县公安局社会治安综合治理工作开展调研，并召开汇报座谈会，县委常委、副县长金义平参加座谈。

9月20日上午，县人大常委会副主任童志全带领考察组，对全县农村集体经济产权制度改革情况进行考察。县政府副县长胡刚陪同考察。

10月20日上午，县人大常委会主任杨勇率调研组，对县政府2016年为民办实事工作情况进行调研。县委常委、古河镇党委书记金义平陪同调研。

10月27日，县人大常委会副主任王晓平带领调研组，对全县工业企业研发经费投入及政府政策支持相关情况开展调研，县政府副县长沈文琪参加调研座谈。

10月28日上午，县人大常委会组织开展"七五"普法启动及政府相关部门围绕自身职责学法、用法、执法、普法情况考察，县司法局局长孙成龙等陪同考察。

11月3日，县人大常委会副主任童志全带领考察组，对全县住宅小区物业管理情况进行考察，并召开座谈会听取相关情况汇报，研究讨论如何改进全县物业管理工作。县委常委、古河镇党委书记金义平陪同考察。

11月3日下午，县人大常委会在县国税局八楼会议室听取县国税局2016年1—10月税收征管和重点工作开展情况汇报。县人大常委会主任杨勇、县人大常委会副主任王晓平、童志全及相关委室负责人参加汇报会。

【执法检查】 3月15日，县人大常委会副主任童志全带领执法检查组，对《中华人民共和国农业技术推广法》在全县贯彻实施情况进行执法检查。副县长曹宏华参加座谈会。4月7日，县人大常委会副主任童志全带队，对全县贯彻实施《农产品质量安全法》情况进行调研，副县长吴金华参加调研。4月20日，县人大常委会副主任童志全率执法检查组，对《中华人民共和国城乡规划法》在全县的贯彻实施情况进行执法检查。县政府副县长吴金华陪同执法检查。

【专项工作评议】 3月31日下午，县人大常委会召开县十五届人大常委会第四十三次会议，审议通过《全椒县人大常委会2016年专项工作评议对象确定办法

（草案）》，并票决确定专项工作评议对象。决定听取县人民检察院、市场管理局、环保局和交通运输局四个单位专项工作报告并进行工作评议。4月29日上午，县人大常委会2016年度专项工作评议动员大会在县会议中心召开。5月10日上午，县人大常委会党组副书记、副主任王万贵率走访调查组，深入县交通运输局开展专项工作评议走访调查工作。5月10日下午，县人大常委会副主任王晓平率走访调查组，深入县市场监督管理局开展专项工作评议走访调查工作。5月11日，县人大常委会党组副书记、副主任季奎率走访调查组，深入县人民检察院开展专项工作评议走访调查工作。5月11日，县人大常委会副主任童志全率走访调查组，对环保局开展饮用水源地保护专项工作评议走访调查工作。5月24日下午，县人大常委会主任杨勇主持召开县十五届人大常委会第四十四次会议，听取和审议县检察院、交通运输局、环保局、市场监督管理局4个单位专项工作报告，并进行工作评议。9月12日，县人大常委会主任杨勇主持召开开县十五届人大常委会第四十六次会议，听取县人大常委会走访调查组关于4个被评议部门专项工作评议整改走访调查情况的报告，听取和审议县检察院、交通运输局、环保局、市场监督管理局4个部门专项工作评议整改情况报告，并进行满意度测评，结果均为满意。

全国人大环资委副主任委员、原沈阳军区政治委员（上将）黄献中一行到全椒调研

滁州市人大常委会主任李耀才调研十字镇百子村美好乡村建设

【上级人大到全椒调研考察和执法检查】 3月21日，市人大常委会副主任朱云霞一行到全椒县调研文化事业和文化产业发展情况，县领导杨勇、王万贵、凌斌参加调研活动。

3月23日，市人大常委会主任李耀才到全椒县十字镇百子村调研指导美好乡村建设，副市长刘茂松、县领导杨勇、杨光、曹宏华及市县相关部门负责人参加调研。

4月13日下午，全国人大环资委副主任委员、原沈阳军区政治委员（上将）黄献中，全国人大环资委委员、原空军副司令（中将）赵忠新等一行到全椒对《中华人民共和国水污染防治法》实施情况进行调研。省人大常委会副主任花建慧，省人大常委会委员、城建环资委主任委员余焰炉以及市县领导李明、李耀才、李庆宁、罗建华、王珏、杨勇、童志全、沈文琪等参加调研活动。

5月5日下午，市人大常委会副主任朱云霞一行到全椒县调研现代农业示范区及城市建设工作。县人大党组书记、主任杨勇，县人大党组副书记、副主任王万贵，县人大副主任王晓平等参加调研。

5月19日下午，市人大常委会副主任傅厚华率调研组，对全椒县工业企业创新发展、研发经费投入及政府政策支持情况开展调研。县领导杨勇、王晓平、胡刚，全柴负责人谢力等参加调研活动。

省人大常委会秘书长朱读稳一行到全椒调研

5月23日下午，市人大常委会主任李耀才到全椒县考察防汛准备工作。市领导傅厚华、朱承艺，县领导王成山、王珏、杨勇、孔祥宁，市县水利部门主要负责人参加考察活动。

6月6日下午，市人大常委会副主任王图强一行，到全椒县就正在制定中的《滁州市市区饮用水水源保护条例》立法工作召开征求意见座谈会，县人大常委会主任杨勇、副主任童志全、副县长沈文琪，南谯区人大常委会副主任郑华龙、副区长赵永宾，全椒、南谯两地相关部门负责人参加座谈。

6月7日，省人大常委会委员、财经委主任委员、财经工委主任庄立权，省人大财经委副主任委员、预算工委副主任张万方一行到全椒县调研政府综合财务报告编制工作，市人大常委会副主任傅厚华，县领导杨勇、孔祥宁、杨光、王晓平等参加调研。

6月29日，市人大常委会副主任朱云霞带队到全椒县调研《中华人民共和国台湾同胞投资保护法》贯彻落实情况，县人大常委会党组书记、主任杨勇，县人大常委会副主任王晓平以及相关部门负责人参加调研。

7月27日上午，市人大常委会副主任王图强率调研组，对全椒县法院执行工作进行调研，市中院党组副书记、副院长苏勇、县人大常委会党组副书记、副主任季奎，县人民法院党组书记、院长朱有亮等领导陪同调研。

8月2日，省人大常委会副主任梁卫国率一行到全椒县，开展《中华人民共和国促进科技成果转化法》执法检查和《安徽省公共文化服务保障条例》立法调研。市领导朱云霞、金力，县领导王成山、杨勇、陈飏、王晓平等参加调研。

9月13日，市人大常委会副主任沈中林率调研组，对全椒县县乡人大换届选举工作进行调研。县人大常委会党组书记、主任杨勇，县人大常委会党组副书记、副主任季奎等参加调研活动。

10月17日，省人大常委会秘书长朱读稳带领环保“一法一条例”执法检查组，对全椒县贯彻落实《中华人民共和国环境保护法》和《安徽省环境保护条例》情况开展执法检查。市领导李耀才、阎中洋、李庆宁、朱承艺，县领导王成山、杨勇、杨光、童志全等参加检查。

10月18日下午，市人大常委会主任李耀才带领市人大城建环资工委、市规建委、市质监局、市公共资源交易监管局、市国土房产局、市建筑勘察设计院、市城乡规划设计院，以及部分房地产企业、电梯生产厂家负责人，到滁州博杰科技有限公司，专题调研电梯断电应急系统相关产品的生产、研发及科技创新情况。市人大常委会秘书长朱承艺，县委书记王成山，县长王珏，县人大常委会主任杨勇，县人大常委会副主任王晓平等参加调研活动。

11月16日，省人大常委会委员、法治委员会主任委员陈军，市人大常委会副主任傅厚华一行到全椒县开展《安徽省湖泊保护条例（草案）》立法调研，县人大常委会主任杨勇，县人大常委会副主任童志全，部分省人大代表、县人大委员及相关部门负责人陪同调研。

12月14日，滁州学院党委副书记张勇、市人大常委会秘书长朱承艺等部分省市人大代表到全椒县就“调转促”工作及新型城镇化建设工作情况进行考察。县委书记王成山，县人大常委会主任杨勇，县人大党组副书记、副主任季奎，副县长阚绪瑞参加视察活动。

代表工作

【议案交办决定】 3月31日下午，县人大常委会主任杨勇主持召开县十五届人大常委会第四十三次会议，审议通过县十五届人大第五次会议议案初审情况报告，并作出议案交办决定，决定将全椒县十五届人大五次会议议案交县人民政府办理。

【代表建议交办会】 4月1日下午，全椒县2016年度人大代表议案建议交办会在县政务中心8号会议室召开，会议总结2015年办理工作情况，对2016年议案建议办理工作进行具体部署。县委常委、常务副县长杨光，县人大常委会党组副书记、副主任王万贵出席会议。会议宣读《关于表彰2015年度代表建议办理先进单位、个人和优秀建议案的决定》；王万贵对议案建议办理工作进行总结，并对2016年的办理工作提出意见和要求。2015年县政府共承办市、县人大交办代表议案、意见建议95件，所有议案、建议基本在规定的期限内办理完毕。2016年市、县人大共交办代表议案、建议93件。8月12日，县人大、县政府联合召开县人大议案、代表建议办理工作推进会，县委常委、常务副县长杨光，县人大常委会党组副书记、副主任季奎，相关承办单位负责人和具体经办人员参加会议。

【重点代表建议督办】 6月12日，县人大常委会主任杨勇现场督办“潘珠大桥拆除重建”代表建议办理工作，与县委常委、县政府副县长陈飚、建议主办单位县交通局、协办单位县水利局、县国家公路局、二郎口镇主要负责人和工程技术人员到潘珠大桥察看现场，研究解决潘珠大桥拆除重建问题。10月19日上午，县人大常委会召开2016年度主任会议组成人员领衔督办的重点代表建议办理情况汇报会。县领导杨勇、杨光、季奎、王晓平、童志全以及县政府办公室负责人，县人大常委会各委、室负责人，各主办单位主要负责人，提出建议的人大代表参加会议。会议由县人大常委会党组副书记、副主任季奎主持。12月16日，县人大常委会党组书记、主任杨勇在县人大会议室主持召开县十五届人大常委会第五十次会议。听取和审议县十五届人民代表大会第五次会议议案、代表建议办理情况报告；听取10个重点督办建议主办单位办理情况报告，并进行满意度测评。会议通过表决补选韦昌平为滁州市五届人大代表。

【人大代表及律师参与信访座谈会】 6月8日上午，县人大常委会党组副书记、副主任季奎在县人大会议室主持召开人大代表及律师参与信访工作情况专题调研座谈会。县人大办公室分管信访工作负责人、县人大相关工委负责人，县信访局分管领导，县政府相关部门负责人，县人民法院、县人民检察院负责人以及律师代表、部分县人大代表参加座谈会。

【人大代表助力扶贫攻坚】 4月22日，县人大常委会印发《全椒县人大常委会关于开展“人大代表助力扶贫攻坚活动”的通知》，号召全县各级人大代表积极投身扶贫工作，为全县打赢扶贫攻坚战做出应有贡献。7月11日，县人大办印发《全椒县人大常委会开展“人大代表助力扶贫攻坚活动”的检查方案》的通知，决定成立5个检查组，分别由县人大常委会主任杨勇，副主任王万贵、季奎、王晓平、童志全带队，对全县10个镇人大在开展“人大代表助力扶贫攻坚活动”中采取的主要措施、取得的突出成绩、存在的差距和不足以及各镇人大上半年代表工作开展情况进行检查。8月3日下午，县人大常委会党组书记、主任杨勇带领检查组深入襄河镇，对人大代表助力扶贫攻坚活动进行检查，襄河镇镇长吴定高、镇人大主席张少华、副镇长刘斌等陪同。8月18日，县人大常委会召开会议，专题听取10个镇人大主席汇报“人大代表助力扶贫攻坚”活动开展情况，了解各镇人大在助力扶贫攻坚上的主要措施、取得成效、典型事例及经验做法。县人大常委会主任杨勇，县人大常委会党组副书记、副主任季奎，县人大常委会副主任王晓平出席会议，人大机关各委室负责人及各镇人大负责人参加会议。会议由县人大常委会党组副书记、副主任季奎主持。9月8日，《滁州日报》“今日全椒”版块以较大篇幅报道全椒县“人大代表助力扶贫攻坚”活动情况。《安徽人大工作通讯》《滁州人大》第4期和第5期分别对全椒县“人大代表助力扶贫攻坚”活动进行报道。

中心工作和重点工作

【走访帮扶企业】 3月10日上午，县人大常委会党组书记、主任、县政法委书记杨勇先后深入金竹机械、恒泰铝业、祥东机电、新达印务等企业实地走访调研。县委政法委副书记张成斌和帮扶企业单位负责人参加调研。

3月24日，县人大常委会党组副书记、副主任季奎在县经济开发区、十谭产业园管委会、国土房产局、重点局负责人陪同下，深入企业进行帮扶调研。

3月31日，县人大常委会党组副书记、副主任王万贵在环保局局长金力祥的陪同下，深入环保局招商引资企业全椒县康盛机电有限公司开展企业帮扶调研。

【招商引资工作】 2016年，县人大常委会超额完成县委下达的全年招商引资任务。全年新引进项目2个，其中亿元项目1个，5000万元项目一个。3月14日，投资5亿元的安徽泰石岩棉有限公司签约并注册，8月26日开工建设，计划2017年3月一期投产。4月20日，全椒海螺水泥有限责任公司二期水泥熟料项目开工建设，计划投资3亿元。8月30日，投资5000万元的安徽盈通光电科技有限公司签约并注册，11月18日租赁厂房投产。

【开展精准扶贫】 1月27日下午，县人大常委会主任杨勇深入武岗镇官渡村、中心村，走访慰问部分困难妇女、困难老党员、困难残疾人和困难群众，向他们致以节日的问候和祝福。2月25日上午，县人大常委会召开机关全体人员会议，动员部署县人大常委会机关精准帮扶工作。县人大常委会主任杨勇，县人大常委会党组副书记、常委会副主任王万贵、季奎，县人大常委会副主任童志全出席会议，县人大常委会机关全体干部职工参加会议。杨勇主持会议。会议传达全县扶贫开发暨农业农村工作会议精神，组织学习县委《印发〈中共全椒县委、全椒县人民政府关于打赢脱贫攻坚战的实施方案〉的通知》（全〔2016〕13号）和县委办《关于印发〈全椒县脱贫攻坚工作单位包村、干部包户实施方案〉的通知》。杨勇对县人大常委会机关精准帮扶工作进行动员和部署。2月29日起，县人大办公室扶贫工作组深入十字镇陈浅村各村民组，走村入户，对结对帮扶的15户贫困户开展对接走访，历经3天时间，完成所有贫困户的对接走访工作。3月7日，县人大常委会党组副书记、副主任季奎深入大墅镇肥全村开展帮扶工作。4月5日下午，县人大常委会主任杨勇深入武岗镇中心村走访联系贫困户。10月29日下午，县人大常委会主任杨勇到武岗镇中心村，走访慰问刘仕海、顾庆林、洪茂祥、薛道法、马强5位贫困户，详细询问他们的家庭情况、经济来源和生活中遇到的困难，叮嘱镇村干部要多关心和帮助贫困户的生产、生活，鼓励贫困户坚定信心，充分利用好现有资源，早日脱贫致富。11月10日，县人大常委会主任杨勇带领相关委、室负责人深入十字镇陈浅村，看望慰问精准扶贫驻村工作队队员，并与住村工作队员及所在村部分村干部进行座谈，指导开展扶贫工作。11月15日下午，县人大常委会党组副书记、副主任季奎在县人大常委会研究室负责人、大墅镇人大主席陈孔水，大墅镇纪委书记、肥全村包村干部赵辉陪同下，深入大墅镇肥全村开展精准扶贫“回头看”和“向前看”工作。

【检查防汛抗旱】 4月20日下午，县人大常委会主任杨勇带领县人大办主任赵立、县人大研究室副主任张作明等对襄河镇学习贯彻地方法和省人大工作条例以及防汛抗旱准备等工作进行检查，襄河镇党委书记秦安明、人大主席张少华、副主席周玉梅等陪同检查。4月20日，县人大常委会党组副书记、副主任季奎带领检查组到十字镇检查人大工作和防汛准备工作。4月20日下午，县人大常委会副主任王晓平带领检查组到石沛镇对该镇人大贯彻执行《中华人民共和国地方各级人民代表大会和地方各级人民政府组织法》《省乡镇人大工作条例》和《中华人民共和国防洪法》及做好当前防汛抗旱准备工作进行全面的检查。4月22日，县人大常委会副主任童志全率检查组，深入大墅镇和六镇镇，对两镇的人大工作情况进行检查，并实地督察防汛准备工作。6月24日上午，县人大常委会主任杨勇深入到武岗镇，调研当前防汛抗旱等重点工作。7月4日下午，县人大常委会主任杨勇深入到武岗镇检查指导防汛工作。7月4日，县人大常委会主任杨勇在武岗镇防汛指挥办公室主持召开防汛工作调度会。

【县镇人大换届选举工作】 11月14日上午，县十五届人大常委会举行第五十八次主任会议。听取并讨论关于换届选举证件、表格、材料等印刷品印制情况的报告。

11月18日上午，县人大常委会召开第四十八次会议，听取和审议全椒县县镇两级人民代表大会换届选举相关事项。会议通过《中共全椒县人大常委会党组关于做好县镇两级人民代表大会换届选举工作的意见（草案）》，通过《全椒县人大常委会关于县镇两级人民代表大会换届选举工作实施方案（草案）》，通过《关于提请任命全椒县换届选举委员会组成人员的议案》。会议任命季奎为县人大常委会代表资格审查委员会主任委员。

全县县镇两级人大换届选举骨干培训会于11月20日下午在县政务中心椒陵会堂举行。县人大常委会党组副书记、副主任、县人大常委会代表资格审查委员会主任委员季奎出席会议，县人大常委会各委、室负责人，县委组织部负责人，各镇人大主席，党委副书记，人大副主席，组织委员、人大秘书、各村（居）书记、文书，县直单位办公室负责人，全柴集团办公室主任，县人武部，荒草圩部队有关人员等约400人参加会议。

11月22日上午，全县县镇两级人大换届选举工作动员会，在县政务中心椒陵会堂召开。会议贯彻落实中央和省、市、县委有关文件精神和工作要求，进一步统一思想认识，对全县县镇两级人大换届选举工作进行全面动员部署。县几个班子领导王成山、王珏、杨勇、董光林、孔祥宁、史法勇、陈飏、陈岭、王永明、张华贵、金义平以及县人大换届选举工作领导小组成员，县直各单位党政主要负责人，各镇党政主要负责人、人大主席等出席会议。县人大常委会党组副书记、副主任季奎主持会议。会上，与会人员集中收看警示教育片《镜鉴》。县人大常委会主任杨勇作动员报告；县委常委、组织部长陈岭就换届选举相关情况作报告。

11月23日下午，县十五届人大常委会召开第四十九次会议，通过《关于提请任命全椒县各镇换届选举委员会组成成人员的议案》《全椒县第十六届人民代表大会代表名额分配方案（草案）》《关于成立全椒县县镇两级人民代表大会换届选举工作指导组的议案》。会议决定成立全椒县县镇两级人民代表大会换届选举工作指导组，制定《全椒县县镇两级人民代表大会换届选举工作指导方案》。

11月29日—12月1日，县人大常委会党组书记、主任杨勇带领换届选举工作指导组，深入襄河、武岗、大墅、西王、马厂、石沛等镇，就县镇人大换届选举工作进行检查指导。

11月29日—12月1日，县人大常委会党组副书记、副主任季奎带领换届选举工作指导组，对古河、二郎口、十字3个镇的换届选举工作进行检查指导。

12月1日下午，县人大常委会召开县镇人大换届选举督察汇报会，县人大常委会党组书记、主任杨勇，县人大常委会党组副书记、副主任季奎出席会议，县人大常委会4个换届选举工作指导组成员参加会议。

12月9日下午，县人大常委会召开县镇人大换届选举督察汇报会，听取县镇人大换届选举第二阶段督察情况汇报。县人大常委会党组书记、主任杨勇，县人大常委会党组副书记、副主任季奎，县人大常委会副主任王晓平、童志全出席会议，县人大常委会4个换届选举工作指导组成员参加会议。

12月12日，市委常委、市委组织部部长张东明率督察组一行到全椒县开展换届风气督察工作。县领导王成山、王珏、杨勇、董光林、孔祥宁、史法勇、陈岭以及十个镇主要负责人参加督察汇报会。会议由县委书记王成山主持。

12月22日，县镇人大换届选举日。全县共分474个选区，其中县人大代表选区119个，将选举产生200名县人大代表，镇人大代表选区355个，选出近700名镇人大代表。

【省级文明县创建工作】 县人大常委会机关积极参与省级文明县创建，认真做好路段包保工作。制定县人大常委会办公室文明创建包保路段巡查值班表，自8月28日至9月30日，机关全体人员每2人一组共分成7个小组，每天轮流上路执勤、巡查，对包保路段卫生进行清理、对不文明现象进行劝导。

专题学习教育

【专题辅导讲座】 3月16日上午，县人大常委会举办学习贯彻《中国共产党廉洁自律准则》(以下简称《准则》)和《中国共产党纪律处分条例》(以下简称《条例》)专题会议，县人大常委会党组书记、主任、县政法委书记杨勇，县人大常委会党组副书记、副主任王万贵、季奎，县人大副主任王晓平、童志全以及县人大常委会组成人员、县人大机关全体工作人员、县人大常委会各工作委员会委员、各镇人大主席、秘书、县人大机关老干部支部委员会成员等参加会议。会议由季奎主持。

专题会议邀请县纪委常委、党风廉政室主任陈兴道授课。陈兴道主任结合自身工作实际及身边的真实案例，从《准则》和《条例》修订的重要意义、党员干部不可逾越的行为底线以及深入推进党风廉政建设和反腐败斗争等方面进行全面深入的讲解。杨勇在会上就进一步学习宣传贯彻落实《准则》和《条例》提出具体要求。

【深入推进"两学一做"】 4月18日上午，县人大常委会召开机关全体人员会议，传达贯彻全省"两学一做"电视电话会议精神，学习贯彻省委书记王学军在全省电视电话会议上的安排部署；认真学习省长李锦斌传达习近平总书记关于"两学一做"学习教育重要指示。县人大常委会党组书记、主任、县政法委书记杨勇对县人大常委会机关"两学一做"学习教育进行动员、部署。

县人大机关老干部学习中共十八届六中全会精神

5月16日上午，县人大常委会党组书记、主任、县政法委书记杨勇主持人大机关学习会，原原本本地学习《中国共产党党章》，传达学习中共安徽省委《关于深入推进全面从严治党的若干意见》。县人大常委会党组副书记、副主任王万贵、季奎，县人大常委会副主任王晓平、童志全出席会议。

5月26日下午，县人大机关党支部召开全体党员会议，开展"两学一做"学习教育集中学习。会议传达学习习近平总书记关于"两学一做"学习教育的重要讲话精神；学习滁州市中国共产党党员证管理办法；学习中央、省委、市委、县委关于"两学一做"学习教育的指示和具体要求，对县人大机关党支部"两学一做"学习教育进行部署安排。县人大常委会党组副书记王万贵、季奎，县人大常委会党组成员童志全、赵立均以普通党员身份参加支部学习。

6月13日，县人大常委会机关党支部办公室党小组召开"两学一做"专题学习研讨会，县人大常委会主任杨勇以普通党员身份参加学习。会议传达学习习近平总书记视察安徽重要讲话精神，重温《中国共产党章程》有关章节，并进行座谈讨论。

6月16日晚，县人大常委会

召开党组(扩大)会,传达学习省委落实中央巡视组巡视“回头看”反馈意见整改暨专项整治推进会精神、全市落实中央巡视组巡视“回头看”反馈意见整改动员部署大会精神及市委书记李明在动员部署大会上的讲话。传达县委书记王成山对全县整改工作提出的具体要求。会议由县人大常委会党组书记杨勇主持,县人大常委会党组副书记王万贵、季奎,县人大常委会党组成员童志全、赵立参加会议,县人大常委会副主任王晓平及县人大常委会各委室负责人列席会议。

6月22日上午,县人大机关老干部支部召开庆“七一”暨“两学一做”专题学习会议。传达学习中共滁州市委关于《中央巡视组对我省巡视“回头看”反馈意见的整改任务书》及《关于在全县党政干部进一步开展违规经商办企业专项整治工作的实施方案》等八个方案;填写“党政干部经商办企业自查报告表”;学习贯彻《县人大机关开展“两学一做”学习教育实施方案》、县委组织部《关于开展党费工作检查的通知》及补交党费等工作的通知精神;向老干部们发放《中国共产党章程》《中国共产党廉洁自律准则》学习资料,以及中国共产党党员证、党徽;收看警示片《镜鉴》;重温入党誓词,请老干部们座谈。

杨勇为县人大机关全体党员干部讲党课。7月1日,县人大常委会机关党支部以重温入党誓词、党课教育的方式,隆重纪念中国共产党建党95周年。县人大常委会党组书记、主任杨勇以“牢固树立共产党员政治品格,扎实开展好‘两学一做’学习教育”为主题,为县人大机关全体党员干部讲授一堂生动的党课。授课前,杨勇带领全体党员面向党旗重温入党誓词。

7月11日,县人大常委会召开机关学研例会,认真学习贯彻习近平总书记在庆祝中国共产党成立95周年大会上的重要讲话精神,县人大常委会党组书记、主任杨勇主持会议并就人大系统进一步认真学习习总书记讲话精神进行部署。

7月25日上午,县人大常委会党组书记、主任杨勇主持召开学研会,组织学习《中国共产党问责条例》并进行解读;会议还传达学习市纪委、市委组织部、市监察局、市人社局《关于印发〈滁州市党员干部问责实施办法(试行)〉的通知》;传达学习县纪委《关于县司法局等3个单位10名工作人员违反工作纪律的通报》;传达县委“两学一做”学习教育协调小组《关于开展“两学一做”学习教育第二专题学习讨论的通知》和《关于在全县党员中开展党规党纪集中学习活动的通知》。

8月9日上午,县人大常委会机关党支部召开全体党员大会,组织开展“两学一做”学习教育第二专题讨论。县人大常委会党组书记、主任杨勇,县人大常委会党组副书记、副主任季奎,县人大常委会党组成员、副主任童志全以普通党员身份参加讨论会。并邀请县人大常委会副主任王晓平参加会议。会议组织学习《中国共产党党员权利保障条例》,全体党员围绕“坚持根本宗旨、发挥党员作用”主题,按照“五查五看”的要求,结合党员个人思想工作生活实际积极发言讨论。杨勇在谈自身体会后,以“学党规、守纪律,做廉洁奉公的表率”为题,给全体党员上一堂生动、精彩的党课。

8月22日,县人大常委会召开会议,传达学习王岐山《用担当的行动诠释对党和人民的忠诚》的署名文章。县人大常委会党组书记、主任杨勇主持会议并讲话。会议还传达学习县委办《关于印发深入学习宣传贯彻〈中国共产党问责条例〉工作方案的通知》(全办发〔2016〕75号)。

9月21日下午,县人大机关全体人员在县人大常委会副主任童志全的带领下,走进县党风廉政建设警示教育基地集中接受廉政警示教育。

10月8日,县人大常委会召开学研会议,学习国家行政学院教授杨伟东主讲的《〈中国共产党问责条例〉精神解读》,研究布置10月及本周重点工作。

10月11日下午,县人大常委会机关召开“两学一做”学习教育工作推进会,县人大常委会党组书记、主任杨勇出席会议并讲话。会议传达学习市委书记姚玉舟关于“两学一做”学习教育工作的批示、市委副书记许继伟同志在全市“两学一做”学习教育工作推进会上的讲话精神。会议总结县人大前一阶段工作情况、分析存在的问题、部署安排下一阶段工作。

10月20日,县人大组织部

分离退休干部参观学习县党风廉政建设警示教育基地和县新图书馆。县人大常委会党组副书记、副主任季奎参加参观学习。

10月21日下午，县人大常委会召开学研会议，组织机关全体人员收看专题片《永远在路上》，县人大常委会党组书记、主任杨勇主持会议并讲话。县人大常委会党组副书记、副主任季奎、县人大常委会副主任童志全出席会议，机关各委室主任、副主任以及机关全体工作人员参加会议。

10月29日上午，县人大常委会召开学研会议，迅速传达学习党的十八届六中全会等有关会议、文件精神。县人大常委会党组书记、主任杨勇主持会议并讲话。会议传达学习习近平总书记在纪念红军长征胜利80周年大会上的讲话、《中国共产党第十八届中央委员会第六次全体会议公报》；传达上级关于认真学习宣传党的十八届六中全会精神的通知及相关工作要求。

10月31日上午，县人大机关老干部支部组织县人大部分离退休老干部，在县人大会议室，传达学习《中国共产党第十八届中央委员会第六次全体会议公报》。

11月4日，县人大常委会机关党支部召开全体党员会议，开展集中学习研讨活动。会议集中学习习近平总书记"七一"重要讲话精神、市第六次党代会会议精神、县委"两学一做"学习教育协调小组有关文件精神。全体党员围绕习近平总书记"七一"重要讲话精神和"坚持纪律底线，培养高尚情操"、市第六次党代会精神三个专题开展热烈讨论。

【"讲看齐、见行动"学习讨论】

11月28日上午，县人大常委会召开学研会议，对在县人大机关党员干部中开展"讲看齐、见行动"学习讨论活动进行动员、部署。县人大常委会党组书记、主任杨勇主持会议并作动员讲话。会议传达学习县委《关于在全县党员干部中开展"讲看齐、见行动"学习讨论的实施方案》；传达学习县纪委《关于印发〈全县治理"慵懒散慢乱"专项活动实施方案〉和〈全县治理"慵懒散慢乱"专项活动领导小组及其办公室组成人员和工作职责〉的通知》。

12月6日下午，县人大常委会召开学研例会，开展"讲看齐、见行动"学习讨论活动。县人大常委会党组书记、主任杨勇主持会议并讲话。会议传达学习县委组织部《关于将"讲看齐、见行动"学习讨论开展情况纳入"联述联评联考"工作的通知》，传达学习市委、县委"两学一做"学习教育协调小组有关文件、通报。参会人员围绕"讲看齐、见行动，我们怎么办"，围绕牢固树立核心意识、围绕向党中央看齐进行学习讨论，大家联系人大工作实际谈体会、谈认识，查摆存在的不足。杨勇就"讲看齐、见行动，我们怎么办?"给大家上一堂生动的党课。

12月19日上午，县人大常委会召开学研例会，开展"找差距、议举措，我们怎么干?"专题学习讨论。受县人大常委会主任杨勇委托，季奎主持会议并讲话。季奎结合自身学习体会带头作发言。

【交流及社会活动】 3月4日上午，县人大常委会办公室参加由县文明办、团县委组织的2016年"学雷锋志愿服务月"活动。3月10日上午，县人大办公室主任赵立一行13人自备工具到西王镇进行义务植树活动。4月19日—22日，县人大常委会分成5个组，对全县10个镇贯彻执行《中华人民共和国地方各级人民代表大会和地方各级人民政府组织法》和《安徽省乡镇人民代表大会工作条例》情况进行全面检查。5月20日上午，县人大常委会召开全县镇人大工作存在问题整改落实情况汇报会。6月7日下午，县人大常委会党组副书记、副主任季奎应邀参加在县人民法院二楼视频会议召开的全省法院执行工作视频会议。9月19日，怀远县人大常委会副主任潘承朗一行到全椒县调研气象局建设情况，县人大常委会副主任童志全参加调研。10月18日，和县人大常委会副主任张由文率考察组到全椒考察学前教育发展情况。县人大常委会党组书记、主任杨勇，县人大常委会副主任王晓平，县教体局、县人社局及县财政局负责人参加考察。11月4日，滁州市人大工作研究会领导王光甫一行到全椒考察经济社会发展情况。县领导王珏、杨勇、孔祥宁参加考察。

（县人大办公室）

全椒县人民政府

- 综　述
- 重要会议
- 政府法治和外事侨务
- 招商引资
- 政务服务中心
- 机构编制
- 公共资源管理
- 机关事务管理

综　述

全椒西汉置县。全椒县辖10个镇和1个省级经济开发区。面积1568平方千米。2016年年底,全县总人口45.9万人。2016年生产总值128.1亿元,比2015年生产总值117.4亿元增长9.1%。

农业经济。辉隆、荣鸿、龙山、牧龙山、荒草圩5个现代农业示范园新增投入2.7亿元,带动近3.6万农户增收。成功创建全国绿色食品生产基地30万亩。稻虾连作面积发展到12万亩,全省现场会在全椒召开。发放涉农资金3.4亿元。薄壳山核桃产业面积发展到3万亩,居华东地区首位,全国培训现场会在全椒召开。完成387千米农村道路畅通工程和11座小水库除险加固工程。

工业经济。新增规模以上工业企业25家(净增23家)、居全市第1位,总数达153家,实现增加值41.1亿元,增长10%。机械制造、新型建材、绿色食品、轻纺服装四大主导产业实现增加值33亿元,增长6.2%。86个项目完成技改投资48亿元,增长73.7%,居全市第1位。县经开区完成新一轮总规修编、化工集中区扩区规划和10个专项规划编制,投入5.3亿元实施集中供热、污水管网等12项基础设施工程,全年新签约、新开工、新投产项目分别为39个、34个和21个,跻身首批"安徽省知识产权示范园区"。在全市第一家成功发行10亿元企业债券。兴达机电、悦达实业完成主板上市签约。全柴集团被认定为全市唯一一家"国家技术创新示范企业"。南大光电科研团队入选"安徽省十大科技创新团队"。获批省级"专精特新"企业3家。国家级光刻胶工程实验室及产业化项目启动建设。

第三产业。成功入选国家全域旅游示范区创建名录。组建神山黄栗树风景区管委会(筹),成立太平旅游发展有限公司。成功举办桃文化旅游节、首届迷你马拉松、山地车邀请赛等活动。大墅禾墅恋、荣鸿高井等民宿旅游项目加快建设。注册保护性商标131个。成立进出口企业协会,引进省进出口公司在全椒县设立子公司。成立电子商务协会,颐高电子商务产业园、青年电商产业园投入试运行。成功与阿里巴巴电商平台签订合作协议,电商服务站实现村级全覆盖。

招商引资。按照"大项目进园区(县经开区)、小项目进集中区(乡镇)"的发展思路,大力开展招商引资,举行项目集中签约、集中开工活动,成功引进亚士创能科技、科华微电子、泰石岩棉、纳晶电子科技、南京和谐曲轴、擎天伟嘉等一批重点产业项目,全年新签约、新开工、新投产亿元以上项目分别为45个、36个和29个,到位资金98亿元。

项目建设。实施121个政府投资类项目。全年新开工、新竣工亿元以上项目分别为55个和35个。纳入省"大新专"项目库的47个项目、市"十大工程"的11个子项目、市"三百工程"的28个项目累计完成投资92.2亿元。全年获批上级政策性资金20亿元、国家专项建设基金项目4个,开工率100%。

城乡建设。在全市率先启动"多规合一"规划编制。投入1000万元,高标准完成地下综合管网、特色街区风貌、公共服务设施等7项规划编制和古襄河景观提升、南屏山文体公园等11项城市设计。县规划馆对外开放。实施55个重点城建项目,完成投资30亿元。吴敬梓路提升改造、城东片区路网一期、吴敬梓纪念馆周边环境整治等18个重点项目加快建设;党校二期、襄河大桥拆除重建、达园等30个项目投入使用。新建、改造城市道路14千米。新增城区绿化面积59万平方米。拆除违建1.2万平方米,清理违法用地405亩。完成9个镇总规修编和集镇整治规划编制。实施石沛、武岗、大墅、西王4个集镇整治工程。完成6个省级美丽乡村示范村建设,实施2个省级美丽乡村示范村和3个市级美丽乡村示范村建设。黄栗树村被评为"中国十大最美乡村"。周洼新村入选"安徽省乡村旅游示范村"。《长江两岸是我家——水润全椒》专题片在央视《美丽中国乡村行》栏目播出。成功创建"省级森林城市"。

民生工程。实施32项民生工程,投入资金8.6亿元,增长21%。新增城镇就业12915人,城镇登记失业率控制在3.1%以内。城乡各类社会保险参保人数达49.6万人次,发放保险金5.3亿元。新农合参合率达99.7%,发放补偿金1.8亿元。发放城乡低保和五保对象资金

7154万元、困难群众救助金1651万元、老人高龄津贴504万元。

社会事业。开工建设第八中学、前进小学;完成职教中心、体育中心规划设计等前期工作。新图书馆、文化馆、气象地震科普馆对外开放。国光楼保护工程竣工。妇幼保健医院、疾控中心、残疾人康复中心主体工程完工。启动县中医院迁址重建。发明专利授权量67件,增长71.7%。

2016年,全椒县经济开发区入选首批"安徽省知识产权示范园区"。全椒经济开发区成立于2002年9月,2006年2月经安徽省人民政府批准为省级经济开发区,先后被评为"浙商最佳投资开发区""十二五首批最具投资发展潜力品牌开发区";获批"安徽省农业产业化示范区""安徽省小微企业创业基地""安徽省新型工业化产业示范基地"。2016年,全椒县经开区高新技术企业达19家,全区发明专利累计申请量442件,全区发明专利累计授权量250件,其中发明专利21件。

2016年,全椒县列入全省首批城乡社区协商示范县。为推进社区协商工作,全椒县创新组建社区协商委员会,建立"7+X"社区协商模式。"7"为7类固定成员,即村(社区)党组织代表、村(社区)民委员会代表、村(居)务监督委员会代表、村(居)民代表、妇女代表、社会组织代表、其他有一定威望的代表,每类成员推荐产生1人。"X"即涉及的其他利益相关方,根据协商事项进行动态调整。社区协商委员会就涉及居民切身利益的公共事务、公益事业以及居民反映强烈、迫切要求解决的实际困难和问题等进行协商,以实现公共利益和居民利益的最大化。

2016年,经农业部、环境保护部、住房城乡建设部、国家新闻出版广电总局等单位联合评选,全椒县石沛镇黄栗树村作为安徽省唯一入选村庄,成功荣获"中国十大最美乡村"称号。全椒县黄栗树村位于全椒县石沛镇西北部,是滁州市十大民俗风情村、首批中国乡村旅游模范村,因漫山遍野黄栗树而得名,整体建筑以徽派风格为主基调,于明朝建镇,系历史古镇,村内"碧云湖"是安徽省十大水库之一。自2013年年底黄栗树美丽乡村建成以来,年接待游客量超过13.8万人次。

(县政府办公室)

重要会议

【县政府常务会议】 第十二次常务会议。6月7日晚,县委副书记、县长王珏在县政府三楼会议室主持召开县政府常务会议,讨论研究义务教育均衡发展、农村道路畅通工程等事项。县政府各位副县长、县政府办公室主要负责人出席会议。县人大、县政协、县人武部负责人应邀出席会议;县政府办公室副主任、县监察局局长、县法治办主任、议题相关单位负责人等列席会议。会议讨论并通过县教体局关于《全椒县创建全国义务教育发展基本均衡县整改方案》的汇报。会议强调,要以创建全国义务教育发展基本均衡县为契机,通过整改全面解决全椒县义务教育均衡发展中存在的问题,进一步提高全椒县义务教育发展水平。会议要求,各相关部门要高度重视此项工作,要将其作为一项重要的民生工程抓紧抓好;部门间要加强工作联运,进一步细化工作方案;要定期进行工作调度,确保全椒县创建全国义务教育发展基本均衡县顺利通过验收。会议讨论并通过县交通局关于《全椒县农村道路畅通工程实施方案》的汇报。农村道路畅通工程是全椒县实施的33项民生工程之一,全椒县2016年农村道路畅通工程建设计划安排387.76千米,总投资约15961万元,其中地方配套7078万元。会议强调,实施农村道路畅通工程是改善农村地区交通条件,加快贫困地区脱贫致富步伐的一项重要工作,县交通部门及各镇要认真组织好、实施好,要确定专人分管此项工作,要加强业务培训,要确保工程质量,要注重项目实施过程中的党风廉政建设。会议听取县监察局《关于县政府党组落实党风廉政建设相关要求的情况汇报》。会议强调,加强党风廉政建设,落实好县政府党组班子集体主体责任,县政府党组书记"第一责任人"责任,县政府党组成员"一岗双责"责任,是县政府党组立党为公,执政为民的重要保证。县政府党组及成员在工作中要进一步严明纪律,把讲政治、守纪律、守规矩摆在更在重要位置;要注重简政放权,加快转变政府职能;要注重加强权力运行监督制约;要进一步强化廉政教育;要加强督察检查；要加强作风建设；要领导和支持纪检监察机关查处违纪违规案件。会议还讨论通过县交通局《关于滁马高速全椒段相关工作情况汇报》、县政务中心《关于提请对2015年度政务服务政务公开工作成绩突出的单位予以通报的情况汇报》、县农委《关于要求对2016年粮食收购贷款承诺兜底并指定收购企业的情况汇报》等议题。根据2016年度政府常务会议学法计划，与会人员还共同学习《中华人民共和国行政许可法》《安徽省电梯安全监督管理办法》。会议强调，《中华人民共和国行政许可法》是规范行政许可，保护公民、法人和其他组织合法权益，维护公共利益和社会秩序，保障和监督行政机关有效实施行政管理的一项重要法律，各级部门要加强学习，认真加以贯彻落实；省政府出台《安徽省电梯安全监督管理办法》，是依法解决电梯安全管理突出问题的需要，是促进电梯安全监管工作规范化、法治化的需要，县市场监管等有关部门要认真组织实施，做到电梯安全监管无漏洞、无盲区，确保人民群众生命财产安全。

第十三次常务会议。6月17日上午，县委副书记、县长王珏在县政府三楼会议室主持召开县政府常务会议，讨论研究投资项目邀请招标监督管理暂行办法、规范性文件清理等事项。县政府各位副县长、县政府办公室主要负责人出席会议。县人大、县政协、县人武部负责人应邀出席会议；县政府办公室副主任、县监察局局长、县法治办主任、议题相关单位负责人等列席会议。会上，听取讨论县公管局关于《全椒县政府投资项目邀请招标监督管理暂行办法》的汇报、县法治办关于《政府规范性文件清理工作》的汇报。会议原则通过《全椒县政府投资项目邀请招标监督管理暂行办法》。会议要求，县公管局要建立合理机制对不同的招标项目进行分类监管，同时要加强自身业务的学习，学习借鉴其他市县好的招标方式，确保各单位能够按要求依法开展好招标采购工作。会议原则通过《关于政府规范性文件清理工作的情况汇报》。会议要求，县法治办要进一步对政府规范性文件的再进行一次梳理排查，确保准确；要对各部门正在实施的一些规范性文件进行分批次审查，确保符合上级法律法规有关规定和规范性文件清理工作有关要求；县法治办要加强自身的业务学习，发挥好作为政府法律服务参谋顾问的作用，同时要加强对部门的业务指导。

第十四次常务会议。7月1日下午，县委副书记、县长王珏在县政府三楼会议室主持召开县政府常务会议，讨论研究农业“三项补贴”改革、国有林场改革方案等事项。县政府副县长、县政府办公室主任出席会议。县人大、县政协、县人武部负责人应邀出席会议；县政府办公室副主任、县监察局局长、县法治办主任、议题相关单位负责人等列席会议。会议听取并原则通过《关于全椒县农业“三项补贴”改革实施方案的汇报》《关于全椒县国有林场改革实施方案的汇报》。关于全椒县农业“三项补贴”改革实施方案，会议指出，推进农业“三项补贴”改革，是按照中央“稳增长、促改革、调结构、惠民生”总体部署做出的重大政策调整，是主动适应经济发展新常态、顺应农业发展新形势的重要举措，各乡镇、各有关部门要高度重视农业“三项补贴”改革工作，相关部门要按照思想重视到位、政策研究到位、宣传到位、辅导到位、督察到位的总体要求，确保改革工作平稳顺利推进。关于全椒县国有林场改革实施方案，会议指出，国有林场改革是当前林业工作的中之重，各部门要充分认识推进国有林场改革的重要意义，一要深入学习中央、省市相关文件精神，准确把握相关政策规定；二要结合全椒的实际发展状况，借鉴外地好的做法提出科学的改革方案；三要保持与省市林业主管部门紧密对接，做到同步推进；四要切实加强相关部门之间的协调配合，坚持公平公正，阳光操作，做到“一把尺子量到底”；五要明确改革与维稳的责任主体，做到又好又稳的完成林场改革工作。

第十五次常务会议。8月4日晚，县委副书记、县长王珏主持召开县政府常务会议，县政府各位副县长及县政府办公室主任出席会议，县人大、县政协、县人武部相关负责同志参加会议，县政府办公室副主任，县监察局、法治办以及议题相关单位负责人列席会议。会议原则通过县国土房产局关于《全椒县城市规划区国有土地棚户区改造货币化安置暂行办法》《全椒县城市规划区国有土地棚户区改造房屋征收补偿方案》的汇报。会上，与会人员就征收范围房屋产权确认、补偿安置方式与标准、特殊人群的住房保障等进行专题讨论。针对城市棚户区改造工作，王珏要求：立即组织成立征迁工作组，全面启动棚户区改造工作。房屋征收工作必须要依法依规，首先要对所有参与的工作人员事先开展专业培训，对征迁政策和货币化安置办法要广泛宣传；在征迁过程中要坚持实事求是，公开透明、阳光操作，做到有规可依、有法必行，县监察局、效能办部门要加强监督；各相关单位要合力支持，全力做好城市棚户区房屋的改造工作，切实改善困难群众的住房条件；同时要尽快出台全椒县城市规划区集体土地棚户区改造相关政策和配套措施。

第十六次常务会议。8月9日晚，县长王珏在县政府三楼会议室主持召开县政府常务会议，常务副县长杨光，副县长陈飚、曹宏华、金义平、沈文琪、胡刚、宣宁宁、阚绪瑞及县政府办公室主任关敬文出席会议，县人大副主任王晓平，县政协副主席赵从祥及县人武部部长王庆应邀出席会议，县政府办公室各位副主任，县法治办主任，县监察局有关负责人以及议题涉及相关单位负责人列席会议。会议讨论并原则通过县民政局关于《全椒县临时救助实施办法》的汇报。办法中对救助对象的范围、申请审核和审批程序、临时救助标准、临时求助方式、临时救助资金的筹集和管理等进行明确的规定。此办法的出台将进一步完善全椒县社会救助体系，切实保障因遭遇突发事件、意外伤害、重大疾病或其他特殊原因导致基本生活陷入困境的困难群众的基本生活。会议要求相关部门和乡镇要做好对接，加强业务培训和宣传工作。会议讨论并原则通过县经信委关于《全椒县降低工业企业运行成本促进供给侧结构性改革实施意见》的汇报。为深入贯彻国家、省市关于供给侧结构性改革的重大部署和有关文件精神，全椒县从降低资源要素成本、降低企业税负成本、降低企业融资成本、降低企业市场开拓成本、降低企业改造提升成本5个方面制定18项具体措施，切实降低全椒县规上工业企业运行成本，激发企业活力，促进全椒县经济社会健康发展。会议还原则通过县城基公司关于《全椒县产业投资基金暂行管理办法》《“农业融资风险基金”设立方案》《全椒县银行业金融机构支持地方经济发展考核激励办法》等议题。会议要求相关部门要对照省市相关文件和外地经验，结合全椒实际，进一步细化相关措施，积极稳妥推进相关改革，充分发挥财政、金融资金和社会资本的引导、支持作用，不断推进全椒县相关产业经济发展。

第十七次常务会议。9月2日，县委副书记、县长王珏在县政府三楼会议室主持召开县政府常务会议。县委常委、常务副县长杨光，县委常委、副县长陈飚、金义平，副县长沈文琪、胡刚、宣宁宁、阚绪瑞，县政府办主任关敬文出席会议，县人大常委会副主任王晓平、县政协副主席赵从祥等应邀出席会议，县政府办公室各位副主任，县法治办主任，县监察局有关负责人以及议题涉及相关单位负责人列席会议。会议讨论并原则通过县发改委《关于调整城市客运出租车运价的情况汇报》。据了解，全椒县出租车运价将取消2016年执行的每车次加收1元的临时燃料附加费，起步基价每2千米3元调整为5元，车千米租价1.5元/千米，夜间起步基价加价1元，即每2千米5元调整为6元，夜间时间为晚上10点至次日凌晨5点。会议指出，此次城市客运出租车运价的调整涉及民生，社会关注度比较高，要依法调价，严格按照程序执行，做到阳光公开，做好服务，并加强监督。会议原则通过县审计局《全椒县政府投资建设项目审计监督暂行办法》。会议要求，加强宣传和审计业务方面培训指导，按照暂行办法坚决严格执行到位，同时做好项目的可研、设计、造价、招标、施工等全过程的调度与监督。会议原则通过县市场监督管理局《关于实施保护性商标注册相关建议的情况汇报》。会议强调，实施商标注册的保护性工作尤为重要，要引起高度重视，结合全椒县历史文化底蕴和旅游业，做进一步调研、挖掘，要征求人大、政协、和社会等方面意见，重点参阅《全椒县志》，保护好全椒县无形资产的品牌资源。会议还讨论通过《关于征集2016年度规范性文件制定计划的情况汇报》等议题。

第十八次常务会议。9月19日晚，县委副书记、县长王珏主持召开县政府常务会，县委常委、常务副县长杨光，县委常委、副县长陈飚，副县长沈文琪、胡刚，县政府办公室主任关敬文出席会议，县委常委、古河镇党委书记金义平，县人大副主任童志全、县政协副主席赵丛祥、县人武部长王庆应邀出席会议。会议讨论并通过县教体局《关于全椒县2016—2018年教育布局调整规划的情况汇报》。规划的出台将进一步优化教育资源，提高教育教学质量，促进全椒县教育事业持续、健康、协调发展。会议要求各相关部门要切实做好规划的实施，同时县教体局要会同县规建局等部门启动全椒县县域教育专项规划修编工作。会议讨论并通过县政务服务中心《关于规范行政审批行为改进行政审批工作的情况汇报》。会议指出，深化行政审批制度改革，规范审批行为、优化服务过程是进一步提升政府公信力、执行力、服务能力，建设创新政府、廉洁政府和法治政府的需要，县政府各相关部门要通过此项工作进一步提高工作效率和服务水平；要充分学习借鉴外地的先进经验，加大改革创新力度；要进一步加强对中介机构的管理。会议讨论并原则通过县交通局《关于城乡公交一体化工作暨三个工业园区公交运行改进方案》。推进城乡公交一体化是全椒县十大为民办实事项目之一，在充分借鉴外地经验和成本核算的基础上，县政府确定2016年将率先在古河片区启动城乡公交一体化工作。同时通过增加运力投放，优化公交线路等措施，着力解决县经济开发区、十谭现代产业园、杨桥工业集中区企业员工上下班不便的问题。会议要求县交通部门和公交运营单位要立即启动相关工作，先运行、再总结，对三个园区公交运行线路要深入企业进一步调研，了解企业员工的需求，保证乘车高峰期运送能力。会上，与会人员集中学习代省长李国英在全省灾后重建工作座谈会上讲话。会议要求相关部门要切实做好灾后重建各项工作，要及时主动帮助受灾群众做好农业保险的受灾理赔工作，切实保障群众利益。会议还讨论并通过县财政局关于《全椒县企业城镇土地使用税财政奖励政策（暂行）》的汇报。

第十九次常务会议。10月11日，县委副书记、县长王珏在县政府三楼会议室主持召开县政府常务会议。县委常委、常务副县长杨光，县委常委、副县长陈飚，副县长沈文琪、宣宁宁，县政府办主任关敬文出席会议，县委常委、政法委书记曹宏华，县人大常委会副主任王晓平，县政协副主席赵丛祥等应邀出席会议，县政府办公室各位副主任，县监察局局长，县法治办主任，议题相关单位负责人列席会议。会议讨论并同意县科技局《关于加快高新技术企业发展的情况汇报》。会议指出，加快高新技术企业发展是适应中央、上级加快供给侧改革，进一步推进调转促的要求，是促进全椒县经济社会发展的重要举措。全椒县将出台《全椒县关于加快高新技术企业发展的暂行办法》，征求意见时间是从2016年10月1日—2018年12月31日，会议要求相关部门对文件相关的条款、文字表述及有关政策进一步梳理、对照、优化，形成正式文件出台。会议讨论并原则同意县人社局《关于全县事业单位专业技术人员岗位等级晋升的情况汇报》。会议强调，该项工作涉及面比较广，社会关注度比较高，要严格按照规定程序执行，做到阳光、公开，按程序公示，坚持岗编合一，稳步推进此项工作，县人社局、编办、财政局、审计局加强指导，县监察局加强监督，特别是在开展工作中收到举报，要第一时间严格按照规定给予调查处分。会议讨论并原则同意县财政局《关于对滥发津贴补贴专项整治中存在违规发放津贴补贴进行整改的情况汇报》。会议要求，严格按照省市相关规定执行，县财政局、监察局加强该项工作的指导和监督，确保严格执行到位。会议还听取讨论县城基公司《关于滁来全快速通道全椒段（S326）项目PPP实施方案》的汇报，同意县监察局《关于给予桓祖斌行政撤职处分的情况汇报》。

第二十次常务会议。11月5日上午，县委副书记、县长王珏在县政府三楼会议室主持召开县政府常务会议。县委常委、常务副县长杨光，县委常委、副县长陈飚，副县长胡刚，县政府办主任关敬文出席会议，县委常委、政法委书记曹宏华，县委常委金义平，县人大常委会副主任王晓平，县政协副主席赵丛祥等应邀出席会议，县政府办公室各位副主任，县监察局局长，县法治办主任，议题相关单位负责人列席会议。会议讨论并通过县林业局《关于全椒县2017年林业增绿增效行动实施意见》。会议要求：一定要科学地规划2017年林业增绿增效工作，以规划为指导，起点要高；县林业局要加快推进，要结合扶贫、三线三边整治、防汛等立即开始谋划，要做到精细、精致，同时要兼顾好经济效应和社会效应。会议讨论并通过县美丽办《关于2016年美丽乡村市级中心村建设资金的情况汇报》。会议强调：美丽办是牵头第一责任主体，各镇是实施第一责任主体，一定要加强沟通，协调推进工作；以整治脏乱差，完善基础设施为主，坚决杜绝高大上，要保证美丽乡村的道路、水电、垃圾处理等基本功能。会议还讨论并通过县教体局《关于加快发展体育产业促进体育消费的实施意见》和县开发区管委会《关于开发区集中供热项目资金使用情况的汇报》。随后，与会人员还集中学习中国共产党安徽省第十次代表大会精神和省委书记李锦斌在党代会上的报告。

第二十一次常务会议。12月30日，县委副书记、县长王珏主持召开县政府常务会议。县委常委、常务副县长杨光，县委常委、副县长陈飏，副县长沈文琪出席会议，县委常委、政法委书记、副县长曹宏华，县委常委金义平，县人大党组副书记、副主任季奎，县政协副主席姚本山应邀出席会议，县政府办公室各位副主任，县监察局局长，县法治办主任，议题相关单位负责人列席会议。会议讨论并通过县法治办《关于贯彻落实法治政府建设实施纲要（2015—2020年）实施方案的情况汇报》，要求要进一步强化学法、普法的工作力度，全面提升政府依法行政的能力；进一步加强依法行政工作的规范性和创新能力，完善依法行政的制度实施；进一步加强执法监督和检查，强化对行政权力的制约；进一步加强对依法行政工作的考核体系评价，全面推进各项工作的开展；要细化任务目标，明确时间节点、责任单位及考核标准。会议听取和讨论县发改委《关于建立全椒县城居民生活用水阶梯价格制度等有关事项的情况汇报》，根据国家发改委、住房城乡建设部相关指导意见中有关城镇居民用水阶梯价格制度的要求，县发改委前期开展各项准备工作，提出拟定全椒县城建立居民生活用水阶梯价格制度和调整水资源废污水处理标准和非居民用水价格标准方案。按照居民用水阶梯价格方案，调价后，90%以上的用户支出大体持平，并将同步提高对困难群众的用水优惠。会议在听取有关汇报后，原则通过居民生活用水阶梯价格方案。会议指出，加快建立完善城镇居民用水阶梯价格制度，对于推进水价改革，引导居民节约用水，促进水资源可持续利用具有十分重要的意义。全县上下要高度重视，将其作为一项重要民生工程，进一步完善制度，统筹规划，同时加大对阶梯水价改革有关政策的宣传力度，让市民充分了解阶梯水价制度和相关政策。会议还讨论并通过县财政局《关于兑现2015年度镇及县经济开发区财政超收分成的情况汇报》，县监察局《关于给予股守斌行政撤职处分的情况汇报》，县政府办公室《关于县政府工作报告起草情况的汇报》。

【县长办公会议】 1月26日上午，县委副书记、县长王珏在县政府三楼会议室主持召开县长办公会议，讨论研究县域医疗服务共同体试点工作实施方案等事项。县政府各位副县长、县政府办公室主要负责人出席会议。县政府办公室副主任、县监察局局长、县法治办主任、议题相关单位负责人列席会议。会议听取讨论县交通局《关于G40沪陕高速周庄至陇西立交段改扩建工程全椒西互通出口接线增加费用的汇报》，县卫计卫关于《全椒县县域医疗服务共同体试点工作实施方案》的汇报。会议原则同意县域医疗服务共同体试点工作实施方案。会议指出，实施县域医疗服务共同体试点工作，进一步深化医药卫生体制改革，更好地发挥县级医院专业技术优势及带头作用。会议要求要进一步细化完善方案，确保试点工作顺利进行，取得实效。会前还召开县长周工作例会，县效能办通报全县招商引资工作开展情况。王珏要求县政府分管领导要抓到位，要出彩，要抓部门作风建设；县效能办要把十项重点工程、招商引资工作调度、十大民生工程三项工作抓在手上；对历史遗留问题要积极、稳妥、有效的解决，减存量，控增量；招商百日攻坚行动要实行压力传递，真正地动起来，为一季度开门红打基础。

3月7日上午，县委副书记、县长王珏在县政府三楼会议室主持召开县长办公会议，讨论研究加强畜禽规模养殖污染防治联合监管、城市总体规划编制情况以及第二自来水厂扩建工程建设方案等12个重点事项。县政府各位副县长,县政府办公室主要负责人出席会议;县政府办公室副主任,县监察局局长,县政府法治办主任以及议题相关单位负责人等列席会议。会上听取和讨论县环保局《关于进一步加强畜禽规模养殖污染防治联合监管的通知》汇报、县规建局《关于全椒县城市总体规划(2014—2030年)编制情况汇报》《全椒县第二自来水厂扩建工程建设方案的情况汇报》、县安监局关于《全椒县人民政府安委会成员单位安全生产工作职责规定》的汇报、县城基公司《关于融资平台整合及近期融资工作相关情况汇报》、县发改委关于《全椒县大中型水库移民避险解困试点工作实施细则》的汇报、卫计委关于《全椒县医疗机构建立责任保险制度实施方案》的汇报、县水利局《关于全椒闸拆除重建工程情况汇报》。会议原则同意《关于进一步加强畜禽规模养殖污染防治联合监管的通知》。会议指出,此将进一步加强畜禽规模养殖业污染源头的有效监管,建立全县畜禽规模养殖场建设管理及污染防治联合监管的长效机制,有效保护和改善生态环境。会议要求各相关单位要明确责任,抓好落实。会议原则同意《全椒县城市总体规划(2014—2030)编制》。会议要求要完善编制,要更加科学和精准化。会议原则通过《第二自来水厂扩建工程建设方案》。会议指出,第二自来水厂扩建工程系2016年重点工程,牵头单位要加快推进,加强调度,齐心协力如期按质完成建设。会议原则同意《全椒县大中型水库移民避险解困试点工作实施细则》。会议指出,此细则出台,将确保特困移民"搬得出、稳得住、能致富",实现特困移民与全县人民一起奔小康目标。会议要求要进一步完善细则,实施过程中要确保公平、公正、阳光、透明。

4月11日上午,县委副书记、县长王珏在县政府三楼会议室主持召开县长办公会议,听取讨论公共自行车服务采购项目招标、大墅龙山生态旅游养老养生项目推进工作、"四季"旅游宣传片摄制工作招标等事项。县政府各位副县长出席会议;县政府办公室副主任,县监察局负责人,县政府法治办主任及议题相关单位负责人列席会议。会议原则通过县规建局《关于全椒县公共自行车服务采购项目招标文件主要条款的情况汇报》,据了解,全县将新建85个公共自行车站点,1850个锁车器,提供1700辆公共自行车,分两期建设,一起新建50个站点,二期新建35个站点。会议指出,公共自行车服务项目是2016年民生工程,牵头单位要加快招标,齐心协力如期按质完成建设。会议原则通过大墅镇关于《大墅龙山生态旅游养老养生项目推进工作有关问题情况》,并就项目区内村民组整体搬迁、34处水利工程改造、基础配套设施建设、坟墓及附属物拆迁、景观道路新建和大墅镇龙山大道改造等事项进行商议。会议讨论通过县开发区管委会《关于支持安徽旭能光伏电力有限公司融资贷款情况汇报》,会议要求,要适应经济发展新常态,大力扶持企业,同时相关部门要做好对接。会议还讨论通过县交通局《关于对2015年下半年城市公交(路线亏损补贴)进行审计的情况汇报》、县旅游局《关于全椒"四季"旅游宣传片摄制工作招标事项的情况汇报》、县发改委《关于请求给予滁州君联环境产业投资有限责任公司出具政府承诺函的情况汇报》《关于请求给予安徽中合恒丰农产品市场建设管理有限责任公司出具政府承诺函的情况汇报》等议题。

5月3日上午,县委副书记、县长王珏在县政府三楼会议室主持召开县长办公会议,听取讨论城市网络化管理实施方案、屏二路、屏四路项目建设、二水厂等融资项目、企业担保公司增加资本金等事项。县政府各位副县长出席会议;县政府办公室副主任、县监察局负责人、县政府法治办主任及议题相关单位负责人列席会议。会议原则通过县城管执法局关于《全椒县城市网络化管理实施方案》,为进一步加强城市管理工作,全面提升城市精细化管理水平,全椒县将根据襄河镇社区(村)区划划分网格,每个网格做到界限明确、全面覆盖。同时城管执法、公安、市场监管、规划建设等部门和单位,下移延伸执法服务力量到社区(村)网格,对网格内市容环境卫生、规划、园林绿化、市政、市场、环境保护、交通、住宅小区等实行精细化管理。会议要求相关部门尽快实施,先行试点运行,对实施过程中对存在的不足加以改进,逐步完善;对城市网络化管理要加大宣传;要加强考核,在考核的过程中要专门出台制定相关配套考核指标。会议还讨论通过县规建局《关于屏二路、屏四路项目建设的情况汇报》、县城基公司《关于二水厂等融资项目情况汇报》、县监察局《关于给予邵华开除公职处分的情况汇报》《关于取消董玉才退休待遇的情况汇报》等议题。

8月1日上午，县委副书记、县长王珏在县政府三楼会议室主持召开县长办公会议，县政府各位副县长，县政府办公室主任出席会议；县政府办公室副主任，县监察局负责人，县政府法治办主任及议题相关单位负责人列席会议。会议原则通过县消防大队《关于部分乡镇专职消防队建设工作情况汇报》，会议要求相关部门要尽快组织实施，消防车和装备器材要严格按照政府采购程序办理相关手续，要充分利用现有林业消防做到资源共享。会议原则同意县规建局《关于慈济中学运动场一期改造工程情况汇报》，会议要求相关部门要充分借鉴外地先进经验，改造工程要尽快组织招投标，建设过程中要确保工程质量，为慈济中学的师生创造一个安全、舒适的教学环境。会议还讨论通过县人社局《关于调整编制外聘用人员工资标准的情况汇报》、县交通局《2016年省道331线危桥改造工程情况汇报》、县开发区管委会《关于对开发区青年城二期公租房项目完成工程量采用据实审计的情况汇报》、县海螺办《关于撤销“全椒县海螺项目办公室”和注销“全椒县海螺建设投资有限公司”相关情况汇报》等议题。

（县政府办公室）

政府法治和外事侨务

【政府法治】 认真贯彻落实中共中央、国务院《法治政府建设实施纲要(2015—2020年)》。制定依法行政工作要点，明确全年工作目标任务。开展依法行政先进单位第二批创建工作，评定县财政局、县审计局、县安监局、县市场监督管理局、县烟草专卖局、古河镇、石沛镇7家单位为第二批县级先进单位；组织创建市级先进单位，县市管局、县公安局、县烟草局和古河镇被授予“滁州市第二批依法行政先进单位”称号。创新行政执法监督方式，将依法行政工作纳入县政府重点督办内容。县政府常务会议学法形成常态化，先后学习《中华人民共和国行政许可法》《行政处罚法》等法律法规。落实合法性审查全覆盖工作，推进依法科学决策；开展重大决策实施后评估工作。制定《2016年度县政府规范性文件制定计划》，开展规范性文件清理、备案工作；2016年报市政府和县人大常委会备案各9件。推进法律顾问制度。开展行政执法主体和行政执法人员清理；开展行政裁量标准执行情况检查；开展行政执法案卷评查，由县法治办牵头组成行政执法案卷评查小组，共抽查县公安局、县市场监管局、县城管执法局、县农委等12家单位行政处罚案卷35件。落实行政执法公示工作。认真落实行政机关负责人出庭应诉规定；组织开展行政诉讼案件庭审旁听活动。发挥行政复议化解社会矛盾的积极作用，全年共受理各类行政复议案件12件。2016年10月27日，县委召开第六次常委会议，专门听取县依法行政领导小组办公室关于依法行政工作推进情况汇报。

【外事侨务】 加强因公出国(境)管理，严格审核报批手续，全年共办理因公出国(境)1批次1人。2016年4月27日，印尼驻华使馆商务参赞丹帝先生到全椒洽谈文化交流、商务合作事宜。2016年7月7日，由中国人民对外友好协会主办，滁州市人民政府和安徽省人民对外友好协会承办的“2016美大地区友好论坛”代表团一行50多人来全椒县考察美丽乡村建设、文化事业发展等工作，实地参观河东新村、华林新村、太平文化广场等地，本次组织工作受市政府表彰。2016年8月24日，由国家卫计委国际交流与合作中心主办的2016年发展中国家农村医疗卫生保障官员研修班到滁州一行34人到全椒县考察医药卫生事业发展，实地参观全椒县人民医院。2016年5月6日，根据全椒县机构编制委员会会议纪要(全编字〔2016〕10号)，县侨办正式加挂“全椒县归侨侨眷联合会”标牌，标志全椒县归侨侨眷联合会正式成立。

（县政府办公室）

招商引资

【概况】 全椒县招商局成立于2004年3月，属县人民政府直属正科级事业单位，内设办公室、招商科、计划科、信息科、帮办服务科5个科室,核定编制10名。其中设局长1名(正科级),副局长2名。局属事业单位1个,即全椒县招商引资企业帮办服务中心,核定事业编制4名。全椒县招商局的主要职责是贯彻执行县委、县政府招商引资工作的方针、政策,执行县招商引资工作指挥部决策、决定,拟订全县招商引资工作规划、计划和实施方案,负责招商引资政策的调研、拟订和解释。综合协调全县招商引资工作,拟订全县年度招商工作目标和任务分解方案,负责全县招商引资业务的指导和宣传,会同相关部门策划、组织、实施招商宣传推介活动,负责驻外招商人员的业务指导和工作管理。组织、参与重大招商项目的考察、接待、洽谈和签约,对全县重大招商项目进行动态管理,适时调度。组织相关职能部门,编制招商项目,建立招商项目库,并组织发布、推介和实施。组织相关部门对全县各目标任务单位招商引资工作进展进行阶段调度和年终考核,并提出考核奖惩意见。组织相关部门对申报财政奖励的已投产招商引资工业企业考核认定,并提出工作意见。负责对全县招商引资工作进行统计分析,统计分析资料按时报送省、市主管部门和县领导。建立健全招商引资项目档案。对全县各目标任务单位招商引资帮办服务工作进行管理、调度和考核,帮办服务中心负责对开发区和镇工业集中区外企业帮办服务。承办县委、县政府交办的其他事项。

【投资总量】 2016年,面对复杂多变的外部宏观环境和艰巨繁重的改革发展任务,在县委、县政府的坚强领导下,主动适应新常态,凝心聚力、攻坚克难,创新招商思路,改进招商方式,规范招商程序,优化投资环境,突出招商重点,强力推进招商引资工作,取得显著成绩,实现"十三五"良好开局。全年亿元以上项目实际到位资金98.2亿元,完成市下达96亿元目标任务的102%;新引进亿元以上项目46个,完成市下达43个招大引强任务的107%。

【项目质量】 全县坚持把招商引资作为经济工作的首要任务,严格实行"三优先""四注重""五不招",不断提高招商项目质量,2016年新引进的46个亿元项目中,合同投资额1亿~5亿元39个,5亿~10亿元5个(泰石岩棉、和谐动力、中禾投资、海印包装、科华),10亿~15亿元1个(华润光伏12亿)、15亿~20亿元1个(源森旅游16亿)。属于世界500强2个(伟嘉装备、华润光伏)、国内500强1个(通威股份)、上市公司7个(温氏畜牧鸡饲料、海印环保科技、通威股份20MWP渔光发电、华润电力光伏、博格韦尔电气有、纳晶新材料、科润佳华新材料)、高新技术企业8个(海印环保科技、中广核猫头山风电场、华润电力光伏、博格韦尔电气、科华微电子材料、泰石岩棉、纳晶新材料、科润佳华新材料)、外资6个(京和科技、瑞进电子科技、华润电力光伏、科华微电子、纳晶新材料、博泰电子材料)、文化产业项目6个(中禾投资、海印环保科技、光太胶粘制品、冠轩生活用品、源森旅游开发、天鸿新型包装材料)、战略性新兴产业项目23个。

其中泰石岩棉项目体量大、帮办得力,建设快,被滁州市评为"快速落地建设重大项目";科华光刻胶项目科技含量高,市场前景广阔,金鹏节能科技项目标准化设计、专业化施工,得到市委、市政府重点工作综合督察组的充分肯定。

【高位推进】 在2016年招商工作增速趋缓的大背景下,全县上下保持招商定力,增强招商韧劲。县委、县政府主要领导高度重视,牵头县领导主动出击,坚持联系分线单位外出牵头"领跑",对投资意向明确的重点项目牵头"领谈",对项目入驻中需要协调的问题牵头"领办"。县委书记王成山对有实力、有意向的重点项目进行"点对点"对接,上门拜访、接待江苏鸿典集团董事长、北京科华微电子材料有限公司等重要客商;县长王珏外出对接推进山东泰石岩棉、MO源新材料、温州汽车产业园、OLED发光材料、上海同华集团等重要客商;县四大班子每位领导都有项目在手,亲自跟踪对接。

【招商活动】 先后在全县组织开展招商引资"百日会战""帮办工作冲刺月""双百行动"等活动,不断掀起工作高潮,确保实现全年目标任务。

【要素保障】 坚持把要素保障作为经济发展的重要支撑,千方百计破解要素制约。强化资金保障、用地保障、用工保障，强化为企服务。利用“正月十六走太平”等重大节假日举办专场招聘会，帮助企业招工；加强以县城基公司为主的融资平台建设；有序推进重点地块开发与建设。

【存在问题】 招商氛围不够浓。受国内外整体经济形势影响，企业扩张投资意愿不强，招商引资难度增大，各目标任务单位和产业办招商工作进度不一，少数单位对招商工作认识不到位，信心不足，存在畏难情绪。省网入库项目数和到位资金两项指标负增长。新开工项目少、体量小，制约到位资金指标的完成，省外亿元以上项目到位资金缺口大。项目质量缺乏投资总量大、产业关联度高、牵动性强的重大工业项目。虽然部分产业版块初见雏形，但产业集群度不够，产业链短，产业配套能力还较弱，加上大项目招商优惠政策扶持资金不足，给予的支持力度有限，影响和制约大项目的引进。项目落地难的问题仍存在。因资金缺乏导致园区征地拆迁、土地征收、“五通一平”推进难，配套设施跟不上，承载能力弱。具备开工条件的土地较少，开工前各项手续繁杂，帮办水平低，项目转化推动难。

（县招商局）

政务服务中心

【概况】 2016 年县政务服务中心紧紧围绕全县经济发展大局，以群众需求和群众满意为第一标准，进一步创新运行机制和工作机制，简化审批流程、优化审批服务，切实打造群众满意服务平台，中心各项工作均取得较好成效，促进行政效能和优质服务水平的进一步提升，全县发展环境进一步优化。2016 年，中心累计办理各类审批服务事项 60.9 万件，集中收缴税费 20.1 亿元。通过县政府信息公开网发布信息 29716 条，政务公开、政务服务工作获全市“双先进”，受到市政府通报表彰。

【清单动态管理】 建立行政审批事项目录清单动态管理制度。大力推行政府权力、责任和涉企收费“三个清单”制度，继续做好国务院、省政府、市政府取消、下放行政审批项目的落实承接工作。通过取消、合并、调整等方式对全椒县管理权限行政审批事项进行再精简再优化，保证行政审批事项目录的准确性、时效性，进一步提高审批效率。全县原有行政权力 1958 项，2016 年全县动态调整 100 项，其中取消 39 项，新增 61 项，调整后，41 个单位共有行政权力 1972 项。

【开展“两集中、两到位”工作】 持续推进“两集中、两到位”工作。权力清单中所列审批事项按照“应进俱进”的原则，全部集中到政务中心办理，并授权到位，坚决做到“一窗受理”和“一站式办结”。2016 年，进驻服务中心审批项目 149 项，实现审批项目入驻率 100%，完成大厅之外无审批的目标。便民服务体系化。全县将与群众生产生活密切相关的社保、医保、人保、寿保、新农合、住房公积金、水电气等公共服务项目纳入中心，深受群众欢迎。进驻中心办理公共服务项目达 231 项。县政务服务中心知名度和社会影响力不断提高。2016 年接待国家卫计委、省政务中心和市直相关部门、宁国、霍邱、当涂、明光、天长中心等地到全椒县政务服务中心考察人员 10 多批次。

【推进对标赶超】 为打造全市先进、全省前列的县政务服务中心，中心自 2015 年以来在窗口持续开展对标赶超行动，瞄准全省、全市先进，自我对标，提出赶超目标。2016 年，继续加大争创力度，努力打造全省、全市先进窗口。4 月30 日，全市教育系统政务服务工作现场交流会在中心召开，市中心副主任王莉、省教育厅审批办主任韩光到会讲话。与会人员现场观摩教体局窗口，省教育厅将全椒做法作为先进经验在全省推广。5 月 12 日，县政务服务中心组织县发改委、国土房产局、环保局、规建局、安监局等 9 个窗口基建审批负责人赴市中心进行对标学习。对市中心相应业务的审批办件程序和受理、办理方法，就项目立项备案、供地、规划报建、竣工验收等阶段的受理材料和办理流程进行学习交流。回来以后，各窗口对照市中心的办事流程，提出压缩审批时限的目标。中心根据各窗口的量化目标，汇制基建联合审批流程表。县发改委办事时限比法定时限压缩一半；县规建局建设工程规划许可证办理压缩至 7 天，县国土房产局平均办事时限压缩三分之一，有力促进政务服务工作上台阶。9月6日，全省政务服务政务公开分片现场会在全椒县召开，省政务服务中心主任郑训练到会，并组织各市参会领导到中心学习考察，郑主任向参会领导推介全椒中心，指出全椒县中心是全省县级中心排头兵。

【试点"互联网+政务服务"】 打通服务群众"最后一公里"问题，让居民和企业少跑腿、好办事，推动实体大厅与网上办事大厅"两厅融合"。2016年全椒县襄河镇城南社区和长安村被列为全市网上办事平台建设首批试点单位。3月14日，市委副秘书长、网信办主任李如培到全椒中心，对城南社区落实全市网上审批首批试点工作情况进行调研。中心和市网信办对接，多次邀请市网信办市领导和技术人员对试点单位进行技术指导、业务培训，6月底系统已试运行。根据市中心安排，全椒县网上办事大厅建设10月开始启动，市网信办、科大讯飞安排技术人员对全椒县窗口单位业务人员、窗口工作人员、企业管理人员进行3期专题培训，"先照后证"系统基本建成，企业注册登记已全面实施网上审批。县政务服务中心一站通系统11月已上线运行，完成18个单位264个审批项目的网上咨询和在线办理。襄河镇城南社区和长安村老年证办理、生殖保健服务证申领、独生子女光荣证申请、最低生活保障办理、高龄津贴办理等70余项目实现网上办理。现中心正在招标采购150台高拍仪。

【政务公开】 持续开展政务公开整改。组织人员对10个镇和38家县直单位政府信息公开网存在的问题进行全面梳理，将存在的问题逐一反馈，落实整改措施。重点领域新闻发布会常态化。每个季度安排6个单位召开新闻发布会，2016年围绕群众关心的水利、土地确权、拆迁安置、财政预决算、美丽乡村建设、公务员和事业单位招考等热点问题，共召开新闻发布会24场次。规范依申请公开办理。全年群众通过政府信息公开网提交的依申请公开事项6件，涉及环保、交通、劳动保障、拆迁安置等方面，已及时回复6件。

（县政务服务中心）

机构编制

【概况】 2016年，县编办紧紧围绕经济社会发展大局，稳妥推进地方政府职能转变和机构改革，深化政府权力清单制度改革，加快推进行政审批权下放，严格控制机构编制，工作重心着力向县委、县政府中心工作倾斜，为全县经济社会发展提供坚实的体制机制保障。

【机构编制管理】 严格按照机构编制管理规定和有关文件要求，对于编制管理坚持严把进口关，控制总人数，实行"总量平衡、动态管理"，制定全县行政事业单位人员招录计划，其中招录公务员选拔63名，事业单位招聘195名，在编制限额内完成招录目标，基本实现财政供给人员不突破2012年年底数目标。对于机构管理坚持"撤一建一"原则，严格按照上级核定全椒县的机构数制定方案和开展工作，保持机构数"只减不增"，实现科学化、规范化制度化运行。自2012年以来，先后制定一系列机构编制管理规定，严格按照规定设置行政机构和事业单位，严格按照上级编制标准核定编制，严格按照报批程序进行层次编制的调整。杜绝超编进人，没有混编现象，更无擅自调整不同层级编制、挪用、挤占专项编制的情况。没有违规调整领导职数，严格按照核定的职数标准配备领导干部。全县行政编制数1688名，实有人数1506名，实有人数和2012年相比下降1.5%，事业编制数6898名，实有人数6517名，实有人数和2012年相比下降5%。经过两年努力，实现财政供给人员只减不增，减轻财政负担。

【事业单位分类改革】 按照"行政类无差别化、公益一类差别最小化、公益二类差别合理化"的标准和要求，严格控制划分行政类单位的标准和范围，确保行政类事业单位编制比例控制在事业编制总额的0.7%以内，公益一类编制的比例控制在70%以内，二类在30%以内。全县337个事业单位均进行分类，其中行政类事业单位4个，公益一类事业单位272个，公益二类事业单位47个，生产经营类单位9个，不列入分类范围单位5个。2016年，已按省市同意的分类方案批复到各单位。

【推行政府权力清单和责任清单】 2016年,县编办确保政府权力清单和责任清单工作平稳运行,通过"三上三下"、集中攻坚、先易后难等原则,对全县44家"两单"部门共编制1万多条责任事项、1.4万余条追责情形,县级行政权力仅保留1958项,精减49.34%,行政审批仅保留169项,精减23.87%,镇级行政权力仅保留163项,"两单"数据库录入工作已输入完毕,挂网运行;积极承接上级部门的审批权下放工作,承接省市下放行政审批权21项,和省市对应取消35项行政审批权,及时纳入清单目录;下发《全椒县人民政府办公室关于开展政府权力清单和责任清单动态调整工作的通知》,涉及新增权力61项,取消39项,县法治办正在进行合法性审查,经县政府常务会议通过后即下发和实施,年底前完成清单动态调整和落地生效督察工作。"两单"培训和督察工作也已全面完成,真正做到"一切权力进清单、法无授权不可为"。

【行政审批制度改革】 坚决取消和承接上级下放行政审批事项。坚决实行"四个一律""两个全程"制度,即凡国务院、省市政府取消的项目,全椒县有对应项目一律取消;下放到县级的项目,一律做好承接落实工作;加强全程监管、全程服务。对国家、省政府公布取消的行政审批项目,全椒县对应取消105项已全部取消;对省政府下放承接的行政审批项目,全椒县对应承接21项已全部承接到位。本次公布的镇级行政权力事项共163项,其中行政审批3项、行政处罚4项、行政给付2项、行政强制6项、行政确认10项、行政裁决1项、行政规划2项、其他权力135项。

【权力监管】 全面加强权力运行事中事后监管。先后出台《全椒县人民政府办公室关于制定政府权力运行监管细则的通知》(全政办〔2016〕64号)和《关于印发推广随机抽查规范事中事后监管工作方案的通知》(全政办〔2016〕65号)等文件,坚持按制度、守规矩、循法治加强权力运行监管。44个单位监管细则和监管措施正按时序进度陆续上报、稳步推进。"双随机、一公开"机制建立,"一单、两库"也全面建成。

【服务中心工作】 围绕县委、县政府中心工作加强机构编制管理。加强人事编制纪律管理。出台《关于进一步加强机构编制管理严肃人事工作纪律意见的通知》(全办发〔2016〕33号),将人事编制管理工作作为县委、县政府"两学一做"学习教育重点整改任务,纳入各镇各单位党风廉政建设考核重要内容,明确人事编制主管部门责任、各用人单位直接责任、各单位一把手责任。从5月开始,在全县党政机关和事业单位全面开展核查工作,逐一对照督促整改。对各单位乱聘、乱借、混岗等工作进行清理和规范,确保2017年年底完成清理、清退等工作,形成长效工作机制。整合"三个经济园区"工作机制,规范"三个中心"科学运转。整合县经济开发区、十谭现代产业园、杨桥工业园人力资源,充实县企业帮招帮办帮扶"三个中心"力量,明确"三个中心"工作职能,做到"五到位、三完善",即机构落实到位、名称统一到位、人员到位、履职到位、配合到位;完善分工、完善职责、完善手续。制定2016年全县公务员和事业单位招录计划。根据全县编制总体情况和各单位编制空缺制定全县年度用人招录计划。全年共招录公务员63名,其中人民法院5名,人民检察院1名,司法局4名,县直党政群机关9名,乡镇35名;全年共招录事业单位195名,其中卫生系统96名,教育系统80名,其他部分事业单位19名,招录笔试、面试、招录等工作均已完成。大力支持政法专项编制建设,确保社会大局稳定。根据省市招录计划和通知,招录14名公务员(人民警察)和25名体改生进入公安警察队伍,充实到基层一线,解决基层警力不足的难题;招录2名同志进行法院、1名同志进入检察院、1名同志进入森林公安分局,为全椒县政法队伍建设提供坚强的机制体制和人员保障。

【代码赋码换证】 全面开展事业单位年检和机关、群团统一信用代码赋码换证工作。按时按质按量完成事业单位年检工作,不断完善服务方式,切实提高办事效率,2016年3月30日前顺利完成全县事业单位年检工作,年检登记率达100%,网上登记率达100%。全面启动县直机关和群众团体的统一社会信用代码赋码换证工作，采用集中办理和分散报送材料相结合的方式，灵活办理，2016 年 3 月至 2017 年 12 月的过渡期内，统一社会信用代码与现有各类机构代码并存；过渡期后，一律使用以统一社会信用代码为编码的证书。

机构编制管理情况表

表 6　　单位：人

全椒县行政机关、事业单位机构编制人员状况几年对比

年份	县直行政机关			镇行政			事业单位			
	机构	编制	人员	机构	编制	人员	机构	编制	人员	其中财供
2009	50	1033	1098	10	380	366	356	6084	6758	5256
2010	49	1064	1115	10	380	345	334	6758	6531	5064
2011	49	1065	1109	10	380	324	328	6854	7294	5869
2012	49	1104	1116	10	380	306	326	6864	6637	5953
2013	49	1133	1126	10	380	295	341	7006	7226	5390
2014	49	1133	1217	10	380	295	340	6898	7730	5186
2015	48	1269	1186	10	380	310	336	7126	7195	5869
2016	48	1269	1165	10	380	313	341	7126	6560	5353

（县编办）

公共资源管理

【公共资源交易】 2016 年，共完成公共资源交易项目 691 项。其中完成建设工程类招标 451 项，预算价为 112599.61 万元，中标价为 85773.37 万元，节约资金 26826.24 万元，节约率 23.8%；完成政府采购项目类 211 项，预算价为 25365.49 万元，中标价为 19842.73 万元，节约资 5522.76 万元，节约率 21.8%；产权交易类 6 项，起拍价 287.86 万元，成交价 441.95 万元，增加收入 154.09 万元；土地招拍挂类 23 项，起拍价 52543.3 万元，成交价 63983.3 万元。累计节约资金 32349 万元，增加收入 11594.09 万元。

【成立县公共资源交易监督管理委员会】 为进一步加强和改进公共资源交易监督管理工作。按照“决策、执行、监督”相分离原则，推行“一委一局一中心”的管理模式，建立管办分离、集中交易、规范运行、依法监管的公共资源交易管理体制机制。2016 年度召开公管委会议 9 次，共研究解决公共资源交易重大问题 43 项。

【完成滁州交易项目报备制度试点工作】 一是压实代理公司责任，各代理公司按适用范围编制交易文件并实行内部三级审核制度。二是夯实业主主体责任，要求业主单位对交易文件实行“一事一议”，集体讨论主要条款，有效预防交易文件编制缺陷。三是严格交易文件管理，要求各代理公司按《关于开展交易项目报备制度试点实施方案》中适用范围编制交易文件。县公共资源交易监督管理局不断组织人员到其他市、县组织学习，积极借鉴先进经验做法，不断修订完善交易文件示范文本，彰显特色，提高实效。自 4 月 1 日起，全县正式推行项目报备制度，该制度的实行取得良好的效果，并在全椒县召开的全市公共资源交易监管第三季度例会上作交易项目报备制度试点改革的经验介绍。

【协助配合重点工程建设】 一是开展标前调度工作。为了加快重点项目的建设进度，县公管委对项目标前准备工作出现的问题进行调度，出台标前调度制度，要求公管办每周一调度，公管委每月一决策，以期达到重点项目能够按期实施的愿景。二是开展中标约谈工作。为了有效加强标后履约监管，约谈重点围绕防止转包和违法分包、合同签订，尽快完成施工准备，以及业主单位责任等，以期达到保证政府投资工程项目建设的顺利实施，进一步增强投标企业诚信意识和履约意识，防止违法违纪行为的发生，维护公共资源交易活动的公正性和严肃性的目的。公示期结束后，签订合同前，对重点工程的中标单位的法人和项目负责人进行约谈。三是开展标后监管。在突出业主单位主体责任和行业部门监督责任的基础上，积极开展公共资源交易标后行政再监督，重点对中标后的合同履约、借用挂靠资质等方面进行督察，2016 年度，共深入相关项目施工现场开展标后检查近 50 余次，有效推动工程进度。

【整合推进市县一体化平台建设】 全盘复制市局“分权运行、分段管理、分级监督”的“三分监管”运行机制，较好地解决公共资源交易监管领域权利配置失衡问题。县编办于 2016 年 8 月 10 日批复成立“滁州市公共资源交易中心全椒分中心”，县公共资源交易监督管理局积极完善平台服务功能和场所设施建设，优化服务流程，深化监管体制改革，实

现行政监督职能与交易服务职能相分离，平台交易范围实现全覆盖，并坚持“精简、统一、效能”的原则，推进标准化服务。

（县公共资源交易监督管理局）

机关事务管理

【国有资产管理工作】 一是全面清理在外零散单位的资产，严格界定资产的权属关系，谨防国有资产流失，2016年收缴房屋租金252万元，全部进入财政账户；二是指导业主单位按政府采购的程序施工，并跟踪检查维修台账；三是出台《全椒县县直机关办公用房管理办法》，建立办公用房管理的长效机制。

【机关后勤保障工作】 围绕“管理科学化、保障法治化、服务社会化”的总体思路，以物业公司管理政府后勤服务为试点，探索机关后勤工作社会化的后勤改革新思路。局房管所明确物业公司服务保障工作的任务内容，抓好检查、监督和考核机制，物业公司社会化运作，在保安、保洁、会务保障等方面提供优质服务。后勤保障效果明显，得到相关领导和入驻单位的一致好评。

【接待工作】 一是严格接待标准。严格按照中央“八项规定”的相关要求，从制度上进一步规范接待范围标准，严格执行接待审批程序，出台《全椒县党政机关国内公务接待管理规定》；二是提高接待水平。紧紧围绕县委、县政府的中心工作，把提高接待服务水平作为宗旨，充分发挥接待窗口、载体的功能，全面圆满完成省、市领导到全椒调研、考察的重大接待任务和各类大中型会议接待工作。

【公车改革工作】 全椒县于2016年2月25日召开公车改革动员会，2月26–29日收缴封存车辆，县公务用车管理服务中心3月1日正式运行。全县共有352辆车属于参改范围，严格按照中央、省、市相关规定核定保留车辆编制，改革后保留188辆(保留率53.4%)；按照“以人为本、依法合规、各司其职”和“谁使用，谁负责”的原则，多途径、最大限度地安置司勤人员。涉改司勤人员平稳过渡，没有因安置问题而发生信访事件；严格执行中央《关于全面推进公务用车制度改革的指导意见》中提到的“六个不得”要求及省、市相关规定。县纪委就公车改革专门下发《关于严明公车改革工作纪律的通知》，并多次对公务用车制度改革执行情况进行监督检查。公务用车制度改革工作启动以来，没有出现因车辆保障不到位而影响公务出行的现象，公车改革取得明显成效。9月26日，全国地方公务用车制度改革现场会的与会人员在国家发改委体改司司长徐善长带领下到全椒观摩公车改革及公车管理平台建设工作，对全椒县公务用车制度改革工作给予高度赞扬。

（县机关事务管理局）

链接

全椒地名文化内涵

全椒是明末四大高僧之一憨山大师和文学巨著《儒林外史》的作者吴敬梓的故乡，是一个历史悠久、文化底蕴深厚、山清水秀的美丽古城，有着几千年的文明积淀，历史人文资源非常丰富。全椒地名文化源远流长，蕴含着丰富的文化特色，为我们保留了难得的民族文化遗产，从而形成了灿烂的地名文化。

全椒历史文化源远流长，蕴含着独特的地方特色。据1985年出版的《全椒县文物志》记载：“古文化遗址，县境内已发现十八处，其中原始社会文化遗址七处，商周文化遗址七处，秦汉至明遗址四处。”早在七八千年前的新石器时代，境内的南屏、管坝等地就有人类从事农业生产活动。四千多年前，黄帝的孙子，上古帝王之一颛顼高阳氏后人在全椒居住生活。春秋时，楚国大夫伍举采邑于全椒，所以全椒在当时为楚国的椒邑。西汉高祖四年（前203年）正式设立全椒县。

在中国古代历史典籍中，除了前文提到的史料之外，还有很多涉及有关全椒的描述，如南朝范晔著《后汉书》卷三十九《刘赵淳于江刘周赵列传》载：“建武初，后举孝廉，拜济阴郡丞，太守刘育甚重之，任以郡职，上书荐平。会平遭父丧去官。服阕，拜全椒长，政有恩惠，百姓怀感。”另外，宋代李昉等人所撰《太平广记》卷三百九十三《雷一》载：“唐上元中，滁州全椒人苍督张须弥，县遣送牲诣州。”和晋人干宝所撰《搜神记》卷五第九十七 条《丁姑祠》载：“淮南全椒县丁新妇者，本丹阳丁氏女。年十六，适全椒谢家。”宋代洪迈著《夷坚志》记载《全椒猫》的故事，清朝初年顾祖禹所撰《读史方舆纪要》对全椒地形古迹的描述，清代王士禛所撰《池北偶谈》记载了吴敬梓曾祖吴国对等事迹，清代谈迁《北游录纪程》详细地叙述了扬州琼花来自全椒六丈（六镇）的缘由以及清代李调元《制义科琐记》所记吴敬梓家族堪舆掌故等，不一枚举。

古老的襄河穿城而过，蜿蜒曲折的滁河横贯西南，一路向东，直奔长江，从而形成了个性鲜明的“两河流域文化。”数千年以来，勤劳的全椒人民在此繁衍生息，创造了辉煌璀璨的历史文明。襄河北岸的国光楼、吴敬梓故居探花第遗址、滁河北岸的吴敬梓祖居地西墅草堂旧址和太平天国康王汪海洋故里以及散布在椒陵大地上的古城村遗址、下汤墓群、梅花垅汉墓群、阜陵城遗址、丰乐城遗址、儒林老街、吴敬梓纪念馆、太平桥、积玉桥等古迹、建筑、桥梁等星罗棋布，充分展示着全椒悠久的历史传承和深厚的文化底蕴。尤其是独具特色的桃文化发祥地——梅花垅，成为全椒一道自然与历史完美结合的亮丽风景。

全椒自古文风鼎盛，人才辈出，历史名人争相造访。唐代宰相邢文伟，宋代的一门两相张洎、张璪以及吴氏“五兄弟五进士”的吴朋、吴并、吴开、吴兹、吴玨，明代开国功臣乐韶凤，户部尚书年富，军事家方瑛，哲学家戚贤，清代小说家吴敬梓、词曲家金兆燕和著名的循吏薛时雨，民国文侠杨尘因等名炳青史，烛照乡里，他们身体里蕴含着全椒人崇文重道的特质，张扬着全椒文化的永恒魅力。历史上的帝王梁武帝萧衍、周世宗柴荣、宋太祖赵匡胤、宋太宗赵匡义、明太祖朱元璋等都曾涉足过全椒；刘安、刘平、干宝、贺若弼、韦应物、李绅、王安石、冯梦龙、汤显祖等历史文化名人都曾宣扬或历游过全椒。值得一提的是晚唐著名诗人韦应物的一首《寄全椒山中道士》的诗歌；明四大高僧之一憨山大师的《醒世歌》；吴敬梓的讽刺小说《儒林外史》更是让全椒蜚声海内外。

全椒地处江淮丘陵东南侧，地势由西北向东南倾斜，特殊的地形地貌造就了地方特色明显的自然景观和人文景观。历史上文人雅士极力颂扬的“全椒八景”便是典型的代表：襄水环清、笔峰毓秀、南岳晴霄、古城霁雪、石潭古渡、赭涧春潮、水帘飞玉、铜井鎏金，这些美轮美奂的“古八景图”无不彰显着全椒这个千年古县的山川之美、田园之秀。

全椒的历史发展也伴随着反对外族侵略的英勇斗争史。清康熙《全椒县志》就详细地记载了明朝嘉靖三十八年（1559年），知县顾逵率领百姓筑城抗倭的事件。特别是在抗日战争期间，在中国共产党的领导下，全椒人民展开了波澜壮阔的革命斗争。1939年1月至4月，皖东工委和苏皖省委迁至在县西大马厂的二胡冲杨村，指导皖东地区的抗日斗争；1939年12月底，徐海东在全椒指挥了著名的“周家岗反扫荡”战役，并且取得了全面的胜利。如今，在全椒依然保留着许多革命遗址。2014年，县委、县政府拨出专项资金，对革命烈士陵园重新修缮，并新建了全椒革命烈士纪念馆陈列馆，现已对外开放，供人们凭吊，感怀英雄烈士光照千秋的业绩。

政协全椒县委员会

●重要会议

●县政协委员工作

县政协九届五次全会

重要会议

【九届五次全体委员会议】 中国人民政治协商会议全椒县第九届委员会第五次会议，于2016年1月8日至11日在县城召开。1月8日上午10时，召开中国人民政治协商会议全椒县第九届委员会第五次会议预备会议，通过会议议程、日程。1月9日上午8时，中国人民政治协商会议全椒县第九届委员会第五次会议第一次大会在县会议中心椒陵会堂隆重开幕。县政协主席冯家翠，县政协党组副书记、副主席季奎，副主席赵丛祥、朱华丽、苏守复、张华以及县政协秘书长李敬在主席台前排就座。县委书记王成山，县委副书记、代县长王珏，县委副书记孔祥宁到会祝贺，并在主席台前排就座。大会由冯家翠主持。张华代表县政协九届委员会常务委员会向大会作常务委员会工作报告。赵丛祥向大会报告县政协九届四次会议以来提案工作情况。怀秀龙、胡玉屏、方立天、马正教、李开富5名委员在大会上发言。中共全椒县委书记王成山在开幕会上发表重要讲话。1月10日上午8时，与会委员列席全椒县第十五届人民代表大会第五次会议第一次大会，听取王珏代县长所作的政府工作报告。1月11日上午9时，与会委员列席全椒县第十五届人民代表大会第五次会议第二次大会，听取全椒县人民法院工作报告、全椒县人民检察院工作报告。会议期间，于1月10日和11日分别召开县政协九届二十四次、二十五次常委会议，研究讨论会议有关事宜。1月11日下午2时30分，中国人民政治协商会议全椒县第九届委员会第五次会议召开第二次大会（选举会）。会议选举董光林为县政协主席，姚本山为县政协副主席，补选周可夫、金成松2人为政协常务委员。1月11日下午4时，中国人民政治协商会议全椒县第九届委员会第五次会议召开第三次大会（闭幕会）。闭幕会由苏守复副主席主持，董光林主席致闭幕词。会议通过县政协九届五次会议决议、县政协提案审查委员会关于县政协九届五次会议提案审查情况的报告；表彰2015年度优秀政协委员、优秀提案和提案办理先进单位。

【常委会议】 4月28日上午，县政协九届二十六次常委会议在会议中心召开。县政协主席董光林出席会议并讲话，党组副书记、副主席赵丛祥，副主席朱华丽、苏守复、张华，秘书长李敬以及县政协常委参加会议。县委副书记孔祥宁、县政府副县长宣宁宁应邀出席会议。会议由赵丛祥主持。会议审议通过增补县政协专委会负责人的建议；听取县政协提案委提案交办情况通报、文史委关于古襄河治理及建设工程调研情况汇报、民族宗教和港澳台侨委关于全县台资企业发展调研情况的汇报。与会领导和县政协常委还对古襄河治理、玩具行业发展、台资企业发展报告进行协商讨论。

7月29日上午，县政协九届二十七次常委会议在会议中心召开。县政协主席董光林出席会议并讲话，县政协党组副书记、副主席赵丛祥，副主席朱华丽、苏守复、张华、姚本山，秘书长李敬以及县政协常委参加会议。县委副书记孔祥宁，县委常委、常务副县长杨光应邀出席会议。县政协党组副书记、副主席赵丛祥主持会议。会议听取县政府关于全县经济社会发展情况的通报；听取县人民法院、人民检察院上半年工作情况的通报；听取县政协社会法治委关于推进城北新城深度发展谋划对接南京江北新区调研情况的汇报；听取县政协经济委关于农产品批发市场使用调研情况的汇报；听取县政协文史委关于宗教工作视察情况的汇报；审议通过有关人事任免事项。

9月30日，县政协九届二十八次常委会议在县会议中心二号会议室召开，县政协主席董光林，县政协党组副书记、副主席赵丛祥，县政协副主席苏守复、张华，秘书长李敬出席会议。会议由赵丛祥主持。会上，县政协主席董光林传达市委第六次党代会精神和全省政协工作经验交流会议精神。

10月28日下午，县政协召开九届二十九次常委会，学习贯彻中共十八届六中全会精神。县政协主席董光林，县政协党组副书记、副主席赵丛祥，县政协副主席苏守复、张华、姚本山，县政协秘书长李敬出席会议；县政府副县长沈文琪应邀出席会议。会议由赵丛祥主持。会议学习中共十八届六中全会精神，听取科教文卫体关于加强农村专业技术协会建设和发展调研情况的汇报，听取县民族宗教和港澳台侨委关于全椒县保障性住房建设管理使用情况的汇报，听取人资环委关于推进矿山整治及环境恢复治理调研情况的汇报。与会人员参与讨论协商并作交流发言。

12月28日下午，县政协召开九届三十次常委会议，听取县政府关于2016年度提案办理情况通报，审议县政协十届一次会议召开日期以及相关议程和日程等事项。县政协主席董光林，县政协党组副书记、副主席赵丛祥，县政协副主席苏守复、张华、姚本山及县政协秘书长李敬、全体政协常委参加会议。县委常委、常务副县长杨光应邀列席会议。会议听取县委常委、常务副县长杨光关于2016年度提案办理情况的通报；听取县委组织部关于县几个班子和政协常委人事安排方案通报；审议通过县政协十届一次会议主席团和秘书长名单（草案），县政协十届一次会议提案审查委员会成员名单（草案），县政协十届一次会议议程、县政协十届一次会议日程，县政协十届一次会议分组办法和小组召集人名单，县政协十届一次会议列席人员名单，县政协九届常委会工作报告（草案）和县政协九届常委会提案工作报告（草案）。会议决定1月3日至6日在县城召开政协全椒县第十届委员会第一次会议。会议协商通过人事任免决定：免去李道平县政协民族宗教和港澳台侨委员会主任（兼），任命毕守荣为县政协民族宗教和港澳台侨委员会主任。

【主席会议】 2月1日下午，县政协主席董光林主持召开县政协九届二十七次主席会议。县政协副主席赵丛祥、朱华丽、苏守复、张华、姚本山，秘书长李敬出席会议。会议审议通过《政协全椒县委员会2016年工作要点》；协商讨论《县政协委员会增补人员名单》；审议通过《县政协机关学习制度》；研究决定春节期间值班、慰问等工作。

3月21日上午，县政协主席董光林主持召开县政协九届二十八次主席会议。县政协副主席赵丛祥、朱华丽、苏守复、张华、姚本山，秘书长李敬出席会议。会议研究确定2016年6件重点提案，分别是92号提案《关于在城内禁放烟花炮竹的建议》、79号提案《合宁高速必扩建工程开工前的几点建议》、53号提案《关于加快工业振兴，打造工业强县的建议》、59号提案《关于完善南屏山森林公园建设和管理的苦干建议》、4号提案《聚力解决县城拆迁肠梗阻问题》、22号提案《关于复建古襄河沿岸重点古景点的建议》，由县政协主席、副主席分别牵头督办；审议通过《县政协2016年主席会议议题安排意见》。

4月22日上午，县政协主席董光林主持召开县政协九届二十九次主席会议。县政协副主席朱华丽、苏守复、张华、姚本山，秘书长李敬出席会议。县政协副主席赵从祥因公请假。会议审议通过县政协文史委《关于古襄河治理及建设工程调研报告》、科教文卫体委《关于全县玩具行业发展情况调研报告》以及民族宗教和港澳台侨委《关于全县台侨资企业发展调研报告》；审议通过《县政协九届二十六次常委会议程》，会议决定县政协九届二十六次常委会议于4月28日上午在会议中心召开。

5月30日上午，县政协主席董光林主持召开县政协九届三十次主席会议。县政协副主席赵从祥、朱华丽、苏守复、张华、姚本山，秘书长李敬出席会议，各专委会负责人列席会议。会议审议讨论县政协人资环委《关于发展薄壳山核桃等特色产业调研报告》、经济委《关于农产品批发市场使用情况调研报告》以及提案委《关于城乡居民养老保险工作情况调研报告》，并就进一步完善报告内容提出修改意见。

7月18日上午，董光林主席主持召开县政协九届三十一次主席会议。县政协副主席赵从祥、朱华丽、苏守复、张华、姚本山，秘书长李敬出席会议。县委统战部负责人、县政协委办负责人列席会议。会议审议通过有关人事任免事项；协商讨论县政协社会法治委《关于推进城北新城深度发展谋划对接南京江北新区的调研报告》、文史委《关于全县宗教工作的视察报告》；审议通过《县政协九届二十七次常委会议程》，会议决定县政协九届二十七次常委会议于7月29日上午在会议中心召开。

8月3日下午，县政协主席董光林主持召开县政协九届三十二次主席会议。县政协副主席赵从祥、朱华丽、苏守复、张华、姚本山，秘书长李敬出席会议。县政协委办负责人列席会议。会议协商讨论县政协提案委《关于镇政府及原乡镇所在地环境整治情况视察报告》、科教文卫体委《关于全县民营医院发展情况调研报告》；审议通过《中共政协全椒县委员会党组工作规则》。

8月30日上午，县政协主席董光林主持召开县政协九届三十三次主席会议。县政协副主席赵从祥、朱华丽、苏守复、张华，秘书长李敬出席会议，县政协委办负责人列席会议。会议协商讨论县政协经济委《关于全县招商引资工作情况的调研报告》、民族宗教和港澳台侨委《关于全县保障性住房建设管理使用情况的调研报告》；会议审议通过有关人事事项。

9月29日下午，县政协主席董光林主持召开县政协九届三十四次主席会议。县政协副主席赵从祥、苏守复、张华、姚本山，秘书长李敬出席会议。县委统战部负责人、县政协委办负责人列席会议。会议协商讨论县政协社会法治委《关于落实五保供养，加强敬老院管理工作调研报告》、人资环委《关于推进矿山整治及环境恢复治理情况调研报告》、民族宗教和港澳台侨委《关于全县侨情的调研报告》；听取县委统战部关于撤销任金刚九届政协委员资格的情况说明；会议决定于9月30日下午在县会议中心召开县政协九届二十八次常委会。

10月24日上午，县政协主席董光林主持召开县政协九届三十五次主席会议。县政协副主席赵从祥、苏守复、张华、姚本山，秘书长李敬出席会议。县政协委办负责人列席会议。会议审议通过县政协九届二十九次常委会议方案，协商讨论县政协科教文卫体委《关于加强农村专业技术协会建设和发展的调研报告》、经济委《对县经济开发区争创省级创新型园区的视察报告》；会议决定于10月28日下午在县会议中心召开县政协九届二十九次常委会。

12月2日上午，县政协主席董光林主持召开县政协九届三十六次主席会议。县政协副主席赵从祥、苏守复、张华，秘书长李敬出席会议。县政协机关委办负责人列席会议。会议协商讨论县政协文史委《关于全县残疾人生活现状的调研报告》、人资环委《关于落实全面二孩政策的视察报告》、社会法治委《关于县法院法治庭审工作的视察报告》；审议通过《2016年度优秀政协委员名单》《2016年度优秀提案、提案办理先进单位名单》；审议通过有关人事任免事项；部署安排县政协换届筹备工作；书面学习《中国人民政治协商会议章程》。

12月26日上午，县政协主席董光林主持召开县政协九届三十七次主席会议。县政协副主席赵从祥、苏守复、张华、姚本山，秘书长李敬出席会议，县政协机关委办负责人列席会议。会议审议通过《县政协九届三十次常委会议方案》《县政协十届一次会议议程、日程(草案)》《十届政协委员提名人选名单》《县政协十届一次会议分组办法和小组召集人名单》《县政协十届一次会议列席人员名单》《九届县政协常委会工作报告》《九届县政协提案工作报告》，会议决定于12月28日召开县政协九届三十次常委会议。

(县政协办公室)

县政协委员工作

【调研、考察工作】 3月10日，县政协副主席张华率部分文史委委员对古襄河治理建设情况进行考察调研。县政协主席董光林出席调研座谈会，原县人大常委会主任秦德巨应邀参加调研活动。

4月15日，县政协副主席张华率部分政协常委和委员对全县玩具行业发展情况进行调研。调研组一行实地察看力斯杰玩具、全盛工艺品、童优玩具生产现场，召开专题座谈会。县经信委相关负责人参加调研活动。

4月15日，县政协副主席、统战部副部长姚本山组织部分政协委员，实地考察全椒县台侨资企业——滁州联华合成材料有限公司、安徽科昌机械制造、得泰医疗用品有限公司、悦达实业有限公司，深入了解企业在生产、经营、管理、招工等方面存在的困难以及企业发展面临的问题，为侨资企业做好服务，促进地方经济发展。

5月5日，县政协主席董光林，县政协党组副书记、副主席赵从祥率领部分县政协常委、委员，利用一天时间对全椒县防汛准备工作进行考察和座谈。副县长曹宏华，县水利局局长陶平陪同。考察组一行察看十字镇汪郢河堤除险加固工程、东方红泵站、谢大桥物资仓库点，襄河镇襄河东堤陈碾段，襄河西堤余费段，武岗镇荒草三圩除险加固工程，二郎口镇跃进河堤防渗处理工程和潘朱大桥加固工程，古河镇滁河除险加固工程5个镇9个防汛重点工程；听取相关镇党委主要负责人对全镇防汛准备情况及重点工程概况、施工进度及下步措施的工作汇报。

5月10日，县政协副主席张华率领政协经济委员会委员，就县农产品批发市场项目建设开展专题调研。

5月12日，县政协副主席赵从祥带领县政协提案委员会成员一行，在县人社局负责人的陪同下，深入部分乡镇调研城乡居民社会养老保险工作。

5月13日，县政协副主席赵从祥带领县政协人资环委委员和部分政协常委一行，通过考察和召开座谈会的方式，对全县薄壳山核桃产业发展情况进行专项调研。县林业部门负责人陪同考察。

6月8日，由县政协副主席苏守复带队的调研组一行，前往南谯区乌衣镇、来安县汊河镇，就推进全椒县城北新城建设、加快对接南京江北新区开展专题调研，与南谯区政协副主席马正泉，来安县政协副主席夏德银、陆晓晴等进行现场交流。

6月30日，县政协副主席张华带领县政协文史和学习委员会部分委员对全县宗教场所和宗教工作进行专题考察。副县长宣宁宁，县民政局相关负责人陪同。

7月8日，县政协党组副书记、副主席赵从祥率领部分政协委员考察镇政府及原乡镇政府所在地环境整治情况，县美丽办和相关镇负责人陪同考察。

7月19日，县政协科教文卫体委员和部分政协常委一行，通过考察和召开座谈会的方式，就全县民营医院发展现状进行专题调研。县卫计委主要负责人参见调研活动。

8月18日，县政协副主席、统战部副部长姚本山一行考察全县公租房建设管理现状及存在问题情况。

8月23日，县政协副主席姚本山率部分县政协经济委员会委员，调研全县招商引资工作，全面了解全县2016年的招商引资情况及存在问题，积极探索新形势下全椒县招商引资的新思路。

9月9日，县政协副主席赵从祥带队先后到谭墩清水塘区域整合矿山、全椒海螺水泥有限责任公司、石沛河南矸石矿，对全县矿山整治及环境恢复治理情况开展专题调研。

9月22日，县政协副主席、统战部副部长姚本山率部分民族宗教和港澳台侨委员会委员到襄河镇、石沛镇和六镇镇调研侨情。

9月28日，县政协副主席苏守复带领社会法治委部分委员对全县落实五保供养，加强敬老院管理情况进行调研。县民政局负责人陪同调研。

10 月 18 日，县政协副主席苏守复带领县政协科教文卫体委员对全县农村科技协会发展情况进行调研。县科协相关负责人参加活动。

10 月 18 月，县政协副主席张华率经济委员会委员一行对全椒县经开区争创省级创新型园区工作进行考察。

10 月 19 日，县政协组织政协离退休老干部考察美丽乡村建设和现代农业发展情况，听取他们的意见和建议，共商良策，推动该项工作深入持久开展。县政协主席董光林，政协党组副书记、副主席赵丛祥，县政协秘书长李敬参加考察。

11 月 3 日，县政协党组副书记、副主席赵丛祥带领部分政协委员，到武岗镇、襄河镇对全椒县全面两孩政策实施情况进行考察。

11 月 4 日，县政协副主席苏守复带领县政协社会法治委部分委员深入县人民法院，开展法治公开庭审考察活动。县人民法院院长朱有亮、政治处主任杨甫源陪同考察。

12 月 1 日，县政协副主席张华率领部分政协委员，深入县残联，专题调研残疾人生活状况。

【提案工作】 4 月 1 日下午，全椒县 2016 年度政协提案交办会在县会议中心 8 号会议室召开，会议总结 2015 年办理工作情况，对 2016 年“两会”提案办理工作进行具体部署。县委常委、

省政协委员考察调研全椒县农家书屋建设情况

省政协领导到全椒考察台资企业发展情况

市政协滁州文化建设与繁荣调研组到全椒县调研

常务副县长杨光，县政协党组副书记、副主席赵丛祥出席会议。县政协党组副书记、副主席赵丛祥对提案办理工作进行总结，并对2016年的办理工作提出意见和要求。8月12日，县人大、县政府、县政协联合召开县人大议案、代表建议和政协提案办理工作推进会，县委常委、常务副县长杨光，县人大常委会党组副书记、副主任季奎，县政协党组副书记、副主席赵丛祥，相关承办单位负责人和具体经办人员参加会议。

市政协到全椒县考察“博物馆 纪念馆 图书馆”三馆建设情况

【接待省、市及外地政协调研】

4月13日，市政协常务副主席高迁，副主席查镜波、高怀忠等一行到全椒县就文化建设与繁荣工作进行调研。县政协主席董光林、副县长宣宁宁、县政协副主席张华以及相关部门负责人参加调研。

5月12日，广东省遂溪县政协主席苏琛率领该县部分政协委员到全椒县，考察水生态文明城市建设工作，县政协主席董光林、副主席姚本山、秘书长李敬及县水利局负责人陪同。

7月12日，市政协副主席高迁、市政协副秘书长李世平等一行到全椒县开展归国留学人员基本情况调研，县政协主席董光林，县政协副主席、统战部副部长姚本山以及县统战部、人设局、教体局、外事办分管负责人及归国留学人员代表参加调研座谈会。

8月11日下午，到滁州调研城乡绿色发展工作的省政协副主席牛立文一行到全椒县十字镇华林新村，实地察看新村建设情况。市政协主席何希勇，县领导王成山、董光林、曹宏华、赵丛祥等参加调研。

8月17日上午，市政协调研组一行到全椒县就如何促进房地产健康发展进行专题调研。县政协主席董光林，副县长阚绪瑞，县政协党组副书记、副主席赵丛祥等参加调研活动。

11月8日上午，市政协副主席、琅琊山管委会主任苏虹率由市政协人资环委、部分市政协常委以及市相关部门负责人组成的市政协调研组一行，到全椒县就滁州“一主三副”新型区域中心城市规划建设工作进行调研。县委书记王成山，县委副书记、县长王珏，县政协主席董光林，县委常委、古河镇党委书记金义平，县政协副主席赵丛祥等参加调研活动。

11月9日，市政协党组副书记、副主席高迁带领科教文卫、民族宗教界别的市政协委员到全椒县考察经济社会发展情况，并召开民情民智座谈会。县政协主席董光林，县政协党组副书记、副主席赵丛祥陪同考察。

11月11日上午，市政协党组副书记、副主席高迁及部分市政协委员，到全椒县考察“博物馆、纪念馆、图书馆”三馆建设情况。县政协主席董光林，县委常委、副县长陈飚，县政协副主席苏守复，县政协秘书长李敬等参加考察。

11月18日，由省政协文史资料委员会副主任、新闻出版广电局原党组书记、省政协新闻出版界委员郭永年率带队的考察团到全椒县考察调研农家书屋建设情况，市政协副主席、党组副书记高迁，县政协主席董光林，县政协副主席张华，县文广新局相关负责人等陪同考察。

11月23日，省政协常委、港澳台侨和外事委员会主任、省委宣传部原常务副部长朗涛一行到全椒县考察台资企业发展情况，市政协主席何希勇，县委书记王成山，县政协主席董光林，县政协副主席、统战部副部长姚本山等参加考察活动。

11月24日上午，浙江嘉兴市政协副主席、九三学社嘉兴市委主委马玉华率各县市区政协副主席、文史委主任等一行，到全椒县对历史文化旅游等工作进行考察。市政协副主席、市工商联主席查镜波，县政协主席董光林，县政协副主席张华等参加考察活动。

【精准扶贫、帮扶帮办等中心工作】 2月25日上午，县政协秘书长、办公室主任李敬带领县政协精准扶贫工作组成员一行，深入马厂镇开展精准扶贫对接工作。

3月10日上午，县政协主席董光林深入到县经济开发区和杨桥工业园，走访调研安徽金鹏节能科技有限公司、安徽好莱坞鞋业有限公司、全椒华鼎锻造有限公司、滁州金海狸家具制造有限公司、全椒天圆机械有限公司等企业，深入企业车间了解生产、销售等情况，与企业负责人进行座谈交流，详细了解帮扶企业需要解决的问题，帮助分析企业“调转促”的措施。现场协调帮助解决金鹏项目开工和土地挂牌、华鼎锻造项目土地证办理、金海狸家具项目土地使用税征收、天圆机械项目用工等问题。

3月15日，县政协主席董光林在三合村部召开由镇、村干部及县帮扶单位负责人参加的扶贫工作推进会，并在县帮扶单位和马厂镇负责人的陪同下，走访所联系帮扶的贫困户，了解他们近期生产、生活情况。

3月16日，县政协主席董光林深入中马橡塑、龙胜实业、旭腾光伏等企业调研。

3月18日—20日，县政协主席董光林分别深入十字镇、武岗镇、二郎口镇、古河镇走访旭腾光伏有限公司、今天供水有限公司、龚记米业、古河内燃机配件有限公司、佳兴工艺品有限公司、古河职业培训学校、瑞祥工艺品有限公司等县政协委员创办的企业。县政协副主席姚本山、秘书长李敬陪同调研。

3月29日，县政协主席董光林深入润阳机械公司，听取企业负责同志艰苦创业的介绍，了解企业达产达效的计划安排，与企业负责同志共同商讨企业二期推进措施，要求襄河镇、政协办等帮办单位积极帮助企业解决项目推进中的困难和问题，促进企业尽快达产达效。

4月7日，县政协主席董光林调研指导城北新城项目，县政协副主席赵丛祥、城北新城指挥部办公室和全椒奥能公司负责人陪同调研。调研组一行实地调研项目区内的罗马世纪城、罗柘水库公园、同乐安置小区、城北新城会展中心等项目，认真听取项目规划、建设情况汇报。

5月28日，位于全椒县城北新城的北大培文滁州实验学校举行奠基仪式，县政协主席董光林，县委常委、常务副县长杨光，县人大常委会副主任王晓平，县政协副主席赵丛祥、苏守复，县直相关单位、项目引进单位及开工项目企业的主要负责人等参加活动。

10月17日上午，在全国“扶贫日”到来之际，县政协组织机关全体工作人员进行扶贫认捐活动。县政协党组书记、主席董光林，党组副书记、副主席赵丛祥，副主席苏守复、张华、姚本山等领导和机关全体党员、干部、职工纷纷献出自己的爱心，充分展示政协组织心系社会，以扶贫济困为己任，奉献爱心的公益情怀。

10月18日上午，县政协主席董光林赴马厂镇三合村，对该村扶贫工作进行走访调研。县政协秘书长李敬、马厂镇党委书记赵文霞陪同调研。

12月，县政协办公室招商引资企业——安徽金鹏节能科技有限公司竣工并投产。

（县政协办公室）

县纪律检查委员会

- 重要会议
- 纪律作风建设
- 监督执纪与纪律审查
- 巡察和整改
- 宣传教育
- 自身建设

重要会议

【县纪委第十三届第六次全体会议】 2016年2月24日，中共全椒县第十三届纪律检查委员会第六次全体会议在县会议中心召开，县委书记王成山出席会议并作重要讲话。县委常委、县纪委书记史法勇作题为《恪尽职守忠诚担当，强化监督执纪问责，把党风廉政建设和反腐败斗争引向深入》的工作报告。报告指出，2016年，全县纪检监察机构将认真学习贯彻中央十八届三中、四中、五中全会和习近平总书记系列重要讲话精神，认真落实十八届中央纪委六次全会、省纪委九届六次全会、市纪委五届六次全会和县委各项决策部署，坚持全面从严治党、依规治党，忠诚履行党章赋予的职责，保持坚强政治定力，深化标本兼治，坚决遏制腐败蔓延势头，创新体制机制，深度把握运用监督执纪"四种形态"，坚持以党和人民群众的根本利益为本，有静气、不刮风，把握节奏和力度，坚定不移推进党风廉政建设和反腐败斗争，全力以赴护航经济社会发展。会上襄河镇、古河镇、县卫计委、县公安局4个单位签订2016年党风廉政建设责任书。古河镇、六镇镇党委书记，县市场监督管理局、县交通运输局党组书记先后作述廉述责报告，参会的县纪委委员对述廉述责对象进行民主测评。

【县纪委第十四届第一次全体会议】 2016年6月23日上午，中共全椒县第十四届纪律检查委员会举行第一次全体会议。会议由史法勇主持。中共全椒县第十四届代表大会选举产生的19名县纪委委员参加会议。县委常委、县委组织部长陈岭宣读市委《关于全椒县纪委换届候选人预备人选的通知》，县委书记王成山对县纪委常委、书记、副书记建议名单作说明。会议以无记名投票的方式，选举产生新一届全椒县纪委常委、纪委书记和副书记人选，史法勇当选为县纪委书记，杨永霞、沙浩当选为县纪委副书记，高怀刚、陈兴道、吴仁、王斌当选为县纪委常委。新当选的全椒县纪委书记史法勇在会上讲话，全椒县第十四次党代会确定全椒今后五年经济社会发展的指导思想、目标任务和战略重点，描绘今后五年的发展蓝图，同时也对全县党风廉政建设和反腐败工作，提出新的任务、新的要求。作为新一届纪委领导班子，面对新形势、新任务，必须将全面贯彻落实好党代会的各项决议和精神，作为当前和今后一段时期工作的首要任务和重中之重，忠诚履职、勤奋工作，不辜负组织的信任和人民的期望。

纪律作风建设

【严格执行党风廉政建设责任制】 组织开展落实党风廉政建设责任制情况年度考核工作，全县成立8个考核组，分别由县委常委带队，县党风廉政建设责任制领导小组成员单位负责人任考核组组长，对全县10个镇、70个县直单位落实党风廉政建设"两个责任"、推进惩治和预防腐败体系建设等进行检查考核，对相关单位落实市委、县委巡查反馈问题整改情况进行重点检查。

【严厉整治"四风"】 密集督促检查。全年20批次对63个单位的值班守备、工作纪律和公车使用情况进行检查，先后核查"四风"问题线索21件，查处违反中央"八项规定"精神和侵害群众利益不正之风等问题78件，给予党政纪处分84人、诫勉谈话21人，16次分类通报违反中央"八项规定"精神及侵害群众利益的不正之风等问题，涉及59个单位128人次。狠抓专项整治。先后开展"酒桌办公"、违规经商办企

中共全椒县第十三届纪律检查委员会第六次全体会议

业、人事编制清理等14个专项整治。全县近3800名党员干部签订《反对“酒桌办公”不正之风承诺书》,30名违规经商办企业的党员干部主动注销企业或撤资,40名党员干部书面承诺不利用本人职务影响为配偶、子女的经营活动谋利;牵头开展机关食堂清理整顿和“回头看”工作,关闭整合机关食堂29个;强化重点工作的监督监察,先后对矿山整治、脱贫攻坚、拆迁安置、违规用地、农村居民安全饮用水工程、古襄河治理、信访维稳等工作推进情况进行检查督办。狠抓基层基础,推进村级小微权力规范管理工作,实施“五单一图”常态化、规范化、标准化管理,推进全面从严治党向基层延伸。

监督执纪与纪律审查

【落实监督执纪“四种形态”】 坚持高标准和守底线相结合,精准贯彻执行廉洁自律准则和党纪处分条例,把“四种形态”特别是第一种形态的要求落到实处。坚持挺纪在前,向县处级领导干部和各镇、县直各单位党政主要负责人、纪委(纪检组)负责人编发廉政短信,对59名党员领导干部和34个单位130批次外出公务考察进行提醒。让“红脸出汗、咬耳扯袖”成为常态,对反映的一般性问题及时同本人见面,全年给予提醒谈话48人次;注重规范谈话函询审批制度,县管干部由县纪委主要负责人直接约谈,或者同其所在党委(党组)书记一起谈,让本人作出说明,党委(党组)书记签字,交纪检机关核实处置。抓早抓小、动辄则咎,按5类标准处置干部问题线索,综合分析违纪行为的性质,考虑认错悔错态度,对问题较轻的予以党纪政纪轻处分或组织调整。坚持教育惩处并重,密集开展教育管理,加强经常性教育监督;积极落实预防为主,加强对重点工程建设、招标投标、脱贫攻坚和美丽乡村建设等关键领域的风险防控。全年先后对66名有轻微违纪行为的党员干部免予纪律处分,同时给予批评教育或诫勉谈话,督促其认识错误,及时改正;对211名有一般违纪行为的党员干部给予党纪政纪轻处分,使违纪者止步在违法之前。及时公开审查结论,为75名受到不实举报的党员干部澄清问题,有力保护和调动干部干事创业积极性。

县纪委监察局机关干部赴周岗烈士陵园开展“七一”活动

【案件查处】 2016年,全县纪检监察机关共受理信访举报201件,立案256件,给予党政纪处分256人,其中乡科级干部15人,涉嫌犯罪被移送司法4人。重点审查中共十八大之后依然心无敬畏,不收敛、不收手,问题线索反映集中、群众反映强烈的党员干部。成功查办原县粮食局局长董玉才伙同县生资公司原经理王洪琦以极低价格租赁国有资产、连续13年收受巨额贿赂重大贪腐案件,为国家挽回经济损失近600万元;严肃查处大墅省级粮食储备库原主任钱朝庚私设小金库458万元和贪污受贿、失职渎职等严重违纪违法行为,县农委(粮食局)原副主任(副局长)曹红阳严重对抗组织审查、拒不向组织说清有关问题,严重违反财经纪律、擅自批准挪用1500万元国有资金给民营企业使用,及多次收受贿赂等违纪违法行为,以及二郎口镇原党委主要负责人利用美丽乡村建设之机,违规改造自己实际掌握控制的房产以及不如实报告个人重大事项等违纪行为。

巡察和整改

【省纪委到全椒开展正风反腐促

发展调研】 2016年5月13日，省纪委党风政风监督室主任郑斌、研究室（法规室）副主任黄圣银、研究室（法规室）副处级纪检监察员陈长林等一行，在市委常委、市纪委书记李玉平陪同下，就正风反腐促发展课题到全椒座谈调研。市纪委副书记、监察局局长王光前，县委副书记、县长王珏，县委副书记孔祥宁，县委常委、县纪委书记史法勇出席座谈会。座谈会上，全椒县委、县纪委分别汇报正风反腐促发展的做法和体会，县市场监督管理局、县人社局、县国土房产局、县财政局、县规建局5个县直单位和3位民营企业家，分别联系各自工作实际，就正风反腐带来投资环境的优化和政企关系的改善、向善向上的社会风气形成、公平正义法治环境的营造、经济社会和谐发展、广大干部干事创业意识增强等方面谈体会、说认识，并就下一步如何做好正风反腐工作提出建议，会场氛围非常热烈。在听取发言后，郑斌对全椒县正风反腐促发展工作给予充分肯定。一是发展理念上发生转变。从重业务向重党建转变；从重建设速度向合规合法建设转变。二是在思想认识上发生转变。通过获得感得到支持，有了更好、更高的认识，企业主动参与建设发展，回馈社会。三是对滁州出现的问题，党委、政府没有怨天尤人，而是在主动适应新常态，匡正权力运行，简化行政审批，加强制度建设等方面，做大量卓有成效的工作。四是不断构建新的机制，在探索中瘦身、健身，达到强身健体的效果。

【开展县委巡察】 圆满完成两轮巡察，县委换届之后，十四届县委立即部署开展新一届县委的第一轮和第二轮巡察，先后对县公安局、县林业局8个二级机构和襄河镇、西王镇30个村（社区）开展常规巡察，对县污水处理厂二期工程实施专项巡察，对县民政局开展巡察“回头看”，共发现问题216个，党员干部问题线索106件。

【推进严实整改】 将市委、县委巡察反馈问题分类“一揽子”交办各单位，督办整改，办结销号，做到件件有着落。市委第二轮巡察反馈交办244个问题，已整改到位233个，整改率达95.5%；市委第四轮巡察“回头看”反馈交办问题33个，已整改到位31个，整改率达93.9%。全面完成2014年省委巡视交办问题的整改落实工作，得到市纪委充分肯定。

宣传教育

【廉政文化建设】 建成县党风廉政教育基地并对外开放，全县78个单位、2400余人参观学习并接受廉政教育；协同县政协组织征集优秀作品24幅参加滁州市“清风亭城、美丽滁州”廉政文化书画作品展，聚合向善向上的正能量；指导县气象局积极创建廉政文化示范点，并通过市纪委验收，截至2016年年底，全县省级廉政文化示范点达6个，市级廉政文化示范点达16个，位居全市前列。

【警示教育】 制作《2015年腐败案件警示录》教育片，在全县各单位巡回播放100余场次；收集违纪人员悔过书和案件剖析材料，编印《反腐倡廉教育读本》500册，警示教育党员干部近万人；坚持用身边事教育身边人，全年共组织全县500余名重点领域和关键岗位的党员干部旁听原县粮食局局长董玉才、县公安局儒林派出所原所长邵华等职务犯罪案件庭审。

自身建设

【强化队伍建设】 落实党建工作责任，按照“忠诚、干净、担当”要求，加强纪检干部队伍建设。深化“三转”，完成委局机关内设机构调整，纪检监察室和其他监督执纪部门人员占比由原来的29.7%上升至60.2%；结合乡镇党委换届，配齐配强镇纪检干部，10个镇共50名纪委委员全部配备到位。

【提升履职能力】 结合“两学一做”学习教育，认真开展“讲看齐、见行动”学习讨论，引导纪检监察干部坚定理想信念。加强自我监督，教育引导全县纪检监察干部尊崇党章、严守纪律，带头落实中央“八项规定”精神，争做践行“四个意识”的表率；强化自身监督和内部管理，做到“五严守、十不准”，严防“灯下黑”。

（县纪委办公室）

社会团体

- 工会
- 共青团
- 妇联
- 工商联
- 文联
- 科协

工　会

全椒县总工会第十九届金秋助学资助仪式

全椒县总工会开展“送清凉”活动

【概况】 全椒县总工会现有工作人员 12 人，内设机构有办公室、组宣部、经济保障部、财务部、女工部。全县共有基层工会 1317 家，会员 778654 人。职工代表大会制度基本建立，逐步完善，企业民主管理和监督不断加强；评议企事业领导干部和厂(事)务公开形成制度。在县委领导下，全县各级工会不断加强组织建设，制度建设；开展职工之家和农民工入会活动；深入开展送温暖工程，积极开展困难帮扶，推荐全国劳模、省部级劳模，协助县社会劳动保障局等部门推动下岗职工再就业、职工养老保险、城市居民最低生活保障、失业保险政策的落实，为维护社会稳定、职工队伍稳定作出积极的努力，取得卓有成效的成绩。

【“送温暖”工作】 一是开展困难职工调查摸底，核实资助对象，二是以县委办、县政府办下发捐款文件，筹集资金，三是制定工作方案，报县委常委会研究后组织实施，扎实做好每年“两节”送温暖工作，确保职工队伍和谐稳定。在 2016 年 2 月中旬，组织各主管局(镇)工委负责人陪同县委、人大、政府、政协等有关部门领导，先后对 13 个系统 10 个镇的 993 名困难职工和 53 名省部级困难劳模进行走访慰问，共发放慰问金 93.88 万元，并与县电视台联合对送温暖活动情况进行连续跟踪报道，进一步叫响做实工会服务品牌。与此同时，认真做好 2017 年“两节”送温暖工作。

【工会系统帮扶服务工作】 按照“会、站、家”一体化的思路，全椒县帮扶救助工作实现全覆盖，各主管局(镇)工委均建立困难职工帮扶工作站，2016 年年初，县总工会对已建的帮扶站点提出“经常化、常态化和制度化”工作要求，帮助完善帮扶相关制度，进一步做实帮扶服务品牌。5 月中旬，省总工会李素萍副主席到全椒县检查企业帮扶站建设工作，帮扶建设工作受到好评与肯定。11 月，根据省市总工会部署，积极开展全省工会困难职工帮扶中心申报五星级达标工作。截至 2016 年 11 月，县帮扶中心先后帮扶救助生活特困职工 142 人，医疗救助 53 人，发放救助金 22.3 万元。

【职工互助保障工作】 年初，县总工会召开各主管局工委主任及直属工会主席会议，宣传和部署职工互助保障工作，制定工作方案和任务指标，下发到各主管局工委和直属工会，积极推进职工互助保障工作，为职工构筑第二道生活保障线。2016 年，新增职工参加互助保险 950 人，续保 1780 人，累计参保额 22.4 万元。理赔 6 人次，理赔金额 1.4 万元，有效解决遇险职工的燃眉之急。

【开展“金秋助学”活动】 在每年高考结束后，根据省总、市总文件通知要求，县总工会会同县教育局等部门对困难职工子女考取大学情况进行调查核实，确立资助对象。在 2016 年共资助困难职工子女上大学 68 人，发放资助金 27.2 万元。

【工会组建工作】 按照《企业工会工作条例》和市总工会下达的工会组建目标任务，进一步加大对企业建会特别是非公企业建会工作力度。开展组建工作调研、下发组建工作文件、进行任务分解，完成市总工会下达的新建工会组建目标任务，配齐各主管局(镇)工委主任，确保工会工作上下贯通。2016 年，新建基层工会 24 家，发展会员 2669 人(其中农民工 2000 人)，同时，开展非公企业数据库录入工作，完成 613 家企业、农民工 23156 人录入工作；进行 34 家基层工会换届，增补(选)工会主席 30 人。

【全国劳模和先进工作者评比推荐和宣传工作】 2015—2016 年，通过摸底，层层推荐，科昌机械有限公司梅志平为安徽省最美农民工，安徽省“五一”劳动奖章获得者、全国“五一”劳动奖章获得者；全椒县地税局邓百科为安徽省“五一”劳动奖章获得者；选树全椒中学市级劳模工作室；为 4 名省部级劳模更换劳模证书，为 25 名省部级劳模因病向省总工会申请补助。同时，对劳模档案进行核查整理，为劳模办理免费乘车证件。2016 年 4 月，县总工会配合市委宣传部到全椒县林业局采访全国劳模韩明道，对其先进事迹和崇高精神进行体验式深度报道，在五一国际劳动节前夕就劳动光荣、知识崇高、人才宝贵、创造伟大等精神开展宣传报道，共同营造浓厚氛围。

【“送清凉”慰问活动】 为切实做好夏季防暑降温工作，有效预防控制高温中暑和各类安全生产事故的发生，保护广大职工和农民工在高温环境下作业的安全健康权益，在每年 7 月，县总工会购买夏季避暑物资，组织开展“送清凉”活动。2016 年，共发放纯净水、毛巾等防暑降温物品价值 2 万多元。

【开展主题征文演讲比赛活动】 2016 年 5 月，县总工会会同县直机关工委开展“最美劳动者”和“我的农民工兄弟”征文演讲比赛活动，来自全县各行业的 40 多名名选手参加，他们以昂扬的姿态展现最美劳动者和农民工良好的精神风貌，经过激烈的角逐，评出演讲比赛获奖 8 名，征文优秀作品 11 份。

(县工会办公室)

共青团

【概况】 2016 年，共青团全椒县委在县委、县政府和团滁州市委的坚强领导下，认真履行团的基本职能，紧密围绕党政工作大局，结合青少年成长需求，进一步深化团的各项重点工作，着力构建志愿服务、青年创业就业和青少年权益保护三个平台，以志愿服务作为参与社会服务管理创新的有效载体，以促进青年创业就业作为参与经济建设谋发展的有效途径，以开展青少年权益保护工作作为服务青少年成长成才、关爱弱势青少年群体的有力抓手，较好地完成全年各项工作目标，共青团工作水平显著提高，共青团对广大青少年的吸引力和凝聚力明显增强。

【开展主题活动】 我们的节日——清明。4 月 1 日上午，团县委组织 20 余名青年志愿者在王枫烈士墓参加全椒县 2016 年“我们的节日”清明节“文明祭祀”启动仪式。清明小长假期间，青年志愿者们在全椒县龙岗公墓开展助力清明志愿服务活动，为行人送上黄丝带、爱心雨伞、轮椅，发放文明祭祀倡议书、宣传单，引导行人参与文明祭祀签名活动等。全县各级团组织也于清明期间开展公墓祭扫志愿服务、组织带领学生开展文明祭扫、网上祭英烈等爱国主义教育活动等。

“五四”纪念大会。5 月 4 日，全椒县召开纪念“五四”运动 97 周年暨团队工作会议，县委副书记孔祥宁，县委常委、副县长陈飚，县委常委、组织部长陈岭，县政协副主席苏守复、县关工委副主任刘宝安出席大会，全县各级团队组织负责人和受表彰的先进青年代表150余人参加会议，团县委副书记杨林主持大会。会上，县少工委聘请关工委10位“五老”同志（老党员、老专家、老教师、老战士、老模范）作为全县少先队志愿辅导员，表彰2015年度的“两红两优”集体和个人、青年岗位能手、我最感动的椒陵志愿者。团县委对下一阶段团队工作并进行业务培训。

“六一”文艺汇演。5月11日，全县庆“六一”文艺汇演协调会在县委宣传部会议室召开，县委宣传部、文明办、教体局、团县委、公安局、妇联6个单位相关负责人参加会议。会议介绍全椒县庆“六一”文艺汇演总体安排，各单位围绕活动主题、节目安排、各类材料准备、现场会务、安全保障等方面开展深入交流。5月31日，全县庆“六一”文艺汇演在全椒大剧院举行。县委副书记孔祥宁应邀出席并致辞，滁州市文明办道德科科长冯维民，县委常委、副县长陈飚，县委常委、宣传部部长张华贵、副县长胡刚，县文明办、教体局、团县委、妇联、科协等单位主要负责同志出席并观看演出。演出内容精彩纷呈，为观众和全县少年儿童送上一场丰盛的文化大餐。演出现场还对全县青少年科技创新奖代表和全县优秀少先队员代表进行表彰。

烈士纪念日公祭活动。9月30日，团县委组织团员代表赴周岗烈士陵园参加烈士纪念日公祭活动。活动中，团员代表向烈士纪念碑行三鞠躬礼，献鲜花并瞻仰纪念碑、祭扫烈士墓、参观烈士纪念馆。

纪念少先队建队67周年主题队日活动。10月13日，全椒县纪念少先队建队67周年暨2016年少先队员入队仪式在第二实验小学举行，团县委、县教体局、县关工委相关领导、全县各中小学少先大队辅导员及部分家长代表参加活动。纪念日期间，全县各中小学校少先队积极行动，利用校红领巾广播站、橱窗等少先队阵地开展主题队日活动，形式多样，内容丰富，充分展示全县少先队员的风采。

【志愿者服务工作】 党员志愿服务。9月27日，团县委组织2名党员志愿者参加县直单位共产党员志愿者医疗卫生服务队赴全椒县六镇镇柴岗村周注新村开展“送健康下基层”活动，发放健康宣传彩页，通过健康宣传方式提高群众的健康意识、防病意识。

志愿服务助力央视《美丽乡村过大年——走进全椒》。1月20—23日，CCTV军事农业频道《美丽乡村过大年——走进全椒》特别节目在全椒太平文化广场启动开拍，为切实做好节目演出及录制的后勤保障工作，全椒县文明办、团县委、县青年志愿者协会联合在全县各级文明单位中招募50余名志愿者服务此次节目的录制。服务期间，全椒气温一度达到-13℃，志愿者们不畏严寒、服从安排、自觉贡献个人的时间及精力，以饱满的热情、敬业的精神做好志愿服务，圆满完成整个节目拍摄全程的后勤保障工作，得到主办单位的认可，获县领导的肯定和来宾的赞赏。

志愿者助力全椒“正月十六走太平”。2月23日，农历正月十六，全椒县“正月十六走太平”民俗文化活动精彩上演。县文明办、团县委、县青年志愿者协会在全县招募80余名青年志愿者参

团县委组织爱心志愿者赴福利院开展慰问活动

与到本次“走太平”志愿服务保障工作中。活动中，志愿者们佩戴统一的志愿服务标识，自早上7时至晚上23时，坚守在太平桥堤岸两侧，开展志愿服务活动。主动制止游客的不文明行为；引导、疏散游人；引导游人在指定地点燃放爆竹、烧香；劝阻游客燃放孔明灯；协助相关单位清理乱摆乱放的摊位、引导车辆有序停车、帮助清理游客丢弃的垃圾，对需要帮助的老人、小孩，及时伸出援助之手等。

青年志愿者倾力服务全省农村生活垃圾治理现场会。6月15日，全省农村生活垃圾治理现场会在全椒召开。6月14日下午，来自全省14个市的330余名代表陆续到全椒。为确保会议有序召开，最大程度满足参会代表在全椒期间的住、行需求，6月14日、15日，团县委、县文明办招募33名青年志愿者奔赴酒店、火车站、高铁站、高速道口等处协助相关单位开展志愿服务活动。活动中，志愿者们统一着装、佩戴青年志愿者绶带、胸徽，在酒店、火车站、高铁站、高速路口等地开展签到、引导、联系对口接待单位、指引方向等工作，他们以整齐端庄的形象、不畏酷暑、不辞辛劳的工作态度展现全椒青年积极乐观的精神风貌，赢得参会代表的一致好评。

学雷锋志愿服务月。3月4日上午，团县委在全椒县街心花园广场举办全县学雷锋志愿服务月启动仪式暨集中咨询服务活动。全县各县直单位相关负责人、各级文明单位的志愿者代表、服务《美好乡村过大年》特别节目录制的优秀青年志愿者代表300余人参加活动，县委常委、宣传部部长张华贵出席活动并讲话，活动由团县委副书记杨林主持。启动仪式后，全县70余支志愿者服务队分赴各自包保路段，开展为期一个月的环境整治、文明劝导等文明创建集中志愿服务；3月5日，团县委、县青年志愿者协会组织20余名青年志愿者到襄河镇敬老院开展志愿服务活动，为老人免费理发、包饺子、打扫卫生、整理房间，与老人亲切聊天、说笑话谈家常。此外团县委、县消防大队还向院方赠送一批米、油、副食及一些生活用品等物资。

志愿者参与创建省级文明县交通劝导行动。7月28日，全椒县创建省级文明县交通劝导志愿者培训会在县政务中心椒陵会堂召开，正式启动为期4个月的文明交通劝导活动，全县招募的300余名志愿者代表参加培训，县委常委、宣传部长张华贵出席会议并讲话。会上，团县委负责人宣读活动方案，县公安局交警大队负责人为志愿者们作业务培训。团县委为每位志愿者配备有志愿者标识的帽子、引导旗、袖章、口哨等物品。活动中，志愿者们被分配在县城9个主要交通路口开展交通劝导活动，引导行人文明出行。

【团队工作】 青少年思想道德引领。团县委、县少工委采用小手拉大手的方式，带动广大家长做健康文明生活方式的倡导者和践行者，鼓励全县少先队员踊跃参与滁州市开展的“我与家长共文明·阳光家庭共争章”主题教育实践活动。最终，卞秋若璇等15名少先队员喜获市级“阳光家庭章”，古城小学等3所学校少先大队喜获优秀组织奖；团县委积极组织少先队员参加“红领巾相约中国梦”少先队员作品征集活动。

召开团队工作总结会。2月1日，团县委在全椒县第三中学召开全县2015年度团队工作总结会议，全县各级团队负责人约60余人参加会议。会议传达县第十三届党代会和县两会精神，对2015年共青团工作进行全面总结，并对2016年工作进行细致谋划。

网上共青团工作。5月19日，滁州共青团“青年之声”互动平台、“网上共青团”座谈暨推进工作会议在全椒县儒林外史国际大酒店举办，团市委书记孙枝娟、副书记郝仙红及相关部室负责人、各县市区团委、部分市直单位团组织负责人参加会议。会议由孙枝娟主持。会上，与会人员就自己对青年之声的认识和理解及当下青年之声的运行情况发表自身的看法，孙枝娟总结一年到全市青年之声工作并对下阶段工作提出要求。会议上，大家还通过微邦手机APP相互添加好友，方便相互交流，为之后“青年之声”工作提供便利条件。

宣传咨询活动。3月21日，团县委在街心花园广场参加“发展社会工作、助力扶贫济困”为主题的2016年国际社工日宣传活动，宣传志愿服务理念和精神，鼓励青年人加入到青年志愿者团队中来，发放相关青少年法律法规宣传单页，提升群众法律意识；9 月 19 日，团县委在县政务中心广场参加全椒县 2016 年全国科普日宣传活动，开展以弘扬科学精神，普及科学知识，传播科学思想为内容的科技宣传活动。

党风廉政教育。9 月 26 日，团县委组织全体党员干部赴全椒县党风廉政教育基地参观并接受警示教育。认真观看全椒县反腐倡廉警示教育宣传的图片和视频，教育全体党员干部树立正确的人生观、价值观；12 月和 2017 年 1 月，相继组织机关全体党员干部在国家调查队全椒支队会议室集中观看《2015 年腐败案件警示录》和效能建设专题片，教育全体党员干部吸取教训，引以为戒，筑牢拒腐防变思想道德防线。

参与滁州市“三下乡”活动。1 月 28 日，滁州市“三下乡”活动在全椒县马厂镇黄庵村举办，为将共青团服务青少年的各项政策宣传到每位来参加活动的群众心中，团县委组织人员参加本次活动。活动中，团县委工作人员结合自身及农村工作实际，着重向农民群众发放关于未成年人保护、青年创业就业等资料及《读者》《青年文摘》等青年读本，耐心细致地向民众介绍什么是未成年人保护、未成年人该如何保护等法律法规知识。

【开展爱心奉献活动】 爱心捐赠。1 月 7 日，团县委副书记杨林一行赴马厂小学开展爱心捐赠活动，为该校的 22 名贫困生送去由团县委、全椒县恒康建材有限公司资助的 11000 元爱心救助金和价值 2000 余元的学习用品等物资；10 月，团县委积极争取社会扶贫力量投入扶贫工作，经积极争取，全县 10 名建档立卡贫困户儿童得到省建行爱心助学资助共 5000 元；11 月 1 日，团县委在第二实验小学举办的“大手暖小手·共圆微心愿”爱心商家助力社会扶贫认领结对活动，二实小贫困学生许下的 50 个微心愿全部被认领；12 月 1 日，团县委副书记杨林携爱心商家慕茗茶社一行到白酒小学对该校留守儿童进行爱心关怀，当场捐赠爱心保温杯 50 个，并与受助学生进行合影留念；12 月 17 日，团县委、县青年志愿者协会组织 20 余名志愿者，赴县社会福利院开展爱心慰问活动，本次爱心慰问活动共募集各类物资价值约 2 万元，全部用于福利院 16 名孤儿的日常生活。

爱心圆梦大学。8 月 16 日，2016 年全椒县“中国梦·梦之蓝”爱心圆梦大学再行动助学金发放仪式在县政务中心举办，县委副书记孔祥宁应邀出席并作重要讲话，江苏洋河酒厂相关领导、部分学校团委书记、受资助的 50 名贫困生及家长代表参加仪式。仪式上，50 名受助学生，每人均得到 2000 元现金和约 1000 元物品的资助，总价值超出 15 万元。

团县委举办“大手暖小手·共圆微心愿”认领结对活动

“学雷锋·微心愿”。3 月 24 日，全椒县“学雷锋·微心愿”认领结对仪式在县政务中心 8 号会议室举办，各参加结对的文明单位、爱心人士和涉及学校的辅导员老师等 100 余人参加仪式。仪式上，各认领单位、爱心人士将他们精心准备的书包、衣服、文具、足球等微心愿物品交到学校辅导员的手上，同时，辅导员也将学生亲手书写的感谢卡转交到各单位人员手中。六镇镇明德小学、县供电公司分别作为“筑梦人”和“圆梦人”进行发言。“学雷锋·微心愿”活动于 2016 年 2 月中旬由团县委、县少工委发起，面向全县贫困外出务工人员未成年子女、农村留守儿童、服刑在教人员未成年子女以及孤残少年儿童等家庭困难青少年儿童广泛征集“微心愿”，倡导社会各界按照“能为，可为”的原则主动认领。全县30余所学校积极组织征集并申报，40余家文明单位、社会团体、民间组织和10多位爱心人士踊跃参与，认领并帮助实现两批共107个微心愿，在全县引起良好反响，全椒团县委“学雷锋·微志愿”项目荣获全省第三届青年志愿服务项目大赛二等奖。

节日慰问。2月1日，春节前夕，团县委副书记杨林一行到襄河镇，走访慰问该镇两户贫困家庭。认真了解他们近期的身体情况和家庭状况，鼓励他们树立克服困难的信心和勇气，同时，为他们每户送去500元慰问金及大米、食用油等生活用品。

【走访调研】 走访调研全椒县青年创业者协会会员企业。4月19日，团县委副书记杨林一行先后赴十字镇绪年养猪场、石沛镇多肉植物种植地、尹氏油脂有限公司等地的县青创协会员企业开展走访调研；5月12日，团市委书记孙枝娟、副书记郝仙红及青农部负责人一行到全椒县走访调研青年就业创业工作，县委副书记孔祥宁、团县委和相关镇负责人陪同调研。

【扶贫工作】 2016年团县委扶贫攻坚结对帮扶村为古河镇蔡集村，帮扶户数10户，2016年脱贫1户。在社会化扶贫工作方面，团县委结合自身工作职能，精心制作“弘扬志愿精神·助力扶贫攻坚”志愿者招募海报，招募扶贫志愿者90余名，开展疾病防控、卫生清理、义务支教、政策宣讲等志愿服务5次，服务时长超过100小时；开展“学雷锋·微心愿”、爱心圆梦大学等贫困家庭青少年救助工作；开展扶贫日、春节等慰问和日常走访工作等。

【义务植树】 3月10日，植树节到来之际，团县委组织全体机关干部到西王镇森林公园开展义务植树活动，共栽植乌桕等树苗10余株。

【荣誉成绩】 少先队活动课研究全市领先。3月，2015年度滁州市少先队活动课优秀论文和案例评选结果揭晓，由共青团全椒县委推报的26个论文及案例获滁州市表彰，本次活动全县共收到少先队辅导员参评论文31篇，少先队活动课案例10个，经过团县委的精心筛选，19篇论文和7个案例被推报到团市委参加进一步评选，最终全部获奖，获奖数占全市获奖数的一半以上，其中南屏中学《让少先队活动课“活”起来》获本次论文比赛一等奖。

省级青年文明号。8月，全省创建青年文明号活动组委会下发文件，中国邮政储蓄银行全椒县支行综合业务部喜获“2015年度全省青年文明号集体”称号。自此，2016年，全县新增县级青年文明号7家、市级青年文明号2家、省级青年文明号1家，另推报9家优秀集体参与市级青年雷锋岗评选。

青少年综合服务平台创建再创佳绩。2016年，石沛镇青少年服务中心、武岗镇青少年综合服务平台、襄河中学留守儿童之家被成功命名为滁州市“市级示范性青少年综合服务平台”，其中石沛镇青少年服务中心被成功推报省级示范性青少年综合服务平台。

【全椒县第二届青年交友会】 1月26日，团县委、国网安徽省电力公司全椒县供电公司在全椒县太平文化广场举行“缘来是你·共享青春”全椒县第二届青年交友联谊会，团县委副书记杨林出席并送上祝福，来自全县各个领域在职的60余名单身青年参加活动。活动期间，每位嘉宾背后的名牌最为醒目，大家彼此交流认识，一张张“真情卡”搭起一座座友谊的桥梁，幸福往返跑、钱币搭配、团队跳大绳、才艺展示等环节穿插于活动始末，将现场的气氛一次次推向高潮。

【大学生暑期社会实践】 6月底，团县委、县委宣传部、教体局联合在全县回城大学生中再次启动暑期进机关社会实践活动，共接收65名大学生报名，近20个县直单位相继提供60余个岗位供大学生开展社会实践活动。本次实践活动时间自7月20日至8月20日。活动期间，团县委相继组织大学生开展敬老院慰问、预防艾滋病知识培训、扶贫志愿服务、道德讲堂总堂文艺表演、机关开放日等活动。

（团县委办公室）

妇联

【全椒县妇女第十一次代表大

会】 县妇女第十一次代表大会于11月23日召开，这次会议得到市妇联、县委县政府的高度重视，配备配齐班子。市妇联主席史成霞、县几大班子领导以及160名正式代表和200名列席、特邀代表参加会议，会议选举产生新一届25名执委、11名常委，郭友莉当选新一届主席，张奇华、杨达琼当选为副主席，刘莉、阚玲当选为兼职副主席。

【项目建设】 共争取省妇女创业扶持项目3个共21万元，分别是古河镇蔡集村美丽家园项目、大墅镇刘兴村“妇女之家”项目和留守儿童关爱项目，两个村一级项目点，县财政配套资金共1500多万元。通过项目实施，打造特色工作品牌，开展各类创建活动丰富化、常态化，扎实推进美丽家园行动和妇女之家建设，大大提高妇女儿童公共服务水平，带动周边妇女的创业就业。并于12月7日顺利通过省第三方评估验收。争取全国妇联、中国妇女发展基金会、中央专项彩票公益金(中国福利彩票和中国体育彩票)“贫困母亲两癌救助”金40万元，共慰问40名“两癌”患病母亲。

【实施五项行动一项工程】 一是实施巾帼建功行动。主动和县人社、农委等有关部门联系，借助各类教育培训资源联合开展妇女培训技能培训，妇女参训比例达41.7%。全年帮助236名妇女申请到2360万元小额贴息贷款，鼓励支持妇女创业就业。组织近200名妇女参加阿里巴巴农村淘宝招募大会。三八节期间，表彰“巾帼文明岗”15个、“巾帼建功标兵”72名、“双学双比女能手”14名，并联合县电视台拍摄《2016椒陵巾帼风采录》，展示妇女建功新形象。在妇代会召开期间，拍摄《代表风采录》，开展一场女性风采展示文艺演出，集中展现全县涌现的一批岗位建功典型。二是实施巾帼维权行动。全年共接待来访妇女百余次。认真倾听妇女诉求，努力帮助妇女解决生活困难和心理创伤。开展女法官、女律师进社区，定期驻点接访活动。全年共评选160户“平安家庭”报县综治办表彰。三是实施巾帼文明行动，常态化开展寻找最美家庭活动，全县共表彰37户“最美和睦家庭”，9户“家庭最美书香家庭”，14名“最美家庭成员”。省妇联和省宣传部联合表彰井晓月、藤公道、张俊家庭为“最美家庭”“最美家庭成员”。另外，全椒县许洪涛家庭获评全国五好文明家庭；曹福义家庭获评全省五好文明家庭，朱厚元家庭获评全省五好文明家庭。表彰10户家庭为全椒县“绿色家庭”。表彰75户“五好文明家庭”、104户“十星清洁户”。三八节期间，举办健身舞展示汇演，众多家庭参加，展示健康向上的精神状态。四是实施巾帼关爱行动。全年慰问贫困妇女儿童200人次，争取省市妇联助学金5.5万元，救助13名2016年新录取的本科女学生。六一儿童节期间，时任省政府副省长刘莉深入全椒县慰问3所学校，送来约10万元的慰问物品。结对帮扶古河镇蔡集村10户贫困户，2016年预脱贫1户。和县扶贫办在10月联合开展“爱心一元捐”活动，募集捐款165840元，全部用于慰问贫困妇女儿童。五是实施美丽家园行动。围绕县委、县政府全面推进美丽乡村建设的总体部署，以省妇女创业扶持专项资金经费项目推进为载体，充分动员农村妇女积极参与环境整治、“十星清洁户”评比活动，在优化人居环境、整治村容村貌、建设美丽家园、促进生态文明中发挥作用。六是实施强基固本工程。扎

全椒县妇女第十一次代表大会隆重召开

实开展"两学一做"学习教育和"讲看齐、见行动"活动。村、社区"妇女之家"实现全覆盖。新成立妇委会8家,26个县直妇委会进行换届改选。在3家民营医院和4所私立幼儿园新成立妇委会,新成立夕阳红剪艺团队(儒林之乡非物质文化遗产剪艺中心)和全椒书画协会女子分会。

(县妇联办公室)

工商联

【荣获全国五好工商联称号】 中华全国工商业联合会《关于确认全国"五好"县级工商联的通知》(全联厅发〔2017〕14号),表彰2016年度全国"五好"县级工商联,全椒县工商联再次荣获全国"五好"县级工商联称号。

【开展四项调查研究】 一是开展涉企收费清单制度落实情况第三方评估调研。二是开展全椒县民营经济发展情况调研。三是开展非公有制经济领域意识形态状况及对策调研。四是认真开展新生代非公经济人士调研工作。

【法律服务】 利用商事调解中心开展法律服务。一年来,通过商事调解中心共为5家会员企业推荐律师担任法律顾问,帮助8家会员企业规范用工合同,调解矛盾纠纷112件,达成协议106件。

【行业商会建设】 2016年,县工商联组建全椒县纺织服装行业协会,6月22日召开县纺织服装行业协会成立暨第一次会员大会。

【光彩事业】 引导非公经济人士积极参与光彩事业和美好乡村建设活动。一是鼓励引导民营企业家致富思源、履行社会责任,投身光彩事业。县工商联副主席企业安徽江海置业捐助5000元资助西王镇10名困难家庭学生、捐款10000元资助县作家协会,安徽兴达机电捐助10000元资助困难职工家庭,禾富房地产捐资3万元,资助15名困难大学生。6家副主席企业与2015年6个省级示范村结对帮扶。

【企业扶贫】 做实做细精准扶贫。一是开展机关扶贫包保工作。工商联机关与六镇镇大张村6户贫困家庭开展结对帮扶。二是组织民营企业开展"百企帮百村"精准扶贫行动。动员、组织15家民营企业与全县9个贫困村结对帮扶,通过产业帮扶、就业帮扶、公益捐赠等方式投入帮扶资金和物品约480万元。

(县工商联办公室)

文联

【荣获市级表彰】 在2016年滁州市文艺工作会议上,全椒县文联2015年度工作以全市排名第一的优异的成绩走在全市前列,受到市文联通报表彰。

【全椒县第五届(2015年度)文学艺术奖】 本届是全椒县文学艺术创作和艺术表演奖补办法修改后的首届奖励。7月20日,第五届全椒县文学艺术作品奖励颁奖仪式举行,22件作品获得奖励。

【文艺活动】 2016年元旦至春节期间,全椒县文联组织数十名书法爱好者,自备红纸和笔墨,分赴六镇镇、武岗镇、襄河镇等社区,以及江海城市广场、街心花园等处,开展10余次义务书写春联活动,参与者近百人次,义务书写赠送春联一万余幅,以最传统的艺术形式营造祥和的文化氛围和节日气氛,传达党和政府的对群众的新春祝福。2月5日,"2016'逐梦全椒'书画摄影展"在全椒美术馆展出。展出的100余幅书画、摄影作品,以描写全椒的诗文、全椒的人文风光、民俗风情、百姓生活和建设成就等为创作素材,主题鲜明,积极向上,展览期间吸引数千人次前往观看。6月17日—7月28日,"全椒县首届'拉菲杯'舞蹈大赛"在太平桥南广场举办,来自全县40多个舞蹈队的500余名舞蹈爱好者参与角逐。本次舞蹈大赛是纪念中国共产党诞辰95周年活动之一。

(县文联)

科协

【概况】 2016年,全椒县科协以提高全民科学素质工作为主线、科学技术普及为中心、科技人才工作为核心、科学技术培训和推广为重点扎实开展科协工作。切实履行科协"三服务一加强"的工作职责,圆满完成县委、县政府7项中心工作,争取到7个方面的政策性支持,举办5项大型科普讲座和科学技术培训,进行5次科普交流活动,开展4项大型科普活动，承办4项政府转移职能评选表彰工作，受到上级表彰4次。

【组织参加滁州市第七届青少年科技创新大赛】 1月9—10日，县科协、县教体局组织约30人参加滁州市第七届青少年科技创新大赛。经过激烈角逐，获大赛一等奖3名，二等奖2名，三等奖5名，刷新全椒县在市青少年科技创新大赛的最好成绩。

【举办第九届"科普之春"活动】 借助"正月十六走太平"民俗节日的鼎盛人气，全椒县第九届"科普之春"活动拉开序幕。在县科普领导小组的统一部署下，县科协、科技局、农委、教体局、卫计委等28家单位和相关学会、协会在太平桥北广场举行大型科普宣传和科技咨询活动。活动设置30多张宣传咨询台，摆放100多块宣传展板，100多名科普志愿者现场发放《科学生活》和《全椒科普》等宣传资料。第九届"科普之春"活动包括："二月二·界首"科普活动、"二月十九·神山寺庙会"科普活动、"清明·龙山寺庙会"科普活动等。整个活动接受宣传咨询的群众百姓达65000多人次，发放各类科普宣传资料17200多份，农业技术资料9200多份，赠送科普宣传画1000多份。

【科协机关党支部换届】 6月20日，县科协召开机关支部换届选举会议，会议由党组书记、主席丁源河主持，会议三项议程：一是宣读全椒县直工委直党工组〔2016〕25号文件批复；二是通过机关支部换届选举办法；三是进行选举并公布选举结果。经过无记名投票选出程伟、陈骏、张圣文3人为第三届机关党支部支委组成人员；在随后召开的机关党支部支委第一次会议上，选举程伟任机关支部书记、组织委员，陈骏任纪检委员，张圣文任宣传委员。会上，程伟做表态发言，丁源河对新一届机关党支部支委如何抓好党建工作提出希望和要求。

【科协成立工会】 县科协在县总工会支持下，经过酝酿、筹备成立工会。6月20日，县科协召开工会成立大会，会议由科协主席、党组书记丁源河主持，全体干部职工参加。会议根据《中华人民共和国工会法》和《中国工会章程》的有关规定，通过工会工委委员选举办法。以无记名投票选出张圣文、方学友、宁世群3人为科协工会工委组成人员。在随后召开的工会工委第一次会议上，选出张圣文为工会主席、方学友为仲裁委员、宁世群为经费审查委员。会上张圣文做表态发言，丁源河对如何开展好工会工作提出希望和要求。

【组团参加第七届中国科博会】 11月11—12日，全椒县组团参加第七届中国（芜湖）科普博览会。代表团由县政府副县长胡刚任团长，科协主席丁源河为副团长，各镇科协主席、开发区科协主席、相关单位科普负责人和县科协业务骨干等共计24人组成。中国（芜湖）科普博览会是由中国科协、安徽省人民政府共同主办，是我国科学普及领域唯一的国家级博览会，也是安徽省自主创新成果转化的重要平台。每两年举办一次。代表团一行参加科博会的开幕式，现场观摩科技场馆类设计方案、展教具展示、智能机器人展区、网络多媒体、4D声光影院、激光全息裸眼立体投影系统等，参观科技创新成果展和全国非物质文化遗产展示，参加科学传播论坛、海智计划项目对接等有关活动。全椒县江海小学8名小学生还应邀参加"海峡两岸小学生机器人竞赛"。

【举办当前经济形势分析报告会】 4月25日，县科协邀请安徽经管学院教授陈发祥在县委党校举办当前经济形势分析报告会，全县约300名干部及企业负责人聆听报告。会议由县委副书记孔祥宁主持。

陈发祥教授从历史演进、设计思路、具体流程等几个方面系统的解析新常态与供给侧。强调新常态与供给侧对国家导向目标的实现程度，重点强调"自主创新、创业环境、内生增长、资源有效利用"等因素，引导良性发展。报告内容深入浅出，生动翔实，参会人员获益匪浅，初步了解和掌握当前经济形势。

【首届全椒县自然科学优秀论文编辑出书】 7月25日，首届全椒县自然科学优秀论文汇编成书，一期100本印制完成并赠送相关部门参阅。首届全椒县自然科学优秀论文评选由县科协联合县人社局开展，共收集论文66篇，涵盖工业、农业（畜牧业、水产、茶叶)、林业、医学、教育、气象、水利、建筑等学科,比较完整的反映出全县当前经济、社会等领域的科技水平和成果。

【农副产品小包装创新评优】为进一步推动全椒县生态农业、观光农业发展,提升全县农副产品小包装的整体水平,打造农副产品精品品牌,引导相关产业为旅游业发展服务,8 月 20 日起,县科协牵头开展第四届农副产品小包装创新评优活动。经各镇科协推荐、广场展示和群众评议等环节,9 月 19 日,县第四届农副产品小包装创新评优专家组评选出“宏福·胎菊王”小包装等优秀农副产品小包装作品 9 个,其中一等奖 1 个(奖金 1000 元),二等奖 3 个(奖金 600 元),三等奖 5 个(奖金 400 元)。石沛镇科协、武岗镇科协获评优活动优秀组织奖。此次获奖的农副产品小包装作品,具有鲜明的时代特色:一是设计新颖,款式创新;二是彰显农副产品绿色、安全、独特和健康的土特产个性;三是采用环保和天然的制作材料,确保食品安全。

【农民技术职称评审】 8 月 3 日,2016 年度农民技术人员职称评定工作在全县展开,经各镇科协选拔、把关和推荐,全县约 150 人入围。11 月 24 日,县科协牵头农委、林业等部门组成农民技术人员职称专家评审组,对全县 150 名申报人员资料开展评审。12 月 19 日,专家评审组完成 2016 年度参评农民技术人员的职称评定,评出高级技师 2 人、农民技师 4 人、农民助理技师 36 人、农民技术人员 71 人;对上述 113 人技术职称评定结果分别在县科协网、县政府公开栏进行为期一周公示。公示结束无异议后,12 月 27 日,县农民技术职称评定领导小组召开全体会议,一致通过 2016 年度 113 名农民技术人员的职称评定结果。

全椒县 2016 年青少年科技创新(科幻画)大赛颁奖大会

【人才高地科技专题讲座】 12 月 29 日上午,县科协在县委党校牵头主办人才高地科技专题讲座活动,南京金正奇交通设备有限责任公司、全椒县轨道交通技术学会承办。来自县轨道交通技术学会和相关学会代表约 100 人出席活动。讲座邀请中国中车专家库周殿买主讲,主讲题目《关于中国动车组转向架发展历程及趋势》,围绕中国动车组转向架的发展历程和现状做精彩的报告,现场回答相关问题,使到会人员受益匪浅。

【举办 2016 年全国科普日主场活动】 9 月 19 日上午,县政务中心广场艳阳高照、秋风送爽,千人聚集。“创新放飞梦想,科技引领未来”为主题的巨型背景墙矗立在广场中央,沿背景墙两侧,19 家县直单位科普咨询台、7 所城内中小学近百件科创作品、10 个镇 50 多件农副产品小包装、近 10 家工业企业创新成果一字摆开。300 名青少年科技爱好者、130 名党员志愿者、40 名领将者的 3 个方阵在红旗引领下,精神抖擞站在主席台正前方。市科协主席张家水,县人大主任杨勇,政协主席董光林,县委副书记孔祥宁,县委常委、副县长陈飚,副县长胡刚,政协副主席赵丛祥以及县科普暨全民科学素质工作领导小组成员单位主要负责人,各镇镇长、科协主席和相关企事业单位领导干部共 100 多人出席活动。8 时 10 分,县委副书记孔祥宁宣布“全椒县 2016 年全国科普日”主场活动现在开始。副县长胡刚宣读《关于表彰第三届“全椒县十佳科技人物”“全椒县十佳科技致富带头人”的决定》文件;市、县领导为“双十佳科技人物”、科普示范单位代表、全椒县首届自然科学优秀论文获奖代表颁奖。仪式结束后,张家水、杨勇、董光林、孔祥宁等领导兴致勃勃地参观青少年科创作品展示、农副产品小包装、工业企业创新成果、科普咨询台，饶有兴趣与部分科创作品小发明者互动对话，鼓励他们进一步把作品做得更好；详细询问农副产品、工业产品的特色和生产销售情况，同企业负责人探讨如何把产品做强做大。主场活动还对青少年科创作品、农副产品小包装进行现场评审。100多名社区科普志愿者，500多名群众参加现场活动。

【第四届青少年科技创新县长奖】 由县科协牵头承办的县第四届青少年科技创新县长奖大赛，经大赛专家评审组一个多月的认真遴选、反复酝酿，10月12日，评选出全椒中学李响的《家庭养花土壤湿度测量仪》等10件作品获第四届青少年科技创新县长奖。

【引进亿元招商引资项目】 10月17日，县科协历经两年多跟踪、帮扶的全柴动力分布式屋顶光伏发电项目，在全柴集团总部签订正式协议，县科协党组书记、主席丁源河和分管招商引资同志到全柴集团，参加和见证正式签约。该项目协议总投资约1亿元，装机容量约12兆瓦，投资方炘源晶光伏电力有限公司租用全柴约9万平方米的厂房屋顶作为光伏发电建设、安装、运营场地，项目预计2017年6月底并网发电。

【推进全民科学素质工作】 为扎实做好全民科学素质工作，县科协主动出击，多方协调，细化落实工作举措，全面推进全民科学素质工作上新台阶。一是调整和加强领导组织。随着经济和时代的发展，原来县全民科学素质工作领导小组成员单位范围不能适应工作需要；全椒县科协审时度势，结合省市全民科学素质工作考核要求，及时向县政府打报告，将全民科学素质工作领导小组16个成员单位扩充到28个。二是印发纲要实施方案。为全面做好全民科学素质工作，实现全椒县2020年全民科学素质工作目标，明确“十三五”期间全民科学素质工作的重点任务和保障措施，以县政府名义印发《全椒县全民科学素质行动计划纲要实施方案(2016—2020年)》下发到相关部门和单位。三是把提升公民科学素质的比例纳入政府工作报告。为做到全民科学素质工作有抓手、有目标，把《全椒县全民科学素质行动计划纲要实施方案(2016—2020年)》落到实处。县科协积极争取，把提升公民科学素质比例的内容纳入政府工作报告，2017年度全椒县公民科学素质的比例计划达6.5%。四是召开全民科学素质专题工作会议。为确保全民科学素质各项工作落在实处，12月16日，召开县全民科学素质工作领导小组成员单位和各镇科协主席会议。专题部署全民科学素质工作，副主席张圣文作工作任务分解和部署，主席丁源河作工作补充和要求，副县长胡刚就工作贯彻落实强调三点意见。

【出台全民科学素质行动计划纲要实施方案】 12月25日，为进一步加强公民科学素质建设，增强自主创新能力，全面建成小康社会筑牢公民科学素质基础。全椒县人民政府印发《全椒县全民科学素质行动计划纲要实施方案(2016—2020年)》。方案明确到2020年，科技教育、传播与普及长足发展，建成现代公民科学素质组织实施、基础设施、条件保障、监测评估等体系，公民科学素质建设的公共服务能力显著增强，公民了解科技知识、掌握科学方法、树立科学思想、崇尚科学精神的愿望显著提高，运用科学知识、方法处理实际问题，参与公共事务的能力进一步增强。力争全县公民具备科学素质的比例达12%。

（县科协办公室）

政法军事

- 法治建设
- 公安
- 检察
- 法院
- 司法
- 军事

法治建设

【概况】 2016年,在市委政法委的坚强有力领导下,全椒县委政法委始终牢记“第一要务抓发展,第一责任保稳定”,充分发挥职能作用,有力维护全县社会大局稳定。

【打击刑事犯罪】 2016年,全椒县打击违法犯罪取得新战果。一年来,共打掉5个恶势力犯罪团伙,抓获团伙成员23名,破获案件16起;成功侦破公安部“2016-40”毒品目标案件,抓获犯罪嫌疑人9人、查处吸毒人员20人,缴获冰毒10.4千克、K粉5千克、麻古36粒,毒资12万元,轿车2辆。这是自新中国成立以来滁州市侦破的最大的一起毒品案件,也是2016年全省侦破的最大一起毒品案件。2016年4月10日,全省首个吸毒人员家长学校在全椒县十字镇开课;成功侦破“9·28”持刀入室抢劫案件,受到省公安厅许刚副厅长(批示:“很好,深挖犯罪,依法惩处”)和市委常委、政法委书记、市公安局局长马军批示肯定。根据打击犯罪新形势的需要,依托网安大队建成全省唯一一家公安部示范网安警务室。

【维稳工作】 2016年,全椒县维护社会稳定工作取得新成绩,与2015年同期相比,全县进京非正常上访降幅为71.4%。积极稳妥处置瑞祥房地产开发项目上访事件,G20杭州峰会,中央、省、市、县“两会”会期间,全县社会稳定。2016年省信联办交办全椒县23件重点信访事项(含10件信访积案)已全部化解。全县10镇,有6个镇为“无访乡镇”。

【队伍建设】 认真组织政法系统党员干部开展“两学一做”学习教育,涌现出在执行公务途中因公牺牲和受伤的好民警王青升、王金余等先进典型人物,全县政法队伍自身建设取得新成效。

【社会治安综合治理】 深入开展平安乡镇、平安村庄建设,投资97万元建成县综治维稳信访工作中心。县综治维稳信访工作中心设2个平台5个室,将综治维稳信访信息服务平台延伸到村(社区),实现县、镇(县直单位)、村(社区)三级平台体系,覆盖近200家单位。集中办公,合成作战,真正实现职能整合、资源整合、力量整合,增强矛盾纠纷化解合力。2016年12月27日,市委常委、政法委书记、市公安局局长马军,市委副秘书长、市信访局局长孟旭,市委政法委副书记、综治办主任唐宗元等一行到全椒县调研县综治维稳信访工作中心建设工作,并给予充分肯定。加强群防群治队伍建设,补录各类社会治安辅助人员92人,每人每月增资300元。加强学校安全保卫工作,县财政投入300多万元招聘92名校园专职保安。扎实开展法治宣传教育,投资30万元建成全椒首个法治公园,成立全椒法学会,全椒县司法局被评为全省“2011—2015年法治宣传教育先进集体”。加强流动人口和特殊人群管理,成立社区矫正大队,投入50万元,完成社区矫正中心业务用房改造,投入30万元建立信息监管平台。全面开展精神障碍患者排查救治救助服务管理工作,落实奖补资金50万元。加强社会治安突出问题整治,全力提升群众安全感满意度,县委先后4次召开全县进一步提升群众安全感和政法队伍满意度推进会,出台4个文件,印制宣传材料共50万份,群发短信20多万条,开展“进万家门、知万家情、解万家忧、办万家事、保万家安、暖万家心”大走访和“四个一百”攻坚行动(巡逻防控攻坚行动、民意调查攻坚行动、破案会战攻坚行动、交通整治攻坚行动)。深入开展“大走访、大宣传、大会战,创平安、保满意”专项活动。2016年11月10日——12月31日,共抓获侵财类犯罪嫌疑人16人,破获入室盗窃系列案件67起,抢夺案件1起,持刀入室抢劫案件1起;破获诈骗系列团伙案件1起,抓获犯罪嫌疑人4人,代破案件17起;利用电信诈骗案件侦办平台接警止付功能,成功冻结受害人汇款账户的4万余元;成功查获全椒县首起“伪基站”设备1套,抓获犯罪嫌疑人4名,成功追缴赃款6万余元。

【荣誉表彰】 2016年,政法各单位工作亮点纷呈。县人民法院被省高院授予“全省法院案件质量评查工作先进集体”称号。县人民检察院许大伟被国家版权局授予“查处侵权盗版案件有功个人二等奖”。县公安局交管大队被省公安厅评为“全省公安机关春运道路交通安全管理工作先进集体”。全椒县公安局被表彰为全国查处侵权盗版案件有功单位二等奖。县司法局被评为全省司法行政系统先进集体、全省司法行政系统信息工作先进单位,全椒县公证处被省司法厅表彰为“全省公证质量优秀单位”,十字司法所被表彰为全国先进司法所,武岗司法所被省司法厅评为法律援助“示范工作站”。县老龄办被民政部、国家老龄办、公安部、最高人民检察院、最高人民法院、司法部授予“全国老年维权工作先进集体”称号。县殡仪馆被国家民政部授予“全国殡葬工作先进集体”称号。西王镇管坝民族村被国家民委授予“中国少数民族特色村寨”。

(县政法委办公室)

公　安

【概况】 2016年,县公安局以全面深化公安改革为动力,以公安机关“四项建设”为抓手,以“守护平安”系列专项行动为依托,紧紧围绕打造“五个公安”的总体目标,紧紧盯住影响人民群众安全感和满意度的关键问题,打、防、管、控、建一体化推进,有力有效维护全县社会治安秩序的稳定。2016年度,全县刑事立案2472起,破案766起。2015年同期立案2157起,同比上升14.6%;破案643起,同比上升19%。查处治安案件2159起,2015年同期2035起,同比上升6.1%。共发生各类道路交通事故5668起,死亡12人,受伤730人,直接经济损失147.08万元。发生火灾事故198起,无人员伤亡,直接经济损失204.46万元。

【矛盾排查】 深入开展矛盾纠纷排查化解,严格落实矛盾纠纷滚动排查机制,通过社区民警驻村、“一村一警”包村、警民联调等工作机制,充分做好走访调查和警民恳谈,梳理分析出一批突出问题隐患,有效掌握矛盾纠纷动态。在处理化解纠纷过程中,进一步加强会商研判和协调联动,抓早抓小抓苗头,切实将矛盾纠纷化解在萌芽状态。2016年,共调处化解各类矛盾纠纷2000多件。不断强化群体性事件处置,强化源头预防,积极协同相关部门全面开展重大事项社会稳定风险评估工作,全面深入排查化解征地拆迁、房产物业、劳动社保、医疗卫生、出租车等领域不稳定因素,层层建立台账、分类制定清单,逐一落实化解责任,切实做到预知预警预防,从源头上减少不稳定事端的发生。尤其针对农民工工资问题,选派专门人员会同人社、建设等部门成立联合工作组,做到“三查清”(即查清欠薪源头、查清欠薪主体、查清可抵资产),合力攻坚化解。2016年,成功处置各类群体性事件15起,办结拖欠农民工工资案件5起,为300余名农民工解决被拖欠的工资1000余万元。

【安保维稳】 圆满完成一级警卫任务2次,二级警卫任务1次,三级警卫任务2次。完成“正月十六走太平”等各类大型民俗活动安保任务7次。全力保障高中考、省市县“两会”、央视军事农业频道《美丽乡村快乐行》节目录制和滁州市“庆六一·迎端午”系列活动启动仪式的顺利举行。顺利完成G20杭州峰会、中共十八届六中全会、省第十次党代会等重大会务活动的安保维稳工作。4月25日,中共中央总书记、国家主席、中央军委主席习近平到滁州视察,县公安局根据市局“七个到位”的工作要求,部署警力200人,连续10多小时进行现场警卫。5月15日,滁州国际半程马拉松比赛开赛,县公安局抽调警力200多人参与安保工作。在县“两会”安保过程中,县效能办专门发文对县公安局进行通报表扬。

【信访改革】 积极推动涉法涉诉信访改革,建立涉法涉诉信访案件依法导入司法程序制度,实现诉访分离,引导信访群众依法理性反映问题,通过法律途径来维护自身的合法权益。全年开展局领导接待日125次,接待信访事项15件;处理群众来信2件,办结2件;接待群众来访事项20件,其中初访15件全部办结。切实做好短信评警回访工作,更加广泛地与群众沟通、接受监督,进一步规范报警服务。全年共发送回访短信38481条,收到回复12122条,其中不满意502条,回访502条,回访满意率达92.7%。

【命案攻坚】 严格落实命案侦破“3+N”领导责任机制,抓住破案黄金期,有效开展命案攻坚,全年3起命案全部侦破。2月1日10时25分，某公司职工夏某某因中毒导致肾功能衰竭，经治疗无效死亡，经查，系其妻吴某某投毒所致，2月13日，吴某某被依法刑事拘留。2月28日上午8时40分许，襄河镇某小区内发生一起持刀杀人恶性案件，被害人唐某某被其丈夫尚某某杀死在出租房内，3小时后，犯罪嫌疑人被抓获。4月26日19时05分，某企业职工徐某某因外伤诱发原有心脏疾病急性发作而死亡，27日夜，在全椒县公安局和无锡市警方的共同努力下，犯罪嫌疑人周某某被成功控制。针对重大恶性案件，坚持情报引领，开展合成作战，强化分析研判，相继成功破获“1·6”马厂加油站持刀抢劫案件、“4·9”尚苑网吧持刀抢劫案件、“9·28”持刀入室抢劫案件、“11·28”持刀入室抢劫案件、“11·29”抢夺银楼案件等系列重大恶性案件，极大提升群众安全感和公安公信力。

【侵财打击】 始终坚持以民意为导向，紧紧抓住人民群众关注和深恶痛绝的突出犯罪问题，坚决贯彻严打方针，坚持以打开路，集中开展打击“盗抢骗”等多发性侵财犯罪攻坚战。针对阶段性、区域性突出犯罪问题主动对接市局相关单位、部门开展联合侦办，形成打击合力。2016年，相继开展打击“盗抢骗”专项攻坚行动、打击入室盗窃专项攻坚行动、公交反扒专项攻坚行动、严打侵财犯罪提升安全感满意度专项攻坚行动等系列专项行动，不断通过专项攻坚提升打击效能。全年共破获各类侵财案件584起，打掉侵财类犯罪团伙10个，抓获犯罪嫌疑人35人，开展集中反赃4次，退赃总价值80余万元。市公安局主要负责先后两次对全椒县公安局打击侵财犯罪战果进行批示。年初，县局历时两个多月攻坚，成功破获一起省厅挂牌督办的横跨13个省64个地市的特大系列电信诈骗案件，抓获犯罪嫌疑人2名，追回赃款5万余元；8月，县局在市公安局相关部门的大力支持下，成功打掉一个以聋哑人为主体的公交车扒窃犯罪团伙，抓获犯罪嫌疑人8名；9月，县局根据短信内容掌握关键线索，通过与第三方支付平台紧急联系，及时止付，成功挽回电信诈骗受害人被盗刷的15万元钱款。

【黄赌整治】 进一步强化警情研判，在县局指挥中心设立黄赌警情专线，每月对全县警情多发的区域、警情发生的时间和规律等进行分析，并在县局主页通报，指导基层派出所开展工作。进一步强化联合侦查，统筹全局警力，适时组织打击涉黄、涉赌博违法犯罪的统一清查行动。进一步强化案件查处，通过强化信息收集、明察暗访、严查重处等措施，严厉打击黄赌丑恶现象。2016年，共办理涉黄行政案件12起，行政拘留15人，其他处罚22人；办理涉赌刑事案件13起，行政案件135起，刑事拘留32人，行政拘留60人，其他处罚120余人。4月19日下午，县局组织治安、特(巡)、交管、派出所近百名警力，对县城内果园路及其周边“洗头房”等出租房屋进行突击统一清查行动，共检查洗浴场所30余家，捣毁可能存在卖淫嫖娼行为的洗头房10余家，行政拘留6人。

【刑侦缉毒】 重点对毒品源头、运输通道、本地分销网络、毒品消费终端实施整体打击、链条打击、精确打击，打掉幕后毒枭。全面梳理排查跨区域贩毒、制毒、互联网涉毒犯罪线索，成立攻坚小组，多警种同步上案，实现破一案、带一串。进一步加大吸毒人员管控力度，最大限度地发现、收戒、管控社会面吸毒人员，最大限度地萎缩毒品消费市场。全年共铲除罂粟406株，查处吸毒人员86人，办理涉毒刑事案件28起，刑事拘留31人，行政拘留55人，强制戒毒16人，社区戒毒20人，缴获毒品15.4248千克。2016年，全县社区戒毒社区康复执行率为94%，出所未满三年管控率为100%，阿片类吸毒人员就业率为100%。4月10日，全省首个吸毒人员家长学校在全椒县十字镇开课；6月22日，全市“6·26国际禁毒日”主题宣传活动在全椒县襄河中学开展。2016年一季度，县公安局通过长期的线索经营和架网布控，在省厅、市局相关业务部门的大力支持下，历经两个多月的缜密侦查，成功侦破公安部“2016-40”毒品目标案件，抓获犯罪嫌疑人9人、查处吸毒人员20人，缴获冰毒10.4千克、K粉5千克、麻古36粒，毒资12万元，轿车2辆。这是自新中国成立以来滁州市侦破的最大的一起毒品案件，也是

2016年安徽省侦破的最大一起毒品案件。省公安厅、市公安局分别向全椒县公安局发来贺电。

【经济犯罪】 有效打击经济违法犯罪，始终坚持主动进攻、抓住关键，为全县人民安居乐业创造良好的社会经济环境。开展打击传销专项行动，深入进行线索摸排和宣传教育工作，2016年，未发现全椒县范围内有传销活动；开展打击假冒伪劣专项行动，先后两次联合工商执法部门开展农资、假化肥检查工作，并采取侦控措施，密切关注重点民生领域；开展整治非法集资、非法买卖银行卡专项行动，主动对接县金融部门，对e租宝、“三农资本”、“天合联盟”、投融资中介、P2P网络借贷公司等进行深度摸排，扩大线索来源。2016年，共立各类经济犯罪案件16起，破案4起，抓获犯罪嫌疑人6人，挽回各类经济损失70余万元。

【专项打击】 进一步健全“打黑除恶”长效工作机制，全面核查办结部、省转“黑恶势力”犯罪团伙线索，打掉涉恶团伙4个，抓获涉案人员19人。全面推进打拐工作的深入开展，广泛开展“关爱儿童反对拐卖”主题宣传活动，不断增强妇女儿童防范拐卖犯罪意识。持续坚持对网上逃犯的强劲追捕攻势，在充分运用网上协作追捕逃犯工作机制追捕逃犯的同时，紧抓节假日前后逃犯可能回家的有利时机开展工作，共抓获网上逃犯71人，其中历年逃犯16人，外省逃犯17人，提前两个月完成全年历年网上逃犯追逃工作任务，收到市局贺电表扬。6月7日，县局通过工作，成功抓获涉嫌抢劫且潜逃16年之久的上网逃犯严某。

【交通管理】 强化道路交通安全管理，紧紧抓住事故多发、易发的危险路段，深入开展道路隐患排查治理工作，对重大隐患提请县政府挂牌督办整改。联合交通、公路、行政执法等部门，研判“治超”工作形势，转变工作理念，不断加大处罚力度，始终保持严打高压态势，严管严控“三大车”。集中开展“三超一疲劳”专项整治、酒驾专项整治等专项整治行动，维护良好的道路交通秩序。建立健全乡镇道路交通安全工作联席会议组织，交警、农村派出所联合地方政府对农村道路安全隐患进行排查治理，全力维护农村地区交通安全。2016年，共查处各类交通违法行为55881起，其中酒后驾驶94起、醉驾11起；以县联席办名义下达安全隐患整改通知书21份，安全隐患问题基本整改到位；查处违法“三大车”1800余台，依法暂扣车辆113台；全县排查登记的66辆“僵尸车”全部清理完毕，3925辆“三小车”基本取缔完毕。由于春运工作成绩突出，县公安局交管大队被省公安厅评为“全省公安机关春运道路交通安全管理工作先进集体”。

【消防管理】 强化消防安全管理，充分调动行业部门的积极性，构建起“政府牵头、部门联合、消防督办、单位负责”的重大火灾隐患集中整治模式，运用多种手段，摸清重大火灾隐患底数，推动单位落实主体责任。扎实做好火灾隐患分类治理工作，对难啃的“硬骨头”加大联合执法力度，对区域性火灾隐患提请相关部门做好综合治理。全面细致地做好消防安全调研和分析评估，进一步摸清本地区存在的突出问题和薄弱环节，掌握公共消防安全高风险区域情况，做到底数清、情况明。全面推进“微型消防站”建设，全县37个带有消防控制室的重点单位和21个社区均建成微型消防站。进一步加强消防网格化防控，健全网格管理队伍，明确工作职责，强化业务培训，落实基本保障，规范工作运行。2016年，全县10个镇网格化划分全部完成，150家重点单位户籍化管理全部建立。全年共检查单位1454个，发现并督促整改火患1769处，下发责令改正通知书882份，处罚决定书36份，罚款32.7万，临时查封14家，暂停11家，查处消防产品案件3起，推动工商部门查处消防产品违法案件1起，省、市、县三级政府挂牌督办的重大火灾隐患均按期整改销案。

【危爆管理】 不断加大对涉枪涉爆涉危单位安全防范设施、基础台账、值班等方面内容的检查力度，及时发现、整改各类安全隐患100余处。进一步加强散装汽油销售监管工作，织开展多次集中整治统一行动，严防不法分子利用购买散装汽油实施违法犯罪行为。扎实开展缉枪治爆专项行动，烟花爆竹大排查、大整治专项行动等系列专项行动。全年共查处非法治造爆炸物案件1起，逮捕起诉1人；侦办涉枪案件1起，逮捕1人；核实省厅交办涉枪案件线索2条，追缴气枪3支及部分零部件；查处非法运输烟花爆竹案件3起，行政拘留3人，没收非法运输、存储烟花爆竹4000余件。10月21日，根据市局统一部署，在来安县水口镇集中统一销毁全椒县公安局历年收缴的土造枪、气枪21支。

【场所管理】 不断加大对行业场所的检查力度，对存在问题的单位严格依法处罚，确保实名登记、硬件设置配备等各项规定落到实处。坚持每月对旅馆业治安管理情况、寄递企业主体责任落实情况开展明察暗访，适时进行考核通报，督促派出所落实监管责任。对寄递物流企业开展调查摸底，一律建立管理档案。全年对全县旅馆开展3次集中清查统一行动，查处不按规定登记旅客住宿信息案件13起，查处擅自经营未经公安许可行业案件7起，依法取缔无证经营旅馆7家，通过旅馆业系统抓获网上逃犯9人，指导寄递企业整改安全隐患12处。

【校园管理】 深入开展校园安全检查指导，督促校方配齐、配强专职保安员，严格门卫管理以及内部值班、巡逻等各项安全管理制度。进一步完善"一校一案"管理模式，推动"护校安园"工作扎实开展，营造良好的教育学习环境。针对当前部分学校安防设施薄弱、无证幼儿园底数不明的问题，组织对全县95所中小学、幼儿园、幼托点进行详细检查，共下发治安隐患整改建议书19份，并将检查情况通报至县综治办及教育局，由主管部门牵头抓好整改落实。对摸排采集的基础信息及时更新至社区工作平台，确保基数准确、数据鲜活。

【内保管理】 采取自查与互查相结合，定期查与不定期查相结合，普查与重点抽查相结合，节日查与平时查相结合等多种形式，以防暴力袭击事件、个人极端事件为重点，对水、电、油、气、商卖场、银行等重点单位内部保卫力量、守卫防护装备、安全管理制度、安全防范设施、应急处置机制等开展执法检查，督促各重点单位落实好内部治安保卫工作措施。全年共检查重点单位20个75个场所，发现治安隐患12处，整改12处。进一步加强保安队伍正规化建设，对保安员的入口严格把关，推行持证上岗。2016年组织120人参加保安员考试，118人取得保安资格证。

【监所管理】 认真布置落实看守所执法管理专项检查活动，在出所就医、防范在押人员自杀、减少在押人员因病死亡、留所服刑罪犯羁押监管、勤务模式等方面进行逐一梳理，按照梳理出的问题，明确整改措施、时限和责任人，即查即改。针对取消在押人员劳动后，在押人员空闲时间增多，管理难度加大的情况，立足实际，进一步完善一日生活制度，制定每月学习、训练计划，加强在押人员的学习、训练管理。扎实开展文明监室评比和在押人员考核计分工作，对优秀监室评比数量不设上限，实行奖惩并举。进一步加强监管信息化应用，提升服务监管工作能力，充分利用信用化平台的功能，将在押人员的考核管理纳入信用平台。持续推进监所视频监控高清改造，争取县财政资金200万元用于项目建设，提升监所管理水平。

【窗口服务】 扎实推进户籍制度改革。户籍人口城镇化率进一步提高，宽松的户口迁移政策，方便有意愿、有能力的农业转移人口在城镇落户。破解无户口人员落户难题见成效，将解决无户口人员登记户口问题作为推进户籍制度改革、回应人民群众期盼的重要举措，2016年，共掌握各类无户口人员基本信息2861人。居住证制度保障流动人口基本公共服务，解决流动人口"市民化、同城化"待遇问题，全年共办理流动人口居住登记近万人。出入境手续办理更加多元，弹性工作制、延时服务、一次性告知、网上预约、电话预约、绿色通道等工作制度得到有效落实。管理权限的下放，极大方便群众的办证需求。全年共受理各种出国（境）证件办理8400余人/次，同比增长10%。车驾管改革取得明显成效，2016年4月正式启用"互联网交通安全综合服务管理平台"，小轿车号牌现场制作、"96598"工作时间电话移车、驾考程序简化等便民措施也全部落实到位。

【机构改革】 积极探索打击犯罪新机制，改革刑侦工作属地管理模式,变“属地管理”为“属事管理”;有效整合各类刑侦资源,于2016年4月成立合成作战室;根据打击犯罪新形势的需要,依托网安大队建成全省唯一一家公安部示范网安警务室;依托刑侦责任区中队组建禁毒中队;顺利完成对城区派出所的整合,12月1日,儒林派出所整体并入新华派出所,为推动城区派出所开展综合性改革奠定基础;将科信职能从网络安全保卫大队划归至指挥中心,成立独立的科信机构,为推进科技强警提供保障;各派出所国保工作室也全部建设完成。持续推进立体化数字化社会治安防控体系建设,城乡社区防控网进一步完善,城乡警务室全覆盖完成90%,美好乡村建设重点示范村警务室标准化完成90%,警务室警力配置达标率实现100%,城乡社区(驻村)民警达标率实现100%,派出所所长“进班子”实现100%,社区民警“进班子”实现90%,警民联调室实现全覆盖。2016年,县公安局在顺利完成“天网工程”一期、二期建设任务的前提下,启动实施“天网工程”三期建设。

【规范执法】　加强执法队伍专业化建设。强化民警法治理念教育,通过日常培训和战训学习,打牢严格执法、公正司法的思想根基,以法治工作例会、专题培训会的形式强化民警法治素养的提升。完善领导干部学法用法治度,健全党委中心组学法治度,精心编制党委中心组学习计划,并加强对县局领导干部学法用法、执法守法情况的考核监督,提高依法决策能力。严格执法资格等级考试,强化结果运用,健全激励机制,将等级层次和岗位选调、领导拟任等工作挂钩,提升民警参与的积极性、主动性。加强执法管理系统化建设。全面推行刑事案件“三统一”、执法质量考评四级评查机制,积极探索开展积分制管理系统试运行工作。严格落实执法质量考评制度,全年组织7次执法考评,评查行政案件435件,刑事案件440件。在2016年上半年执法质量考评中,全椒县公安局案件质量以94.56分位列全市第一。认真做好取保候审、监视居住的审核、统计工作,严格公正文明执法,尽最大努力让群众在每一起案件中都能感受到公平正义。全年共办理取保候审149人,解除取保候审65人,退还保证金30万元;办理监视居住29人;刑事复议3起,维持3起;行政复议4起,维持4起。认真制定行政权力监管细则及自由裁量权标准,建立执法责任清单制度,以转变政府职能为核心,对涉及公安工作的行政权力进行清理规范,完善运行机制,实行“行政权力进清单、清单之外无权力”,进一步厘清关系。严格执法过错责任追究,建立不良执法行为档案,全年共下发执法过错责任认定书5份,追究相关责任人11人。加强执法信息化建设。全面推行执法全过程记录制度,紧紧围绕接处警、办案单位、看守所三个关键环节,加快推进执法记录仪、办案区音视频监控、讯(询)问同步录音录像等信息系统建设和应用工作,实现对接处警、现场执法、办案区安全检查、讯(询)问违法犯罪嫌疑人等执法活动的全过程记录、可回溯式监督管理。强力推进协同办案系统“单轨制”应用,采购10台高速扫描仪配发到执法办案单位,坚持开展“单轨制”考评月通报,对在执法检查中案件实体材料没有上传的卷宗,一律作零分处理。严格贯彻落实受案立案制度改革部署,制定《全椒县公安局案件管理中心(室)建设管理意见》《全椒县公安局案件管理中心工作职责》,明确受案立案工作职责分工,确保各部门职责明晰、衔接畅通。

【学习教育】　坚持把思想教育和理论武装摆在第一位,以“两学一做”为重点,把党章党规和习近平总书记的系列讲话精神落实到行动上、体现在工作中。在全体党员民警中开展“讲看齐、见行动”学习讨论,组织广大党员干部学习讨论贯彻落实中共十八届六中全会和省第十次党代会、市第六次党代会精神,引导广大党员干部进一步提高思想认识,争当“四讲四有”的好党员和信念坚定、为民服务、勤政务实、敢于担当、清正廉洁的好干部。县局及时召开学习教育工作会议,对开展学习教育进行动员部署。党委班子成员分别前往各自联系单位参加支部会议,并为基层民警上党课。大力开展教育训练工作,不断完善培训方式、加大培训力度,深入实施素质提升工程,队伍综合素质和战斗力有明显提高。不断深化以《学分制考核管理办法》为核心的制度体系,规范练兵机制,推动常态化练兵，强化专兼职教官队伍建设，举办特色教学班，使每位民警能够掌握履职尽责的基本技能。在市局组织开展的第一季度“业务实战能力提升年”警务实战比武活动中，局领导鲁晓峰、金春雷率先垂范，全体参战民警顽强拼搏，取得团体第二的有史以来最好成绩；在市局派出所治安业务比武竞赛活动中，参战民警沉着冷静、积极应对，取得团体第一的好成绩。

【作风整顿】 强化纪律作风整顿工作，在全局范围内开展为期三个月的“讲纪律、守规矩、强责任、敢担当”纪律作风整顿活动，开展“治庸提能、治懒增效、治散聚力、治慢促快、治乱正气”活动，着力解决队伍中存在的责任意识不强、只求有位不求有为、职业精神缺失、工作作风不实、工作拖沓推诿等问题，切实增强贯彻落实纪律作风规定的主动性、实效性和严肃性。建立廉政谈话制度，从关心、教育和保护民警出发，通过定期谈话、任前谈话、考核谈话、提醒谈话、诫勉谈话、回访谈话等谈话方式，对民警存在的问题进行早提醒、早警示。加强《中国共产党廉洁自律准则》（以下简称《准则》）《中国共产党纪律处分条例》（以下简称《条例》）的宣传教育，坚持既面向全体党员又抓住关键少数，开展《准则》《条例》知识考试，引导全体党员民警学习领会《准则》《条例》精神。9月12日，县局组织30余名民警深入县党风廉政教育基地参观学习，接受党风廉政教育。

【岗位争先】 强化典型示范引领，强力推行“4+1”岗位争先活动，积极推荐和选树全椒县公安局先进典型。2016年，11个单位被评为“执法零过错、群众零投诉、队伍零违纪”先进基层所队；16名民警被评为“严格公正执法之星”；7名民警被评为“优质文明服务之星”；52名民警被评为“岗位标兵”；48名辅警被评为“辅警标兵”。进一步强化公安对外宣传，稳固公安宣传主阵地，主攻安徽电视台、安徽公安网、中警安徽等主流媒体，大力推广微博微信平台，有效扩大宣传面，推出一批典型人物。马厂派出所辅警叶超火海救人的事迹经媒体广泛报道后引起强烈反响，叶超本人被评为5月份“安徽见义勇为好人”。10月23日晚6时30分，西王派出所所长王金余、副所长王青升在辖巡逻途中遭遇交通事故，王金余受伤，王青升因公牺牲，年仅38岁。县局紧紧围绕王青升生前长期扎根基层、以所为家，热情服务群众、无私奉献的先进事迹进行广泛宣传，树立公安民警良好形象。强力推进警力下沉，不断加强基层队伍建设，新录用警察一律充实基层，机关岗位空缺从基层一线进行遴选，表彰奖励对基层一线倾斜，提拔人员充分考虑基层一线民警。进一步落实从优待警举措，建立完善《全椒县公安局从优待警若干意见》，引导广大民警树立荣誉重在平时积累、重在一贯表现的争创意识。规范辅警管理，按照“党政牵头、财政保障、公安机关管理使用”和“谁使用、谁负责”的原则，积极争取党委、政府和有关部门的支持，合理确定辅警招录规模，明确辅警职责定位。2016年通过统一考试再次招录73名治安辅警充实基层一线。

（县公安局）

检　察

【概况】 2016年，县人民检察院在县委和市人民检察院的正确领导下，紧紧围绕经济社会发展大局，以司法办案为中心，以检察改革为契机，努力深化执法规范化建设，不断加强队伍建设，全面提升各项检察工作。

【职务犯罪查办和预防】 全年共立案13件13人，其中，贪污案件3件3人，贿赂案件7件7人，渎职案件3件3人，副处级干部1件1人，科级干部3件3人。坚决查办大案要案，查办的碧云美食娱乐城承包经营中的案值500万余元贿赂案件3件3人，查办天长市副市长刘正田受贿案。开展集中整治侵害群众利益专项行动，查办涉农惠民领域职务犯罪案件6件6人。密切结合办案，推进涉农资金专项预防，通过深入乡镇开展调研走访、预防调查等，重点对粮食补贴、涉农申报项目资金等涉农项目全面跟踪预防，确保涉农扶贫资金专款专用。开展预防调查5件，案例分析5件，检察建议5件，开展警示教育13次，受理行贿犯罪档案查询共615件。

【刑事犯罪惩治】 全年依法批

准逮捕各类刑事犯罪嫌疑104件152人，提起公诉228件330人，其中，批捕严重暴力性犯罪案40件71人，盗窃、诈骗等多发性侵财案37件52人，毒品类犯罪案件11件21人。办理的一起跨省重大团伙贩毒案，涉案毒品约15千克，为滁州市近年来查获最大数量毒品犯罪。办理的以张某某为首的涉黑案件，涉及人数15人，涉嫌罪名13项，切实增强群众安全感。

【法律监督】 强化刑事诉讼监督。全年共监督立案11件15人，积极开展“破坏环境资源犯罪和食品药品安全犯罪”专项立案监督活动，监督县环保局移送环境污染案件1件2人，依法批捕1人。办理不捕复议案件2件2人（均维持），提前介入重大复杂案件2件10人，纠正漏捕1件4人，纠正违法1件4人。加大刑事抗诉工作力度，依法抗诉2件2人。强化刑事执行检察监督。受理各类控告、申诉、举报6件，对监管场所进行检查26次。继续开展社区矫正人员脱管、漏管、虚管专项检察活动，监督发现一名社区服刑人员违反规定出国旅游，向监管机关发出纠正违法，给予当事人相应处罚。在执行领域职务犯罪查处上实现零的突破，受指定办理一起社区矫正监管读职犯罪案件。加大羁押必要性审查工作力度，被采纳变更强制措施9件9人。强化民事行政检察监督。积极开展摸排公益诉讼线索工作，对多家房地产开发企业存在欠缴土地出让金的情况，进行调查核实，2016年，已经作为公益诉讼案件，向县人民法院提请诉讼。办理各类民事行政监督案件17件。

【矛盾化解】 依法做到少捕慎捕，少诉慎诉，共不批捕137人，不起诉26人，办理未成年人案件13件27人。注重构建未成年人犯帮教机制，通过帮教平台、回访座谈，积极帮助未成年人犯回归社会。积极探索矛盾化解新机制。进一步完善“第三方”介入信访机制，出台《第三方介入检察信访工作实施办法（试行）》，细化第三方介入检察信访流程，运用第三方化解方式成功化解一起40余人的群众性闹访事件。省委政法委组织人民网、中央广播电台、《安徽日报》等8家主流媒体进行专题实地采访，并荣获2016年度全省检察机关基层院建设品牌称号。

陕西省司法厅社区矫正处到全椒县交流工作

【规范司法】 开展案件评查“回头看”工作，每月定期分析通报案件质量运行情况。加强涉案财物监管监督工作，建设物品管理库房，安排专人担任保管员，实现“一物一码、电子记录”，相关工作信息被最高检，省、市院各级案管部门转发。建立案件质量跟踪档案，对办案系统内的案件信息进行全面采集，形成“量化指标清单”，实现跟踪考核。将案件承办部门和承办人员作为建档对象，每月通过业务数据统计、分析，对执法信息予以通报，在年底进行汇总分析量化，形成档案，进一步强化干警的规范意识，促进检察业务规范化建设。

【检务公开】 通过邀请人大代表、政协委员考察检查工作、实地走访等方式，征求各界的意见建议，对意见落实情况，及时进行反馈。接受县人大对县人民检察院不捕不诉等工作的专项评议，专项评议工作受到充分肯定。不断加强县人民检察院微信、微博、门户网站平台建设，积极、及时公开重要案件信息。不断拓展“检察开放日”活动的参与人员范围，注重丰富“检察开放日”活动形式，将旁听庭审、参观警示教育基地、观摩办案工作区、演示执法办案流程都纳入“检察开放日”活动范围，做到形式不枯燥、内容不死板。

【检察队伍建设】 深入推进“两学一做”学习教育，突出问题导向，突出正能量教育。严格落实党组中心组学习制度，做到个人学习日常化、集体学习制度化，共召开党组中心组学习12次，召开23次党组会，讨论117件议题，召开18次检委会，讨论61件议题。全面落实“两个责任”，将对干警“八小时之外”的监督纳入到社区监督中去，采取检察长上党课、组建学雷锋志愿服务、参观烈士陵园等活动形式，不断提升干警的廉政意识。大力加强青年干警的培养，通过“检校共建”平台，共派出2批次，20名干警参加华东政法大学脱产培训班。采取案例研讨、案件评查分析、精品案件评选等方式，提高干警的岗位实践能力。

（县人民检察院）

法　院

【概况】 2016年，全椒县人民法院共受理各类案件4556件，同比增加570件，审结4524件，同比分别上升14.3%和16.42%，处理请求确认人民调解协议效力案件140件。

【刑事审判】 受理刑事案件275件（含旧存31件），结案257件，结案率93.45%，判处被告人349人，其中3年以上48人，3年以下101人。从重惩处一批影响群众安全的盗窃、诈骗、聚众斗殴、寻衅滋事犯罪案件。成功审结张某某等15人重大涉黑案件。稳妥处理涉被害人732人、涉案金额近亿元的四起非法吸收公众存款案件。推进反腐败斗争深入开展，依法惩处贪污、受贿、行贿、渎职犯罪8件11人。对两名肇事肇祸精神病人，依法决定强制医疗。对拒不支付劳动报酬的被告人韩某某判处有期徒刑十个月并处罚金一万元。对以“非访”“闹访”方式扰乱社会秩序，情节严重的两名被告人以寻衅滋事罪判处有期徒刑。加大刑事附带民事调解力度，附带民事部分调解（和解）结案率84%。坚持“教育为主，惩罚为辅”原则，用心审理好未成年人犯罪案件。受理未成年人犯罪案件13件32人，其中判处缓刑13人，单处罚金1人。

【民商事审判】 受理民商事案件3139件（含旧存114件），结案3011件，结案标的额达5.48亿元，结案率为95.9%，调解撤诉率为52.27%。审理财产损害纠纷、宅基地、相邻关系等权属、侵权纠纷案件706件，切实保障民生权益。助力金融秩序整顿，规范借贷行为，依法审结全椒农业合作银行、邮储银行、工商银行、中银富登银行等诉讼的金融借款合同纠纷案207件。妥善应对房地产纠纷可能引发的群体性诉讼，依法调处瑞祥、汉一等房产开发公司与业主之间的房屋买卖合同纠纷。集中优势审判力量审慎审理劳资纠纷案件，引导劳资双方理性解决纠纷，圆满调解梅某等诉滁州市仙迪节能科技有限公司、邹某诉安徽全柴顺兴贸易有限公司、李某等诉安徽欧迪亚进出口贸易有限公司等系列劳动争议案件。

【行政审判】 受理行政诉讼案件39件，审结44件。一方面积极引导行政相对人自觉服从社会管理，支持保护其合理诉求；另一方面，坚决支持依法行政，维持合法行政行为，促进建立规范有序的社会管理秩序。依法妥善处理孙某诉全椒建设局、滁州市建委不予行政许可案，充分保障行政相对人的合法权益。

【执行工作】 受理执行案件1246件，结案1210件，结案率97.11%。通过执行查控网络系统完成与全国车管所、证券所的数据对接，实现对被执行人车辆、证券等财产的快捷查询。借助“总对总”全国查控网络系统，先后查询当事人银行存款信息6000余次，冻结存款700余次，查封车辆、房产40余例，拘留被执行人20人次，发布失信被执行人2168人次，限制出境5人次。开展“一打三反”“执行案款清理”专项行动，有力维护生效法律文书的司法效力和申请人的合法权益。

【信访工作】 接待来访群众550余人次，受理信访案件19件。严格执行信访登记制度，坚持双休日、节假日值班制度，开展院领导接访和包案工作。建成并开通远程视频接访系统，实现基层法院与最高人民法院视频接访系统的互联互通。对上级交办信访事项，认真查办，限期结案，依法化解中院交办信访案件5例、政法委交办4件，化解及结案率为100%。在3月全市法院集中清理化解重点信访案件专项活动中，宁怀勇信访卷宗被中院通报表扬并下发全市人民法院作为模板。全椒县人民法院是全市法院中唯一与信访局对接并开通“阳光信访”的基层院，1月信访工作被县信访局评为三等奖。

【司法改革】 一是推进审判权运行机制改革。落实主审法官负责制，明确院长、庭长不再对未参加审理案件的裁判文书进行审核签发，实现“审理者裁判，裁判者负责”。推进院长、庭长办案制度，院、庭长亲自办理疑难复杂案件。推行专业化审理，道路交通事故、劳动争议、金融借款案件由专门合议庭负责审理，提升审判效率和法律适用的统一性。二是推进人员分类管理改革。严格法官选任条件、岗位职责和员额编制，将思想政治工作贯穿改革始终，确保改革稳妥推进。2016年11月，完成法官遴选考试、考核、上报工作，首批入额法官32人，占总编制数的36%。人员分类管理按照省高院要求，正在逐步推进。三是推进多元化纠纷解决机制改革。以诉调对接中心为载体，推进多元化纠纷解决机制建设。与县工商联、交警队、保险协会和基层调解组织协作，加强涉诉矛盾纠纷的调解。成功调解26户农民与全椒铜井鎏金生态种植有限公司的土地流转合同纠纷。诉调对接中心共受理案件359件，调解成功359件，大量矛盾纠纷在诉前化解，一定程度上缓解“案多人少”的矛盾。

【司法为民】 加强诉讼服务中心建设。严格执行立案登记制，做到有案必立，有诉必理。开展“假日立案”“网上立案”。完善诉讼服务热线、案件信息查阅等各项为民措施，真正建成“一站式”诉讼服务中心；加强基层法庭建设。认真按照上级法院对基层法庭建设的新要求，强化法庭硬件建设。积极开展巡回审判，方便群众诉讼。2016年，基层法庭共审结各类案件1724件，巡回审判62次，收到“审结一案、教育一片”的效果。推进法官工作室工作。先后在十字镇百子村、二郎口镇广平村、大墅镇大墅居委会、马厂镇玉屏村、公安局交警队建立5个法官工作室，按照服务态度好、工作质量好、运行规范好、实际效果好的要求开展工作。共接受咨询59次，调解纠纷36件。

【司法公开】 推进庭审过程公开，所有法庭实现同步录音录像、同步记录、同步显示庭审记录，并在最高人民法院庭审直播网对8件案件进行庭审直播。推进裁判文书公开，除调解案件按规定不上网外，全年共上网公开生效裁判文书3821份，上网率达114%。执行工作实现办案进程网上可查、失信被执行人信息网上公示，共公开执行法律文书742篇。有效通过官网、微信、微博开展诉讼指导、判后答疑等司法服务，官方微博粉丝3300余人，发布信息1354条，微信公众平台推送消息759条，官网阅读量30余万人次。强化司法新闻宣传工作，全院干警在各类媒体发表宣传报道219篇，调研论文14篇。

【审判队伍建设】 开展“两学一做”学习教育。对党员组织关系进行集中排查，确保党员组织关系清楚，每名党员均在一个党组织参加组织生活。开展党费核定收缴工作，补交党费22300元。开展“党章集中学习月”“亮身份、作承诺、当先锋、树形象”等活动，把“三会一课”制度落到实处，着力打好“学”这个基础，抓住“做”这个关键。坚持院中心组学习、干部在线教育及领导干部上党课等制度，增强理想信念和宗旨意识。加强司法能力建设。开展精品庭审、精品案例、精品裁判文书评比活动。参加省高院和市中院法官大讲堂学习。组织刑事法官到华东政法大学参加刑事审判专题培训。加强司法警察的执勤素质和能力训练，一名法警被省高院选为专项训练教官。狠抓司法廉洁工作。切实履行“两个责任”，将司法廉洁工作与审判工作同部署同落实。强化审务督察、参与司法巡查，不断盯紧司法作风问题，取得满意的效果。认真开展“酒桌办公”等专项整治活动，取得预期的成效。

（县人民法院）

司 法

【概况】 2016年，全椒县司法局坚持贯彻中共十八届三中、四中、

法律顾问帮扶贫困村签约仪式

五中、六中全会精神，认真开展“两学一做”学习教育与“讲看齐、见行动”学习讨论活动，全面落实司法行政工作目标任务，在服务地方经济发展、维护社会和谐稳定方面发挥重要作用。

县司法局主要职责是制定全县司法行政工作的中长期规划、年度工作要点并组织实施；制定全县法治宣传教育和普及法律知识并组织实施；指导监督律师、公证开展法律服务；指导全县基层司法所建设、人民调解工作；对全县的社区矫正和刑满释放人员的监管、教育帮扶、安置帮教工作；开展全县法律援助工作。机构设置：内设6个股室，分别为人秘股（行政审批股）、法治宣传教育股（县法治宣传教育领导小组办公室）、律师公证管理股、法律援助工作股（县法律援助中心）、基层工作管理股、社区矫正大队（县社区矫正领导小组办公室）；派出10个副科级司法所，分别为襄河、十字、武岗、石沛、六镇、西王、大墅、马厂、二郎口、古河司法所。管理单位：1个公证处，即全椒县公证处；2个基层法律服务所：石沛、经济开发区法律服务所；4个律师事务所：安徽椒陵、安徽儒林、安徽衡远、安徽敬梓律师事务所。人员情况：行政编制49名，事业单位编制4名，编外财政拨款26名（司法辅警）。2016年，在岗共有72名工作人员，机关25人（领导班子4人：党组书记、局长孙成龙，党组成员、副局长王群，党组成员、副局长邹家琪，党组成员、人秘股股长刘莉），司法所47人（其中副科级所长7人，辅警26人），全县有律师28名，公证员3人，公证助理2人，基层法律服务工作者9人。

【法治宣传】 紧紧围绕“七五”普法启动年，以增强全民法治信仰为出发点，启动“七五”普法，建立全椒“大普法”格局。表彰“六五”普法先进集体和个人。组建全椒县“七五”普法讲师团，成立全椒县法学会，制定印发《全椒县“七五”普法规划》。紧抓重点群体学法用法工作。出台《全椒县机关单位2016年学法计划》、举办“江淮普法行——全县领导干部法治大讲堂”，提升党员干部学法用法水平。开辟校园“第二课堂”，开展法治征文、漫画、演讲比赛等活动，举办“江淮普法行——校园行”大型法治活动，编织预防青少年违法犯罪防护网。2016年，全县开展法治副校长授课活动45场，受教育青少年达到5600多人次。围绕“谁执法、谁普法”责任制，在“3·15”“12·4”等重要时间节点，组织普法成员单位集中开展法治宣传活动，发放各类宣传手册12700余册，受教育人数达38700余人。全椒首个法治文化主题公园建成，法治文化与美丽乡村有机结合，检察院多媒体法治文化教育基地对外开放。

【司法所建设和人民调解工作】 全面推进司法所形象识别系

十字司法所荣获“全国先进司法所”称号

统,完成十字、大墅、六镇、武岗等所"形象识别系统"建设。石沛司法所250平方米业务用房竣工。以第三届"最美人民调解员"评选为载体,加强调委会规范化建设。全面推进人民调解化解矛盾纠纷研判预警机制,指导行业性专业性调解组织建设,成立韩贤文个人调解室和龙腾三江物业调解室。2016年,全县调委会共调解各类纠纷2782件,调解成功2682件,防止群体性上访案件29件165人。医调委共化解各类医疗纠纷21件,死亡5起,达成协议金额147.83万元。韩贤文个人调解室调解各类纠纷31起,其中重大疑难纠纷8起。

【社区矫正与安置帮教】 成立社区矫正大队,实现社区矫正"队建制"。投入50余万元完善1000平方米的社区矫正中心功能设施,完成省矫正中心达标要求。出台《全椒县社区服刑人员信息化监管管理暂行办法(试行)》,投入30万元建立监管平台,对社区服刑人员"三定"监控。结合精准扶贫、"两节"走访对生活特困的社区服刑人员帮困扶助。2016年,新入矫171人,期满解矫141人,累计接收刑满释放人员426人,社区矫正期满转入安置帮教人员639人,其中期满解除帮教的213人,现还有852名安置帮教人员在册。利用信息化手段实施电子腕带定位监管84人次,手机定位监管198人,定位适时成功率高于90%。

【法律援助】 出台《2016年法律援助经费补贴标准》,提升案件

全椒县召开"六五"普法总结暨"七五"普法启动大会

先进集体一览表

表7

序号	荣誉称号	获奖单位	授予单位	授奖时间
1	全省"六五"普法先进集体	全椒县司法局	省委宣传部、省司法厅、省法宣办	2016年7月
2	全省司法行政系统先进集体	全椒县司法局	省人社厅、司法厅	2017年1月
3	全省司法行政系统信息工作先进单位	全椒县司法局	省司法厅	2016年2月
4	全国先进司法所	十字司法所	司法部	2015年12月
5	省级示范司法所	十字、六镇、武岗、襄河	省司法厅	2016年1月
6	省级示范司法所	十字、六镇、武岗、襄河	省司法厅	2016年1月
7	省级公证质量优秀单位	全椒县公证处	省司法厅	2017年1月
8	全省法律援助"示范工作站"	武岗司法所	省司法厅	2016年4月
9	滁州市司法行政工作考核第一	全椒县司法局	滁州市司法局	2016年3月

先进个人一览表

表8

序号	姓名	单位职务	荣誉称号	授予单位	授奖时间
1	范圣勇	古河司法所所在	全省"六五"普法先进个人	省司法厅	2016年7月
2	马晓东	全椒县公证处主任	全省公证质量优秀公证员	省司法厅	2016年1月
3	葛　炎	全椒县公证处公证员	全省公证质量优秀公证员	省司法厅	2016年1月
4	雍　超	全椒县司法局科员	全省司法行政系统先进个人	省司法厅	2016年3月
5	张友才	六镇司法所所长	2016年安徽司法行政年度榜样人物提名奖	省司法厅	2017年1月
6	张友才	六镇司法所所长	滁州市优秀共产党员	滁州市委	2016年3月
7	朱桂男	人秘股副股长	滁州市"六五"普法先进个人	市委宣传部、市司法厅、市法宣办	2016年12月
8	闻　静	襄河司法所副所长	滁州市"六五"普法先进个人	市委宣传部、市司法厅、市法宣办	2016年12月
9	许　路	六镇司法所工作人员	市优秀共青团干部	共青团滁州市委	2016年4月

补贴标准。联合县财政局下发《全椒县城乡困难群体法律援助民生工程实施办法》，将贫困户、计生困难户、残疾人等群体纳入法律帮扶体系。免费为全县10个贫困村聘请法律顾问，签订法律帮扶协议书，健全贫困地区法律援助帮扶体系。2016年，法律顾问共为贫困村出具各类法律意见106条，解答群众法律咨询1230余人次，开展法治教育讲座12场，办理妇女、残疾人等困难群体法律援助案件360余件。联合县电视台通过晚间“天气预报”播放各项惠民政策。联合民生办拍摄法律援助微电影《援困》。2016年，全县共办理各类法援案件726件，其中刑事181件，民事544件，行政1件。

【公共法律服务体系】 完善县、镇、村三级法律服务平台。加强县级司法行政服务中心建设，打造群众满意的服务窗口。规范管理镇村司法行政服务站（工作室），将工作室运行纳入司法所目标管理，开展“积分制”考核。同时加大对工作室“协理员”的培养，强化技能培训，确保工作室规范运行。创建“依法诚信规范执业示范岗”，严把律师执业关。围绕“律师进社区”等专项活动，要求律师报效祖国、服务人民、忠于法律、维护正义，参与社会公益。积极参与县领导陪访接访，用法治思维破解“信访不信法”的困局。2016年来共接访312人次，其中陪同领导接访86人次，化解重大疑难纠纷67件。开展公证“便民惠民服务年”活动，优化服务流程，办“铁案”，降低服务收费。延伸服务触角，拓展业务范围，积极办理农村公证业务。2016年，全县律师共办理各类案件766件，办理法律援助案件436件，解答法律咨询1324人次，担任法律顾问115家。办理各类公证1202件，办证收入64.22万余元。

【信息化服务】 打造网络法律服务虚拟中心，构建县、镇、村三级信息共享机制。充分发挥新媒体作用，完善司法微信（每个工作日1期）、全椒司法手机报（每周2期）。2016年，县局有1篇信息被《人民日报》采用，2篇信息被《安徽日报》采用，16篇信息被《滁州日报》采用，在各级主流网站发布信息460余篇。加大信息化建设，加强基础设施的配备和升级改造，推进使用FTP办公系统，完成专网电话和视频系统升级。

【司法队伍建设】 2016年举办基层司法所长、人民调解员、社区矫正工作者、信息通讯员等培训班12次。同时积极开展轮岗交流和上挂学习，增强司法行政队伍活力。新招录3名司法助理员和6名司法辅警。2016年，全县司法所共有工作人员47人，其中司法助理员32人，司法辅警26人，每所平均4名以上工作人员，全县现有7个副科级司法所所长配备到位，配备率达70%。

（县司法局办公室）

军　事

【民兵整组工作】 2016年，全椒县民兵整组工作坚持以中发【2012】9号、省军区皖司传【2016】15号文件和《2016年滁州市民兵组织整顿工作意见》为依据，按照“重抓三类力量、建好新型队伍、规范基层建设”的思路，坚持编为用、建为战的思路。依据“十二五”调整计划的任务数不变，全县基干民兵总数为1700人，按照应急、支援、储备三类队伍调整编组。从1月下旬开始到4月底结束，按照筹划准备、组织实施、检查验收、总结上报4个阶段，完成基干民兵整组任务。4月底人武部对全县民兵整组工作进行点验和集结拉动，专业对口率、退伍军人率、在位率均达98%以上。5月中旬，省军区检查验收组对全椒县进行集结拉动点验，受到高度评价。

【军事训练】 2016年，全椒县人武部根据年度训练计划安排在县民兵训练基地共完成民兵营连长暨民兵信息情报员训练、民兵应急连、民兵应急排、抗洪抢险分队、公路护路分队5个项目的训练。其中4月10日—16日，组织民兵营连长暨情报信息员训练，共57人7天时间；4月20日—29日，组织民兵应急连125人10天时间的训练；5月3日—12日，组织二郎口、古河、西王、马厂4个乡镇80人的民兵应急排的训练；5月11日—17日，在训练基地和官渡组织民兵抗洪抢险分队40人的训练；5月18日至22日，组织全县公路护分队70人的训练。受军分区委托5月23日至27日组织100人医疗救护分队区域联训6月4日—8

日组织24人物资油料保障分队区域联训。

【国防动员潜力调查】 9月30日，根据滁州市国动委[滁动6号]精神，全椒县国防动员委员会召开八办和公安局、民政局、卫计委、统计局、商务局、文广新局、粮食局、市场监督管理局、火车站等相关部门会议。传达会议精神，部署任务，进行业务培训，签订安全保密责任书。把国防动员潜力调查作为一项常态化工作来抓，得到上级充分肯定。

【中学生军训】 2016年8月11日—25日，全椒人武部从全县退伍军人中选拔32名军事素质好，组织能力强，作风过得硬的优秀退伍军人，经过学习和培训组成军训教训员分别对全县四所中学近4000名高一新生进行为期10天的队列和体能训练，结合纪念中国共产党成立95周年和纪念红军长征胜利80周年对中学生进行爱国主义教育，通过国际国内形势教育，观摩图版、参观营区等形式，激发同学们的爱国热情，增强同学们的国防观念。

军分区领导在西王镇夏集村进行扶贫帮困调研

清明节期间，军分区领导带机关到周家岗烈士陵园祭祀并参观纪念馆

【安全工作】 安全工作贯穿全年工作之中。全椒人武部以军委国防动员部“六个规范性文件”等法规制度为依据，以《安全条令》《预防犯罪工作条令》《安全训练指导手册》为指导；认真学习军委国防动员部首长讲话精神和国动部电视电话会议精神，积极开展“百日安全活动”采取自上而下的方式，逐人逐层次组织安全形势分析，隐患排查不图形式、不走过场。始终保持大抓安全稳定强劲态势，尤其针对人车枪弹采取拉网式方式过细排查不留死角，受到国动部安全检查组好评。

【保密工作】 2016年6月5—15日，全椒人武部以军委国防动员部、省军区和军分区党委首长一系列指示精神为指导，按照党委主责、主官主责、分管领导和机关具体抓的总体要求，开展涉密载体“清零”行动计划。行动计划分动员学习、对照检查、整改提高和总结上报四个阶段进行。动员学习阶段重点组织全体干部职工认真学习国动部、省军区和军分区一系列指示精神和电报精神，对照“五个方面”即存储处理过涉密信息的移动硬盘、优盘、光盘；淘汰报废的办公计算机、笔记本电脑；私自配置使用的办公信息自化设备；违规留存保管的“账外文件”“白头文件”；不按保密规定要求使用手机。6月14日上午，个人着重从保密观念是否淡薄、有没有私自保存讲话稿、讲课稿、会议资料；有没有私存电子文档；有没有私自刻录涉密光盘复印涉密纸质文件资料、有没有违规使用手机、家庭有没有上国际互联网等方面进行自查自纠。各科室从纸质涉密资料、计算机管理、移动存储介质、跨年度文档、离岗和在岗人员保密审记等方面进行对检查和清理。在个人和科室自查自纠的基础上，部保密委组织各科负责人和保密员，采取逐人、逐柜、逐盘的方法，进行检查验收，完善文印室建设，规范使用管理，对照“五个方面”内容的20条具体标准找出来的问题，召开保密会议，研究对策，制定整改措施。通过此次“清零”行动计划，增强干部职工的保密意识，提高防范能力。

省军区副司令员徐继龙(中)到全椒县检查民兵整组

全椒籍退役将军孙德斌给全县干部作国防形势教育报告

【政治教育】 2016年思想教育内容主题多，如“坚定改革强军意志、投身改革强军实践”主题教育，“讲政治、严作风、强素质、抓落实”教育整顿，干部管理教育整顿、行业风气整治、执纪检查、“清除郭徐影响深入开展反腐败斗争”等，逐个主题过，压茬结合抓。共同教育时，注重煮好“大锅饭”，及时考勤、补课，个性教育时，注重炒好“特色菜”，继续固守主阵地、突出主课题、用好主课堂、抢战主战场；自我教育时，注重做好“自助餐”，采取笔记展评、领导定评等方式，督促搞好自学、课后学习。紧跟习主席学讲话，学“治国理政篇”“强军兴军篇”“国防动员篇”“思想源头篇”，个个谈体会，人人写心得。十八届六中全会后，第一时间制作《准则》《条例》口袋书，做到人手一本。坚持把思想教育贯彻民兵整组、战备训练全过程，以军分区下发的《民兵教育10课》为基本教材，全年落实民兵政治教育规定课时。

【“两学一做”专题教育】 在全体党员中开展“两学一做”学习教育，是落实党章关于加强党员教育管理要求、面向全体党员深化党内教育的重要实践，是推动党内教育从“关键少数”向广大党员拓展、从集中性教育向经常性教育延伸的重要举措，也是加强党的思想政治建设的重要部署。全椒人武部党委坚持大事大抓、站高到位，分析形势，研究方案，落实计划，成立组织，压实责任，机关党支部全程发力，三个党小组全力跟进，三个专题步步推进，做到有计划、有部署、有考勤、有落实；主官带头上党课带头承诺践诺，干部职工人人参与，抄党章学党规党纪形成声势，积极开展党员先锋岗评选活动，三批表彰六名优秀党员。“七一”重要讲话发表后迅速组织学习，围绕“不忘初心，继续前进”主题开展讨论。特别是省军区戴政委就“两学一做”再动员后，以坐不住的惊觉和时不我待的政治责任，查找缺、简、偏、差四个方面的差距，坚持问题导向，刀刃向已，狠抓整改，查找的11问题，刀刀见骨，触到痛点。

【国防教育】　2016 年是红军长征胜利 80 周年，结合纪念“9.18”系列活动，全椒人武部举办“继承革命传统，弘扬长征精神，努力建设美好全椒”图片展进校园、进社区，努力提升广大学生和人民群众爱国情怀和国防意识。大力开展国防教育，通过课堂授课、观摩展板、参观营区典型引导等活动，极大地激发学生的爱国热情和参军热情。在“美好全椒”官方微信开辟“椒陵儿女军旅荣誉榜”，图文并茂的宣传方式受到人民群众广泛好评。聘请全椒籍退役名将孙德斌将军给全县领导干部作国防形势报告，反响强烈。

【涉军维权】　2016 年，全椒人武部及时调整领导小组成员，召开领导小组会议，军地联席会议，建立联络员制度，分工专职人员经常性处理涉军工作，有效协调解决 6 起涉军维权问题，维护军人军属中合法权益。在有限经费中拿出近 2 万元，对基层营连主官、困难军烈属进行走访慰问，起到暖兵心、稳军心、得民心的作用。

【扶贫帮困】　根据省军参与地方打赢脱贫攻坚战的意见，全椒人武部与贫困村二郎镇古城村结成帮扶对子，该村 37 户，贫困人口 107 人，对口帮扶 8 户。针对“因老致贫、因病致贫和因残致贫”的实际，多举措开展扶贫脱贫工作。开展产业扶贫，投入 5 万元帮助村办光伏发电企业，解决村集体无收入的问题。开展教育扶贫捐助 1 万元对该村 10 名困难学生开展结对助学。开展健

政委王永明（中）在二郎口镇古城村走访贫困户

政委王永明（左三）到襄河镇开展“三送”活动

组织物资油料保障分队训练

康扶贫，协调地方卫计委、残联和医院免费为1名老人开展白内障手术。开展精神扶贫，主要是针对个别“等着扶、躺着要”主动性比较差的贫困户，积极地开展宣传教育，增强自身内动力。开展参军扶贫，动员贫困户中适龄青年学生参军入伍，在体检和政审“双合格”的前提下，优先批准入伍。还积极协调地方有关部门为5户困难户办理低保，购买8000元米面和食油上门慰问，拿出1万元开展村民兵营规范化建设。

【开展整纲肃纪工作】 深入开展全面肃清郭伯雄、徐才厚流毒影响活动，组织学习上级关于违纪情况通报，人人谈体会、个个表决心。为进一步提升执纪情况监督效果，还组织干部职于11月17日下午到全椒县廉政建设基地和全椒县看守所参观，进行警示教育。同时，还从互联网下载《永远在路上》8集反腐倡廉纪录片，坚持每周观看一集，会后组织干部职工畅谈观后感，提升干部职工的免疫力。

【开展财务大清查】 为认真贯彻习主席关于管好用好军费的一系列指示要求，根据《全军财务工作大清查实施方案》、军区《关于从严从实开展财务工作大清查的意见》、省军区财务工作大清查动员部署会议精神和军分区《军分区财务工作大清查自查自纠实施方案》具体要求，及时成立领导小组，按照军政主官亲自负责的要求，扎实认真地进行检查工作。为做好这次检查工作，还专门聘请县地税局税务人员走进军营，讲解如何分辨税务发票及发票开具要素等有关知识，同时有针对性对清查出的发票进行梳理。后勤科制定《全椒县人武部财务工作大清查自查自纠活动实施方案》，经查，全椒人武部严格按照综合预算、细化预算的要求科学合理地编制预算，所有经费支出总量都控制在预算范围，预算编制、调整均经部党委研究决定后执行；所有经费均按照编制的开支计划进行，双主官联审会签落实到位；大项开支经费均通过党委会研究，并定期对财务活动情况进行形势分析；严格经费支出审核权限，确保专款专用和开支合规；无公款私用、擅自购车、超标接待、滥发补助以及违规购买烟酒、节礼、代金券等问题；公务接待实行事一报、先批后办制度，原则上安排在食堂或定点普通饭店，确需在外安排的，必须经部领导审批，严格控制接待标准，按部制定的接待管理规定办理，在外接待的由经办人凭部领导审批的来人接待申请单、发票、消费清单和公务卡刷卡凭条办理报销结账手续。这次财务大清查工作从财务业务处理和完善制度机制层面给人武部明确具体整治办法，消除资金安全隐患，进一步夯实人武部财务工作基础，规范财务管理秩序，为下一步财务运管常态化提供保证。

【规范后勤保障工作】 2016年5月，投入10万多元建成全椒县征兵体检中心，成为市首批试点建设的征兵体检信息单位。此举有助于征兵体检环节高效衔接、体检结果更科学准确。每个检查室电脑均安装“全国征兵体检信息化管理系统”，可实现单项检查情况实时传输汇总、体检兵种结论自动判定、体检情况统计输出、体检结果防篡改、体检表自动生成等功能。体检信息表由过去的手写变成电子录入，节省人工时间，还会自动生成体检结论，让体检结果更科学准确。另外把职工和家属体检纳入常态化，每年花费近2万元组织职工及家属到县医院体检中心体检受到广泛肯定。

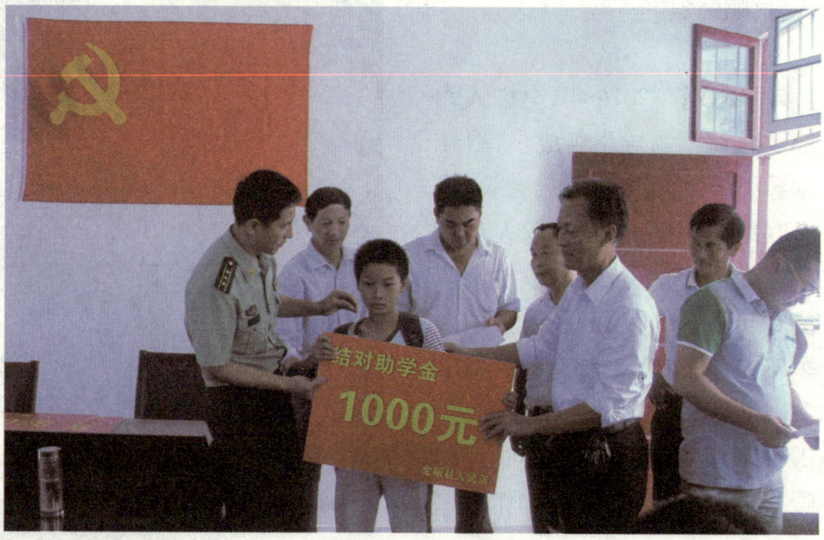

结对子扶贫助学

（县人武部　高有鸣）

国土 环境 人口

- 国土房产管理
- 环境保护
- 计生与卫生管理

国土房产管理

【概况】 全椒县是全国基本农田保护示范区、全国基本农田保护先进县。全县国土面积1568平方千米,农村居民点用地14.5万亩,农村居民点人均占地310平方米,户均占地1316平方米。

【土地规划】 参与《滁州市历史遗留工矿废弃地复垦利用专项规划(2016—2020年)》编制工作。组织报批凯迪农林生物质发电项目土地利用总体规划布局调整方案。启动县镇两级土地利用总体规划调整完善工作;启动"十三五"县级土地整治规划编制工作。

【耕地保护】 先后建立基本农田保护目标责任、质量保护、审批和占补平衡、用途管制、环境保护、巡回检查、监督检查、公告8项制度,出台《耕地保护责任目标考核办法》。完成县城周边0.68万亩永久基本农田划定任务,启动全域永久基本农田划定工作,结合土地利用总体规划调整完善工作,推进全域性永久基本农田划定,并将划定成果及时上图入库、落地到户。

【土地整治】 完成2015年度4万亩高标准基本农田建设任务,完成项目区农田水利、田间道路等相关工程,同时完成市级终验。启动二郎镇古城村、古河镇再安村、马厂镇复兴村3个高标准基本农田项目建设,共计2万亩。严格执行规划设计,确保项目建设规范有序。同时建立质量监控体系,实行质量跟踪管理。加强对施工进度、施工质量、工程投资的全面监管。已完成总工量的45%。

【指标争取】 2016年,共申报各类用地4333亩,已获批3933亩;实施2万亩3个高标准基本农田项目建设,完成2015年实施的4万亩高标准基本农田建设项目市级终验工作。全椒县重点实施工业强县、城镇化带动等经济发展战略,积极向上争取建设用地指标,优先保障重点项目、民生用地,积极推进工业化、城镇化。全年共上报国务院、省政府农用地转用及土地征收8个批次(项目),申请用地总面积4378亩。2016年,已批准建设用地6个批次(项目),总面积3477亩。完成合宁高速"四改八"、保障性住房、岩棉等重点项目用地报批工作。

【房屋征收】 严格按照法定程序,依法规范实施棚户区改造房屋征收工作。其中化肥厂、菱角塘实行货币化安置,张黄、老观陈2个地块集体土地上的房屋实行货币补偿和产权调换两种方式,被征收人可自由选择。

【土地出让】 2016年,全年供应国有建设用地1919.47亩(其中工业用地1012.36亩,商住用地850.60亩,公共设施用地56.51亩)。全年供应国有建设用地1919.47亩(其中工业用地1012.36亩,商住用地850.60亩,公共设施用地56.51亩)。全年挂牌拍卖出让土地33宗,出让土地面积1375亩,实现出让价款30068.6万元(其中经营性用地10宗,面积426.6亩,成交价款23784万元;工业用地23宗,面积948.4亩,成交价款6284.6万元)。

【土地利用】 加大建设用地供应出让力度,全面推行经营性用地和工业用地招标、拍卖、挂牌出让制度,积极推进土地市场"供给侧改革",精挑细选供应"熟地""好地",满足市场需求,适度减少土地供应量和减缓土地投放节奏,采取差别化用地政策,支持新业态发展。

【不动产登记】 积极转变服务方式,落实首问负责制,倡导"工作人员围绕办事群众转,后台围绕前台转"的服务理念。2016年,共受理各类登记13838件,其中新建商品房转移登记6658件、成交面积65万平方米、成交金额250084万元。存量房买卖1296件、成交面积14万平方米、成交金额38127万元。完成抵押登记4128件、抵押登记面积111万平方米、抵押登记金额70亿元。

【矿政管理】 加强矿山安全保障,优化矿产资源开发布局,淘汰落后产能,实现矿产资源规模开采,集约利用,2016年,县局坚持标本兼治、突出重点、整体推进，通过停产整顿、恢复治理等措施，以此改善矿山环境和空气质量。

【地灾防治】　根据《全椒县2016年地质灾害防治方案》和《全椒县1∶5万区域地质灾害调查成果》要求，对全县7个地质灾害隐患点编制单点防灾预案，防灾预案根据每个灾害点或隐患点的地理位置、规模、威胁人口、威胁财产险情等级情况，提出防治建议，并划定预定避灾地点和人员撤离路线，发放防灾避灾明白卡。

【地籍管理】　国土资源部下发全椒县2015年度土地变更调查与遥感监测图斑共有187个，面积2013.5亩，其中耕地面积1147.91亩。其中，合法建设用地图斑85个，面积1516.11亩，伪变化图斑16个，面积208.2亩，临时用地图斑28个，面积130.94亩，设施农用地图斑54个，面积150.11亩。违法用地图斑4个，面积8.2亩，其中耕地面积5.63亩。完成2015年度土地变更调查工作，全县各类土地总变更量为239.51公顷（其中耕地净增加32.55公顷，城镇村及工矿用地净增加75.28公顷，交通运输用地净增加12.58公顷），已通过上级验收。同时，全椒县测量标志普查工作顺利通过省厅验收。全面完成全县农村土地承包经营权确权登记颁证外业调查工作，并按照上级要求，对调查中可能存在的问题进行"回头看"，对发现的问题进行整改。

【执法监察】　在全县开展90余次国土资源执法监察动态巡回执法检查活动，共发现土地违法行为2起，涉土面积3.2公顷，在地方政府的配合下予以现场有效制止，起到积极的引导作用。认真开展2015年度土地矿产卫片执法检查，2015年违法用地宗数占新增建设用地总宗数的0.05%，违法用地面积占新增建设用地总面积的0.05%，违法用地占耕地面积占新增建设用地的耕地面积的0.05%。确保全椒县土地卫片违法占耕比例在国土资源部规定的15%问责比例以下，顺利完成2015年度卫片执法检查验收工作。

【党建工作】　局党组高度重视党建工作，通过重温入党誓词、拥军拥属、义务植树、爱心圆梦大学、爱心捐助、党务公开等活动的开展，丰富党建工作内容。组织机关全体党员积极开展"创先争优"和"创先争优"作风建设活动；积极开展慰问帮扶活动。局党组筹集各种经费5000元，慰问高桥村贫困党员10人次。

（县国土局办公室）

环境保护

【概况】　2016年，在县委、县政府的正确领导下，在上级环保部门的指导下，县环保局以中共十八大和中共十八届三中、四中、五中、六中全会以及习近平总书记系列重要讲话精神为指引，严格按照"三严三实"的要求，紧紧围绕全县经济社会发展大局和县委、县政府中心工作，坚持以改善环境质量为核心，实行最严格的环境保护制度，全力开展大气、水、土壤污染防治，推进主要污染物减排，防控环境风险，加强环境基础建设，强化污染防治与生态保护联运协同效应，不断提高环境管理水平，推进"生态全椒"建设。2016年县域经济考核位列全市第二。

【秸秆禁烧】　一是抓宣传，营造浓厚氛围。在县电视台开辟"秸秆禁烧在行动"专栏，组织开展"秸秆禁烧送戏下乡"活动；定做印有"秸秆禁烧巡查"字样的荧光背心和"禁烧巡查"字样的红袖章分别分发给包保干部和保洁员穿、戴，进行秸秆、垃圾禁烧宣传和巡查使用。各镇普遍采取流动宣传车、"村村通"广播、悬挂横幅、张贴标语等方式开展禁烧工作宣传活动，同时对种粮大户、农机手、农户，逐户发放公开信、签订承诺书，确保政策知晓全覆盖。二是抓关键，把握重点环节。加大帮扶力度，组织维修技术小分队对全县收割进行全面检修，引进外地收割机进行跨区作业，举办机械还田技术培训班，对农民购买秸秆粉碎还田机、打捆机采取敞开式补贴政策。在重点地段、重点时段、重点人员上实施重点宣传和监控。制定《全椒县2016年农作物秸秆综合利用实施方案》，开展秸秆肥料化、饲料化、基料化等综合利用示范推广。三是抓机制，压实工作责任。重点建立"五个机制"，即县领导和县直单位包镇、镇包村、村包组、组包户"一包到底"的网格化管理机制；县效能办、禁烧办成立24小时全天候、全时段、全区域巡查督察的全天候巡查督察机制；成立灭火应急小分队及对老弱病残户、困难户实施帮扶的应急帮扶机制；实行禁烧工作与目标考核、奖补经费、项目资金相挂钩的问责问效机制；形成县公安、农机、环保、各镇等按照各自职责权限对焚烧秸秆行为及时依法打击的联合执法机制。四是抓考核，制定奖惩措施。全面建立保证金制度，要求各镇（开发区）党政主要负责人、分管负责人、派出所所长和禁烧办主要及分管负责人交纳保证金，县财政配套奖惩。同时，根据各镇禁烧工作开展情况，县财政给予不同奖励。由于措施得力，2016年，全椒县实现"零火点"目标。

【污染减排】 一是狠抓水泥行业提标改造，实现地区氮氧化物和二氧化硫排放总量逐年下降。二是对长期超期治理无望，群众反映强烈的企业，纳入强制关停范围。既实现总量减排又解决突出的环境问题。三是以彻底解决三个园区水污染问题为目标，强力推进开发区污水厂及配套工程建设。四是以保护饮用水源安全为核心，对三水库汇水范围内的养殖场一律实行关停。五是大力推进清洁生产和循环化改造，推动农业源增产减污。2016年，全县共完成各类减排项目18个，其中二氧化硫减排项目2个，氮氧化物减排项目1个，工业结构减排项目3个，污水处理厂减排项目1个，农业源减排项目11个，确保全面完成市政府下达全椒县的各项减排任务。

【大气污染防治】 一是多措并举，加快黄标车淘汰。通过短信平台对所有黄标车主发送黄标车淘汰信息；严格制度管理，禁止黄标车开展尾气检测、过户、转移、年检、年审等业务；结合车改工作，加速淘汰公有黄标车；加大黄标车、无标车驶入禁行区的处罚力度，不定期开展上路联合执法检查，发现一辆查扣一辆。二是加大监管和工程推进力度，倒逼燃煤锅炉淘汰。及时下达限期整改的通知，要求被列入整治范围的企业限期淘汰燃煤锅炉；加大对锅炉排放企业的监管力度，严厉打击超标排放行为；积极推动开发区集中供热工程建设，提高燃煤锅炉淘汰工作质量。三是开展再提标、再改造、再规范行动，提升整治效果。加快推进绿色环保型搅拌站建设；开展粮食加工等重点行业除尘效率提升改造工作；健全挥发性有机物（VOCs）综合整治重点企业更新名录，开展印染、橡胶和塑料制品业、木业、保温材料等重点行业的VOCs专项整治。完成全年工作任务，共完成淘汰工业燃煤锅炉10台，工业粉尘治理项目3个，工业挥发性有机物综合整治项目3个，重污染企业搬迁3个，建筑施工扬尘治理项目10个，混凝土搅拌站扬尘治理项目3个，淘汰黄标车638辆。

【饮用水源保护】 一是对县城和乡镇饮用水源地开展每月一次的监测和监察；委托第三方每季度对黄栗树水库取水口和襄河徐塘桥取水口开展地表水水质61个项目的监测，每两年一次全项目分析，及时向市里上报监测结果。二是加强对黄栗树水库饮用水源地水质自动监测站维护，确保正常运行。三是制定并出台《全椒县黄栗树水库等重点水源地保护工作方案》，开展3个专项整治，即对黄栗树水库等集中式饮用水源地保护区范围内45家规模养猪场（户）进行集中清理拆除；组织清理拆除黄栗树水库库区内移动钓鱼平台13座、岸边简易钓鱼平台27座；对库区水面和岸边13家家禽养殖进行清理。四是坚持原则，严格项目准入把关，加强饮用水源地的保护，确保饮用水源安全。五是加大宣传力度，通过张贴、发放宣传单，设置饮用水源保护标牌等形式，对《中华人民共和国水污染防治法》进行重点宣传。制定《全椒县饮用水源保护区标志规范设置方案》，在现有饮用水源保护区内已设标牌、标识的基础上，增设标牌、标识，使广大社会群众直观地了解到饮用水源保护区保护范围、在饮用水源保护区禁止性行为，以及每个公民保护饮用水源应尽的责任和义务。该项工作在人大常委会满意度测评中获得测评“满意”结果。

【环境监管】 一是按年计划和上级要求开展全县饮用水源，滁河、襄河水质断面，重点排污企业及污水处理厂监测、监管工作。二是组织建设环境监管网格体系，并组织人员培训。三是狠抓当前突出环境问题整治，责令武岗镇荒草圩村造纸厂（湖源纸制品厂）停产整治，2016年，已停产并拆除设备；完成蔡桥两家养猪场环境问题整治。四是建立“双随机”检查机制，加强对重点排污企业的监测监管，重点开展畜禽养殖、危险固废、燃煤锅炉等专项整治，加大信访投诉的查处力度。五是积极开展全椒县19家放射性装置使用单位辐射安全与防护知识、核安全文化宣贯培训，对辖区核技术利用单位进行监督检查。六是开展“绿色护考”行动，采取24小时轮流在岗，保持12369环保举报热线全时段畅通，全面做好中、高考环境保障工作，积极为考生营造一个安静、舒适的考试和休息环境。七是督促全椒海螺、污水处理厂等一批国、省控重点企业全面运行污染源在线监控设施，与省、市、县环保部门系统联网，进行实时在线监管。已督促全椒县涉水、涉气排放较大的企业安装污染源在线监控设施，做到企业排污实时在线监控，提高工作效率和监管水平。安排专职人员维护污染源在线监控平台，及时反馈信息变化情况，做好企业协调对接工作。八是按照上级部门要求和全年排污费征收计划开展排污费征收工作，全面完成2016年排污费征收总任务。九是落实环境信访责任制，责任到人，严格执行领导接待日制度和领导包案制度，进一步规范细化接访、查处程序。加大信访投诉的查处力度，提高环境信访办结率和群众的满意度，杜绝重复信访、越级上访事件发生。2016年共接待群众来电、来信、来访共计200件，处理200件，办结率达100%；认真办理政府交办的人大议案和政协提案20件，确保人大政协监督落在实处；全年共完成企业排污费征收48家398万元；共对77个环境违法案件进行立案查处，拆除45家养殖场，处以罚款147.2万元；对一起违法倾倒废液案件移交县公安部门立案调查，已对2名涉案嫌疑人实施批捕。2016年，县环保局被县政协表彰为“提案办理先进单位”。

【服务经济建设】 一是从严把关，严格落实新上项目环境影响评价和“三同时”制度，同时开通绿色审批通道，做到应批尽批。对于不符合环境法律法规、国家产业政策的项目，一律不批；对于选址、选线与规划不符，布局不合理的项目，一律不批；对饮用水源保护区等环境敏感地区产生重大不利影响，群众反映强烈的项目，一律不批；对增加排污总量和严重影响生态环境的建设项目，一律不批。二是严格执行环评和“三同时”制度，要求县内所有的新、改、扩、技改项目全部通过环境影响评价，在建设过程中，依据环评严格执行“三同时”制度，从源头控制新污染源产生。三是进一步规范行政服务中心环保窗口建设、工作流程，实行行政审批股整体入驻窗口，所有行政审批项目进入窗口，实现“进中心审批，在中心办结”。同时，将环评审批和项目竣工验收分开管理，进一步强化监管力度。四是进一步加强对环境影响评价机构监管，提高环境影响评价文件编制的质量；简化“三同时”竣工验收程序，将验收前现场勘查与材料齐全后必须组成验收组进行现场验收程序合并，既减少验收环节，又提高验收效率。五是严格执行“一表制”收费制度，实行基建项目噪声超标排污费和验收监测费进驻全椒县政务服务中心环保窗口，按最低标准收取，免收党政机关办公用房、教育教学用房及企业类基建项目等相关项目费用。2016年，县局共审批环评报告书7个，环评报告表30个，环评登记表76个；验收建设项目38个。

【环境宣传】 认真落实环境保护部《关于加快推进生活方式绿色化实施意见》，制定实施方案，深入开展“生活方式绿色化推进年”“全民生态文明月”活动。落实《企业事业单位环境信息公开办法》《环境保护公众参与办法》,及时主动公布空气、水环境质量及民生密切相关的环境信息。通过短信平台、环保局微信群,利用世界环境日、地球日、水日等环保纪念日,定期在主流媒体上发布环境信息,公开报道环境违法案件查处等形式,多方式、多途径宣传环保政策举措。先后参与科技活动周、安全生产月等活动,在积极参与兄弟单位组织的宣教活动的同时,也拓宽自身的宣传阵地。

【环境监测】 地表水水质监测。对县内滁河、襄河等水环境质量进行采样监测,特别是对县城饮用水源地(小徐塘、黄栗树水库)和乡镇饮用水源地(三湾水库、马厂水库、岱山水库、赵店水库)开展每月一次监测,共取得监测数据3818个。据统计,2016年,全县地表水河流水质状况总体为轻度污染,7个监测断面中,水质为Ⅲ类的占46.4%,Ⅳ类占28.6%,Ⅴ类占21.4%,劣Ⅴ类占3.6%;全县地表水水库水质状况为良好,7个监测断面中,Ⅱ类占3.6%,Ⅲ类占89.3%,Ⅳ类占5.9%,Ⅴ类占1.2%。空气质量监测。2016年度,全椒县城区优良天数为346天,污染天数为20天,15天为轻度污染,5天为中度污染,优良率94.5%。2016年度,全椒县城区空气自动监测子站二氧化硫日平均值为0.003~0.31毫克/立方米。全椒县2016年度城区二氧化硫的平均值0.019毫克/立方米,符合《环境空气质量标准》(GB 3095—1996)二级标准的要求。2016年度,城区空气自动监测子站二氧化氮日平均值为0.001~0.079毫克/立方米。全椒县2016年度城区二氧化氮平均值为0.022毫克/立方米,符合《环境空气质量标准》(GB 3095—1996)二级标准的要求。2016年度,城区空气自动监测子站可吸入颗粒物(PM_{10})日平均值为0.017~0.156毫克/立方米,城区空气自动监测子站可吸入颗粒物($PM_{2.5}$)日平均值为0.012~0.128毫克/立方米。全椒县2016年度城区可吸入颗粒物(PM_{10})平均值为0.060毫克/立方米,可吸入颗粒物($PM_{2.5}$)平均值为0.058毫克/立方米,均符合《环境空气质量标准》(GB 3095—1996)二级标准的要求。

【思想建设】 一是积极开展“两学一做”学习教育活动,教育引导党员尊崇党章、遵守党规,以习近平总书记系列重要讲话精神武装头脑、指导实践、推动工作,着力解决党员队伍在思想、组织、作风、纪律等方面存在的问题,努力使广大党员进一步增强政治意识、大局意识、核心意识、看齐意识,坚定理想信念、保持对党忠诚、树立清风正气、勇于担当作为,充分发挥先锋模范作用。二是根据县委、县政府、县纪委和市局要求,认真开展党风廉政学习教育,部署安排党风廉政建设和反腐败工作,有效预防违纪违法现象的发生。三是将党务、政务公开工作落到实处,从群众关心、社会关注的热点、难点问题入手,狠抓党务、政务公开各项措施的落实,把办事依据、办事程序、工作纪律等作为长期公开的内容向社会公开。

(县环保局办公室)

计生与卫生管理

【基础设施项目】 2016年,县财政继续加大卫生投入。县中医院迁址新建工程于2016年5月正式启动,项目概算1亿元(其中中央项目3300万元,县财政配套6700万元);总投资1400万元的县公共卫生服务中心项目、总投资3200万元的县妇幼保健院建设项目主体工程于2016年年底完工;2016年争取“慈善医疗阳光救助工程”扶持,为全县十个镇卫生院配置彩超、全自动生化分析仪等医疗设备,总价值501万元,其中县财政配套150万元;2016年完成十字、石沛、六镇卫生院医技楼新建工程,启动二郎口镇卫生院医技楼新建工程。

【对外合作】 积极开展对外合作,加强重点科室建设。县人民医院继续加强与上海市第六人民医院骨科、南京鼓楼医院、南京中大医院合作,强化心内科、ICU重症监护、骨科、普外科、妇产科、肿瘤介入治疗和大五官病区建设。县中医院继续与南京市第一医院合作建立眼科分中心;同仁医院与南京医科大学第二附属医院合作建立血液透析等重点科室。2016 年 11 月 6 日，县卫计委邀请全椒籍知名专家、上海交通大学附属第六人民医院关节外科主任张先龙在全椒县开展 2016“儒林情、健康行”骨科大型义诊公益活动。来自全国各地的 20 多名骨科专家在县人民医院门诊大厅为全椒县 1000 多名患者进行免费义诊，安排骨科手术 10 余台，其中贫困救助免费手术 5 台，古河镇贫困患者吴子娟基本医疗手术材料费就免去 12 万余元。当天活动还成立“儒林健康”公益基金，当天收到个人、企业、社会团体捐款以及现场捐款总计 80 多万元。2016 年，县人民医院与江苏省肿瘤医院合作投入 3000 万元打造的肿瘤中心，与江苏省人民医院合作投入 800 万元打造的康复中心 2 个重点专科正在加速向前推进。

县妇计中心积极开展“7・11”世界人口日宣传活动

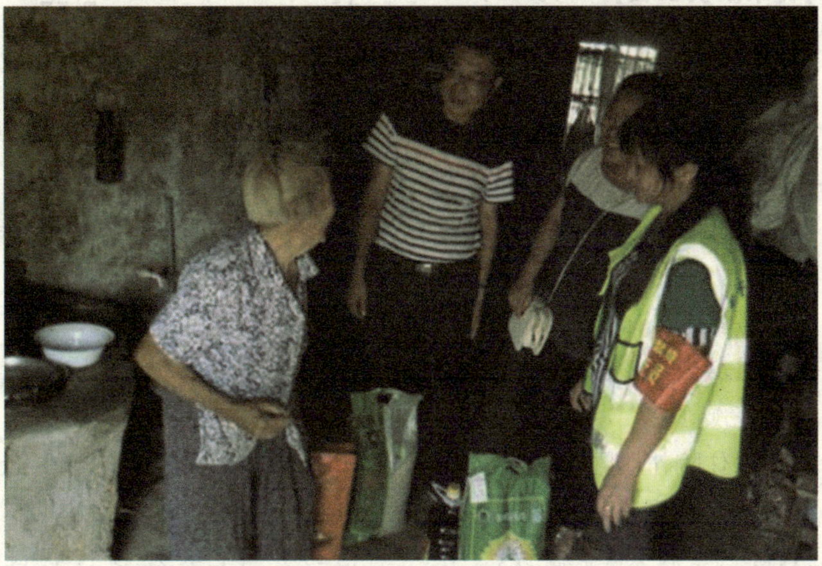

六镇镇六镇村干部深入计划生育特殊困难家庭走访慰问

【县域医疗服务共同体试点】

全椒县为安徽省县域医疗服务共同体（简称县域医共体）第二批试点县。县政府 2016 年 1 月 30 日召开县域医共体试点启动大会，出台《全椒县县域医疗服务共同体试点工作实施方案》（全政办〔2016〕2 号），县卫计委及医改相关部门制定出台《全椒县县域医疗服务共同体章程》等 15 个相关配套文件，先后召开 7 次医共体试点工作推进会，每季度开展一次模拟考核，从政策、组织、制度、行动上强力推进县域医共体试点工作。全县成立 3 个县域医共体：由县人民医院牵头，联合二郎、马厂镇中心卫生院，十字、武岗、襄河镇卫生院，民营椒陵医院、花园桥医院组成医共体；由县中医院牵头，联合古河镇中心卫生院，石沛、西王镇卫生院，民营新城医院组成医共体；由民营同仁医院牵头，联合大墅、六镇镇卫生院，民营洪栏桥医院组成医共体。在县域医共体领导小组的领导下，牵头医院与各自成员单位在医共体章程范围内，签订联合协议书，以技术为支撑，以利益共享为纽带，以支付方式为杠杆，以服务协议为准则，相互协作，共同推动县域医共体发展。截至 2016 年 12 月 31 日，医共体牵头医院与基层医疗机构建立“1+1+1”师徒关系 96 对，开展各类帮扶活动 186 人次，指导中心卫生院完成手术病例 86 台次，接收基层医务人员进修学习 33 人次，支援基层卫生院各类医疗设备、办公家具 34 台套，价值 300 余万元。通过资源下沉、技术帮扶等措施，县域内患者住院率由 2015 年底的67.21%提升到2016年年底的75.95%，提升8.74个百分点。

【人才队伍建设】 2016年为两家县级公立医院引进具有硕士学历的高学历人才8人给予优惠政策；为医疗卫生单位招聘专业技术人员90人（其中县人民医院50人，县中医院21人，疾控中心4人，乡镇卫生院15人）。通过“三支一扶”为西王、马厂、大墅镇卫生院各招聘1名医护人员。

【健康脱贫工程】 为贫困人口每人建立1份电子健康档案、1张健康卡，为每个贫困户确定1名乡村医生签约，积极开展签约服务，全面实施“两免两降五提高”，聚力兑现贫困人口健康脱贫工程。“两免”：为贫困人口全额代缴基本医保个人缴费部分；实行县域内先诊疗后付费，并免除住院预付金。“两降”：降低基本医保住院补偿门槛，贫困人口县域内普通门诊不设补偿起付线；降低大病保险起付线。“五提高”：提高基本医保补偿比例；提高常见慢性病门诊补偿比；提高在镇卫生院和县级、市级、省级医疗机构住院治疗保底补偿比；提高重大疾病治疗补偿比；提高大病保险分段补偿比例。

【“全面两孩”政策】 2016年，全椒县有序实施“全面两孩”政策，应势而动，迅速贯彻落实“全面两孩”政策，集中力量做好宣传倡导和配套服务等相关工作。同时，不断完善人口基础数

安徽日報

ANHUI DAILY

2016年9月29日 星期四

农历丙申年八月廿九

第23455期 今日16版

安徽日报报业集团出版

国内统一刊号CN34-0001 邮发代号25-1

网址：Http://www.anhuinews.com

新闻热线：18955179501 传真：0551-65179872

▶ 9月7日，家住全椒县襄河镇宝林居委会、患股骨头坏死20多年的83岁老人付文章，感觉身体不舒服，就打了家庭医生的电话，不一会，南城社区卫生服务中心的医生就来了。

全椒县2015年开展家庭医生签约服务试点以来，不断优化服务流程，重点人群健康管理率明显提升，取得明显实效。近日，该县加大力度，继续巩固签约服务试点成果，扩大签约对象，使该县基本公共卫生服务项目民生工程的内涵更加丰富。至今年年底，全县签约服务覆盖率将达到15%以上，重点人群覆盖率达到30%以上。 图：张平

《安徽日报》报道全椒县开展家庭医生签约服务试点工作

据，做好群众咨询和生育登记工作。全县符合“全面两孩”新政策34549人，占符合生育二孩总人数的61.86%。符合新政策已登记1039人，在孕952人，已生育443人。

【卫生计生民生工程】 一是提高新型农村合作医疗参合补助水平。2016年，全县参合农民337503人，参合率达99.69%，新农合筹资总额为21227万元。1—11月，全县新农合基金共补偿469444人次16242万元。二是全面开展新农合医疗大病保险工作。2016年，全县大病保险筹资标准为23元/人，基金总额为776万元。1—11月，新农合大病保险已办理171人次，补偿212万元。三是深入实施基本公共卫生服务项目。10月26日基本公共卫生服务项目月报表和妇幼保健年报数据显示，12大类45项基本公共卫生服务项目均已完成年度目标任务。四是不断提升妇女儿童健康水平。截至9月30日，全县免费婚前健康检查6512人，完成全年任务110.37%；全县产妇4476人，住院分娩率100%，孕产妇住院分娩补助2385人，完成任务113.57%。截至10月底，全县预防接种59438剂次，完成任务84.88%。疫苗接种率达90%以上，建卡率达95%以上。五是落实计划生育家庭特别扶助政策。严把政策关、程序关、质量关，确保不漏不错，提升群众获得感。截至11月底，18项法定计划生育奖励政策均落实到位，共发放资金2465万元。县直相关单位对计划生育特殊困难家庭开展帮扶1535人次535万元。同时，特扶家庭全部免费享受家庭医生签约服务。

（县卫生和计划生育委员会办公室）

城乡建设与管理

- 城乡规划建设
- 县城管理与行政执法
- 重点工程建设
- 水利
- 供电

城乡规划建设

【完善城市规划编制】 高标准完成地下综合管网、特色街区风貌、公共服务设施等7项规划编制和古襄河景观提升工程设计、吴敬梓路提升改造工程道路设计、南屏山文体公园等14个项目方案设计。认真帮扶解决经济开发区、十谭产业园、杨桥工业集中区3个园区在建设过程中的问题,积极与园区管委会磋商对接,推进3个园区健康有序发展。

【城市建设】 根据县委、县政府工作部署安排,2016年,县局牵头负责古襄河景观提升工程、吴敬梓路提升改造工程、吴敬梓故居、纪念馆周边环境整治工程、城市公共自行车系统建设、公共停车场建设、城东片区道路网建设以及后街巷道整治等32个政府投资项目建设,截至2016年年底完成投资额约5.8亿元。

重点项目建设:古襄河景观提升工程已完成部分地块绿化施工,完成整体形象进度40%;吴敬梓路改造提升工程已完成大石潭路至果园路段全部工程量,并开放交通,完成整体形象进度50%;城东片区路网道路建设工程整体完成70%;吴敬梓故居、纪念馆周边环境整治正在进行房屋修缮和周边绿化提升,整体完成30%;其余附属设施正在按项目进程有序推进。

道路及基础设施建设:全年完成新续建、改造道路15条,约14.1千米,其中新建道路9条,约7.8千米;续建道路5条,长约2.5千米;改造道路1条,约3.8千米。全年安装各类路灯1408盏,新增、改造各类管网68.4千米。新建停车场6座,新增停车位426个;完成4000平方米的便民摊点群及4个公厕建设;改造10条后街巷道和4个公厕;完成公共自行车系统一期工程建设,新增1000辆城市公共自行车;老体育场改造、农村危房改造、街头绿地及市民公园建设中新全中北侧绿化、大石谭路、南二路等6条道路绿化已全部完工;古襄河景观提升工程、南屏山文体公园工程、城东片区一期路网工程、吴敬梓路改造提升工程等重点项目建设正在加快推进。

城区管道建设:2016年完成道路跟踪铺设雨污水管道12千米,城内道路管线维修0.85千米;完成污水处理厂二期工程中14.6千米的配套管网建设;杨桥工业园污水管网工程已纳入城东片区路网一期大石潭路道路建设中;2016年,全椒新奥投资800万CNG加气站投入运营,全年新增燃气管网15千米,安装民用户9000户,年供气1300万立方米。新建十谭产业园供水管道7千米,全年改造果园路、内环南路、纬二路总长3.6千米供水管。

基础设施建设:新建回收公司、儒林A区、襄河南侧、积玉桥、前进小学西侧、人民政府6座城内停车场,总面积2.9万平方米,新增停车位426个;分别新建和改造4座公厕,现已全部完工;2016年先后完成大石潭路、霸王路、万利路、秦岗路、南二路(儒学路至站前路)、釜城东路等10条道路、乌龙巷和千佛庵巷、太平文化广场、新全椒闸桥等处路灯安装工作,全年共计埋设电缆管道21869米;敷设电缆27633米;安装单(双)臂灯1274盏、太阳能路灯25盏、高杆灯109盏、安装路灯箱式变10台,安装电子信号灯、电子警察35组。

园林绿化项目建设:2016年城内新建绿化面积共计约55.61万平方米,提升绿化面积约14.1万平方米,在全县范围内的重要位置和节点共计栽植约5000平方米景观花卉,完成大石谭路、南二路、屏一路、老观陈路延伸段、光辉路、文昌路6条道路绿化,完成新全中北侧绿化工程,新华路街头游园纳入古襄河景观提升工程进行施工。截至2016年底,县城区园林绿化总面积达915.11公顷,绿化率达41.5%,绿化覆盖率达43.4%,公园绿地面积277.37公顷,人均公共绿地面积15.4平方米。

【村镇规划建设】 加强村镇规划建设管理工作。规建局积极配合县美丽办制定2016年美丽集镇、美丽乡村建设计划,2016年完成9个镇政府驻地建成区整治规划以及西王镇隆兴村、武岗镇康合村、六镇镇东王村、二郎口镇桃园村、太平村5个美丽乡村建设规划已完成编制及评审,同时完成武岗镇、西王镇、二郎口镇、十字镇、石沛镇5各镇总体规划修编及评审。下发《镇村规划建设管理工作指导意见》,加强对镇村规划建设管理工作的督察和指导。结合危房改造，大力开展精准扶贫工作。全年共实施1424户农村危房改造，其中实施建档立卡危房改造贫困户432户，对建档立卡贫困户危房改造实行县级扶贫专项资金补助，合计享受危房改造上级补助资金1585.8万元，享受扶贫专项资金补助204.4万元，现农村危房改造资金发放已全部到位。

【规范建筑市场管理】 大力夯实施工安全基础。召开建设系统2016年度安全生产工作会议，会议总结2015年建设系统安全生产各项工作，对2016年安全生产工作进行部署和要求。同时对2015年落实安全生产工作中成效显著的14家企业和做出贡献的39人进行表彰。并与46家生产经营单位和4家局属单位签订2016年度安全生产责任书。在全年对全县建设工程起重设备开展隐患排查和专项整治中，检查各类起重机械94台，对有重大安全隐患的16台起重设备下达停止使用告知书，通过各类安全生产大检查，共查出一般安全隐患1018项，较大以上安全隐患152项。下达限期行政执法告知书24份，停工告知书7份。共创建市级安全质量标准化示范工地（小区）17项（其中准化小区3项），总创建面积470788万平方米，创建个数名列全市县区第一。质量监督力度全面强化。2016年全年共办理房建工程施工许可项目118个，建筑面积259.6万平方米；办理房建工程质量报监项目132个，建筑面积252万平方米；办理房建工程竣工验收备案项目70个，建筑面积189.5万平方米；2016年，处理质量问题投诉10起，下发质量问题整改通知书77份；申报“琅琊杯”项目4个。全县的建设工程质量和建筑市场管理处于可控状态。一是开展各类建筑市场监督检查。重点查处违法发包、转包、违法分包及挂靠等违法行为，促进全县建筑市场秩序的健康发展。依法查处违法违规建设项目4个，约谈项目管理人员12人，对农民工工资处理不到位的相关企业全县通报批评。二是开展乡镇规划建设管理检查工作。县规范乡镇建设工作小组对全县10个乡镇的建设管理工作进行培训，并前后7次对乡镇的整改情况进行督察，迎接市规范乡镇建设领导小组督察两次，按照市督察组要求，每月进行阶段性汇报，并建立规范乡镇建设长效机制。

【建筑行业环境整治】 一是加大建筑市场扬尘治理工作。先后制订《建设系统大气污染防治专项整治行动实施方案》《全椒县建筑施工扬尘集中整治月工作活动方案》，成立专项整治行动组织机构，并按照方案组织实施。严把建筑施工项目工程报监验收关，开展定期检查和日常巡查。按照建筑工程施工扬尘污染防治要求，进行分项验收，对不符合标准要求的，一律责令整改，直到验收合格后，方可办理质量、安全报监手续。全县在建项目工程在开工前扬尘治理达标率为100%。全年共发出检查通报5份、简报13份、扬尘治理限期整改通知书17份，对限期整改仍然不符合要求的6家施工企业项目负责人和相关人员进行约谈。通过检查、通报、简报、约谈等方式，有效促进施工现场扬尘治理的全面落实。二是加大混凝土搅拌站扬尘污染环境综合整治力度。制定《全椒县混凝土搅拌站环境综合整治整改计划与实施方案》，组织召开全县5家混凝土搅拌站生产企业主要负责人环境整治工作专题部署会。开展巡查、督察10次，下达限期整改通知单2份，停产整顿通知单2份。督促4家混凝土搅拌站完成整改。

【清欠工作】 切实保护弱势群体，认真做好清欠工作。2016年共接待农民工工资投诉工程项目数56个，解决农民工工资拖欠3250万元，涉及农民工人数4800余人，使全县农民工工资形势总体稳定，矛盾减少，投诉量下降，尚未发生一起大规模群体性事件。

（县城建局办公室）

县城管理与行政执法

【概况】 2016年，县城管执法局认真发挥职能作用，切实整治城市环境，为文明县创建发挥主力军的作用，为规建管考核和各类调研、检查活动提供坚强的保障。9月被省城管系统表彰为“文明执法先进单位”。

【开展整洁行动】 全年开展垃圾专项清理行动128次，清理卫生死角384处，清扫和清运各类垃圾7680余吨，清除小广告、牛皮癣15800多处。督促市场化保洁公司投入410多万元各种环卫机械设备和果皮垃圾桶2100个,成立快速保洁队伍,机械化清扫率达70%以上。完善督察考核制度,每天巡查不少于2次,全年共处罚保洁公司30多万元。规范建筑垃圾处置,实行源头治理,启动建筑垃圾运输市场准入招标,实行公司化运营和履约保证金制度,规范运输车辆,明确运输时间、路线;加大行政处罚力度,严管重罚渣土车辆抛洒滴漏和随意倾倒建筑垃圾等行为24起,罚款3.57万元。

【开展畅通行动】 巩固32条市容管理社会化路段整治成果,印发"致经营户一封信"温馨提示4000余份,持续开展常规整治行动,定人、定路段、定责任,一条路一条路地反复开展整治。结合规建管和文明县创建等工作,联合相关部门,分时段开展占道经营、乱搭乱建、露天烧烤、校园周边环境、违规菜地、公交车线路等集中专项整治和常规整治行动30多次,共计清理各类流动摊点2000多处,纠正出店、占道经营3500多次,规范非机动车乱停乱放2000余辆;清理乱堆乱放220多处83车次;拆除各类雨阳篷220余件;铲除南屏山周边等处近3万平方菜地;50多户露天烧烤全部配置油烟净化装置;校园周边200余经营户,全部引导迁入城南农贸市场内经营。同时不断加强督察考核,完善周督察、月考核、年考评的考核体系,全年通过考核共对物业公司罚款近10万元。

【全面治违】 对违建查处实行网格化管理,划片包干,责任到人,巡查实行"竖到底、横到边",不留死角,确保违建早发现、早制止、早拆除,将违建遏制在萌芽状态。加快对群众反映激烈、影响群众生活的存量违建拆除速度,县局依法对回收公司停车场、南屏山养鸡场等8处存量违法建设进行拆除。全年共查处新生、存量违法建设1.12万平方米。对南岳西路夏某未按规划行政许可内容建设行为给予13000余元的行政处罚;对王曹小区、南屏山等7处违法建设,通过新闻媒体进行曝光。

【城市管理网格化工作】 大力推行网格化、扁平化管理模式,派驻执法人员进社区,充分发挥社区网格作用,落实管理任务,建立健全常态化管理机制。5月4日,县长办公会通过《全椒县城市网格化管理实施方案》,明确13个社区网格和8个行政村网格的划分,明确"十进"人员;5月23日实施襄河镇花园村、襄河社区的试点工作;8月15日全面推进,县局共派驻46名执法队员到各社区(村)网格履职。同时牵头制定分类考核办法,制定《全椒县城市网格化管理考核办法(试行)》及《全椒县城市网格化管理"两违"制止和查处工作保证金考核办法》,分别由文明办、两违办牵头对市容和两违工作进行考核。

【坚持"一把笤帚"扫到底】 将新、老襄河水面、绿化保洁面积共253.6万平方米保洁纳入统一管理,投入170多万艘保洁船等设备,"儒林号"和"敬梓号"两艘保洁船正常运作,已成为新老襄河上一道靓丽的风景。

【生活垃圾无害化处理率达标】 2016年,共运往滁州市垃圾焚烧厂无害化处理生活垃圾45272.18吨,无害化处理率达90.5%以上,在县域经济考核中可得满分,已连续多年位于全市第一位。

【襄水路蔬菜批发市场搬迁】 多年以来,蔬菜批发长期占用襄水西路及周边的城市主次干道进行,形成"马路市场"。县局通过前期广泛宣传、摸排登记、逐户约谈、发放《致经营户一封信》等措施,自3月28日起开展多部门联合执法整治行动,取缔20余年来在襄水西路的占道经营蔬菜批发市场,整体搬迁至全椒农副产品临时批发市场内规范经营。

【第一个便民摊点群建设】 面积约3600平方米的第一个(江海)便民摊点群已竣工并交付使用,对江海街区(慈济路以西、南二路以东、椒陵大道以北、襟襄南路以南)近200户流动摊点劝导入市(室)经营,依法整治并取缔马路市场。

【启用违建航拍监测】 2016年10月,正式启动违建航拍监测,运用科技手段坚决遏制违法建设的高发势头。

(县城管执法局)

重点工程建设

【概况】 2016年，共承担安置房、保障性住房、代建项目3大类共30项重点工程建设，项目总投资24.3亿元，总建筑面积约154万平方米。已完成安置房回迁和保障性住房分配的共13个，即将交付使用11个，基本建成的代建和保障性住房项目共3个，新开工代建项目3个。

【续建项目】 2016年，已回迁安置7个安置房项目，分别是儒林B区安置房、水上新村安置房、广源小区安置房、三里安置房、丰乐园安置房、屏山苑安置房、儒学苑安置房。回迁安置面积约95.5万平方米，总投资约13亿元，共回迁安置8149户。多个项目正在积极推进。其中，新华路延伸段安置房已与国土房产局做好回迁对接；党校二期工程已竣工，正在办理综合验收手续；疾控中心、残疾人综合服务中心和妇幼保健所迁建工程正在进行室内装饰和附属工程施工，2012年公租房现已全部竣工，部分已交付使用；2013年公租房单体已全部竣工，部分乡镇供水、供电正在进行施工，西王镇公租房已交付使用。

【新开工项目】 第八中学已完成临时设施的搭建，正在进行桩基施工；前进小学已完成场地平整，临时用水、用电安装，正在进行临时道路施工和基槽开挖；中医院迁建工程招标已完成，正在进行施工现场临时设施的搭建；职教中心设计方案已确定，正在进行施工图设计，预计2月底完成；体育中心地平整已完成并验收，施工图设计即将完成，已确定清单编制单位，正在进行监理招标文件编制；老年活动中心正在进行工程量清单编制和监理招标准备工作。

【招商引资工作】 2016年度招商引资目标任务数1.5亿元，截至12月底，已完成1.69亿元，引进项目3个，分别为新签约项目安徽大邦防腐设备有限公司、新开工项目全椒全润家居用品有限公司、新投产项目全椒众诚二十一加农贸市场管理有限公司。

（县房重局办公室）

水　利

【防汛抗旱】 全力应对“7·1”强降雨防范工作，各级各部门迅速行动，全力应对。及时召开县防汛指挥部紧急会议，紧急动员全县上下立即进入实战状态。各地迅速开展查险除险，确保险情及时发现、及时排除。沿河圩区排涝泵站全力开机抢排，累计排除涝水约6000万立方米，将灾害损失降低到最低程度。在做好防汛工作的同时，积极做好抗旱提放水工作。7月中旬以来，全县出现持续旱情，农作物受灾面积6.1万亩，成灾3.9万亩。面对罕见高温和严重旱情，国有大中型水库陆续开闸灌溉，累计灌溉放水约6000万立方米，浇灌面积65万亩；沿河国有泵站开机抢提外水抗旱，累计开机1620小时，提水近500万立方米，为全县农业生产提供有力的保障。

【农田水利】 一是实施圩区5镇重点险病工程除险加固。完成跃进河东西堤、汪郢河、襄河东西堤、如意河东堤、滁河堤174K等堤防灌浆防渗、除险加固、滁河堤填塘固基和穿堤涵闸拆除重建等。二是继续做好小型水利工程改造提升工作，编制完成2016年度实施方案，9月全面启动，12月底完成建设任务。

【工程建设】 全面完成跨年度实施的全椒闸拆除重建、军民一级站更新改造、灌区节水改造及配套、项集抗旱应急水源等水利工程建设；开工建设小型农田水利项目县、黄栗树水库中型灌区（总干渠）节水改造配套、病险小水库除险加固、土桥水库抗旱应急水源等工程项目；继续推进滁河近期治理、水生态文明建设等工程建设。各在建工程正按序时推进中，已完工程已正常使用发挥工程效益。

【民生工程】 2016年，全县共计划实施小型水利工程357处，其中泵站土建工程69处，小水闸工程6处，万方以上塘坝247面，河沟扩清35条。2016年农村安全饮水工程主要实施农饮精准扶贫管网延伸工程，项目建设总投资1500万元，项目涉及六镇、马厂、古河、石沛、西王5个水厂，项目已全面完工。

【水政执法】 重拳打击河道、库区非法采砂和水库库区非法拦坝行为，县先后5次组织相关执法单位，对滁河、襄河、马厂河等5河2库非法采砂以及赵店、马厂、黄栗树水库非法拦坝开展集中打击整治行动，共切割非常法采砂船18条，拆除非法拦坝16处，取得明显成效。同时，把日常巡查与及时打击处理相结合，确保非法采砂活动得到有效遏制。

【水资源管理】 一是加强用水总量控制，全面完成市下达全椒县的用水总控制指标。二是加强用水效率控制，开展节水型企业创建，继续推进农业高效节水示范片建设，实行生活用水阶梯水价制度。三是开展水功能区整治，对黄栗树水库饮用水源保护区污染源进行整治，全面取缔保护区内规模化养殖场，取缔水面垂钓，努力提高库区水质。加强对襄河污染源进行整治，逐步提高襄河水质。

（县水利局办公室）

供电

【概况】 2016年，全椒公司全社会用电量11.02亿千瓦时，同比增长12.14%，其中第一产业用电量0.55亿千瓦时，占比4.99%，同比增长31.32%；第二产业用电量6.78亿千瓦时，占比61.52%，同比增长11.75%；第三产业用电量1.81亿千瓦时，占比16.42%，同比增长9.4%；居民生活用电量1.88亿千瓦时，占比17.06%，同比增长11.44%；同业对标考核全省排第19位，企业负责人业绩考核排第7位，圆满完成省市公司下达的各项考核指标。

【安全生产】 深入开展“安全生产大检查”专项活动，结合电网实际突出抓好电网安全管理和作业现场安全监督管理。2016年，全公司共开展现场安全稽查889次，监督到岗率达129.78%；开展作业现场星级评价94处，其中：三星级现场78个，二星级现场13个，一星级现场3个；发现安全问题205条，整改率达100%；全年共清理35千伏及10千伏树障24321棵，安装警示牌544块，钓鱼桩148基，安装安全防撞标识242处。开展“安全生产月”宣传活动，并与生产作业安全管控标准化、安全管理提升等活动相结合。组织开展反事故应急演练5次，发布预警通知8次。

【电网建设】 完成公司2015年新增农网改造升级6个35千伏项目续建任务。新建陈浅变电站1个35千伏进线间隔，新增35千伏主变容量1.5万千伏安，建改35千伏线路7.2千米，更换武岗、石沛变电站电容器为压控式电容器，容量为6000千乏。开展典型县（镇）“十三五”配电网规划、县城区10千伏目标网架规划、工业园区供电设施布局规划方案编制工作，并通过省市经研院（所）评审。开展全椒县“十三五”新一轮农村电网改造升级规划工作方案编报，完成公司2017年电网基建专项投资计划建议（9400万元）编报，开展三个批次共204个农网改造升级项目和27个中心村电网改造项目可研，全年累计农网改造升级项目储备规模为21395.88万元，中心村电网改造项目储备规模3818.04万元。

【优质服务】 深化“你用电、我用心”理念，认真落实新“三个十条”，强化服务监督，深入推进低压运维、设备管理、客户服务“三合一”客户经理制的落实，开展业扩提速增效、农村地区电费代收点业务等工作，切实提升优质服务水平。圆满完成各大节日、重要会议、重要活动的保电服务工作。加强行风建设，2016年实现窗口服务“零投诉”。抓好供电服务突出问题整治，加大与政府、客户和媒体的沟通力度，及时化解疑惑，增进互信。

【经营管理】 狠抓营销各项指标，开展“电e宝”服务于低压用户，提供缴费、电费小红包、交费盈等服务功能，拓宽缴费渠道，持续加强电费回收管理，电费回收率99.991%。加大反窃电力度，积极宣传推广电锅炉、热泵、电蓄冷、电熔炉等成熟的电能替代技术，深入挖掘交通、冶炼、农业排灌、娱乐等行业的替代潜力，大力推进以电代煤、代油等项目的实施。坚持依法从严治企，着力规范企业管理，开展业扩报装专项效能监察，下发效能监察建议书，进一步规范业扩流程，实现业扩报装提速增效。

【开展光伏扶贫】 积极与政府对接，编制光伏简报，通报建设情况。2016年光伏扶贫涉及8个贫困村，共计284户贫困户，申请报装容量1864千瓦，总投资1100万元，共建设18个分布式光伏电站，于2016年10月13日全部实现并网。

（县供电局办公室）

交通邮电

●交通运输

●公路建设与管理

●邮政

●电信

●移动

交通运输

【重点工程建设】 滁州大道(全椒段)完成洪武路至合宁高速公路段6.4千米建设。完成14千米S213线(大墅至古河)改建工程建设。完成古河至新兴、广平至卜集等55千米农村公路修缮工程建设。完成387千米农村道路畅通工程建设,其中完成贫困村道路建设42千米。完成华复路、西黄路、全草路、全孤路4条道路生命安全防护工程。完成8座农村公路危桥改造。合宁高速四改八。正式启动合宁高速改扩建工程建设,全长89.3千米,其中全椒段59.2千米,总投资64.5亿元,分三年完成。在国土局、林业局、人社局、沿线各镇及相关单位全力配合下,开展征地、拆迁、林木砍伐等工作,施工单位已分5个标段进场施工。完成朝阳大道、光辉大道、胡松路、界首路、唐庄路十谭产业园5条道路工程建设。完成滁马高速连接线(江北大道)工程施工方案制定、施工图设计等前期工作。完成60千米防汛道路建设。

【城乡公交一体化建设】 制定《全椒县城乡公交一体化实施方案》,完成古河片区农村客运班线公交一体化改造,投入公交运力36台,运营体系较为稳定。

【扶贫攻坚】 积极帮扶复兴村脱贫工作,主动包保37户贫困户。2016年复兴年收入达15.38万元,43户贫困户家庭收入达3100元以上,顺利通过安徽省第三方检测验收评估,复兴村被评为滁州市十佳扶贫攻坚先进村。

【治超工作】 严格执行市交通运输主管部门治超工作部署,坚持源头监管与路面治理双管齐下,不断强化治超工作。切实担负起治超工作职责。

【文明创建】 大力开展路域环境、汽车站、公交站台、交通工具等环境整治,大力开展志愿者服务活动,大力开展社会主义核心价值观宣传教育,为创建工作作出重要贡献,继续保持安徽省第十届先进单位、滁州市先进单位标兵。

【安全生产】 严格落实安全生产责任制,全年未出现一例安全生产责任事故,水上交通安全生产连续45年保持零责任事故好成绩。

【公路养护】 按照标准化、精细化养护工作思路,制定、落实年度养护计划。小修路面1.7万平方米,整修路肩20.15万平方米,保洁路面260万平方米,公路路况持续稳定。

【运输市场监管】 认真做好春运工作,大力发展公共交通,开通12路、13路公交线路,优化4条公交线路,优化“三大园区”公交线路,为广大居民提供宽松的出行环境。全年投入城市公交车64辆、出租车100辆,建成城南公交车停车场、火车站出租车通道,完成110个公交站台亮化提升工程,城市公共交通基础设施进一步完善。

【作风建设】 坚决贯彻执行中央“八项规定”、省委30条、市委26条、县委22条,自觉开展办公用房、家庭住房、行业协会学会、经商办企业等专项清查,强化基层党组织建设和干部人事管理,进一步清理基层党组织不按期换届、党员不按期缴纳党费和关键岗位干部长期不换岗等,严把公款接待关,严把公车使用关,十分重视制度建设,制定和完善党组会议和工作原则、交通运输重大事项决策行为实施办法、财务管理制度、考勤考核制度等11项规章制度。

【两会建议提案办理】 认真做好县人大代表议案建议和县政协委员提案办理。2016年共办理人大建议16件,政协提案11件,到10月底,已全部完成交办任务,满意率100。

(县交通运输局)

公路建设与管理

【概况】 全椒公路分局隶属滁州市公路管理局所辖,管养省道3条公路,计83.848千米,其中S331线43.302千米,S206线27.609千米,S226线12.937千米,沥青路72.348千米,水泥路11.5千米。主要工作职能是从事公路养护、路政管理、治超管理和工程建设。分局内设养护科、路政科、财务科、政工科、法治科、工养科、养护处、工程处、安办、工会、资企办、办公室;下属二级机构:治超站、全椒通达公司、道班。

【公路养护】 全年累计完成更换、校正“三桩一碑”223根、修整路肩2368米、修枝打叉10727棵、疏通涵洞249道、更换边沟盖板156块、更换雨水篦9块、平整车辙9041平方米、灌缝10857米、修补坑槽4249平方米,侧石校正60米、公里碑刷白601根,清理标牌遮挡18处,清理桥梁牛皮癣275平方米,每月对路肩、边沟蒿草割除2遍、开展路况调查6次、交通量调查36次;开展桥梁检查25次,每3日对全路段全面保洁一次。

【路政管理】 全年共巡查280天、夜查35天,处理突发事件11起,清除非交通标志56块,清除条幅72条,清除路侧堆放30处约380平方米,清理摊点15处,制止违法涉路施工15起;开展路政法律法规宣传活动1次,发表路政宣传信息12篇,开展路域环境整治清障活动6次,办理行政许可一件。

【超限治理】 S206全椒治超站联合公安交警、治安民警和道路运政,开展全省联合治超1号行动、2号行动和全椒县“三大车”联合集中整治行动。全年共检测车辆5138辆,其中超限车辆829辆;办理案件406起,结案406起,结案率100%;卸载车辆300辆,卸货总重4616.21吨。

【重点工作】 联入全省联网治超信息系统,实现跨地区、跨部门治超数据共享与业务协同;谋划养护市场化改革,做好S331文明示范路创建常态化,重点提升丰乐大道保洁工作力度;启动“公路养护应急保障中心”建设,完成沥青拌合站建设,进一步提升应对恶劣天气和突发事件的应急保障能力。

（县公路管理局）

邮 政

【概况】 2016年,全椒邮政分公司以中共十八大及中共十八届三中、四中、五中全会精神和中央经济工作会议精神为指导,在市公司党委和全椒县委、县政府的正确领导下,在全椒县分公司全体员工的共同努力下,主动适应经济发展新常态,围绕“一体两翼”经营发展战略和深入推进“三大战略”、着力建设“六大机制”、努力提升“六大效能”的总体战略思路,以发展为中心,以创新为驱动,以提质增效为目标,努力开创全椒县邮政转型升级新局面,推进全椒邮政的持续、健康、快速发展,实现全椒邮政“十三五”规划的良好开局。2016年,全年共实现收入2550.57万元,计划完成率104.53%,进度列全市3位;增长率21.82%,列全市第4位。

全椒邮政分公司设基层网点19个,在职员工126人。下设综合办公室、市场经营部、金融业务中心三个管理机构。有电子商务业务部、中邮保险局、客户服务部、函件业务部、小包业务部、集邮业务部、分销业务部、收投服务部八个业务部门。

【工作业绩】 各专业收入全市进度排名分别为:函件第2,包裹快递、电子商务第2,集邮第3,报刊第4;函件、包裹快递、集邮、电子商务已率先完成全年目标计划。全市增长率排名:函件第3,报刊、电商第3,集邮第3,包快第3。

【投递网建设】 支撑平台是业务发展的基础,在平台建设方面,继续推进投递网建设,借鉴各兄弟局的先进经验,不断完善投递网建设工作,优化投递网络组织,整合投递网络资源,提高投递能力和服务水平,以商函、账单、畅销报刊等竞争性业务的妥投和协议大客户个性化需求的满足来检验投递网建设成效。

【包裹快递】 全椒包快专业实现收入168.58万元,提前19天完成市公司全年计划。大客户认同度较高,通过一年的努力,全椒包快专业找到方法、树立信心,赢得市场,为2017年包快业务量收实现翻倍奠定坚实的基础。

【村电商平台建设】 赢得地方政府大力支持,经过多次向县政府汇报,县商务局和全椒分公司签订合作协议,委托全椒分公司筹备农村电商邮乐购站点建设项目,并首批给予18万元站点建设资金,全年对农村电商客户提供3次培训,强化邮政农村电商品牌影响力。县镇村三级运营中心初步成型,在市公司领导的关心支持下,完成县级运营中心建设和示范店建设,完成9个乡镇镇级运营中心建设,全县完成109个村邮乐购站点建设，其中标准示范点7个，精准扶贫点9个，为下一步分销配送和站点批销奠定建点布点目标，基本形成支局管站模式，每个站点分户到人。线上试点工作初见成效，邮乐农产品全椒馆已正式上线，全椒突围桃线上营销销售额达80万元，成为全省首个定时递项目，实现代发工资100户，代发流转土地2200亩、240户，代发资金110万。代理金融各项工作稳步发展，业务发展提速换档，2016年实现收入1712.84万元，增长率20.85%，提前3个月完成中邮期交全年目标，提前完成手机银行激活目标。基础管理不断增强，以网点转型为引领，对特色经济户、商贸户、外出务工、社区居民分类建档、信息比对扎实推进，村社建档工作稳步推进，为金融发展夯实基础。队伍信心和技能不断提升，通过2015—2016、2016—2017跨年度金融旺季锻炼和强化转型导入督导，金融从业人员稳定性、专业性不断提升，网点产能不断增加，为全椒金融业务腾飞奠定基础。

【创新转型】 在发展业务的同时更加注重应用信息化手段，集邮、报刊、金融、电商、函件专业全年在不同节点分别开展针对性的短信营销，促进业务的发展。加大微信宣传力度，引导员工注册成为营销员，通过转发链接实现销售。电商业务自2016年5月开始代开国税、地税发票，截至11月共代收国税税金129万元，代收地税税金102万元，形成收入7万元。规模列县分公司第一，是全省最早开办地税的县分公司。函件业务发挥资源优势，专业联动成功举办全椒县首届“邮政杯”武术太极交流表演大会，通过“赛事+会展+招商”的形式实现函件业务收入10万元。报刊业务在图书巡展积极谋划，因前期准备工作准备充分，宣传到位，完成流转额8.5万元，同比增长170%列全市第2位。同时，爱心报刊捐款与政府合作启动表彰会，和县有关部门积极联系对接并广泛宣传，2016年捐赠款到账达13万元，实现翻番，既取得较好的企业效益，又赢得社会各界广泛认可。分销业务通过营销积分体系打造、团队奖分配、支局长绩效和部门主任绩效等奖励政策，激发单元活力，借力渠道代销，微营销宣传形式，促进“家乡包裹”、“徽乡茶”、“思乡月”、酒水和大化肥等销售类项目顺利完成市公司计划。

【基础管理】 机制引领、人文关怀提升浓厚发展氛围。通过不断的深化、调整考核机制，优化用工管理，加大队伍建设力度，尤其是理财经理队伍和储蓄从业人员队伍，营造浓厚的积极向上的氛围环境，使整个全椒战队达到前所未有的和谐与奋进。2016年全椒邮政分公司注重人文关怀，开展一系列的民主管理生活会、大学生座谈会，爱心救助帮扶等活动，领导班子成员和后台管理人员更加频繁的投身到一线现场帮扶，及时了解和帮助解决他们在生活、工作、思想等方面发生的困难，全椒团队的整体精神面貌和干事创业激情日趋向好。队伍建设没有最好，但求更好，2016年的新举措是后台人员和网点采取双向选择帮扶办法，有效促进上下通畅的民主管理模式，为网点的快速发展注入强有力的动力。

【党风廉政建设】 认真学习、贯彻执行《中国共产党党员领导干部廉政若干准则》、中央“八项规定”，加强警示，构筑拒腐防变防线；遵守有关廉洁规章制度，增加工作透明度。对照《执行“八项规定”，规范工作作风》《员工现场管理奖励和处罚条例》，做到有制度、有约束。加强思想教育，打牢拒腐防变的根基。在教育内容上，强化艰苦奋斗的作风教育，领导班子和中层干部下基层调研、检查、帮扶和慰问，一律在网点小家同一线员工简单就餐，加强理论学习和加强自我修养、升华。坚持局务公开，强化民主监督力度。对涉及单位及个人利益的各项局务重大事项人事任免、规范用工和优秀员工转招工作均在邮政办公自动化系统、qq工作群和公司宣传栏进行公开、公示，接受群众监督。按规定频次开展民主评议活动，在员工关心的热点问题上，特别是干部任用、绩效考核、车辆及招待费管理等方面做到报告申请前置，规范审批流程，倡导勤俭节约，增加透明度，推进党风廉政建设工作，在每年一度的职代会上如实报告招待费使用情况和为员工办实事的进展情况。

（县邮政局办公室）

电 信

【概况】 2016年,公司业务收入增幅超过12%,宽带、手机、数字电视等业务继续保持良好发展态势,改造升级吴敬梓路旗舰店等营业网点,新增各类电信服务网点超过60家。全年完成退铜点250多个,退铜130多吨,6月在全市第一个成为全光无铜县、无端局县。终端装维服务和政企单位服务综合评价都居全市第一位次。装维服务满意度为96.40%,营业厅满意率为98.10%。在滁州市公司年度考评中,公司有1名员工被评为“营销状元”,2名员工被评为“支撑能手”,1名员工被评为“服务明星”,安全生产和安全保卫工作获全市一等奖。

【基础建设】 公司投资500多万元,用于延伸光纤覆盖,到年底,县城、乡镇街道、行政村、有需求自然村已实现100%光纤到位。投资400多万元,完成4G与室分共80处无线站点建设。投资400多万元,组织施工队伍如期完成大墅街道等9处通信线路下地和天山国际、屏山苑安置房等小区配套通信建设与开通工程。为了配合文明县城创建工作,克服涉及用户多、割接任务重、施工面狭小等困难,投资100多万元,完成吴敬梓路、安居等道路、老旧小区建设配套通信线路下地工程。

【“互联网+”】 公司利用网络和技术优势,积极助推全县“互联网+”应用和推广工作,该项工作走在全市前列,部分项目处于全省前列;利用通信发布平台,协助政府部门开展阿里巴巴农村淘宝专项扶贫活动。

【党建工作】 “两学一做”学习教育和“讲看齐,见行动”学习讨论中,结合公司实际开展“三亮三比三评”“千户大走访”“一部一品”活动,其中“千户大走访”活动被滁州市公司评为优秀单位。在滁州市公司庆“七一”表彰大会上,1名党员被授予“优秀党务工作者”称号,1名党员被评为“优秀党员”。

(林如玉)

移 动

【概况】 2016年全椒移动分公司紧紧围绕市场发展、网络建设维护、综合管理等重点工作,着重以树立中国移动通信诚信企业形象为主,结合品牌、新业务、多种促销活动宣传,有效地推动公司各项业务的快速和健康发展。实现企业收入增长稳健、市场格局稳固、转型成效显著的目标。全椒移动秉承“正德厚生,臻于至善”核心价值观,积极探索,为全椒的经济社会发展保驾护航。

【经营实绩】 全椒移动通过巩固4G规模优势;提升流量经营水平;夯实市场运营基础,全力保障市场发展;着力打造精品网络;加强企业内部管理,打造高效运营体系。使得2016年各项业务稳中有升的发展态势。2016年,全县自办营业网点1个,2个自有大型手机卖场,进驻“五星电器”建立1个“3C”卖场,117家社会代办网点,营销网点已经全面覆盖全椒县所有乡镇。2016年,全椒移动在全市的经营业绩考核中荣获第四名,集团业务与发展获得全市第一名。

【政企发展】 围绕信息化收入提升主线,重点拓展重点项目、两项重点产品,提升集团产品渗透率。关注“两新”市场及新增新建单位的专线需求辅以“聚类宽带+和教育+ICT项目+语音统付”进行聚类市场、家庭市场、集客市场、集团成员的全覆盖,有效拓展信息化收入。

【网络管理】 2016年县域网络驻点优化工作,完成同心集团等4个基站搬迁、开通10个2G成本基站开通,完成55个4G低流量小区和40个MR弱覆盖小区现场优化和整治工作。完成全椒“正月十六走太平”,神山寺、三塔寺等庙会的扩容和现场通信保障工作。完成专线闭单,新开专线满意度均为100%。开展2016年全椒移动“集团专线义诊”“小区宽带义诊”活动,梳理集团单位专线与小区宽带网络质量,通过电话回访和上门义诊方式提升满意度。

(县移动公司)

链接

全椒:交通民生工程不让脱贫卡路上

新华网 2016-08-31

近日,全椒县石沛镇农村道路畅通工程施工现场车辆穿梭,机器轰鸣,工人们正在挥汗如雨,紧张施工,为保证高温期间施工人员安全,该县交通运输局项目包保负责人正在给项目施工方讲解高温防范措施,并带去防暑用品,要求施工方错峰施工,确保施工人员安全。像这样的施工场面,全县农村道路畅通工程施工现场还有几处。

2016年,全椒县高度重视农村道路畅通民生工程建设,2016年全县建设计划总里程458.627千米。在全面实施农村道路畅通工程的同时,该县注意贯彻精准扶贫、专项扶贫的精神,将农村道路畅通工程同农村扶贫工作有机结合。该县交通局多次召开扶贫项目对接会,以贫困村村民大会的确定项目为基础,经过县、市、省三级审核,最终确定全椒县2016年农村道路畅通工程计划建设贫困村内较大自然村道路硬化工程33条,建设里程41.5千米,除上级拨款外,全椒县地方配套400余万元用于贫困村道路建设。

全椒县2016年贫困村内较大自然村道路硬化工程于3月完成设计招标,4月底完成施工图设计并通过审查,交由各乡镇实施,2016年,所有33个项目全部开工。为了保证项目质量控制和进度管理,县交通运输局统筹安排,强化调度,确实采取有效措施,确保农村道路畅通工程建设圆满完成:精心安排年度施工计划,细化目标任务,确保项目工程早开工、早建设、早完工;明确项目包保领导和镇分管负责人,做到每个项目都落实到具体责任人,确保每个项目都有县、镇、村三级包保责任人;严格工程质量管理,严把材料准入关,确保工程质量和进场材料符合规定;强化工作督察,做到半月一督察,一月一调度,建立项目建设约谈机制,对工程进度较慢的,直接约谈项目建设单位的主要领导,同时,要求项目所在镇确实帮助施工单位解决施工过程中遇到的困难和矛盾,确保项目工程建设顺利进行;强化项目合同管理,严格执行合同工期,对施工进场缓慢、质量不合格、进度滞后的企业,督促及时进行整改,对整改不及时、不到位的,没收其保证金并清除出场,同时将企业名单报市公管局;六是强化项目工程验收,对已完工工程及时组织验收,确保工程早日发挥效益,并在每个项目上设立"民生工程信息公示牌",接受社会监督。

马厂镇三合村是全椒县的贫困村之一,这里地处山区,出入困难。全椒县2016年的农村公路畅通民生工程把这个地方列入了建设范畴,将在三合村4.143千米的山路上修建能有效的打开三合村通往外界的道路。"这条进出村民组的道路坡度太大,到了下雨天,雨水冲刷着泥土路面,连步行都很难实现,更别提拖拉机、农用车了。"三合村村书记杨继林说,"这条路修通之后,将大大改变村子的面貌,村民们去田地、乡镇更加方便了,村民们自己种的粮食、蔬菜也能输送到外面了,加快我们村脱贫致富的步伐。"

"这条路真是修到俺们老百姓的心坎里去了,以前种地的收成除了自家用根本运不出去,现在可好了,再也不愁浪费地里的粮食了。"三合村的村民王金明说,"女儿回家的车也能开进来了!这条路真是我们通往小康的致富路啊!"

全椒县2016年农村道路畅通工程贫困村较大自然村道路硬化工程33条路,覆盖到全县7个乡镇,9个贫困村,47个村民组。2016年,全椒工程已完成17条,完工里程21.8千米。

工业经济

●工业经济运行

●全柴集团

工业经济运行

【概况】 2016年，县委、县政府始终坚持“工业强县”战略不动摇，积极应对经济发展新常态，聚焦“去降补”，全力“调转促”，倾心抓帮扶，突出创新驱动，强化项目带动，精准施策撬动，围绕“大企业上台阶、中企业上水平、小企业上规模”，大力实施战略性新兴产业集聚工程、传统产业改造提升工程，园区转型升级工程，促进工业总量壮大、结构优化、提质提效。2016年，全县已形成以县经济开发区为产业集聚主平台、十谭产业园为战略产业创新高地、杨桥工业园为小微企业创业集聚中心、镇工业集中区位补充的“1+2+4”园区模式，形成以机械制造业为主导、建材、农副产品加工、纺织服装为支撑、新材料新能源为新引擎的工业体系。工业经济呈现逐步向好势头，实现“十三五”良好开局。

【工业经济运行】 2016年，全县152户规模工业企业（企业名单及产值，详见表9），累计完成规上工业总产值197亿元，同比增长10%，实现工业增加值41.1亿元，同比增长9.9%。

【工业固定资产投资】 2016年，全县完成工业固定资产投资88.1亿元，同比增长43.6%，完成技术改造投资48.9亿元，同比增长72.5%，增幅分居全市第二位和第一位。

【重点骨干企业】 全柴集团：2016年，全柴集团多缸柴油机累计产量32万台，较2015年同期持平，其中国Ⅳ柴油机累计产量达7.4万台，比2015年同期减少1.4万台。海螺水泥：全年累计完成产值8.15亿元，同比增长4.8%。全年纳税达1.18亿元，同比增长68.3%。

【支柱产业】 2016年，全县四大行业规模以上工业企业数为130家，占全县总数的85.5%，全年累计完成总产值168.5亿元，占全县规上总产值的86.9%。其中：机械制造业规上企业63家，全年累计总产值92.1亿元，同比增长2.3%；农副产品加工、建材、纺织服装三个产业规上企业分别为16家、22家、22家，全年分别完成总产值23.9亿元，29.6亿元、14.2亿元，占比分别为12.3%、15.3%和7.3%。

【工业技改投资】 重点实施全柴低耗能低排放商用车柴油机、高效节能非道路用柴油机、悦达实业农用装备发动机及变速箱、兴达动力高端发动机缸体、康盛机电柴油机发动机及启动马达、旭能光伏太阳能电池组件等亿元以上技改项目。2016年，累计完成工业技改投资48.9亿元，增幅全市第一。

【企业技术中心建设】 2016年，全县拥有国家技术创新示范企业1家，国家级企业技术中心1个，省级企业技术中心2个，市级企业技术中心15个。省博士后科研工作站1个，企业技术中心职工总人数为712人，其中高级专家95人，博士18人，在技术中心从事研发工作的外部专家47人。

【项目库建设】 2016年，全年新增5000万元以上技改投资项目21个。为安徽乐达精密合金有限公司、全柴动力股份有限公司、全椒华宇机械制造有限公司、全椒县担保公司等企业，争取省专项资金累计达3824万元（其中全椒县担保公司专项资金3494万元）。

【三百工程】 亿元新开工项目：2016年，市下达全椒县亿元新开工项目10个，至10月底，10个项目均已竣工投产。项目计划总投资36.8亿元，已累计完成投资12.2亿元。亿元竣工投产项目：2016年，市下达全椒县亿元竣工投产项目9个。至11月底，完成竣工投产10个，超目标完成1个。项目计划总投资23.1亿元，累计完成投资20.2亿元。亿元竣工达产项目：2016年，市下达全椒县亿元达产项目10个。至10月底，10个项目全部达产见效。项目总投资24.7亿元，已累计完成投资22.8亿元。

【县域经济考核指标】 规模以上工业企业数增长率：2016年，全县规模以上企业达152家，较2015年年底净增24家，增长17.8%。增长速度位列全市第一位，较上年度提升六位。规模工业增加值增长率：全年累计完成工业增加值41.1亿元，上报增长速度为13.3%，实现全年目标。工业增长速度为10%，在全市排位第四,比上年提升三位。民营经济增加值占 GDP 比重:(该指标为隔年使用),2015 年实现民营经济增加值 70.05 亿元,同比增长 12.70%,增幅居全市第一位;民营经济增加值占地区生产总值比重为 59.70%,提高0.9 个百分点,位列全市第五。互联网普及率:2016 年年底,全县三大运营商合计固定(家庭)宽带用户 75233 户;3G 手机用户 67139 户、4G 手机用户 192882 户。2016 年度互联网考核全市排名第四。

【招商引资】 全年累计完成招商引资 1.65 亿元,占年任务的 110%。招商项目分别是投资 1 亿元的年产 10 吨电力通讯管塔生产项目和投资 1 亿元的年产 5 万吨热镀锌件生产项目。

【新申规企业】 2016 年新申规企业计 12 家,分别是得泰医疗用品(滁州)有限公司、全椒新广宁科技有限公司、安徽旭能光伏电力有限公司、安徽希普生物科技有限公司、滁州晶田新型装饰材料有限公司、全椒天圆机械有限公司、安徽兴达动力机械有限公司、安徽德锐仕机床制造有限公司、安徽全椒县光大木业有限公司、中广核全椒风力发电有限公司、全椒东航金属制品有限公司、安徽禹王防水建材有限公司。

【企业帮扶】 一是创新政策,降低企业成本。出台《全椒县关于降低工业企业运行成本促进供给侧改革实施意见》,从降低企业水电气要素成本、降低企业税费政策、降低企业融资成本、降低企业市场开拓成本、降低企业改造提升成本五个方面,明确降低企业成本的具体举措,共为企业降低成本 1.2 亿元。二是以"企业帮扶年"为契机,坚持问题导向,按照"传统企业帮转型、新兴企业帮成长、优质企业帮上市、低效企业帮提升,僵厂企业帮盘活、重点项目帮进度、成长性企业帮申规"的思路,在全县遴选 117 个企业(项目),进行重点帮扶。通过高位推进,部门联动,上下并进,实现企业帮扶全覆盖,帮扶效果大提升,帮助企业解决问题 85 件。建立帮扶信息平台,及时反映和通报全县企业帮扶动态,累计播发帮扶信息 100 多条,有效促进全县帮扶工作的开展。三是帮助企业做好申规工作,当年新建投产企业申规 3 家,净增加规上企业 24 家,规模以上工业企业数增长率稳居全市第一。

【加强经济运行监测】 一是坚持实行经济运行监测分析制度,做好旬调度、月分析、季通报、年考核各项工作;二是将目标任务层层分解到重点行业和重点企业,加强与重点企业的联系沟通,对其生产运营、产品产量等情况持续跟踪监测,变事后调度为事前调度;三是抓好"春节""五一劳动节""国庆节"等节假日企业生产和加班情况的调度,确保工业经济安全平稳运行;四是对经济运行中存在的重大问题进行跟踪研究,对重点行业、重点区域及重点企业工业经济运行中存在的突出矛盾,提出政策性建议并采取相应的措施加以解决。

【大事记】 7 月 皖东丰源机械有限公司技术中心获第九批市认定企业技术中心。

7 月 委党组书记、主任唐陈调离。

7 月 李强同志任委党组书记、主任。

7 月 委党组成员、纪检组长张从金调离。

8 月 委党组成员、副主任怀秀龙调离。

9 月 委党组成员、副主任郑祥华同志任委党总支书记。

9 月 全柴动力荣获国家技术创新示范企业殊荣。

10 月 滁州兴达机电有限公司、滁州华星塑业有限公司、皖东丰源机械有限公司入选 2016 年安徽省"专精特新"中小企业。

10 月 安徽省科昌机械制造有限公司技术中心获批第 25 批省认定企业技术中心。

11 月 安徽金正奇交通设备有限责任公司、全椒海螺水泥有限责任公司、安徽天祥空调科技有限公司荣获市级两化融合示范企业。

12 月 安徽旭能光伏电力有限公司荣获省级两化融合示范企业。

2016 年度全县规上工业企业名单及产值统计表

表 9

序号	企业名称	工业总产值(千元)
1	安徽全柴集团有限公司	3385363
2	安徽全柴天成动力有限公司	123514

续表

序号	企业名称	工业总产值(千元)
3	安徽天利动力股份有限公司	202590
4	全椒海螺水泥有限责任公司	814558
5	皖东丰源机械有限公司	287899
6	安徽全柴天和机械有限公司	158162
7	全椒县华宇机械制造有限公司	188196
8	滁州联华合成材料有限公司	120616
9	安徽旭腾光伏电力有限公司	1122527
10	全椒范西尼服饰有限公司	100865
11	安徽全柴锦天机械有限公司	220733
12	滁州兴达机电有限公司	538378
13	安徽省全椒未来饲料有限责任公司	350542
14	全椒县恒通机械有限公司	298566
15	安徽天安新材料有限公司	210994
16	全椒县同力标准件制造有限公司	94542
17	安徽阳光铝业压铸有限公司	23724
18	全椒建业服饰有限公司	46261
19	安徽德意达铝业有限公司	83109
20	北京佑众全椒制药有限公司	162084
21	安徽豪业通信技术有限公司	90028
22	全椒县富莱雅服饰有限公司	58121
23	滁州市德式马服饰有限公司	18969
24	安徽圣雷科技发展有限公司	19063
25	滁州市友西混凝土有限公司	100907
26	滁州宝瑞橡胶制品有限公司	47307
27	全椒县礼庚管坝牛肉有限公司	55368
28	滁州市庆福机电制造有限公司	131556
29	全椒金竹机械制造有限公司	73609
30	安徽省科昌机械制造有限公司	158065
31	滁州伟佳园艺有限公司	83628
32	安徽永毅门业制造有限公司	43274
33	安徽杜贝斯特食品工业有限公司	28598
34	滁州市鑫塔米业有限公司	172695
35	全椒合力机械有限公司	55568
36	全椒县康利来服饰有限公司	176285
37	全椒县环宇机电有限公司	149695
38	全椒莱普拉机械制造有限公司	68569
39	滁州宏胜运动制品有限公司	97221
40	全椒东方机械制造有限公司	54901
41	安徽省恒丰机械有限公司	64394
42	滁州天成有机硅高分子材料有限公司	19615
43	全椒县阳光塑料助剂有限公司	85644
44	全椒县光明米业有限公司	168895
45	滁州市中诺设备模具制造有限公司	196388
46	全椒县兴云建材有限公司	31865
47	全椒县儒林米业有限公司	140058

续表

序号	企业名称	工业总产值(千元)
48	安徽乐达精密合金有限公司	46713
49	安徽恒达齿轮有限公司	98756
50	滁州悦达实业有限公司	91336
51	安徽易恒机械有限公司	62225
52	滁州力斯杰玩具有限公司	53938
53	滁州市金成米业有限公司	252146
54	全椒县全动机械有限公司	143635
55	安徽达诺乳业有限公司	123585
56	全椒县永顺动力凸轮有限公司	48118
57	全椒县益舟米业有限公司	38851
58	安徽省金阳铸造有限公司	35594
59	滁州芙妮曼玩具有限公司	39781
60	安徽瑞德钢结构有限公司	256978
61	大同农机(安徽)有限公司	89068
62	全椒县椒陵工艺品有限公司	25444
63	安徽汉唐光缆有限公司	51436
64	全椒县福润禽业有限公司	95692
65	全椒县昌尔机械有限公司	30229
66	滁州市合派门业有限公司	42856
67	全椒县瑞康新型建材有限公司	21718
68	安徽省全椒县娜爱璐时装有限公司	107982
69	全椒县瑞达机械有限公司	84854
70	滁州市富邦商品混凝土有限公司	199633
71	滁州玉贵管业有限公司	98265
72	全椒恒通铸造有限公司	118646
73	胜兰制衣(滁州)有限公司	52864
74	安徽中马橡塑制品有限公司	143595
75	全椒县贝丽诺电子科技发展有限公司	44778
76	滁州市全椒县顺天生物有机肥厂	69298
77	安徽金三环金属科技有限公司	118144
78	滁州百年食品有限公司	91671
79	滁州市得可宝铸造有限公司	36213
80	全椒兴盛机械有限公司	116832
81	安徽心连心重型封头有限公司	20040
82	安徽瑞莱宝钢科技有限公司	92365
83	全椒县平安机械厂	40776
84	全椒金泰灯饰有限公司	57052
85	全椒县崇明粮食机械有限公司	45865
86	全椒永和饲料有限责任公司	222938
87	全椒恒星机械有限公司	68195
88	全椒顺龙机械有限公司	38872
89	安徽全信精工装备有限公司	27730
90	全椒金富康电子有限公司	232205
91	安徽天祥空调科技有限公司	50125
92	滁州澳德堡新型建材有限公司	41626

续表

序号	企业名称	工业总产值(千元)
93	全椒蓝波机电有限公司	52869
94	全椒裕昌机械有限公司	26938
95	全椒顺锋玩具有限公司	39228
96	滁州金帅电器有限公司	196892
97	滁州华星塑业有限公司	272666
98	滁州全盛工艺礼品有限公司	51364
99	滁州德铭塑胶有限公司	26111
100	安徽森广纺织有限公司	17072
101	安徽愈丰酒店家具制造有限公司	61135
102	全椒县丰顺和电子有限公司	52710
103	龙源全椒风力发电有限公司	138463
104	滁州华艺柔印环保科技有限公司	202309
105	全椒县祥发服饰有限公司	51864
106	滁州市明达服饰有限公司	49941
107	全椒县鸿天商品混凝土有限公司	86767
108	滁州市海林鞋业有限公司	54124
109	安徽伟嘉装备技术有限公司	29680
110	安徽威乎天时机械有限公司	66474
111	安徽省全椒县龚记米业有限公司	110111
112	安徽嘉来顿活塞汽配有限公司	125624
113	滁州市润琦碳纤维制品有限公司	48269
114	全椒赛德利机械有限公司	40288
115	安徽依瑞化妆用具有限公司	42467
116	安徽美东生物材料有限公司	25400
117	滁州深福新型建筑材料股份有限公司	91332
118	全椒金正奇交通设备有限责任公司	66512
119	全椒君鸿软磁材料有限公司	48911
120	全椒新风纺织服装有限公司	150231
121	全椒县崇明米业有限公司	303844
122	安徽上诺环保股份有限公司	51381
123	安徽省谷顶贡米业有限公司	56326
124	全椒宏源机械有限公司	65928
125	安徽品生电力科技有限公司	22446
126	全椒军瑶新型材料有限公司	196438
127	全椒大哲油墨有限公司	112342.5
128	滁州博爵服饰有限公司	93341
129	全椒县自来水厂	26244
130	安徽东泰金属包装技术有限公司	59465
131	全椒县润华机械有限公司	25366
132	安徽兴远家电成套设备有限公司	25936
133	全椒童优玩具有限公司	26502
134	安徽禹王防水建材有限公司	87901
135	全椒县精瑞德机械有限公司	28421
136	全椒县和平压铸有限公司	254626
137	全椒鑫隆机械有限公司	39073

续表

序号	企业名称	工业总产值(千元)
138	安徽省全椒县高强铸造有限公司	193989
139	东方希望(全椒)动物营养有限公司	182995
140	全椒县平顺机械有限公司	38586
141	全椒瑞禾动力机械配件有限公司	36183
142	全椒县华源工贸有限公司	45328
143	安徽兴盛达制冷铜管制造有限公司	61383
144	全椒四达丝绸服装有限公司	25380
145	全椒县邵林包装科技有限公司	26694
146	滁州市仙迪节能科技有限公司	102093
147	中广核全椒风力发电有限公司	41861.98
148	全椒东航金属制品有限公司	72723
149	安徽广川保温节能材料有限公司	75266
150	滁州金海狸家具制造有限公司	58720
151	安徽索亚装饰材料有限公司	28776
152	滁州奥岚格机械有限公司	51198

2016 年全县工业技改投资统计表

表 10

序号	项目(单位)名称	项目名称	计划总投资(万元)	累计完成投资(万元)
1	全椒凯塑新材料有限公司	年产 5000 吨环保型塑钢型材生产项目	3700	2729
2	安徽乐达精密合金有限公司	年产 3000 吨铁素体软磁不锈材料项目	5000	5075
3	全椒县豁达食品厂	扩建厂房购买食品加工设备	2300	2300
4	全椒瑞禾动力机械有限公司	扩建厂房购买柴油机制造设备	2750	2750
5	全椒县新丰冶金机械有限公司	设备购置	575	575
6	全椒县古河镇人民政府	古河艾塘风能电站入网工程	1400	1400
7	全椒县益舟米业有限公司	扩建厂房	2100	2100
8	滁州凡哲家居有限公司	年产 5 万件创意家具生产制造项目	3800	3800
9	滁州宝瑞橡胶制品有限公司	年产 900 万码乳胶海绵项目	544	544
10	滁州宝瑞橡胶制品有限公司	年产 300 万码乳胶海绵生产项目	3000	3000
11	安徽兴达动力机械有限公司	购置新能源汽车生产设备	835	835
12	全椒县平安机械厂	扩建厂房购买柴油机加工设备	2550	2550

续表

序号	项目(单位)名称	项目名称	计划总投资(万元)	累计完成投资(万元)
13	全椒县友禾米业有限公司	日处理 600 吨稻谷深加工项目	9000	1585
14	安徽兴达动力机械有限公司	年产 15 万台高端发动机缸体技改项目	8500	8500
15	安徽格瑞卡新能源有限公司	新能源汽车配件生产项目	8300	8300
16	安徽国靖家具有限公司	新建厂房及家具制造机械购置	4580	4598
17	安徽蓝帝新型能源有限公司	秸秆热电联产项目	4790	4874
18	全椒嘉泽电器设备有限公司	年产 50 万件电力金具项目	4680	4768
19	全椒飞嗑食品有限公司	年产 500 吨休闲炒货食品项目	1460	1476
20	全椒县龚记米业有限公司	年产 5 万吨大米深加工项目	4580	4583
21	全椒县江东机械有限公司	年产 5 万套柴油机扩建项目	2576	2576
22	全椒县胜龙机械有限公司	年产 2 万吨柴油机铸件项目	3250	3272
23	安徽恒达齿轮有限公司	年产 60 万只高效低排放	4600	3683
24	安徽省恒丰机械有限公司	年产 5 万只柴油机曲轴项目	3700	3702
25	全椒县合力机械有限公司	年产 3 万只柴油机进气管项目	3400	3405
26	全椒县鸿天混凝土有限公司	年产 30 万方商业混凝土项目	9500	220
27	全椒县崇明粮食机械有限公司	年产 10 万吨粮食深加及仓储项目	15000	9405
28	中广核全椒风力发电有限公司	全椒石沛风电场项目	38244	27321
29	全椒县鸿宁环保科技有限公司	年产 10 万台空气净化新装置建设项目	44916	24536
30	安徽中益新材料科技有限公司	蓄能发光粉、涂料及发光幕墙板项目	16000	2142
31	滁州金桥德克新材料有限公司	油墨、涂料、树脂生产项目	15000	15000
32	安徽沙丰新材料有限公司	3.5 万吨硬脂酸盐及脂类项目	5000	5000
33	安徽禹王防水建材有限公司	新型化工建材生产项目	18900	18200
34	全椒圣宝新能源科技有限公司	年产 2 万吨改性活性燃料项目	6813	4887
35	安徽兴乐机械有限公司	年产 40 万只柴油机缸盖项目	16000	16000

续表

序号	项目(单位)名称	项目名称	计划总投资(万元)	累计完成投资(万元)
36	滁州市金成米业有限公司	大米加工及生产线改造项目	4280	4280
37	安徽达诺乳业有限公司	年产 500 吨炼乳设备改造生产线项目	4270	4369
38	安徽海之华实业有限公司	消防服装生产线项目	3700	3700
39	滁州博爵服饰有限公司	年产 250 万件服装二期项目	4735	4735
40	全椒新风纺织服饰有限公司	新建服装成衣生产线项目	3800	3883
41	滁州森威木结构房屋有限公司	木制品房屋加工制造项目	3800	3893
42	金色田园木屋别墅有限公司	二期扩建项目	4900	4900
43	安徽索亚新材料有限公司	年产 15 万套装饰门生产项目	3900	3982
44	安徽悟道展览策划有限公司	展台展柜制作生产线	4300	2231
45	全椒盛世龙腾印务有限公司	新建印刷品生产线项目	4270	2199
46	安徽希玛安全防护有限公司	年产 300 万双安全防护鞋项目二期工程	3890	3960
47	全椒新广宁科技有限公司	年产 1 万吨活性剂项目	4700	4700
48	全椒县银江塑料制品厂	塑料包装生产线项目	4270	4278
49	滁州骏希塑业有限公司	塑料制品生产项目	4290	4375
50	全椒盛唐栏杆有限公司	铁艺栏杆生产线项目	4200	4297
51	全椒祥兵钢结构有限公司	铝合金门窗及配件生产项目	3750	3848
52	安徽豪业通信技术有限公司	通信铁塔配件生产线项目	4500	4584
53	全椒德嘉电子有限公司	电容器生产设备	4800	4800
54	全椒精诚模具有限公司	模具生产线购置项目	4600	3644
55	滁州兴阳机械制造有限公司	非标设备生产线项目	3900	3998
56	滁州天达机械有限公司	年产 8 万套农机配件生产线项目	4300	4398
57	全椒县全动机械有限公司	年产 3 万套多缸柴油机项目	2200	2278
58	安徽易恒机械有限公司	年产 80 万套曲轴生产项目	4800	4800

续表

序号	项目(单位)名称	项目名称	计划总投资(万元)	累计完成投资(万元)
59	恒通鹏飞机械制造有限公司	新建柴油机缸体生产线	4600	4695
60	全椒康盛机电有限公司	节能环保柴油机启动马达生产线项目	3970	4065
61	全椒县高强铸业有限公司	年产2万吨曲轴主轴盖生产线	4500	4506
62	皖东三联五金模具厂	电梯模具生产线项目	4270	4270
63	全椒县昌鑫覆膜砂厂	硅砂再生利用项目	4280	4368
64	安徽金三环金属科技有限公司	年产水泵5万套生产线项目	3500	3502
65	滁州力鑫照明设备有限公司	系列LED照明产品项目	4800	4800
66	广川保温节能材料有限公司	二期保温节能材料扩建项目	4800	4821
67	安徽省富顺和电子有限公司	年产3亿只变压器骨架项目	3980	4075
68	大同农机(安徽)有限公司	插秧机生产线扩建项目	4800	4823
69	安徽泰轮钢圈有限公司	钢圈及模具生产项目	3900	3997
70	滁州天维精密制造有限公司	汽车轨道、激光印刷制造项目	4000	4098
71	全椒天马机械有限公司	年产1.5万吨新型钢结构配件项目	2000	2097
72	滁州市佳悦科技发展有限公司	年产7.5万只缸体和10万只油底壳项目	3000	3099
73	滁州尚诺自动化设备有限公司	汽车及零部件自动化设备项目	4600	4600
74	安徽汉唐光缆有限公司	室外光缆生产线项目	4700	4700
75	滁州博格韦尔电气有限公司	成套电器配件加工项目	4700	4713
76	安徽兴远家电设备有限公司	年产30万套家电设备和模具改造项目	3859	3958
77	滁州古云电器科技有限公司	年产50万套热水器配件项目	3580	3670
78	滁州博世精密机械有限公司	电子机械加工制造项目	4800	4800
79	全椒金富康电子有限公司	年产3亿只电解电容项目	4500	4530
80	安徽全信精工装备有限公司	导航陀螺仪生产项目	4500	4546
81	北京佑众全椒制药有限公司	扩建生态饮用水生产线	4200	4299

续表

序号	项目(单位)名称	项目名称	计划总投资(万元)	累计完成投资(万元)
82	安徽旭能光伏电力有限公司	年产500MW太阳能电池组件项目	35000	22632
83	亚士创能科技有限公司	水性环保涂料生产项目	49500	25401
84	安徽全柴集团有限公司	消失模铸造项目	47620	42755
85	安徽全柴集团有限公司	低耗能低排放商用车柴油机项目	25005	25005
86	安徽全柴集团有限公司	技术中心创新能力建设项目	6000	6000
87	安徽全柴集团有限公司	高效节能非道路用柴油机项目	21069	17675

百个亿元项目新开工建设计划表

表11　　单位:万元

序号	企业名称	项目名称	总投资	1-12月份投资
1	龙源全椒风力发电有限公司	龙王尖风电场项目(二期)	40000	

继表

序号	企业名称	项目名称	总投资	1-12月份投资
2	中广核全椒风力发电有限公司	10万千瓦风力发电项目(二期)	50000	32100
3	全椒中圣清洁能源有限公司	集中供热(汽)项目	50000	8960
4	亚士科技环保有限公司	新型墙体涂料生产基地项目	100000	26414
5	安徽省扬子家居新材料有限公司	年产10万套复合门及3万吨木塑材料项目	18000	15203
6	全椒县鸿宁环保科技有限公司	年产10万台空气净化新装置建设项目	50000	24667
7	安徽飞博新材料科技有限公司	1000万台套精密软磁合金材料生产项目	10000	9011
8	安徽省金鹏节能科技有限公司	年产80万平方米的系统节能门窗和幕墙	30000	6380
9	安徽泰石岩棉有限公司	年产10万吨岩矿棉生产线项目	50000	
10	安徽中益新材料科技有限公司	蓄能发光多功能材料的研发与应用	20000	

百个亿元项目竣工投产调度表

表12

序号	企业名称	项目名称	县市区	总投资	累计完成投资	竣工和预计竣工时间	项目建设性质
1	安徽禹王防水建材有限公司	沥青卷材、相素高分子复合防水片材、反应型防水涂料	全椒县	27000	25137	1月	续建
2	安徽应友光电科技有限公司	半导体器件精密清洗及LED制造装备项目	全椒县	10000	9502	2017	续建
3	安徽金桥德克科技有限公司	油墨、涂料、树脂生产项目	全椒县	20000	19412	3月	续建
4	安徽龙胜实业有限公司	智能吊顶、LED、管材生产项目	全椒县	20000	20203	7月	续建
5	安徽兴乐机械有限公司	年产10万台套HD型电控单体(组合)泵项目	全椒县	16000	16190	9月	续建
6	滁州贝蒂玛童车有限公司	年产60万辆童车生产项目	全椒县	21000	24280	1月	续建
7	安徽宸睿电器有限公司	LED系列电器生产项目	全椒县	10000	10306	9月	续建
8	中广核全椒风力发电有限公司	10万千瓦风力发电项目	全椒县	39723	39458	1月	续建
9	龙源全椒风力发电有限公司	49.5兆瓦风力发电项目(二期)	全椒县	40000	37139	5月	新开工
10	安徽全柴动力股份有限公司	低耗能低排放商用车柴油机项目	全椒县	27675	24792	10月	新开工

百个亿元竣工投产项目达产调度表

表 13　　单位:万元

序号	企业名称	项目名称	总投资(万元)	1-12月份投资
1	安徽金色田园木屋别墅制造有限公司	年产1000栋实木别墅项目	12000	完成投资
2	安徽润阳机械有限公司	年产50万只多缸凸轮轴节温器项目	11000	完成投资
3	安徽丽宝工业有限公司	婴童用品项目	10000	完成投资
4	安徽天安新材料有限公司	高端环保汽车及家具装饰新材料项目	30000	6214
5	全椒南大光电材料有限公司	年产35吨高纯砷烷、15吨磷烷项目	30000	3772
6	安徽春城老百家食品有限公司	年产3万吨米线生产线项目	34000	364
7	安徽省富邦天成食品公司	年产3万吨米线和5千吨贡丸生产项目	26000	完成投资
8	全椒康盛机电有限公司	年产20万台节能环保柴油机发电机、启动马达项目	15000	3087
9	中广核全椒风力发电有限公司	10万千瓦风力发电项目	39723	19120
10	龙源全椒风力发电有限公司	49.5兆瓦风力发电项目(二期)	40000	39277

2016 年度突出贡献企业名单统计表

表 14

1	安徽全柴集团有限公司
2	全椒海螺水泥有限责任公司
3	全椒新风纺织服装有限公司
4	滁州联华合成材料有限公司
5	安徽中马橡塑制品有限公司
6	安徽达诺乳业有限公司
7	全椒县康利来服饰有限公司
8	全椒大哲油墨有限公司
9	滁州博爵服饰有限公司
10	安徽瑞莱宝钢科技有限公司
1	皖东丰源机械有限公司
12	全椒县富莱雅服饰有限公司

(全椒经济信息化委员会办公室)

全柴集团

【概况】　2016 年,国家加快推进供给侧改革,新常态下的宏观经济平稳发展。柴油机行业在产业升级、产能结构性过剩的背景下,竞争异常激烈,全柴发展遇到新的挑战。面对外部环境变化,全柴加快技术创新,提升制造能力,优化产品结构,强化经营管理,推动企业各项工作顺利开展。2016 年年末,全柴集团资产总额 49.98 亿元。全年实现营业收入 32.28 亿元,同比增长 4%;净利润 1.3 亿元,同比增长 24.9%;上缴税金 1.2 亿元。全柴四缸柴油机产销量已连续 9 年稳居行业第一位,行业影响力和知名度不断提升。2016 年,全柴拥有各类研发人员 350 人,其中,教授级高级工程师 2 人,外籍技术顾问 1 人,博士 2 人,高级工程师 18 人,结构、电器工程师 101 人,标定工程师 69 人,其他技术研发人员 157 人。为全柴实施创新发展提供有效保障。

【创新发展】　作为国内独立发展的发动机企业,全柴集团坚持创新驱动,积极加快产品创新,响应国家排放标准升级的要求。在 2016 年 1 月和 8 月,先后与全球知名的德国博世汽车柴油系统有限公司、英国里卡多公司签订全面合作协议,相继启动 4K、4H、A20MPI 车用国六柴油机和汽油机的开发,启动 4J1、4G1、3K3、4K3 非道路国四柴油机的开发。通过与国际一流发动机企业的合作,加快电控高压共轨、缸内直喷、四气门等先进发动机技术的应用,为企业的创新发展注入新的活力,也为配套全柴发动机的汽车、非道路移动机械提供全新的“动力心脏”。近年来,全柴集团无论是在中小功率发动机开发的先进性、稳定性、经济性,还是在响应市场与政策变化上,均走在同行业的前列,得到市场和主机企业的充分认可,也成为国内最大的中小功率柴油机发动机独立供应商。

为提升创新能力，2016年，全柴投资8000万元，建成新试验室的建设项目，引进发动机试验台架18套（其中AVL台架2套），AVL全流排放测试系统2套，部分流排放测试系统4套，1个发动机冷启动试验间，1个NVH试验室，AVL整车转毂台架1套。使全柴具备汽油机、柴油机、双燃料发动机排放及标定实验能力，整车排放、性能、可靠性实验能力。

【产品结构调整】 2016年产品结构继续调整，汽车业务占比下降，农业装备、叉车等非道路业务占比上升，出口业务发展缓慢。汽车类柴油机业务：公司实现车用柴油机销售12.3万台，同比下降11.5%，占总销量的38.6%。2016年在福田汽车实现配套销售8.2万台，占汽车类发动机总销量的66.9%，是全柴汽车发动机业务长期以来稳固发展的基础。开发东风汽车、一汽青岛等整车企业资源，形成新的业务增长点。农业装备类柴油机业务：农装类发动机实现销售7.2万台，同比下降1.5%，占总销量的22.5%。其中拖拉机类发动机销售4.9万台，水稻机类发动机销售1.6万台，玉米机类发动机销售0.7万台。叉车类柴油机业务：叉车类发动机实现销售6.2万台，同比增长62.3%，占公司总销量的19.5%。在合力叉车、上海龙工等行业领先企业的带动下，叉车类发动机销售持续上升。工程机械及零售类柴油机业务：工程机械及零售发动机实现销售5.2万台，同比增长75.5%，占公司总销量的17%，实现恢复性增长。出口类柴油机业务：实现各类发动机出口7591台，同比增长9.5%，占发动机总销量的2.4%，累计出口额4825万元。

【质量体系运行】 2016年，全柴通过ISO 9001和TS 16949质量体系的监督审核以及福田、江淮、东风、南汽等主机厂二方全过程审核。导入卓越绩效管理模式，并得到较好应用。申报并获滁州市市长质量奖。同时导入精益质量管理工具和方法，结合公司实际情况运用16项管理工具，将质量目标细化到每一个零部件，生产过程导入工序Pn管理图，查找生产线重要品质缺陷点，作为后期改善的量化对象，有效加强生产过程的质量控制与分析，保证生产现场的产品品质，提高质量管控能力。2016年度全柴零部件外检合格率99.97%，提高0.01%；产品装配一次合格率99.79%，提高0.09%；试机一次合格率97.01%，降低0.32%；主机厂零公里故障率0.247%，降低18.5%；三包退机率0.49%，降低9.25%。福田时代三个月千台故障率为66.7，低于2016年目标66.9；江淮汽车3MIS指标完成值44546，低于目标值51750，且整体呈下降趋势。

【制造能力提升】 2016年，公司继续推动智能制造技术在柴油机生产制造过程中的应用，程序提升企业装备制造能力。新建车用发动机生产线：配备主轴承盖螺栓、连杆螺栓等7台自动拧紧设备；引进工件抓取、移载、姿态转换机器人；导入MES系统，可实现车间的智能化管理。具备年产10万台汽油机和高品质国五柴油机的生产能力，于2016年11月试生产。新建高效节能非道路用柴油机生产线：主要用于C、D、F、G四平台多机型农装发动机的生产，配备气门间隙、缸体水道试漏等20台自动检测设备；设置飞轮螺栓、气缸盖螺栓等7台自动拧紧设备；利用伺服控制、机器人等先进技术，能够实现高柔性生产；自动设备全部配备失效应急装置，能够确保整线的高开动率、高稳定性；配备先进的MES信息化技术，有效提高现场和质量管理能力。具备年产12万台发动机的生产能力。于2017年2月实现批量生产。新建车用发动机缸体柔性加工线：主要用于汽车国四及以上柴油机缸体加工，引进34台进口加工中心与机器人，采用液压夹具和新工艺，有效保证加工质量；引进先进的卧式加工中心，可实现不同机型自动识别，不同产品快速换型，不合格品自动出线；精加工采用机器人完成自动上下料、移载和姿态转换；通过嵌入MES系统，每个缸体均建立有电子档案，所有在线检测数据均与对应缸体绑定。具备年产15万台缸体的加工能力，2016年，生产线已批量生产。

【企业管理】 为加强集团管控，提升管理能力，2015年以来，公司相继启动人力资源优化项目、精益生产项目和信息化项目。优化和整合企业资源，相继对集团内销售、采购、技术研发、质量管理、财务等方面进行资源整合，建立统一的管控平台，增强集团管控能力。启动ERP、MES、PLM等信息化系统的协同开发，搭建统一的信息化管理平台。实现资源高度共享、高效配置和运营。组织优化与人力资源项目：逐步导入组织岗位、薪酬体系、绩效管理、人才发展四大模块。2016年，完成技术中心、营销公司、财务部和采购中心四大关键部门组织架构方案的实施工作，完成股份公司各部门职责的发布和335个岗位说明书的确认工作。精益生产项目：2016年4月，启动精益生产一期项目，项目以装三车间为试点，相继导入流线化生产、精益物流、现场基础管理、品质管理四个精益生产模块。一期项目装三车间生产效率提升15.8%，中间在制降低26.9%，人员数量减少13.5%，装配不良率改善29.1%。除人员数量减少指标外，其他指标均完成预期目标。2016年11月，精益生产二期项目启动，规划拓展装一车间和天利公司。新导入班组管理、生产计划管控、改善提案活动、TPM设备自主保全和人才育成模块，培养精益改善师及精益内训师20名，精益班组长10名。信息化项目：2016年全面规划信息化项目，相继启动MES、ERP和PLM项目，积极推动企业管理系统之间的集成与资源共享，深化信息系统在产品开发、项目管理和生产经营过程管理方面的应用。MES项目：通过在自动化柔性生产线基础上嵌套生产过程和质量管理系统，具备生产任务执行、作业过程管控、数据采集和质量管理功能。实现生产计划在ERP系统和车间AMS系统之间的全程管控。通过集成安灯系统、车间大屏看板，实现关键工位缺料呼叫管理以及物料消耗和部分报表的数据收集，物料消耗以及生产进度、质量检验信息的统计分析。2016年12月，公司装一车间MES系统开始上线测试运行。ERP项目：ERP系统能够实现全柴与各分子公司、事业部的信息资源共享和协同管理，达到管理信息化、业务与财务一体化的目标。2016年9月，公司启动ERP系统，涵盖销售管理、APS生产排程、采购管理、生产管理、仓库管理、质量管理、设备管理、人力资源管理以及成本管理模块。2016年，已完成公司管理流程梳理、管理蓝图实现、基础数据准备以及系统作业培训等工作。PLM项目：引进国际知名品牌的产品设计管理平台，利用先进的信息技术和科学的管理方法，整合、优化、规范科研项目管理，为其他信息化系统提供基础数据，有利于提升产品开发质量，缩短产品研制周期。2016年，项目已完成对关键用户的操作培训工作，进入项目规划设计阶段。

【企业文化建设】 2016年公司继续强化文化建设，建立覆盖企业愿景、使命、核心价值观的企业文化，实现战略理念层、价值理念层和执行理念层的统一，实现企业文化与企业发展的深度融合，增强员工对全柴的认同感和归属感。定期开展文体活动，丰富员工业余生活，培养团队精神。年内组织员工参加省上市公司乒乓球比赛，荣获最佳领队奖和最佳风格奖，分别组织公司职工乒乓球比赛和羽毛球比赛，刊发10期精益半月刊和2期信息化简刊。利用新闻媒体、网站、专栏等形式，推进企业文化建设工作的开展，营造企业文化建设舆论氛围。开展“扶贫帮困送温暖”和“金秋助学”等公益活动。2016年对10户考入大学的职工子女给予入学资助，加强困难职工帮扶中心制度化、标准化和网络化建设，全柴工会帮扶站定期对困难职工进行审查，2016年发放困难补助50人次，发放医疗补助44人次。积极开展精准扶贫，针对千佛庵村15户贫困户，年内组织36次入户走访，分类梳理并有针对性地帮助解决问题。

【全柴2016年大事记】

1月20日，全柴动力与全球最大的汽车技术供应商博世汽车柴油系统有限公司签订全面战略框架协议。

1月22日，全柴集团与CCTV军事农业频道联合主办的《美丽乡村过大年——走进全椒》顺利完成录制。

3月10日，全柴B、C、D、G和M等系列非道路国三产品参加“全国春季展”。

4月6日，全柴召开精益生产（一期）项目启动誓师大会，拉开公司推行精益生产项目的序幕。

5月，全柴搭建智能服务平台，利用“互联网+”的技术和思维提升服务能力，缩短服务时间，提高服务质量，获得更多的服务增值。

5月18日，中国农业机械工业协会会长陈志、副秘书长宁学贵一行到全柴考察调研。安徽省委统一战线工作领导小组汪泗淇、牛海清一行到全柴集团调研统战工作。

5月20日，全柴集团“两学一做”学习教育正式启动。

5月26日，全柴集团再次荣登2015年度中国机械工业百强·汽车工业三十强榜单。

6月21日，副省长、致公党中央常委、安徽省委主委谢广祥在滁州市委书记李明，常务副市长章义，副市长杨东坡等领导陪同下莅临全柴集团调研企业供给侧改革工作。

8月2日，安徽省人大常委会副主任梁卫国率调研组莅临全柴实地调研促进科技成果转化工作落实情况。

8月，全柴与英国里卡多公司签订协议，双方将合作开发新一代汽车与非道路共轨柴油发动机平台。

8月31日，由全柴动力、雷沃动力、天津内燃机研究所、清华大学等15家企业及科研院所联合承担的国家重点研发计划“新型节能环保农用发动机开发”项目启动会在全柴顺利召开。

9月20日，全柴4A2-88C50型柴油机荣登“2016动力先锋榜”。

9月21—23日，全柴动力4A、4B、4C、4G、4H等6款机型产品盛装亮相第十五届中国国际内燃机及零部件展览会。

10月，全柴获2016年滁州市长质量奖。

11月，全柴动力荣获2016年国家技术创新示范企业殊荣。

（全柴集团　田园玲）

链接

2016中国农机零部件行业峰会在安徽全椒召开

8月9—10日，2016年中国农机零部件行业峰会在安徽省全椒县召开，主题是“创新升级、突破瓶颈”。中国科学院任露泉院士和中国工程院罗锡文院士出席会议。此届峰会聚集政府官员、行业专家和来自农机主机企业、农机零部件企业、农机科研单位、金融投资机构、新闻媒体等领域300多位嘉宾。会议期间，中国工程院院士陈学庚团队、南京环境科学研究所土壤污染防治研究中心、常州东风农机集团公司、河南科技大学、河北中农博远农业装备公司代表分别以“农田残膜污染治理进展与展望”“土壤修复技术与装备发展状况”“智能化加快农机技术进步与产品升级”“特色杂粮收获技术与装备研发”“玉米高含水率籽粒收获技术与装备研发”为主题作了系列报告，分享农业生产全面机械化瓶颈技术和装备研究成果。同期还举办“中国农机工业科技进步奖”和“中国农机工业科技进步奖”奖励基金的启动仪式，为农机工业科技进步奖的专家评委颁发聘书。会议还召开中国农机工业协会常务理事会会议和中国农机工业科技进步奖专家评审会。

据悉，本次峰会由中国农机工业协会主办，中国农机工业协会零部件分会、安徽全柴集团公司协办。作为2016年国内最大的中小功率柴油机研发与制造企业，安徽全柴动力股份有限公司建有“国家级企业技术中心”“安徽省博士后科研工作站”，邀请与会代表参观了全柴消失模铸造、天和机械、天利动力、本部装一分厂，大家对全柴大力实施技术改造和产品研发，精益生产、不断提高产品质量表示赞许。

农村经济

- 农业
- 林业
- 美好乡村建设

农 业

【土地确权】 全椒县创新推出"以图定地、以地定户、民事民办"3个措施，严格规范执行方案规定的8个基本步骤和18道工作流程，发动全县1800多名党员干部、进村入户、深入田间，全面摸清土地承包现状，组织160多名内外业工作人员进行数据核查和校正录入，有效地解决"确权确股难确地"的问题，此项工作先后在《全国农村土地承包经营权登记试点工作简报》和省政府办公厅《信息参考》等刊物中登载传阅。已完成土地确权市核查、省验收工作，农村土地确权全面完成。

【农村集体资产股份制改革】 完成孙家村集体资产和债权债务清理和登记，并建立台账。对该村的经营性资产和非经营性资产进行界定和评估，界定集体经济组织成员3482人，建立成员档案，资产量化到人。

【现代农业示范园建设】 农业装备水平进一步提高，整合资金近2000万元，在"五大"核心示范园区实施连栋温室大棚等10个重点工程，年底前全部竣工。农业产业转型进一步升级，大墅龙山实施龙山生态旅游项目，成功举办首届龙山桃花节；辉隆实施"锦绣乡村大世界"农业旅游项目，计划投资20亿元，分三期实施；荣鸿发展生态旅游，房车露营、"樱花谷"、梨园、枣园等项目陆续建成，高井民宿项目已启动；六镇示范区以牧龙山、周洼新村、悠然自得生态园及神山为基地，大力发展瓜果采摘、农家乐等乡村旅游。

滁州市特色种养业扶贫工作现场会在全椒县召开

全椒亿家合作社全力协助夏粮收割

【农业产业化】 全县100万元以上农副产品生产及其加工企业发展到95家，全年产值88亿元；市级以上农业产业化龙头企业发展到27家，其中省级3家，省示范现代农业产业化联合体3家。规上农产品加工企业33家，计划实现产值35亿元，同比增长4.91%。

【粮食综合生产能力提升】 一是大力开展"亩产千斤粮，亩增千元钱"活动。全县确定100亩以上的76户稻虾连作大户、56户稻虾连作贫困户作为实施主体，带动全县12万亩稻虾连作生产。二是深入开展压籼扩粳提质提效行动。全县粳稻面积达35万亩。三是认真实施水稻标准化育秧工厂建设。2016年确定14个水稻标准化育秧工厂建设主体，全县育秧工厂已达40座，集中育秧达3.5万亩，带动全县机械化育插秧15万亩。

【农机化推广】 全年新增大中型农业机械420(台)套,农机总动力75千瓦,综合机械化率81.42%。全面落实购机补贴,全年实际用于购机补贴资金为1976万元。新增插秧机103台,完成水稻机械化育秧0.33万亩,机械化插秧31万亩。全县各类农业机械登记在册数达5267台。

【实施畜牧转型升级工程】 一是规模养殖平稳发展。规模养猪408户、规模养禽1178户、规模养羊302户,规模比重分别为83.2%、86%和94.6%。二是稳步实施畜牧生态工程。开展滁州温氏养猪产业联合体、滁州华农种猪产业联合体和滁州温氏、滁州华农、安徽达诺三个龙头企业"甲级队"创建;培育注册8个畜禽养殖专业合作社和10个畜禽养殖家庭农场,成功申报2个省级示范家庭养殖农场。

【特色渔业生产】 一是大力推广特色水产品养殖。全县共投放名特优水产品种5000万尾,特色养殖面积达9200亩,其中全椒县花溪湖特种水产养殖合作社3200亩,来平特种水产养殖合作社3000亩,全椒县鳜鱼养殖专业合作社3000亩(皖东地区最大的商品鳜鱼生产基地)。二是着力打造品牌渔业。创建6个省市级著名商标、5家省级水产标准化示范养殖基地,3家省级示范合作社。三是推行健康养殖模式。全县拥有部级水产健康养殖示范场10家,省市级水产健康养殖示范场5家,现有3家省市级示范场正在申报部级水产健康养殖示范场。

【农业物联网建设】 全年新增物联网示范点3个,总数达14个。一是辉隆采摘园物联网示范基地项目通过验收。二是赤镇曹埠稻虾综合种养物联网应用示范点已运行,并举办全省稻田综合种养现场观摩会。三是辉隆公司建设"果园物联网+水肥"一体化建设项目。四是围绕"互联网+稻虾共生"现代生态农业产业化示范县创建,新建石沛联盟稻田综合种养物联网应用示范点。

【农业三品认证】 全县现有10家企业的21个产品通过国家绿色食品认证,绿色食品认证面积达13万亩;有29家无公害生产企业的79个农产品通过无公害认证,无公害产地监测面积达4.3万亩。成功创建10万亩全国绿色食品(水稻)标准化生产基地。

(县农业委员会)

农民喜获丰收

林　业

【概况】 2016年,在县委、县政府的坚强领导和省、市林业部门的大力支持下,林业局紧扣县委、县政府年度重点工程、重点项目和局年初工作计划安排,抓住森林增长工程这条主线,以产业发展为重点,以保护来之不易的生态建设成果为目标,推动全县林业工作再上新台阶。

【森林增长工程】 2012年以来,县委、县政府以创新发展、绿色发展、健康发展为引领,把绿色作为"生态全椒"建设之基,坚持造林与造景相结合、与特色产业相结合、与乡土树种培育相结合、与三线三边绿化提升相结合,通过政府引导、企业带动、大户参与,实施城市绿化增量提质和农村丘陵增绿突破工程,聚力推进"实力全椒、文化全椒、宜居全椒、幸福全椒、智慧全椒"建设,实现城乡绿化一体化。2016年,林业局围绕年度"1532"生态工程,制定植树造林突击月活动实施方案，组织全体技术人员深入造林一线，开展“六定一反馈”造林技术指导工作，年度造林成果硕硕，据统计，2016 年全县共完成新增造林 13425 亩，占省下达任务 7700 亩的 174.4%，超额完成省厅和县政府下达的任务。至此，全椒县森林增长工程已全部结束。2012—2016 年度共完成新增造林面积 151155 亩，占省政府下达全椒县 2012—2016 年森林增长工程总任务 85153 亩的 169.5%；成功创建六镇镇、石沛镇、马厂镇、西王镇为省级森林城镇；创建襄河镇河东新村等省级森林村庄 43 个；建设以合宁高速公路、一环线、马滁扬高速为代表的森林长廊 145 千米；2015 年成功创建“安徽省森林城市”。通过实施森林增长工程，全县生态网络结构得到全面优化，林木绿化率由 2012 年的 30.73% 增加到 2016 年的 38.82%，净增 8.09 个百分点；林业产业得到创新发展，全县建成以朴树、三角枫、榉树等特色乡土树种为主的苗木面积 10 万亩；家庭林场、合作社等新型林业经济组织异军突起，全县引进 126 个企业或大户投资造林，其中襄河镇辉隆公司、石沛镇荣鸿农业 2 个现代林业示范园面积达万亩以上；建立 100 亩以上的林业合作经济组织 150 家，带动周边群众近 5000 人就业，农民在企业打工获得的年收入人均增加 5000 元。全县森林增长工程因建设进度快、标准质量高、特色亮点多，得到省林业厅的高度关注，2016 年 4 月 27—28 日，新华社、《安徽日报》、安徽广播电台、《中国绿色时报》4 家中央和省级媒体对全椒县森林增长工程建设情况进行联合报道。7 月底，全省森林抚育现场会在全椒县召开。为让全体市民进一步了解全椒森林增长工程建设成果，县局经过近二个月的谋划，收集大量图片资料，制作“全椒县森林增长工程建设成果展”，展板共分为“领导重视、产业发展、三项创建、科技服务和森林保护”5 个篇幅、9 个展板，以图文并茂形式，全面、系统、真实地反映全椒县森林增长工程建设的成效。分别在县政府大院、县政务中心和南屏山森林公园等地巡回展示，得到全社会各界的普遍好评。通过展板宣传，既宣传近年来取得的成绩，也增强全民爱绿护绿的意识。

全椒县林业局举办薄壳山核桃技术现场培训会

【薄壳山核桃产业】 在实施森林增长工程过程中，县委、县政府坚持“生态建设产业化、产业发展生态化”总体思路，科学决策，提出将美国薄壳山核桃基地造林作为一项主导产业和特色产业来抓，按规模化发展思路，制定薄壳山核桃产业发展规划，规划到 2020 年发展薄壳山核桃 5 万亩。在 2014—2015 年完成 2.3 万亩的基础上，2016 年又新增产业造林 5600 亩。据统计 2014-2016 年，全县引进 39 家造林公司和大户发展薄壳山核桃产业造林已近 3 万亩，面积位居华东地区第一位。在产业发展初具规模后，20116 年，全椒县着重在示范基地建设上下功夫，狠抓栽后技术指导，聘请省薄壳山核桃首席专家作为全县薄壳山核桃产业发展顾问，坚持每月组织开展现场指导、培训；加强与中国林科院亚林所、国家林业局山核桃工程中心开展技术合作，2016 年 11 月，国有孤山林场被国家薄壳山核桃研究中心确定为“国家科技支撑华东区薄壳山核桃高效示范科技园”。全椒县产业发展的重点放在示范基地建设管理上，重点建设 6 家规模示范基地，给基地下达硬性计划指标，以此带动全县薄壳山核桃产业向标准化、集约化、健康化方向发展。经过 3 年的精心培育，2016 年，部分企业栽植的薄壳山核桃已开始挂果，未来三年，即将进入产果期，薄壳山核桃将逐步成为全县农村领域“调转促”的支柱产业。2016年11月14日，全国薄壳山核桃产业发展培训现场会在全椒县召开。

【森林资源保护与管理】 从保安全、促发展的高度，林业局一直坚持造林与管护同抓，防范与查处并重，不断夯实工作基础，确保森林资源安全。森林防火方面，去冬今春以来，全椒县以严抓国庆、冬至、元旦、春节、清明等重要节点期森林防火工作任务为牵引，按照上级森防指的总部署，始终坚持把森林防火工作作为维护林区安全稳定的大事来抓，做到领导重视、预案完善、责任明确、措施到位，成效显著，顺利完成本防火期省定、县定责任目标任务。在主要林区镇村、集市广泛张贴、散发各类森林防火宣传标语、禁火令、传单、公告等合计1万余份，拉横幅45条，出动宣传车巡回宣传225车次，集市展板宣传31次，电视专题宣传6次，网络媒体投稿60余篇，编发短信30余万条，大大增强广大群众的森林防火意识。由于严格落实各种防范措施，全椒县平稳度过一个森林防火期，全县仅发生林缘火情9次，未发生实际森林火灾。森林资源保护管理方面，全年相继组织开展“非法采挖、运输大树专项行动”“打击破坏野生动物资源违法犯罪专项行动”“非法侵占林地清理排查专项行动”等专项行动，对全县14家采石采矿企业占用林地面积、审批情况、处罚情况、矿主变更情况等，逐一进行调查摸底，提出处理意见。森林公安局充分发挥保驾护航作用，从严从重打击各类违法犯罪行为，特别是与国道交警部门配合，在国道成功拦截3起非法运输野生动物案件，对活体动物进行放生或移送大蜀山野生动物园放养等行为，以及冬季在武岗、二郎口等圩区开展巡逻、巡察、到菜市场、经营场所搜查野生动物等活动，产生较好的社会影响。林业有害生物防治方面，加强美国白蛾监测防治，在全县设立32个监测点，定期组织开展美国白蛾和杨树食叶害虫等林业病虫害监测工作。全椒县的森防工作得到省、市林检局的充分肯定，各项指标均控制在年初计划之内，遏制疫情蔓延传播。

【国有林场改革】 成立“全椒县国有林场改革领导组”，领导组下设办公室、人事编制、分流安置、基础建设资金保障和信访维稳四个工作组。县改革领导组办公室多次召开由编办、人社等部门人员参加的工作协调推进会，抽调人员对国有林场人员基本信息进行再摸底、再调查，为做好编制确定和人员分流工作奠定基础；在调查摸底的基础上，6月初，县人社、编办等部门对国有林场人员逐个进行核对。7月全椒县国有林场改革方案已上报省政府批准。为确保全县国有林场改革工作顺利进行，县林业局主动谋划、不等不靠，在省政府批准全椒县国有林场改革方案前，林业局制定《全椒县国有林场改革实施细则》，细则经6次讨论修改，将报请县政府常务会议研究，同意后组织实施。

（曹仕波）

美好乡村建设

【乡镇驻地建成区整治建设】 全县除襄河镇外9个镇按照两年目标完成，2016年实施第一批乡镇驻地建成区整治：石沛镇、武岗镇、西王镇、大墅镇，每个镇计划投资5000万，总投资2个亿。2017年实施剩余5个镇。

建设任务：治脏。整治乡镇建成区道路、背街小巷、镇村结合部、集贸市场、河沟渠塘、居民小区、公园广场、公共厕所、建筑工地和学校周边等区域环境卫生，做到垃圾日产日清。治乱。治理乱搭乱建，严格按照规划规范建房审批，加强违法建设整治，依法拆除违法建筑物。治理乱停乱放，完善交通标识、导行设施和停车场地，纠正不文明交通行为。治理乱摆乱占，纠正占道摆摊、店外经营现象，清理、规范建筑材料堆场、煤研石场、废品收购站等。治理乱拉乱挂，整治主次干道杆线，规范店招广告、过街横幅。

加强基础设施建设和公共服务配套。提升乡镇建成区通达水平，结合实施县乡公路畅通工程，贯通和改善主干道，修缮破损路，整治低洼路，完善路灯、信号灯、交通标识等安全提醒设施，形成安全、畅通的路网。合理规划新建或改造集贸市场。鼓励开发建设居民小区，满足群众进镇居住需求，提升乡镇品味。因地制

全椒县石沛镇荣鸿现代农业产业园

宜改造或修建综合性文化设施和居民健身场所，可独立占地，也可与街心绿地、公共建筑、学校体育设施相结合。加强互联网基础设施建设。提升绿化水平，重点强化道路沿线、城镇出入口、空置地块等主要节点绿化，以乡土树种为主，植绿见绿，见缝插绿，大幅增加乡镇绿量。

【省级中心村】 2016年，计划投资550万元建设武岗镇康合村。计划投资900万元建设西王镇隆兴村。

建设任务：垃圾处理。清理积年留存垃圾。建设生活垃圾收运处置体系，交通便利且转运距离较近的村庄，生活垃圾可按照“户集、村收、乡镇转运、市县处理”的方式收运处理；其他村庄的生活垃圾可通过“户集、村收、市县处理”等适当方式就近处理。选择符合农村实际和环保要求、成熟可靠的终端处理工艺，推行卫生化的填埋、焚烧、堆肥、沼气处理和垃圾发电等方式。饮水安全巩固提升。结合“十三五”国家农村饮水安全巩固提升工程，扩大农村自来水使用覆盖面，提升饮水安全保障水平。卫生改厕。加快无害化卫生户厕建设或改造步伐，消除农村露天粪坑，卫生户厕普及率达80%以上。房前屋后环境整治。梳理规范电力、通信等各种线路杆线，有序堆放杂物，实现村庄内屋乱搭乱建、乱堆乱放。道路通畅。结合乡村道路通畅工程，实施通村主干道路拓宽改造和村内主干道路硬化，提高畅通水平。污水处理。以分散处理为主，通过分户式、联户式的办法，采用整体式粪池、三格式粪池等简易处理技术，就地生态治理。有条件和实际需求的地方，采用经济有效、简便易行、工艺可靠的无动力、微动力处理技术进行集中处理，靠近城镇污水集中收集系统的村庄可以接入城镇系统集中处理。生活污水处理率达80%以上。河沟渠塘疏浚清淤。整治疏浚河沟渠塘，加强桥涵配套，实现水系畅通、水体清澈。公共服务设施建设。按照因地制宜、资源整合、简易适用的要求，在有需要的地方，利用现有设施，结合村级组织活动场所等项目，统筹改造或建设农村综合服务中心。提高宽带普及率。村庄绿化。开展村庄道路、水体沿岸、庭院和村庄周围绿化，以乔木、乡土树种为主，灌木为辅，倡导自然式种植，推广小菜园、小果园、小竹园、小花园、小茶园等，改善村庄生态环境。村庄亮化。在村庄主干道和公共活动区域，利用多种方式安装简易路灯，进行适度亮化。

（县美好办）

园区建设

- 全椒经济开发区
- 十谭现代产业园

全椒经济开发区

【概况】 全椒经济开发区设立于2002年9月,2006年2月被省政府批准为省级开发区。园区设立省级台湾工业园和省级低碳产业园2个专业园区,获批省级农业产业化示范区。2007年、2008年连续两年被评为浙商最佳投资开发区,2009年获批安徽省承接内燃机制造产业转移示范园区,2011年被评为“十二五”首批最具投资发展潜力品牌开发区,2013年获批“安徽省小微企业创业基地”,2015年获批安徽省新型工业化产业示范基地,2016年被评为安徽省知识产权示范园区。

【经济指标】 全年实现财政收入6.7亿元,同比增长16%;实现工业总产值149亿元,同比增长12%;完成固定资产投资84.85亿元,同比增长38.3%。完成专利申请量426件,专利授权量239件,新增省级企业技术中心1家,市级创新型企业2家,4家企业通过国家高新技术企业认定,跻身首批“安徽省知识产权示范园区”。

【招商引资】 2016年开发区实现新签约项目39个,新开工项目34个,新竣工项目21个。

【基础设施建设】 开展园区各项规划编制工作,完成新一轮总体规划修编和10项专项规划编制。完成园区扩区规划申报,拟新增面积3.5平方千米。实施年度重点项目建设,一期公租房装修工程已完成409套公租房基础装修;二期公租房附属工程基本完工;园区亮化工程已启动施工;58千米污水管网修复工程一期施工单位已进场施工,二期已确定施工清单编制及招标代理单位;推动建设集中供热项目,厂房建设基本完工,管道铺设完成20%;园区道路修复工程已完成70%;主干道杆线下地工程已按照要求全面完成。完成科技孵化器装修、经三路桥修复等11项小额工程;开展园区环境整治工程,亚士、博杰等重点企业标准化建设已完成。

【帮办服务】 全程跟踪签约未建、在建、投产项目,实时对接企业在建设生产过程中存在的问题,实现帮扶精准、有效。2016年,在项目建设上,累计帮助在建企业解决水、电、气、证照办理、管网堵塞等问题130余件。在政策落实上,帮助园区15家企业兑现城镇土地使用税财政补助资金300多万元;帮助25家企业兑现税收奖励资金1942万元;帮助20余家企业申请技改、科技项目资金640多万元。2016年正在开展民营企业财政奖励审核工作。在企业需求上,帮助30余家企业解决用工缺口500余名;帮助旭能光伏解决7100万元流动资金贷款问题;解决企业职工300余人住房需求。

【平安园区】 一是坚持依法依规,积极化解矛盾纠纷。2016年,共接待来访群众48批次,受理各类矛盾和问题40余起,有效化解30余起;共接处警237起,化解率100%。引导小城邻里购房户与实际施工方依法起诉施工单位,36名购房户情绪稳定;妥善处理君鸿软磁、圣雷科技等企业倒闭引发的工人工资、社保等问题。二是开展闲置土地清理及僵尸企业盘活工作。积极宣传土地清理相关政策,引导瑞莱宝钢、旭能光伏、悦达实业等8家企业通过二期开发建设激活闲置土地533亩。按照“一企一策、分类实施,部门联动、协同配合”原则依法依规处置“僵尸企业”。共盘活胜兰制衣、海孚润滑油、松久电机等3家企业,盘活土地250亩。华明机械被上海海印环保科技成功收购,拟盘活面积186.35亩。三是开展标准化厂房协议审查与处置工作。2016年,三期标准化厂房协议已解除,一期、四期标准化厂房正在审计。四是紧抓安全生产工作,分级签订《安全生产责任书》,加大对企业安全生产检查。2016年,全园区未发生一起安全生产事故。

(县开发区办公室)

十谭现代产业园

【园区规划】 发展性规划:完成园区化工集中区扩区调整工作,在原化工集中区(1965亩)基础上扩展1220亩。产业规划:进一步优化空间布局、明确产业规划和定位,将园区划分为电子新材料产业园、应用型新材料产业园、机械制造产业园和绿色食品产业园。

【基础设施建设】 道路建设工程:光辉大道南段、朝阳路南段、胡松路延伸段、界首路北段和唐庄路延伸段五条道路,2015年10月开工,2016年竣工,工程总造价约3860万元,雨污水管网同步建设。供电线路架设工程:组织实施长约6000米的光辉支线架设工程,包括海螺大道、光辉大道、界首路北段、杨岗大道(文化大道-光辉大道段),该工程由供电局项目资金支持,总投资约1500万元,2016年9月底前完工。长约2500米的远大路支线供电工程,包括远大路和朝阳路北段,由县级财政支持,项目总投资约120万元。供水管网铺设工程:光辉大道、朝阳路、界首路等七条道路约7.5千米供水管网建设工程,工程造价约400万元。

【重点项目】 新签约项目亿元以上项目7个:由安徽博泰电子材料有限公司投资的超纯电子新材料项目,总投资1.5亿元。由北京科华微电子科技有限公司投资的光刻胶国家级工程实验室及产业化基地项目,总投资5亿元。由安徽秀朗新材料科技有限公司投资的OLED新材料生产项目,总投资3亿元。总投资2亿元的天鸿新型包装材料项目。总投资5亿元的泰石岩棉项目。总投资1.5亿元的井深润滑油项目。总投资1亿元的卓畅装饰材料项目。

新开工项目4个:总投资0.7亿元的正博铝材包覆铝材项目,总投资2亿元的中益新材料项目,总投资1.2亿元的金陵消防项目,总投资5亿元的泰石岩棉项目。

新投产项目6个:总投资1.2亿元的贝蒂玛童车项目,总投资0.6亿元的赞瑞消防装备项目,总投资1.6亿元的兴乐机械项目,总投资1亿元的希玛安全防护装备项目,总投资2亿元的金桥德克项目,总投资2亿元的龙胜实业项目。

(十谭现代产业园办公室)

链接 ▶

全椒经济开发区:乘东风而上

国际商报 2016-07-04

五年累计实现固定资产投入141亿元,年均增速25.3%;财政收入、规模工业总产值、规模工业增加值年均增速分别为24.6%、19.5%、18.1%;先后获批"十二五"首批最具投资发展潜力品牌开发区、省级"农业产业化示范区"、省级"小微企业创业基地"和省级"知识产权示范园区"……作为安徽省全椒县经济发展的主阵地,在过去"十二五"时期,全椒经济开发区上下凝心聚力,共同推动美好园区建设,经济社会发展取得了明显成效。展望"十三五",全椒经开区已是东风吹来满眼春。

在位于安徽省滁州市全椒县全椒经开区的旭能光伏电力有限公司厂区内的空地上,整齐排放着一列列太阳能发电板。在厂区一角,一座新建的厂房已初具雏形,产能扩大已箭在弦上。据该公司总经理杨道祥介绍,该项目总投资3亿元,规划建设厂房面积11.5万平方米,年产太阳能光伏电池组件达500兆瓦。2016年,该公司已经拿到了15亿元的订单。开发区是吸引投资的重要载体,做好招商引资对开发区来说是重中之重的工作。近年来,全椒经开区紧紧围绕主导产业,大力招引机械装备制造、家电及信息主导产业、新材料等战略新兴产业,通过以商招商,产业链招商,精准招商的方式,主动对接长三角以及南京江北新区,积极承接产业转移,引进了一批项目。2016年,全椒经开区已经形成了以全柴为代表的"安徽全柴产业园",以颐高电子为代表的"全椒青年电商产业园",以美东生物为代表的"全椒新材料产业园"、以九里蓝湾为代表的"全椒现代服务业集聚区"四个"区中园"产业集群。安徽省委、省政府"调转促""4105行动计划"提出了园区转型升级、传统产业改造提升、服务业加快发展、创新驱动以及人才高地建设等一系列重大工程。对于全椒经开区来说，做好这些工作，供给侧改革是毋庸置疑的发力点。

近年来，全椒经开区大力整合资源，通过企业重组、合作开发、闲置厂房租赁等方式，全面推进土地集约高效利用，依法依规实施土地清理。2016年，全椒经开区又启动了土地“二次开发”工程，在土地供给侧为下一步的发展奠定基础。为了推动产城融合发展的步伐，全椒经开区在基础设施方面也投入了大量精力，先后实施了君鸿预留地等地块平整、6000米雨污水管道检测及并网、经三路桥修复、经一中路路灯亮化等10项工程，并全面启动集中供热项目建设。以全椒县人才高地建设工程为契机，全椒经开区全面开展了招才引智工作，完成园区科技孵化器建设，总建筑面积5000平方米。2016年，已成功引进盖尔普实验室项目，主要从事新药研发的成药性研究服务和健康农业生产项目，设立以留美博士为首的5名博士组成的工作站，其中1人为“国家千人计划”成员。依托国家“02专项”重点项目全椒南大光电项目，园区还成功引进硕士研究生学历以上人才8人，其中博士后1人、博士5人、国家“千人计划”1人、安徽“百人计划”1人。过去的招商引资是拼政策，现在的招商引资要拼服务、拼环境。为切实帮助企业解决实际问题，全椒经开区成立了14个帮办组，还专门制订了《开发区帮扶帮办事项登记表》，要求各帮办组做好帮扶帮办工作记录并督促各帮办组经常深入企业，提供“保姆式”服务。2015年，全椒经开区共为企业协调解决融资8000多万元；组织博杰科技、中网科技、全柴等企业参加合肥经济圈招聘会，为企业解决用工缺口100余名。除此之外，全椒经开区还积极帮助企业在政策兑现、知识产权及重大项目申报等各方面开展工作，实实在在地帮助企业健康发展。

在全椒金福康电子有限公司生产车间内，记者看到了该公司生产的电容产品。据该公司工作人员介绍，2016年，该公司已经成功研发出了高频低阻高压产品，和西安交大合作研发了固态电容产品并申请了专利，打破了国外对固态电容高分子电解液（*EDOT*单体）的垄断。从产业变迁的角度来看，全椒经开区正在经历从低到高，从人力密集型渐渐到科技密集型的过程。“我们已经引进了南大光电、亚士创能、天安新材料、禹王防水等诸多具有战略意义和广阔发展空间的项目，禹王防水的产品，还被用到了军舰防腐蚀领域。”倪学标说。随着“十三五”的启幕，全椒经开区又迎来了新的重大历史机遇。随着南京江北新区跻身为国家战略，全椒经开区可谓是站到了风口浪尖。作为安徽省的东大门，全椒县素有“江淮背腹”“吴楚冲衢”之称。2016年，全椒县有两个高铁站点，从合肥坐高铁到全椒，仅需30多分钟；而从南京坐高铁到全椒，则仅需20来分钟。据倪学标介绍已经有许多南京人到全椒购房置业了。

好风凭借力，送我上青云。为充分发挥全椒经开区的区位优势和产业优势，加快“调转促”，培育发展新动能，厚植新优势，按照国家实施创新驱动战略和安徽省委、省政府“调转促”“4105行动计划”的有关要求，全椒经开区已开始推进园区各项规划编制工作，实施道路及附属配套工程、景观路杆线下地工程、环境提升工程和生活性配套设施完善工程，并开始建设邻里中心，现已建成一座建筑面积3500平方米的医院。这些措施，将极大地改善全椒经开区的生产生活环境，提升园区产业承载能力。据了解，2016年，全椒经开区将以发展新项目、嫁接老项目、推进大项目为目标，继续围绕机械装备制造、家电及信息主导产业，加快引进一批上下端项目，延伸加粗产业链条，培育产业集群，同时主攻新材料、高端装备制造等战略新兴产业，积极锁定上市公司和行业20强，强力招引旗舰项目。在2016年，全椒经开区核心区计划实现招商引资到位资金17亿元，新签约项目不少于10个，其中亿元以上项目不少于5个；新入驻项目不少于5个，其中亿元以上项目不少于3个。而2016年上半年的情况来看，全椒经开区已实现新签约项目17个，其中亿元以上项目11个；新投产项目13个，其中亿元以上项目7个。百舸争流，千帆竞发，在转型升级的滚滚大潮中，全椒经开区正焕发出无与伦比的活力。

●财政

●国家税务

●地方税务

财政税务

财　政

【概况】 2016年，全椒县财政局在县委、县政府的正确领导和县人大、县政协的监督指导下，紧紧围绕县委、县政府决策部署，全面落实积极财政政策各项要求，主动适应、把握引领经济发展新常态，着力保基本、保民生、促发展，以项目建设为抓手，大力培植财源，组织收入，优化支出结构，严格预算约束，深化财税改革，强化财政监管，为促进全县经济发展和社会和谐提供有力地财力支撑。全年财政收入累计完成216663万元，较2015年同期增长12.1%，增收23352万元，占预算任务的100.1%。财政收入总量位于全市第3位，与县域经济发展趋势保持同向。一般公共财政预算支出完成319494万元，占年初预算121.6%。

【保障民生优化支出】 2016年，全县实施民生工程32项，财政总投资8.6亿元，较上年增长21%，其中县财政配套2.8亿元，较上年增长47%。一是支持教育事业发展。大力推进教育民生工程，着力加强教育惠民。全县经常性教育支出5.18亿元，较年初预算增长36.3%。投入1.63亿元重点提高基础教育保障水平，解决教育均衡发展问题。二是强化社会保障。全面落实国家提高城乡低收入和特殊人群收入的各项政策，全年完成各项社会保障基金收入78719万元，完成社会保障各项支出76593万元，连续12年提高企业退休职工养老金水平，提高行政事业单位离退休人员养老待遇。三是积极整合涉农资金，支持脱贫攻坚和农业发展，支持农村社会事业建设。全县安排涉农资金3.62万元，其中整合资金1.26亿元；安排扶贫专项资金3330万元，帮助困难群众脱贫。四是积极促进就业创业。加大人才引进力度，设立杰出人才奖励专项300万元，专门用于有杰出贡献的人才进行奖励。积极开展技术工人技能培训，不断提高企业职工素养。2016年，企业就业技能培训2529人，企业职工岗位提升培训1280人，财政安排各项培训资金330万元。支持小微企业发展，办理小额贷款458笔，贷款金额4580多万元，财政贴息216万元。

【发挥职能促进发展】 一是扩大政府有效投资。积极筹措资金，支持十大政府投资工程，十大为民办实事项目，加强城市老旧小区整治，改善城市功能，增强群众获得感，全年完成棚户区改造7.6万平方米，拨付棚户区改造项目引导资金7000余万元，撬动金融贷款进入。加强城市污水处理，累计拨付城市污水处理相关支出2065万元。改善农村居住环境，支付农村生活垃圾治理费2579万元。二是申请和用好政府债券，促进县域经济发展。全年获批省财政转发政府债券13.3亿元，其中政府置换债券11.6亿元，新增一般债务和专项债务1.7亿元，有效缓解政府偿债压力，年均节约利息成本约3500万元，有力地支持经济发展。同时加强政府债务管理，严格控制债务规模，实行债务限额管理，债务率、逾期率双双下降。三是认真落实中小微企业减税降费政策，顺利完成营改增、资源税改革；清理取消、整合规范行政事业性收费，减轻企业负担。据测算全县营改增后，减轻企业负担约1.2亿元。

【服务“三农”】 积极落实各项惠农政策，加大统筹城乡发展的财政支持力度，深化农村改革，贯彻执行国家惠农补贴改革政策，当年完成农业三项补贴改革工作，及时按新综补政策兑付强农惠农补贴。全县通过一卡通累计发放补贴资金3.35亿元，其中农业综合补贴9013.55万元。积极支持美丽乡村建设，2016年安排美丽乡村建设财政资金3954万元。农业综合开发成效显著，2016年实施土地治理项目1个，产业化补助项目2个，产业化贴息项目4个，项目总投资2923.8万元，工程已全部完工。扎实开展“一事一议”财政奖补工作，全县共安排一事一议项目数97个，当年全部完工，财政奖补投入资金1450万元。推进政策性农业保险，2016年度午季小麦、油菜投保面积51.91万亩，投保户数2.43万人；秋季水稻、棉花、玉米投保面积59万亩，投保户数2.72万人。加大农村土地确权推进力度，投入资金3658万元，完成土地确权工作。

【阳光理财】 一是深化预算管理改革，推行全口径预算管理，积极推进预算评审改革，强化预算执行绩效管理，提高预算管理水

2016 年度全椒县一般公共预算收支总表

表 15　　　　单位:万元

预算科目	决算数	预算科目	决算数
一、税收收入	99173	一、一般公共服务支出	13869
增值税	24184	二、外交支出	
营业税	13550	三、国防支出	278
企业所得税	5802	四、公共安全支出	10894
企业所得税退税		五、教育支出	55342
个人所得税	1251	六、科学技术支出	5936
资源税	1834	七、文化体育与传媒支出	3751
城市维护建设税	3521	八、社会保障和就业支出	33975
房产税	3022	九、医疗卫生与计划生育支出	36157
印花税	936	十、节能环保支出	6561
城镇土地使用税	10236	十一、城乡社区支出	58245
土地增值税	6049	十二、农林水支出	63499
车船税	631	十三、交通运输支出	12872
耕地占用税	17131	十四、资源勘探信息等支出	282
契税	11026	十五、商业服务业等支出	3691
烟叶税		十六、金融支出	
其他税收收入		十七、援助其他地区支出	
二、非税收入	64190	十八、国土海洋气象等支出	2303
专项收入	6688	十九、住房保障支出	7662
行政事业性收费收入	2858	二十、粮油物资储备支出	882
罚没收入	2176	二十一、其他支出	
国有资本经营收入		二十二、债务付息支出	3247
国有资源(资产)有偿使用收入	52079	其中:地方政府一般债券付息支出	3247
其他收入	389	二十三、债务发行费用支出	73
本年收入合计	163363	本年支出合计	319519

平和效益。顺利完成营业税改征增值税工作,现代服务业等四大行业全部由征收营业税改征增值税,有效地减轻企业税赋,促进中小企业发展。二是积极推进预算信息公开。全县共有 67 个一级预算单位公开 2016 年部门预算和“三公”经费预算,公开 2015 年部门决算和“三公”经费决算,覆盖范围涉及全县各预算单位及 10 个乡镇。三是全面完成行政事业单位及所办企业国有资产清查工作。四是完善政府采购管理。全县共实施政府采购项目 2270 笔,平台支付财政资金

67514万元，资金节约率达16.5%。五是深入推进财政管理改革。加强“三公”经费常态化监控，建立“三公经费”支出月报、季报制度，全县三公经费支出1093.11万元，比上年同期下降18.6%。

（孙德祥）

国家税务

【概况】 2016年，在滁州市局领导的关心指导下，全椒县国家税务局积极适应全面从严治党新形势和经济发展新常态，围绕夯实基础、紧抓落实等方面做出卓有成效的工作。

【税收收入】 组织收入7.11亿元，同比增长36.4%，增收1.9亿元。其中增值税入库5.28亿元，增加1.61亿元，同比增长43.79%；企业所得税入库1.46亿元，增加1698万元，同比增长13.11%。

【营业税改征增值税】 接收“营改增”试点纳税人为1688户，与地税联合举办培训班13次，培训3000余人次。截至2016年10月所属期，申报销售收入7.21亿元，申报税款2404万元。

【税收法治】 强化行政审批制度改革事中事后管理，开展税收规范性文件自查工作。开展依法行政工作业务培训，进一步完善审理制度，规范审理程序。

【税种管理】 汇算清缴企业854家，同比增加140家，汇算清缴面达100%。汇缴企业应纳税所得额4.36亿元，应纳所得税额1.09亿元，减免企业所得税201万元。

【税收政策落实】 落实税收优惠政策，全年减免税618万元，鼓励高新技术减免税539万元，促进小微企业发展减免税1613万元，节能环保减免税920万元。

【纳税服务】 推行网上办税服务，加大自助办税区现场辅导。走访纳税人739户，征集需求、建议和意见109条。开展“银税互动”和参与地方“税融通”，为41户纳税人提供贷款8560万元。

【税收征管】 与地税开展联合办税，实行国地税款互为代征，共同委托邮政进行代征。开展欠税联合清理并进行风险核查，就联合评估、联合稽查等方面开展合作。

【大企业税收服务与管理】 对特大税源企业由领导班子挂名服务，实施大企业税收分类管理，协助大企业分析评估税收政策影响，强化税收辅导和政策传递，协助建立税收管理风险内控机制。

【税务稽查】 查补入库税款1014.38万元，同比增长190%。对房地产与混凝土企业开展专项检查，同时联合地税开展稽查。查处涉及发票违法企业10家，发票31份，查补税款81.3万元。

【信息化建设】 配合技术服务单位做好软件升级。进行网络带宽扩容提速，开展广域网线路进行改造，实施VRV桌面安全软件更新及升级。

【政务管理】 规范政务公开工作，健全政务公开规章制度，未发生依申请公开事项。丰富政务信息公开渠道，深度探索“互联网+税务”应用，充分开发微信、微博平台税收政策宣传作用。

【绩效管理】 健全指标制定，完善考核办法，定期组织召开专题会议，研讨绩效考核工作推进落实情况，及时纠正存在问题。创新性引入“全员民意测评”以及“绩效领导小组评价”机制，并将综合考评结果与干部地方性奖励相挂钩。

【财务管理】 全年招待费支出7.58万元，同比下降70.08%；车购及运行费支出42.56万元；会议费支出5.76万元，同比增长4.01%；培训费支出24.81万元，同比增长521.8%。新增固定资产277.96万元，处置固定资产212.54万元。

【人事管理】 率先在全市国税系统中采用政府劳务派遣方式，充实办税服务前台人员，优化人员配置。开展轮岗及调岗工作，对14个部门负责人实行轮岗，并对36名一般工作人员岗位进行调整。

【教育培训】 开展春训工作，强化业务培训。推进“岗位大练兵、业务大比武”工作，组织税务

开展学习教育

（县国税局）

干部集中学习。开展国地税经验交流学习会，强化营改增行业征管经验，提高征管能力。

【基层建设】 打造十字分局办公楼与税源管理二科办税延伸点，实施党建活动室、职工书屋、健身房等基层设施改建。

【纪检监察】 贯彻落实党风廉政建设责任制，制定工作计划与任务分解表，落实反腐职责。推进内控机制建设，认真梳理权力清单，编制“职权目录”。运用数据系统平台，加强权力运行风险的预警提醒和监控纠错。

【“两学一做”学习教育】 建立学习专栏平台，按月发布学习内容及任务单。在滁州市委党校举办“两学一做”脱产培训班，全椒县委“两学一做”办向县直机关推荐全椒县国税局做法，机关第二党支部被推荐为“双争一创”先进党支部。

地方税务

【概况】 全椒县地方税务局的职能是负责全县地方税费的征收与管理。局机关内设11个职能股和1个电子税务管理中心。下设11个分局和1个办税服务厅。现有在职干部职工121人，其中国家公务员102人，事业编制4人，工人4人；聘用人员11人；退休16人。在职干部中具有研究生学历5人，本科学历89人，大专学历16人。具有注册会计师2人，注册税务师19人，中级会计师或经济师56人，初级经济师14人。

【成就荣誉】 2016年，文明创建推陈出新，保持省级“文明单位”称号；节能降耗成效显著，被认定为省“公共机构节能型示范单位”；年度工作目标绩效考核成绩居前，连续四年荣登全县优秀单位；双拥工作不断加强，接连三年被评为县“模范单位”；局属城关分局“业务管理规范年”活动开展扎实，被省地税局评为“先进基层单位”；局属石沛分局廉政建设特色鲜明，被市地税局确认为“党风廉政建设示范点单位”；局属税干部邓百科坚守一线、爱岗敬业，被省总工会授予“五一”劳动奖章。

【税制改革】 坚决落实国务院全面推进“营改增”试点部署，自3月下旬开始，集中力量对建筑业、房地产业、金融业和生活服务业四个行业纳税户调查摸底、梳理造册，向县国税局移交建筑业424户、房地产业150户、金融保险业29户、生活性服务业1512户，在规定期内完成管户及资料移交。多渠道开展改革宣传，多方式做好过渡期征管衔接，保证5月1日“营改增”的平稳实施。积极推进资源税改革，配合财政和国土部门做好前期专题调研、测算和论证工作，为制定资源税改革方案和税率提供科学准确依据，确保7月1日资源税全面“从量计征”实施到位。

【国地税合作】 认真贯彻中办国办《深化国税、地税征管体制改革方案》，明晰职能职责，加强与国税部门密切合作。联合设立办证窗口。共同办理税务登记新办、变更、注销事项，联合新办税务登记1487户，办理变更1966户，办理注销117户；联合开展办税服务。在办税服务厅互设窗口和互派人员，实行“一窗办理”；联合纳税信用评价。共同对

1002户开展纳税信用评价，审定出A级50户，D级35户；联合税收宣传。共同举办“纳税人讲堂”和第25个税收宣传月活动，税宣规模和效应扩大；联合检查。共同制订检查计划，组成联合检查组，实行同入一户、涉税通查、信息共享、处理同定。联合委托代征。双方同时与中国邮政集团公司安徽省全椒县分公司签到税收代征合同，委托公司5个营业网点代征零散税收。

【组织收入】 全年共组织税费收入13.5亿元，其中地方税入库8.56亿元，完成年度预算的101.9%，较好地履行职能作用。减免税达0.53亿元，有效支持“调转促”和“供给侧”改革，实现“十三五”的良好开局。

其他基金、费收入情况见下表：

其他基金、费收入情况表

表16 单位：万元

项目	收入	同期	增长(%)	项目	收入	同期	增长(%)
养老保险	25946.2	25314.7	2.5	城镇医疗保险	979.9	906.7	8.1
医疗保险	13157.3	11338.2	16.0	文化事业费	3.9	9.6	-59.4
失业保险	1522.6	1786.6	-14.8	水利基金	713.9	700.7	1.9
工伤保险	1149.1	866.8	32.6	工会经费	166.3	151.8	9.6
残疾人保障金	278.2	135.6	105.2	地方教育附加	166.3	151.8	9.6
生育保险	438	486.5	10.0				

【政策落实】 严格执行3万元起征点标准，使2017户个体工商户免征税款712万元；落实符合条件小微企业所得税减半和20%税率优惠政策，让116户企业少缴税款173万元，免征附加费和基金等达35万元；落实高新技术研发费加计扣除政策，为全柴动力减免税收2800万元；为国网滁州供电等26户企业单位减免土地使用税1511.6万元；为退役士兵、军转干部及残疾人就业免税25万元；为全椒城市公交公司购置新能源车减免车船税1.2万元；减免殡葬业营业税16.5万元；切实转变行政职能和服务方式，精简行政审批10项，取消所有非行政许可审批项目，共为89户纳税人办理减免税备案。

【地税队伍建设】 组织“两学一做”学习教育，在全体党员中扎实开展学党章、学习近平总书记系列讲话，注重“基础在学”，增强党员党性观念；开展“亮身份、作承诺、当先锋、树形象”活动，突出“关键在做”，激发党员践行党的宗旨，其做法被5月26日《滁州日报》宣传报道。举行“岗位大练兵、业务大比武”活动，推动全员学业务知识，练工作技能、增综合能力、当业务能手，提高整体素质，有3名税干获得市局岗位能手称号。开展“讲看齐、见行动”学习讨论，统一思想认识，坚定政治立场，树牢“四个意识”，教育引导党员干部从思想上、政治上和行动上坚决与习近平同志为核心的党中央保持高度一致。加强纪律和规矩教育，及时发布上级纪委通报和通知，认清形势和要求；分批组织到市和县廉政教育中心参观，接受身心洗礼；集中观看中纪委《打铁还需自身硬》专题片，筑牢思想防线；深入学习《关于新形势下党内政治生活的若干准则》和《中国共产党党内监督条例》，规范党内政治生活，强化对党员干部的纪律和规矩监督。

（县地税局办公室）

金融 保险

- 中国人民银行全椒县支行
- 中国农业发展银行全椒县支行
- 中国工商银行全椒支行
- 中国建设银行全椒支行
- 中国农业银行全椒支行
- 中国银行全椒支行
- 全椒农村商业银行
- 中国人寿全椒支公司
- 中国财险全椒支公司

中国人民银行全椒县支行

【概况】 中国人民银行全椒县支行(以下简称人行全椒县支行)是中国人民银行的县级分支机构。在中国人民银行滁州市中心支行和全椒县县委、县政府的领导下,人行全椒县支行认真履行贯彻执行货币政策、维护金融稳定、提供金融服务三大职能。至2016年年末,人行全椒县支行有在职员工19人,内设办公室、纪检监察室、金融服务部、金融管理部、外汇管理部。

中国人民银行全椒县支行领导班子:张道佺,党组书记、行长;彭传年,党组成员、副行长;谢阳顺,党组成员、副行长、纪检组长。

【贯彻执行货币政策】 2016年,人行全椒县支行按季召开金融机构联席会议,加强组织协调与窗口指导,注重银政企沟通,引导金融机构优化信贷结构,畅通货币政策传导机制,促进货币政策正确贯彻落实,取得明显成效。截至12月末,全县金融机构各项存款合计178.94亿元,较年初增加29.63亿元;各项贷款余额128.58亿元,较年初增加17.78亿元。

【贯彻上级行决策部署】 加强协调,推进辖区金融扶贫工作。召开金融扶贫推进会,精准对接贫困户发展生产、创业就业等方面的融资和服务需求,按"一户一档"方式,建立精准扶贫金融服务档案。积极建立和落实金融扶贫主办行制度,要求主办行结合县域特点创新金融产品,对符合贷款条件的贫困户进行授信和发放贷款,助推贫困户脱贫。2016年,共发放扶贫小额信用贷款共1415万元。

开展应收账款融资平台推广工作,参加中支举办的应收账款融资服务平台业务培训,系统学习业务知识,提高工作人员对推广应用工作的认识。对辖内金融机构全椒农商行和全椒中银富登村镇银行开展培训工作,要求金融机构在开展业务时相互交流经验,取长补短。支行领导高度重视应收账款融资服务平台推广应用工作,多次带领征信管理人员到金融机构布置指导推广应用工作,成效显著。2016年末,完成应收账款融资金额8.07亿元。

继续开展农信社后续监测专项考核、村镇银行财务健康状况考核,密切监测法人金融机构信贷投放、财务健康、风险控制情况,及时反映辖内法人金融机构出现的异常资金流动、信贷结构变化、重大风险案件等。

全力推进金融IC卡在公交领域的运用,制定全椒县金融IC卡推广应用工作实施方案,多次组织全椒农商行、全椒县公交公司、软件公司召开三方会议,协商金融IC卡在公交领域应用工作,并签署协议,2017年可实现全县公交车刷卡乘车。

【征信管理工作】 全力推进信用体系建设,强化征信管理职能。强化金融服务意识,做好企业和个人信用报告查询和开展异议处理工作,全年共受理企业查询265笔,个人信用报告查询9145笔。持续开展机构信用代码核准发放和推广应用工作,共发放企业机构信用代码证718份。组织辖内企业融资担保公司参加"两类机构"接入前期培训,指导和督促申请接入征信系统工作。加大征信宣传力度,强化社会公众诚信意识,开展"珍爱信用记录,享受幸福人生"征信知识"走太平"活动。稳步推进中小企业和农村信用体系建设工作,出台信用体系建设工作方案,农户基本信用档案录入近10万户。搭建征信宣传诚信教育工作新平台,在全椒县卜集村小学建立"诚信宣传教育基地",并为基地举行揭牌仪式暨相关合作协议签字仪式。开展征信执法检查工作,对徽商银行个人征信业务管理进行执法检查,规范商业银行征信查询工作的合规性。

【维护金融稳定】 加强存款准备金和利率管理工作,维护辖区金融市场规范有序发展。严格资金头寸监测,加强资金调剂,确保金融机构正常运营,切实防范辖内法人金融机构可能产生的流动性风险。加强存款准备金日常管理,提高基层央行服务意识,引导农村信用社和村镇银行合理安排资金,确保资金运用不盲目,不透支。加强利率管理工作,指导并督促辖内法人金融机构严格执行有关利率政策及管理规定,确保利率政策得到有效落实,维护正常金融秩序,促进良性竞争。

扎实做好存款保险制度建立的各项组织实施工作,确保存款保险制度平稳推出和银行业健康稳定运行。加强辖区内存贷款和流动性监测分析，做好辖区内存款保险舆情监测应对工作，妥善做好突发金融风险应对，维护辖区金融稳定。督促辖内各存款类金融机构及时办理投保手续，完善账户管理和信息系统。重视金融稳定调研工作，实事求是地评价地方法人银行业金融机构的经营管理和风险状况。

深入开展金融业综合统计工作。重点做好存贷款统计口径调整相关工作，以“统计数据质量提升年”活动为契机，加强数据核对和质量控制。加强金融统计执法检查，对徽商银行开展统计综合执法检查工作。强化沟通协调意识，加强与政府统计部门之间的金融统计数据信息共享。

【反洗钱管理】　加强反洗钱日常监督管理，积极开展宣传培训，推进反洗钱工作。积极开展反洗钱宣传与培训，利用农民工春节返乡、“正月十六走太平”民俗活动、惠农金融服务室平台，开展反洗钱宣传、反洗钱法颁布十周年主题宣传活动。加强反洗钱日常监督管理，丰富反洗钱监管手段，消除监管盲点，对金融机构2015年度反洗钱工作开展非现场测评，开展现场监管走访和约见谈话，对中银富登村镇银行开展反洗钱现场检查，指导金融机构制定措施，加强风险防范。持续推进落实个人账户实名制，开展打击银行卡信息买卖专项行动，有效惩处违法违规行为。

【国库服务管理】　开展“国库管理提质年”活动，提升国库管理水平。开展国库岗位轮换工作，合理调配各岗位人员，加强国库会计核算管理，确保各级预算资金收纳、留解、支拨、退付等准确、及时办理，实现核算无差错目标。开展国库业务自查，并接受上级行对国库业务检查，及时作出整改，规范处理业务。加强财税库银联动机制，推进国库信息化建设，多渠道开通电子缴税业务，进一步扩大横向联网税收入库率，全年通过财税库银横向联网系统税收入库业务量19.2万笔，占全年收入总业务量99.19%。强化国债监督管理，组织各国债承销机构开展国债知识宣传活动，配合省分库和中心支库在二郎口镇开展“送国债服务下乡”活动宣传工作。开展星级认证考核，对取得五星级认证的两家机构进行授牌。全年共发行凭证式国债四期，总销售额1788.98万元，较上年同期增长94.91%；发行储蓄国债（电子式）十期，总销售额1268.88万元，较上年同期增长86.07%。

【支付结算管理】　深入开展支付结算工作，改善支付服务环境。全面推进惠农金融服务室建设，实现村级行政村全覆盖，覆盖率达100%，建成10个标准化重点惠农金融服务室。进一步改善银行卡受理环境建设，创建“古河镇金融服务下乡示范乡镇”，推动农产品收购非现金结算，组织金融机构利用银行卡发放工资及养老金、涉农补贴、新农合、新农保，涉农贷款，扩大银行卡缴纳公共事业收费范围。继续拓展定期业务、电子商业汇票、支票影像三项业务，全年发生定期贷记业务6.57万笔，业务量成倍增加。进一步扩大支付清算网络的覆盖面，全年接入支付系统的网点有54个，占全部网点数量的92%，县以下农村银行网点全部接入支付系统，支付服务环境实现根本好转。对辖内9家银行开展同业银行账户专项检查，对徽商银行银行结算账户开展现场检查，组织辖内银行开展特约商户资金清算及违规移机等专项检查，对惠农金融服务室业务规范、安全管理等进行现场巡查。打击电信网络新型违法犯罪行为，对打击执行不力的单位进行约见谈话。

【人民币流通管理和反假】　做好人民币管理工作，开展形式多样的反假货币宣传，逐步建立反假宣传长效机制。利用“正月十六走太平”民俗活动，组织金融机构开展反假宣传。积极配合公安部门打击不法分子制造假币案，做好假币的收缴、管理、登记、上缴、鉴定及报表工作。制定反假宣传月活动方案，组织人员对金融机构宣传情况开展现场督察，共发放宣传资料2800份，接受群众现场咨询1000余人次，取得良好的宣传效果。加强人民币现金流通管理，做好辖内残损人民币兑换和假币鉴定窗口建设工作，组织人员对金融机构发行器具开展现场检查。认真抓好货币金银反假系统运行工作，指导督促辖内金融机构开展反假系统信息上报工作。开展人民币收付及反假检查，对辖内7家金融机构的10家营业网点进行现场检查，督促金融机构认真整改。2016年，共收缴辖内金融机构上缴的假币759张，面值金额59970元。做好纪念币的发行工作，多次召集金融机构负责人召开工作会议，制定详细的发行工作方案，组织人员进行现场巡查，圆满完成2016年纪念币发行任务。

【外汇管理和服务】 做好外汇管理与服务工作，为辖内涉外企业提供金融服务，对21家企业存量权益申报人员进行培训，督促、引导、审核21家外商投资企业完成上年度存量权益登记工作。截至2016年年末，登记备案的涉外企业总计113家，其中外商投资企业21家，当年新增登记6家，完成辅导期管理企业8家。另办理外债登记7笔，累计引入外债资金1300万美元，2016年新引进250万元美元。运用各种非现场监管工具，对有关指标阈值异常企业进行跟踪监测，监测辖内涉外企业进出口贸易的交易内容、交易对手、结售汇购付汇资金规模流向，全年处理异常信息记录198条，作出分析记录结论158条，恢复正常188条。对全椒工行、全椒建行2015年国际收支申报业务进行现场核查。2016年，辖内113家涉外企业完成进出口总额共10987.3万美元，其中出口8805.5万美元，进口2181.8万美元。本期内，收汇总额6696.7万美元，付汇总额1854.8万美元，结汇总额5372.4万美元，购汇总额1446.6万美元。

（人民银行全椒县支行）

中国农业发展银行全椒县支行

【概况】 1996年12月6日，中国农业发展银行全椒县支行组建成立，1997年1月1日，正式挂牌对外营业。中国农业发展银行全椒县支行成立后，组织机构逐步完善，现设一室两部，即办公室、客户服务部、会计结算部。至2016年年底，全行共有职工23人，其中具有大专以上学历21人，获得中级职称3人。领导班子成员：秦启松行长，黄德义，副行长。

全行以支持确保国家粮食安全和城乡发展一体化为根本任务，实施“两轮驱动”业务发展战略：以发展粮棉油收储为核心的全产业链信贷业务为一轮、以发展农业农村基础设施建设、重点建设基金、易地扶贫搬迁、棚户区改造等为重点的中长期政策性信贷业务为一轮，对地方农业农村经济发展发挥积极作用。2016年，农业发展银行全椒县支行贷款余额为102844万元，存款余额为46177万元。

【功能任务】 中国农业发展银行是直属国务院领导的中华人民共和国唯一的一家农业政策性银行，主要功能为忠实体现国家支农意图，以国家信用为基础，筹措、归集支农资金，服务国家战略，承担国家确定的农业农村金融业务，按现代银行体制机制运作，专门为“三农”提供综合金融服务。

【业务范围】 主要业务范围是办理粮食、棉花、油料收购、储备、调销贷款。办理肉类、食糖、烟叶、羊毛、化肥等专项储备贷款。办理粮食、棉花、油料加工企业和农、林、牧、副、渔业的产业化龙头企业贷款。办理粮食、棉花、油料种子贷款。办理粮食仓储设施及棉花企业技术设备改造贷款。办理农业小企业贷款和农业科技贷款。办理农业基础设施建设贷款。支持范围限于农村路网、电网、水网（包括饮水工程）、信息网（邮政、电信）建设，农村能源和环境设施建设。办理农业综合开发贷款。支持范围限于农田水利基本建设、农业技术服务体系和农村流通体系建设。办理农业生产资料贷款。支持范围限于农业生产资料的流通和销售环节。农发重点基金建设贷款。易地扶贫搬迁贷款。棚户区改造贷款。代理财政支农资金的拨付。办理业务范围内企事业单位的存款及协议存款、同业存款等业务。办理开户企事业单位结算。发行金融债券。资金交易业务。办理代理保险、代理资金结算、代收代付等中间业务。办理粮棉油政策性贷款企业进出口贸易项下的国际结算业务以及与国际业务相配套的外汇存款、外汇汇款、同业外汇拆借、代客外汇买卖和结汇、售汇业务。办理经国务院或中国银行业监督管理委员会批准的其他业务。办理投资业务。

【信贷支农】 2016年，夏季和秋季收购继续启动托市价预案，累计支持全椒片区委托收储点收购最低价粮食116384万吨，其中最低价小麦17514吨(全椒大墅省级粮食储备库各收储点2461吨,全椒直属库租仓企业15053吨),最低价稻谷98870吨(全椒大墅省级粮食储备库各收储点15603吨,全椒直属库租仓企业83267吨);2016年收购资金的汇划方式产生大的变化,由直属库的汇划中心直接打入农户的银行卡,确保资金及时到位,保证全椒县小麦和稻谷的收购,保障农民售粮款及时发放,使收购得以平稳有序的进行。截至2016年12月底,全椒县片区委托收储点库存为70.8万吨,其中中央储备粮11.6万吨(中央储备粮小麦3.1万吨。中央储备粮稻谷8.5万吨),最低价粮食收购库存为59万吨(最低价小麦3.5万吨,最低价稻谷55.5万吨)。同时,县支行积极支持各级储备建设,向全椒大墅省级储备库发放省级储备粮轮换贷款1080万元,支持收购省级储备粮小麦4500吨;县级储备粮轮换贷款840万元,支持收购县级储备粮稻谷3000吨;地方临时调控粮贷款431.35万元,支持收购地方临时调控小麦2000吨。随着农发行业务的快速发展,农业发展银行全椒县支行积极加大与地方政府、公司类客户、财政局、土地局的协调和配合。加大对农业农村基础设施贷款的营销力度。2016年县支行成功营销公司类项目贷款15亿元,其中全椒县美好乡村建设投资有限公司全椒县城东片区域城镇化项目7.5亿元;全椒县恒泰城乡投资发展有限公司全椒县2016年改善农村人居环境建设项目4.4亿元,全椒县化肥厂等四个地块城中村棚户区改造项目3.1亿元;2016年全椒县城东片区域城镇化项目已发放贷款1.097亿元,已审批未发放贷款为13.903亿元。

【自身建设】 在强化支农职能的同时,本行十分重视加强自身建设,强化内部管理,在党建、廉政建设、精神文明建设、法治建设、规范化服务和干部职工队伍素质等方面都取得长足的进步。2006年被中国农业发展银行安徽省分行表彰为“先进基层党组织”,被安徽省银行业协会授予“文明规范服务示范单位”称号,2009年度被安徽省粮食清仓查库领导小组授予“先进单位”称号,被全椒县县委授予“滁全路全椒段工程建设先进单位”称号。2010年被全椒县县委综合治理办公室评为“社会治安综合治理先进单位”。2012年安徽省农发行绩效考核“十大进步行”。2014年安徽省农发行绩效考核“十大进步行”。2016年度安徽省分行信贷管理年先进单位。

(中国农业发展银行全椒县支行)

中国工商银行全椒支行

【概况】 2016年,中国工商银行股份有限公司全椒支行有营业网点两个,分别为全椒支行营业室和全椒南屏支行;离行式自助银行三个,分别为吴敬梓路自助银行、儒林路自助银行、南岳东路自助银行。内设机构三个,分别为综合管理部、综合业务部、零售业务部;全行共有在职员工46人。2016年,全椒支行在县委、县政府和上级行的正确领导下,积极应对复杂的经济金融形势,大力支持地方经济发展,抢抓企业发展机遇,持续推进经营转型,经营管理不断迈上新台阶。

中国工商银行全椒支行领导班子:周永龙,党支部书记、行长;王四琴,支部委员、副行长;潘国龙,支部委员、纪检监察员。

【支持地方经济发展】 2016年,工行全椒支行领导班子把支持地方经济发展,推动支行各项业务发展作为主要工作目标,积极开展各种业务和产品营销,努力打造一流的、群众满意的精品新县行。2016年全椒支行本外币各项贷款余额149428万元,比年初增长13262万元;全年累计办理票据贴现22500万元,进一步支持地方经济的发展;各项存款余额167685万元,较年初增长13231万元,连续三年贷款增长超过存款增长,存贷比提高到89%。各项业务全面发展,2016年荣获工行安徽省分行15年无案件防范先进单位、“职工书屋”示范点、中间业务考核优胜县支行、全椒县“双拥”模范单位称号。

【创先争优】 开展提升窗口服务形象活动,进一步加强柜面服务,为客户提供优质、满意的金融服务。加强服务建设,积极开展“服务面貌提升整治季”活动,全面提升本行网点的服务环境和客户服务质量,增强网点竞争力。开展客户自助设备大赛活动,推动客户选择自助办理业务，促进离柜业务开展，让客户有更加方便、快捷的金融服务体验。

【文明创建】 加强文明创建工作，积极履行社会责任。积极组织参加文明交通志愿者活动；积极开展“道德讲堂”、设立“身边好人榜”、参加无偿献血、植树造林、扶贫助困、美好乡村建设、中国好人评选、文明县城创建、法治教育和普及金融知识宣传、向困难职工捐款活动等工作。积极协助农民工工资清欠、金融社保卡发放、交通安全信息卡、预售房资金监管等政府推动工作的开展。

（中国工行银行全椒支行）

中国建设银行全椒支行

【概况】 2016年，中国建设银行全椒支行（以下简称全椒建行）在职员工37人，其中男职工17人，女职工20人，党员15人。单位内设一部（客户部），下设3个网点。

【业务指标】 2016年，全椒建行认真贯彻总、分行工作会议精神，在市分行党委的正确领导下，继续发扬“坚忍不拔砥砺前行”的精神，明确经营定位，团结一致，积极开拓市场，在坚持规范经营、防范风险的前提下，以发展为主线，以利润为目标，以高品质、专业化服务为手段，积极扩展市场、创新产品、培育客户，实现各项业务的全面、快速增长。存款情况：截至2016年12月末，全椒建行一般性存款余额178037万元，比年初增加14468万元，其中对公存款余额77078万元，比年初增加7223万元；个人存款余额100959万元，比年初新增7245万元。贷款情况：截至2016年12月末，全椒建行各项贷款余额211085万元，比年初增长10243万元。其中个人贷款余额120740万元，比年初新增18840万元。中间业务收入：截至2016年12月末，全椒建行中间业务收入607万元。

【支持地方经济建设】 加大信贷投放，积极支持地方经济建设。全椒建行继续以支持地方企业发展和地方经济建设为主线，积极加强与县委、县政府及县直有关部门的沟通，及时掌握招商信息和动态，对招商引资企业的营销从源头做起。以全柴集团为依托，以与全柴集团配套的小企业为切入点并向其他行业延伸。以全椒经济开发区为重心，以园区企业为对象，营销具有发展潜力的中小企业。继续加强与储备项目等企业的沟通、联系，了解、帮助企业解决有关贷款前期条件，促进相关贷款条件的落实。面对经济下行、区域制造业低迷等诸多影响，支行积极转变小企业营销措施和思路，依托“税易贷”等信用类贷款产品，分别与全椒县地方税务局、全椒县国家税务局签订《小微企业“税融通”业务合作协议》《“银税互动”项目合作框架协议》，通过税务部门提供的纳税优质企业名单，寻找优质拟贷客户，已完成新增3户“税易贷”客户数目标，解决企业融资难的困难。同时全椒建行积极向企业推广介绍代发工资业务、善融商城业务，提高企业工作效率，帮助企业在大数据时代中更好、更快、更准确地营销产品。存量客户维护方面，支行行长、分管行长、客户经理进一步加大对小企业的走访频率，及时了解企业生产经营现状，密切关注其经营、现金流等信息，同时了解企业对本银行服务及产品的满意度，提高本行服务质量。加大优质楼盘和项目的营销，取得较好的效果。积极加强与市分行相关部门的沟通，获得大力支持，进一步促进个贷业务持续、快速、健康发展，并带动个金、电子银行等业务的发展。个贷新增系统内排名第一。在发展业务的同时，加强资产质量管理。支行分管行长带领客户经理，进一步加强与相关房产商、不良贷款客户的沟通与联系，同时和律师事务所签订协议，协助收款。

【信用卡分期业务】 积极做好信用卡分期工作，随着居民个人消费热情日益增长，全椒建行为满足客户在消费、购车、装修、购买车位等消费需求，全椒建行推出个人信用卡分期业务，年限长、利率低。2016年，共发放6300万个人信用卡分期消费贷款。

【贷款压缩】 全力以赴做好不良及逾期贷款压缩工作，继续加大不良贷款的催收处置化解工作，通过建行滁州市分行和全椒支行的共同努力，成功压缩不良贷款12900万元，打包批量转让不良贷款1984.64万元，从而极大地提高全椒建行信贷管理质量。

【党建工作】 积极开展党建工作，以党建业务促进业务发展，支行按照“三会一课、两学一做”具体要求，根据“三亮、六有、八上墙”的精神，按时开展党员活动，带领全行员工学习党章、党规、党纪，落实好“两个责任”，努力发挥基层支部战斗堡垒作用和党员先锋模范带头作用，全椒建行郭万霞获市分行优秀党员称号。

（中国建设银行全椒支行）

中国农业银行全椒支行

【概述】 中国农业银行全椒县支行（以下简称全椒农行）内设综合管理部、财会运营部、客户部、风险管理部、委托资产经营部5个部门，下设支行营业部、新华分理处、古河分理处、二郎分理处、建南建南和新南分理处6个对外营业网点，现有干部职工90人。2016年，全椒支行在市分行党委以及全椒县委、县政府的正确领导下，全椒农行以党建工作为统领以县域行动计划为抓手，以改革创新为动力，以从严治行为保障，创新推出农民安家贷、汽车分期等一批特色产品，支持实体、服务三农的成效得到社会各界的高度评价。中国农业银行全椒县支行领导班子：行长：丁必响；副行长：黄立强吴宫军夏施恒。

【经营指标】 存款情况。截至12月底，各项存款余额17.6亿元（含同业），较年初增加28322万元。贷款稳步增加。各项贷款余额9.62亿元，较年初增加2.19亿元。其中个人贷款余额5.25亿元，较年初增加11387万元；法人贷款余额4.38亿元，较年初增加10522万元。支持新型农业经营主体家庭农场的发展，本年度发放11户家庭农场保证保险贷款235万元。中间业务快速发展。中间业务收入845万元。

【基层建设】 全椒农行新营业服务用房位于慈济路和万利路交叉口，计划于2017年4月投入使用。新迁址营业的全椒农行新南分理处营业面积达450平方米，各类自助设备齐全，功能分区完善。

【内部管理】 农业银行全椒县支行根据党风廉政建设和反腐败工作意见认真开展党风廉政建设和反腐败工作检查，坚持把党风廉政建设责任制作为推进反腐倡廉工作的基础制度和有力抓手，支行与网点和部门签订《党风廉政建设责任书》，落实领导干部“一岗双责”。业务经营活动中，加强内部控制管理，防范案件风险，全年无事故。

（中国农业银行全椒支行）

中国银行全椒支行

【概况】 截至2016年年末，中国银行全椒支行共有机构：综合管理部、业务发展部、营业部和儒林路支行；职工人数42人（含退休）。

【经营范围】 办理人民币存款、贷款、结算业务，票据贴现；代理发行金融债券和代理兑付、销售政府债券；买卖政府债券；提供信用证服务及担保；代理收付款项及代理保险业务；保管箱业务；外汇存款、外汇贷款、外汇汇款、外币兑换、国际结算；外汇汇票的承兑和贴现；上级行授权的外汇借款；上级行授权的外汇担保；结汇、售汇；上级行授权的代客外汇买卖；外汇信用卡的发行；代理国外信用卡的发行及付款；上级行授权的发行、代理发行股票以外的外币有价证券；资信调查、查询、见证业务，经中国银行业监督机构批准的其他业务；个人黄金买卖业务。2016年开办“税融通”业务。

【经营成果】 截至2016年12月31日，中国银行全椒支行各项存款166227万元，较上年增加31477万元。人民币一般性存款余额164377万元，较上年新增34985万元，其中企业存款余额73852万元，较上年上升23957万元，余额份额29.53%，较上年上升2.63个百分点；储蓄存款余额90524万元，较上年上升11028万元，余额份额20.74%，较上年上升1.31个百分点；新增市场份额40.22%，较上年上升13.60个百分点，外汇各项存款余额265万美元，较上年增加73.64万美元，余额市场份额65.74%，新增市场份额59.67%。其中外币储蓄余额217万美元，较上年增加61万美元，余额市场份额85.27%，新增市场份额75.45%，外币企业存款余额48万美元,较上年增加12万美元,余额市场份额32.43%,新增市场份额29.33%,负债业务总体表现较好。截至2016年12月31日,中国银行全椒支行人民币各项贷款余额98305万元,较年初增长19633万元,余额份额17.71%,较上年增长1.66个百分点,新增份额30.18%,较上年增长43.13个百分点。

【银行业务】 中国银行全椒支行紧紧围绕"担当社会责任,做最好的银行"战略目标,继续按照"三比三看三提高"的工作方法,扎实推进"创新、转型、化解、管控"等重点工作,把防控风险放在更加重要的位置,防止风险扩散蔓延。积极支持地方经济建设,紧紧围绕总、分行战略部署,深入推进结构调整,提升金融服务能力,努力提高盈利能力和市场竞争力。业务品种包括公司金融服务:公司融资服务、贸易金融服务、公司金融市场服务、人民币结算服务、公司存款服务、养老金服务、公司银行服务、全球现金管理、全球公司金融、跨境人民币服务;个人金融服务:个人存款服务、出国金融、个人银行、个人贷款、惠民金融、个人理财、私人银行、个人汇兑、中银沪港通、个人结售汇;电子银行服务:个人网上银行、企业网上银行、手机银行、电话银行(95566)、ATM自助银行服务、个人自助终端结售汇服务以及各类银行卡服务。在个人金融业务方面,全椒中行以新的创新产品为纽带,不断提升客户服务质量,以高端客户为重点,大力拓展客户基础,加快服务模式转变,为维护客户存款利益,开发出"福民通2号"产品,增加客户的收益。提升全椒中行金融市场竞争力,人民币储蓄存款稳步增长,实现个人金融业务快速发展。截至2016年12月31日本外币储蓄存款余额9亿元;加大网点转型力度,积极推进客户经理下沉和对公客户领养工作,发挥客户经理、消贷经理职能,提升网点市场竞争力和综合效能,2015年推行客户经理下沉网点机制,全面提升网点盈利能力和市场竞争力;截至2016年年末企业存款余额7.3亿元;积极拓展个人人民币理财业务,致力于"中银理财"专业化建设,设立网点理财专柜,组建专业化理财队伍,向客户提供投资理财方案和投资理财系列产品等专业化服务,形成广泛覆盖、多层次的个人客户理财服务渠道。全椒中行理财产品:"积利金(贵金属积利业务)""中银创富""中银稳富""双向宝(个人保证金外汇买卖业务)",成功打造"日积月累"日计划、月计划等明星理财产品,针对不同的客户提供差异化的服务,本年度实现人民币理财销量1.7亿元;大力发展个人中间业务,中国银行个人中间业务包括:本外币汇款、个人结售汇、外币兑换、代理保险和基金业务、直客式分期、中银E贷、爱家分期、代收付业务等。个人结售汇和个人国际汇款业务是中国银行传统优势业务。中国银行不断扩大结售汇业务受理网点,加强与国际汇款公司的合作,增加外汇业务来源。进一步细分个人外汇业务市场,将众多的外汇产品整合为"一站式"服务,创建"中银汇兑"品牌。不断推广小微企业贷款模式,为中小企业提供资金支持,全面开展汽车按揭和二手房贷款业务,优化审批流程,创新管理模式,截至2016年年末,全椒中行净收入余额4112万元。

【业务发展】 2016年,中国银行全椒支行积极支持政府开展P2P项目,积极配合政府成功发行儒林2号融资产品,为当地政府募集建设资金5000万元。积极做好国开行棚改资金监管工作,为地方政府经济建设提供金融服务。积极做好全椒县第二自来水厂二期重点民生项目授信业务,借鉴其他行成功模式,加速贷款报批进度。2016年上半年完成全椒县第二水厂1.1亿元授信额度批复,为地方经济建设提供金融支持。积极做好社保卡的发放激活工作,安排专人负责。认真做好社保养老金代发业务,大力拓展新农合新农保、招标局、人社局、水利局等专项资金,努力扩大全椒中行行政事业单位客户群体,客户群取得明显提升。

【渠道服务】 2016年7月,在营业部设立智能化银行服务区,使客户体验电子化带来的便捷;2016年11月,在全椒县人民医院设立自助银行,为广大就医人员提供便捷的金融服务;2016年12月,在全椒县人民医院上线银医通项目,方便广大人民群众就医。

【风险管理】 中国银行全椒支

行遵循“适中型”的风险偏好，并按照“理性、稳健、审慎”的原则处理风险和收益的关系。中国银行全椒支行风险管理的目标是满足监管部门、存款人和其他利益相关者对银行稳健经营要求的前提下，在可接受的风险范围内，实现股东利益的最大化。

【内部控制】 中国银行全椒支行建立内部控制三道防线：全行各级机构、各业务管理部门和每个员工在承担业务发展任务的同时也承担内部控制的责任，是内部控制的第一道防线，通过自我评估、自我检查、自我整改、自我培训，实现自我控制。法律合规部门与业务条线部门负责统筹内部控制制度建设，指导、检查、监督和评估第一道防线的工作，是内部控制第二道防线。稽核部门负责通过系统化和规范化的方式，检查评价全行经营活动、风险管理、内部控制和公司治理的适当性和有效性，是内部控制的第三道防线。

【反洗钱】 中国银行于2001年成立反洗钱工作委员会，作为全行反洗钱工作的最高决策机构，境内外机构也相应成立反洗钱小组。制定《反洗钱和反恐怖融资政策》，建立较为完善的反洗钱制度体系和组织架构，反洗钱系统已初具规模，全面严格履行反洗钱义务。

【取得荣誉】 2016年全椒儒林路支行取得总行“赛马”“全国百家网点进位奖”。2016年全椒儒林路支行获得省行级“内控案防先进集体”三等奖以及市行级“内控案防先进集体”、“内控案防先进个人”一等奖。

【社会责任】 2016年借“正月十六走太平”活动，开展反洗钱及业务宣传；2016年3月12日，赴西王镇开展义务植树活动；2016年6月3日，支援抗洪防汛资金5000元；2016年6月18日，积极响应政府开展的全椒县第八届“爱心报刊”活动，订爱心书籍1152元；2016年9月，积极参加文明城市创建工作；2016年9月1日，开展金融知识宣传月活动，走进社区、老年大学宣传反假货币、反洗钱、非法集资、国家网络安全、征信、买卖银行卡和购买国债等金融知识；2016年10月21日，组织全行员工积极参加全椒妇联和扶贫办开展的“爱心一元捐”活动，捐款1110元；2016年12月6日，滁州分行赴二郎口镇古城村开展扶贫工作，送去扶贫资金3万元；2016年12月22日，响应全椒县委、县政府关于在全县开展送温暖献爱心捐款活动，共捐款4500元。2016年12月，为精准扶贫帮扶的贫困户送去慰问金8000元和慰问品，对帮扶的19户贫困户，成功实现6户脱贫。

（中国银行全椒支行）

全椒农村商业银行

【概况】 2016年是“十三五”规划的开局之年。全椒农村商业银行在安徽省农村信用社联合社的正确领导下，在全椒县委、县政府的重视和大力支持下，面对复杂多变的经济金融形势，进一步解放思想，迎难而上，围绕“抓发展、控风险、推改革、强素质、树形象”的总体目标，始终面向“三农”、面向中小企业、面向社区、面向县域经济的市场定位，以支持县域经济发展为重点，以增加收入为核心，以规范经营为基础，加大信贷投量，重点支持小微企业，强化普惠金融，优化客户结构，攻坚克难，真抓实干，全面落实各项工作目标，为促进县域经济发展做出积极贡献。

【业务发展】 存款再创新高。年末，全辖各项存款724424万元，较年初净增89506万元，增幅14.1%，较计划超29406万元，完成计划149%。贷款稳步增长。年末，各项贷款余额511568万元，较年初上升52366万元，增幅11.4%，贷占存比例70.62%。电子银行业务发展迅猛。年金农卡发行总量为31.74万张，较年初增加2.01万张，增长6.76%；金农卡发卡总量占全部结算账户比例为54.75%。全辖新投放存取款一体机37台，累计投放自动柜员机87台，占全部网点比例为223.07%。POS特约商户存量524户，投放POS机具597台。共计发生POS刷卡交易9.96万笔，金额8.07亿元。共发展网上银行客户1316户，较计划增加776户。短信签约客户数量128592户，较年初增加24202户，增长23.18%。发展手机银行客户15445户，较计划增加445户，存量客户数为44982户，累计发展社区e银行商户数194

户，注册用户数 7320 户，发行杜鹃公务卡 928 张，较年初新增发卡 687 张。利息收入保持稳步增长。年末，实现总收入 47070 万元，同比增加 1928 万元，增幅 4.1%，其中实现贷款利息收入 38717 万元，同比增加 807 万元，增幅 2.1%。抗风险能力进一步增强。年末，资本充足率 11.81%，其中核心一级资本充足率 10.7%，拨备覆盖率 158.08%，拨贷比例 5.56%。

【组织资金】 抓业务产品宣传。一是充分利用节假日期间创业人员返乡的营销旺季和农村大集镇的逢集之际，全行上下联动，强力推进业务产品宣传工作。通过向客户散发业务品种宣传折页、发放印有全椒农商行 LOGO 的纸杯、手提袋、围裙、雨伞、玻璃杯、春联等进行宣传；通过参加“走太平”、神山寺庙会等民俗活动助力宣传；通过出租车滚动字幕、印制公交站台喷绘宣传栏、高炮宣传栏进行宣传；通过全椒网等县域知名网站和全椒农商行微信公众号进行宣传。二是积极落实省联社、滁州银监分局、人民银行“金融知识万里行”“金融知识普及月”等活动要求，通过宣传大大提高全椒农商行的社会公信度和认知度。三是 2016 年在总结往年传统揽储吸存的工作思路上，更加重视电子银行业务的带动作用。加大各种卡和手机银行的宣传力度，利用“一元购”和省联社的积分兑换活动掀起抢办电子银行业务的高潮。同时，积极推广做好财政资金代收代付、电费交纳和新农保资金的代收代付业务，各乡镇支付服务环境得到进一步改善。抓金融服务。一是强化全员树立营销意识。利用客户的人脉关系，捕捉存款信息。二是综合服务方式，利用代发员工工资、POS 机发行、个人及企业网银、短信通知等电子银行产品增加客户的黏性。三是加强硬件服务。2016 年，全椒农商行对 16 个网点进行改造和维修，布放多媒体自助终端设备，让部分柜面业务由机器来取代。2016 年共计投放自助发卡机 26 台、自助回单机 7 台、多媒体自助终端 19 台，存取款一体机 37 台，并首次成立两个离行式自助网点。这些电子设备的投放有力地减轻柜面人员的压力，得到网点员工和广大客户的一致肯定。突出揽储重点。强化组织领导，将对公存款的吸收放在重要位置。一是有的放矢，重点是江海集团、华泰公司、乐顺置业、永盛房产、城市基础设施、财政社保资金户、财政国库支付中心等大户。2016 年国库支付中心，批量业务上线，极大地提高国库凭证办理速度。全椒农商行利用利率市场化政策，给予优惠利率，公关政府财政存款划入全椒农商行存定期存款；在 11 月，全椒农商行成功开具全椒农商行第一张电子承兑汇票，填补全椒农商行此项业务的空白。二是完善激励机制加大全员考核力度，总行班子在对客户资源进行全面分析的基础上，增强支行的压力和动力，促进全行员工责任意识和执行力的不断提升，举全行整体营销之力，形成“上下联动，你追我赶”的抓存揽储工作局面。

【优化信贷资产结构】 调整信贷投向，优化信贷资产结构。深入调研，加大对消费类贷款的投放，随着城乡差距的逐步缩小，居民收入的不断提高，消费类信贷将逐渐成为主体，年末，全椒农商行易贷卡发行张数 3558 张，较年初增加 2048 张；授信金额 93322 万元，较年初增加 46748 万元；用信金额 63927 万元，较年初增加 31492 万元。多措并举，全力支持“三农”和中小微。加大对新型农业经营主体的信贷支持，根据家庭农场等新型经营主体融资需求特点，全椒农商行及时制定贷款相关管理办法，对家庭农场等新型经营主体贷款要素做针对性的创新。例如在贷款用途上，除了满足客户购买农业生产资料等流动性资金需求，还可以用于农田基本设施建设和支付土地流转费用。根据客户经营类型和资金用途的不同，基于客户现金流的特点设定更加科学灵活、符合实际的贷款约期和还款方式。另外，还要求对家庭农场等新型经营主体客户可参考当地市场利率水平适度优惠，减轻客户财务负担，同时要求各支行调整贷款投放计划，优先保证家庭农场等新型经营主体的融资需求。至 12 月末全椒农商行发放各种形式的合作社贷款 2155 万元，种养大户贷款 4129 万元，龙业产业化龙头企业 17389 万元，家庭农场 762 万元。加大对小微企业的信贷支持。一是年末小微企业贷款较年初增加 43222 万元，年末余额为 403404 万元，增幅为 12%，超各项贷款增幅 0.6 个百分点；小微企业户数为2326户，较上年同期多130户；小微企业申贷获得率为100%，和上年同期持平，小微企业实现“三个不低于”的目标。二是为着力解决小微企业“倒贷”（借助外部高成本搭桥资金续借贷款）问题，降低小微企业融资成本，推动小微企业健康发展，至12月末全椒农商行共计对184户小微企业开展续贷业务，金额达119285万元。三是大力推广“4321”政银担新型担保方式，缓解小微企业因抵质押物匮乏造成融资难的困境，年末，全椒农商行共计发放银政担贷款144笔，金额39980万元，较年初增加27845万元。

【“普惠”金融】　切实履行社会责任，大力发展“普惠”金融。作为服务县域经济的地方性银行，发展“普惠”金融是全椒农商行义不容辞的责任。2016年全椒农商行积极与当地政府对接，主动承担道德信贷、扶贫贷款、创业担保贷款的发放工作，为县域经济的发展贡献一份力量，提高全椒农商行在当地的社会形象。至2016年年末，全椒农商行共计发放道德信贷10611万元、扶贫贷款1306.6万元、创业担保贷款3030万元。同时为了更加做好金融精准扶贫工作，全椒农商行与当地政府及企业加强沟通协作，通过“银企+贫困户”合作模式来带动贫困户脱贫。具体措施：对贫困户发放贷款，企业可以吸纳贫困户的这部分资金入股，每年给予贫困户分红，以此提供贫困户一项收入来源，来带动贫困户脱贫。至12月末全椒农商行以“银企+贫困户”合作模式发放扶贫贷款172户，金额860万元。

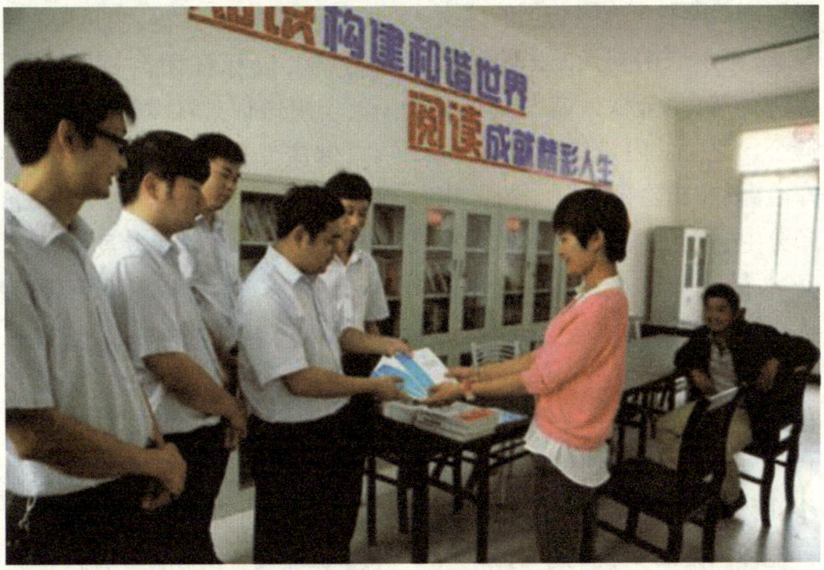

全椒农商银行送金融书籍至村委会

【企业文化】　坚持循序渐进，稳步推进企业文化建设。一是开展一系列演讲、竞赛活动。为弘扬“五四”精神，纪念“五四”运动97周年，激发全行青年员工爱国爱行热情，努力创造一流的工作业绩，推动全行稳健快速科学发展。5月4日组织30名优秀员工参加“庆五四”青年演讲比赛；6月18日，举办纪念中国共产党成立95周年“两学一做”主题演讲；6月19日组织举办纪念中国共产党成立95周年“两学一做”知识竞赛；10月28日，组织开展大学生员工座谈会，广泛收集对农商行健康稳健发展的合理化意见和建议。二是开展亲情文化建设。采取多种形式开展亲情活动。对离退休职工去世或员工直系亲属去世，主动上门慰问，送去关爱；对员工本人生病住院，上门看望；对员工家庭发生的其他重大事情，总行主动关心，组织人员帮助处理有关事宜。三是开展为职工办实事活动。深入开展“送温暖”活动，多为困难职工办实事、办好事。经常走访困难职工家庭，了解他们的生活情况，采取有针对性的办法有效解决他们的实际困难，酌情给予困难补助。对遭受突发事件影响的员工积极送温暖。抓好“小食堂”建设，解决职工的后顾之忧。订购各类书籍、报刊杂志，供职工学习和休闲。

（全椒农商行　杨勇）

中国人寿全椒支公司

【概况】　中国人寿保险公司成立于1949年10月，是国内最大的一家国有独资控股寿险公司。公司于2003年12月17日、18日和2009年1月9日分别在纽约、香港和上海三地上市，成为国内首家“三地上市”的金融保险企业。公司自上市以来已连续11年入选《财富》“全球500强”企业，2016年度排名已升至第54

位。公司机构遍布全国36个省市自治区，拥有从业人员80多万人，为广大群众提供人身保险保障。中国人寿全椒支公司是中国人寿保险公司在滁州的分支机构。公司自1996年产、寿险分业经营以来，始终坚持“稳健经营，开拓创新”的经营思路，业务发展一步一个脚印，一直是本地寿险市场的引领者，截至2016年12月31日，公司业务总规模8800万元，市场份额40%。公司共有在职员工22人（含劳务派遣员工1人），保险代理人及客户经理262人，内设经理室、综合管理部、客户服务中心、个险销售部、银邮保险部、团体业务部6个管理及业务部门。为更好服务于客户，经保监会批准，公司还分别在武岗镇、二郎口镇、古河镇、大墅镇、马厂镇、六镇镇设立农村保险营销服务部，在各家商业银行设立保险代理网点13个，形成遍布城乡的集保险宣传、投保、理赔为一体的专业化服务网络。

【经营宗旨】 坚持“成己为人，成人达己”的经营理念，遵循“诚信本，稳健经营”的经营方针，以市场为导向，以经济利益为中心，努力提高经营水平，促进公司持续健康发展，切实保障公司、员工和股东利益。

【经营范围】 公司经营范围包括：人寿保险、健康保险、意外伤害保险等各类人身保险业务；人身保险的在保险业务；国家法律、法规允许或国务院批准的资金运用业务；各类人身保险服务、咨询和代理业务。

【经营成果】 截至2016年末，保费规模8800万元，拥有长期性保单4万多份，为全县20万多人提供近50亿元的保险保障。2016年共支付各类赔款660多万元，期满给付及养老金6850多万元。

【社会公益】 截至2016年年末，开展各类公益活动10多次，各类捐助3万多元。

（中国人寿全椒支公司）

中国财险全椒支公司

【概况】 中国人民财产保险股份有限公司全椒支公司是中国人民财产保险股份有限公司的分支机构，秉承原中国人民保险公司品牌优势，是全椒县域大型非寿险公司之一。内设综合财务部、车险部、非车险部、理赔分部、出单分中心，下辖古河办事处；现有正式员工25人，聘用人员3人，其中出单分中心5人，理赔分部5人，以及50多人的营销队伍，公司拥有1700多平方米的现代化办公大楼，内部组织设施齐全、职工队伍精干。公司业务经营险种已发展到机动车辆保险、企业财产保险、责任保险、货运险、信用保险、农业保险、涉外保险以及短期人身意外险和健康险，有直销、个人代理、兼业代理、电话营销和网络营销等方式。公司以“做人民满意的保险公司”为宗旨，一如既往为全椒经济发展保驾护航。

【经营情况】 围绕“稳健经营、以效益为中心”，依法合规经营。保费收入4757.5万元，比上年同期增长26%。全年共支付各类案件赔款1857.26万元，对一些损失惨重，社会影响大的重大灾害事故，公司反应迅速，理赔及时，在稳定企业经营、安定人民生活方面发挥重要作用，受到广大保户和社会各界的普遍赞誉，全年上缴国家及地方税收486余万元，有力地支持地方经济建设。

【企业文化】 加强内部管理，坚持“以人为本、诚信服务、价值至上、永续经营”经营理念，贯彻落实“促发展、保效益、防风险”经营方针，以标杆团队建设为重点，突出培训，强化增员，稳扎稳打，健康发展，管理一步一个脚印，成绩一步一个台阶。在开展深入学习实践科学发展观活动中，把着力点放在学习能力、服务能力和创新能力的建设上，进一步深化发展思路，完善发展举措，拓展保险服务的覆盖面，提升管理水平，提高队伍素质，增强盈利能力，促进公司科学发展，把人保财险全椒支公司向一流的产险公司、精品公司的方向推进一大步。

（中国财险全椒支公司）

商贸旅游

- 商业
- 供销合作经济
- 烟草专卖
- 盐务
- 旅游

商　业

【概况】 2016年，商务局在县委、县政府的正确领导下，在上级业务主管部门的精心指导下，紧紧围绕全县经济发展总目标，扎实推进工作，真抓实干，开拓创新，加强市场建设和监管，提升流通服务水平，挖掘进出口潜力，强力推进招商引资，努力促进商务工作平稳健康发展，为推进全椒县经济社会又好又快发展做出应有贡献。

【社会消费品零售总额】 2016年全县实际完成社会消费品零售总额58.1亿元，完成全年目标任务，增幅为12.7%。全市增幅排名第三。

【外贸进出口总额】 2016年全县累计完成进出口11053.16万美元，同比增长78.02%，全市总量排名第3位，增速排名第1位。

【实际利用外商直接投资】 2016年全县利用外资累计完成10149万美元，同比增长8.1%，全市综合排名第2位。

【电子商务工作】 2016年全年实现电商交易额2.5亿元。全椒县已建立起较为完善的电子商务运营体系。全椒“卖货郎”、邮政“邮乐购”、“每天惠”、“乐村淘”已经上线运营，电商村级服务站已布点165个，实现贫困村全覆盖、行政村全覆盖。颐高产业园已于20多家企业签订意向协议。全椒县电子商务协会也已成立，全年累计组织电商培训场次13次，人次达3000余次。

【对外投资】 2016年旭能光伏对泰国分公司增资200万美元用于扩建，超额完成对外投资100万美元的目标任务。

【电商扶贫工作】 2016年10月，联合县扶贫办和全椒邮政公司签订协议，在全县9个贫困村建立“邮乐购”电商服务站点，10月下旬完成9个站选点，并对贫困人员进行电商技能实操培训，9个站都已投入使用，运营状况良好。

【化肥厂片区棚户区改造】 根据县政府统一安排，县商务局率先完成9户拆迁工作任务，并得到县效能办通报表彰（全效办〔2016〕17号）。

【安全生产工作】 一是成立商务局安全生产工作领导小组；二是制定局领导安全生产包保方案及《2016年全椒县商务局安全生产工作要点》，定期召开安全生产形势分析会，定期组织企业员工安全知识培训，定期组织消防器材操作培训和应急疏散演练。2016年，全县商务领域未出现重大安全生产事故。

【商务行政管理和执法工作】 认真贯彻执行《成品油市场管理办法》《酒类流通管理办法》《中华人民共和国拍卖法》《典当管理办法》《二手车流通管理办法》《再生资源回收管理办法》等法律法规，强化成品油市场管理，依据法律法规，加强对典当、拍卖、二手车、酒类备案、成品油、餐饮住宿、报废汽车回收、再生资源回收等行业的监督管理；建立和完善重要生活必需品、生产资料和重点流通企业监测、管理体系。严厉打击侵权假冒，规范商业预付卡管理，积极参与并主动开展安全生产、食品安全联合执法，净化消费环境。

【工作成效】 内贸经济平稳发展。社区电商店和村级电商服务站迅猛发展，农家店和直营店星罗棋布，商贸限上企业逐年增加，“双百”促销活动不断涌现，“五放心”体系建设惠及全县人民，物流快递业服务千家万户，消费购物环境得到改善，社会消费品零售总额稳健提升。外向型经济健康发展。进出口总额、利用外资持续增长，外贸进出口实绩企业和进出口获权企业逐年增加，骨干外贸进出口企业基本形成，外贸产品特点逐步显现，对外投资力度加强，经济外向度逐步提高。商务经济发展环境逐步改善。各级领导和部门对发展商务的认识大幅度提高，支持商贸限上企业和外贸进出口企业发展的政策性文件得到贯彻实施。商务执法领域逐步拓宽，行业监管得到加强。酒类流通和再生资源回收等备案率达95%、90%以上，农贸、商场、超市等市场食品安全，成品油市场、人员密集场所生产安全平稳，二手车交易、拍卖典当、单用途预付卡等行业规范经营。各项工作齐头并进。信访工作、社会管理综合治理、文明创建工作稳步推进，党建和党风廉政建设得到加强，机关行政效能建设得到提高，各项工作全面发展。

（县商务局）

供销合作经济

【概况】 2016年，县供销社在县委、县政府坚强领导和市供销社的正确指导下，坚持以科学发展观总揽全局，认真贯彻落实中共十八大和中共十八届三中、四中、五中和六中全会精神，紧紧围绕县域经济发展大局、市供销社工作部署、县委“六个全椒”建设的战略部署和县供销社年度目标任务，以综合改革为突破口，开拓与稳定并举、发展与服务并重，坚持为农服务的宗旨，扎实有序地推进各项工作。2016年全系统实现销售20.36亿元，实现利润2627.88万元，所有者权益10594.15万元，三项指标均超额完成市社下达任务。

【综合改革】 2016年是供销社综合改革深入推进年，县供销社着力做好做实三项工作。一是成立组织，加强领导。为扎实推进供销社综合改革工作，县供销社成立以党组书记、主任王波为组长，其他三名党组成员为副组长，县社机关各股室负责人及社属企业负责人为成员的县供销社综合改革领导小组。二是认真拟订《全椒县供销合作社综合改革实施方案（送审稿）》。通过召开专题会议、组织研讨、开展专题调研等多种形式，着力摸清社情，立足于本县本社实际，找准改革契入点，为制定县供销社综合改革实施方案提供有力支撑。依据《中共安徽省委安徽省人民政府关于深化供销合作社综合改革的实施意见》（皖发〔2015〕25号）和《中共滁州市委　滁州市人民政府关于深化供销合作社综合改革的实施意见》（滁发〔2016〕13号），县供销社拟订出《全椒县供销合作社综合改革实施方案（送审稿）》提交县委、县政府审议，送审稿已于2016年10月9日县委常委会上讨论通过。三是本着“不等不靠、提前谋划”原则，县供销社出台《全椒县供销合作社深化改革试点方案》，并按该方案稳步推进改革试点工作。

【招商引资】 一直以来，县供销社始终把招商引资工作作为推动全县经济发展的重要任务切实抓好抓实。2016年，县供销社强力推进招商引资项目——荒草圩农耕文化庄园建设，建设面积达300余亩，投入资金8028万元，将其打造为集餐饮、休闲、娱乐、旅游、观赏、采摘于一体的苏州园林式休闲观光的农耕文化庄园，该园已于2016年12月10日正式对外营业。

【“新网工程”建设】 县供销社始终把“新网工程”建设作为服务“三农”、参与新农村建设的重要抓手，科学规划，精心组织，扎实推进。一方面，始终坚持立足于“美好乡村”建设和专业合作社的发展，在全县范围内进行合理布点，全力扶持和发展农村专业合作社建设，支持农民从事养殖、种植项目，积极参办、领办专业合作社46个。另一方面，向上级积极争取“新网工程”项目资金。2016年，成功申报一个省级新农村现代流通服务网络工程项目（辉隆现代示范区“新网工程”项目），争取到省级项目资金30万元。为顺应“互联网+”快速发展新趋势，实现传统经营方式与互联网融合对接，县供销社充分利用“一网多用”，积极推进电子商务进社区、进农村，与卖货郎电子商务有限公司合作，在全县大部分村、镇设点，进一步完善基层服务体系，拓展服务“三农”功能。

【基层供销社改革】 2016年，县供销社又新增注册基层社2家，分别为古河、襄河供销社有限公司，已新建基层社6家。旨在通过新建基层社，不断强化与农民的联合与合作，充分发挥供销社服务“三农”的职能，打通为农服务的“最后一公里”。

【获奖情况】 2017年2月，全椒县供销社荣获2016年度全市供销系统综合考核先进单位二等奖。2017年1月，全椒县供销社被评为2016年度双拥模范单位。2016年12月，全椒县供销社被评为2016年度县级文明单位。

（县供销社）

烟草专卖

【概况】 2016年是“十三五”开局之年，也是“稳销量去库存调状态”的攻坚之年。面对行业发展的新形势、新常态，全椒县局（营销部）按照市局（公司）党组年初确定的总体思路和工作目标，认真贯彻落实中共十八届三中、四中、五中、六中全会精神和习总书记系列讲话精神，坚持全面从严治党，以“两学一做”学习教育为契约，紧紧抓住“三大效益点”，牢牢把握“四个发力点”，切实做到创新管理实现新突破，工作作风实现新转变，全力打造“忠诚干净担当”队伍，全年各项工作持续保持健康稳定发展新态势。

【党建工作】 以党建促任务、以活动树形象。从严加强思想政治建设，落细落实“两学一做”学习教育。根据市局（公司）党建工作方案和单位实际，县局（营销部）认真制定计划，编制年度党建工作要点，认真落实阶段性工作安排，为全年党建工作开展夯实基础。组织开展系列学习活动。按市局（公司）计划开展“三讲一谈”学习、落实“三会一课”制度、党组中心组学习（扩大）会议，严格考勤考纪，做好痕迹化资料收集整理工作。每位员工每月结合会议内容撰写一篇学习心得，并将优秀文章发表在“学习园地”栏目。组织全体员工围绕“两学一做”学习教育三个专题、“忠诚干净担当”，开展“三珍三干”大讨论及“讲看齐、见行动”两次学习讨论开展专题研讨，夯实学习基础。积极“走出去”，组织人员参加市、县直工委“两学一做”微党课宣讲，在市县两级直属单位共宣讲7场，获得一致好评。创新载体，通过全椒烟草微信群及公众号平台推送等方式，不定期发布党建知识及“两学一做”系列短片、漫画、故事等内容，以飨员工。“七·一”前夕，组织开展建党95周年及“永远跟党走·徽映夕阳红”主题系列活动。拓宽触角，使党建工作向客户延伸。通过建立党员客户花名册、召开座谈交流会、开展结对互助活动、配挂党徽亮明身份、开展亲情帮扶等活动，充分发挥“党员示范户”的引领作用。打造党员活动新阵地。根据省局（公司）党员活动室建设标准，结合县局实际，完成党员活动室建设工作，促党建工作再上新台阶。加强廉政建设，组织党员干部到全椒县新建成的党风廉政教育基地参观学习，观看《永远在路上》系列专题片等，接受反腐倡廉警示教育。着力基层党建工作，充分发挥战斗堡垒作用。按时召开党支部换届选举大会，采取无记名投票方式和差额选举办法产生新一届支部委员会，明确组织机构。做好台账，明确标准，做好党员积分制管理工作。2016年，县局党支部被省局（公司）授予“2015—2016年度先进基层党组织”称号，党支部书记高琳琳被授予“优秀党务工作者”称号，4名同志被授予“优秀共产党员”称号。

【社会公益】 开展社会公益和志愿服务活动。一是主动联系结对帮扶村，成立精准扶贫专项工作领导小组，多次深入大墅镇肥全村开展结对扶贫助困工作，并与村委会共同商讨制定一对一、有针对性地帮扶措施和脱贫计划，确保扶贫脱贫扶到点上。同时县局工会自发组织开展“爱心一元捐”“送温暖、献爱心”捐赠衣物活动，累计捐款3000余元，羽绒服、外套等108件，帮助肥全村的贫困家庭。积极响应县政府号召，组织开展“送温暖、献爱心”公益捐款活动，共筹得善款6500元。全年累计个人捐款9500元；二是积极组建“徽映”文明志愿服务队，加入县文明志愿服务队伍，开展诸如文明交通劝导、包保路段街道清扫、平安建设综合治理、三联三增、植树造林、微心愿认领、捐赠活动、义务献血、抗洪救灾等形式多样、便民利民的志愿服务活动，单位全年实现捐款38000元左右，树立良好的责任烟草形象。

【经营指标】 坚持“一稳定三确保”，促进经济运行质量再提升。2016年，共销售卷烟12087箱，较2015年同期13822箱减少1735箱，减幅为12.55%。实现销售收入44700万元，较2015年同期46744万元，减少2044万元，减幅为4.37%。实现毛利11389万元，较2015年同期11202万元，增加187万元，增幅为1.67%。单箱毛利9472元/箱，较2015年同期8105元/箱，增加1367元/箱，增幅为16.87%。单条均价147.93元/条，较2015年同期135.28元/条，增长12.65元/条，增幅为9.35%。“黄山”品牌销售5946箱，占总销量的49.19%，较2015年同期6983箱，减少1037箱，减幅为14.85%。黄山三类以上卷烟销售5279箱，较2015年同期

5951箱,减少672箱,减幅为11.29%。省内烟销售6155箱,占总销量的50.92%,较2015年同期7229箱减少1074箱,减幅为14.85%。细支烟销售111.64箱,占总销量的0.92%,较2015年同期57.05箱增加54.59箱,增幅为95.69%。2016年实现税金2008万元,2015年实现税金2030万元,同比下降22万元,降幅为1%;2016年实际缴纳税2285万,2015年实际缴纳税1880万元,同比增长405万,增长率为22%。

【开展“消费者在哪里,我们就到哪里”活动】 认真组织开展“消费者在哪里,我们就到哪里”主题营销活动,努力寻找消费潜力,激发市场消费活力。活动期间,按照动员部署、全面推进、总结提升三个步骤开展,重点开展“我是一线营销人员”工作体验活动、“走基层、访终端、进农村”市场调研活动、“营销创新,我们在践行”活动、“向不规范营销行为说不”自查自纠活动等五项活动。同时积极开展“夯基础、调状态”百日攻坚活动,以市场“由我所管、由我所控、由我所供”为目标,分“三步走”夯基础、调状态、上水平,短期百日攻坚集中整治基础工作,中期建立夯基础长效机制,长期提升研究、服务、引导市场三种能力,争评标杆谋转型。

【细支烟规格选定】 积极做好选定细支烟规格的推进工作。制定2016年细支烟培育方案,成立细支烟工作领导小组,重点对选定的五个规格细支烟(南京(炫赫门)97S硬盒、黄山(中国画细支)97S硬盒、娇子(X)硬盒、黄金叶(爱尚)97S硬盒、红塔山(细支传奇)100S硬盒)进行任务分解,通过五个规格的上柜带动细支烟的销量,力求全年细支烟的占比达到0.9-1%之间。

【卷烟明码实价工作】 一是进行发挥卷烟零售客户自律小组作用。通过零售户自治,烟草公司协同,小组成员自我约束、自我管理、相互监督进一步维护辖区卷烟零售市场,提高零售户的卷烟盈利水平,创造良好的市场环境,实现客户自律小组工作目标,真正实现“双赢”;二是提高零售户维护标签自觉性。通过价格标签盒发放的有利时机,要求卷烟零售户自觉维护卷烟明码标价,做到货签对应,摆放整齐,让零售户认识到摆好标价签、陈列好卷烟可有效吸引顾客增加盈利;三是加强市场监控力度。通过与专卖管理所(队)合作,加强对无证户的监督与管理,对私自降低卷烟零售价格,严重扰乱卷烟市场经济秩序等不良现象,予以高度重视,通过加强市场监控力度,确保卷烟明码实价。

【开展喜庆营销、集团消费活动】 2016年通过洽谈,开展集团消费20场、共用烟500条;喜庆营销147场、共用烟2843条,合计开展167场,用烟3343条。加强与中烟协助,共同提高省产烟的市场份额。

【市场监管和依法行政】 持续净化市场监管,不断提升依法行政管理水平。市场稽查工作,一是借助外力,充分发挥联席会议机制功效。县局多次向县委、县政府分管领导汇报工作开展情况,要求县委组织召开2016年度整顿和规范烟草市场秩序工作会议;二是全面高压,“打源头、清市场”双管齐下。面对辖区卷烟市场的复杂形势,要求稽查队严密监控涉烟不法分子动向,严厉打击;要求管理所提升日常巡查工作的深度和细度,扫清流入全椒县市场的违规卷烟。2016年共计查获涉烟违法案件181起,其中万元以上案件16起;查获各类违规卷烟3605.4条,总案值145.47万元。全年查获10万元以上案件2起,50万元以上案件1起,没收卷烟价值32.04万元。前三季度市场规范指数均达到96%以上,较2015年有很大程度提升。查获的涉烟违法案件中,案件数量比2015年少2起,但案件质量明显提升。行政处罚工作,一是依规从重,提升行政处罚比例。对涉烟违法行为进行行政处罚时,严格按照《安徽省实施〈中华人民共和国烟草专卖法〉办法》规定进行处罚,上缴财政罚没款19.71万元。二是毫不留情,严惩阻碍执法行为。面对阻碍执法,执法人员严格按照法定程序及文明执法行为规范进行执法,同时积极向公安机关汇报,寻求支持。最终,阻碍执法的梁某、罗某得到法律制裁,烟草执法环境得到进一步改善。行政许可工作,一是便民高效,严格规范行政许可程序。严格按照《烟草专卖许可证管理办法》及相关程序规定，办理行政许可手续，涉及到材料不齐全等问题，均由管理所上门服务。办理时限从原先的5个工作日缩短到3个工作日，受到申请人及县政务中心领导的认可，陈义清因此被评为“优秀窗口主任”。二是提前谋划，稳步推进许可证延续工作。2016年现行烟草专卖零售许可证业已到期，全县1500余份需要延续。根据市局（公司）制定的延续工作方案要求，结合本地实际，县局认真制定细则，并组织实施，明确卷宗材料标准，设定阶段性工作时间节点，稳步推进延续工作。内部监管工作，以日常监管和专项检查相结合，对辖区内的卷烟经营和工业企业促销活动进行监管，确保规范经营，同时重点加强对卷烟非法外流现象监管力度。内管预警系统处理占预警产生总量的50%，未发现辖区内商业企业有任何违规违纪行为，未查获真品卷烟外流案件。

【企业管理】 做牢做优基础，企业管理队伍建设再上新台阶。加强内部管理，完善体制机制，以考核为抓手，制定并多次修订《积分制管理规定》《竞赛加分办法》《督察考评方案》《政（企）务公开工作实施细则》等方案，完善考核机制，转变工作作风。加强精益管理，提高创新能力，一是县局1个QC课题在年初QC成果发布会上喜获三等奖。二是年初申报三个QC课题，认真制定计划进度表，确定阶段性工作任务，明确时间节点和人员分工，稳步推进QC创新工作，现已进入效果检查阶段。三是开展公务派车网上流程培训，为全面推进公务车辆精益化管理奠定基础。四是进一步细化采购、来人接待、车辆和零星维修和公务用车等审批流程，真正实现精细化管理。重视队伍建设，着力素质提高，一是组织开展多次岗位公开竞聘、双向选择、岗位民主推荐工作。按照人事管理规定，制定《员工岗位公开竞聘、双向选择实施方案》和《岗位民主推荐工作方案》等方案，进一步加强队伍建设。从领导层到基层岗位，人事调整幅度较大，如营销部副经理、市场经理、管理所所长、客户经理岗位都进行调整。县局重视深化干部活力工程，始终坚持“让有为的人有位”的用人导向，坚持德才兼备，注重岗能匹配，充分激发干部员工干事创业的积极性和主动性。二是重视职工培训教育。全年共开展各类培训41次，参训达898人次。三是狠抓技能鉴定培训。经过精心准备，2016年专卖技能鉴定考试初级通过3人、中级2人，高级2人。除新调入人员，持证率100%，中高级持证率61.76%；营销技能鉴定考试中级通过2人，高级2人。营销部中级营销员5人，高级营销员7人，中高级以上持证率100%，较2015年提升16.67%。通过技能培训、竞赛等一系列举措，员工能力素质有了明显提高。刘安贵的两篇论文荣获省烟草学会2016年度优秀论文三等奖，高琳琳参加省局法规知识竞赛口试并荣获第三名。加强文化建设，打造精神家园，一是县局企业文化室于11月建成开放，系统展现全椒烟草发展变迁历史，成为再现全椒烟草传承、提炼企业文化精神，提高职工归属感的新阵地。二是为丰富职工文化生活，制定年度文体活动计划，成立户外、钓鱼、羽毛球、书画摄影等9个文体协会。先后组织开展户外穿越活动、钓鱼比赛、羽毛球比赛等文体活动，同时积极参加市局（公司）举办的“唱响经典献给党”歌咏比赛及省局（公司）举办的“成长之歌”合唱比赛等一系列丰富多彩的活动，陶冶职工情操，满足职工多样化的精神文化需求。紧抓要点，加强法治建设，一是修订县局督察考评方案，细化依法行政、普法宣传、案卷制作、普法培训考评细则，纳入部门月度考核，确保各项法治工作得到落实。二是积极开展“依法行政先进单位”创建工作。对照“依法行政先进单位”申报细则表精心准备完善资料，并上报市县两级政府法治部门。县局先后分别被县政府和市法治办授予“全椒县依法行政先进单位”和“关于第二批拟授予‘滁州市依法行政先进单位’称号名单”；9月，县局上半年依法行政日常工作得分在18个一类县直部门中排名第一，获县政府通报表彰。着力稳步推进，加快工程项目建设步伐，大墅基层服务站按照年度计划进度，有序开展，工程主体、装潢、附属工作已全部完工。经市局（公司）审核同意后，大墅管理所的办公家具、健身器材及家电等大宗物品的采购已与供应商签订合同，物品已备全到货，资料整理归档。加强安全管理，推进标准化建设，一是认真贯彻落实省、市局（公司）安全工作会议精神，层层签订安全责任状，继续推进安全标准化管理体系运行，强化安全保卫工作，强化节假日24小时领导带班干部值班制度。二是大力开展安全教育培训、安全生产月活动，开展火灾、地震疏散应急预案和交通事故处置方案演练。三是积极响应市局(公司)、县防汛抗旱指挥部的要求，深入一线，奔赴包保防汛地段，认真落实好防汛工作。

【开展“四个一”活动】 一个积分制：创新激励机制。制定《全椒县局(营销部)积分制管理规定》，建立个人积分档案，内容涵盖学历、技能鉴定等级、技术职称、工龄、政治面貌、宣传报道、合理化建议、工作创新、QC小组、精益改善项目、荣誉称号等14个项目，用积分的办法对员工的能力和综合表现进行全方位量化考核，旨在创造积极的工作氛围，促进员工个人发展和自我价值的提升，为评先评优、技能评聘、员工晋升等提供重要参考依据。一个微信群：创新交流方式。建立“全椒烟草”微信群，不定期发送安全提醒、政策解读、营销策略、警示教育、志愿服务、节日祝福等图片、音频和视频。“全椒县局”微信群已成为县局工作探讨、资源共享、友情提醒、部门沟通、传递正能量的新桥梁，成为“指尖上的交流平台”，更增强全体干部职工的凝聚力。2016年，微信平台共推送各类信息200余条。今后，县局将不断拓展工作思路，加强各部门沟通协调，助力整体工作水平再上新台阶。一个网络平台：创新学习途径。全椒县局制定方案，组织全体员工学习烟草网络学院在线课程。在线学习课程分为必修和选修科目，必修课由各部门统一安排，结合部门实际及年度重点工作选定至少两门课程，选修课由员工利用业余时间自行学习。为巩固学习效果，部门和员工网络学院学习情况将纳入月度工作质量考核和员工积分制管理，并形成长效机制。网络学院在岗员工54人全部注册，累计共在线学习课程230门，互相督促学习，积极构建学习型组织。一个考核方案：创新宣传氛围。2016年一季度，皖东烟草网发表27篇，省局网站4篇，排名靠后。4月以来，县局坚持量化为主、注重质量原则，多次修订《新闻宣传工作考核办法》，实行月度、季度考核、年终总评，考评结果纳入部门、个人月度绩效考核。4—12月，采稿率直线上升，其中皖东烟草网发表125篇，三级媒体发表41篇，二级媒体5篇，《东方烟草报》更是实现零突破。2016年在全市各县级局新闻宣传工作考核中排名第一。

(县烟草局)

盐 务

【经济指标】 2016年，完成各类盐销售3044吨(其中小包装1587吨)；完成非盐销售任务771万元，其中统采61万元；实现销售总值1560元，比2015年1993万元下降21.73%；实现利润35万元，比2015年41万元减少6万元；费用水平24.25%，比2015年18.25%增长6个百分点。

【内部管理】 进一步完善各项制度，实行绩效与薪酬挂钩原则，全员参与经营，并进一步完善分配制度。根据市公司(局)的经营目标管理责任考核要求，将各项指标落实分解到各科室，并与各科室考核相挂钩。修订完善四项制度，提高管理服务水平。

【合格碘盐供应】 一是加强批发管理，严把食用碘盐质量关。做到每批碘盐的购进均索取产品质量检测单。对出库碘盐及时检测是否合格，有效地保障市场合格碘盐的供应。二是加强仓储管理，合理安排库存，仓库干净，堆码整齐，层次分明，品种分类。三是各科室全力支持运销科配送各项工作运转，保障销售，盐政科全力搞好市场管理工作，为配送销售铺平道路。运销科对经营网点实行逐户登记，按线路、分时段配送。

【行政执法】 加强盐政行政执法力度，保障盐业市场健康有序地发展。一是利用“3·15”“5·15”活动以及民俗太平桥、神山寺等集(庙)会，分别在县城主干道和乡间庙会现场，设点宣传食盐安全、碘缺乏危害、多品种盐的保健功能，全年共散发宣传单4000、宣传画册160余份，接受群众咨询2000人次。二是开展市场常规检查和多次专项检查。2016年县局共出动盐政人员281人次、出车114台次、行程10010千米，共检查食品加工、零售户2121户次。查处盐业违法案件5

起，没收盐产品0.213吨。

【服务中心项目建设】 继续完成盐业服务中心项目建设。按照省总公司2015年3月6日（皖盐网建函〔2015〕43号）的批复内容，实施其他附属工程，包括简装办公室、修建辅道、公厕及场地平整等。其中附属道路、公厕和场地平整为一个标段，改装办公室为另个标段对外公开招标。由于这两个标段工程造价不大，施工工艺简明、施工方案相对简单，根据招投标有关规定，经公司党政班子会议研究报请市公司后，采取邀标的形式对外公开招标，并严格按照邀标程序进行。两个标段分别由安徽鑫德隆建工有限公司和苏华特建筑装饰工程有限公司滁州分公司中标建设，工程12月底基本完工。并于11月底完成公司整体搬迁。

（县盐业公司）

旅　游

【概况】 全椒县地处安徽东部，国土面积1568平方千米，人口48万人，辖10个镇和1个省级经济开发区。全椒文化底蕴深厚，区位优势明显，旅游资源丰富，其中西北部主要是森林湖泊资源、东南部主要是历史文化资源，各类景区（点）遍布全境，其中国家AAA级3个、AA级旅游景区2个，国家级、省级森林公园各1家，经营国内旅游和入境旅游的旅行社、门市部17家，三星级旅游饭店2家，三星级旅游餐馆1家，五星级农家乐2个、四星级农家乐1家、三星级农家乐5家、二星级农家乐8家，其中，国家级金牌农家乐2家、省级农家乐示范点1家，中国乡村旅游模范村1个、安徽省乡村旅游示范村2个，市旅游商品生产示范企业2家。主要旅游商品有：管坝牛肉、百年辣酱、小磨麻油、马厂酥笏牌、周岗雪枣、滁菊、铁皮石斛等。全年累计接待国内外旅游总人数148万人次，同比增长19.4%；实现旅游总收入12.6亿元，同比增长23.5%

【旅游规划】 启动《全椒县旅游业发展总体规划（2016—2030）》修编和《全椒县旅游业“十三五”发展规划》编制工作，并于2015年12月21日与中标单位北京世纪千府国际工程设计有限公司签订规划编制合同书。

【旅游宣传片拍摄】 启动“四季”旅游宣传片拍摄工作，并于2016年5月20日与中标单位北京八匹马传媒有限公司签订“四季”旅游宣传片制作合同。

【旅游创建】 2016年，全椒县成功创建国家AAA级旅游景区1家（太平文化街区），安徽省乡村旅游示范村1家（六镇镇周洼新村），安徽省中医药健康旅游基地1家（大墅龙山），五星级农家乐1家（丰乐休闲山庄），三星级农家乐3家（清柳湾农家乐、周家岗大酒店、水上饭店），市级旅游商品生产示范企业2家（王河油脂有限公司、全椒县振全食品厂）。

【国家全域旅游示范区】 全椒县继被评为最美中国旅游目的地城市、中国最美宜居宜业宜游旅游城市之后，2016年10月21日又成功入选“国家全域旅游示范区”创建名单。

【荣誉表彰】 县旅游局被滁州市旅游局评为2016年度全市旅游信息工作优秀单位、2016年度全市旅游道路标识牌建设工作优秀单位、2016年度全市旅游统计工作优秀单位、2016年度全市旅游商品工作先进单位、2016年度全市旅游宣传营销工作先进单位、2016年度全市旅游厕所建设工作先进单位、2016年度全市旅游品牌创建工作先进单位、2016年全市文明旅游工作先进单位、2016年度全市旅游质监执法工作先进单位、2016年度全市乡村旅游扶贫富民工作先进单位。

（县旅游局办公室）

综合经济管理

- 发展计划管理
- 市场监督管理
- 审计
- 统计
- 安全生产

发展计划管理

【经济形势监测与分析】 加强与县统计局、经信委、农委等相关部门的联系，及时掌握重点领域、重点行业、重点企业的经济运行情况及存在问题，分析原因，提出工作建议，撰写全县经济运行分析等相关材料近10篇，为县委、县政府决策提供参考。2016年，全县实现地区生产总值128.1亿元，增长9.1%，增速居全市第4位，较上年上升1位。上报完成固定资产投资184.3亿元，增长16.2%，增速、总量均位居全市第4位；上报完成战略性新兴产业产值62.2亿元，增长16.5%，增速位居全市第5位，产值居全市第2位。

【重点项目建设】 大力推进重点项目建设。一是下达2016年固定资产投资和重点项目建设指导计划，细化分解固定资产投资和重点项目谋划、储备和开、竣工项目任务。二是全力推进省“861”、市十大工程项目和新能源发展工程建设。全县47个省“861”项目累计完成投资47.53亿元，占年度计划的238.2%。三是抓好亿元以上项目开、竣工。全县新开工亿元以上项目62个，竣工亿元以上项目41个，均超额完成市下达目标任务。

【项目申报】 扎实推进项目申报工作。全面部署2016年上级政策性资金项目申报工作，编制2016年项目申报指南，出台全县2016年争取政策性资金目标任务分解方案；按照县委、县政府重点工作部署，围绕中央、省投资重点，扎实做好项目申报工作。共帮助、指导各项目单位完成申报三批项目资本金建设债券、重点流域水污染、省生态建设专项、安徽省战略性新兴产业发展集聚区、水库移民避险解困、保障性住房配套基础设施、农村电网升级改造、小农水重点县、军民电站、省高技术产业化产业专项、省战略性新兴产业专项、省食品卫生安全、城市垃圾（垃圾收运系统、垃圾场封场整治工程）和污水处理设施建设、国家循环经济和资源综合利用、现代服务业集聚区以及一大批文教卫等社会事业项目。申报项目356个，全县累计获批并到位各类政策性资金19.3亿元，其中专项建设基金获批项目四个，获批资金1.78亿元。

【服务业发展】 大力推进服务业（社会事业）发展。2016年实现服务业增加值50.6亿元，增长12.4%，增速排名全市第三。占GDP比重39.5%，排名全市第四。全年共谋划编制全椒县农产品批发市场、颐高电子商务产业园、县中医院迁建工程等5000万元以上投资项目12个，重点项目库始终保持80个项目以上。全年共争取社会事业类中央预算内项目2个，争取中央预算资金3400万元，已全部开工建设。全椒县农产品批发市场项目已获得国开行5000万元专项建设基金。

【社会信用体系建设】 全面开展社会信用体系建设工作。2016年建立全椒县社会信用体系建设联席会议制度，联席会议办公室设在县发改委，各部门明确分管负责同志和具体工作人员。制定出台《全椒县社会信用体系建设实施方案》。召开社会信用体系建设工作推进暨培训会议，印发《全椒县行政许可和行政处罚等信用信息公示事项目录》（2016年版）、《全椒县公共信用信息目录》（2016年版）、《全椒县行政许可和行政处罚等信用信息“七天双公示”工作方案（暂行）》等配套文件，建立守信激励和失信惩戒典型案例报送机制。

【库区移民工作】 扎实推进库区移民工作。积极做好农村移民直补资金发放工作，及时、足额发放直补资金1330.92万元。加大后扶项目谋划、编报力度，2016年获批项目96个，到位移民后扶资金2665万元。规范项目建设程序，大力推进后扶项目建设，新开工项目74个，竣工项目54个，完成投资1850万元。扎实开展大中型水库移民避险解困试点工作。制定出台《全椒县大中型水库移民避险解困试点工作实施细则》（全政办［2016］5号）和《全椒县大中型水库移民避险解困试点财政补助资金管理暂行办法》（全政办［2016］47号），明确试点范围、帮扶对象界定、安置方式、补助标准、补助费发放方式、试点工作操作流程、安置协议的签订、档案管理及试点中央补助资管理等内容。确定试点方案登记的帮扶对象532户2015人中，自愿申请搬迁安置的180户664人，主动放弃搬迁安置的404

户1359人。已签订搬迁安置协议180户664人。

【电力体制改革】 开展发电企业与电力用户直接交易工作是供给侧结构性改革，降低企业运行成本的有效措施。根据《中共中央国务院关于进一步深化电力体制改革的若干意见》（中发［2015］9号）及安徽省委、省政府《关于进一步深化电力体制改革的实施意见》（皖发［2016］31号）等文件精神，为加快推进电力市场建设，逐步扩大电力直接交易规模，完善市场交易机制，通过电力直接交易降低企业用电成本。2016年全县初步组织申报21家符合条件的用电企业，累计申报电量12025万千瓦时。这21家用电企业已通过省市能源局初审，正在省电力交易中心公示，待其在省电力交易中心完成注册后，将直接通过省电力交易平台提交双边交易意向书，参加集中交易报价。初步统计，此举将为全县21家用电企业节约用电成本约840余万元。自开展电力直接交易工作以来，已分别为安徽全柴集团、全椒海螺水泥2家用电大户企业降低用电成本240万元、1070万元。

（县发改委）

市场监督管理

【概况】 2016年，在县委县政府的坚强领导下，在上级业务部门的大力指导下，市场监督管理局认真贯彻落实上级重大决策部署，推动市场监管改革工作，努力营造规范、公平、诚信、有序的市场环境，为“十三五”期间县域经济发展履行应尽的职能。

【食品安全监管】 严格落实“四有两责”，推行风险分级管理。组织开展“清源”“净流”等20余次专项整治行动，全年共查处假冒伪劣食品1900余件、7500千克，有力的维护食品市场秩序稳定。加强“四员”队伍建设，强化基层食品安全监管工作末梢。全年完成食品抽样343组，其中食用农产品258组，合格率100%。

【药械化安全监管】 稳步推进ADR监测上报，利用不良反应监测网络平台鼓励及要求监测点在发现不良反应后第一时间进行上报，从而提高不良反应上报的时效性。全年共收集监测评价药品不良反应报告540份，医疗器械不良事件报告86份，超额完成目标任务。对申请新版GSP认证的药店进行上门指导，全县共116家零售药店、1家连锁总部和1家批发企业顺利通过新版GSP认证。全年完成基本药物和高风险药物抽样56批次，药品专项整治和执法抽检25批次，药品流通领域抽检任务数71批次。

【特种设备安全监察】 围绕“预防发生特种设备事故、确保特种设备安全运行”这个中心，组织实施电梯安全大会战、燃煤和高污染燃料锅炉安全监察、安全生产隐患排查“百日攻坚”活动等专项整治和检查，组织开展CNG加气站特种设备事故应急救援演练，全面落实辖区重点场所、重点设备的安全监察工作，及时发现和消除隐患。对县内的2家液化气充装站和1家液化气兑换点进行驻点监管，对于检查中发现的违法违规行为，一旦发现、全力打击、决不姑息。

【名优企业和名牌产品培育】 积极开展商标品牌培育推荐工作，培育驰名商标1件、著名商标4件、知名商标10件。实施保护性商标注册131件，申报注册全椒龙虾地理性标志商标。

【打击传销、规范直销】 以宣传教育、日常巡查、制度约束等方面为重点，对全县直销网点开展行政指导、加大监管力度，适时召开直销行业联席会议，对直销网点进行法律法规培训，切实维护直销市场秩序和社会和谐稳定。积极推动“无传销市”和“无传销乡镇（街道）”创建，2016年年初，全椒县被评为市级“无传销城市”。

【标准计量管理】 开展市场计量监督检查，共检查3个集贸市场、5家贵金属商店、7家眼镜店、5个加油站、1个加气站、15家超市、10个定量包装商品生产企业。开展定量包装计量检查，检查定量包装销售企业30家，生产企业15家，未发现违规违法行为。认真做好“5·20”世界计量日和“10·14”世界标准日系列纪念活动，加强企业产品标准备案管理，帮助3家企业制修订9个产品标准，并在网上公开自主声明。

【农资市场监管】 开展春季、秋

季农资市场专项整治和2016年红盾打假护农行动，联合农委执法大队上半年和下半年两次开展对种子、农药市场检查，开展农资商品质量抽检2次，抽检农资商品80组，针对不合格产品进行立案查处。

【"双打"专项行动】 开展"双打"专项行动以来，县局先后开展元旦、春节期间打假专项行动；集镇市场专项打假行动工作；打击软件正版化市场垄断和不正当竞争行为工作；网络市场监管专项行动等。共出动人员3270人次，出动车辆530辆次，检查经营主体4423户，检查批发市场10个次，检查集贸市场65个次，检查经营者仓储地55个次，整治重点区域10处，受理和处理消费者申诉和举报(件)34件。全年共立案73件，案值48.50万元。

【消费者权益保护】 召开全椒县政府保护消费者合法权益领导小组会议暨县消协五届二次常务理事会议，以"新消费、我做主"为主题，举办"3·15"国际消费者权益保护日系列活动，畅通12315、12316、12331、单位留言信箱以及信访等投诉举报平台，切实解决群众最关心、最直接、最现实的利益问题。2016年共依法处理各类投诉举报200起，为消费者挽回经济损失49.2万元。做到消费者咨询、投诉件件有记录，事事有结果。

【依法行政】 坚持依法治县、依法行政，突出对食品药品、特种设备、不正当竞争等重点领域的执法，深入推进"双打""网剑"等行动，始终坚持以法定职能为标准，以"四严"为要求，对于各类违法行为重拳出击。加大对大要案的集中查办，保护人民群众的生命财产安全，保护知名企业、驰(著)名商标的合法利益。2016年，共查处违法案件279起，案值52.15万元。

【质量强县】 在全县规模以上生产企业推行企业首席质量官制度。2016年，全县共有146人通过培训获得首席质量官任职资质，135家企业通过质量管理体系认证。加强质量诚信体系建设，组织全柴等8家企业发布质量信用报告，组织38家重点行业中小企业签订质量诚信承诺书，推荐滁州兴达机电有限公司企参加省质监局组织的质量信用等级A级评价，并组织参加省质量协会举办QC小组成果发布会。推动卓越绩效等先进质量管理方法的推广应用，组织旭能光伏等7家优秀企业参加省质协举办卓越绩效管理培训班，推荐3家企业申报滁州市市长质量奖，全柴动力股份有限公司进入现场评审，首届县长质量奖4家获证企业名单出炉，通过政府质量奖的评选活动，为全椒县企业的质量管理水平起到示范辐射带动作用。

【商事制度改革】 深化商事制度改革，助力民营经济发展。以商事制度改革为抓手，持续降低企业注册成本。坚持实施"一认四取消"。变前置许可为后置审批，保留登记前置34项，后置审批183项，市场准入门槛进一步降低。开展"三证合一、一照一码""五证合一""两证整合"、放宽住所登记等工作，市场主体注册手续进一步简化。改革以来，共发行一照一码营业执照1945份，其中，五证合一192份。2016年，全县新增私营企业463户，个体工商户2527户，同比增长6.93%，47.52%。分别超额完成年度目标任务的127.84%、131.27%。2016年，全县已实现"个转企"127户，有力推动全县个体经济提档升级，服务企业登记信息查询1140件，接受各类咨询4042件，帮助各镇、部门、开发区招商登记咨询190件，办理动产抵押19570万元，股权出质9968万元，被担保50864万元，商标专用权质押1000万元。

【食品安全民生工程】 2016年开展食品安全民生工程，在县内建立起8个农贸市场食品快检室和2个食药监所食品检验室，7月，10个快检室全部投入使用。10月31日—11月1日，市食品药品监督管理局会同市财政局，对全椒县2016年食品安全民生工程建设2个食品检验室、8个食品快检室逐一进行验收，10个快检室全部通过验收。8月26日，滁州市食品安全民生工程工作推进会在全椒召开。

【五证合一】 9月1日上午8点10分，全椒县亿康商贸有限公司办理全椒县第一张"五证合一、一照一码"营业执照。自此，全县全面实行营业执照、组织机构代码证、税务登记证、社会保险登记证和统计登记证"五证合一"登记制度。

【"山东疫苗"排查工作】 积极开展全县山东"问题疫苗"排查工作,针对全椒县疫苗冷链运输储存情况,重点督察全县1家批发企业、10个镇卫生院、2个社区服务中心、5家民营医院、5家县直医疗卫生计生单位(包括疾控中心)、84个村卫生室、33所个体诊所,115家零售药店。

【招商引资】 主要领导作为全局招商引资工作的第一责任人,本着"请进来,走出去"的精神,积极与有意向投资农副产品(食品工业)深加工的企业及其他企业联系,认真完成"三库一图"(产业项目管理库、机构联络库、载体资源库和国内知名企业投资意向分析图)编制工作。2016年赴外地洽谈招商引资14次,完成招商引资任务1.5亿元,新签约项目2个,新开工项目1个,协助企业做好项目可行性报告6份。

【专题教育实践活动】 把深入开展"两学一做"学习教育为首要政治任务,通过三会一课、集中研讨、中心组学习、"讲看齐、见行动"学习讨论等方式加强思想理论武装。积极开展党员组织关系排查疏理、党费收缴等工作,规范队伍管理,做好党员信息库更新,指导个民协会等社会组织加强党建工作。6月26日,组织系统34名党员干部前往金寨县红军广场开展红色革命传统教育。召开2016年度民主生活会,从理想信念、党的政治纪律和政治规矩、作风、担当作为、组织生活、全面从严治党六个方面严格查找问题、严肃认真开展自我批评和相互批评。

【党风廉政建设】 全面落实党风廉政建设主体责任,大力推进廉政文化建设,通过集体学习、短信、文件、观看廉政教育片、基地实地参观等丰富多彩的形式,不断加强宣传教育。严格开展"4+4"专项整治工作,不间断开展督察,保持惩治腐败的高压态势,为各项市场监管工作开展提供坚强的保障。

(县市监局)

审　计

【概况】 全椒县审计局内设人秘股、经贸审计股、财政审计股、行政事业审计股、投资审计股、经济责任审计局6个职能机构,下设财政全额拨款事业单位——县政府投资项目审计中心。现有在职职工28人,其中大学本科学历25人、大学专科学历3人。拥有中级职称人员12人,高级工1人。

【重大政策措施落实情况跟踪审计】 根据审计署统一部署,开展稳增长促改革调结构惠民生防风险政策措施落实情况跟踪审计。共审计调查18个项目,涉及财政资金33336.75万元,推进相关政策措施的落实。

【财政同级审计工作】 2016年,县审计局认真履行法定职责,积极开展财政审计工作。一是开展2015年度本级预算执行和财政决算草案审计;二是开展土地"三税"和地方税收征管审计;三是开展县发改委、县重点局、县人社局、县城管执法局、县民政局2015年预算执行审计;四是对14个部门单位开展公务支出和公款消费专项审计调查。审计中,重点关注公共财政预算和政府性基金预算的编制和执行、专项资金统筹整合、存量资金清理和使用,以及"收支两条线"、国库集中支付、政府采购、中央"八项规定"等的执行,并将省6项、市8项专项治理纳入审计范围。

【经济责任审计】 经济责任审计是干部监督管理体系中重要组成部分。2016年,县审计局围绕权力的监督和制约,组织实施县经开区、公安、发改、人社、城管执法、民政和县自来水厂主要负责人经济责任审计。审计中,更加注重扎紧制度的"笼子",对"三重一大"决策制度、重要经济事项的内控制度建立和执行情况进行审查,发挥审计监督在制度建设和权力制约中的保障作用。

【政府投资项目审计】 认真组织实施政府投资项目审计。完成政府投资项目工程价款结算审计21项,审计工程报价5.72亿元,核减0.57亿元,核减率达9.93%。对21个投资30亿元的政府重点建设项目进行跟踪审计。审计过程中,县审计局注重审计质量的控制,通过限制性接触、对账监控、听取汇报、审计复核、审计质量考核、业务会议审定等制度措施，防范审计风险，保证审计质量。

【审计理念创新年】 以省审计厅实施的“审计理念创新年”为抓手，大力实施理念创新工程。准确把握评判尺度。坚持“两手抓”，一手抓重大违法违纪问题的揭示，一手抓体制机制障碍和制度性缺陷的揭示。在审计定性中，以“两个遵循、两个是否符合”作为判断标准，即在严格遵循宪法和基本法律法规的基础上，以是否符合中央决定精神和重大改革方向作为审计定性判断的标准。在作出审计结论和审计处理时，做到“三个区分”“两个不能”，即把推进改革中因缺乏经验、先行先试出现的失误和错误，同明知故犯的违纪违法行为区分开来；把上级尚无限制的探索性试验中的失误和错误，同上级明令禁止后依然我行我素的违纪违法行为区分开来；把为推动发展的无意过失，同为谋取私利的违纪违法行为区分开来；既不能以新出台的制度规定去衡量以前的老问题，也不能生搬硬套或机械地使用不符合改革发展要求的旧制度规定来衡量当前的创新事项。强化审计项目全过程动态监管，在审计项目实施中建立“三项会议”制度，强化对项目实施过程控制。建立审计方案论证会制度。在审计项目实施前，召开会议对审计方案进行讨论研究，明确审计目标、审计重点、以及审计的方法步骤，共举行23次方案论证会；建立审计方案执行情况汇报会制度。对重点审计项目情况汇报，要求审计组审计中途报告审计方案执行情况，对方案执行过程存在的问题及时修正解决，共听取10个重点审计项目，20个问题得到解决；健全审计业务会议制度，共召开29次审计业务会议，对审计发现的主要问题进行研究讨论，力求审计发现问题定性准确、处理恰当。强化成果运用，促进审计整改。落实审计整改跟踪检查和重大审计事项整改督察督办制度；充分利用审计机关作为县反腐败领导小组成员的身份，在反腐败领导小组会议上汇报审计发现问题整改情况，促进审计发现问题整改到位；按照县反腐败领导小组职责分工和案件移送制度要求，及时通报审计发现问题，办理3例案件线索移送手续。同时，对审计发现的16条共性问题，向县政府有关部门发布审计警示，充分发挥审计的预警作用。加大资源整合力度，推进审计管理创新。积极构建联系对象数据库，加大横向联系力度，加强对相关资料信息的深度分析和综合利用，及时掌握相关信息，注意工作交流互动，实现联系工作的常态化、规范化、制度化；加大资源整合力度，优化内部组织机构，科学配置审计力量，打破分工界限，强化不同专业间的融合，注重审计组人员能力和结构的优势互补，着力打造具备查核问题、分析研究、计算机应用、审计管理等方面能力的审计一线团队；对审计项目的安排统筹兼顾，在审计内容上相互呼应，在实施时间上前后衔接，不断提高项目作业效率。

【“两学一做”学习教育】 开展“两学一做”学习教育是中国共产党党中央作出的重大部署，“两学一做”学习教育基础在“学”、关键在“做”。在开展“两学一做”学习教育中，一是在围绕中心、服务大局、推动科学发展下功夫。要紧盯重大决策部署，公共资金规范高效使用，重大投资项目规范实施，国有资产保值增值，民生改善，以及对公共权力的监督制约开展审计监督工作，发挥监督在国家治理中的基石和保障作用。二是在提高审计质量方面下功夫。要加大对重大违法违纪案件的查处力度，加大审计问责和整改力度，加强对审计成果的综合利用，发挥审计建设性作用，在更高层面更好地服务领导宏观决策和经济社会发展。三是在干部队伍建设方面下功夫。要针对审计工作面临的新情况和新问题，抓好干部的政治思想教育和理论学习及业务知识更新，切实提高审计干部的综合素质和能力。四是在转变工作作风方面下功夫。要进一步转变机关作风，切实解决机关作风建设方面存在的突出问题，严肃纪律观点，严格纪律要求，增强责任意识，激发工作热情。五是在创先争优活动中下功夫。在“两学一做”学习教育中，把“五型”机关建设与创先争优活动，积争创“优秀审计项目”、争当业务能手，引领审计干部努力形成热爱学习、崇尚先进、争当先进的良好风气和比、学、赶、帮、超的浓厚氛围，推动审计工作上水平。

【单位荣誉】 2016年,全椒县审计局被安徽省审计厅评为“第七届全省审计系统文明单位”。继续保持滁州市文明委“文明单位”;信息工作被评为“全市审计信息工作先进单位”;“全椒县广播电视台预算执行情况审计”项目安徽省审计厅评为表彰审计项目;被县政府评为政务公开工作先进单位、第二届依法行政示范单位。

(县审计局)

统 计

【概况】 2016年,面对复杂严峻的宏观环境,县委、县政府坚持以提高经济增长质量和效益为中心,立稳促进,紧紧围绕发展主线,坚持转方式、调结构,经济运行稳中有进。全县实现地区生产总值128.1亿元,增长9.1%;完成规模以上工业增加值41.1亿元,增长10.0%;完成固定资产投资184.3亿元,增长16.2%;实现社会消费品零售总额58.1亿元,增长12.7%;实现财政收入21.7亿元,增长12.1%;完成财政支出31.9亿元,增长12.2%;实现进出口总额1.1亿美元,增长78.0%;外商直接投资完成1.0亿美元,增长8.1%;金融机构存贷款余额分别为178.7亿元、128.4亿元,分别增长19.8%、16.1%;实现城镇居民可支配收入24202元,增长10.2%;农村居民可支配收入11207元,增长8.9%。2016年,全椒县统计局荣获滁州市文明单位、先进基层党组织、双拥模范单位等多项殊荣。

【农业普查】 2016年年初,县委、县政府对农业普查工作高度重视,将县农业普查办公室设在县统计局,负责承担农业普查的日常工作。各镇也相应成立普查领导小组和普查办公室,办公室主任一律由各镇首席统计员担任。8月在六镇镇郑桥村进行农普试点。县统计局和六镇镇党委、政府联合组织一套强有力的工作班子,抽调精兵强将,全县10个镇各抽调2人参与试点现场登记录入工作,经过精心筹划全椒县圆满完成试点工作。9月底,县统计局在街道、主干道公路边悬挂、张贴农普宣传画60多张,宣传“三农普”工作。11月,县统计局组织县、镇、村三级农业普查培训工作,分别由县、镇两级农普办牵头负责,共培训县、镇、村三级普查指导员、普查员2000人次。12月1日,全县开展农业普查摸底登记工作,县统计局深入普查小区登记现场,一名工作人员负责一个镇,定期下乡检查指导,掌握最新工作动态,发现问题即时纠正,圆满完成摸底登记工作,保质保量按时上报。12月2日,县统计局在街心花园,精心组织全县第三次农业普查活动展。县委常委、政法委书记、农业普查领导小组副组长曹宏华,县委常委金义平,政协副主席苏守复等县领导亲临现场观看。本次宣传共发放宣传画近2000张,宣传一封信5000张。

【招商引资】 突出做好招商引资和帮办工作,着力招引能够增量提效的项目,2016年完成招商引资7750万元。县统计局加强对引进的滁州颐高电子商务产业园项目的帮办服务力度,实行“一个项目、一名领导、一套班子、一套方案、一抓到底”的工作推进机制,认真梳理项目建设中各类问题,建立问题档案,逐一销号解决,全力保障项目工程的推进进度。

【规范化建设】 2016年5月,县统计局印发《全椒县统计局关于加强统计基础工作的实施意见》,努力加强“三个规范”(乡级统计工作规范、企业统计工作规范、部门统计工作规范)建设,将统计基础建设工作常态化。加强统计业务培训,2016年4月组织第一期统计业务知识培训班。县政府分管统计、工业、固定资产投资、商贸及服务业等方面的分管领导,10个镇及经济开发区统计分管领导和首席统计员,县发改委、县经信委、县财政局、县商务局、县规建局、县国土房产局、县教体局、县交通局、县水利局、县农委、全椒调查队等11个县直单位主要领导、分管领导及统计人员共计75人参加培训,推动全县各部门统计规范化、制度化、科学化建设。

【依法行政】 全面推进依法行政工作,围绕“依法治县”,坚持以“依法治统、依法兴统”为主导,以普法宣传和查处统计违法案件为抓手,以提高数据质量为目的,依法管理统计、依法做好统计、依法发展统计,进一步强化统计监督,净化统计环境,维护全椒县统计工作正常秩序。推进依法行政工作深入开展。2016年,围绕“两项清单”建设,加快推动政府职能转变,提供优质统计服务。利用“12·8”《中华人民共和国统计法》颁布纪念日等节点,结合第三次全国农业普查,组织开展一系列统计法治宣传活动。对全县55家行政、企事业单位进行自查和抽查相结合的统计执法检查,责令整改15家,立案1起,结案1起,有效提升统计数据质量,震慑统计违法行为,进一步树立统计法权威。2016年通过全椒县政府信息公开网、滁州市统计网发布各类信息355条,完成重点领域信息上百条,多次受到上级部门的表扬。积极落实“谁执法谁普法”的普法责任制,认真组织学习《中华人民共和国统计法》《统计违法违纪处分规定》等统计法律法规,以统计四大工程建设为重点,着力促进普法工作与统计业务工作的紧密结合,通过统计业务培训、年报会议、继续教育等方式,加强对统计机构和企业统计人员的统计法律法规知识培训和教育,提高统计工作人员知法、守法、用法、护法的能力和水平。12月2日上午,县统计局在县街心花园(法治广场)参加由县法治宣传教育工作领导小组办公室统一组织的普法宣传活动。设置宣传展板,向群众发放宣传资料,积极宣传《中华人民共和国统计法》、第三次全国农业普查等统计法律知识,并热情解答群众提出的有关统计法律、法规方面的问题。共发放致农业普查调查对象的一封信100余张,《统计法律法规知识问答》200余册,三农普宣传画100余张,并现场解答群众关于人口普查、农业普查、1%人口抽样调查、统计法等相关方面的疑问20多个。

（县统计局）

安全生产

【概况】 2016年,在县委、县政府的坚强领导下,在上级安全监管部门的强力指导下,全县各镇各部门认真贯彻执行安全生产法律法规和国家、省、市、县的一系列重要部署,始终坚持人民利益至上,牢固树立安全发展观念和红线意识,强化责任担当,安全生产形势总体平稳。按照2016年新实施的生产安全事故统计制度口径,全县发生安全生产事故11起,死亡10人,其中工矿商贸事故1起死亡1人,纳入统计范围属于13类车辆道路交通事故死亡9人,非煤矿山、危险化学品、旅游、水上交通等重点行业领域未发生生产安全事故。

【健全完善安全生产责任体系】 严格落实安全生产目标责任管理制度、“党政同责、一岗双责、齐抓共管、失职追责”和“一票否决”制度。2016年县政府印发《全椒县人民政府安委会成员单位安全生产工作职责规定的通知》,进一步明确各安委会成员单位的监管责任。全面落实安全生产责任,各级党委、政府抓安全生产工作力度不断增强,主要领导带队检查成为常态。各负有安全生产监督管理职责的部门严格落实“三个必须”的要求,建立完善权力清单和责任清单,对新增或管理权限发生变更的,及时进行调整,各行业主管部门在年初科学制定安全生产执法计划,对主管范围内的安全生产工作开展执法检查,查找隐患,堵塞漏洞,解决突出问题,严肃查处所辖范围安全生产领域的违法违规行为,严厉打击非法生产、经营、建设等影响安全生产的行为。生产经营单位安全生产意识进一步增强,建立完善的安全管理制度和安全操作规程,加大安全投入,添置、完善工作场所、生产设备、电气装置等方面的安全防护设施,抓好企业的事故隐患排查治理,安全生产主体责任进一步得到落实。进一步加大考核问责力度,为将各项责任落到实处,全椒县逐步完善安全生产目标责任制考核制度,每年从县政府开始,层层签订目标管理责任书,一级对一级负责,形成纵向到底、横向到边的安全生产责任体系。县委、县政府将安全生产工作纳入经济社会发展、社会治安综合治理、精神文明建设和领导干部政绩业绩等考核内容。

【安全生产综合监管】 注重协调联系,进一步加大安全生产综合监管力度。完善安全生产监管体制,县长担任县安委会主任,坚持每季度召开安委会全体会议,充分发挥县安委会统筹协调、议事决策和监督考核功能。各分管副县长多次召开协调会议,研究解决分管范围内的安全生产工作。完善执法协调机制,对社会影响广、区域性、倾向性的安全生产问题实行综合治理，通过由政府牵头，部门联动，采取联合执法、集中整治、督察督办、责任追究等措施，增强执法合力，着力解决一些行业和领域安全监管多头管理、无人负责的问题，形成齐抓共管的工作机制。巩固完善安全生产综合监管和行业监管相结合的工作机制，综合运用约谈函告、督导检查等多种方式和手段，推动各镇政府和有关部门依法积极履行安全生产监管职责。

【基层基础建设】 注重治本之举，进一步加大基层基础建设和源头管理力度。进一步完善实施《中华人民共和国安全生产法》等有关法律法规配套的制度、措施，制定并印发《全椒县人民政府安委会成员单位安全生产工作职责规定的通知》（全政办〔2016〕13号）、《全椒县安全生产考核办法》（全政办〔2016〕110号）、《关于加强安全生产监管执法的实施意见》（全政办〔2016〕66号）、《全椒县安全生产"黑名单"管理暂行办法》（全政办〔2016〕105号）等制度、措施。加强安全生产基层监管队伍建设，加强负有安全生产监管职责部门的监管能力建设，充实执法检查力量，加强业务技能培训，提高监管人员业务素质和技术装备水平。进一步强化各镇政府、开发区安全生产工作机构和执法队伍建设，镇、开发区监管机构履职能力不断提高，积极推行委托执法治度。加强安全监管监察执法保障，县政府将安全生产监管执法经费和安全生产专项资金纳入政府财政保障范围，保障安全生产监管执法和生产安全事故应急救援用车，切实满足实际工作需要，安全生产监管监察岗位津贴发放到位。积极采取政府购买服务方式，深入开展"专家会诊"，发挥专家在隐患排查、应急救援、事故调查中的作用，推动安全生产技术服务社会化。

【高危行业安全生产】 抓好高危行业安全生产行政许可工作。全年县局办理烟花爆竹零售许可证269份、危险化学品经营许可证3份。对未取得安全生产许可证的矿山、危险化学品、烟花爆竹、建筑、民用爆破等生产经营企业从事生产经营活动的，依法坚决予以取缔。对已取得安全生产许可证的各类企业，加强跟踪督察和动态管理。

【安全生产标准化】 全面推进安全生产标准化工作，在矿山、危险化学品、建筑施工等行业全面推进安全生产标准化，通过典型引路、以点带面，充分发挥安全生产标准化示范企业的龙头带动作用，推动各类企业规范安全管理制度，加强企业安全生产基础工作，强化动态管理，落实长效机制。全椒海螺水泥有限责任公司大祁山水泥配料用石黏土、砂岩矿，全椒海螺水泥有限责任公司大祁山矿区水泥用石灰岩矿被核准为非煤矿山安全生产标准化二级企业；滁州市宏兴科技有限公司等单位被核准为危险化学品三级安全生产标准化企业。

【安全生产责任保险】 积极推进安全生产责任保险工作，全县危险化学品生产、非煤矿山、烟花爆竹批发等企业已投保安全生产责任保险，做到"应保尽保"。

【监督执法】 注重监督执法，进一步加大隐患治理力度，通过严格监督执法，强化安全生产隐患治理，继续巩固和扩大非煤矿山、道路交通、人员密集场所、烟花爆竹、建筑施工、特种设备等重点行业和领域的安全专项整治，建立规范有序的安全生产环境。全面开展安全生产隐患排查治理工作，按照"四不两直"工作要求，突出"春节"、"五一"、汛期、中秋、国庆、G20峰会、中共十八届六中全会和省第十次党代会等重点时段以及非煤矿山、危险化学品、烟花爆竹、特种设备等重点领域，精心开展安全生产大检查和安全隐患排查整治"百日攻坚"专项行动等活动，排查和整治一批安全隐患，促进全县安全生产形势持续稳定向好。全年，共排查一般隐患3262项，已全部整改到位。县安委会集中挂牌督办重大生产安全隐患2次，共督办17项重大生产安全隐患，报市挂牌督办6项，已全部完成整改、销号。切实抓好重点领域安全生产专项整治，全县积极开展职业病危害、危险化学品、烟花爆竹、人员密集场所、水上交通与民爆器材、消防、旅游、油气输送管道等行业领域专项整治行动，完成职业卫生"三同时"和现状评价30余家，全椒海螺水泥有限责任公司被命名为"2016年度滁州市第一批职业卫生基础建设示范企业"。依法取缔非法违法经营烟花爆竹行为，城区共整改、取缔烟花爆竹经营户242户，规范经营安全条件。全年共没收烟花爆竹3760件，县公安局已组织销毁。其他行业领域也取得较好的成效。持续保持"打非治违"高压态势，组织开展集中打击、整治问题突出的非法违法行为，严格落实停产整顿、关闭取缔、上限处罚和严厉追责"四个一律"措施，坚决实施"五个一批"。大力查处各类违章违法生产经营行为，城区共整改、取缔烟花爆竹经营户242户，查获暂扣各类烟花共计3760件；全椒县湖源造纸厂无证生产经营已关闭；安徽易恒机械有限公司、滁州联华合成材料有限公司非法生产经营，分别责令限期改正并处以罚款，处罚已到位。严肃查处安全生产事故案件。按照"四不放过"原则严肃查处安徽双丰建设集团有限公司全椒农产品批发市场一期在建工地"9·26"物体打击事故，将事故调查报告在县政府信息公开网全文公开，对相关责任人和责任单位进行严肃处理，有力地打击非法生产和销售者的嚣张气焰和违法行为，有效遏制较大事故的发生，确保全县的安全生产形势稳定。及时受理举报案件。制定《全椒县安全生产举报奖励办法》，公开举报途径，全年受理信访举报安全生产事故隐患和非法违法行为案件8件，件件办结。

【宣传教育】 注重意识提高，进一步加大安全生产宣传教育力度。开展内容丰富、形式多样的"安全生产月"活动，以全国第十五个"安全生产月"活动为契机，围绕"强化安全发展观念，提升全民安全素质"主题，开展"企业家谈安全生产"等安全发展"六个一"主题活动、"6·16"安全生产宣传咨询日、"安全生产椒陵行"等形式多样的宣传教育活动，逐步形成"人人讲安全，事事为安全，时时想安全，处处要安全"的良好氛围。被省安委会办公室评定为2016年全省"安全生产月"和"安全生产江淮行"活动先进单位。加强安全生产特殊时期宣传工作，在烟花爆竹清理整治期间，县政府制定《关于开展烟花爆竹经营市场清理整治的通告》、县烟花爆竹经营市场清理整治工作领导小组办公室制定《致广大烟花爆竹经营户一封信》，将"通告"张贴在人员密集区域，各工作组将"一封信"送达经营户手中。"通告"和"一封信"同时通过全椒县政府门户网站、全椒报信息公开网、新闻网、电视台、美好全椒微信平台（以上由县委宣传部负责）及流动车辆广播（流动车辆广播宣传由公安局负责）告知广大群众。制作"烟花爆竹经营市场清理整治"相关宣传横幅230条（每镇10条、城区140条），各镇负责辖区内横幅悬挂整治期间，县气象局定期向手机用户发送有关整治内容的短信。在全椒广播电视台播放宣传片、插播滚动字幕播放相关宣传标语。加强日常宣传工作，将安全生产知识、事故防范常识、上级方针政策汇编成短信在全县范围内进行群发，引导各单位正确把握方向，强化安全意识，自觉落实责任，全年共发布短信23000多条；通过向广大群众发放安全生产方面的读本，通过县电视台、网站、气象信息等平台宣传安全生产法律法规及常识；征订《中国安全生产报》250份赠送给安委会成员单位及重点企业。进一步加强企业安全文化建设，安徽达诺乳业有限公司被命名为滁州市"安全文化示范企业"。强化安全培训，提高从业人员安全素质，组织有关人员参加市里举行的主要负责人和安全管理人员培训班、电工作业人员培训班、焊工作业人员培训班等培训活动。通过培训，大大提高相关人员的安全生产技能，增强安全意识。加强应急处置工作，全椒县农产品批发市场一期在建工地"9·26"物体打击事故发生后，能够立即组织抢救，第一时间拨打"120"和"110"，立即把伤者送往医院抢救。公安、安监、建设等部门及时赶赴现场。事故救援的整个过程中，没有出现任何慌乱和等待现象。严格落实安全生产事故信息归口统计和联网直报制度，事故上报率达100%。

（县安监局）

教育 科技

- 教育与体育
- 科技
- 地震
- 气象

教育与体育

【概况】 现有义务教育阶段学校48所，其中小学26所、初中11所、九年一贯制学校4所、完全中学1所、教学点6个。现有高级中学2所，职业中学1所，民办中学1所，特殊教育学校1所，公办幼儿园19所，民办幼儿园6所。

【义务教育均衡发展】 加大教育投入，均衡配置城乡教育资源。2016年5月25日，县十五届人大常委会第四十四次会议审议同意追加义务教育均衡发展经费1.63亿元。2016年3月，全椒县创建国家义务教育基本均衡县通过省级评估；年底，通过国家教育部认定。

【教育布局】 制定《全椒县教育布局调整规划（2016—2018年）》，优化教育资源，提高办学效益，推进教育均衡发展。2016年，县财政投资4.307亿元，启动第八中学、新前进小学、新职教中心“三校”建设，预计2018年建成并正式投入使用，届时将提供义务教育阶段学校5760个学位，彻底解决进城务工人员子女入学问题和大班额问题。

【薄改项目】 投资1650万元，续建大墅、十字、爱心、城南4所幼儿园，新建园舍面积约1.1万平方米及附属工程；投资827万元，为17所中小学新建教学及教辅用房、运动场及教学楼维修等；投资92万元，新建章辉小学附属幼儿园和南屏幼儿园维修改造；投资202万元，为江海小学等19所学校购置“班班通”设备137套；投资198万元，为第三中学、实验小学等11所学校新建计算机教室12间，购置学生电脑532台；投资144万元，为古城小学、城东中学等25所中小学购置办公电脑355台。

【教育民生】 2016年中央、省、县拨付全椒县义务教育公用经费2267.2万元、贫困家庭寄宿生生活补助费125万元、免费教科书资金336.5万元，县财政安排预算内生均公用经费79.74万元，全年共拨付义务教育公用经费2362.33万元，占全年公用经费的104.2%；2016年中央补助贫困寄宿生生活费资金62.5万元，县财政补助贫困寄宿生生活

全椒首届“迷你马拉松跑”活动现场

费资金62.5万元，合计125万元，补助学生2250人次；2016年发放普通高中助学金315.4万元，中职助学金、免学费资金334.8万元，普通高中建档立卡家庭经济困难学生免学费资金19.255万元。

【高考中考】 2016年高考设全中、慈济两个考点109个考场，3717人报名，实际参加高考3178人（高职专科自主招生提前录取539人），600分以上101人，居全市第三；一本达线641人，居全市第三。2016年中考报名3703人，设立全中、慈济、三中三个考点124个考场，中考成绩位于全市第一方阵。

【教师队伍建设】 2016年招录新教师78名，从农村教师富余学校选调80名中小学教师进城。开展“学规范、强师德、树形象”和“争做党和人民满意的四有好教师”主题教育活动；邀请专家作师德师风专题报告，弘扬“敬业、爱生、奉献”高尚师德；举办“道德讲堂”和师德报告团下校巡回演讲，强化榜样示范。出台《全椒县乡村教师支持计划（2015—2020年）实施办法》，坚持“以城带乡、以强带弱”原则，开展全县城乡学校结对共进活动，通过教师交流、走教、支教方式，扶持农村薄弱学校。城区和农村学校每学年分别派出1～2名中层干部到结对学校学习指导，教师走教、送教每周不少于2课时，每学期送教下乡不少于20次。

【校园文化建设】 2016年县级财政拨1000万元专款用于义务教育学校校园文化建设，改善校容校貌，提升学校办学品位，创建一批特色学校。南屏中学、第二实验小学被评为“全国青少年校园足球特色学校”；实验小学被评为“省小手球特色学校”；第三中学被评为“市篮球特色学校”；江海小学、逸夫小学被评为“市足球特色学校”；古城小学被评为“市小手球特色学校”；前进小学被评为“市乒乓球特色学校”。

【教研教学】 组织8次教研片活动，自4月开始谋划“一师一优课，一课一名师，课课有精品”晒课活动，组织教师备课、上课、点评、磨课，晒课数量和质量在全市处于领先。举办全县第二届中小学教师交互式白板教学比赛，全县45所学校126名教师参加。襄河中学两位教师分别荣获全国课堂教学优秀课例评比一等奖和二等奖，实验幼儿园一名教师参加省级游戏活动获省城市组一等奖。

【素质教育】 先后开展青少年科技创新大赛、第二届国学经典诵读、校园足球、小手球、乒乓球等比赛，以及“大文化小舞台”、庆六一文艺汇演等活动。江海小学“小海豚”童声合唱团参加第十三届中国国际合唱节暨国际合唱联盟合唱教育大会，获B级合唱团称号（银奖）；传统小手球学校实验小学和古城小学参加2016“乐和杯”安徽省小学生手球比赛，分获全省第二名、第三名并均获一等奖；城东小学少年宫合唱队在滁州市2016年“大文化·小舞台”活动中获少年宫组唯一特等奖。

【关爱留守儿童】 做好2645名农村留守学生就学、寄宿、建档、结对帮扶、关爱应急等工作。江海小学被评为“安徽省留守儿童之家示范学校”；古城小学“爱心妈妈”志愿服务队2016年当选为安徽省十佳江淮志愿服务优秀典型，中国文明网、人民图片网、光明图片网等媒体网站予以宣传报道。

全椒第八届全民健身日开幕式

【安全教育和安全演练】 开展"珍爱生命、严防溺水"主题教育班会，与学生家长签订安全责任状，组织家访宣传防溺水信息；全县学校定期开展防震、防火、防交通事故、防溺水、防化学药品、防踩踏等演练活动。在5·12和11·9期间，全县中小学生参加各种"防灾减灾"应急演练。2016年12月，采取公益性拨款和购买服务相结合方式，按500人以上学校配备2名、500人以下学校配备1名的标准，新聘92名专职校园保安，校园"一键式报警设备"全部配备到位。

【体育竞技】 在安徽省第七届传统武术比赛中，全椒县22名运动员获金牌6块、银牌11块、铜牌26块；在安徽省2016年青少年举重锦标赛，县业余体校16名运动员代表滁州市获5块金牌、4块铜牌；在安徽省第十一届老干部竞技麻将段位赛中，全椒县代表队获A段团体第一名；在第五届武当国际演武大会中，全椒县混元太极协会11名队员获个人金牌8枚、银牌6枚、铜牌3枚和陈氏混元24式太极拳集体项目冠军；在2016年黄山论剑国际武术大赛中，全椒县武术协会代表队16名运动员参赛获金牌8枚、银牌9枚、铜牌17枚，优秀奖4个、集体第三名、团体第六名。

【窗口服务】 教育体育窗口推行"一站式"服务，办理涉及5类11项审批服务事项。2016年4月承办全市教育体育系统政务服务工作现场交流研讨会，2016年7月获全市"十佳服务窗口"称号，2016年9月全省教育系统政务服务标准化工作座谈会确定全椒县为县级中小学学籍变动规范服务标准起草单位。

（县教育体育局）

科　技

【科技投入】 全椒县政府高度重视科技工作，逐年加大科技研发经费投入力度，2016年度，县财政投入科技研发经费5936万元，增长3.07%。县科技部门积极帮助企业争取上级科技部门政策性资金支持，全年共申报并获

全椒首届山湖大道山地车邀请赛在黄栗树村举办

批市级以上各类科技计划项目14项，获批项目资金1568.4万元。

【科技创新】 创新奖励：共发放高新技术企业认定、高新技术产品开发奖励、知识产权运用等奖励资金608.47万元。创新成果，2016年新增省创新型试点企业2家，省民营科技企业4家，获市科技进步奖一等奖1项、二等奖1项。创新平台：认定市工程技术研究中心3家，培育县级农业科技专家大院4家。合同交易，2016年全县技术合同交易额3300万元。

【高新技术产业】 新增高新技术企业4家、高新技术产品8个，现全县拥有高新技术企业25家、高新技术产品56个。高新技术产业产值113.6亿元，增加值21.9亿元，增长8.6%。

【知识产权】 专利申请：申请专利1228件，其中发明专利805件，发明专利申请量较上年增幅7.05%。专利授权：专利授权量377件，其中发明专利授权量68件，发明专利授权量较上年增幅44.68%。质押融资：帮助滁州市中诺设备模具制造有限公司成功融资200万元。专利执法：调处专利侵权纠纷2起，查处假冒专利案件5起，净化市场环境，规范知识产权市场秩序。

【产学研合作】 组织全椒贡菊园茶厂与中国科学院物质研究院进行产学研对接，共同研究开发黄林木茶。组织全柴天和机械制造有限公司与中国矿业大学开展产学研对接，签订铸件砂眼分析及解决方案意向性协议。组织全椒县志恒庄园与安徽农业大学签订产学研合作协议。8月15—16日，安徽大学科研处张彤副处长、化学化工学院副院长周虹屏教授一行11人到全椒县与天安新材料等9家企业开展产学研合作活动，与3家签订初步合作意向。

【科技宣传】 利用“三下乡”、“正月十六走太平”、知识产权周、科技活动周等时机，组织开展科技进校园、进社区、进园区等系列活动，集中宣传科技政策、科技创新成果。2月23日，是全椒县一年一度的大型传统民俗文化活动——“正月十六走太平”。按照县政府正月十六走太平指挥部的统一部署和要求，县科技局牵头组织县农委、县科协、县林业局等21家单位，开展声势浩大的“科技卫生法律民生”咨询服务活动，渲染活动氛围，为传统节日增添亮丽的色彩。此次活动主要围绕科技创新、优生优育、法治全椒建设以及民生福祉等，开展丰富多彩的科技创新政策和知识、农业实用技术、防震减灾等知识宣传和咨询活动，并现场展示农业新技术、新品种、新成果以及2016年民生工程建设项目等内容。活动期间，共发放专利知识、创新政策、防震减灾等知识宣传资料近8万余份，展示专利知识问答、民生工程建设等展板近百块，活动受到咨询群众的一致好评。

（县科技局）

地 震

【概况】 2016年，在省、市地震局的精心指导下，在县委、县政府的正确领导下，全椒县地震办公室以全面提高防震减灾综合能力为出发点，以强化防震减灾社会化服务为切入点，以维护人民群众生命财产安全为落脚点，登高望远、主动作为，积极探索防震减灾工作新路径，全县防震减灾工作取得显著成效。

【获得荣誉】 2016年，县地震办先后荣获“2016年度安徽省县级防震减灾工作综合考核一等奖”“2016年度全国县级防震减灾工作先进单位”荣誉称号。县科技局副局长、地震办主任冯玉林被评为“2016年度全国市县防震减灾人员考核先进工作者”。

【领导调研】 6月8日，安徽省地震局局长刘欣率省地震局监测处处长凌学书、办公室副主任梅盛华到全椒县调研防震减灾工作，滁州市委常委、副市长阎中洋、市地震局局长冉家政、全椒县政府副县长胡刚等陪同调研。

【创建成果】 2016年，古城小学、二郎口小学被评为市级“防震减灾科普示范学校”，实验小学被评为省级“防震减灾科普示范学校”，襄河镇襄河社区被评为省级“地震安全示范社区”，全椒县地震科普馆被评为省级“防震减灾科普教育基地”。

【综合管理】 5月6日，县政府

召开全县防震减灾工作会，通报"十二五"期间全县防震减灾工作的开展情况，安排部署2016年防震减灾工作。会上，县政府与各镇人民政府、县经济开发区管委会签订防震减灾工作目标管理责任书，10月底，完成全椒县防震减灾"十三五"规划编制工作，确定六大工程提升五大能力明确四项保障。11月4日，县人大副主任王小平对全椒县防震减灾进行专题调研。

【地震监测】 1月26日，地震前兆监测台在全省第一例成功更新换代二代数采，监测能力得到进一步提升。4月，完成地震烈度速报与预警工程台选址工作。6月28日，代表滁州市接受省地震局地震预报研究中心对2016年震情监视跟踪工作检查，检查组对全椒县震情监测工作给予充分肯定。4月26日，滁州市2016年度群测群防观测员培训会在全椒县顺利召开。4月，县地震办对全县12个群测群防地震宏观信息员进行业务培训。

【震害防御】 2016年，继续做好抗震设防行政审批工作。6月，县地震办3名同志参加安徽省地震局组织的执法培训，并全部通过执法资格考试。建成华林新村和周洼新村两个"农村民居地震安全示范工程"。

【应急救援】 按照省、市地震局要求组织力量对《全椒县地震应急预案》进行修编。开展经常性地震应急救援演练。5月10日，在江海小学举办地震应急演练现场观摩会。5月11日上午9时，在襄河镇襄河社区开展地震应急综合演练。"5·12""9·18"期间全县所有中小学开展地震应急疏散演练，实现地震应急疏散演练常态化。建立应急救援装备储备库，购置30万元的应急装备，配备必需的专业救援、通信装备。

【宣传教育】 9月，全椒县地震科普馆正式投入使用，先后组织"留守儿童专场""老科技工作者专场"等多次较大规模的主题科普活动，收到良好的宣传效果。持续开展"六进"活动。编印《防震减灾三字经》《防震减灾从我做起》《地震科普知识》《农村民居防震抗震基本常识》等宣传册30000份，分发到学校、机关、企业、社区、乡镇、家庭，使防震减灾科普知识家喻户晓。"5·12"期间防震减灾宣讲团在全县各中小学校、社区、重点企业开展近百场防震减灾知识科普讲座。结合"三下乡""5·12""7·28"等特殊时间段组织开展广场集中宣传活动。11月7日，邀请市地震局副局长李金陵为县委党校青干班学员讲授防震减灾科普知识。

（县地震办）

气　象

【气候概况】 2016年平均气温16.7℃，较常年（15·9）偏高0.8℃，全年气温偏高月份达9个月，但6~9月气温较往年均值略偏低，年降水量1583.4，较常年（1083.0毫米）偏多46.2%，全年来看月偏多月份为10个月，降水时空分布不均（除2月和8月两个月降水明显偏少，偏少67%）。日照全年1676.1较往年均值1838.9相比偏少，但偏差不大。

暴雨。6月30日至7月5日，滁河流域普降暴雨、部分大暴雨，全县面雨量191.7毫米，最大单站降雨量294.0毫米，是历年同期的4.2倍。短时间内，滁河水位陡涨，滁河襄河口闸上水位一度高达13.42米，超警戒水位2.42米，距保证水位仅低0.31米，滁河流域全椒境内全线告警，防汛形势严峻。7月14日傍晚到夜里，全椒县出现大到暴雨，局部大暴雨天气，单站最大降水239.9毫米，小时雨强93.6毫米，致使滁河水位止降又升。因持续降水，导致本县滁河水位持续上涨，超现水位，城内部分地段出现内涝，乡镇农田被淹。据民政局救灾办统计数据，全县农作物受灾面积7348.23公顷，成灾面积1992.27公顷，绝收面积596.6公顷。房屋损坏20间，倒塌66间。农业经济损失2567.68万元，直接经济损失3815.98万元。

干旱。7月21日出梅以来，全椒县出现高温日数共计26天，较常年偏多14天。平均气温29.3℃，气温较常年（26.9℃）偏高2.4℃。降水量43.5毫米，降水较常年（225.9毫米）异常偏少近7成。日照442.9小时，日照较常年（314.8小时）偏多近3成。根据安徽省气象局卫星遥感干旱监测显示当时全县已维持中旱2周以上。据民政局救灾办统计数据，全县有7个镇报灾，截至

9 月 14 日 18 时，全县受灾人口 44237 人；农作物受灾面积 6718 公顷(10.07 万亩)，其中成灾面积 4963 公顷(7.44 万亩)，绝收面积 1544 公顷(2.3 万亩)；因灾造成直接经济损失 3443 万元。

综上所述，2016 年全年气温较年均值偏高，日照略偏少，接近常年值，降水较较年均值明显偏多，全年造成灾害的天气过程为 7 月初暴雨和出梅以来的干旱天气过程，对全椒农业生产和人民生活和财产造成一定损失，但总体来说 2016 年全椒县不属较差气候年景。

【重点项目建设】 重点项目建设有序推进，一是建设极端气候事件预测预警系统，提高防灾减灾救灾和应急处置能力。新建立短时临近预警预报多普勒天气雷达探测资料终端分析系统；新建立中短期天气预报分析系统；新建立中长期预报资料统计分析系统；整合预警预报信息发布的平台，提高传播效率。二是建设完成由省气象局、县政府共同投资建设互动式、融入式、体验式、多功能的全椒县气象科普馆。已投入使用并对外免费开放。完成江淮分水岭气象灾害应急指挥中心硬件建设。三是完成三个标准化人影作业基地建设。按照市对县域经济考核要求，县气象局积极争创“标准化示范县”，已完成“马厂铜井”“马厂新安”和“八坡辉隆”三个标准化作业点建设任务，该项目完成上级部门验收。四是镇村自动气象站升级改造工作。按照气象现代化建设任务和 2016 年政府工作安排，县气象局需在 2016 年年底前将完成三个镇村自动气象站(武岗、大墅、石沛)升级改造工作。

【气象服务】 2016 年，全椒县主要灾害性天气是暴雨和高温干旱。梅雨期期间，因连续降强降水造成全椒县局部内涝，面对较为严峻的天气形势，全椒县气象局在县委、县政府的正确领导下，利用气象现代化的建设成果和全椒县构建的气象防灾减灾体系下，全力以赴，准确预报、及时预警，主动服务，为全椒党政领导当好防洪抗灾决策参谋，为全县夺取防汛抢险的胜利做出的应有贡献。7 月 21 日出梅至 9 月上旬，全椒县出现 1961 年以来同期最少晴热少雨的天气，给本县带来较重旱情。全椒县气象局抓住 14 日夜间至 16 日全县受台风“莫兰蒂”外围云系影响的天气，取消中秋节放假，日夜开展人工增雨作业，整个过程全县平均 100 毫米，局部超过 130 毫米，人工增雨效果显著，旱情得以解除。5—9 月汛期共发布 7 类预警共计 70 次，其中暴雨 23 次、高温 17 次、雷雨大风 15 次、大风 7 次、台风 4 次、雷电 3 次、大雾 1 次，短信服务对象累计 75 万余人次。同时针对不同农事季节和重大活动做好春运、高考、中考、“两会”、“夏收夏种”、“秋收秋种”和“秸秆禁烧”等专题气象服务，与农机局、环保局联合开展专题气象服务。全年共编发气象服务材料 106 篇，手机短信服务 1800000 余人次。县气象局进一步拓宽预报预警信息发布渠道，千方百计提高预警信息覆盖率，进一步解决全椒气象预警信息服务的“最后一公里”问题，提高气象服务能力和气象灾害防御的整体水平。精心打造“风雨相伴 365，志愿服务每一天”的手机短信服务品牌，气象预警平台扩容至 5000 余人，涵盖县、乡镇、村各级政府领导，防汛责任人，农业专家技术人员、信息员、农业合作社、家庭农场、新型职业农民、种养殖大户、农机手、中小学校长等多个组团；建立气象为农服务 QQ 群、微信群，及时发布灾害天气预警信息和用户交流互动，新建气象预警电子显示屏 25 块。在多部门、多媒体的沟通联动下，实现气象预报预警信息全社会的快速广泛传播。

【“两学一做”学习教育】 扎实开展“两学一做”活动，成效显著。气象局围绕“两学一做”核心基础在学，关键在做要求，重点做以下事情：一是强化党员队伍思想建设。加强学习教育，提升党员队伍整体素质，开展“学党章党规，学系列讲话，做合格党员”学习活动。二是强化联系机制，提升党员队伍向心力，实行谈心谈话制度。本着平等、诚恳、求实、与人为善、实效的原则，班子成员全年与全体党员谈心不少于 2 次。实施党员思想汇报及分析制度。每位党员全年向支部汇报思想一次，详细汇报个人的学习、工作、生活、廉政等各方面情况。支部全年对全体党员进行两次思想状况分析，了解党员的真实想法，把握党员的思想动态，增强思想道德教育的针对性和实效性。三是开展机关文化建设，营造积极向上的工作氛围。2016年成功申报滁州市廉政文化进机关示范点，并获该项荣誉称号。四是强化党支部组织建设。加强党员组织关系管理，参加党的组织生活，接受党内外群众监督，奋力争当“四个自觉”模范。按期交纳党费。强化工作作风和党风廉政建设。积极开展批评与自我批评，总结经验，找出差距，提高思想认识，明确努力方向，做好“精准扶贫、精准脱贫”。持续开展“三增三联”活动，同时做好党支部换届选举工作。五是指导工会、共青团发挥作用。支持共青团围绕党组织和我局中心工作，自主负责地开展活动。要支持和参加共青团组织的重大活动，关心团干部的成长与培养。充分发挥共青团团结教育青年的作用和党的助手作用。

【精准扶贫】 县气象局承担马厂镇新安村24户贫困户脱贫工作，全椒县气象局克服汛期气象服务任务重、要求高的困难，在成立气象扶贫工作组3人基础上，又增加3人开展扶贫工作，登门入户、宣讲政策开展“一对一”帮扶对接，因户制宜，制定相应的扶贫措施，2016年已实现8户脱贫。同时结合气象行业特点，在高温干旱和秋收秋种期间，农业气象技术人员三次深入田间地头指导农业生产，开展直通式服务，并把24户贫困户纳入气象短信发布平台，在村部建立气象预警信息接收系统，在该村修建气象工程，建设一个标准化人工增雨作业示范基地，年底前完成建设一处气象灾害防御科普画廊，切实把扶贫工作做实做好。

【廉政文化建设】 落实党风廉政“两个责任”，廉政文化建设显成效。11月15日，滁州市纪委下发《关于命名第六批全市廉政文化建设示范点的通知》，县气象局被命名为“廉政文化进机关示范点”。多年来，县气象局坚持把廉政文化建设作为反腐倡廉的一项基础性工作来抓，坚持深入挖掘本地传统文化，大力营造“以廉为荣、以贪为耻、和谐向上”的廉政文化氛围，开展一系列具有地域特色和气象行业特色的廉政教育和文化创建活动；以廉政制度为基础、廉政思想为核心、廉政教育为载体，将廉政文化建设融入到干部队伍建设之中，为气象工作注入“气象为民、服务为民”的正能量，确保各项工作任务的顺利完成，成功地打造全椒气象廉政文化品牌。

【文明创建】 2016年是第十一届省级文明单位申报年，县气象局在全省文明单位创建中按照创建完成规定动作，同时县气象局打造“风雨相伴365志愿服务队”品牌，11月获得第二批安徽省文明单位创建十佳服务品牌。

【科普宣传】 气象科普宣传把防灾减灾落在实处，打造精品。气象防灾减灾科普宣传形式多样，一是利用“3·23”世界气象日气象科普进校园，气象为农服务助力大学生创业、对开放气象科普基地等方式宣传气象防灾减灾知识；二是利用“5·12”全国防灾减灾日、科技周等活动，投资4万元印制气象科普读本、宣传单，深入学校、社区、农村开展气象科普宣传；三是利用气象地震科普馆，向全县中小学生和广大群众开放，普及科普知识。5月，联合教育局、科协开展中学生气象科普作品创作大赛，有3篇作品分别荣获安徽省气象科普创作大赛三等奖、滁州市气象科普创作大赛一等奖。

【依法行政】 编制全椒县气象局权力清单、责任清单、办事流程图，认真落实中国气象局、省局关于取消第一批和第二批气象行政审批事项的通知，县行政服务中心气象窗口工作人员积极优化简化审批流程，缩短办理时间，提高办事效率。2016年以来共受理各类行政审批及服务事项23件，做到办结率和正确率均为100%，群众满意率100%。

【安全生产】 2016年，县气象局切实做好安全生产工作，一是密切监测天气变化，及时预警预报，高效传播，有效应对。二是强化防雷安全社会化管理，减少和防范雷击事故和损失。三是切实做好人工影响天气作业装备的安全管理工作，确保作业安全。四是切实做好我局基本业务、信息发布、互联网网络、气象资料及防火防盗、基建管理等方面的安全生产管理工作，全年无任何安全事故发生。

（县气象局）

文化传媒

- 文广新局
- 广播电视台
- 图书阅览

文广新局

【取得成绩】 2016年，县文广新局在县域经济考核、文化民生考核中全市第一；被国家版权局表彰为查处侵权盗版案件有功单位二等奖，作为滁州市唯一单位被省文化厅授予“送戏进万村”活动优秀单位称号；成功创建市级“农家书屋示范县”“农家书屋示范点”；送戏进万村、文化市场执法工作先后在全省作经验交流发言；乡镇综合文化服务中心和农民文化乐园建设推进会、全省文化市场行政执法培训会先后在全椒县召开；省委宣传部、省政协、《安徽日报》等单位先后到全椒县督察、调研、报道农家书屋等基层文化惠民设施建设情况；在全市“民生杯”花灯大赛中分别获一等奖、二等奖，在全市农家书屋技能大赛中分别获一等奖、二等奖、三等奖。

【基础设施建设】 公共文化基础设施不断完善。新建文化馆、图书馆10月1日正式开放，文化馆被评定为国家一级馆。全面完成农村应急广播网建设，直播卫星“户户通”工程按计划推进。市级试点十字镇百子中心村农民文化乐园、襄河镇综合性文化服务中心、城南社区市民文化乐园全部按标准建成开放。省级文保单位国光楼保护建设工程顺利竣工通过验收。吴敬梓纪念馆改造提升工程快速推进。博物馆建设工程已选址立项，布展大纲正在编制中。镇、村文化场地改造提升、设备更新等工作及时跟进。

【文化活动】 文化活动更加丰富多彩。组织开展“正月十六走太平”系列文化惠民活动；举办春节文艺联欢会、新春音乐会、春节广场文艺演出、民俗花灯大赛、花灯巡游走太平、戏曲演唱会、百姓大舞台文艺演出、全民舞蹈大赛、庆祝建党95周年文艺演出、综合文化站文艺调演等活动。

【权益保障】 群众文化权益保障充分。各级文化场所全部免费开放。“两馆”采取服务外包形式，场馆功能充分发挥，图书馆举办各类阅读、社科普及等活动26场，参与人数8万多人次；文化馆全年接待各界群众2.6万人次，有黄梅戏、舞蹈、健身等民间队伍常年在馆内开展活动；吴敬梓纪念馆全年接待县内外100多万人次。镇综合文化站全年开展电脑入门视频培训、文艺创作座谈会等活动120多场，受益群众5.2万人次，村农家书屋开展各类阅读活动310场次。全年“送戏进村”114场，放映农村免费电影1128场、放映爱教片208场。

【文化遗产保护传承】 文化遗产保护传承得到加强。文物执法、文保单位安全巡查、维护工作到位。组织市级非遗项目“马厂酥笏牌”参加央视军事农业频道“美丽乡村快乐行”录制，开展“大手拉小手　全椒民歌进校园”活动，挖掘拍摄非遗儒林根雕录像资料，召开非遗传承与保护座谈会，举办第二届非遗传承人培训班、第二届非物质文化遗产文艺展演、第四届全椒民歌大赛等活动。成功申报《八朵云》《手狮灯》入选省级非遗名录，《六镇高跷》《庐剧》《儒林根雕》入选市级非遗项目，《老汉推车》传承人入选市级非遗项目代表性传承人。

【服务管理】 文化市场服务与管理规范有序。常规检查、错时检查、专项整治行动相结合，严查重处文化市场各类违法违规经营行为。联合教育局开展“新学期·新风貌”“从我做起，远离盗版”“打击侵权盗版，保护知识产权”等公益活动。联合县消防大队召开文化市场消防安全培训会，全县近200家文化经营单位负责人参加培训。组织执法队员参加《网络文化执法》专题学习和全省文化市场行政审批培训，案件办理工作受到国家版权局表彰。全年共出动检查3000多人次，检查各类经营场所3500多家，查缴非法书报刊1000余册、非法音像制品、盗版软件光盘400多张，查处违规网吧8家、广播电视台1起、擅自从事出版物发行业务案1起，受理群众举报13起。

【惠民三项工程】 一是实施广播电视“户户通”工程。全县共18000户，上半年启动，多次召开会议强力推进，年底前100套试点设备已全部安装并交付使用。二是实施农村应急广播网“村村响”工程。采用IP模式，全县共建成一个县级总播控机房、10个镇分控机房、94个行政村广播室、2429个自然村3G、4G接收终端。三是实施电影“人人看”工程。招标确定放映责任主体,签订责任书,制定方案和资金发放管理办法,考核达到标准后方可领取放映补助。

【送戏进万村】 2016年,县文广新局采取四项措施保障“送戏进万村”惠及于民。一是按需配送。征求群众意见,将招投标分为17场整本大戏、18场小戏和折子戏和59场综艺节目两个标段,每场演出有5个以上反映县委、县政府中心工作节目参演。二是强力宣传。应急广播、电视、网络、宣传等平台,及时发布演出讯息,吸引群众参与。三是规范演出。合理安排演出时间,落实专人安排好场所、电源、演员服装更换地点等。每天不超过两场,每场演出不低于100分钟,演职人员不少于20人,可演节目不少于18个。四是强化督察。制定考核办法,成立监督小组,组织群众开展满意度测评,县民生办、县效能办等进行明察暗访。

【农家书屋】 2016年,县文广新局“五个到位”推动农家书屋提质增效。一是资金保障到位。每个点配备1名管理员,县财政给予误工补助;配置书橱、阅读桌椅、标牌、制度牌、登记簿等辅助设施;以点带面,扎实开展“两创两培”提升工程。二是管理维护到位。下发运行维护文件,统一制作各项标牌上墙,建立督察、调度、群众评价和反馈等机制。三是活动开展到位。每周开放不少于40小时,全年开展各类读书活动310场,参加人数13600人次;打造“五一”书香周、“我的书屋我的梦”、“经典诵读”等阅读品牌,开展各类培训活动220场次。四是组织培训到位。每年对管理员开展一次业务培训、一次技能大赛、一次征文比赛。五是察查考核到位。制定下发《农家书屋绩效管理考核标准》《农家书屋管理员绩效考评标准》,将农家书屋管理工作纳入年终各镇民生工程考核范围。

(县文广新局)

广播电视台

【概况】 2016年,全椒广播电视台深入学习贯彻习近平总书记系列重要讲话特别是视察安徽重要讲话精神,坚决贯彻落实县委、县政府和县委宣传部各项工作部署,以“一心一意谋发展、聚精会神抓党建”为主题,以新闻宣传为中心,以品牌打造为支撑,以改革创新为动力,以媒体融合为手段,以全面从严治党为保障,以争先进位为目标,攻坚克难、创新前行,不断推进主流舆论向深度和广度拓展,促进广播电视精品创作生产持续繁荣,加快广电媒体与新兴媒体融合共荣,各项工作稳健发展,取得显著成绩。

【新闻宣传】 对内宣传有举措。全年制播《全椒新闻》250多期,采制新闻1500多条,围绕“调转促”“扶贫攻坚”“文明县(县城)创建”“城市规划管理”等重大主题活动开辟新闻专栏、专题20个,提升舆论引导影响力,鼓舞建设“六个全椒”信心决心。栏目创新有亮点。新推民生新闻栏目《民生直通车》,以关注民生服务百姓为宗旨,及时宣传县委、县政府民生工作动态,全年制播20期,同时制播《天之椒子》36期、《红绿灯》54期、《健康全椒行》54期、《聚焦》20期。专题报道有效应,围绕县委、县政府各阶段中心工作,着重围绕扶贫攻坚、大众创业万众创新、优秀共产党员、优秀巾帼典型、弘扬社会主义新风尚制播《看全椒》52期,完成均衡教育、反腐倡廉等28部上级交办资料片制作。专项宣传有成效。圆满完成县“两会”、县十四次党代会、“十二五”成就宣传等多项重点专项宣传任务,录播县人民代表大会、县政协全体委员会等会议实况,实现传播范围的拓展和传播时限的延伸。媒体融合有突破。成立新媒体中心,开通运行“全椒微视”微信公众号,推送信息61期,图文视频综合信息327条,总浏览量108759次。开通运行“微全椒”企鹅媒体平台,发布信息183条,阅读量41818次,腾讯视频点播量177548次。

【创先评优】 在2015年度省、市广播电视新闻奖评选中,共有7部作品获奖:《腊梅花开——脑瘫夫妻创业路》获省电视社教类二等奖(薛绍全、刘玉玲、许祺);《100双布鞋50年婆媳情》获省广播社教类三等奖、市广播社教类二等奖(桓超、张亚);《反腐应抓早更要抓小》获市广播新闻类二等奖(孟祥盛、高程、林启);《一位七旬奶奶办“留守儿童之家”》获市电视社教类三等奖(黄其富、冯让慧、黄海);《爱无痕》获市广播社教类三等奖(薛绍全、刘玉玲、陆勤凤);《这样的开工暖人心》获市电视新闻类三等奖(王茂斌、姚晶晶、张亚);《滁河水位暴涨全椒爆破泄洪》获市电视新闻类优秀奖(黄其富、张浩)。

【事业发展】 切实担当社会责任。全年播出电视剧4180集(其中省供片中心新片1200集)、电影900部,播出综治反腐、征兵宣传、关工双拥、森林防火、反间谍、文明创建、社会主义核心价值观、"中国梦"等公益广告40部,播出临时公告、循环字幕90例,播出《天气预报》500期。改革发展稳步推进。深化院校合作,与安徽广播影视职业技术学院深入推进实习基地建设,先后组织多名毕业生来台实习。

【技术保障】 技术设备积极改善。采购到位4台高清摄像机、4套高清无卡非编系统、1套无卡移动非编系统、民用级无人机拍摄系统、审片电脑以及高清摄录设备周边配件等。广播转型扎实推进。积极争取上级专项资金45万元推进广播直播工程建设,按照录播到直播步骤稳步推进,发挥广播效益,激活广播作用。安全播出常抓不懈。无差错完成上级下达的全国"两会"、"建党95周年纪念大会"、"纪念红军长征胜利80周年大会"、G20杭州峰会等重要保障期安全播出任务,维护维修非编、摄录设备约180台次,解决摄录编播设备故障220次,维修办公电脑设备120台次,维护调试发射台32次,4个频道场强测试15次。

(县广播电视台)

图书阅览

【概况】 2016年是县图书馆最不寻常的一年,新馆的全面启用,为全县公共文化建设以及公共文化服务效能提升写下新的篇章。2016年,县图书馆主动克服事多人少、管理运行面临挑战等多种困难,采取"服务外包"与自力更生相结合、传统服务与创新服务相结合等措施,创新品牌服务活动,解全民阅读之"渴",多项活动助推免费阅读免受打搅,为满足广大市民阅读愿望提升公共图书馆服务效能开辟新的跑道。

【免费开放】 2016年,全年办证2900张(含分馆),其中手工办证2110张,自助办证机办证796张,年接待读者11万人次(含分馆),借还图书11.25万册次(含分馆);开展免费开放全民阅读活动30场次(含分馆),受益人群得到1.7万人次,较2015年明显上升。

【业务建设】 县财政投资800多万元购置纸质图书15万册,期刊360种,电子书143万册、电子报800余种、电子期刊1600余种,定期更新;购置供读者使用终端计算机50余台,自助办证机2台,自助借还书机6台,智能书架32组,新建小微数字图书馆9台(含5个省级农民文化乐园)。馆内新建微信、微博,无线网全覆盖,20百万兆数字资源供读者免费下载使用,全椒市民的公共阅读服务发生质的改变。

【服务效能】 图书馆工作人员7人,365天免费开放,结对帮扶10名留守儿童;建立志愿者服务机制,重点加强青少年儿童、特殊人群阅读条件的提升以及无障碍阅读环境的建设(建立盲人阅览室),新增1个村级1个社区图书馆),图书流转22次6000余册(含分馆),受益群众2500人次。

【工作亮点】 10次与县委宣传部、县文明办、县社科联、县文联、县古城等部门联合举办道德讲堂总堂、人文社科大讲堂,传统文化国学大讲堂活动,3000多人先后走进图书馆,传递文明,传承文化,分享智慧。招募阅读服务志愿者20人,人均服务60小时以上,较好地缓解节假日图书馆阅读高峰的服务压力。省市县领导先后6次莅临图书馆考察调研指导工作。首次获安徽省"青少年维权岗"创建单位荣誉称号。

(县图书馆)

社会生活

- 民政
- 民族宗教
- 劳动与社会保障
- 残疾人事业

民 政

【城乡低保】 从2016年6月起，提高城乡低保保障标准，城市低保保障标准由475元/月提高到500元/月，农村低保保障标准由220元/月提高到270元/月。强化城乡低保动态管理，清退城乡低保对象938户1654人，新增804户1333人。到12月底，全县有农村低保对象9143户15094人、城市低保对象3362户5711人。全年发放低保金6087万元，其中农村低保3295万元，月补差191元；城市低保2792万元，月补差395元。

【城乡医疗救助】 救助城乡困难群众49095人次、资助24107名城乡低保、特困人员和建档立卡贫困人口参合参保，发放医疗救助金1455.8万元。

【临时救助】 完善“救急难”工作主动发现机制，救助困难家庭1421户次，发放临时救助金256万元，户均救助1804元。

【流浪乞讨人员救助】 加大生活无着的流浪乞讨人员救助力度，全年救助1059人次，发放救助金56.4万元。

【孤儿基本生活保障】 为91名孤儿发放基本生活费69.5万元，其中散居孤儿76人，每人每月600元；集中供养孤儿15人，每人每月1000元。

【重度残疾人护理补贴】 将重度残疾人护理补贴制度纳入民生工程。出台《全椒县重度残疾人护理补贴实施细则》，为4696名一级、二级且需要长期照护的重度残疾人每人每月发放护理补贴60元。全年发放重度残疾人放护理补贴336万元。

【农村五保供养】 从2016年7月起，再次提高农村五保供养标准。分散供养标准由每人每年2904元提高到3650元，增幅25%；集中供养标准由每人每年4356元提高到4850元，增幅11%。全年为2799名五保对象发放供养经费1158万元。

【社会养老服务体系建设】 继续在襄河镇襄河社区、城南社区开展居家养老服务试点，通过政府购买服务的形式，为206名困难老人提供日间照料等服务，发放居家养老补贴26万元，每人每月补助100元。

【救灾救济】 2016年，全椒县先后遭洪涝、干旱、风雹灾害。全县倒塌民房30户77间、严重损坏民房11户21间，农作物受灾11.7万亩、成灾3.7万亩、绝收1.3万亩。灾害发生后，县民政部门及时开展救助工作，累计下拨救灾款360万元。

【优待抚恤】 全年优待优抚对象1273人，发放优待金582万元，优待标准为9300元。为3789名重点优抚对象发放抚恤定补款1835万元。

【退伍安置】 接收退役士兵217人，其中义务兵116人、复员士官100人、军休士官1人，发放自谋职业金602万元。免费为120名退役士兵进行技能培训。

【双拥工作】 对78个“拥军优属模范单位”、58个“拥军优属合格单位”和6个“拥军爱民模范单位”进行命名表彰。对6个驻军部队和3个市驻军部队进行走访，发放慰问金22万元。组织“两新组织”走访慰问抗洪将士，并送去慰问品。9月30日，成功举办烈日纪念日活动。

【老龄工作】 落实普惠制高龄津贴制度，为13546名80周岁以上老人发放高龄津贴512万元。开展“银龄安康行动”，全县有28598名老人参加意外伤害保险，覆盖率达32.2%，位居全市第一名。县老龄办被国家老龄办、最高人民检察院、最高人民法院、公安部、民政部、司法部授予“全国老年法律维权工作先进集体”称号。古河镇居民杨宝昌荣获全省“孝星”称号、襄河镇百岁老人刘继芬荣获全省“福星”称号。

【基层政权和社区建设】 2016年，省民政厅将全椒县纳入全省首批城乡社区协商试点县，襄河镇八波村和石沛镇黄栗树村作为全省首批城乡社区协商试点村。县委办、县政府办印发《全椒县关于加强城乡社区协商的实施意见》，在全县31个村（社区）开展城乡社区协商试点工作。出台《全椒县社区减负实施方案》，对进入社区的服务事项实行目录管理，以减轻社区负担、改变社区的行政化倾向，促进社区职能归位。

【社会组织管理】 新登记成立社会团体14家、民办非企业单位13个。全县共有社会团体158家、民办非企业单位110个。推行社会组织“三证合一”制度改革，为87家社会组织换发新证。为130家社会组织开展网上年检，年检率达100%。成立单独社会组织党支部19家、联合党支部8家，组建率达70.8%。完成11家行业协会商会与行政机关脱钩工作。

【区划地名】 投资40万元为县城城南新区和部分老城区增设T型地名标志牌350块、箱式地名标志牌30块，实现新老城区地名标志全覆盖。按程序对7个小区进行命名。

【婚姻登记】 全年办理婚姻登记4706对，补办结婚登记2554对，办理离婚登记1316对。

【殡葬管理】 全年火化遗体2957具，火化率达99%以上。2016年12月，全椒县殡仪馆被民政部授予“全国殡葬工作先进集体”荣誉称号。

（县民政局）

民族宗教

【概况】 2016年，全椒县民政局（民宗局）始终紧扣民族工作“两个共同”的主题和宗教工作“和谐稳定”的主调，民族团结和

全椒神山寺

谐，宗教和顺稳定，实现预期的目标。全椒县是全市民族宗教工作重点县（市、区）之一，全县现有回族、满族、畲族等23个少数民族，人口8000余人，占全县总人口的1.6%左右，其中回族人口6000余人，占少数民族人口近80%。民族村2个：西王镇管坝民族村，下辖11个村民组，总人口4550人，其中少数民族人口1820，占民族村总人口的40%，耕地面积3950亩，2016年人均可支配收入10098元；六镇镇大张民族村，下辖28个村民组，总人口3760人，其中少数民族人口1400人，占民族村总人口的37%，耕地面积15000亩，2016年人均可支配收13000元。民族学校3所：管坝民族学校（九年一贯制）、中心回民小学、大张民族小学（停办）。全县有4种宗教：佛教、道教、伊斯兰教、基督教。爱国宗教团体4个：基督教三自爱国运动委员会、佛教协会、伊斯兰教协会、道教协会。经批准登记的寺观教堂（固定处所）80处：佛教5处、道教2处、伊斯兰教6处、基督教67处。

【民族进步事业】 少数民族发展项目工作争取有利。全年共争取省、市少数民族发展项目资金3个共65万元，其中省级2个，资金50万元。项目全椒县鮰鱼标准化示范养殖基地建设项目25万元，已通过项目验收并建立台账；滁州市王鹏畜牧养殖有限公司水牛养殖及牛肉深加工项目25万元，项目正在实施之中。市级少数民族发展资金项目1个，全椒县环海龙虾养殖专业合作社基础设施建设项目资金15万元，已通过项目验收并建立台账。民族团结进步宣传教育活动有效开展。以“中华民族一家亲，同心共筑中国梦”为主线，围绕“共同团结奋斗，共同繁荣发展”民族工作主题，利用开学日、主题团（队）日、少数民族重大节日等时机，组织开展多种形式的宣传教育活动，管坝民族学校把民族团结进步纳入9月教学计

划，引导全体师生进一步增强稳定压倒一切意识、民族团结意识、遵纪守法意识和社会责任意识，自觉成为民族团结的维护者和促进者。“共同发展”联合攻坚行动初见成效。2016 年，全县有 3 个帮扶单位为管坝、大张两个民族村共争取项目 5 个，项目资金 180 万元，其中全椒县发改委扶持管坝民族村街道污水雨水网改造、大张民族村修建水泥路 900 米，项目资金共 71 万元；全椒县交通局扶持大张民族村道路扩建 3.5 千米，项目资金 35 万元；全椒县水利局扶持大张民族村扩建小庄水库、水塘加固项目，资金共 74 万元。项目已实施到位。第二批中国少数民族特色村寨申报有序推进。根据《国家民委办公厅关于开展第二批中国少数民族特色村寨命名挂牌工作有关事项的通知》（民办发〔2016〕64 号）文件精神，全椒县管坝民族特色村寨积极申报第二批中国少数民族特色村寨，现已在国家民委网站公示。“民族一家亲，百企帮千户”活动扎实开展。县民宗局分别于 9 月 23 日上午到管坝民族村、9 月 27 日下午到大张民族村对少数民族困难户进行帮扶慰问，县民族企业代表全椒县城西畜牧养殖专业合作社负责人王成、全椒县鮰鱼标准化示范养殖基地负责人时超分别对 17 户少数民族困难户发放慰问金，每户 1000 元，共计 1.7 万元。

【宗教事务管理】 宗教场所和宗教活动规范管理。指导宗教团体做好教育培训工作，2 月 25 日—3 月 9 日县三自爱国委员会举办全县基督教堂（点）负责人和传道员培训班，邀请县防范办、国保大队相关负责人授课。结合宗教活动场所公开挂牌活动，积极引导佛道教场所安全有序开展“文明敬香”和“规范放生”活动，全县 7 个佛道教场所统一公开挂牌，统一制作并悬挂警示标牌和指示牌。督促指导宗教活动场所做好银行开立账户和机构代码证办理工作，截至 11 月底全县 80 个宗教场所，已办理组织机构代码证 79 个，占比98.75%；已办理开户银行 79 个，占比 98.75%。未开户的宗教活动场所为全椒县花神庙，花神庙人流量较小，基本无资金收入，由道教协会资金账户代为管理，机构代码证已停办，等待政策明确后办理。民族宗教领域安全意识加强。全县排查出矛盾隐患 6 个，基本得到化解，未发生影响民族团结、宗教和睦的事件。督促指导相关镇和单位周密细致组织好三塔寺、神山寺、龙山寺庙会，会同襄河镇积极组织协调好太平寺“正月十六走太平”和宝林教堂圣诞夜的安全稳定工作，确保宗教节庆活动平安稳定。督促指导县三自会和相关镇妥善做好官渡教堂、朱陈教堂、高桥教堂和马厂教堂堂委会班子推选工作，确保和谐稳定。宗教政策法规学习活动继续开展。6 月“宗教政策法规学习月”活动在全县宗教团体和宗教活动场所开展，6 月 28 日，县民宗局会同县司法局在宝林基督教堂举办全椒县宗教界“国法与教规的关系”主题法律知识讲座，邀请安徽椒陵律师事务所资深律师重点围绕“学法懂法用法守法全面推进依法治县”开展法治讲座，有效推进全县“法治进宗教场所”的工作进程，宗教界人士和信教群众的国家意识、公民意识和法律意识增强。“宗教慈善周”活动规范开展。围绕“扶贫济困，助学圆梦”的主题开展“宗教慈善周”活动，宗教慈善周活动前后，全县各宗教场所共捐慈善款（含实物折价）17.3484 万元，全部用于“五助”公益慈善活动，一定程度缓解受助家庭或个人困难，受到社会各界的赞誉和好评，提升宗教界的社会责任心和使命感，宗教界的良好形象逐步展现。“和谐寺观教堂”创建活动继续开展。全县申报市级“和谐教堂”2 个（十字教堂、太平寺）、省级“和谐寺观教堂”1 个（十字教堂）。佛教固定场所“百子庵”批准设立。11 月 17 日，滁州市宗教局（滁宗字〔2016〕14 号）批复全椒县百子庵设立为佛教固定处所。

【基层基础工作】 民族宗教工作责任体系逐步健全。10 个镇均调整配齐民族宗教工作助理员，94 个村 20 个社区调整充实民族宗教工作信息员。民族宗教工作继续列入各镇年度目标管理考核，县、镇、村民族宗教工作三级网络和三级责任制逐步健全，民族宗教各项工作制度和工作档案逐步规范。

（县民族宗教局办公室）

劳动与社会保障

【就业工作】 1—12 月，城镇新增就业10147人，完成全年目标任务5600人的181.2%；城镇登记失业人员731人，实现就业564人，失业人员再就业率76.14%，完成全年任务目标50%的152%；认定就业困难人员150人，实现就业168人，就业困难人员帮扶就业率93.09%，完成全年任务目标60%的155%；新增转移农村劳动力14775人，完成全年目标任务8800人的167.9%；开展创业培训178人次，完成全年目标任务150人的118.7%；全年城镇登记失业率控制在3.1%以内。

人力资源市场为327个用工单位办理招聘登记，举办招聘会87场，发布招工信息322份，帮办企业招工11809人，完成全年目标任务7500人的163.72%；在规定时间内完成全县257260名劳动力资源基础数据采集和信息录入工作。

2016—2017年度高校毕业生见习共征集14家见习基地共207个岗位，现已到岗56人，完成年度目标任务55人的101.8%。同时完成2015—2016年度全椒籍离校未就业高校毕业生跟踪服务工作，381名离校未就业毕业生已全部实现就业。审核发放1892名灵活就业困难人员社会保险补贴，共计发放补贴金额426.245万元。利用失业保险基金对31家重点帮扶企业、34家普惠制企业发放稳岗补贴834.38万元，稳定就业岗位11099人。政府开发公益性岗位350个，完成年度目标任务350人的100%，实际在岗164人。

全椒县人社局召开工作调度会

举办"正月十六走太平"企业大型用工招聘会

【培训工作】 2016年，就业技能培训开班32期，完成培训2561人次，占全年计划2400人的106.7%，培训合格人数为2529人，通过鉴定人数为2484人；职业技能鉴定5181人，完成全年计划4800人的107.9%；培养新技师人数47人，完成全年计划45人的104.4%；培训高级工624人，占全年计划600人的104%；企业开展技能提升培训31期，培训合格2415人，鉴定合格2415人。2016年冬季退役士兵，组织报名61名，其中电工中级33人，计算机操作员中级28人。经过系统学习培训考核，已有45人取得中级职业资格证书。

【社会保险】 截至2016年12月底，各项社会保险参保总人数达到49.6356万人。城镇职工基本养老保险参保5.0676万人（包括离退休人员），完成任务5.05万人的100.3%；城镇居民基本医疗保险参保人数6.7713万人，占计划6.38万人的106%；城镇职工医保参保人数3.6591万人，完成任务数3.52万人的104%；失业保险参保2.321万人，占2.3万人任务的100.9%；工伤保险参保3.2207万人，占3.09万人任务的104.2%；生育保险参保2.5169万人，占任务数2.42万人的104%；城乡居民社会养老保险参保人数23.872万人，完成目标任务21.5万人的111%；被征地农民社会养老保险参保人数1.5508万人，保障率达98%；村干部养老保险参保人数810人；土地流转农民养老保险参保人数22人；民政部门移交的“老农保”参保人数5730人。

1—12月各项社保基金累计滚存结余为105163.19万元。其中城镇职工基本养老保险基金累计结余3.62亿元，城乡居民社会养老保险基金累计结余194600.8万元，城镇职工医疗保险基金累计结余22133万元，城镇居民医疗保险基金累计结余9319万元，工伤保险基金累计结余847万元，生育保险基金累计结余1481万元，失业保险基金累计结余1152万元，被征地农民保险基金累计结余11798.6万元，村干部养老保险基金累计结余1713.05万元，土地流转农民养老保险基金累计结余9.92万元，“老农保”基金累计结余472.22万元，各项社保基金运行平稳。

全椒县人社局开展特殊党费爱心捐款活动

【人事人才工作】 2016年，全椒县招录公务员（不含乡镇）共12名，其中县司法局招录4人，县交通局、县卫计委、县审计局、县财政局、县农委、县统计局、县行政执法局、县安监局各招录1人；扎实做好全椒县事业单位公开招聘工作，其中卫生系统招聘98人（含合同制38人）、部分事业单位招聘18人、教育系统招聘78人及县委党校选调教师3人；完成2016年度全椒县“三支一扶”人员的期满安置工作和新招募的“三支一扶”人员的分配上岗工作。此外，完成专业技术人员继续教育培训5400人次，完成目标任务5400人的100%。高级技术人才引进方面，2016年，全椒县卫生系统对具有博士、硕士学位的高级专业技术人才放宽政策，实行免笔试、只面试的方式，同时设置优先评定职称、免费安排公租房、最高可享受10万元购房补助、子女入学自主择校、夫妻分居一方有编制的可解决异地对等调动等优惠的政策，畅通引入渠道，着力引进一批高端人才。

【劳动关系】 一是圆满完成2016年“两节”期间的农民工工资清欠工作。2016年“两节”节期间，全县共接待农民工工资投诉工程项目62个，共解决农民工工资1.6亿元，涉及农民工人数6900余人。县人社局对13起欠薪单位和个人以涉嫌拒不支付劳动报酬罪进行立案查处，并移送公安部门，经公安部门审查，对4名恶意欠薪当事人实行刑事拘留，对2名恶意讨薪的当事人实行行政拘留。此外，县人社局创新工作思路，在县委组织部组织、配合下，从全县县直机关抽调30名副科级干部组成20个工作组，专职从事农民工工资排查、化解工作。20个工作组与全县10个镇、3个政府类、4个非政府类和2个厂房类在建工程项目实行“一对一”捆绑对接，同时，由县人社局牵头每月召开一次调度会，明确包保责任，落实绩效考核，从制度、机制上保障农民工工资不出问题，举全县之力打赢农民工工资清欠攻坚战。二是积极贯彻落实《中华人民共和国劳动合同法》，指导用人单位和劳动者订立规范的劳动合同。人社局工作人员携带劳动合同规范文本,多次深入用人单位,讲解劳动合同的条款,指导用人单位与劳动者依法订立劳动合同,使用人单位与劳动者签订的劳动合同更加符合劳动法律、法规,有利于劳动合同的正确履行,避免或减少劳动争议的发生。截至2016年12月底,劳动关系指标全部达到规定比例,全县劳动合同签订率达95.6%,两网化覆盖率100%,劳动监察投诉举报结案率100%,劳动人事争议仲裁结案率100%。

【特色工作】 2016年以来,全椒县人社局围绕大局,突出重点,突破难点,扎实工作,积极创新工作思路,彰显全椒特色,确保各项人社工作精彩唱响,展示良好的形象。6月,全椒县人社局党总支先后被省委表彰为全省先进基层党组织,被市委表彰为全市先进基层党组织。县人社局被省人社厅通报表彰为全省第二批城乡居民基本养老保险业务档案管理达标先进单位。"扶"字牵引,就业创业局势基本稳定。全面推进"大众创业、万众创新"行动计划。县人社局以农民工、高校毕业生和就业困难人员为重点,落实用工帮办系列举措,通过细化工作措施,采取举办现场招聘会,落实创业担保贷款,夯实就业创业见习基地,选树就业创业典型等措施,切实加强对灵活就业、新就业形态的支持,帮助县企业解决招工和人才短缺问题,力促返乡农民工、高校毕业生等各类就业群体就地就近就业。"实"字凸显,丰富民生工程新内涵。大病保险在实践中推行,群众就医负担进一步减轻。紧密结合全柴、海螺等重点骨干企业的用工需求,"量身定制"技能培训方案,有针对性地选编实用乡土教材,储备式、订单式和跟踪式"三式"就业技能培训量质并进。深入实施就业扶持工程,开发公益性岗位350个,坚持把高校毕业生就业工作放在首位,做好高校毕业生就业见习工作。积极引导居民自愿参保,鼓励城乡居民提高缴费档次,努力实现应保尽保。"惠"字优先,送扶贫"大礼包"。开展一次特殊的党费捐赠活动,号召全椒人社系统党员干部职工以捐赠特殊党费、助力扶贫济困的形式奉献爱心,以实际行动争做合格党员。活动共收到总支全体党员干部职工缴纳的特殊党费5700元。此次"特殊党费"由全椒县人社局党总支接收后,全部用于慰问、资助该局对口扶贫的全椒县马厂镇岗杨村和襄河镇邱塘村的贫困户,帮助他们缓解生活中的实际困难。"调"字为主,构建和谐劳动人事关系。坚持以调解处理为主,采取调解先行、多调少裁,能调不裁的模式,第一时间掌握企业劳动关系动态,发现苗头及时介入、化解,积极打造"阳光调解"品牌,有效地维护劳动人事关系和谐稳定。同时,为深入破解农民工工资难题,全椒县自2015年建立起农民工工资工作组机制后,继续由县委组织部牵头,抽调全县20名副科级干部组成工作组专职从事农民工工资排查、化解工作,由县人社局负责农民工工作组的培训、监督等日常管理工作。县人社局将常抓不懈做好此项工作,确保工作组入驻取得实效。"稳"字为重,信访维稳工作形势看好。县人社局高度重视信访维稳工作,将处理各种信访案件关口前移,细致接待来信来访。认真做好高校毕业生就业、农民工权益保护等工作。全面落实信访老户、企业军转干部解困"包保责任制",及时掌握重点人员活动情况,特殊人群情绪稳定。机关事业单位、企业养老金和失业保险金按时足额发放。"优"字为准,服务模式日趋多元。基层服务平台建设进一步加强,为全县10个镇、130个行政村(社区)配备电脑等设备,完善职责、延伸功能,系统联网办公实现"村村通",同时,围绕加快"调转促",阶段性降低社会保险费率,发放普惠制稳岗补贴,切实为企业减负;进一步完善企业招工帮办机制,推进招工平台下移,发挥基层社保专管员"穿针引线"的作用,加强就业信息和劳动力资源库建设,全方位搜集、多渠道发布企业用工需求情况,创造更多就业岗位。"建"字为上,扎实推进城乡居保业务档案规范化建设。城乡居保业务档案覆盖面广,受众群体多,是人社部门"记录一生、保障一生、服务一生"服务宗旨最好的诠释,因此,做好居保业务档案达标升级工作意义重大。此次达标验收工作时间紧、任务重、要求高,县人社局根据上级的工作要求,明确时限,倒排工期,扎实做好城乡居保业务档案规范化建设工作,并借此机会倒逼社保经办管理工作更上新台阶,居保业务档案成功验收达标升级,并于2016年7月28日在全省城乡居保业务档案规范化建

全椒县残疾人联合会举办“全椒县残疾人首届手工编织活动”

设推进会上被授予省级“城乡居保档案工作示范单位”称号。

（县人力资源和社会保障局）

残疾人事业

【概况】 2016年，县残联实施贫困残疾人救助与康复民生工程，完成残疾人就业、教育、康复、服务状况与需求专项会调查等本职工作和县委、县政府交办的重点工作。被滁州市残疾人联合会评为优秀单位。

【民生工程】 2016年，县残联牵头实施贫困残疾人救助与康复工程。完成贫困重度残疾人生活救助工作，7340名残疾人享受救助资金761万元；560名贫困精神残疾人享受药费补助56万元；全年共完成45名贫困残疾儿童医疗康复训练和救助，其中补贴四类残疾儿童训练34人，装配儿童假肢矫形器5人，残疾儿童辅助器具适配10人。

【建设残疾人综合服务中心】 2016年1月，总建筑面积10000平方米，总投资2000万元的残疾人综合服务中心开工建设，7月，主体工程封顶。建设内容包括残疾人康复中心、托养中心、体训和就业培训中心等。

【扶贫工作】 县残联结对扶贫西王镇罗塘村22户贫困家庭，分别建档立卡，按照扶贫手册要求填写相关资料，完成入户走访任务，因户制案。为罗塘村帮扶项目提供5万元扶持资金，为3户在校就读的大学生提供9000元助学金，为1户患白血病家庭提供5000元救助款，当年脱贫3户。

（杨骈雄）

镇域发展

- 襄河镇
- 古河镇
- 十字镇
- 石沛镇
- 武岗镇
- 六镇镇
- 二郎口镇
- 大墅镇
- 马厂镇
- 西王镇

襄河镇

【概况】 襄河镇位于全椒县中东部,地处襄河之滨,1949年建镇,是全椒县城关镇。镇域面积123平方千米,现辖13个社区、8个村、239个村民组,全镇人口约18.3万人,其中农业人口约3.8万人。下辖杨桥工业园区,现落户企业83家,累计实现工业产值135亿元,亩均税收达2万元以上。合宁高铁全椒站坐落境内,G40高速在境内设站,312国道和S206公路绕城而过,交通十分便利。2016年,实现财政收入5.82亿元,同比增长9.4%;规模工业总产值25.8亿元,同比增长13.6%;社会固定资产投资16亿元,同比增长27.3%;农村居民人均可支配收入14042元,同比增长13.2%。招商项目协议总投资14.2亿元。

【农业发展】 深入开展品牌创建活动,新申报无公害农产品、绿色食品、有机食品认证2个。现代农业加快发展。土地流转面积近7万亩,占全镇耕地面积86%,其中特色种养面积达1.5万亩,涌现杨桥村水岸桃源、老观陈村小湖圩水产养殖、花园村稻蟹养殖、千佛庵无公害蔬菜种植等一批规模化特色农产品生产基地。发展适度规模经营,推进土地向规模经营汇集,新型农业组织加快发展,共培育农民合作社76家、家庭农场47家。全力打造襄河现代农业示范区,建设完成优质粮食基地、花卉苗木基地和农业观光采摘基地1.5万亩,修建道路和硬化沟渠等约70千米。2015年,成为全椒县"国家级现代农业示范区"核心示范区之一。推进林苗产业发展,新增造林及补植补造1640亩,占县下达任务数的127%,超额完成任务。

【农村建设】 全力推进美丽乡村建设,建成美丽乡村省级示范村1个(八波村河东新村)、省级中心村1个(花园中心村)、市级示范村1个(邱塘中心村)和县级示范村1个(长安中心村)。以城乡建设用地增减挂钩项目为抓手,拆除旧村庄105个、5380户,新建续建新村(中心村)13个,新建续建安置房5292套,总建筑面积近65万平方米,回迁安置农民4452户。加强八波河东新村、邱塘中心村美丽乡村建设管理,注重教场和平新社区、长安中心村基础设施配套建设,提升综合服务功能。高质量、严标准打造花园中心村,各项建设任务已完成,已接受省级终验,荣获省沿江片第二名。扎实开展农田水利设施建设,建设完成千佛庵永宁片6800亩规模化节水灌溉增效示范项目,除险加固襄河东西堤险工险段3.1千米,清淤黄栗树东干渠11.2千米,扩挖当家塘坝22面,更新改造抗旱电站5座。2016年,实施八小水利改造提升、渠道清淤硬化、堤防加固和水毁修复等工程项目231个,投入资金2500余万元。推进农村安全饮用水工程,基本实现让农村居民喝上安全卫生水的目标。通过"一事一议"项目、农村公路网化工程和畅通工程,新建村组道路36.8千米,农村交通条件大为改善。

【民生工程】 深入实施民生工程,为民办实事,增强群众幸福感。年初走访慰问困难群众48户,发放慰问金计4.2万元。救助灾民684户,发放救助资金24万元,保障受灾群众的基本生活。严把低保和公租房审核关,分别审核上报低保户126户和公租房110户。及时做好临时救助工作,上报临时救助161人,大病医疗救助91人。建立健全残疾人档案管理制度,救助残疾人1355人,发放救助资金135余万元,发放生活贫困重度残疾人护理补贴30余万元。实施危房改造30户,补助资金38.6万元。完成新增就业2842人,圆满完成县下达任务。稳步推进城乡居保,完成缴费34884人,做好城乡居民医疗保险参保缴费工作,已完成缴费28509人。开展校园周边环境整治,为创建全国义务教育发展基本均衡县做出积极贡献。打造襄河镇综合文化服务中心和城南社区市民文化乐园,顺利通过市级验收。加强农家书屋建设,在全市农家书屋技能大赛中荣获两个一等奖。广播应急工程实现全覆盖。2016年,襄河镇荣获"安徽省书香之乡"称号。

【脱贫攻坚】 精准识别贫困户334户778人,积极为贫困户"牵线搭桥",解决贫困户就业问题,已帮助130人找到合适工作。开展企业对接贫困户活动,鼓励民营企业积极承担社会责任,全椒永盛房产开发公司捐助10万元专项扶贫款。严格落实干部包保责任，全力做好2016年97户、240人的脱贫任务，在全镇上下共同努力下，已顺利接受省第三方评估，脱贫户满意度100%，脱贫攻坚首战告捷。

【城市建设和管理】 持之以恒推进城乡一体化发展，缩短城乡二元化的差距，更加突出宜业宜居，城乡面貌日新月异。扎实推进城市网格化。充分发挥查(违)拆(违)合一优势，变“单兵作战”为“联合作战”，优化网格化管理，明确网格长、网格员的具体职责。通过典型引路示范，带动全面推进，夯实责任体系，提升精细化管理水平，针对领导批示、市长热线、媒体曝光、市民投诉、信访交办等问题，明确责任人限期办结，严控增量，严打存量，努力实现网格化管理无缝隙、无盲区，发现并移交违法用地线索22起，面积5122平方米；共拆除违建近140起，拆除面积近7000平方米。全力服务城市建设。发挥城关镇的主体作用，全力做好保障服务。积极开展G40高速改扩建、“三校一中心”土地征用、老观陈和张黄地块房屋征收工作，先后征迁445户、征地1798亩，及时协调处理各类问题和矛盾，确保县重点项目建设顺利实施。积极开展城区环境整治。冯家巷、翠薇巷、乌龙巷等10条巷道整体改造完成，全面改造安居小区和王曹小区。城乡保洁实现市场化运作，加大对背街巷道、城乡接合部、城中村和无物业小区环境卫生保洁的督察考核力度，老城区居住环境有效改善。

【社会管理】 着力提高社会管理和群众工作水平。细致做好综治信访工作。深入开展“七五”普法，扎实开展群众安全感和政法队伍满意度双提升活动，进一步促进社会和谐稳定。加强无邪教示范村居创建，2016年，八波村被评为全省无邪教创建示范村。加强综治维稳信访工作中心(站)规范化建设，16个村居达到规范化标准。定期召开信访工作例会，细化措施、落实责任，积极化解矛盾纠纷，共办理信访事项122件，攻坚化解积案2件。严抓细管安全生产。深入贯彻落实安全网格化管理，开展食品药品安全、道路交通安全、烟花爆竹、危化企业、职业病防治专项整治行动，召开安全生产专题培训会议6次，大力整改安全隐患，安全形势总体良好。

【党风廉政工作】 镇党委牢固树立“不抓发展会误大事，不抓党建会出大事”理念，不断加强党的建设，做到真管真严、敢管敢严、长管长严。基层党组织建设全面加强。从抓好领导班子的自身建设入手，突出思想作风建设这一重点，抓好党委理论中心组学习，提高领导班子统揽全局的能力，形成团结、务实、高效、清廉的党委班子。健全完善党建工作责任制，强化“书记抓、抓书记”，继续执行“联述联评联考”制度，把落实党建责任机制常态化，把抓好党建作为最大的政绩。2016年，八波村获全省“五个好”村党组织标兵称号，城南社区获全市社区党建工作示范点称号。党内政治生态清正和谐。镇党委领导班子按照集体领导、民主集中、个别酝酿、会议决定的原则，严守政治规矩，规范决策程序。坚持凡是重大问题决策、重要干部任免、重大项目投资决策和大额资金使用，都必须由镇党委会议集体研究决定，按规定程序运作，尚无发生任何违反民主集中制原则的决策行为。党风廉洁建设不断加强。坚持把党风廉洁建设责任制与各项工作同研究、同部署、同落实、同检查、同考核，形成集体领导与个人分工负责相结合，一级抓一级、层层抓落实的良好局面。坚持有腐必反、有贪必肃，对顶风违纪问题一律从严查处，2016年以来立案16件，16名违纪党员受到党纪处分。

【八波村】 八波村位于襄河镇西部，距离县城5千米，自然生态环境优美，交通便利。村域面积14.24平方千米，耕地面积1.6万亩，辖31个村民组，人口3765人。村党总支下辖2个支部8个党小组，党员133人。紧抓美丽乡村建设的机遇，拆迁13个村民组建立河东新村，新村整体规划占地面积500亩，可容纳1200户，4200人，现已建成180亩，安置房422户。八波村河东新村作为省级美丽乡村建设重点示范村，全力打造“生态宜居村庄美，兴业富民生活美，文明和谐乡风美”的新型农村社区。全力发展现代生态农业，全村1.6万亩的耕地全部流转，重点发展1000亩北美海棠、3000亩栀子花为主的苗木花卉生产，着力打造华东“三省一市”的最大花卉苗木生产基地，发展5000亩优质稻生产，打造优质无公害稻米品牌。通过流转闲置土地、发包集体水面、出租闲置房屋等形式，不断扩大村集体经济增收渠道，2016年村级集体经济收入达51万元。通过土地流转，农民从农业生产中解放出来，分期分批进入现代农业示范园，成为新型员工，月平均工资2500多元，常年聘用固定季节工200多人，日工资100元以上，实现青壮劳力的就近就业。充分利用一环线旅游专线资源，大力发展农家乐和旅游经济，农民家庭收入稳定增长，2016年农民人均纯收入达1.5万元，超过县平均水平20%以上。

八波村河东新村

【花园村】 花园村位于襄河镇西南，宁西铁路、S206省道穿村而过，交通便捷。村域面积9平方千米，耕地面积6500亩，辖26个村民组，5875人。村党总支下辖3个支部18个党小组，党员183人。以实施土地整治示范项目为契机，在构陈村民组规划建成花园中心村，新村占地141亩，建筑面积达4.3万平方米，现居住户数275户、893人。2015年，花园中心村被县政府确定为二环线6个美丽乡村建设省级中心村之一。中心村铺设雨水管道4000米，污水管道2600米，实现雨污分流。实施房前屋后、沟渠和行道路植绿补绿工程，环村建设建功立业林、竹园、果园等135亩，新村绿化率达45%，群众常称"绿树环村绕，人看绿色美"。投资251.5万元建设1935平方米的新型综合服务中心，集便民服务大厅、党员活动中心、农家书屋以及文体活动中心为一体，全力服务群众。花园村盘活存量资源，促进村增收民致富，创建一批"绿色有机农产品"等品牌，如万庄大湖家庭农场生产的优质粳米和小龙虾，已申报市级"一村一品"优质稻米种植示范区。通过流转闲置土地、发包集体水面、出租空余房屋等形式，不断扩大村集体经济增收渠道，2016年村级集体经济收入达13.91万元。大力培育稻虾连作基地1500亩，亩产水稻500千克，小龙虾150千克，亩均产值达0.8万元，辐射带动周边150余户参与稻虾连作种养殖，每户年均增收约1.1万元，2016年实现农民人均纯收入1.5万元。

【千佛庵村】 千佛庵村位于襄河镇东部，西面和全椒县城相连，312国道、S206横穿村内。耕地面积7854亩。全村有25个村民组，人口约1万人，村党总支下设4个党支部，党员156人。新建3个新村，新村内环境优美整洁。农村土地全部流转给种植大户，发展优质水稻种植约7000亩。蔬菜产业发展迅速，利用温室大棚种植已成为村民致富的主导产业。村蔬菜大棚种植500多亩，露天蔬菜种植近2000亩。2016年村集体经济收入36万元，农民人均收入1.2万元。

【杨桥村】 杨桥村位于襄河镇东部，距离镇政府约5千米，村内有312国道和S206省道贯穿全村东西。村辖27个村民小组，总人口4180人，党总支下设2个党支部14个党小组，总党员数105人，耕地面积约7100亩。全村共成立5个专业合作社，其中利用土地置换项目，建设苗圃专业合作社，约1200亩的优质桃园基地，栽植优质桃树3万株；建成苗圃栽培基地，栽培景观苗木，包含雪松、龙爪槐、国槐、紫薇等十几种苗木品种。2016年村集体经济收入8.5万元，农民人均收入1.2万元。

【长安村】 长安村位于全椒县城北部，公路网重点路段全谭路穿村而过，312国道横穿土井、高务、老郢3个村民组，交通便捷，民风淳朴。下辖19个村民组，总人口4162人。党总支下设

2个党支部,8个党小组,党员100人。总耕地面积14000亩。村发展特色种植业,曹坊组儒林特种经济植物园,以种植油桃为主要产业,种植面积约120亩,年产油桃12.5万千克,产值约50万元;王墩组美国红枫苗木生产基地,种植面积约100亩,苗木年销售额约65万元;高务组高家庄葡萄产业园,种植面积约40余亩,年产葡萄8万千克,年产值约15万千克。2016年,村集体收入11万元,村民人均收入10200元。

襄河镇邱塘新村

【邱塘村】 邱塘村位于襄河镇西南部,距县城3千米,位于城乡接合部,312国道横穿境内,一环线贯穿,交通便利。全村25个村民组,总人口3800人,下设2个党支部,18个党小组,共有党员141人,村干部任职数9人,耕地面积11100亩。村集体经济收入7.4万,农民人均收入11500元。

【教场村】 教场村位于襄河镇北部,属城郊村,下辖28个村民组,3736人。成立3个党支部,11个党小组,107名正式党员。占地面积约1.6万亩,耕地面积9560亩。通过土地置换项目和土地整理土地增减挂钩,带头发展新村建设。建立3个新村点,村容村貌整洁,村民生活水平逐步提高改善,基本形成土地进大户,农民进新村。培养发展不同类型农民专业合作社10家,养殖大户8家,个体私营企业6家。村集体经济年收入约4万元。

【老观陈村】 老观陈村地处襄河镇南部,宁西铁路贯穿全境,辖22个村民组,常住人口4000人。两个党支部,18个党小组,125名正式党员。耕地面积约700亩,水面约2000亩。村以农业生产为主,辅以水产养殖和苗木生产。全村苗木生产基地约2000亩,土地流转面积达85%,解放部分劳动力,增加外出务工人数,增加农民收入。2016年村集体经济收入约28万元。

(余晓露)

古河镇

【概况】 2016年,古河镇在县委、县政府的正确领导下,全面贯彻落实中共十八大及中共十八届三中、四中、六中全会和习总书记系列讲话精神,紧紧围绕“四个全面”战略布局,不折不扣地落实省、市、县各项决策部署,以经济建设为中心,坚持依法治镇,获评市级依法行政先进单位,统筹推进经济和社会各项事业建设。古河镇突出工业强镇战略、美丽镇村建设、社会事业统筹、从严治党,在招商引资、农村环境治理、民生工作、党风廉政建等工作上都取得新的突破。并认真做好镇人大换届工作。经过全镇上下的共同努力,各项工作有序推进。

【招商引资】 2016年,镇党委、政府把工业强镇作为第一战略,紧抓不放,坚持“请进来,走出去”的工作措施,招商引资工作取得新突破,截至11月底,共引进6个项目,完成投资3.6亿元,占任务的120%。围绕粮食集散地建设,引进投资1.1亿元的全椒瑞丰米业项目;围绕机械加工基地建设,引进重庆长江造型材料有限公司投资1亿元年产30万吨全自动覆膜砂加工项目;围绕电力设施生产地建设,引进年加工5万吨标准件的南京汤泉标准件项目,跟踪5家同类生产企业;围绕新能源基地建设,引进投资1.6亿元的通威渔光一体项目。同时积极开展企业帮扶活动,共帮扶企业解决问题17个,如宝瑞橡胶的融资问题、仓库

滁州兴达机电有限公司

不足问题，兴达机电的工伤问题，众鑫商贸、瑞祥玩具供水问题等，扶持企业健康成长。

【镇村建设】 加强镇村建设管理。出台《古河镇加强建成区规划建设管理办法》，组建城管队伍，在集镇的两治理上下功夫，拆除50多个露天铁皮棚、清除路边各类广告牌162个，清运垃圾近千吨，脏乱差现象有明显的改善。积极启动百镇计划工程项目，经县公管委批准，择优邀请合肥建筑工程规划设计院进行项目的规划设计，预计2017年3月中下旬可开工建设。全面实施农村生活垃圾治理工程，农村环境面貌得到明显提升。

【精准扶贫】 精准识别，按照县扶贫办的工作安排，2016年3月，对已纳入的扶贫户进行“回头看”，共清理189户441人，新进217户484人。2016年11月，再次开展精准识别回头看，清退18户32人，新进19户32人。全镇扶贫总数367户820人，2016脱贫81户228人，把真正困难农户纳入扶贫范畴，真正地体现政策的公平。精准施策，镇村干部全部包保帮扶贫困户，反复上门与贫困户进行沟通、对接，在充分把握真实情况的基础上，制定有针对性的帮扶措施。就业扶贫78户98人，产业扶贫111户278人，发放资金32万元。实施危房改造49户96人，社会兜底36户75人，金融扶贫共发放45户217万元。积极开展贫困户环境改善工作。以村为单位，统筹使用扶贫资金，路通了、厨亮了、家净了，贫困户非常满意。在县评估验收业务培训后，镇再次组织对全镇村干部、县直单位包保帮扶责任人进行业务培训，在充分掌握工作要领后，上门核查核对贫困户相关信息，核查核对帮扶措施的落实情况，检查核对收入和支出情况，确保信息真实，顺利通过第三方评估验收。

【信访维稳】 着力做好“阳光信访”工作，把所有隐患排查和已办结信访事项全部录入“阳光信访”平台，做到受理告知、办结回访、满意度评价规范合格。2016年，出台《古河镇信访维稳考核办法》，坚持研判制度，每月定期召开形势研判会，对信访矛盾进行交办、督办，确保有人理事。2016年一季度古河信访荣获全县二等奖，二、三季度荣获全县一等奖。

【安全生产】 安全生产时刻没有放松，年初制定安全生产工作要点，出台《安全生产党政同责、一岗双责实施办法》，开展7次大规模安全生产大检查，整改安全隐患16处，取缔非法储存、销售烟花爆竹29户。11月13日爆炸事故发生后，古河镇党委镇府痛定思痛，再动员再部署，开展以烟花爆竹为重点的全面安全生产大排查，共排查处出各类隐患65处，已整改29处，限期整改36处。收缴非法治作爆竹工具4件，没收非法储存烟花爆竹1020件，转运545件，没收“开门炮”501个，有效震慑非法生产、运输、储存、销售的行为。

【计划生育】 坚决贯彻落实“三个不变”政策，从管理型向服务型转变。2016年全镇总出生395人，人口出生率为9.5‰，人口自然增长率为3.3‰，出生政策符合率达到91%，出生人口性别比110。完成“两非”案件大要案1件，一般案件1件，2017年统计年度新立案1件，为省内大要案。加强宣传教育，营造工作氛围。全方位、多形式地开展各种宣传教育活动，营造全镇浓厚的计生宣传氛围，使计生政策深入人心，形成人人知晓、人人参与、人人支持的良好局面。努力推进信息化管理工作。切实加强全镇全员人口信息管理系统应用，确保全员人口信息数据真实准确。创新管理模式，实现流动人口均等化服务管理。根据该镇人口发展现状，建立“统筹管理、服务均等、信息共享、区域协作、双向考核”的服务管理模式，全面提升流动人口计划生育服务管理水平。不断深化计划生育优质服务。镇计划生育服务所严格按照上级部门的要求，充分发挥计划生育生殖健康宣传、咨询、孕情监测、出生缺陷一级干预等各项职能作用，更好地满足全镇广大育龄群众对优质服务的需求。落实各项奖励优惠措施。奖励扶助、特别奖励扶助、节育奖、城乡居民养老保险计划生育家庭户优待，等各项奖励优惠政策全部兑现到位。

【民生保障】 全镇现有五保老人277人，集中供养的101人，分散供养的176人，分散供养的五保户在生活费的使用和发放上严格执行上级的标准，做到按季度每人726元发放到五保户手中，五保户的医药费实行实报实销。积极开展敬老院提升工程，做到卫生清洁。有专人负责，管理规范。全镇享受农村低保915户，共计1586人，享受城市低保447户，共计684人。经过入户调查核实，对不符合低保条件的39人取消低保，新增符合低保条件的13人。做到应保尽保。2016年上半年新农合参合人数为31920人，参合率位列全县第一，做到应保尽保，同时为2016年县域医共体提供一些可行性数据。

【党风廉政建设】 古河镇成立党风廉政建设和反腐败工作领导小组，镇党委书记任组长，镇党政班子为成员，党政班子成员对分管职责范围内的党风廉政建设负有主体责任。坚决按照“转作风、转方式、转职能”的要求，镇纪委书记不再分管其他工作，强化监督、执纪、问责。纪委认真履行监督责任，加大监督执纪问责力度，加大正风肃纪和腐败案件的查处力度，坚持“一岗双责”和“一案双查”。镇党委与各村（居）党总支部、镇各单位签订党风廉政建设目标责任书，落实党风廉政建设和反腐败工作责任制。按照“两个责任”主体的要求，将“一把手”在党风廉政建设和反腐败工作方面应担负的责任分解细化，开出“责任清单”，把党风廉政建设和反腐败工作任务落实到单位领导、每个部门、每一位干部头上，保证党风廉政建设和反腐败工作的有效开展。2016年共查处党员违纪案件12件，结案12件，给予12名党员干部党纪处分。诫勉谈话11人，提醒谈话2人。

【“两学一做”】 自“两学一做”学习教育以来，镇党委精心谋划，成立协调小组、制定“两学一做”学习教育实施方案，镇领导班子均安排联系点，有步骤有计划地在各联系支部上党课。镇党委统一采购《中国共产党党章》和《习近平系列重要讲话读本》，下发给基层支部党员，要求每位党员认真研读。镇领导班子成员开展带头手抄党章活动，带头集中学习习总书记重要讲话精神，带动党员共同学，在全镇范围内树立良好学风。坚持在学中做，在做中学，将“两学一做”学习教育贯穿秸秆禁烧、土地确权、精准扶贫、防汛抗旱等农村中心工作始终，进一步激发党员活力、凝聚力、战斗力，举办中共十八届六中全会精神和“讲看齐、见行动”培训班，认真开展讨论，主动查摆问题，增强“四个意识”。同时，加大宣传力度，开通“古河镇先锋在线”微信公众号，定期推送有关“两学一做”学习教育方面的内容，同时，利用短信、网站、显示屏等丰富宣传形式。

【制度建设】 围绕解决“四风”方面突出问题，对已有制度进行一次全面梳理，列出清单，认真做好废、改、立工作。古河镇梳理原有制度21项，其中行之有效的制度11项，需要修订的制度9项。对于实践证明行之有效、群众认可的制度予以重申，着力抓好落实；对于不适应密切联系群众、加强作风建设要求，与现行法规制度相抵触、不一致的予以废止。新出台《镇干部驻村工作周制度》《工作落后说明制度》等，加强对镇村干部的管理，用制度来推进工作、提升工作。

【人大换届】 镇党委、政府高度重视换届工作。11月24日，镇党委召开党政联席会议，将上级有关换届纪律会议精神进行传达，在研究换届工作的同时对加强换届风气监督工作专门部署。制定下发《古河镇人大换届工作方案》《关于加强古河镇人大政府换届风气监督工作的实施方案》,成立古河镇人大政府换届领导小组和换届风气巡回督察领导小组,强化换届纪律工作的领导。

镇党委召开换届动员会,开展业务培训,集中学习《关于加强换届风气监督的通知》(中发〔2016〕1号)等文件,集中收看警示教育片《警钟》,开展"五个一"活动,即发放提醒卡、组织专题学习、进行警示教育、开展谈心谈话、开展换届承诺。通过先锋网、短信、便民大厅电子屏、悬挂宣传横幅等多种形式广泛宣传"九个严禁、九个一律"换届纪律。严明纪律要求,净化换届风气。严格执行中组部《关于加强干部选拔任用工作纪实工作的若干意见》(中组发〔2015〕9号),如实记录人大代表产生各个环节的主要工作和重要情况,使每名人大代表的产生过程和每名换届提名人选的选任过程可追溯、可倒查。严格落实"四凡四必"要求,切实做到换届提名人选的干部档案"凡提必审",个人有关事项报告"凡提必核"、纪检监察机关有关廉政情况的意见"凡提必听"、反映有关问题的信访举报"凡提必查"。同时,根据工作需要对换届风气进行专项巡察,发现问题,及时报告、及时处理。

【森林防火】 春冬季森林防火落到实处。和各村林业大户签订森林防火责任状,进一步明确森林防火的责任,对重点区域安排专业队伍,从资金、物资上给予支持,实行责任追究制。组织应急分队,配备大扫帚、风力灭火器等基本器材,2016年未发生一例安全火灾事故,森林防火工作处于县级先进行列。

【土地确权】 有条不紊地做好农村土地承包经营权确权登记颁证工作。严格按照国家关于农村土地承包经营权确权登记工作的有关规定,做好核属审核、登记注册、颁发土地证、材料归档等环节的工作。镇农村土地确权登记工作进展顺利,2016年完成全镇十个村243个村民组、7394户确权工作,发放确权证书7394本。完成材料入档、入室、入柜工作,顺利通过县、市、省各级确权办的检查验收,并受到上级的充分肯定及表扬。

【农机推进】 农机工作同步推进。古河镇召开全体镇村居干部大会,要求全体干部按照秸秆禁烧工作的分工,分别到各自的责任区进行宣传农机报废更新补贴文件精神,全部发放《致机手一封信》和签订《机手承诺书》。镇拥有拖拉机80台,联合收割机120人,共计199台。

【秸秆禁焚】 落实秸秆禁烧镇、村包保责任制,顺利完成秸秆禁烧工作。镇、村干部严格按照网格化管理,深入所包村组广泛宣传,实行24小时不间断巡逻,严防死守,做到不留死角,确保全镇实现秸秆禁烧"不着一把火,不冒一处烟"的目标,较好地完成县委、县政府布置的禁烧任务。为了加强秸秆禁烧工作,促进秸秆禁烧工作的推进形成层层工作负责制和网格化管理,发扬镇村、居全体干部和村民小组长作用。做到不留死角。制定古河镇秸秆禁烧工作考核奖惩实施办法和镇村干部包保责任制,做到人人头上有责任,人人肩上有压力,确保秸秆禁烧工作落实到实处。

【政务信息公开】 根据信息公开业务要求,古河镇专门配备2名工作人员,具体负责政务信息的收集、整理、发布、审核工作。截至2016年12月,镇政府信息公开工作运行良好,在深化公开内容,提高信息内容的翔实性和准确性方面做大量工作。坚持为民、便民的工作思路,围绕建设法治政府、服务政府、责任政府和效能政府的目标,不断加强组织领导,明确工作任务,完善各项制度和措施,加强政府信息公开平台建设,加大政府信息公开工作力度,扎实、有序地推进政府信息公开工作。

【疫情防控】 及时开展畜防工作。和每位养殖户签订防疫责任状,提高养殖户的防疫意识,加强应急管理,严格疫情接报和核查处置制度,落实疫情举报制度,一旦发现疑似重大动物疫情,立即采取控制措施,防止疫情扩散,维护公共卫生安全。

【民生工程】 完善城乡低保动态分类管理制度,坚持应保尽保、公平公正、动态管理、统筹兼顾四个基本原则,规范申请、审核、评议、公示的程序,进一步加强城乡低保制度。建立健全养老服务工作机制,动态管理80周岁以上老人的高龄补贴，掌握老年人需求，为老人提供居家养老家政服务。

【组织工作】 抓班子，认真落实党建工作责任制。2016年古河镇认真落实贯彻全国、省、市、县各级农村基层党建工作会议精神，按照《中共全椒县委关于进一步加强农村基层党组织建设的实施意见》（全发〔2016〕4号），以加强基层服务型党组织建设为重点，充分发挥农村基层党组织推动发展、服务群众、凝聚人心、促进和谐的作用，服务经济社会发展大局，进一步提升农村基层组织建设整体水平。制定完成基层党组织书记抓党建工作"三个清单"，形成"书记重点抓"和"重点抓书记"的氛围。坚持问题导向，严格按照问题清单细化、量化党建目标任务，制定详细的《党建目标责任书》和《古河镇2016年基层组织工作要点》；完善镇村管理制度，狠抓干部纪律作风建设，制定《财务管理制度》、《政府机关干部考勤签到制度》《公务用车管理制度》、村（居）干部坐班值班及周例会等多项制度，实现用制度管人、管财、管事，真正从源头上预防不正之风，推动服务基层、服务群众制度化、常态化。

抓队伍，着力提升镇村干部形象。一是圆满完成乡镇党委换届，为领导班子队伍注入新鲜血液。2016年3月，召开古河镇第十四次代表大会，选举产生9名新一届党委委员，其中从"三类人员"中选拔进班子1人。二是加强领导班子建设，营造古河发展新局面。镇领导班子成员坚持周例会、月例会、月驻村工作周和月理论中心组学习制度。加强对班子成员的思想教育和党性锻炼，强化服务意识、责任意识和效率意识；按时召开民主生活会，开展批评和自我批评。三是加强村"两委"干部队伍建设。建立健全村（居）两委干部绩效考核奖惩机制和管理制度，狠抓《古河镇村（居）干部坐班值班制度》和《古河镇村（居）干部周例会制度》等制度的执行。

抓基础，着力打造合格党员队伍。一是在全体党员中开展党员组织关系梳理排查和不按规定缴纳党费专项整治。经排查，全镇共有在册党员1792名，其中农村党员1093名。排查出的失联党员经查找联系，皆重新纳入到组织管理。在摸清党员组织关系的基础上，按要求对2008年以来每个基层党组织党费收缴情况进行认真核对，重新核定党费收缴数额，未按规定标准收缴的一律补齐，共补缴党费12万元。二是结合实际工作开展"两学一做"学习教育，先后开展"亮身份、作承诺、当先锋、树形象""学讲话、强党性、转作风、提能力""讲看齐，见行动"学习讨论等活动，做"四讲四有"合格党员，注重学习教育与日常工作实践相结合，在秸秆禁烧、防汛抗旱、扶贫帮困等工作中涌现出一批爱岗敬业、无私奉献、舍我其谁的优秀共产党员，用实际行动践行党员宗旨。三是在党员的教育管理上，在全镇1093名农村党员中继续开展党员"3+2"管理，对落后党员开展"一对一"结对帮扶转化，对困难党员加强党内关怀，设立困难党员关爱帮扶救助资金，号召各基层党支部充分发挥组织力量，为困难党员捐款，全镇共募集捐款2.45万元。四是在党员发展上，按照控制总量、优化结构、提高质量、发挥作用的总要求，2016年共培养入党积极分子19名，发展新党员15名，如期转正党员19名。

抓保障，强化基层组织建设。一是抓好阵地建设。继续加大村（居）级活动场所建设力度，在村级活动场所全部达标的基础上，全面完成蔡集、石溪两个"被撤乡镇"便民服务分中心建设，打造党员群众服务中心，提升为民服务全程代理工作质量。积极谋划解决两个居委会办公场所，确保2016年年底前，10个村和2个居委会为民服务大厅面积达40平方米以上。二是抓好软弱涣散村整顿转化。经过充分调研走访座谈，确定石溪村为2016年软弱涣散整顿村，针对石溪村村级活动场所破旧、村级集体经济薄弱等问题，制定"一村一策"整治方案。5月底前，村级活动场所竣工验收，内部办公设施配置完成，已进驻办公，村级集体经济收入达32430元，村容村貌明显改观，村干部服务意识和业务能力有所增强，工作作风持续改变，整顿工作取得显著成效。三是抓好村、组干部考核奖惩。制定《古河镇村（社区）干部工资报酬与绩效考核挂钩实施方案》和《古河镇村民组长绩效考核办法》，在兑现绩效工资和务工补贴的基础上，镇财政每年拿出10多万元奖励考核优秀的村"两委"干部和村民组长。四是开展基层党组织换届工作。对全镇10个未按期换届的基层党支部进行换届,撤销古河供销社党支部。五是提高非公企业和社会组织覆盖率。结合非公企业党建信息摸排,对有3名以上党员的非公企业单独组建党组织,全镇共新组建4个非公企业党支部。六是创建古河和大同两个"示范村",从基层党组织建设、经济社会发展、党风廉政建设3个方面精心打造,规范建设。

抓服务,夯实党建工作载体。一是扎实推进党代表工作室工作,发挥党代表工作室的作用。全年共接待群众126人次,收集意见建议59条,帮助解决问题45件。2016年,镇党代表工作室作为市级示范党代表工作室积极申报。二是开展务实的党建服务工作,进一步健全镇村干部包组联户制度,全镇154名镇村干部包村到组,实行网格化管理。三是扎实开展为民服务全程代理。自为民服务中心投入运行以来,镇、村共办理各类事项11万余件。四是深入推进村民理事会工作。在全镇10个村级组织中建立284个村民理事会,强化村级事务管理,当好"五大员",进一步推进村民民主自治。五是积极发展壮大村级集体经济。通过认真调研,科学制定增收计划,2016年全镇计划完成5万~10万元的村4个,3万~5万元的村6个。

【蔡集村】 现有人口3562人,23个村民组,土地总面积约8.9平方千米,耕地面积7000亩,拥有党员103人和8个党小组。村扶贫对象30户,共74人。2015年村集体经济共有4个项目:1.完成土地流转服务费收入2万元;2.蔡集林场发包50亩增收0.275万元;3.钱李林场发包28亩增收0.168万元;4.渔坝发包款1万元。

蔡集新农村建设

【晋级村】 现有人口4452人,30个村民组,土地总面积约12.25平方千米,耕地面积7205亩,拥有党员116人和8个党小组。村扶贫对象45户,共97人。该村不是"空壳村",有经济收入。

【石溪村】 现有人口3160人,22个村民组,土地总面积约5.47平方千米,耕地面积2927亩,拥有党员110人和10个党小组。村扶贫对象19户,共28人。村集体经济共有4个项目:罗万电站经营收入1.201万元;罗万电站9.4亩小圩田发包收入0.4万元;原石溪乡影剧院对外出租0.5万元;安置点空置闲地1.25亩对外发包收入0.113万元。

【石涧村】 现有人口3386人,30个村民组,土地总面积约10.2平方千米,耕地面积5408亩,拥有党员141人和8个党小组。村扶贫对象50户,共102人。村集体经济共有3个项目:石涧村210亩林场旱地发包2.52万元;石涧村小李组何家坝水面50亩发包0.08万元;原后份村部出租费0.12万元。

【独山村】 现有人口2296人,23个村民组,土地总面积约11.45平方千米,耕地面积4998亩,拥有党员69人和6个党小组。村扶贫对象64户,共99人。村集体经济共有4个项目:温氏用地树木砍伐收入2万元;独山村巴李组原中圣小学教学楼出租0.3万元;小王组原中圣林场年出租0.14万元;独山村集体果园地出租0.25万元。

【再安村】 现有人口3815人,32个村民组,土地总面积约11.37

平方千米，耕地面积5247亩，拥有党员140人和8个党小组。村扶贫对象51户，共160人。村集体经济共有4个项目：完成土地流转服务费收入1.5万元；华严林场发包增收0.2万元；鱼坝水面发包增收0.2万元；老滁河水面发包增收0.3万元。

【艾塘村】 现有人口3359人，30个村民组，土地总面积约9.5平方千米，耕地面积5637亩，拥有党员93人和9个党小组。村扶贫对象7户，共10人。该村不是“空壳村”，有经济收入。

【大同村】 现有人口3983人，24个村民组，土地总面积约11.8平方千米，耕地面积4391.9亩，拥有党员97人和14个党小组。村扶贫对象11户，共33人。该村不是“空壳村”，有经济收入。

【古河村】 现有人口4261人，7个村民组，土地总面积约3.5平方千米，耕地面积1560亩，拥有党员56人和6个党小组。村扶贫对象35户，共51人。村集体经济共有3个项目：圩田土地发包80亩增收0.85万元；水面发包60亩增收0.81万元；滁河码头发包增收1.8万元。

【周湖村】 现有人口4486人，23个村民组，土地总面积约14.58平方千米，耕地面积7040.2亩，拥有党员157人和18个党小组。村扶贫对象64户，共145人。村集体经济共有1个项目：金庄、中王、王呆、何庄、杨庄、山嘴土地发包2万元。

【胜利社区】 现有人口6332人，20个村民组，土地总面积约1.8平方千米，拥有党员94人和9个党小组。

【解放社区】 现有人口6120人，土地总面积约0.8平方千米，拥有党员40和8个党小组。

（古河镇政府办公室）

十字镇

【概况】 十字镇由原陈浅乡和十字乡合并组成，镇政府位于十字街道。区划调整后十字镇位于两省四县交界处，地理位置优越，合宁高速和206省道交叉形成十字形路网，滁马扬高速正在建设中，滁全大道即将动工，宁西铁路穿境而过，京沪高铁滁州站毗邻十字镇高桥村，水路沿滁河直通长江，属南京一小时都市圈范围，省级全椒经济技术开发区也坐落该镇。全镇面积183.3平方千米，耕地83000亩，水面20000亩，下辖10个行政村，1个社区，302个村民组，总人口4万余人，境内水库密布，河汊纵横。

十字镇围绕“山水滁州南大门，生态全椒新城区”定位，抓住“皖江城市带”承接产业转移、深度参与“环滁皆美”新滁城、合肥城际铁路和南京江北新区建设以及“扩权强镇”政策优势带来的战略机遇，通过打造低碳环保工业强镇、创建和谐宜居新城镇、创建特色农业示范镇、大力培育现代服务业等几项措施逐步实现“农业特色生态化、工业高科强势化、城市精品幸福化”。坚持以经济发展为工作核心，多年来获得上级各类表彰100多个。2011年度获全市“扩权强镇”考核第三名，2012年度获滁州市“丰乐杯”城镇建设二等奖，2013年获“美好新滁城”建设先进集体和滁州市先进镇示范奖，镇党委荣获2010—2012年度全省“五个好乡镇党委标兵”称号。

【镇域经济】 2015年全镇实现财政收入2.67亿元；固定资产投资12.5亿元，同比增长36%；规模以上工业企业增加值1.5亿元，同比增长19%；农业总产值达3.6亿元；新增农村专业合作社3个，家庭农场25个，农民人均纯收入13000元；招商引资到位资金17.2亿元。2016年，实现财政收入达2.5亿元；社会固定资产投资18亿元，增长10%；农民人均纯收入达13000元，增长10%；招商引资20亿元，实际到位资金不低于18亿元，增长10%；规模以上企业增加值1.5亿元，增长30%。

【旅游资源】 境内名胜古迹广布，其中“安期洞”位于兴云畜牧场北约2千米的大栖山山腰上，坐北朝南，洞内常年低温，内有岔洞，洞深数十米，是全椒古胜迹之一。据传说是秦时仙人安期生修道居住地。每年农历二月十五逢会，来自滁州、南京等地群众到此烧香、求仙，形成庙会。“文革”期间，该洞口被当地民兵用石块堵实。1978年，这里又恢复庙会,庙会人数逐年增加,日成交额超百万元。“二月二·龙抬头”界首庙会,也历经百年,形成规模。位于汊河村北部与百子村交界处的校场圩古练兵场,阜陵城古迹(阜陵城博物馆)、憨山堂、娘娘庙等人文古迹遍布,它们共同将十字镇推向皖东地区著名的人文风景名镇之列。

【园区建设】 镇党委、政府全力做好十谭产业园各项建设服务帮办工作,全面推进园区建设。入园项目36个,投产项目16个,基本完成一期基础建设项目16个,开工项目4个,总投资120亿元。园区规划面积13.16平方千米,其中起步区控规5.3平方千米、二期控规8平方千米已建成,电子新材料产业园规划1.5平方千米。2016年,完成化工区扩区规划并通过审批,同时完成次干道绿化工程、架设天安供电专线和光辉支线,共架设供电线路约2.5万米,道路绿化55万平方米,自来水和燃气管道铺设到各项目地。802套园区公租房交付使用,为入驻园区项目,特别是“国家02专项”南大光电项目顺利投产提供条件,园区的“七纵五横”道路增至30千米,实现园区“一个版本”规划。新建、续建长约4千米的4条支路,即光辉大道北段、朝阳路北段、远大路、杨岗大道延伸段,雨污水管网同步建设。2016年,铺设自来水管网7.8千米,第二污水厂污水管网10千米,另外化工区污水处理提升泵站正在同步建设中。统筹发展园区配套工程。一是水、电、天然气跟进配套,完成滁州市三水厂与园区自来水管网连接工程,实施园区供水增压站建设工程。二是累计平整土方831亩。三是启动15万平方米丰乐园安置房建设工程。四是市场化运作约27万平方米滨水景观带、王郢路、纬七路延伸段绿化工程。五是实施一期路灯修复工程和滨水路、纬七路延伸段路灯新建工程。

【招商引资】 在坚持全民招商的基础上,组建一支懂招商、会招商、能招商的专业招商队伍,围绕园区平台、农业旅游开发等优势资源,全方位地谋招商、做招商。坚持“一个重点项目、一名班子领导、一套工作队伍、一个部门牵头、一套实施方案、一抓到底”的“六个一”包抓责任制度,突出重点产业链招商,以商招商、产业招商。建立重点项目责任化,强化跟踪服务,明确相关部门职责,推进项目早签约、早开工、早投产,加强形成“全镇大招商”的浓厚氛围。作为全椒县北扩东进发展的新名片,城北新城已完成4.5千米的纬七路,5千米的纬八路,2.4千米的同乐路的道路建设,路灯、绿化配套均已完成,供水、供气、弱电工程全部结束。中央东、西路完成雨污水管网铺设;罗柘水库湿地公园完成驳岸、栈道、楼阁南、北大门主体工程,开始启动二期建设;罗马世纪城已正式对外销售;同乐小区安置房17万平方米工程全部结束,回迁安置工作稳步推进。2015年共完成招商引资17.2亿元。其中,光刻胶国家级实验室、纳晶新材料、博泰电子等9个重点项目签约。中益新材料、金陵消防、鸿宁净化器等10个项目在建。南大光电、天安新材料、富达机电、禹王防水和沙丰新材料等15家企业投产。据统计,园区入驻企业达39家,协议总投资约93亿元,占地3800亩,其中亿元以上项目30个,竣工投产企业13家、总投资32.3亿元,在建项目13家、总投资38.4亿元,签约未建项目13家、总投资22.3亿元。

【农业发展】 通过引进新品种、新技术、加强农业技术培训,做大做强虾蟹、莲藕、芦蒿3个万亩特色产业基地,提升高桥、百子、十字三大千亩花卉苗木种植示范基地水平,并不断扩大规模,充分发挥特色农产品在提高农民收入上的规模效益。产业结构不断优化。大力实施林业产权制度改革,抓住森林增长工程政策机遇,掀起造林整地热潮。鼓励农民以转包、出租、互换、转让、股份合作等多种形式流转土地,落实土地流转奖励政策,促进农业集约化、规模化生产。引进南京中外园林、美心园林、千亩桃园和三鑫苗木等苗木公司在十字镇发展苗木产业,带领广大农民增收致富。

【镇村建设】 着力在美、新、好上下功夫,努力提升城市品质。加大集镇公共基础设施投入,投资120余万元,在全镇7个新型农村集中居住点和3个准社区街道配置路灯140盏;对公共场地、沿路两侧进行美化、亮化,更新垃圾箱200余个;落实保洁员队伍,建立长效保洁机制,镇区内外环境清洁卫生,公共场所和主要

十字镇政府广场

街道实行全天候保洁。按照美丽乡村建设的要求，华林新村一期规划总用地面积16.17公顷，规划户数595户，人口1800人，总建筑面积8.3万平方米，计划总投资1.6亿元，建设周期为一年。华林新村建设已全部完成，正在进行回迁安置。根据百子新村规划以及市、县领导先后确定道路、给排水、电力电信、群众活动中心、绿化、亮化、集贸市场等16项重点工程。一期规划所有建设项目均已完工，正在开展二期规划项目建设工作。同时，以美丽乡村建设带动生态旅游业的快速发展，重点围绕华林、百子新村建设，金水湾和丰乐山庄改造提升，花山湖建设三大任务，加大投入。其中，金水湾休闲山庄二期规划设计已完成，面积约1500平方米的二期工程已开工建设。花山湖建设工作已经开始启动，正在积极推进。

按照统一规划，旱涝兼治的原则，全力完善排涝抗旱体系，提高农田水利工程综合治理，重点完成滁河治理工程、当家塘坝扩挖工程、泵站更新改造工程、沟渠清淤工程、水库除险加固工程。以落实土地确权为中心，强化农民合法权益。全镇283个需确权村民组，283个村民组已全部完成摸底、登记、公示工作，完成任务量的100%。以防汛抗旱为保障，筑牢最后一公里防线。面对2016年严峻的防汛形势，十字镇立足防大汛、抗大灾，积极做好防汛预案，最终赢得防汛战斗的全面胜利。以秸秆禁烧为基础，坚定环境保护决心。各村（社区）分别成立相应的禁烧工作领导小组，村主要负责人亲自抓禁烧，促落实，秸秆禁烧各项工作圆满完成。

【基层党建工作】 镇党委领导班子认真落实党建工作目标责任制，以创建“五好”党组织为目标，以保持共产党员先进性教育和群众路线教育活动为载体，全面服务经济开发区、十谭产业园区、城北新城、滁州大道及襄河三期治理等重点项目建设，坚持在招商引资、拆迁安置、抗洪抢险等艰苦一线环境中磨炼干部意志、锤炼工作作风、锻炼工作能力，切实加强镇村班子和干部队伍的思想、组织和作风建设，党组织的号召力、凝聚力和战斗力不断增强。探索建立并不断完善“村为主”、村级千分制考核等工作机制，农村民主管理和民主监督得以规范。抓好党员的教育、管理和发展工作，按照成熟一个、发展一个的原则，2016年，全镇发展党员12名，为党的肌体注入新鲜血液。积极推行党风廉政建设责任制，加大从源头上预防和治理腐败的力度，通过建立健全规章制度和严肃查处违规违纪案件，促使党风政风明显好转。一是加强干部队伍建设。镇干部队伍推行干部实绩档案制度，镇干部实行一人一档，结合年度综合考评结果，确定考评等次。出台《十字镇村干部队千分制考核办法》，考核结果与提拔、工资挂钩。出台《十字镇村民组长管理办法》，从7个方面加强村民组长队伍建设和管理。选派选聘按照《选派选聘干部管理办法》对1名选派书记和3名选聘大学生村官严格管理。二是加强工作效能建设。注重以上率下，抓好责任落实。牢固树立“抓好党建是最大的政绩”理念，将党建与发展同谋划、共部署、齐推进。完善“三级联述联评联考”制度，构建严密的基层党建工作责任链条。注重强化功能，建强基层组织。围绕强化党组织政治功能，严格执行“三会一课”等制度。选准配强村党支部书记，加大对“空壳村”整顿成果的巩固，坚持村书记述职，健全村干部管理制度，严把任职、辞职关。大力推进基层党组织标准化建设，整体提升基层党建工作水平。注重提升素质，打造骨干队伍。深化村、社区党组织书记专职化管理，加强政治激励，从严管理监督。进一步做好机关、村（社区）、非公企业的党建工作，在名额有限的情况下，每年坚持发展1 ~2 名优秀非公企业人员入党。认真开展“讲看齐、见行动”学习讨论，持续深入抓好“两学一做”学习教育，提升基层治理科学化水平。

【党风廉政建设】 认真落实党风廉政建设责任制，进一步构建教育、制度、监督并重的惩治和预防腐败体系。强化思想道德教育和纪律教育，深入开展廉政文化建设，确保广大党员干部稳得住心神、管得住手脚、抗得起诱惑、经得起考验。严厉查处各类违纪违法案件，纠正损害群众利益的不正之风。大力提倡勤俭节约，牢记“八项规定”，以优良党风促政风带民风，营造和谐的党群干群关系。领导班子成员自觉遵守廉洁从政各项规定，认真学习《中国共产党廉洁自律准则》《中国共产党纪律处分条例》《中国共产党问责条例》《中国共产党党内监督条例》等党内法规，不断增强自我约束力、控制力，始终保持共产党人优秀品质。认真落实“一岗双责”，党政领导进一步加强对分管工作党风廉洁建设的督促检查，查找薄弱环节，对苗头性倾向性问题坚持抓早抓小，防止小错酿成大错、违纪走向违法；进一步完善党风廉洁建设方面的各项制度，不断扎紧“制度笼子”。镇纪委针对党风廉洁建设方面存在的问题，积极开展工作调度约谈，树立问题导向，提出有针对性的要求、批评和建议，督促落实党风廉洁建设责任。

百子文化墙

【宣传文化建设】 坚持“四个一”原则，组织在意识形态领域宣传教育，党委理论中心组坚持每月学习制度，制定学习计划和学习专题，开展“两学一做”学习教育，通过“学党章、手抄党章”“大走访、大调研、大学习”“讲看齐、见行动”学习讨论等教育活动，对广大党员干部进行意识形态教育；积极开展网络舆情监测，成立镇“扫黄打非”办公室和村“扫黄打非”工作室并开展活动，与《滁州日报》《安徽日报》联合，加强内宣和外宣工作，有力地扩大十字镇对外的宣传力、影响力和知名度；利用农家书屋和农民文化乐园平台，开展群众参与的数字阅读活动；利用应急广播宣传党的思想路线方针政策。制定十字镇教育规划方案，十字幼儿园建设完工并于9 月进行开班招生，中学大门改建工程全面完工。镇属中小学及谭墩教学点等顺利通过全国教育均衡县验收工作。新农合参保率保持稳定，位居全县第三，十字卫生院迁址工作完成，门诊楼竣工验收并投入使用。参加全椒县文广局举办的“民生杯”歌舞、非遗民歌和春节花灯巡游调演比赛，荣获一、二、三等奖和组织奖。

【科技创新】 制定科技奖励政策，落实创新驱动经济发展政策，坚持工业强镇政策不动摇，发挥企业创新主体作用，积极引导企业申报各级科学技术奖及发明专利。2016 年十字镇共申请发明专利46 件，圆满完成上级下达的任务。组织辖区企业积极开展产学研合作活动，确保产学研合作取得实效，引导企业开展认定省级以上新产品，申报县级以上科技计划项目高新技术企业，高新技术产品、县级以上知识产权优势企业、市级以上创新型企业、市级以上科技型企业。建立健全防震减灾组织、修订防震减灾预案、开展防震减灾宣传、认真维护防震设施,辖区华林新村多次作为县代表受到各级单位考察。

【信访维稳】 镇党委、政府高度重视维护安定稳定工作,对综治、平安建设工作,坚持党政一把手亲自抓、总负责,分管领导具体抓、负实责,对党政领导实行包片挂村抓责任制落实。由于镇主要负责人调整和相关工作人员变动,调整社会管理、平安建设、专项治理、反邪教、维稳应急队伍等组成人员,完善组织架构。层层签订责任书,明确各村、各单位综治、维稳、信访、反邪教、护路联防等工作责任。扎实开展社会治安重点地区排查整治活动。一是要求各村社区认真对照镇社会治安重点地区排查整治活动方案,从抓难点、抓重点入手,会同驻村民警,认真分析研究辖区治安工作特点,对本辖区内治安混乱地区和突出治安问题进行深入全面排查,确定重点整治部位,因地制宜地制定工作措施,落实牵头领导、责任部门、具体责任人和完成时限。二是营造浓厚氛围、加大整治力度,深入动员广大群众参与,适时开展严打整治行动,切实加大督导检查力度。对于治安长期混乱,排查工作不深入、不细致、不彻底,整治措施不力、效果不好,突出治安问题没有及时解决、治安混乱局面没有明显改观的村,将给予警示。三是做到年初有计划,季度有小结,年终有总结,按时做好报表收集、整理、上报工作。

【社会保障】 健全社会保障体系,大力实施积极的就业政策,引导和鼓励自主创业。在全面落实原有社保体系的基础上,重点落实失地农民保险;全力完成城乡居民养老保险及农村合作医疗年度参保任务,完善社会救助体系,切实做好弱势群体帮扶工作;强化人口计生服务,稳定生育水平,鼓励生育二胎,提高人口素质,坚持计生利益导向政策;推进信息化平台建设,构建社会管理新模式。一是矛盾纠纷排查平台,二是为民服务代理平台,三是村级三资管理平台。不断加强卫生工作。基础设施和诊疗环境进一步改善,城乡医疗服务水平进一步提高,全镇新农合参保率达102.2%,持续五年位居全县前3名。加大医疗基础设施投入。十字卫生院门诊楼建成并投入使用。成立十字镇红十字分会,组织开展对全镇妇女“两癌”体检,全面完成筛查任务。

【人大工作】 镇人大积极开展法治宣传和普法教育,多次组织镇、村干部学习有关法律、法规。有序开展“六五”普法培训,联合镇司法所等部门开展法治讲座,增强干部群众的法治意识,提高镇村干部的依法治理水平,为建设文明、法治、和谐十字打下良好的基础。积极配合县人大常委会开展对法律贯彻实施情况的执法检查活动,先后在全镇范围内对土地管理、生态环境保护、食品安全、消防安全、道路交通安全、安全生产等法律执行情况进行检查。专题听取派出所《中华人民共和国治安处罚法》贯彻执行情况的汇报,对存在的问题,提出整改意见,并督促落实。镇人大坚持把代表工作作为基础性工作,积极开展各项代表活动,进一步密切与人民群众的联系。积极拓展闭会期间的活动形式,组织代表开展考察调研执法检查等活动,为代表创造更多的活动载体,让代表有充足时间和机会知政、参政、议政,以便更好地发挥代表的积极作用。为加强主席团成员同代表的联系,充分发挥镇人大主席团的桥梁和纽带作用。不定期到代表小组听取代表对政府工作的意见建议及人民群众的呼声和要求,主动回应人民群众到底关切。

【民生工程】 实施职业培训攻坚工程,对贫困村有文化的青壮年劳动力,按照市场需求和个人意愿,大力开展中短期职业技能培训、创业培训、劳动预备制培训,实现转移就业。十字镇现就业扶贫128人,占有劳动能力的贫困人员22.94%。多渠道、多形式、多层次开展贫困地区“雨露计划”扶贫培训,对农村贫困劳动力进行就业技能培训,提高贫困家庭劳动力转移就业和创业能力。全镇教育扶贫共95户114人,其中享受“雨露计划”的学生25人。发展特色优势产业,夯实增收致富的产业基础。全镇已落实产业扶贫187户,共发放产业扶贫资金449223元。纵深推进“村为主”工作机制,围绕和谐计生、创新机制、优质服务等内容,全面推进并落实民生工作,稳固优势指标,提升劣质指标。全面提高失地农民保险办理水平,减轻失地农民养老缴费的压力，促进失地农民生活水平的提升。积极促进安置房房产证办理工作，在县安置办设置专项服务窗口，为群众办理房屋产权登记等业务，真正将惠民政策落到实处。稳步实施进城安置工作。2016年，十字镇通过积极争取，向县委、县政府争取进城安置房源1540套，涉及十字社区、十字村、化龙村、华林村、王郢村和滁河治理征迁、滁马扬高速建设的征迁群众全部进城安置，有力提高安置户的生活水平和生活质量。

（十字镇政府办公室）

石沛镇

【概况】 石沛镇地处全椒县西北部，于明朝建镇，系历史古镇。东西相距50千米，镇内有两大国有林场（黄栗树林场、孤山林场）和两大国有水库（黄栗树水库、上石坝水库）。全镇面积197平方千米，人口2.9万，辖8个行政村，212个村民组。石沛交通便捷，距京沪高铁滁州站、312国道出口近10千米，属南京1小时都市圈。石沛镇属江淮分水岭地区，具有“七山两水一分田”地貌特征。耕地面积8.79万亩，林业面积17万亩，森林覆盖率60%。安徽省十大水库之一的黄栗树水库，坐落于镇西约五千米外的群山怀抱之中。滁州市爱国主义教育基地和省级红色旅游示范点的周家岗烈士陵园，位于周岗村街西山丘上。近年来，该镇先后被评为安徽省生态镇、省级森林城镇、安徽省旅游乡镇，黄栗树村被评为中央电视台全国十大最美乡村、全国乡村旅游模范村、农业部美丽乡村创建试点和全省乡村旅游示范村。金牛集团打造的总投资6亿元、占地12000亩，集农林生产、科技研发、教育培训等为一体的荣鸿农业示范园，先后获“滁州市农业产业化龙头企业”“市级现代农业示范区”“省级林业产业化龙头企业”等荣誉称号。

周岗春雪茶业基地

【农村经济发展】 突出设施配套完善，做优现代农业。高标准高质量推进荣鸿现代农业示范园二期工程建设。全面完成科研接待中心道路硬化、景观设计与施工；推进实施林下经济示范园项目，种植林下中草药活血丹500亩，覆盆子50亩；序时推进设施葡萄大棚项目，已完成基础浇铸；完成食用菌大棚场地平整；稳步推进提供12000亩示范园区喷灌、滴管水源的鸿湖项目建设；新修建蔡庄1千米柏油路，完成5千米排洪渠清淤开挖和小循环行道树绿化；完成民宿酒店建设用地涉及的大季村大郢刘、高井两个村民组拆迁工作。突出招商引资抓手，做大农业产业。全年新引资项目3个，续建项目1个，总投资约1.1亿元。其中已竣工投产项目3个，分别是全椒纬朋生态农业有限公司、太禾林业开发有限公司和EPS新材料项目。在荣鸿、纬朋、太禾、天台等现代农业企业带动下，全镇已建成苗木花卉基地20000亩，成立各类专业合作社38家，家庭农场30家，其中以联盟生态农业农民专业合作社为代表，注册资金500万元，拥有社员近1000户，通过产、学、研联合共建，实现优质粮生产、设施蔬菜生产、标准化畜禽养殖、生态健康水产养殖的协调发展，年产值5000多万元。通过农业招商，加快该镇农业产业化步伐，为农业供给侧结构性改革夯下坚实基础。突出绿色发展思路，做精旅游项目。抢抓神山黄栗树风景区管委会组建机遇，宣传推介我镇旅游业在全县旅游格局中的影响，打造荣鸿花海游、碧云湖生态游、周岗红色游等精品项目。荣鸿民宿酒店已破土动工，打响石沛镇民宿旅游发展“第一枪”。启动周家岗烈士陵园三期建设，积极编报项目，争取资金扶持，做好红色旅游文章。2016年9月全椒公祭活动仪式在周家岗烈士陵园举行，来自社会各界干部群众代表近300人参加仪式缅怀革命先烈。2016年11月全椒首届山湖大道山地自行车比赛在黄栗树村鸣枪开赛，来自省内外各地的160多名选手角逐碧云湖畔。突出深化改革活力，做实土地确权。自农村土地承包经营权确权登记颁证试点工作开展以来，石沛镇坚持“一个理念、两项内容、三个原则、五个不、七个关键环节”的做法，勘测耕地总面积87896.061亩，应确权6342户、79362.07亩，已确权6339户、79345.45亩，确权率99.95%。2016年4月中旬开始颁证，至9月底前颁证结束，11月底前完成土地确权纠偏及档案归档、移交工作，并顺利通过省验收。因组织有力、程序严谨、群众满意，2016年全县土地确权工作推介会在该镇举行。2016年4月，时任省委副书记、省长李锦斌赴该镇枣岭村就土地权确工作进行调研，对该镇做法给予肯定。

【美丽乡村建设】 乘“百镇治理”东风，推进镇区建设。以滁州市“百镇计划”为契机，启动石沛老街整治工作。一是着力解决水污染问题。新建污水处理厂，实施雨污水分流，从根本上解决沛河水质污染问题。已开挖铺设下水管网2200米，污水处理设施由县美丽办实施推进。二是着力改善居住条件。重点改造道路，实现硬化、亮化、绿化全覆盖，打造舒适宜人的居住环境。已完成老街人行道的铺设及沥青路面浇筑；管线规范整治已完成90%的弱电穿线；外立面整治已完成墙体漆面，窗套及廊沿等安装已完成工程量的50%；居住小区配套已完成下水管道铺设，地上工程已完成90%；老住宅区改造已完成地下管网工程和厕所基础工程；停车场建设已完成停车位混凝土浇筑工程及路灯、绿化等附属工程。新型集贸市场已完成基础开挖工作。三是着力打造沛河景观带。聘请高资质设计部门，高标准设计沛河景观带打造方案，镇区沟塘清淤治理工程已完成河道基础整治。

卧龙新村

围绕宜居宜业宜人，扮靓美丽乡村。以改善农村人居环境为重点，以文明创建为契机，做好镇域内道路及街道整治提升工作。一是强力推进绿化提升。鼓励引导一环线、二环线、花石路沿线的10余家苗木企业，种植市场紧俏品种，促进企业加大投资，扩大种植面积，提高沿线绿化质量。二是强力推进生态保护。依法完成水源地周边6家规模养猪场整治工作。集中整治孤山街道木材加工厂，共搬迁1家、整改3家。三是强力推进环境整治。集中整治石沛街道“乱堆乱放”，清理卫生死角18处，拆除违法建设5处，乱搭乱建12处。建立市场化保洁机制，农村人居环境得到极大改善。2016年6月，全省农村生活垃圾治理现场会在全椒县召开，枣岭村作为一个重要观摩点接受全省与会代表的实地考察，获得省市领导肯定。四是强力推进文化设施建设。建成大山新村群众文体活动中心，打造600平方米的文体活动广场，全镇文化活动广场数量达6个。

【民生工作】 举全镇之力，落实精准扶贫、精准脱贫。脱贫攻坚战打响以后，石沛镇抢抓时间节点，严格推动落实，顺利完成95户261人的脱贫任务，脱贫攻坚首战告捷。产业扶贫，共申报115户，发放资金41.7万元。就业扶贫，共135户152人。教育扶贫，雨露计划共申报学生38人，教育资金已打卡发放。建档立卡在学人员摸排统计共133人。健康扶贫，确认上报202人。兜底扶贫，共申报58户，县民政局正在审批中。社会扶贫，共捐款11.9万元、捐赠5000千克大米。危房改造，共改造完成8户。职业技能培训，共16户18人。小额信贷，评级授信共18户，其中已贷款10户，贷款资金17万元。银企对接18户，贷款资金90万元。光伏发电192千瓦，30户，其中贫困村60千瓦，已并网发电。完成贫困村"八小水利"4个塘坝工程和3千米道路畅通工程。

集全镇之智，统筹做好各项民生工作。一是"四个"到位助力秸秆禁烧，通过宣传到位、人员到位、政策到位、监督到位，实现两季秸秆禁烧"不烧一把火、不冒一处烟、不黑一块田"。二是"三项"措施落实"助收助种"工作，统一思想认识，做好工作动员；成立镇村干部志愿服务队，做好精准帮扶；坚持"三个一律"，督察工作落实。三是完成涉及白庙村、联盟村、黄栗树村、石沛村、大季村五个村约16千米总造价约450万元的畅通工程；四是实施一事一议项目8个，总投入约90万元；五是全面实施移民解困项目，第一批人员（包含69户235人）已经公示结束。六是成功完成900亩森林增长工程任务，强化林政管理，严厉打击乱砍滥伐、乱捕乱猎行为，保护好石沛的绿水青山。七是全面抓好安全生产工作，认真落实安全生产"党政同责、一岗双责、齐抓共管"规定，遏制安全事故。八是持续抓好计划生育工作，全面落实二孩政策，提高生育服务水平。突出优质服务，完善村为主机制，努力提高计划生育满意度。九是社区建设进一步加强。建成大季、石沛、联盟、枣岭、黄栗树、周岗6个便民大厅。黄栗树社区2016年被省民政厅评为省级社区协商试点社区，2016年12月，代表全省接受国家民政部检查，获得上级部门的充分肯定。

（石沛镇政府办公室）

武岗镇

【概况】 武岗镇位于县城西南6千米，与马鞍山和县隔河相望，镇域面积108平方千米，人口2.4万人，辖区6个行政村、161个村民组。镇域特点概括为"三个镇"：一是交通枢纽镇，省道S206、S331穿镇区而过，距合宁高速全椒出口、宁西铁路全椒站车程10分钟，距滁州高铁车程半小时，滁河500吨级航运可通江达海，距合肥新桥、南京禄口机场均在1小时车程。二是生态优势镇。五万亩圩区沟塘密布、水网交错，生态水产品资源丰富；低坡丘陵地貌宜耕宜林宜养殖，农副产品优势明显，林木覆盖率高；境内2座水库、近百千米河坝堤防形成自然水生态。实施三线三边治理、农村垃圾治理、美丽乡村建设，初步建成省道干线重要节点镇。三是产业特色镇。依托官渡万亩稻虾连作种养基地、荒草圩万亩现代农业示范区、彩色猕猴桃采摘基地、崇明米业、绿丰嘉茂供港蔬菜等龙头企业，初步建成特色农产品生产基地；镇工业集中区建成区面积1平方千米，拥有机械制造、粮食加工、玩具服装、电子器材、小五金生产等企业55家，其中规上企业11家；以农耕文化庄园、博怡生态园等为代表的生态旅游正成为新亮点。

【镇域经济】 2016年实现地区生产总值7.3亿元，增长13%；财政收入2800万元，增长15%；固定资产投资5.1亿元，增长62%；工业增加值1.5亿元，增长20%；农民人均纯收入达1.4万元，增长15%。

【组织建设】 以乡镇党委换届为契机，配出结构优功能强的好班子，班子成员平均年龄39岁，大学以上学历8人。以"双培双带工程"等为抓手，提升党员致富能力，拓展党员发展渠道，建立24名村干部后备库、50名党员发展后备库，实行序号培养、动态调整。强化党员管理服务，严格党员证管理制度，推进党员"3+2"管理，实施党员积分制考评，中心村党员"评星挂牌"做法受到县委组织部认可推广。全面落实党建保障工程，村级组织运转经费保障有力，分别达5万、7万、9万元。加强为民服务平台建设，投资15万元建成镇政务服务中心，6个村活动场所均达400平方米以上。推动非公企业和社会组织党建"全覆盖"，新增非公党组织2家，党组织组建率达

100%。大力整顿软弱涣散党组织,组建6个村企联合党支部,以强带弱、互助共建、共同提高。

官渡村综合服务大厅

【城镇建设】 坚持规划引领、项目带动、乡土特色、建管并用、量力而为等有机契合,有序推动美丽镇村建设。实施强弱电改造下地5.4千米,新建排水管道1.2千米,实施外立墙面改造4.6万平方米,更换店牌店招480平方米,硬化道路27千米,新建公厕3个,刘王塘景观工程、武岗文体公园基本建成。全面建设中心村村部片区改造、污水处理站、杆线迁移、店牌店招、道路硬化、绿化、公厕、农民文化园、菜市场、马王塘景观工程等项目,成为沿线重要节点村。黄李新村纳入省级美丽乡村建设示范点,获评市级优秀规划设计项目,昔日“旧貌”换“新颜”。

【工业建设】 全镇规模以上企业发展到11家,新增2家;工业固定资产投资1.5亿元,居乡镇前列;金竹机械获评省级科技创新企业。出台企业精准帮扶方案,按照“四定工作法”的要求,定点、定时、定人、定责精准帮扶,解决问题17个,盘活僵尸企业2家。镇工业集中区排水、路灯、标识牌等配套建设加快推进,承接能力有效提升。项目建设成果明显,全年获批项目资金8260万元,其中1000万以上项目3个,30万元以上项目25个。固定资产投资增幅居全县第3名。

全椒县崇明米业有限公司

【农村建设】 全年粮食总产3.2万吨,农业综合机械化率达83%。新增土地流转面积5000亩,认证绿色食品4个、无公害农产品2个,家庭农场达15家,市级以上农业龙头企业达3家,获批省级农业融合发展联合社1个。以官渡、荒草圩等为核心区的稻虾连作示范基地规模、效益“双提升”,全省稻虾连作现场会在官渡召开。加强农产品质量监管,全椒县首个获评省级农产品质量安全示范镇。服务业态新。投资3000万元、占地15亩的荒草圩农耕文化园建成开放,是市民休息、娱乐、观光的好去处。滁河旅游风光带已启动堤顶道路硬化油化工程,即将实施绿化示范工程。电子商务运营体系日渐完善,服务站布点1个。以博怡生态园、小甜瓜育苗基地为代表的省道干线采摘经济初具规模。

【民生建设】 深入实施32项民生工程,投入资金3500万元,让群众有更多的获得感。工程类民生工程既建得快,更要管得好。织牢织密社会“保障网”,城乡居民养老保险参保人数1.37万人，城镇居民医疗保险1530人，新农合参保率达99.99%，参合率全县排名第1。完善社会救助体系，发放低保金1162981元、五保生活补助251196元、大病补助162401元。救济各类困难家庭825户、救济款35.5万元。落实各项就业政策，促进就近就业，新增城镇就业600人。

【社会事业】 加强社会治安综合治理，严厉打击危害群众生命财产安全的犯罪行为。加强综治维稳平台建设，投资近40万元新建康合、武岗村"两站两中心"。开展平安乡镇创建，获评全市平安乡镇，是全县首批群防群治试点镇。在全市综治维稳推进会上代表全椒县做经验介绍。按照"事要解决、人不离武"的要求，落实"六位一体"信访责任，着力解决群众信访诉求，全镇信访形势平稳向好。代表全椒县接受市信访考核，荣获2016年全县信访考核第1名。完善"党政同责、一岗双责"责任体系，常态化开展教育培训、日常检查、督察整改、责任追究，安全生产形势总体平稳，代表全椒县接受市安全生产考核，荣获2016年全县安全生产考核第1名。常态化开展法治宣传，坚持全面依法治理，获评全市"六五普法先进集体"。抓统筹促争先。计划生育工作坚持"三个不变、四个不减"，率先突破县内"两非"大要案，全年月度考评连续第1名。

【重点工作】 防汛抗洪未雨绸缪、精准准备，被县效能办通报表彰。小型水利管护工作在全市现场会做典型发言。土地确权办证工作实效果好，代表全椒县接受省考核验收。按照"四个精准"要求，大力实施脱贫攻坚"十大工程"，做到"有贫必扶、特困特扶、极贫重扶"。省级贫困村中心村摘帽出列，67户218人实现脱贫。

【特色工作】 为充分挖掘武岗镇沿滁河圩区稻虾连作产业优势，推动稻虾连作规模化、良种化、品牌化、产业化，进一步提高稻虾连作综合效益，促进农民增收致富，武岗镇谋划实施"十个一"工程：

"一基地"：以官渡稻虾连作基地为中心，逐年实施"三万亩连片稻虾改造工程"，重点改扩建基地道路、林网、渠道、桥梁、泵站等配套设施，推广稻虾高效生态种养结合模式。"一协会"：成立武岗镇稻虾连作种养协会，实施"七个统一"管理模式，即统一供苗、统一施药、统一饲料、统一技术、统一品牌、统一销售、统一标准。"一品牌"：注册"武岗牌"龙虾、虾稻、虾米等系列品牌，统一箱、包、袋等包装标准及标识，打造区域核心品牌，开展自加工、小包装等上市营销，提升产品市场竞争力。"一中心"：不断完善王八湾等片区及稻虾连作基地配套设施，打造集渔业观光、渔事活动、快乐垂钓、龙虾宴、渔家乐等为一体的生态休闲体验中心。"一市场"：利用原官渡派出所闲置土地和房产，建设小龙虾、水产品交易市场，推进交易市场化、结算便利化。"一节日"：举办首届生态文化旅游节(龙虾节)，高水平策划特色丰富的活动内容，推动"游在全椒、玩在全椒、吃在全椒、住在全椒、购在全椒"，促进一二三产业融合发展。"一农庄"：依托荒草圩现代农业示范区和荒草圩农耕文化庄园，盘活造纸厂资源新建农博园，提升周边旅游基础设施和服务设施及景观系统，打造具有特色的"农业主题景区"。"一论坛"：与安徽省渔业局、安徽省水产技术推广总站、安徽省农科院水产研究所等建立长期合作关系，推动组建"安徽省稻虾连作产业论坛"，由荒草圩现代农业示范园承办，开展稻虾连作高端论坛和技术推广。"一名片"：高水平策划武岗镇稻虾连作形象宣传片和宣传标识，选择在合适的媒体上展播，提升稻虾连作产业知名度。"一企业"：积极拓展市场资源，招引社会资本入驻，投资建设水产品、小龙虾深加工企业，延长产业链，提高附加值。

(武岗镇政府办公室)

六镇镇

【美好乡村】 实行建管并重，推进美丽乡村建设。一是继续加大硬件投建设，投入2.8万元，完善周洼中心村老年房护坡、公厕水泥路及厕所下水道等相关基础设施；二是投入350万元用于农村生活环境整治，采取PPP模式清理农村生活垃圾。省垃圾治理现场会在我镇周洼新村设点。三是完成6个村拆迁村庄的土地复垦整治工作，通过市级验收，并完成

农村小区群众体育健身活动

市级验收整改意见的整改工作。四是扎实开展百镇建设。开展小集街道治脏治乱工作，取得成效，完成东王中心村规划、设计及工程招标等准备工作。

【基础设施】 整合项目资源，加快重点项目及基础设施建设。一是政府重点投资项目加快推进。投资2300万元，完成21个村民组8000亩基本农田综合整治；投资2200万元的小集村高标准基本农田建设项目，已完成招投标工作，正在启动建设。二是基础设施建设得到完善。争取"一事一议"项目资金167.9万元，用于基础设施建设。郭郢至双灯水泥路，赵店新村渠道绿化、亮化项目，高塘湖水泥路范刘组至庆丰桥，大罗至和平水泥路建设等10个"一事一议"项目已经全部完工。三是实施2016年农村道路畅通工程，11月底完成新建道路19千米、改建道路11.9千米，启动合宁高速改扩建项目工程征地交付工作，协助县乡道路修缮工程小集至东王段、东王至马厂段的矛盾调处工作。四是投资125万元，实施6个库区移民项目工程；投资16万元，实施天网工程，新建、迁移监控12个。五是争取项目资金160万元，用于水利设施建设。已完成小泵站更新改造2座，万方以上塘坝扩挖4面，其他项目正在实施阶段，12月25日前全部完工接受县级验收。

【农村工作】 攻坚克难，完成农村重点工作。土地确权：已确权11个村（居）338个村民组9911户，发放经营权证书9911本，镇、村土地确权类农户和村民组的档案均按上级要求进行整理、装订成册，做到专橱存放，专人管理。秸秆禁烧工作：通过宣传动员，召开三个会议，签订三种承诺书，在全镇范围内对秸秆禁烧工作实行网格化管理，镇村干部实行分片包村、包组，明确责任等一系列具体措施，实现"不失一把火、不冒一处烟"。扶贫工作：截至2016年年底，该镇产业扶贫已完成227户打卡发放，发放资金55.96万元；光伏扶贫共计95户411千瓦，已建成并网发电；129户158人在校生均享受学校资助；40名贫困户在校生享受"雨露计划"；为78户贫困户安排就业扶贫，签订《六镇镇劳动就业扶贫协议》；为21人提供职业技能培训，发放技能培训补助资金2.1万元；为10余户发放扶贫贷款30余万元；为10户贫困户办理金融扶贫，与信用社、企业签订三方协议，每年为贫困户分红4000元左右。2016年预脱贫371户657人。农村集体资产产权改革工作：按照农村集体资产产权股份合作制改革方案，有序推进。已完成资产评估及股民身份确认。

【经济建设】 围绕农民增收，加快经济发展。一是招商引资取得新成效。经双方多次洽谈，上海银来集团在六镇镇投资医疗、养老、旅游项目，该项目总投资20亿元，到位资金约1.6亿元，并建成投入试运营。二是现代农业加快发展。全镇新增流转耕地7419亩、累计77925亩，新增家庭农场12个、总数达72个，新增农民专业合作社3个、总数发展到101个，种粮大户183户。三是旅游经济正在破题。悠然自得的网纹瓜、8424西瓜、樱桃西红柿陆续上市，接待游客达6000人次，成交金额超100万元；牧龙山石斛通过组织观光团、网店等形式，先后组织观光团20余次，观光人员近1000人次，经济效益达300万元。

【社会管理】 创新社会管理，全

面落实惠民政策。一是全面落实民生工程。完成农村危房改造工程建设任务，开展农村低保评议工作，坚持公平、公正、公开的原则，重新认定，做好城乡大病医疗救助工作，做到报实、核实、准确及时，全面完成2016年城乡居民养老保险参保任务3000人。二是扎实做好计划生育工作。以两非案件为突破口，重点做好出生婴儿性别比治理和满意度。三是全面完成民兵整组、训练、维稳和征兵任务，完成民兵活动阵地建设，进一步加强党管武装工作，全面提高民兵预备役建设水平。四是加强文化建设。以综合文化站为载体，加强宣传文化工作，广泛开展文化活动。五是切实维护社会稳定。实施网格化管理，加强矛盾隐患排查，注重调处矛盾，矛盾纠纷调处成功率达100%；加强安全隐患排查，落实"一岗双责"，实现五级五覆盖，做到全年安全生产无事故。

【党建工作】 真抓实干，以党建促发展。一是突出党委主体责任，形成合力抓党建。成立组织，上下联动，镇成立以党委书记为组长，镇长、专职副书记为副组长，党委委员为成员的党建领导小组，下设办公室，由副书记兼任办公室主任，组织委员任办公室副主任，配备两名党建工作文书，具体负责全镇党建工作的协调、指导、督察；各村（居）均配备党建文书，协助组织委员抓好党建，形成镇村联动抓党建的格局。合理分工，营造氛围，在圆满完成镇党委换届的基础上，采取个别谈心和会议决策的方式，结合班子成员各自性格特色、乡土人情熟悉程度，合理安排分工，凸显责权相统一，由镇人大主席分管计生，主任科员协助分管信访维稳，2名副主任科员兼任六镇村、小集社区第一书记，实现换届换出新面貌，分工分出新激情；同时，通过戴党徽、树党旗、合理布置党委会议室和政府大院等途径，营造党就在你我心中、党就在你我周围的浓厚氛围。不推不让，兜底收官，党委书记认真履行党建第一责任人职责，在放手让班子成员全力推进工作和解决矛盾的同时，也时刻做好棘手矛盾和突发事件的应急和处置准备，与分工负责人一道，互相商量，互相支持，树立上下同心，群策群力的干事形象。二是以提能善政为核心，大力加强镇村班子建设。加强镇党委的自身建设，定期召开镇党委中心组学习扩大会、党建工作调度会、重点工作推进会，认真组织领导班子成员学习理论知识，通过加强学习，不断增强领导干部的思想觉悟、政治素质、工作水平和领导能力；实行班子成员包村责任制，除做好包村的各项工作外，要求每月下村时间不少于半个月，着力为群众办好事、实事，树立勤政为民的公仆意识，认真落实民情家访相关制度，更好地服务于农村各项工作；先后建立和完善党委理论中心组学习制度、党建工作汇报会制度、镇村干部值班、住夜制度和镇干部包村、村干部包组联户制度，严格上下班、值班、考勤纪律，通过抓制度建设来促干部作风转变；健全完善村党组织书记抓基层党建工作述职评议考核机制，将党建述职评议考核向支部延伸。加强农村党支部建设，镇党委扩大选人用人范围，从致富能手、退伍复员军人、驻村协警及社会管理专干中遴选村"两委"负责人；从大学生中选拔优秀人才进村委班子，一批群众口碑好、年富力强的人员进入村"两委"班子里，真正夯实村"两委"干部的整体实力；整顿软弱涣散村和后进村，更换赵店（软弱涣散村）、大张村（后进村）党总支书记，配备副书记专职抓党建，从公安协警、大学生中选拔优秀人才充实到村两委；对大张村村部进行改造，全面提升村级活动场所水平，改造方案正在设计院设计；加强村级活动场所建设，村级组织活动场所面积在400平方米以上10个，建成村级为民服务代理中心8个，为党组织开展活动提供阵地保障。三是扎实开展两学一做学习教育，提升党员干部服务能力。该镇严格按照县"两学一做"学习教育协调小组的统一部署，在抓好规定的动作的同时，抓好自选动作，并将"整乡推进"与两学一做学习教育同步实施；"4311"工作被滁州日报刊登，树立五种意识、提升五种力（即牢固树立学习意识，提升班子整体合力；牢固树立素质意识，提升队伍整体战斗力；牢固树立制度意识，提升班子整体影响力；牢固树立发展意识，提升村级集体经济实力；牢固树立廉洁意识，提升班子整体震慑力），被县党建办通报表扬。四是以"提升基层党建活力"为主线，统筹推进党建工作。大力发展壮大村级集体经济，创建“五好”基层党组织，涌现如大张鳜鱼、草庵苗木、孙家葡萄草莓、东王山羊等“一村一品”特色农业及花溪湖甲鱼、看俺家鸡蛋、金凤凰禽业等农业品牌；消灭草庵、大股等4个“空壳村”，集体经济收入10万元以上村4个，20万元以上村1个，为村集体有能力办成事提供经济保证。认真做好党员发展工作，严把“入口关”，畅通“出口关”。按照“坚持标准，保证质量，改善结构，慎重发展”的方针，把好党员“入口”关，争取将有能力、有文化的年青人吸收到党员队伍中来，特别是把致富能手吸收到党员队伍中来；开展党员“3+2”管理工作，严格党员管理，对不合格党员及时进行帮扶处置，切实畅通党员的“出口关”，正在办理开除孙家村张克传党籍手续。加强流动党员管理，发展“雁归经济”。根据县委组织部要求并结合该镇外出务工的流动党员多的实际情况，于2016年10月在江苏常州成立“六镇镇驻常州市武进区流动党支部”，支部设在武进区；镇党委指派组织委员为该流动党支部的党建指导员，定期通过电话或网络与支部书记联系，听取党支部工作开展情况，并安排党支部书记要加强与党员之间联系，让在外党员有家的感觉；同时，积极引导流动党员回乡创业，服务家乡经济建设，真真正正发挥党支部的作用。

（王周文）

二郎口镇

【概况】 二郎口镇地处皖东，位于全椒县西南部，占地180.9平方千米，东与武岗镇接壤，西与古河镇毗连，北与六镇镇、马厂镇交界，南临滁河，与和县、含山隔河相望，S331省道和赤马县道纵横贯穿全镇，300吨滁河航道直通宁沪杭，东距南京68千米，西距合肥89千米，良好的交通、地理条件，使该镇成为周边地区交通枢纽，工商业中心。全镇下辖13个行政村、1个居民委员会、363个村民组，总人口5.12万人，镇区规划面积8平方千米，已建成面积5.5平方千米。二郎口镇素有“鱼米之乡”之称，是全椒的农业大镇、水禽生产重镇和工业强镇。

古城村“一村一品”稻虾连作项目

1999年被省政府批准为综合改革试点镇，被省体改委批准为中心建制镇，被省建设厅列为安徽省百强镇；2002年被市委、市政府授予招商引资“先进乡镇”称号；2005年被市委、市政府表彰为“经济强镇”；2006年被省市列为社会主义新农村建设“千村百镇”示范镇；2008年5月被省文明委授予“安徽省创建文明乡镇工作先进乡镇”称号。

【经济发展】 2016年，全镇完成地方生产总值14.8亿元，农业产值4.9亿元，财政收入2004.8万元，固定资产投资6.9亿元，规上企业11家，规上企业增加值9.1亿元，同比增长10.7%，农民人均纯收入13120元，同比增长9.7%，个体工商户2124户，同比增长0.9%。

【农业经济】 依托稻虾连作特色种养殖模式，积极发展“一村一品”，突出抓好龙虾养殖和优质粮食生产两大产业，促进农民持续增收。新增流转土地7200亩，新成立专业合作社4个。实施太平、上陶千亿斤粮工程，建成高标准农田1万亩。稻虾连作2016年的规模达4万亩。镇农业龙头企业龚记米业、大华粮油、祝大农副产品购销公司等发展迅速。

【招商引资】 突出工业强镇布局,夯实园区基础设施建设,注重以商招商。2016年累计联系客商13户,洽谈项目5个,签约4个,落户4家。完成招商引资任务4亿,到位资金2.05亿元。工业总量不断壮大,规模以上企业12家,继续申规企业1家。全年续建企业1家,新开工企业1家。

【基层组织】 强化组织基础。完成20个党组织整合,新成立3个非公党支部和4个社会组织党支部。加强队伍建设。圆满完成镇党委换届工作,选举产生新一届党委班子;优化干部结构,调整1名"一肩挑"书记,补选2名村委会主任,增选3名村"两委"干部,做好新老交替过渡。推进农村发展。实施党员干部联系帮扶贫困户工程,全镇122名镇村党员干部联系帮扶239户贫困户,实施帮扶措施700余项。成立龙虾产业协会党支部,鼓励党员传授群众稻虾连作技术,现已有会员347人,稻虾连作13500亩,龙虾总产值5400万元,纯收入3240万元。扎实推进"两学一做"学习教育,组织党员干部深入村组和群众开展大走访,收集意见82条,梳理问题59条,解决困难55件。鼓励优秀村后备干部加入党组织,发展党员18名。加强整治党费补交工作,32个党支部补交党费4.2万元。开展党员组织关系排查,给予1名失联党员除名,为2933名党员发放党员证。建立流动党员短信送学制度,给267名流动党员发送短信1000余条。

【扶贫攻坚】 全镇共有425户,1110人。2016年脱贫有79户,232人。贫困村为古城村,2017年出列。2016年以来,积极落实各项扶贫政策。一是产业扶贫。重点是稻虾连作和常规种植业。共落实产业到户204户,发放各类产业扶贫资金57万元。另发放贫困户小麦减产补贴资金5200元。二是光伏扶贫。1个贫困村和17户贫困户新建光伏123千瓦,已全部完工,并网发电。三是金融扶贫。全镇共评级授信106户贫困户,已有45户贫困户,采取"企业+银行+贫困户"金融扶贫模式发放214万元贷款,每个贫困户每年入股分红5000元。四是就业扶贫。全镇73户76人申请就业救助或提出就业意愿,已全部落实到位。五是教育扶贫。全镇120户149人申请教育扶持,已发放各类资金

项集村下陶中心村

15万余元。六是危房改造扶贫。2016年已完成38户贫困户危房改造。七是社会扶贫。该镇共争取滁州力斯杰玩具有限公司等各类社会扶贫资金30多万元,使得80多户贫困户受益。八是贫困村脱贫工作。古城村发展稻虾连作作为"一村一品",每年给村级集体经济增收3万元;八小水利已经完工;投资800万元8000亩高标准农田改造项目已完成招标,即将开工。

【平安建设】 提升镇、村综治维稳信访工作中心(站)建设,更加有效吸附和化解矛盾,配齐配强综治信访队伍。扎实做好应急处置工作,建立基层应急维稳队伍,制定应急处置预案。开展严厉打击盗抢行动,设立治安巡逻卡点,建立巡逻队伍,全天候开展巡逻。深化矛盾纠纷隐患排查化解,全年共排查各类矛盾纠纷412件,化解405件,共排查信访矛盾隐患96件,已化解90件,无越级访和赴京访。

【城镇建设】 把环境整治作为"建设美丽二郎"的核心任务。集中整治"脏、乱、差",整顿农贸市场、店外经营和车辆停放秩序。

投入100万元用于集镇和村级主干道绿化提质，发动村组、企业和部门单位等社会各界，进行河边、路边、屋边绿化，共实现绿化6000亩，有效改善二郎口的生态环境。项集下陶中心村美丽乡村接受省、市验收。

【农田水利】 完成投入近1800万元的下陶千亿斤粮田间工程、投入1500万元太平千亿斤粮田间工程、投入800万元的卜集、古城中低产田改造工程，投入1500万元的滁河、新河、导流河、跃进河标准堤建设及除险加固工程。基础设施方面，投入近2000万元的平安路、花园路、垃圾中转站、朱庄新农村等项目都已建成。

【民生保障】 实施农村危房改造工程，2015—2016年，共帮助754户困难户进行房屋改造，解决贫困户住房安全问题。发放农村低保金、城镇低保金、优抚金、各类救灾救济款等财政补贴1.2亿元。发放“新农合”补助金达912万元，受益人数达1.2万余人。争取资金800余万元，全面建设镇中学、二郎完小、赤镇完小3所学校，适龄儿童入学率、小学生合格率和升学率均为100%，资助困难学生1624人次。投入148万余元扩建二郎口医院住院部，改善人民群众就医环境。改造扩建敬老院水网、电网及房屋，改善老年人的居住环境。

【旅游资源】 程家市“万亩桃园”涵盖多个桃树品种，每到桃花盛开和果实采摘时节，都会成为合肥、南京、马鞍山等周边城市的游客度假休闲的热捧之地，2016年桃园共接待游客3万人次，二郎口镇正在对程家市文化和“万亩桃园”进行系统性的旅游开发和利用。

（二郎口镇政府办公室）

大墅镇

【概况】 大墅镇地处安徽省全椒县西部边陲，是省级中心建制镇和全省综合改革试点镇，东距县城35千米，与本县古河、马厂、西王镇相接壤，与合肥市马湖乡、巢湖栏杆集相连。全镇行政区划面积161平方千米，其中镇区面积3.5平方千米，总人口5.2万人，其中农业人口4.8万人，下辖8个行政村，2个居委会，行政区划调整后，形成四个街道社区，规划6个中心村，70个居民点。

2016年，全镇实现固定资产投资5.3亿元，较2015年增长6%；实现财政收入2016万元，较2015年增长12%；农民人均纯收入11526元，较2015年增长12%；完成招商引资到位资金3.65亿元。全镇经济水平和财政状况取得显著发展。

【民生工程】 2016年，社会保障事业扎实推进，各项惠民政策得到有效落实：新农合参保41990人，城镇居民医保参保1200人，医疗保险参保率98%以上。养老保险参保31127人，参保率95%以上，已领取待遇9203人。新增就业1115人，超额完成上级下达就业任务。新增低保119人，五保4户4人，为1244名低保对象和1768名五保对象发放资金590.1万元，为260名困难群众发放救助金15.4万元，发放优抚资金1888人次198.8万元，发放高龄津贴3040人57.5万元，发放重残补贴1988人37.9万元。实施危房改造155户，补助危房改造资金187.8万元，均已打卡发放到位。

【综治信访维稳】 一是落实信访工作机制。2016年镇领导共接访群众220批、369人次，其中集体来访11批、143人次；办理信访积案4件，已化解4件；通过“阳光信访”办理信访案件58件77人次，其中上级转办27件44人次；排查信访隐患155件，上报信访信息72条。2016年无到市赴省去京上访事件发生。二是开展严打整治。通过创建“民主法治村”“平安村”等活动，为社会全面发展创造安定的环境。截止2016年12月31日，排查受理矛盾纠纷232件，成功化解223件，化解成功率达96%；结合“法律六进”开展普法活动，深入企业、学校、机关等开展宣传活动44余次；积极推进辖区矫正工作，在册社区矫正对象18人，建档率100%，重新犯罪率为零；开展综治宣传月活动，设立咨询台、发放宣传单页5000余份、悬挂横幅12条，活动取得良好效果。同时扎实做好文化、教育、卫生、食品安全等各项社会事业，确保全镇和谐稳定。

【计划生育】 一是完善机制，狠抓责任落实。进一步完善“村为主”工作机制。2016年大墅镇多孩出生率9.48‰,政策符合率88.87%,二多孩政策符合率89.85%。政策内二多孩早孕发现率为28.81%,由于制度完善,措施得力,计生各项指标完成较好。二是落实满意度工作,开展全面两孩政策宣传。全镇共建立微信群13个,参群育龄人数达839人,共发放电风扇1000台、卫生计生知识读本1200本、公民健康素养宣传10000张、宣传礼袋4000个、孕优生殖健康宣传彩页3000份、健康礼包1300份。三是落实奖扶政策,奖扶资金发放到位。2016年共发放60周岁及以上人群和特别扶助人群奖扶资金335520元,发放50周岁扩面人群奖扶资金910人,873600元;为921户申报独生子女保健费,发放资金227850元,发放独生子女父母奖励金970户,236160元;发放独、双女户新农合补助197户664人。

【森林增长工程】 2016年,新增林地2000亩,其中时雨兴禾发展有限公司新增薄壳山核桃种植1500亩;汪店中心村成功创建省级森林村庄。

【水利工作】 2016年,争取"小农水"项目资金130万元,实施42个"小农水"项目,其中扩挖整治万方以上当家塘27面,拓宽清淤渠道4条,更新改造泵站11座,资金投入较往年大幅增加。

【组织建设】 大墅镇现有党支部(总支)26个,党员2185人。2015年,在县委、县政府的正确领导和县委组织部的关心指导下,以打造旅游重镇,工业强镇为主线,以"两学一做"学习教育和"讲看齐、见行动"大讨论活动为载体,突出党员队伍和基层组织建设两个重点,为推进大墅经济又好又快发展、构建和谐文明社会提供坚强有力的组织保证。

【招商引资】 一是加强企业帮扶。扶持企业在严峻市场环境下平稳发展:国靖办公家具实现年产值2500万元,成功申报新增规上企业;邵林包装在2015年申规成功基础上,2016年完成产值2200万元;神工古典家具摆脱停产困境,逐步恢复生产,完成产值1000万元。二是开展招商引资。2016年新签约项目7个,签约投资7.8亿元,其中亿元以上项目2个,新开工项目7个,新投产项目5个。三是打造产业新城。围绕打造产业新城,招引大企业、大公司共谋大墅发展。初步达成合作意向的有华夏幸福集团10平方千米产业新城项目,亟待企业和县政府签约实施。

【集镇建设和人居环境】 投资600多万,实施垃圾处理、饮水安全、卫生改厕、环境整治、道路畅通、污水处理、河沟渠塘疏浚清淤、公共服务设施、村庄绿化、村庄亮化10项建设内容,汪店中心村项目已经于2017年年初竣工验收。大力实施"百镇计划"。在前期完成规划编制评审的基础上,2016年大墅镇共谋划治脏、治乱、基础设施建设和公共服务配套3大类10小项26个工程项目,总投资3700万元,竣工待验收11项,正在施工7项,拟实施8个项目,正在抓紧推进。

【农村综合改革】 2016年高质量完成土地确权登记颁证工作,已确权农户10886户,确权率97%;确权面积142720.68亩,占测绘田亩面积的93%;颁发经营权证书10886份,群众满意度较高。顺利推进农业三项补贴改革,改革前,粮食直接补贴、粮食综合补贴、良种补贴合计发放911.77万元,亩均134元;改革后,发放农业支持保护补贴1109万元,按原计税面积核算,亩均163元,每亩多获得补贴近30元。

【扶贫攻坚】 把脱贫攻坚作为2016年首要政治任务,始终紧抓不放。按照"五个精准""五个一批"总体要求,精准识别贫困户896户2266人,新兴村为贫困村,抽调县、镇、村3级结对帮扶人员302人参与包保帮扶。2016年,实施产业扶贫484户1364人,发放产业扶贫资金131.85万元,其中,与时雨兴禾发展有限公司合作养牛57户,养牛62头;发展光伏发电扶贫102户309人477千瓦,建设光伏电站4座,补助贫困户建设资金223.02万元,已全部并网发电;实施智力扶贫266户329人,发放智力扶贫资金19.5万元;帮助贫困户就业153户177人;金融扶贫参与评级604户,经农商行授信155户279.6万元,发放小额贷款29户74.72万元;贫困户申请危房改造146户324人,已实施79户208人。通过"十大工程"的实施,确保2016年234户563人脱贫和新兴村出列的目标任务圆满完成。

【产业新城建设】 根据张祥安市长2015年12月12—13日考察大墅的讲话精神和县主要领导的指示精神,大墅产业新城建设正扎实推进。2016年10月底产业新城建设指挥部的办公场所、工作机制已落实,2016年11月初,在岗人员已全部投入到工作中。围绕打造产业新城,招引大企业、大公司共谋大墅发展。2016年年底初步达成合作意向的有华夏幸福集团10平方千米产业新城项目,亟待企业和县政府签约实施。2017年计划实施9个项目,总投资约1.46亿元。各专项规划规划编制正在紧锣密鼓地进行中。

大墅龙山国际露营基地

【龙山生态旅游项目】 大墅龙山现代农业示范区经过2年多的建设和投入,已于2015年年底成功申报市级现代农业示范园;由旷远国际和台湾石牛溪集团共同投资打造的3200亩大墅龙山生态旅游项目2015年9月签约,2016年已成功举办桃花节、采桃节,市场反响良好;露营基地、“红随步”农家乐于2016年10月建成投入运营;首个民宿项目“禾墅恋”预计2017年4月建成投入试运营。未来五年,是打造“产业新城”的关键期,是全面建成小康社会宏伟目标的决胜期,是大墅镇大有作为的机遇叠加期。大墅镇将重点围绕谋规划、编项目、强招商、培产业、建新城为总体目标,强化措施,抢抓机遇,按照“镇当城建,产城相融”的思路,努力把大墅打造成滁州西部最美特色小镇、全椒的副中心,谱写“魅力大墅”新篇章,展示“产业新城”新形象,为安徽中部的崛起做出新贡献。

【大墅村】 大墅镇大墅村位于大墅镇西部。全村区域面积9平方千米,人口3700人,其中常住人口2500人,下辖村民组27个。党员数118个,党小组数14个。大墅镇大墅村以丘陵地貌为主,耕地面积12628亩、水面200亩、林地300亩(主要以杨树树种为主)。全村经济发展2016年实现集体经济2.5万元,负债55万元,主要负债原因为过去上交提留。近年来全村土地流转5500亩,主要种植项目为小麦、水稻,特色种植项目为无公害蔬菜。企业项目为安徽健禾农业开发有限公司,投资300万元、占地200亩、利用劳动力50人。建成家庭农场9个,专业合作社7个,参与专业合作社100人。近5年来,利用一事一议项目资金45万元,完成项目13个。移民安置情况:共完成移民安置172户482人,其中,县城安置30户96人,集镇安置120户334人,中心村集中安置15户35人,就近安置66户113人。八小水利情况:新修塘坝9座,新修泵站11座;位于大墅村大明组的小(二型)水库大明水库已经完成除险加固。新增水泥路8千米。现村两委职数6人,实际配备两委干部6人,其中男4人,女2人,综治维稳信访专干2人,平均年龄为48周岁,高中以上学历5人。

【大墅居委会】 大墅镇大墅居委会位于大墅镇镇中心,与大墅村、汪店村接壤,与西王镇管坝民族村毗邻,县道、省道、高速横穿区内,交通十分便利等。全居区域面积9平方千米,人口4775人,其中常住人口4752,下辖村民组13个和大墅镇街道社区。党员103人,党小组9个。大墅镇大墅居委会以丘陵地貌为主,耕地面积4630亩、水面面积350亩、林地800亩(含高速、铁路两侧长廊）主要以杨树种为主。2016年实现集体经济53885元，无负债。近年来，共土地流转950亩，主要种植项目为水稻、小麦、油菜。建成家庭农场1个、专业合作社9个。近6年来，利用一事一议项目资金119万元，完成项目9个。共完成移民安置67户138人，八小水利情况：位于吕坝组的小（2）型水库吕坝水库完成除险加固工程，塘坝沟渠整治5面，新增水泥路2千米。现居两委职数7人，实际配备两委干部5人，其中男4人女1人，平均年龄为48周岁，高中以上学历3人。

【肥全村】 大墅镇肥全村位于全椒县大墅镇西部，与肥东县马湖乡、巢湖市栏杆镇接壤，临近合宁高速公路。总面积18.8平方千米。人口7868人，其中常住人口7641人，下辖村民组43个。党员数216名，党小组数13个。大墅镇肥全村以丘陵地貌为主，耕地面积21000亩、水面40面4600亩、林地907亩主要以马尾松、杨树种为主。2016年实现村集体经济收入21125元，负债523369.73元，主要负债原因为并村前债务。近年来全村土地流转4000亩，主要种植项目为小麦、水稻，特色种植项目为草莓。建成家庭农场3个，专业合作社5个，参与专业合作社1824人。近5年来，利用一事一议项目资金140万元，完成项目24个。移民安置25户49人。近3年完成新修水利项目14项。新增水泥路9.6千米，塘坝沟渠整治18面。2016年重点完成小马厂河改造工程建设。现村两委职数10人，实际配备两委干部9人，其中男6人女3人，平均年龄为51周岁，高中以上学历3人。

【黄集村】 黄集村位于全椒县西部，大墅镇东南面，东与马厂镇，南与古河镇相接壤，属丘陵地带，水库较少，农业生产用水比较困难，靠马厂水库作保障。总面积23.7亩，总人口4321人，总户数1250户，现有38个村民组，一个党总支下设大苏、大曹、东沈和财贸四个党支部，党员总数241人，一名预备党员，二名积极分子。大墅镇黄集村以丘陵地貌为主，耕地面积7761亩、水面1500亩、林地907亩主要以、杨树种为主。2016年实现村集体经济收入44670元，负债128万元，主要负债原因为并村前债务。近年来全村土地流转5140亩，主要种植项目为小麦、水稻。建成家庭农场3个，专业合作社5个，参与专业合作社1824人。近5年来，利用一事一议项目资金35万元，完成项目24个。移民安置25户49人。近3年完成新修水利项目14项。新增水泥路7.2千米，塘坝沟渠整治5面。现村两委职数7人，实际配备两委干部5个，其中男3人女2人，平均年龄为50周岁，高中以上学历1人。

【刘兴村】 大墅镇刘兴村位于大墅镇东面，龙山脚下，东与马厂镇毗邻，南与黄集村、汪店村接壤，合宁高速312国道、312辅道、宁西铁路横贯该村。村部距合宁高速大墅道口仅2千米，交通条件较为便利。全村区域面积22.7平方千米，人口5582人，其中常住人口5255人，下辖村民组54个。党员181，下设4个党支部，党小组21个。大墅镇刘兴村以丘陵地貌为主，耕地面积22000亩、水面面积3400亩，林地面积6800亩，主要以杨树、香樟、风景树等树种为主。全村经济发展2016年实现集体经济131355元，负债30.5万元，主要负债原因为合并行政村前的“三提五统”陈欠及永丰、龙门二个茧站亏损。近年来全村土地流转12700亩，主要种植项目为薄壳山核桃，特色种植项目为薄壳山核桃。企业项目名为万亩薄壳山核桃及深加工项目，项目投资预算2亿元、示范区占地10000亩、利用劳动力约180多人。建成家庭农场3个，专业合作社3个。近5年来，利用一事一议项目资金50余万元，完成项目4个。移民安置情况：共安置移民76户，154人，其中，县城安置18户48人，集镇安置15户34人，中心村集中安置35户63人，就近安置8户9人。八小水利情况：新修塘坝5座，新修泵站5座；位于刘兴村水库组的小（1）型水库永丰水库和位于詹家组小（2）型水库孙小坝水库已经完成除险加固。新增水泥路5.8千米。重点项目建设情况：刘兴村农村道路畅通工程已经建设完成。现村两委职数8人，实际配备两委干部9人，其中男6女3，平均年龄为50周岁，高中以上学历2人，大专以上学历3人。

【汪店村】 大墅镇汪店村位于大墅镇南部，与古河镇接壤。合宁铁路和S226省道穿村而过。全村区域面积26.7平方千米,人口6258人其中常住人口4000人,下辖村民组72个。党员数230人,党小组数22个。大墅镇汪店村以丘陵地貌为主,耕地面积23400亩、水面500亩、林地1580亩主要以杨树种为主。全村经济发展2016年实现集体经济100890元,负债8万元,主要负债原因为历史三提五统欠款。近年来全村土地流转7000亩,主要种植项目为水稻、小麦。特色种植项目为薄壳山核桃、葡萄。企业项目为香泉农场,投资500万元、占地500亩、利用劳动力20人,建成家庭农场7个,专业合作社4个,参与专业合作社25人。近5年来,完成项目18个。移民安置情况:完成移民安置74户168人,其中县城安置18户46人,集镇安置12户29人,中心村集中安置35户80人,就近安置9户13人。八小水利情况:位于彭林组的小(2)型水库骑龙水库、位于新庄组的小(2)型水库蔡坝水库完成除险加固,新修塘坝21座,新修沟渠2条,新修泵站23座;骑龙、小胡支渠硬化改造近10千米。新增水泥路5.5千米。重点项目建设情况:美好乡村示范点正在建设成,完成102套安置房建设,完成378亩的土地增减挂项目。现村两委职数9人,实际配备两委干部10,其中男6人女4人,平均年龄为52周岁,高中以上学历4人,大专以上学历1人。

【张岗村】 大墅镇张岗村位于大墅镇西南部,西与新兴村相连,北与章辉村、南与古河镇晋集村接壤,312国道穿境而过。全村区域面积23.2平方千米,人口5053人,其中常住人口2925,下辖村民组39个。党员179人,党小组25个。大墅镇张岗村以丘陵地貌为主,耕地面积13529.04亩、水面面积850亩,三八水库(小1)型位于村尹庄组、林地1000亩(含高速、铁路两侧长廊)主要以杨树种为主。全村经济发展2016年实现集体经济46835元,因历史陈欠负债886969元。近年来全村土地流转4100亩,主要种植项目为水稻、小麦。建成家庭农场1个,专业合作社1个。近6年利用一事一议项目资金979060元,完成项目20个。完成八小水利工程18个。新增水泥路3.3千米,塘坝沟渠整治20面,完成三八水库除险加固工程。现村两委职数7人,实际配备两委干部7人,其中男5人女2人,平均年龄为48周岁,高中以上学历2人。

【章辉村】 大墅镇章辉村位于大墅镇最西部,与肥东县马湖乡接壤。交通便利,312国道、辅道,从章辉村经过。全村区域面积28.5平方千米,人口5231人其中常住人口5121人,外出务工约1182人。下辖村民组33个。党员155人,党小组23个。大墅镇章辉村以丘陵地貌为主,耕地面积15000亩、水面1200亩、林地2400亩,主要以马尾松树种为主。全村经济发展2016年实现集体经济31530元,负债100多万元,主要负债原因为兴办公益事业和农户历年上缴提留尾欠款。近年来全村土地流转1952多亩,主要种植项目为小麦、水稻,无特色种植项目。建成家庭农场3个、专业合作社5个,参与专业合作社35人。近5年来,利用一事一议项目资金100多万元,完成项目19个。新增水泥路18千米,扩挖当家塘24面,改造电站7座。现村两委职数7个,实际配备两委干部6个,其中男4个女2个,平均年龄为47周岁,高中以上学历3人。

(大墅镇政府办公室)

马厂镇

【概况】 马厂镇位于安徽省全椒县西部,距离全椒县城约30千米,地处江淮分水岭,镇域地貌比较复杂,北高南低,北部为丘陵山区,南部为浅丘平原,境内最高海拔为395.4米,镇域面积181.95平方千米,其中镇区建成面积1.9平方千米,耕地5.6万亩,全镇辖11个行政村,总人口4.3万人。发展定位为生态农业镇,先后被授予“安徽省环境优美乡镇”“安徽省省级森林城镇”等称号,镇区介于合肥、南京两个省会城市之间,距离合肥、南京约80千米,沪汉蓉高铁及312高速公路分别从镇域穿过,交通便捷。镇域内有国家中型水库1座,小型水库10座,全镇森林面积758公顷,森林覆盖率为46.8%。产业布局分为三大块,北部林、果、茶种植区,现有板栗、茶叶、美国薄壳山核桃等经果林近2万亩;中部苗木、果蔬种植区,现有各类苗木、优质水果、蔬菜8000多亩;

南部优质稻麦种植区，拥有2万多亩的高标准农田，成为本镇乃至全椒产粮集中区。2016年马厂镇共完成财政总收入664.5万元，其中国税完成324.7万元，地税完成339.8万元。

【扶贫工作】 全镇共11个村，2016年年初建档立卡贫困户503户，贫困人口1260人，复兴、三合两个贫困村（复兴村贫困户76户，179人。三合村贫困户38户，125人）。2016年已脱贫259户，651人，两个贫困村出列。强化组织领导。建立健全组织网络。成立马厂镇扶贫工作领导小组和扶贫工作站，工作站实行独立办公，站长由镇长亲自担任，副站长由一名专职党委副书记和一名副镇长担任，并配备2名年轻同志任成员。11个村也均成立扶贫工作队，建立扶贫工作室，配备扶贫专干。落实责任机制。建立镇书记、镇长，村书记、主任抓扶贫的工作格局，层层签订脱贫攻坚责任书，严格落实工作责任，制定马厂镇五年脱贫规划和年度脱贫方案，明确脱贫目标、脱贫任务、脱贫措施、时间节点、工作保障等，实行挂图作战。加大宣传力度。会议宣传。通过镇扶贫工作部署会、推进会、专题培训会，村两委会、镇村组评议会等契机，积极开展宣传工作。入户宣传。利用建档立卡“回头看”、精准核查月、进村入户走访等契机，加大国家扶贫政策的宣传，2016年共进村入户发放各类扶贫政策宣传单2800余份。镇内平台宣传。利用镇村电子显示屏播放扶贫政策826次，扶贫攻坚公示栏张贴宣传152次，悬挂横幅125条，粉刷标语312个（每村3条，每组1条）。信息宣传。上报各类扶贫信息48条，被省、市、县网站刊登采用信息2条、9条、27条，编发扶贫简报10期。《多措并举推动扶贫解困》信息被《安徽工作》第6期刊载。积极落实各项政策。产业到户工作。组织开展蔬菜种植、水产、禽畜养殖等培训班3场，共培训贫困户和产业大户220人次。同时，积极开展社会化服务工作，聘请5名村级动物防疫员负责全镇100户贫困户畜禽防疫工作。落实产业到户306户，发放各类产业扶贫资金67.51万元。另发放贫困户小麦减产补贴资金8544元。出资3万元租赁16个蔬菜大棚，无偿提供给16户贫困户种植，并提供免费技术指导和销售服务，贫困户已进驻发展生产。光伏扶贫工作。2个贫困村和21户贫困户新建光伏219千瓦，已并网发电。金融扶贫工作。马厂镇共评级授信116户贫困户，授信额度197万元，已有45户贫困户，共申请130.8万元贷款，“企业+银行+贫困户”金融扶贫模式共有20户参加，发放100万元贷款，每个贫困户每年入股分红5000元。就业扶贫工作。经走访和个人申请，全镇73户76人申请就业救助或提出就业意愿，已全部落实到位。教育扶贫工作。全镇179户219人申请教育扶持，已通过教育等部门发放各类资金15万余元。危房改造扶贫工作。全镇危房改造共108户，其中贫困户危房改造42户，已全部完成。23户贫困户得到医疗救助，共补助4.6万元。积极加快贫困村脱贫步伐。建好“一村一品”。复兴村、三合村分别通过发展“一村一品”，积极加快产业脱贫步伐。复兴建成30个香菇大棚，年发包收入5万元。三合村投资紫薇6亩，年发包收入2.7万元；投资食用竹笋15亩，年发包收入1.4万元。加强贫困村基础设施建设。两个贫困村5口当家塘、1个机站、1条渠道清淤的“八小”水利工程建设、安全饮用水工程、7.26千米的道路畅通工程已实施完成。创新非贫困村扶贫工作，以玉屏村为试点，创新康之源公司加贫困户方式合作，引导贫困户参加大棚蔬菜种植，康之源蔬菜种植基地免费提供种苗和技术。全镇提供51.8万元对贫困户的房屋、厨房、厕所、道路等进行改造。

【组织工作】 严格落实各项制度，工作规范有序。一是着力发展非公党建，把党组织向企业和社会组织延伸。在全镇范围内开展非公企业、社会组织基本情况排查工作。对已建立党组织的企业，指派党建指导员，指导企业推进党建各项工作，促进党员培训教育管理工作；对未组建党组织的企业，鼓励发展党员，建立党组织。二是开展镇、村党组织书记党建述职评议活动。严格执行镇、村党组织书记“一岗双责”“联述联评联考”“述职承诺备案”制度，不断强化镇村党组织书记抓党建工作责任。三是落实困难党员帮扶救助制度，体现党的温暖。困难党员致困原因各有不同，各党（总）支部组织有关人员对本支部内困难党员进行调查摸底,全面掌握他们的家庭结构、生活状况、困难原因、有何特长、急需何种帮助等情况。党支部将调查情况进行分类登记造册。“七一”期间,共走访慰问困难党员8名和新中国成立前老党员3名。

严格党员管理,完善组织建设。一是细致排查党员组织关系,夯实党员管理基石。通过排查梳理,加强流动党员、口袋党员的调查摸排工作,多方联系流动党员,弄清现实表现情况,加强流动党员日常管理工作,加强对失联党员的排查力度,共排查失联党员4名。在摸清党员底数的基础上,该镇以党支部为单位,为每位党员发放党员证,并做好党员证编号、登记、发放工作。二是落实党员“3+2”管理制度,激发党员责任意识。加强党员培训教育,严格落实“三会一课”、组织生活会等制度,加强党员远程教育工作,每月组织党员集中学习一次,提高党员素质,增强党员党性修养。按照党员“3+2”管理模式,通过党员评议开展落后党员“一对一”结对帮扶教育活动,妥善做好不合格党员处置工作。

积极推进“两学一做”,促进农村经济社会发展。一是大力推进“两学一做”学习教育,提升党员先锋模范意识。马厂镇按照县委统一部署和要求,认真完成相关任务。5月集中开展党章学习活动,全镇党员干部每人抄一份党章、写一篇学党章心得体会、开展一次专题大讨论,多次召开学习会学习党章党规和习总书记视察安徽讲话。7月开展纪念建党95周年暨“七一”表彰纪念活动,共表彰12名镇优秀党委工作者和18名镇优秀党员。按照上级部署和要求,对前期党建工作进行认真总结,于10月申报“五个好”乡镇党委标兵和“五个好”村党组织标兵。同时该镇开展“亮身份、作承诺、当先锋、树形象”、“党章集中学习月”、党员承诺活动、党员谈心谈话活动、党章党规测试活动。二是大力推进农村集体经济,着力完成扶贫攻坚任务。在制定一村一策和整顿方案的基础上,按照时间节点,进一步落实2项重点措施,一是健全服务载体,加快村级活动场所和便民服务大厅建设,二是通过土地流转,农业招商壮大村集体经济,集中整治工作成效明显。同时对全镇各村“三资”进行清理登记,制定方案,成立组织,通过制定“一村一策”,落实2015—2017年经济发展规划。全镇已完成消除空壳村的任务,其中收入10万元以上的有4个村,5万~10万元的有2个村,3万~5万元的有5个村。下一步将积极和县帮扶单位对接,争取项目、资金和信息等方面给予村支持。三是加强软弱涣散村整治,开展农村服务型党组织创建。县政务中心作为软弱涣散党组织帮扶单位,与岗杨村签订结对共建协议书,多次到村指导整治工作,并向村提供2万元的帮扶资金支持村党务硬件建设。岗杨村针对软弱涣散整治工作,找准突出问题,建立整顿措施清单,制定“一村一策”整顿方案,通过召开民主生活会、开展党员公开承诺等活动,提升党组织凝聚力和战斗力,以求真务实的作风,钉“钉子”的精神,狠抓软弱涣散基层党组织整顿工作目标要求的落实,已完成整治任务。

【纪检工作】 抓宣传教育,提高党员干部廉洁自律意识。以“两学一做”学习教育为契机,组织镇村党员干部认真学习中央省市县纪委全会精神,各级关于改进工作作风、密切联系群众的有关规定和《中国共产党党员领导干部廉洁从政若干准则》、《农村基层干部廉洁履行职责若干规定》、《党政机关厉行节约反对浪费条例》等党风廉政法规。组织镇村干部观看反腐倡廉警示教育片;组织10名镇干部列席县法院对县粮食局原局长董玉才庭审会;组织30名镇干部到县党风廉政教育基地参观学习,使镇村干部从心灵深处受到震撼。狠抓作风效能,坚持不懈纠正“四风”。认真组织开展酒桌办公专项整治活动,制定实施方案,召开部署学习会,开展自查自纠、财务检查、明察暗访。镇村党员干部向党组织签订公开承诺书。监管阳光村务,深入推进村级廉政风险防控。认真开展农村集体“三资”代理服务工作,实行“三资”监管常态化和长效化,要求各村坚持按季度报账,“三资”中心及时做账。对全镇11个村2016年村级财务及民生工程项目资金管理使用情况开展自查,对检查中发现的问题,及时提出意见,限期落实整改。推进村级事务流程化管理,实行村级重大决策事项申报备案制度。加强村务监督委员会工作指导,发挥村务监督委员会的监督作用。

【社会管理】 转变工作理念，创新工作机制，强化工作职能，发动广泛宣传，狠抓案件化解和疑难问题处理，按干部分工和职权范围，全部落实包保“交办”工作。一是积极主动化解各类社会矛盾；二是开展矛盾集中领域的综合治理；三是发挥司法调解成效作用。在全镇推进镇司法行政服务站、村（居）司法行政工作室规范建设；加强对特色调解室、村企联合人民调解委员的指导，全镇依法行政工作受到省级表彰。先后多次会同安全、综治、公安、土地等部门开展不同形式的安全巡查与安全监管。一是扎实开展防汛抗旱、森林防火、秸秆禁烧等重大安全生产工作。二是对粮食、玩具、服装、仓储等企业，进行多次防火安全专项检查；三是加强对非煤矿山、加油站点、网吧、公共娱乐场所重点领域的安全监管；四是加强食品药品安全监管；五是积极推进红土轮窑砖厂的爆破、转产、“三小车”整治等工作。

【文明创建】 加强组织领导，调整镇文明创建领导小组，围绕测评体系任务分解制定创建实施方案。强化创建意识，明确创建目标，要求各职能部门强化责任意识，切实履行职责。营造创建氛围，扎实开展创建活动，以治理“脏、乱、差”为突破口，积极营造创建氛围，全面推进创建活动。在政府办公区等显著位置设置社会主义核心价值观12个主题词板块，在镇主要路口设置2块公益广告，在黄庵、马厂等街道沿线设置20条过街宣传横幅，图解“讲文明、树新风”等板块14块，强化社会主义核心价值观的理解，使之成为广大群众的精神追求和自觉行动。依托小学少年宫扎实开展未成年人思想道德建设，全面开展校园周边网吧巡查。落实10个文明创建责任区，印发2000余份倡议书，在人民路设置10个文化墙板块，着力打造公共文化一条街。扎实开展好婆婆好媳妇、文明家庭、星级文明户评选创建活动。大力开展学雷锋志愿服务，组织志愿服务队参与集镇整治310人次，组织供电所志愿小队深入敬老院义务开展电路检修维护活动。通过评选“好人”活动，马厂派出所叶超成功当选省市县级“好人”。

【计生工作】 马厂镇以宣传全面二孩政策为抓手，以夯实基层基础，推行精细化和规范化管理为重点，落实“村为主”工作机制，全面落实计划生育利益导向政策，强化服务与管理，不断提升卫生技术工作服务水平。2016年，全镇共出生424人，一孩271人，二多孩153人，总政策符合率为90.57%，二多孩政策符合率为88.89%，总性别比118.56，二多孩性别比为1.25%，政策内二多孩早孕发现率为39.1%，综合避孕率为92.22%，孕检检出率6.08‰。完成孕前优生检查252对。2016年马厂镇积极提升全员数据，严格按照全员规范化管理，全面高质量的提升全员数据；加强流动人口的服务与管理。做到流动人口底数、地址、联系方式精准，提高平台双向交流反馈比例和省外孕情反馈率。为流动人口提供周到便捷的服务，落实长效节育措施，加大随访服务力度。对产前、产中、产后进行及时随访和规范化服务，共随访2200人次；全面落实计划生育利益导向政策。按照程序及时审核、上报、发放各类资金并做好宣传，落实各项优惠政策13项，惠及15320多人次，落实资金2022290元；深化优质服务，着力提高出生人口素质，全面落实好国家免费孕前优生健康检查、“两癌”筛查、婚检等；积极开展卫计宣传，不断提高提高群众的政策知晓率和满意度。全年共发放各类宣传品2万多元，惠及对象户1000多人次，群众计生满意度有大幅提高。

【武装工作】 积极参加上级军事机关组织的军事训练，确保队伍“招之即来、来之能战、战之必胜”。组织基干民兵20人参训10天，民兵营长7人参训5天，有效提高该镇民兵的军事素质和遂行任务的能力。组建以基干民兵为骨干的镇维稳应急中队，为维护社会稳定和长治久安做出应有的贡献。认真做好民兵整组工作、扎实整顿民兵队伍。整组后，整个基干民兵队伍朝气蓬勃，充满战斗力，能够满足新时期战备执勤的要求。高度重视，逐级把关，全面完成征兵工作。针对近年来征兵工作中出现的新政策、新情况、新问题，在依法征兵的前提下，做到早发动、早宣传，在思想发动和宣传教育上下细功，扎实做好征兵的平时准备工作，在切实摸清底数上下功夫，在改进依法征兵的工作方法和政策措施上下硬功。

【集镇建设】 成功创建省级森林城镇,一是高标准建成80多亩森林公园和林业科普园和近2000平方米的三角花园;二是新增约5000平方米的休闲广场及游园步道和7000平方米的公共绿地;三是对马厂街道主次干道的树木进行补植,大大增加集镇绿地面积,美化居民生活环境。

【美好乡村建设】 以美好乡村巩固提升为重点,切实加强玉屏、黄庵两个省级美好乡村建设点的巩固提升和软件建设,并顺利通过省级的创建验收,一年来多次接受省市县各级的学习参观和观摩。

【环境整治】 一是对玉泉桥周边的环境进行综合治理,改造桥下污水坑,充分利用废弃土地;二是采取市场化的运作方式,对全镇卫生保洁实现全域化覆盖,同时,加强对保洁公司的督促考核,全面改善镇村环境面貌。三是加大对破坏环境活动的查处力度。午秋季秸秆禁烧工作成效显著,全面杜绝焚烧秸秆现象;加大对乱采砂石行为的监督检查力度,乱采、滥采、盗采现象得到有效遏制。四是开展饮用水源地的综合治理,联合相关部门,下发关停和禁养通知书,开展全面调查摸底,为拆除畜禽养殖做好前期各项工作。

【招商引资】 一是加强招商工作组织领导。成立专项领导小组,制定周密招商工作方案,明确责任,层层落实,有力保障招商出成果;二是大力推进农业企业的申报、新建、提升工作,方岗藏书羊养殖场申报市级龙头企业获批,复兴山核桃基地正在申报全国木本油料基地;新建复兴500亩山核桃套种菜叶基地、美好乡村连接线玉屏段900亩山核桃套种滁菊基地和马管路山王段500亩优质桃园基地;以康之源为核心区的马厂现代农业园成功升级为县级现代农业示范园;镇农业招商工作受到县效能办通报表彰。

【民生工程】 一是落实各项惠民政策,积极做好一年一度水稻、玉米、油菜、生猪等政策性农业保险工作;二是扎实开展涉农资金专项整治行动,通过自查自纠发现并及时处理涉农资金及项目管理中存在一些问题;三是完善社会保障,全镇272人享受五保待遇,城乡居民养老保险参保21936人,占任务24713的88.76%,新农合参保人员覆盖面实现最大化,群众"看病难、看病贵"的问题得到缓解,农村小额人身意外保险宣传及费用的收缴工作有序开展;四是推进移民后扶工作,经统计,全镇共上报避险

马厂水库水源地

解困移民245户,925人,同时对他们的生活现状、申请理由、安置意向进行调查,为全县移民避险解困工作实施方案的编制提供较为详细准确的数据;五是做好残疾人帮扶工作。全面落实医疗、社会服务、资金帮扶等方面的帮扶政策,极大改善残疾人的生活质量。

【新安村】 新安村位于马厂镇最南端,全村总人口3612人,有可耕种面积15100亩,下辖26个村民组,一个总支下辖五个支部,全村有党员158名,村级年收入20800元,本村拥有一个国家小(2)型水库,高庙水库,一个能蓄水,近有60万方的朱仙坝,两个小林场,仓房圩林场。村风正,村内各项事业平稳发展,全村有贫困户52户,涉及137人,现已落实到专人包包,实行精准扶贫。全村年产优质水稻4500吨。外出务工人口达1700多人。

【方岗村】 方岗村位于马厂镇东南面,合宁高速、沪蓉铁路穿村而过,交通便利,处于省会合肥和江苏省南京市一小时生活圈内,地理位置独特。2008年村级区域调整后,原湾杨村、方岗村两个小村合并成一个大村,全村面积14.46平方千米,耕地面积8217亩。全村共28个村民组,总人口3350人。村民代表54人,4个支部,12个党小组,现有156名党员,村干部7人,支部委员5人,村民委员3人。方岗村人居环境优美,交通便利,以苗木生产、畜牧养殖、稻虾养殖为特色产业,下一步将围绕特色产业打造新方岗。

【黄庵村】 黄庵村位于马厂镇南侧,距全椒县25千米,全村总人口4292人,耕地面积4320亩,18个村民组,3个党支部6个党小组,全村党员人数137人。黄庵村街道为全村人口、产业集聚中心。2014年,重点实施街道房屋外立面改造,中心村主干道改造,污水处理,农民文化广场,便民服务中心,中心村绿化等工程,村内教育、卫生、文化、体育、购物设施较为齐全,全村三产基础较好,以“三湖蒋”为主的近万亩高标农田及以康河坝、黄栗坝为5000多水面等良好的农业生态资源,使其成为名符其实优质生产基地。

中共皖东工委旧址

【玉屏村】 玉屏村位于马厂镇中南部,面积约24.5平方千米,下辖23个村民组,809户,3344人,山林面积3200亩,耕地面积4500亩。玉屏村党总支下设8个党支部,23个党小组,党员152人。该村是社会主义新农村首级示范村,又是马厂镇五个中心村之一,区位优势明显。位于合肥、南京两个省会城市之间,交通便捷,合宁高速和县级公路“马全路”、赤复路贯穿该村。宁西铁路擦村而过,铁路站离村只有0.5千米。村内有全椒县安徽康之源农业科技有限公司、桥头庵苗圃、九连苗木合作社、玉屏养羊协会、玉屏渔业合作社等特色产业支柱。水利条件优越,上有全县三大水库之一的马厂水库,东西干渠,中间有马厂河,本村有小(2)型水库一座——董洼水库,小型水库一座——佛子岭水库,排灌十分便捷,对本村农业发展和农民增收发挥重要作用。

【马厂村】 马厂村位于马厂镇西大街,约12平方千米。东、南面临玉屏村,西临喻河村。北临铜井村。距马厂镇政府1千米。交通便捷,全村共有17个村民组,户数892户,总人口3628人,耕地面积1970.5亩。一个党总支,2 个党支部(马厂党支部,王河党支部)8 个党小组,党员98 人。本村村民以经营、服务为主。年人均纯收入 9800 元,集体经济收入主要来源是土地流转费和科普园服务费。

【铜井村】 铜井村位于马厂镇东北部,属全椒县典型丘陵山区村,全村辖 30 个村民组,总户数1008 户,总人口 3692 人,设立村党总支,下辖3 个党支部(杨山支部、雁山支部、张洼支部),9 个党小组(徐衖党小组、老虎洼党小组、梅洼党小组、胡庄党小组、杨山党小组、赵庄党小组、叶洼党小组、河南党小组、下陈党小组),共有党员 143 人,全村耕地面积 4800 亩,山场面积 10300亩,水面面积 800 亩。充分利用山区资源发展村级集体经济,热心帮助金珅矿业有限公司,协调处理各种矛盾纠纷,企业上缴村服务费每年 3 万元。"十三五"期间,铜井村以赵庄葡萄、草莓为特色产业,带动全村发展。新的一年里,认真落实马厂镇党委、政府的各项工作部署,围绕建设"生态铜井"为主题,大力推进农业招商,全力保障民生,脱贫致富,奋力扎实工作,力争经济社会全面发展。

【喻河村】 喻河村位于马厂镇西部,与西王镇龙山村接壤,距县城约 30 千米。全村辖 26 个村民组,1150 户,4173 余人,喻河村总支辖 4 个支部,13 个党小组,157名党员。村域面积约 15.2 平方千米,其中耕地面积 5280 余亩,山林面积 1000 余亩,其中经果林 1000 亩。根据村庄布点规划,1 个中心村,4 个居民点。村主干道山王—立新"村村通"6.5千米,次干道侯庄—复兴村河西3.4 千米。2013 年新建村级活动场所,建筑面积 780 平方米,建有党员活动室和便民服务中心,群众健身场所。为充分利用闲置林地资源,2007 年引进滁州华农畜牧有限公司租赁原老一次村级林场,主要建立原种猪育种繁殖基地,总面积 1731 亩,每年租金 69万余元,其中村集体林地 1000亩,每亩租金 345 元,每年村集体经济收益 345000 元,另外,200亩水面和 500 亩耕地属岗姚、大王、方庄村民组所有。

【岗杨村】 岗杨村位于马厂镇西北部,总面积 8.12 平方千米。环绕马厂水库,赤复公路贯穿全村,辖 21 个村民组,人口 3018人,耕地面积 3600 亩。全村 123名党员,下设 3 个支部,6 个小组。全村特色农业有苗木生产和优质高效农业生产。近几年,岗杨两委一班人积极围绕创新发展、绿色发展的工作思路,努力奋斗、奋力拼搏,共流转土地 1500亩,发展赤复路沿线苗木生产。通过土地流转,发展壮大村级经济。

【三合村】 三合村地处全椒县西北部黄栗树上游,全村面积15.6 平方千米,辖 19 个村民组,1 个街道,总人口 3289 人,耕地面积 2817 亩,山林面积 9980亩,全村党员 90 人,1 个总支下设三合、长明 2 个党支部,9 个党小组,属山区。根据山区特色,村级集体经济主要以林、果、茶为支柱产业。以林、果、茶为主的果林生产并签订每年约 3 万元的松脂采集合同,同时要继续做好土地流转发展适合我地生产竹笋生产示范点来带领全村特色农业生产,提高农民收入壮大村级集体经济。并利用美好乡村建设这一点,打造三合街道乡风文明,村容整洁美丽乡村。

【卧龙村】 卧龙村位于马厂镇北部山区,总面积 17.4 平方千米,耕地面积 5100 亩,总人口3500 人,辖 20 个村民小组,设 4个党支部,20 个党小组,共有党员 148 人。本村拥有村集体林场面积 3780 亩,村集体茶园面积400 亩。主要特色产业,一是现有板栗面积近 1500 亩,板栗年产量约 15 万千克(其中村集体板栗面积 500 亩,年集体收入 2 万多元),二是 400 亩茶园,年产茶叶4000 千克,三是有规模养鸡大户20 户,总养殖棚舍面积 4 万平方米,年出栏商品鸡 100 万只。

【复兴村】 复兴村位于全椒县马厂镇西北部,处于马厂水库上游,东于本镇岗杨、卧龙两村接壤,南临马厂水库,西同本镇喻河村及西王镇相连,北和石沛镇孤山、白庙两村相连,全村总面积16.8 平方千米,耕地面积 3860亩,属于江淮分水岭之脊梁。全村 32 个村民组,人口 3886 人,党员 198 人,设有 1 个党总支、4 个党支部、16 个党小组,村部设在原复兴乡政府所在地,交通便利。现有专业合作社 6 个,进行土地流转 2000 余亩,全椒县周扬农业专业合作社正在打造复兴四个千亩之园，即千亩美国薄壳山核桃园、千亩板栗园、千亩茶园、千亩菊花园。

（马厂镇政府办公室）

西王镇

【概况】 西王镇位于全椒县西北部的丘陵山区，为南谯、定远、肥东、全椒四县区结合部，江淮分水岭南侧，四周环抱岱山湖旅游度假区。全镇总面积143.65平方千米。2016年，在镇人大和政协的监督支持下，全镇广大干部群众认真贯彻落实上级决策部署，齐心协力谋发展，凝心聚力促和谐，推进全镇经济社会持续健康发展。2016年全镇地区生产总值达58300万元，比2011年的32000万元，增长26300万元，增幅82%；完成财政收入255万元，比2011年的245万元增加10万元，增幅4%；社会固定资产投资累计11250万元，比2011年社会固定资产投资10850万元，增加400万元，增幅3.7%；农民人均纯收入11350元，比2011年的6600元增加4750元，增幅72%；全镇上下呈现出农村经济发展、人民安居乐业的良好局面。

【招商引资】 坚持把招商引资作为经济工作的首要任务。重点面向农副产品深加工、生态休闲农业、观光农业、经果林等产业开展招商，积极引进税收强度高、就业带动能力强、环境效益好的企业。2016年招商引资任务为1亿元，完成1.5亿元，超过招商引资任务5000万元。引入南京越秀集团投资龙山湖四季花海建设项目，为镇域经济注入新活力。

【农业经济】 持续加大农业产业招商，立足生态优势，推进产业结构调整，因地制宜发展特色农业，鼓励农民以多种形式流转土地，促进农业集约化、规模化生产，奋力提升发展后劲。加大农业科技投入，扎实发展现代高效农业，加强农业技术培训。2016年共流转土地9000余亩，发展特色农业。东张金银花、西王加州红桃园、管坝玉龙葡萄园、马塘薄壳山核桃等一批特色种植业展露新姿。全面完成农村土地确权登记工作，土地确权工作在全县率先完成土地打证工作。

【镇村建设】 坚持规划引领，加快基础设施建设，不断优化生态环境和人居环境。高标准完成集镇规划修编工作，严格控制集镇和各村违法建设建筑，在保护农村耕地的同时，也保障集镇建设存量和空间。在全力推进集镇建设的同时，着力加强集镇管理，长效化对集镇街道进行整治和管理，严格控制店面外溢、车辆乱停乱放。美好乡村建设卓有成效，全镇面貌发生显著变化。投资1310万元的管坝美丽乡村共13个大项、50个子项目建设全部竣工，在市级初验中取得好成绩；投资750万元的隆兴“省级中心村”主体建设任务已基本完成，投资1500万元的西王镇“百镇计划”建设工程共涉及7个大项19小项已全面开工建设，工程进度已完成70%以上，尤其是道路提升改造工程正在全力推进。

农村生态环境不断改善，加快道路、村庄绿化建设。全面实施农村环境整治工程，向垃圾宣战，农村卫生保洁实现全覆盖，全镇居住相对集中的3个街道实施每天清洁制度，通过评比、考核、奖励等一系列措施，村里的卫生状况得到明显改善。2016年全镇结合美丽乡村和“百镇计划”建设，集中人力、物力，利用三个月时间对管坝、隆兴、西王街道进行全面整治，拆除违规搭建4100平方米，清运建筑垃圾近千吨，清洗铲除大量墙体小广告和乱涂乱画1000余处，改善人居环境。同时对占道经营、乱停车辆、乱放杂物进行整治，规范经营秩序，维护交通秩序。狠抓秸秆禁烧，全年实现“不冒一处烟，不着一把火”的目标，全年未发生火灾。

【社会保障】 全镇203户203人纳入特困范围，173户457人享受特困人员临时生活救助，年发放救助金额11万元。新增就业3402人，发放社会保障卡16580张；城镇居民医疗保险参保11867人，城乡居民养老保险实现全覆盖。

【精准扶贫】 通过层层评议审核，全镇识别贫困户共443户980人。2016年全镇共有117户267人如期脱贫，为全镇443户代缴新农合保险费用，为980人免费体检并建立健康档案，为5户贫困户协调金融扶贫贷款，为238户贫困户开展产业帮扶，2016年共发放各类扶贫资金300多万元。

【土地确权】 2016年全面启动土地确权工作，在全县率先完成土地打证工作，208个村民组农户资料归档率100%，所有材料已上报县档案局。

【计生工作】 进一步强化"村为主"工作机制，严格镇村干部岗位责任，抓基础强重点；加强孕情跟踪管理，提高政策内二、多孩早孕发现率；稳步推进利益导向机制的落实，各项奖励优惠政策全部发放到户；切实改变服务态度，推行全程代理和首问负责制，全力提高群众满意度。

【民生工程】 进一步加大对集镇基础设施的投入，投资400万元，新建西王自来水厂，改善供水能力和供水条件；投资110万元，新建西王敬老院，改善院内五保供养对象生活条件。同时，文化、教育、卫生、统战、纪检、武装、司法、妇联、残联、共青团等工作均取得较好成绩。

【依法行政】 加大依法行政建设力度，推进法治政府建设，不断提升服务群众水平；以平安创建、安全生产月等活动为载体，不断优化社会环境，促进社会和谐进步。创新工作方式方法，扎实开展依法行政工作，牢固树立法治思维，依法调解所欠56户群众地皮款133.5万元，得到县政府相关部门高度评价，为政府处理类似事件开创典范。

【自身建设】 按照科学执政、依法行政、从严治政、廉洁从政工作要求，大力抓好机关干部、村组干部的学习培训、管理工作，努力提升各级干部执政能力和水平，干部作风有转变。认真执行人代会各项决议，主动接受县、镇人大代表监督，充分听取和采纳群众的意见。积极推进阳光政府构建和服务型政府运行机制，加强政府信息公开力度，完善开放式决策制度，政府系统廉政建设不断加强。政务公开继续深化，政府决策的民主化和透明度进一步提高。

【综治维稳】 西王镇坚持问题导向，强化底线思维，深入推进平安镇、平安村庄建设，把防控风险、服务发展和破解难题、补齐短板摆在更加突出位置，着力化解农村各类矛盾纠纷。2016年，着力推进"平安西王"创建和"两站、两中心"建设以及"群众安全感满意度双提升"活动等重点工作，同时出台《西王镇信访维稳考核办法》，坚持研判制度，每月定期召开形势研判会，对信访矛盾进行交办、督办，确保有人理事。深入开展省、市、县党代会期间信访维稳工作，排查矛盾隐患，把矛盾纠纷化解在萌芽状态，着力做好"阳光信访"工作。2016年共接待群众来信来访176起，处理176起，上级交办各类信访案件6起，处理6起，案件办结率100%；全年未发生群众进京访，信访量与往年相比明显下降。按照"控增量、减存量"的目标要求，一大批信访积案问题得到有效化解，信访形势持续好转。

【安全生产】 深入宣传安全生产的法律法规，认真贯彻落实安全生产责任制，不定期开展安全生产工作专项排查整治活动，安全生产时刻没有放松。2016年制定安全生产工作要点，开展8次大规模安全生产大检查，排查安全隐患15处，已整改15处。密切监控非法开采情况，及时向有关执法部门报告，请求处置，对非法开采运输起到一定的遏制效果。

【马塘村】 马塘村部位于上王组，耕地面积9800亩，林地面积2240亩，小(2)型水库3座，万立方米以上塘坝48个，机站9个，大型水面950亩，人口3315人，劳动力1916人。特色是渔业畜牧业混合养殖。

【罗塘村】 罗塘村部位于罗塘村在西王镇东部杨庄组。耕地5500亩，人口3087人，劳动力1801人。小型水库4座，万立方米以上当家塘52个，村村通水泥路10千米。特色是渔业畜牧业混合养殖。

【华光村】 华光村位于华光村在西王镇西部，村部位于小罗组。村总面积12.29平方千米，耕地3734亩，人口2780人，劳动力1308人。小型水库3座，万方当家塘22座。村村通水泥路12千米。特色是花生、渔业畜牧业混合养殖。

【东张村】 东张村在西王镇的北部，人口3000人左右，村村通水泥路15千米，耕地人员2000人左右，小型数据5座。特色是水稻，渔业畜牧业混合养殖。

中国少数民族特色村寨——西王镇管坝民族村

【管坝民族村】 管坝民族村位于全椒县西部，离“312”国道及宁西铁路8000米。总面积5平方千米，属丘陵地带，耕地面积2928亩。总人口2150人，村劳动力1300人，街道人口2400人，少数民族人口1820人。境内有一座清真寺，占地2000平方米。地方特产为管坝卤牛肉、管坝酥笏牌。万方以上当家塘有48个。

2016年，国家民族事务委员会公布第二批中国少数民族特色村寨命名挂牌名录，全国共有717个村寨被作为第二批“中国少数民族特色村寨”予以命名挂牌，安徽省有10个村入选名录，其中全椒县西王镇管坝民族村榜上有名。第二批“中国少数民族特色村寨”命名挂牌工作将进一步扩大少数民族特色村寨品牌的影响力和辐射力，对少数民族特色村寨保护与发展工作起到重要的示范推动作用。西王镇管坝民族村是以回民为主的村寨。近年来，全椒县各级政府大力实施少数民族特色村寨的保护与发展项目，现已逐步形成民居特色突出、产业支撑有力、民族文化浓郁、人居环境优美、民族关系和谐的少数民族特色村寨，并在保护传统民居、弘扬优秀文化、开展民族风情旅游、改善群众生产生活条件、巩固民族团结等方面取得了显著成效。

【夏集村】 夏集村部位于夏集组，人口2483人，耕地面积约3800亩，当家万方塘坝25座，水库12座，村村通水泥路13.5千米。特色产业玉米、养猪、花生等。

【西王村】 西王村位于全椒县的西北部，地处西王镇街道，也是镇政府所在地。古章路从村中心穿过，由南至北，西广路也从村穿过，由街道向西。东与马厂镇复兴村交界，地处瓦山林区，西靠合肥市岱山湖旅游度假村，西北与定远县的界牌、滁州市章广镇毗邻。全村总面积25900亩，耕地面积约6000亩，总人口3528人，35个村民组。西王村党支下设4个党支部，20个党小组，党员数是132人，现在打工数1200人。

【隆兴村】 隆兴村共有18个村民组，人口约2350人，耕地面积约3620亩，当家万方塘坝26座，小型水库1座，特色产业金银花，特色土鸡养殖。

【龙山村】 龙山村位于西王镇最南端，地处丘林地带，东与马厂喻何村，西与大墅镇和平村，南与大墅镇大墅村接壤，距西王镇政府15千米，距全椒县城38千米，全村共有27个村民组，1006户，3669口人，库区移民804人，全村耕地面积现有7482亩，人均耕地约2.04亩；林地约3500亩，其中村集体林地约1000余亩；人均住房面积约20平方米。当家塘坝23口，小(2)型水库4座。

（西王镇政府办公室）

●2016年

大事记

2016 年大事记

1 月

2 日　全椒县召开 2016 年度重点项目谋划会，专题听取全县 2016 年重点项目谋划进展，动员大家统一思想认识，及早采取措施，确保 2016 年重点工程项目开好头、起好步、快推进，使全椒县项目建设再上新台阶，继续支撑全县经济社会稳健发展。县领导王成山、王珏、冯家翠、孔祥宁、董光林、杨光、杨勇、凌斌、史法勇、陈飚、王万贵、沈文琪、曹宏华、金义平等出席会议。

同日　全椒县召开信访维稳工作会议，县领导王成山、王珏、冯家翠、孔祥宁、董光林、杨光、杨勇、凌斌、史法勇、陈飚、王万贵、王晓平、沈文琪、曹宏华、金义平、季奎等出席会议。农民工工资清欠工作包案县领导、县综治委成员单位主要负责人、县信访联席会议成员单位主要负责人、县农民工工资清欠工作领导小组成员、县重点建筑领域项目农民工工资清理整顿工作组成员、各镇党委、政府主要负责人参加会议。会议由县委副书记、代县长王珏主持。

4 日　市委副书记、市长张祥安率由市领导何希勇、许继伟、朱诚、李玉平、马军、潘晓以及部分县市(区)党政主要负责人、市相关部门主要领导组成的全市招商引资“双百行动”督察调研组一行到全椒县，督察调研招商引资“双百行动”开展情况。县领导王成山、沈文琪等参加督察调研活动。

近日，由市科技局获悉，全椒县安徽省科昌机械制造股份有限公司的柔性厨房柜内胆和侧板折弯自动成型线、安徽天利动力股份有限公司的 QC4118 系列柴油机等 12 个产品被认定为 2015 年安徽省高新技术产品。

日前，通过严格考核验收，全椒县被中共安徽省委防范和处理邪教问题领导小组命名为“全省无邪教创建示范县”，滁州市仅有一个县(市、区)获此殊荣。与此同时，武岗镇、十字镇荣获“全省无邪教创建示范乡镇(街道)”称号，武岗镇中心村、石沛镇黄栗树村、十字镇化龙村、六镇镇孙家村、襄河镇八波村荣获“全省无邪教创建示范村(社区)”称号。

5 日　省科技厅副厅长罗平等一行到全椒县调研科技创新人才团队项目建设情况。市科技局局长王燕永、副局长张波、总工程师吴流水、县政府副县长胡刚等参加调研。

6 日　在县会议中心召开全县镇党委书记抓基层党建工作述职评议会。会议听取镇党委书记抓基层党建工作述职，进行点评评议，并结合新形势新常态，对当前基层党建工作进行部署。市委常委、组织部长、统战部长朱诚，县领导王成山、王珏、孔祥宁、董光林、杨光、杨勇、凌斌、史法勇、陈飚、张华贵、王永明出席会议。会议由县委书记王成山主持。会上，10 个镇党委书记就履行党建工作第一责任人责任、抓基层党组建设工作情况以及存在的问题和下一步工作思路举措等进行述职。县委书记王成山对各镇党委书记抓基层党建工作逐一进行点评，充分肯定各镇基层党建工作取得的成效，并指出存在的问题和不足，提出改进工作的意见和建议。与会人员对他们还进行述职评议。

7 日　中国共产党全椒县第十三届代表大会第二次会议在县城召开。会议一天时间。本次会议的主要任务是：以中共十八大和中共十八届三中、四中、五中全会精神为指引，以习近平总书记系列重要讲话为遵循，认真贯彻落实省委九届十四次全会、市委五届十二次全会精神，总结分析 2015 年经济社会和党的建设工作，审议全椒县“十三五”规划建议，深入谋划部署 2017 年的各项工作，为全面推动“五个发展”，奋力实现“四个翻番”，全面建成小康社会打下坚实基础。县委常委王成山、王珏、孔祥宁、董光林、杨光、杨勇、凌斌、史法勇、陈飚、张华贵、吴文宏、王永明，县政协主席冯家翠，县人大常委会党组副书记、副主任王万贵等出席会议并在主席台前排就座。会议应到代表 280 人，因病因事请假 25 人，实到代表 255 人，符合法定人数。大会由县委书记王成山主持。会上，县委书记王成山作《县委工作报告》，县委常委、县纪委书记史法勇作《县纪委工作报告》。县委副书记、代县长王珏作《中共全椒县委关于制定国民经济和社会发展第十三个五年规划建议(讨论稿)》的说明。

9 日　中国人民政治协商会议全椒县第九届委员会第五次会议第一次大会在县政务中心一号

会议厅隆重开幕。大会应到委员207人,因病因事请假6人,实到委员201人,符合法定人数。县政协主席冯家翠,县政协党组副书记、副主席季奎,副主席赵丛祥、朱华丽、苏守复、张华以及县政协秘书长李敬在主席台前排就座。县委书记王成山,县委副书记、代县长王珏,县委副书记孔祥宁到会祝贺,并在主席台前排就座。2016年1月9日大会执行主席是冯家翠、季奎、赵丛祥、朱华丽、苏守复、张华。大会由冯家翠主持。张华代表县政协九届委员会常务委员会向大会作常务委员会工作报告。报告共分为两个部分:一是2015年工作回顾,二是2016年工作安排。

10日　全椒县第十五届人民代表大会第五次会议在县政务中心会议厅隆重开幕。本次会议由大会执行主席、县人大党组副书记、副主任王万贵主持。会议应到代表204人,因事因病请假9人,实到195人,符合法定人数。大会的执行主席是王成山、孔祥宁、王万贵、王晓平、童志全、冯家翠、董光林、杨光、杨勇、史法勇、张华贵、吴文宏、王永明、王庆、秦安明、张超、刘荣玉、沙浩、马志龙。他们在主席台前排就座。上午8时,在雄壮的国歌声中,大会隆重开幕。在热烈的掌声中,县委副书记、代县长王珏向大会作《政府工作报告》。王珏的报告共分为三个部分:一、凝心聚力、奋发有为,较好完成"十二五"目标任务;二、咬定目标、砥砺前行,携手描绘"十三五"发展蓝图;三、提振精神、奋力拼搏,努力实现"十三五"首年良好开局。

11日　为期4天的县政协九届五次会议在完成各项议程后胜利闭幕。会议补选董光林为政协全椒县九届委员会主席,姚本山为政协全椒县九届委员会副主席,金成松、周可夫为政协全椒县九届委员会常务委员。当选举结果公布时,会场上响起热烈的掌声。县委书记王成山分别为董光林、姚本山颁发当选证书。

12日　为期4天的全椒县第十五届人民代表大会第五次会议,在圆满完成各项议程后胜利闭幕。上午8时,县十五届人大五次会议举行第三次全体会议。本次大会的执行主席是王成山、孔祥宁、王万贵、王晓平、童志全、冯家翠、董光林、杨光、杨勇、史法勇、张华贵、吴文宏、王永明、王庆、秦安明、张超、刘荣玉、沙浩、马志龙,他们在主席台前排就座。本次会议应到代表204人,因事因病请假12人,实到代表192人,符合法定人数。会议由大会执行主席、县委书记王成山主持。经过大会选举,杨勇当选为县人大常委会主任,季奎当选为县人大常委会副主任,王珏当选为全椒县人民政府县长。大会一致通过《关于全椒县人民政府工作报告的决议》《关于全椒县2015年国民经济和社会发展计划执行情况与2016年国民经济和社会发展计划的决议》《关于全椒县国民经济和社会发展第十三个五年规划纲要的决议》《关于全椒县2015年预算执行情况与2016年预算的决议》《关于全椒县人民代表大会常务委员会工作报告的决议》《关于全椒县人民法院工作报告的决议》《关于全椒县人民检察院工作报告的决议》。

同日　省旅游局监督管理处调研员、安全办公室主任梁晓莹率省督察组一行,到全椒县检查考核2015年度旅游安全生产工作。市旅游局副局长陈义周及相关科室负责人、县政府副县长吴金华、县旅游局负责人参加督察。

14日　县人大常委会主任杨勇主持召开县十五届人大常委会第四十次会议,县人大常委会党组副书记、副主任王万贵,县人大常委会副主任季奎、王晓平、童志全及常委会全体委员出席会议。副县长宣宁宁,县法院、县检察院及县人大各委、室负责人列席会议。会议听取讨论《关于提请接受许业林辞去第五届滁州市人民代表大会代表职务的议案》《关于提请接受许业林辞去第五届全椒县人民代表大会代表职务的议案》的报告,并通过投票表决,决定:接受许业林因严重违纪辞去第五届滁州市人民代表大会代表职务的请求,并报滁州市人民代表大会常务委员会备案;接受许业林因严重违纪辞去第十五届全椒县人民代表大会代表职务的请求。

同日　经过实地考核验收,全椒县被市综治办、市文明办、市公安局、市工商局联合下文命名表彰为"无传销城市"。自2009年全椒县创建"无传销社区(村)"以来,县打传办在县委、县政府高度重视和坚强领导下,在打击传销工作领导小组成员单位共同努力配合下,在全县范围内开展以创建"无传销社区(村)"为基础,以创建"无传销城市"为目标,加强和创新社会管理,进一步建立和完善预防和打击传销防控体系，深入扎实的推进打击传销工作，维护社会稳定，促进全县经济社会和谐稳定发展。

15日　由全椒县人民政府主办、全椒县地方志编纂委员会办公室编纂的《全椒年鉴》(2015年卷)完成出版发行工作。《全椒年鉴》是记载全县政治、经济、文化、生活等各个方面情况的综合性、纪实性刊物，1998年开始出版，2010年逐年编辑出版，2015年卷是第七卷。2015年卷年鉴以中国特色社会主义理论为指导，全面、系统、翔实地记载2014年全椒县国民经济和社会发展的基本情况和发展特点，本卷基本延续上年编纂框架，调整和增设部分栏目，增加图表，增强资料性和可读性。文字材料采用分类编排法，约58万字。

18日　县委常委、副县长凌斌率公安局局长鲁晓峰，公安局政委、交管大队长金春雷等一行分别对全椒县民爆公司、全椒海螺公司、南大光电、博爵服饰、汽车站，进行安全大检查。

同日　中共安徽省委党史研究室表彰奖励安徽省2015年度党史宣传教育及刊物工作先进单位、先进工作者，全椒县委党史研究室荣获先进单位，程耕荣获先进工作者。

19日　全椒县召开全县外宣工作会议。县委常委、宣传部部长张华贵，《安徽日报》驻滁记者站站长罗宝出席会议。各镇各单位分管外宣领导、新闻通讯员及县广播电视台相关负责人参加会议。会议宣读关于印发全椒县对外宣传工作目标考评办法的通知(试行)，以及关于印发全椒县新闻外宣奖励办法(试行)的通知。

同日　县政府在县政务中心五号会议室召开全县农村土地确权登记颁证工作推进会，全县镇村档案业务管理员一百多人参加，县政府办副主任金成松主持会议。县档案局副主任科员宋道香在会上作农村土地确权登记颁证档案收集整理工作业务指导。

23日　中央电视台《美丽乡村快乐行》春节特别节目在全椒太平文化广场进行现场录制。虽然寒风刺骨，大雪纷飞，而广场上却人头攒动，锣鼓喧天，歌声飞扬，热闹非凡，处处洋溢着新春欢乐祥和的气氛。旅游、美食、动听的歌声、惊心动魄的杂技、让人捧腹不止的小品以及充满温情的现场互动，博得台下阵阵热烈的欢呼声和掌声，太平文化广场俨然成一片欢乐的海洋。县委书记王成山，县委副书记、县长王珏等县几个班子领导和上千名观众兴致勃勃地观看节目。

25日　省纪委九届六次全会在合肥召开，省委书记王学军作重要讲话。会议全面总结2015年安徽省党风廉政建设和反腐败工作，研究部署2016年工作任务。县领导王成山、王珏、杨勇、董光林、孔祥宁、杨光、凌斌、史法勇、陈飏、陈岭、张华贵等在全椒县分会场出席会议。电视电话会议结束后，就贯彻落实会议精神，王成山强调，一是各单位要迅速组织传达学习这次会议精神，各级党员领导干部要在春节期间加强对党章的学习，保持政治定力，提高政治理论水平。二是要克服和消除"讲廉政与己无关、讲纪律束缚手脚、讲规范影响效率"等三种错误思想和认识，做到严以律己，廉洁用权。三是提出向县委常委会班子看齐和向县委书记看齐的号召，自觉接受广大党员干部监督。县直单位负责人和县纪委班子成员参加会议。

同日　县经济开发区党工委组织召开"三严三实"专题民主生活会，县委书记王成山，副县长沈文琪参加会议。会上王书记围绕"三严三实"中的不严不实问题，给开发区一班人上党课，语重心长，为他们谋发展，殚精竭虑。希望开发区要解放思想，开拓进取，敢于拼搏，坚定信心，坚持问题导向，切实做好园区的转型升级。

26日　省委政法委副书记、省委防范办主任张冬云带领省综治工作检查组对全椒县综治工作进行调研督察，市委常委、市委政法委书记马军，县人大常委会主任、县委政法委书记杨勇等陪同督察调研。

同日　县委副书记、县长王珏在县政府三楼会议室主持召开县长办公会议，讨论研究县域医疗服务共同体试点工作实施方案等事项。县政府各位副县长、县政府办公室主要负责人出席会议。县政府办公室副主任、县监察局局长、县法治办主任、议题相关单位负责人列席会议。会议听取讨论县交通局《关于G40沪陕高速周庄至陇西立交段改扩建工程全椒西互通出口接线增加费用的汇报》，县卫计卫关于《全椒县县域医疗服务共同体试点工作实施方案》的汇报。会议原则同意县域医疗服务共同体试点工作实施方案。会议指出，实施县域医疗服务共同体试点工作，进一步深化医药卫生体制改革，更好地发挥县级医院专业技术优势及带头作用。会议要求要进一步细化完善方案，确保试点工作顺利进行，取得实效。会前还召开县长周工作例会，县效能办通报全县招商引资工作开展情况。

同日　全县离退休老干部经济社会发展情况通报会在县政务中心召开，县领导王成山、王珏、杨勇、董光林、孔祥宁、凌斌、史法勇、陈飚、陈岭、吴文宏出席会议，全县离休干部、担任过副县级领导职务的退休干部，部分担任过正科级领导职务退休干部参加会议。会议由县委书记王成山主持。会上，县委副书记、县长王珏就全县经济社会发展情况向所有与会的老领导们进行详细的通报，县委副书记、县党校校长孔祥宁传达学习习近平总书记在中央政治局民主生活会上的讲话精神，并汇报全县老干部工作情况。

27 日　市委副书记、市长张祥安深入襄河镇、武岗镇以及武岗敬老院，看望慰问困难民众和孤寡老人，给他们送去慰问金、生活日用品，向他们致以节日里问候，给他们带去党和政府的温暖。市政府秘书长焦义朝，县委副书记、县长王珏等参加慰问活动。

同日　市科协党组书记傅文发，市经信委副主任、市科协常委陶学功等一行 3 人，在全椒县政府副县长胡刚、全椒县科协主席丁源河等陪同下，深入市科协常委联系服务点全椒县开展慰问和调研。

28 日　安徽大学党委副书记、校长程桦率安大化工学院、电气工程与自动化学院院长等一行，到全椒县看望挂职干部。市、县领导何希勇、金力、王珏、董光林、陈岭、胡刚参加挂职干部工作情况汇报会。会上，县委副书记、县长王珏首先向程桦一行简要介绍全椒经济社会发展情况。按照省、市委组织部门的安排，2015 年 10 月 31 日，安徽大学化学化工学院教授、博士生导师胡刚正式到全椒挂职，担任县政府副县长。挂职期为 2 年时间。在到全椒挂职近三个月时间，胡刚以科技工作为抓手，认真履行职责。以知识产权体系建设为推动力，创新驱动县域经济发展；以产学研合作为着力点，推进企业科技创新；以科技平台为载体，为科技创新提供保障；以科技政策为杠杆，撬动万众创新。

同日　滁州市暨全椒县 2016 年文化、科技、卫生“三下乡”集中服务月活动在马厂镇黄庵村农民文化乐园正式启动。市委常委、宣传部长李树，市政府副市长金力，市委宣传部副部长、市文明办主任周全教，县委副书记、县长王珏，县委常委、副县长凌斌，县委常委、宣传部长张华贵，以及市、县有关部门负责人参加启动仪式。

29 日　由原南京军区装备部副部长孙德斌少将、原全椒县政协副主席盛乃健倡导的全椒地方志村志《界首印象》宣传动员会在全椒县十字镇界首村召开。原滁州市委宣传部副部长俞凤斌、县档案局局长程耕、十字镇领导界首、高桥、杨庄 3 个行政村书记，以及界首村乡贤 50 多人参加会议。

30 日　全椒县召开县域医共体试点工作启动会，县委常委、副县长凌斌出席会议。县域医疗服务共同体工作领导小组全体成员，各镇政府分管负责人，县医院、中医院、同仁医院、新农合中心班子成员，各镇卫生院及一级民营医院院长，县卫计委党组成员、各股室负责人，县疾控中心、县卫生监督所、县妇幼保健所负责人参加会议。

2 月

1 日　全椒县召开全县工业经济暨企业帮扶工作专题会。会议由副县长沈文琪主持，县开发区、十谭产业园、各镇及相关帮扶单位参加会议。

同日　县委常委、副县长陈飚带领县旅游局、交通运输局、公安局、市场监督管理局、商务局、文广新局等部门，对全椒县 2016 年春节假日旅游安全、旅游市场秩序进行专项检查。检查组一行先后到县青年旅行社、丰乐山庄游乐园、动物园、县汽车站等地，重点检查旅游合同签订、特种设备安全监管、客运安全、应急预案及演练等情况。

同日　县政协主席董光林主持召开县政协九届二十七次主席会议。县政协副主席赵丛祥、朱华丽、苏守复、张华、姚本山，秘书长李敬出席会议。会议审议通过《政协全椒县委员会 2016 年工作要点》；协商讨论《县政协委员会增补人员名单》；审议通过《县政协机关学习制度》;研究决定春节期间值班、慰问等工作。

2日　农历腊月二十四,县几个班子领导王成山、王珏、杨勇、董光林、孔祥宁、杨光、凌斌、史法勇、陈飚、陈岭、张华贵、宣宁宁及县直有关单位负责人等组成春节拥军慰问团,分成两个组分别至县人武部、预备役、县武警中队、荒草圩部队、县消防大队慰问,向他们拜年,给他们送去新春的问候。

同日　全椒县"道德信贷"集中授信仪式在县政务中心五号会议室举行。全椒农商银行对近年到全椒县评选出的68位"道德模范"和"身边好人"进行授信。县企业融资担保公司,对本次"道德信贷"工作中的"道德模范"和"身边好人"在银行贷款提供担保增信服务,"道德信贷"主要是为"道德模范"和"身边好人"在创业、改善居住环境等方面提供担保。"道德模范"和"身边好人"在本次授信额度内贷款担保,县担保公司执行"免提供财产抵押、免收担保费"双免优惠政策。"道德信贷"工作的开展,不仅能让"道德模范"和"身边好人"从中收益,也在全社会竖起一座崇尚好人文化的风尚标,实现好人文化在全椒弘扬和发展。

同日　晚上7时,椒陵会堂里春意盎然,热闹非凡,全椒县隆重举办2016年猴年春晚,县几个班子领导王成山、杨勇、董光林等和上百名群众在椒陵会堂兴致勃勃地观看精彩的文艺演出。《金猴迎春》拉开春晚的序幕。男女四重唱《共筑中国梦》,铿锵有力的歌声,充满正能量的歌词,引领观众昂扬向上。古城小学的歌伴舞《全椒真美好》,唱出全椒近几年大发展,大变化,令人欣慰,让人欢欣鼓舞。传媒演艺公司的情景歌舞《好久没回家》,表达常年在外奔波的人们对家人的牵挂和对春节全家团圆的期盼和向往。朴实的歌词,优美的舞姿,让观众不禁眼圈一热,陷入沉思。情景剧《好人就在身边》,演绎一幕幕感人的人性美,人性温暖,令人动容。小品《上下连心》讲述"三小车"整治,社区做好服务,为他们找工作,且成就一对姻缘的故事。小品以地道的全椒方言对白,以生动的肢体语言,博得现场阵阵热烈的掌声。晚会达到高潮。原二炮文工团(滁州籍)优秀女歌手董冬,"中国好声音"第一季全椒籍学员周礼虎也纷纷到场助阵献歌,让晚会更加丰富多彩。晚会期间,还对评出的26名全椒好人进行现场颁奖。县委书记王成山等县领导纷纷上台为他们颁奖。当26名全椒好人依次登台时,台下顿时响起热烈的掌声。晚会在歌伴舞《中国范》中圆满谢幕。本台晚会由县委、县政府主办,县委宣传部、县文广新局、县电视台承办,县文化传媒演艺公司、县文化馆协办。

2日　滁州市政府副市长罗建华一行到全椒县检查指导应急管理工作。县委常委、县政府常务副县长杨光陪同检查。罗建华副市长一行先后到十字镇华林新村、全椒县公安局、全椒县消防大队、全椒大桥液化石油气站、新奥燃气加气站等地,现场检查全椒县应急广播网工程智能播控平台、全椒县"天网工程"应急指挥中心、全椒县综合应急救援大队和应急物资储备、应急救援队伍建设等情况,并听取全椒县应急管理工作开展情况的汇报。

3日　县委副书记、县长王珏,县委宣传部副部长、县文明办主任宗士平在武岗镇党委书记陈通,党委副书记、副镇长周翔的陪同下深入武岗镇陈翠华老人的家中,看望中国好人陈翠华,为她送去荣誉证书、奖杯和慰问金。据悉,陈翠华老人一直把自家当成农村留守儿童之家,义务为孩子们做饭吃,陪伴他们一起学习、玩耍,让留守儿童有一个快乐的"家",让村里的留守儿童能健康快乐地成长,他们的父母可以安心在外打工。8年来,她先后帮助20多名留守儿童度过快乐的童年,其中已有6名孩子考上理想的大学,陈翠华也被称为"爱心奶奶"。在2015年4月的中国好人评选活动中,当选为助人为乐类"中国好人"。

4日　省侨联党组成员、副主席杨冰等一行到全椒县慰问困难侨眷,并送上慰问金和慰问品,向他们送去新春祝福和侨联组织的关怀与温暖。市侨联主席曹之淮、副县长吴金华参加慰问活动。

同日　"全椒县人民医院医共体十字镇医院""全椒县中医院医共体石沛镇医院""全椒同仁医院医共体大墅镇医院"举行揭牌仪式。县委常委、副县长凌斌,县卫计委主任任应和,当地镇政府领导,县人民医院、县中医院、县同仁医院及镇卫生院主要负责人出席揭牌仪式。这标志着全椒县以县级医院为牵头单位与10家镇卫生院及4家一级民营医院组成的县域医共体全面进入实施阶段。

6日　县委书记王成山在县政务中心会议室主持召开县委常委扩大会议，传达学习省、市委县乡换届工作会议精神，认真贯彻中央和省、市委关于加强换届风气监督工作的部署。县领导王珏、杨勇、董光林、孔祥宁、杨光、凌斌、史法勇、陈飏、陈岭、张华贵等参加会议。会上，县委常委、组织部部长陈岭传达学习市委书记李明，市委常委、组织部部长朱诚在全市组织部长暨县乡换届会议上的讲话精神，县委常委、纪委书记史法勇传达学习省、市县乡换届纪律有关文件精神。

自1月13日起，由水利局、财政局组成的验收组，利用10天的时间，对全县10镇塘坝、水闸、沟渠、小泵站4类农水专项资金小型水利工程建设情况进行验收，内容包括工程建设完工现场，工程建设软件资料的收集与整理，确权登记以及管护责任填写等。所有工程的验收情况在受益地区进行7天的公示，无异议后，县财政及时兑现奖补资金，并全县公示。据悉，2015年，全椒县农水专项资金共实施小水库除险加固12座，塘坝扩挖301处，小水闸新建加固8座，沟渠扩清29条，小泵站更新改造49座。除小水库除险加固按时序进度施工外，其余4类共工程已全部完成建设任务。按“先建机制，建管同步”的要求，小水库、塘坝、沟渠、小水闸、小泵站等共5类、399处工程均完成确权登记，明确所有权人、使用权人以及管护主体。

8日　省委宣传部发出通知，公布第二批全省宣传文化领域拔尖人才和青年英才名单。全椒县青年画家王中平荣获“拔尖人才”称号。全省共有5名画家获此殊荣。王中平，1974年7月生于安徽全椒，南京艺术学院中国画硕士研究生，安徽省“五个一批”人才、安徽省宣传文化领域拔尖人才，中国国画家协会会员、安徽省美术家协会会员，滁州市政协委员。2012年，作品《春也旧》获安徽省青年美术作品展银奖，其国画作品分别在《国画家》《艺术收藏》《安徽日报》《艺术百家》等报刊杂志上发表。

16日　副县长沈文琪在开发区会议室主持召开企业复产复工工作调度会，县开发区、十谭园、襄河镇、经信委、督察局、帮办中心、人社局、供电、供水、供气等部门负责人参加会议。会上，相关单位就各园区生产企业复产情况、在建企业复工情况以及企业在建设、生产过程中遇到的困难进行汇报。会议还对部分企业反映的供气、供水、供电、用工等问题进行调度，相关部门承诺限期解决。

同日　县委书记王成山在县政务中心会议室主持召开县委常委扩大会议，听取县人大常委会、县政协2016年工作要点汇报、2015年度招商引资工作考评情况通报以及2016年招商引资工作意见、2016年政府十大投资工程和十大为民办实事项目任务分解情况汇报。县委常委王成山、王珏、孔祥宁、杨光、史法勇、陈岭、张华贵、吴文宏、王永明以及县人大常委会主任、政法委书记杨勇，县政协主席、县委办主任董光林等参加会议。

同日　滁州市文广新局在市人民广场举办非物质文化遗产成果展，全椒县非遗成果展亮相其中。据悉，全椒县通过普查、整理、挖掘，建立县级非物质文化遗产名录共39项，涵盖9个门类，其中民间文学3个，民间音乐5个，民间舞蹈10个，戏曲1个，曲艺3个，民间手工技艺7个，人生礼俗2个，民间信仰6个，传统体育与竞技2个，并建立非遗数据库。同时，积极做好市级、省级、国家级非物质文化遗产名录和非遗传承人的申报工作，该县现有省级《走太平》《全椒民歌》2个名录，市级《管坝牛肉》等12个名录；县级非物质文化遗产传承人31人，市级非物质文化遗产传承人10人，省级非物质文化遗产传承人1人。

21日　全椒县在政府广场举行“全民健身走”暨“正月十六走太平”民俗文化活动启动仪式。县领导杨勇、董光林、杨光、史法勇、陈岭、陈飏、王万贵、季奎、童志全、金义平、宣宁宁、赵从祥、朱华丽、苏守复、姚本山等出席仪式，并与千余名干部群众一道参加当天的健身走活动。县委常委、宣传部长张华贵为活动致辞并宣布“全民健身走”活动开始。“正月十六走太平”是全椒乃至皖东地区最富特色的地方民俗文化活动，流传千年未曾中断，围绕“走太平”有一系列的民间传说、民俗活动，映射出人们向往太平盛世的精神镜像，传承着全椒持正守统的人文特质。绵延千年的全椒“正月十六走太平”民俗文化活动，沉淀着无可比拟的文化优势，蕴含着巨大的商业价值和社会效益。近年来，全椒县坚持不断创新，把“正月十六走太平”这全椒县第一大民俗与全民健身走活动有机地结合起来，显示出无穷的活力，打造成“安徽省全民健身十大品牌”，深受全椒百姓乃至周边各地市及一些外国友人的喜爱，扩大全椒县全民健身活动的示范效应。

22—23日　安徽省地方志办公室主任朱文根、巡视员刘成典、副巡视员严希等领导一行6人到全椒考察地情民俗“正月十六走太平”活动。全椒县委书记王成山，县委常委、副县长陈飚，县方志办主任程耕等陪同考察。

24日　县纪委十三届六次全会在全召开，县委书记王成山出席会议并作重要讲话。他强调，要深入学习贯彻习近平总书记重要讲话精神和中央、省、市纪委全会精神，坚持全面从严治党，切实履行主体责任，完善监督制度，不断提高党内监督实效，坚持不懈推进全县党风廉政建设和反腐败斗争。县领导王珏、杨勇、董光林、孔祥宁、凌斌、陈飚、陈岭、王永明等出席会议。县委常委、县纪委书记史法勇主持会议并代表县纪委常委会作工作报告。

同日　全县扶贫开发暨农业农村工作会议在县政务中心召开，县委副书记孔祥宁、县人大副主任童志全、副县长曹宏华、县政协副主席赵丛祥以及各帮办单位主要负责人，10个镇党委书记、镇长，各村书记参加会议。会议由孔祥宁主持。会上，孔祥宁对全县扶贫工作现阶段开展过程中存在的问题进行深刻的剖析，通报市督察组的督察反馈意见，对当前存在的重视程度不够、宣传造势氛围不浓等问题，要求各级各部门要认真反思。就下一阶段全县扶贫工作如何开展，孔祥宁做出四点要求：一是各级各部门要提升认识，高度重视，要意识到扶贫工作是一项政治任务，要对照目标任务，用行动说话。二是要基础做扎实，真正做到精准扶贫，“三个一”“两次公示”等规范动作要落实到位，要确保各流程工作做到有据可查，规范有序。三是压实责任、合力攻坚，牵头单位、包保单位，人员要尽快落实，乡镇主要负责人、村组干部，责任要明确，各部门的责任要层层分解、层层明确、层层压实。四是要建立责任追究体系，用制度来约束行为和规范。要加强督察督办力度，从主要负责人督察、专项督察、效能督察、检查评估四个层面开展督察，推进工作的落实。

25日　县人大常委会党组书记、主任、县政法委书记杨勇在县人大会议室主持召开县十五届人大常委会第四十一次会议，听取和审议《全椒县人大常委会2016年工作要点(草案)》。县人大常委会党组副书记、副主任王万贵、季奎，县人大常委会副主任童志全以及县人大常委会各位常委出席会议。县委常委、常务副县长杨光以及县人民法院院长朱有亮，县人民检察院检察长喻尊晏，县人大常委会各委、室负责人，各镇大主席团主席或主持镇人大工作的副主席等列席会议。会议审议通过《全椒县人大常委会2016年工作要点(草案)》。会议要求各委室要尽快对接有关部门，及时制定具体实施方案。要按照工作要点中明确的工作任务，对照分解表中确定的时间节点，拿出具体实施方案，切实做到时间到周、任务到单位、责任到人头，确保方案可操作、任务可落实、过程可跟踪、责任可追究。

同日　县委、县政府召开全县公务用车制度改革实施动员会，标志着全椒县公车改革大幕正式开启。县委常委、常务副县长、县公车改革领导小组组长杨光，县委常委、纪委书记史法勇等参加会议。根据上级要求，全椒县机关共有352辆公车要参与改革。在保证节支率的前提下，保留定向化保障用车共计188辆，较改革前减少164辆，其中县级保留168辆，镇级保留20辆。会议要求2月29日前所有参与改革的公车要移交至公车改革办。并将对164辆公车采取强制报废或公开拍卖等方式进行处置。将对参改的司勤人员进行分流。建立县公务用车管理服务中心平台。以后公务用车将一律从平台上申请。杨光要求各涉改单位要充分认识推进公务用车制度改革的重要性，要把握好重点，做好涉改车辆统计核算，做好涉改车辆的处置，积极稳妥做好司勤人员的安置。同时还要落实责任、严肃纪律、公开透明，确保公务用车制度改革取得实效。

同日　全市宣传工作会议召

开。从会上了解到，全椒宣传思想文化工作取得历史性的新突破，获得全市宣传工作综合考评第一名。15个单项考核中，文艺创作、理论武装、中心组学习、扫黄打非、宣传教育等9个单项获全市第一，其他均排在全市前列，县广播电视台的外宣工作也名列全市第二名。县委常委、宣传部部长张华贵在滁州市参加此次会议。

26日　县政务公开办公室在县政务服务中心会议室举办重点领域政府信息公开第一季度新闻发布会，5家发布单位新闻发言人，县广播电视台、全椒报、县政府网站等媒体记者参加新闻发布会。新闻发布会上，县政务中心、县监察局、财政局、水利局、审计局、美好办分别就全县“2015年政务公开工作推进及2016年重点工作安排”“2015年党风廉政建设和反腐败工作开展情况”“2015年水利工程建设情况”“2015年审计工作开展情况及2016年审计工作思路”“2015年预算执行情况和2016年预算安排”“2015年度美好乡村建设”情况进行通报。

27日　全椒县在会议中心五号会议室召开扶贫工作业务培训会，对党员、干部结对帮扶贫困户和县直单位结对帮扶贫困村工作进行业务培训。县委副书记孔祥宁出席会议并就做好精准扶贫工作提出要求。

同日　全县镇党委换届工作动员暨培训会在县政务中心会议厅召开，会议贯彻落实省、市委换届工作会议和文件精神，安排部署全椒县镇党委换届工作。县几个班子领导王成山、王珏、杨勇、董光林、孔祥宁、杨光、凌斌、史法勇、陈飚、陈岭、张华贵、王永明出席会议。县委副书记孔祥宁主持会议。就如何做好全县镇党委换届工作，县委书记王成山作重要讲话。他指出：这次乡镇党委换届是实现全面建成小康和“十三五”各项目标的关键，事关全椒未来五年发展，事关全椒能否与全省全市同步建成小康社会，事关全椒政治风气和政治生态。大家要统一思想，凝聚共识，切实增强做好乡镇党委换届工作的责任感和使命感。做好这次换届工作，是为实施“十三五”规划、全面建成小康社会提供坚强组织保证；做好这次换届工作，是加强乡镇领导班子建设、提升基层执政能力的关键之举；做好这次换届工作，是充分推动基层民主政治、全面落实从严治党的生动实践。他强调要求：要明确任务，突出重点，确保高质量完成乡镇党委换届。要发挥党委领导的把关作用，要着力选准选好干部，要改进换届考察工作，要依法按章组织换届选举。把关要严格，结构要优化，选举要精心。王成山强调要加强领导，严明纪律，确保乡镇党委换届风清气正。要严肃政治纪律和政治规矩，坚持教育在先、警示在先，要坚持督察从严、执纪从严，要坚持严肃纪律、厘清责任；要加强领导统筹兼顾；要注重思想舆论引导。王成山最后希望大家以高度负责的态度、改革创新的精神、“三严三实”的作风，密切配合，同心协力，确保换届工作圆满完成，为实现“四个翻番”、冲刺“省市前列”、全面建成小康社会提供坚强的思想、政治和组织保证。乡镇党委换届工作于2月正式启动，于3月底结束。将通过镇党代会，选举产生新一届镇党委班子。会上，县委常委、组织部部长、统战部部长陈岭宣读《全椒县镇党委换届工作方案》；县委常委、县纪委书记史法勇宣读《全椒县关于加强换届风气监督工作的实施方案》。

3月

1日　县委副书记、县长王珏在县政务中心对2015年度招商考评的12家三类、四类单位进行现场调度。副县长沈文琪以及被调度的12家单位主要负责人参加调度会。沈文琪主持会议。年初，县委、县政府组织力量对2015年度全县招商引资工作进行综合考评，综合目标任务完成情况，共12家单位被评为招商引资三类、四类单位。三类单位为县工商联、妇联、残联、统战部、团县委、老干局、公共资源交易监督管理局、城市管理行政执法局；四类单位是县国税局、县人行、县委党校、水利局。

同日　县委副书记、县长王珏在县会议中心二号会议室主持召开全县重点项目推进会，县委常委、常务副县长杨光，县委常委、副县长陈飚，副县长沈文琪、曹宏华、金义平出席会议。各项目业主单位负责人参加会议。会上，县委常委、常务副县长杨光就县政府所确定的全县2016年64项计划新开工政府投资项目以及52项续建项目进行交办，就各牵头领导和责任单位、责任人进行明确。与会人员还就项目建设内容进行讨论。

2日　全县综合治税工作会在县政务中心二号会议室召开。县委常委、常务副县长杨光出席会议，县财政、国税、地税、城建、司法、公安、交通局等单位主要负责人参加会议。会议就做好综合治税工作进行布置，要求各相关单位要以税收法律法规为依据，以涉税信息平台建设为抓手，共享涉税信息，强化税源控管，形成政府依法管税、税收征管部门依法征税、纳税人依法纳税、各部门协税护税的新机制。

同日　全椒县文化产业招商工作调度会在县委宣传部会议室召开。县委宣传部、文广新局、卫计委、广播电视台、文联5家产业招商分管负责人参加。县委常委、宣传部部长张华贵出席会议并讲话，会议由县委宣传部副部长胡玉屏主持。会上，各产业招商单位分管负责人就产业招商的进展、思路以及下一步打算作汇报，就招商过程中面临的难题进行讨论，提出各自的想法与措施。

同日　全椒县公安、市场监督、环保、文广、行政执法等部门集体约谈全县从事室外“卡拉OK”经营活动的业主，告知县关于取缔“卡拉 OK”的通知，并宣传相关法律法规。这也标志着全椒县全面取缔室外“卡拉 OK”行动的正式开始。

3日　全县脱贫攻坚业务培训会在政务中心椒凌会堂召开。各镇（村）分管领导及县直帮扶贫困户单位负责人参加业务培训会。副县长曹宏华出席会议。

4日　全椒县街心花园广场人头攒动、分外热闹，全椒县在这里举办学雷锋志愿服务月启动仪式暨集中咨询服务活动。全县各县直单位相关负责人、各级文明单位的志愿者代表、服务美好乡村过大年特别节目录制的优秀青年志愿者代表300余人参加活动，县委常委、宣传部部长张华贵出席活动并讲话，活动由团县委负责人主持。

同日　滁州市委讲师团团长林卫东一行到全椒县调研中心组学习情况。县委常委、宣传部长张华贵，宣传部副部长宗士平等陪同调研。

5日　滁州市司法局对全市各县（市、区）司法行政工作2015年度工作进行综合考评，全椒县司法局考评成绩突出，排名全市第一。

6日　县委书记王成山在县委常委会议室，与县委研究决定与即将走上新岗位的干部进行任前集体谈话，希望大家要进一步增强政治意识、进一步提高工作能力、进一步改进工作作风，密切联系群众，增进班子团结，加强廉洁自律，在新的岗位上奋发进取，做出新的更大的成绩。县委副书记孔祥宁，县委常委、县纪委书记史法勇，县委常委、组织部部长陈岭，以及10多位新任干部参加集体谈话会。

7日　县委副书记、县长王珏在县政府三楼会议室主持召开县长办公会议，讨论研究加强畜禽规模养殖污染防治联合监管、城市总体规划编制情况以及第二自来水厂扩建工程建设方案等12个重点事项。县政府各位副县长，县政府办公室主要负责人出席会议，县政府办公室副主任，县监察局局长，县政府法治办主任以及议题相关单位负责人等列席会议。会上听取和讨论县环保局《关于进一步加强畜禽规模养殖污染防治联合监管的通知》汇报，县规建局《关于全椒县城市总体规划（2014—2030年）编制情况汇报》、《全椒县第二自来水厂扩建工程建设方案的情况汇报》，县安监局关于《全椒县人民政府安委会成员单位安全生产工作职责规定》的汇报，县城基公司《关于融资平台整合及近期融资工作相关情况汇报》，县发改委关于《全椒县大中型水库移民避险解困试点工作实施细则》的汇报，卫计委关于《全椒县医疗机构建立责任保险制度实施方案》的汇报，县水利局《关于全椒闸拆除重建工程情况汇报》等议题。会议原则同意《关于进一步加强畜禽规模养殖污染防治联合监管的通知》。会议原则同意《全椒县城市总体规划（2014—2030）》。会议原则通过《第二自来水厂扩建工程建设方案》。会议原则同意《全椒县大中型水库移民避险解困试点工作实施细则》。

8日　以市法治办主任章勤惠为组长的市《市区饮用水水源保护条例》立法调研组一行到全椒县进行立法调研。县委常委、副县长陈飏及相关镇、村以及部门负责人等出席调研座谈会。

同日　县人大常委会党组书记、主任，县政法委书记杨勇在县人大会议室主持召开县十五届人大第四十二次常委会议，县人大常委会党组副书记、副主任王万贵、季奎，县人大常委会副主任王晓平、童志全以及县人大常委出席会议。县委常委、常务副县长杨光，县法院人民院长朱有亮，县人民检察院检察长喻尊晏等列席会议。会议对部分政府组成部门主要负责人进行人事任免。

9日　市委常委、组织部部长朱诚，市委组织部副部长焦艳等一行到全椒县，对乡镇党委换届工作开展情况进行检查指导。县委副书记、县长王珏，县委副书记孔祥宁，县委常委、组织部部长陈岭等参加。

9日　全椒县公安局隆重召开2016年全县公安工作暨纪律作风教育整顿活动大会。县人大常委会主任、县委政法委书记杨勇出席会议并讲话。县公安局党委班子成员、全体民警和职工、辅警代表参加会议。

同日　由省科技厅获悉，全椒县的安徽省科昌机械制造股份有限公司的“基于机器人应用的冷柜内胆柔性智能成型生产线开发”项目获省重点研究与开发计划立项，安徽旭能光伏电力有限公司的“太阳能光伏组件在光伏系统上的应用与匹配”项目获省创新环境建设专项立项，分别获取项目经费40万元和11万元。两项目的立项将有利于企业技术进步、创新发展，对促进全椒县产业结构优化升级和培植高新技术产业新的增长点起到积极的推动作用。

10日　全椒县举办为期半天的公共资源交易工作人员业务培训会议，县委副书记、县长王珏出席会议，各镇政府主要负责人、分管负责人、城建办负责人和美丽乡村建设负责人，县重点工程建设管理局、规划建设局、经济开发区、水利局、交通运输局等单位班子成员和业务负责人，以及县公管局及公共资源交易中心全体工作人员参加培训。

同日　县委副书记、县长王珏带领县开发区、十谭产业园、规建等单位负责人深入滁州经开区和苏滁产业园，对市两个园区建设好的经验做法进行考察和学习，副县长沈文琪参加考察活动。

同日　滁州市“扫黄打非”“以案说法警示教育”网络安全现场会在全椒县召开。滁州市委宣传部副调研员、市扫黄办主任汪玉珍，全椒县政府副县长吴金华出席会议并讲话。县委宣传部副部长胡玉屏主持会议。各县（市、区）“扫黄打非”分管领导、全椒县网宣办、县公安局、县法院、县人民检察院、县文广新局等成员单位负责人，10个镇宣传委员，全椒县各大网站负责人及网民代表50多人参加会议。

11日　全椒县“百城万店诚信建设”领导小组会议在县委宣传部会议室召开。县文明办、县市场监管局、县商务局、县发改委、县卫计委、县总工会、团县委等成员单位参加会议。会议由县委宣传部副部长胡玉屏主持。

同日　长江委长江科学院院长、党委书记郭熙灵，长江委防办巡视员李峻等长江防总检查组一行，到全椒县开展汛前工作检查。省水利厅党组成员、省防办专职副主任徐业平，全椒县委副书记、县长王珏，副县长曹宏华等参加检查活动。

同日　省林业厅厅长程中才、厅计财处处长邱辉、造经总站站长赵学诗一行3人到全椒检查指导森林增长工程，市委常委、副市长汪建中、市林业和园林局副局长薛玉苍、副局长汪海洋和全椒县副县长曹宏华、林业局局长杨新文等相关人员参加检查活动。

13日　根据《安徽省森林城市考核验收办法》《安徽省森林城镇考核验收办法》《安徽省森林村庄考核验收办法》等有关规定，安徽省千万亩森林增长工程建设领导小组办公室按照分级考核验收的原则，对2015年度省级森林城市、森林城镇、森林村庄创建工作进行考核验收，全椒县创建森林城市各项指标均达到或超过安徽省森林城市标准，被授予“安徽省森林城市”称号；此外，马厂镇被授予“森林城镇”称号；襄河镇老官陈村、古河镇大同村、十字镇华林村、石沛镇石沛村、武岗镇武岗村、六镇镇孙家村、二郎口镇二郎村、大墅镇大墅社区、马厂镇黄庵村、西王镇马塘村10个村被授予“森林村庄”称号。

14日　市委副秘书长、市网信办主任李如培，市网信办副主任沈大勇一行到全椒县襄河镇城南社区调研市网上办事大厅试点建设情况。县委常委、副县长陈飏、襄河镇党委书记秦安民、镇长吴定高及县政务服务中心相关负责人参加调研。

15日　县市场监管部门在县奥康莲花池广场开展“3·15国际消费者权益日”广场宣传活动。县人大常委会副主任王晓平、县政府副县长沈文琪、县政协副主席张华及县消协常务理事单位负责人出席活动，活动由县市场监管局副局长刘哲主持。

16日　市委常委、市委秘书长、市人大常委会副主任王图强带领市督察组到全椒县督察首季“开门红”和推进“调转促”行动计划贯彻落实情况。县委副书记、县长王珏，副县长沈文琪以及相关职能部门负责人参加检查。

同日　县总工会十五届四次全委（扩大）会议召开，会议总结过去一年工作，对2016年工作进行安排部署；会议还替补选举县总工会“两委”委员、常委。县委副书记孔祥宁出席会议并讲话。县工会主席吉庆秋作题为《服务大局、服务发展、服务职工，为实现全椒“十三五”良好开局做出新贡献》的工作报告。县工会副主席汪声明主持会议。

17日　全椒县召开部署开展非法集资专项整治会议，决定从现在起在全县范围内开展为期一个月的非法集资问题专项整治工作。此次专项整治以投资理财、信息咨询、非融资性担保、网络借贷、电子商务、农民专业合作社、民办院校、养老机构、房地产、私募股权投资等案件高发行业为重点整治行业和领域，以涉嫌推介、发售非法理财产品的线上、线下公开宣传，尤其在人群密集场所摆摊设点、集会宣传及电话短信宣传为重点清理对象。整个活动共分宣传发动、摸底排查、集中整治、总结建制四个阶段。

18日　全县政法工作会议召开。县人大常委会主任、政法委书记杨勇，县委常委、副县长凌斌，县政协副主席苏守复出席会议，县政法各单位以及县信访局领导班子成员，各镇党委书记、综治办主任、县综治成员单位和县直相关单位主要负责人，县政法委机关全体人员参加会议。县委常委、副县长凌斌主持会议。

20日　市委副书记、市长张祥安到全椒调研扶贫开发工作。市政府秘书长焦义朝以及全椒县委副书记、县长王珏，县委副书记孔祥宁等参加调研活动。

21日　市人大常委会副主任朱云霞一行到全椒县调研文化事业和文化产业发展情况，县人大常委会党组书记、主任杨勇，县人大常委会党组副书记、副主任王万贵，县委常委、副县长凌斌参加调研活动。

同日　县委副书记、县长王珏在县政府三楼会议室主持召开县长办公会议，县政府各位副县长出席会议，县政府办公室副主任，县监察局负责人、县政府法治办主任及议题相关单位负责人列席会议。会议听取县卫计委关于全县卫生计生工作情况专题汇报。会议讨论并通过县旅游局关于全椒县神山黄栗树风景区管委会（筹）组织方案的汇报。会议还讨论通过县城基公司关于全椒县太平旅游发展有限公司组建方案的汇报、县财政局关于加强总部经济发展的汇报等议题。

同日　由省国土厅副厅长潘海滨为组长的省政府安全生产督察组到全椒海螺督察安全生产工作。市政府副市长杨东坡、市安监局主要负责人、县政府副县长沈文琪等参加督察。

22日　全椒县在广电大厦广场开展第二十四届“世界水日”、第二十九届“中国水周”和第二十六届“安徽省水法宣传月”宣传纪念活动。县人大常委会副主任童志全、副县长吴金华、县政协副主席赵丛祥以及县水利、司法、环保部门负责人参加活动。

23日　安徽省财政厅副巡视员李友兰以及省财政厅非税局相关负责人一行到全椒调研指导财政工作，滁州市财政局主要负责人杨文萍，县委常委、常务副县长杨光，县财政局局长姜志山等参加调研。

同日　由宣城市各区县及相关部门负责人组成的考察团在宣城市委常委、常务副市长李明带领下到全椒县考察工业经济发展工作，滁州市人民政府秘书长焦义朝、县委副书记孔祥宁参加考察活动。

同日　省经信委副巡视员陈家宝、市经信委总经济师刘保成等一行到全椒调研工业固定资产投资和技术改造投资工作，副县长宣宁宁、县经信委主要负责人等陪同调研。

同日　市人大常委会主任李耀才到全椒县十字镇百子村调研指导美好乡村建设，副市长刘茂松、县人大常委会主任杨勇，县委常委、常务副县长杨光，副县长曹宏华及市县相关部门负责人参加调研。

同日　天长市委副书记张道秀、人大副主任黄宏国、副市长董学文、政协副主席周继安以及天长市相关乡镇、部门负责人一行20余人到全椒县，就现代农业示范区建设工作进行考察。县领导孔祥宁、吴金华以及县农委相关负责人参加考察活动。

同日　全县民政工作会议在县政务中心三号会议室召开。各镇镇长、分管民政工作的领导、民政办主任参加会议。县人大党组书记、主任、县委政法委书记杨勇,县人大党组副书记、副主任季奎,副县长宣宁宁,县政协副主席苏守复出席会议。杨勇主持会议。会议回顾总结2015年和“十二五”期间民政工作进行,部署安排“十三五”和2016年民政工作任务。

24日　县委、县政府召开防汛准备工作会议,安排部署2016年防汛工作。县委副书记、县长王珏,县委副书记孔祥宁,副县长曹宏华等出席会议。孔祥宁主持会议。

25日　县委常委、常务副县长杨光在政务中心二号会议室主持召开全县矿山整治工作会议,县安监局、国土房产局、公安局、人民检察院、市场监督管理局、环保局、林业局、十字镇、马厂镇等相关单位主要负责人参加会议。

26日　县委书记王成山主持召开县委理论中心组学习会,学习传达全国“两会”精神、“两学一做”学教方案等相关文件精神,听取县扶贫工作情况汇报,安排部署下一阶段工作。县委理论中心组成员、各镇、县直各单位主要负责人等参加学习会。学习会上,王成山作重要讲话。他要求:干部要增强学习的意识,要认真学习贯彻全国“两会”精神,要结合全椒的实际,创新引领,深度思考谋划全椒今后的发展。县委副书记、县长王珏传达学习全国“两会”精神和市委书记李明在市委理论中心组(扩大)学习会上的讲话精神;县委副书记孔祥宁传达学习《关于在全体党员中开展“学党章党规、学系列讲话,做合格党员”学习教育方案》;副县长金义平领学《中共中央、国务院关于进一步加强城市规划建设管理工作的若干意见》。县扶贫办负责人汇报县扶贫工作开展情况。全国“两会”精神,要结合全椒的实际,创新引领,深度思考谋划全椒今后的发展。

26—27日　省义务教育均衡发展督导评估组对全椒县推进教育均衡情况进行省级评估。在3月28日上午举行的督导情况反馈会议上,评估组组长、省督学汪昌池在通报全椒各项办学指标督察结果后宣布,全椒县义务教育均衡发展通过省级评估。反馈会由滁州市教育体育局局长马占文主持,县委副书记、县长王珏做表态发言,县委常委、副县长凌斌就全椒县推进义务教育均衡发展情况进行汇报,县政府办、教体、编办、人社、财政等部门参加。

27日　由安徽省审计厅副厅长杨寿桃、中国科学技术大学管理学院院长助理、EDP中心主任吴林率队的中科大EDP总裁联合会考察团一行到全椒考察,县委书记王成山、县委副书记、县长王珏,副县长沈文琪参加座谈会。在全期间,考察团一行先后车览县开发区、十谭现代产业园,现场参观全柴消失模、荣鸿现代农业示范园、黄栗树风情小镇、太平文化街区等地,并听取相关情况介绍。

31日　县人大常委会党组书记、主任、县政法委书记杨勇在县人大会议室主持召开县十五届人大常委会第四十三次会议,县人大常委会党组副书记、副主任王万贵、季奎,县人大常委会副主任童志全以及县人大常委会各位常委出席会议。县政府副县长吴金华,县人民法院院长朱有亮,县人民检察院检察长喻尊晏,不是县人大常委会委员的人大常委会各委、室负责人,县政府办公室副主任及县政府相关部门主要负责人;各镇人大主席或主持镇人大工作的副主席等列席会议。会议听取和审议《中华人民共和国农业技术推广法》贯彻实施情况报告,并进行满意度测评;听取和审议通过县十五届人民代表大会第五次会议议案初审情况报告,并作出议案交办决定,决定将全椒县十五届人大五次会议议案交县人民政府办理;听取和审议通过全椒县黄栗树水库等重点水源地保护工作落实情况报告;听取2015年规范性文件备案审查工作报告;审议通过《全椒县人大常委会2016年专项工作评议对象确定办法(草案)》,并票决确定专项工作评议对象。

4月

1日　全椒县在南屏山王枫烈士墓举办“文明祭祀”活动启动仪式,活动由县文明办和县民政局两家单位牵头。县政府副县长宣宁宁出席启动仪式。县直相关单位县文明办、公安、林业、民政、执法、消防、教体、团县委、广播电视台、各镇等单位分管负责人、民政部门二级机构负责人、志愿者、相关学校学生代表参加启动仪式。启动仪式县民政局局长程进主持。

同日　全椒县2016年度人大代表议案建议和政协提案交办会在县会议中心八号会议室召开，会议总结2015年办理工作情况，对2016年“两会”议案建议和提案办理工作进行具体部署。县委常委、常务副县长杨光，县人大常委会党组副书记、副主任王万贵，县政协党组副书记、副主席赵丛祥出席会议。会议宣读《关于表彰2015年度代表建议办理先进单位、个人和优秀建议案的决定》；县人大常委会党组副书记、副主任王万贵，县政协党组副书记、副主席赵丛祥也分别对议案建议和提案办理工作进行总结，并对2016年的办理工作提出意见和要求。

同日　县政府召开扶贫工作对接会，共商扶贫政策，征求各方意见，明确责任，研究部署精准扶贫工作，确保扶贫的项目能够尽快落地。县政府副县长曹宏华，县扶贫办、各镇镇长、分管负责人、县直相关单位主要负责人参加会议。会上，县扶贫办汇报全县扶贫工作总体情况，县水利、残联、农委(粮食局)、民政局、财政局、旅游局等多家单位依次汇报扶贫方案。全县扶贫攻坚已经由精准识别进入精准施策阶段。

6日　县政府召开防汛工作推进会，分析天气形势，部署当前防汛工作。副县长曹宏华以及襄河镇、古河镇、十字镇、武岗镇、二郎口镇书记或镇长以及相关部门负责人等参加会议。会议由县政府办副主任金成松主持。曹宏华在会上要求做好险病工程排查，以及清障除杂等工作；要落实好预案修编、防汛物资准备、防汛队伍筹建以及抢险机械就位等工作；要超前谋划，统一思想，把2016年防汛工作做实做细，确保全县安全度汛。会上分析2016年的天气形势，宣读《安徽省防汛抗旱纪律》《安徽省防汛抗旱四项制度》等法律法规；县水利局局长陶平安排布置当前的防汛工作。

6—7日　印尼驻华使馆商务参赞dandys. lswara等一行到全椒访问滁州文彩文化交流有限公司以及旭能光伏公司。7日上午，县委副书记、县长王珏在县政务中心会议厅会见印尼驻华使馆商务参赞dandys. lswara以及中国印尼安徽商会会长蔡永平等一行。县领导凌斌、陈飚、沈文琪参加会见。

7日　县人大常委会副主任童志全带队，同部分人大代表、农业与农村工作委员会委员一起，通过实地察看和座谈交流的方式，对全县贯彻实施《中华人民共和国农产品质量安全法》情况进行调研，副县长吴金华参加调研。调研组一行到武岗镇中心村奶牛养殖场、六镇镇大张鳜鱼养殖专业合作社、襄河镇生猪定点屠宰场、襄河镇千佛庵村蔬果生产基地，实地了解农产品在生产、养殖、加工等环节贯彻落实、保证农产品质量安全情况，并听取县农委负责人关于《中华人民共和国农产品质量安全法》贯彻实施情况的汇报。

同日　全椒县2016年乡村学校少年宫工作会议在县政务中心召开。安徽省文明办副调研员、全椒县政府副县长吴金华，滁州市文明办副主任蒋德武出席会议。县文明办、县教体局、县财政局、与少年宫结对共建的23家文明单位、全县乡村学校少年宫等相关部门负责人参加会议。

8日　全椒县城乡建设档案局培训班在县委党校举行开班仪式。县委常委、副县长陈飚作动员讲话，县委党校常务副校长罗玉亮、县档案局局长程耕参加开班仪式。陈飚在动员讲话中提出：一要充分认识城建档案在经济建设发展中发挥的基础性、史实性作用；二要坚持人才强档，培养一批具有专业素质的城建档案管理人员；三要珍惜学习机会，充分展示档案人治学严谨、求真务实的精神风貌。本次培训班由县档案局和县委党校联合举办，培训时间为4月8—12日，来自全县各县直单位和各镇的50多名档案工作者将要接受相关城建档案专业知识的培训。

8日　全县扶贫攻坚专题工作培训会在县政务中心四号会议室召开。副县长曹宏华出席会议，县教体局、县民政局、卫计委、农委等相关业务负责人，县10个镇分管扶贫工作主要负责人及县扶贫办全体人员参加会议。

同日　全县党的建设工作领导小组学习会议召开，学习相关条例和精神，研究讨论县委党的建设工作领导小组2016年工作要点。县领导孔祥宁、史法勇、陈岭、张华贵以及县委党的建设工作领导小组全体成员、县委办、县纪委、县委组织部、宣传部分管负责人等参加会议。县委副书记孔祥宁主持会议。

9日　为贯彻落实全面深化医药卫生体制改革的决策部署，坚持“上下联动，内外联动，区域联动，统筹推进相关领域改革”的精神。解放军454医院到全椒县开展专家大型义诊、捐资助学以及到周岗烈士陵园接受革命传统教育等系列公益活动。将优质医学技术资源下沉到基层，解放军南京454医院和全椒县人民政府本着“加强军民融合，关爱全椒人民”的精神，经过县卫计委的联系安排，解放军南京454医院组织临床经验丰富的多位专家到全椒在县中医院参加义诊活动，涵盖耳鼻咽喉科、眼科、消化科、呼吸科、心肾内科、骨科、普外科、妇产科等14科室。在半天时间里，专家们共为全椒县300多名患者进行义诊；并为全椒县的50多名老战士，免费进行体检。

10日　县委副书记、县长王珏在县人武部二楼会议室主持召开农村土地确权工作调度会，副县长曹宏华，县国土房产局、农委、效能办、确权办、襄河镇、十字镇等相关单位主要负责人参加会议。会上，县确权办负责人汇报全椒县10个镇土地确权工作进展情况；县国土房产局、县美丽办、十字镇等相关县直单位和镇负责人也就农村土地确权工作推进过程中出现的问题提出意见和建议。

11日　县委副书记、县长王珏在县政府三楼会议室主持召开县长办公会议，听取讨论公共自行车服务采购项目招标、大墅龙山生态旅游养老养生项目推进工作、“四季”旅游宣传片摄制工作招标等事项。县政府各位副县长出席会议，县政府办公室副主任，县监察局负责人、县政府法治办主任及议题相关单位负责人列席会议。会议原则通过大墅镇关于《大墅龙山生态旅游养老养生项目推进工作有关问题情况》；会议讨论通过县开发区管委会《关于支持安徽旭能光伏电力有限公司融资贷款情况汇报》；会议还讨论通过县交通局《关于对2015年下半年城市公交(路线亏损补贴)进行审计的情况汇报》，县旅游局《关于全椒“四季”旅游宣传片摄制工作招标事项的情况汇报》，县发改委《关于请求给予滁州君联环境产业投资有限责任公司出具政府承诺函的情况汇报》、《关于请求给予安徽中合恒丰农产品市场建设管理有限责任公司出具政府承诺函的情况汇报》等议题。

13日　县城市防汛抗洪工作会议召开，县委副书记、县城防指挥部指挥孔祥宁，县人大常委会党组副书记、副主任、县城防指挥部副指挥季奎，副县长、县城防指挥部副指挥沈文琪出席会议，县直机关协助襄河镇防汛包干单位主要负责人以及县城防办全体人员参加会议。季奎主持会议。为全面做好城市防汛抗洪工作，全椒县已出台城市防汛抗洪工作方案，明确城防指挥调度办法、城市防洪重点、指挥部分组职责等。城防的核心和重点为全柴集团有限公司、新襄河大堤、新龙河大堤、赵店河防洪堤、两河西大堤、杨桥撇洪渠。县城低于13米高程的单位，特别是工商企业在主汛期要减少库存，以减轻紧急情况转移压力。

同日　全国人大环资委副主任委员、原沈阳军区政治委员(上将)黄献中，全国人大环资委委员、原空军副司令(中将)赵忠新等一行到全椒对《中华人民共和国水污染防治法》实施情况进行调研。省人大常委会副主任花建慧，省人大常委会委员、城建环资委主任委员余焰炉以及市县领导李明、李耀才、李庆宁、罗建华、王珏、杨勇、童志全、沈文琪等参加调研活动。调研组一行实地察看新襄河综合治理项目、古襄河综合治理项目。新襄河治理工程在建设中注重水资源保护，实行雨污水分流，所有污水全部通过污水管网进行处理；古襄河治理也充分考虑对河道水质、水体的治理与保护，保持水体自然风貌和河流生态系统。调研组对新老襄河治理工程给予充分肯定。

16日　省委副书记、省长李锦斌深入全椒县调研农业农村改革发展工作。他强调，要以开展“两学一做”学习教育为契机，进一步改进工作作风，深入基层、摸清农情、了解民意，切实帮助农民和各类经营主体解决发展中遇到的矛盾和问题，真正将“三农”工作放在心上、扛在肩上、抓在手上，全面深化农业农村改革，激发农业农村发展活力、动力，推动经济建设和社会事业发展再上新台阶。副省长方春明，省政府秘书长杨敬农，省政府副秘书长、政研室主任叶晓明，省农委主任孙正东，省发展研究中心副主任孙东海；市领导李明、张祥安、汪建中，市政府秘书长焦义朝以及县领导王成山、王珏、孔祥宁、曹宏华等参加调研。

同日　国家粮食局副局长卢景波、调控司周冠华司长、王世海处长一行到全椒调研。省粮食局局长牛向阳，副局长许维彬，中储粮安徽分公司副总经理杨波，市领导汪建中、罗建华，市粮食局局长周明权以及县委副书记、县长王珏，县委常委、常务副县长杨光、县农委（粮食局）主要负责人参加调研和座谈。卢景波一行到中储粮滁州直属库全椒分库等地，实地察看粮食保管情况，详细了解仓容、储粮以及夏粮收购准备工作等情况。随后在全椒县召开座谈会，听取全椒县粮食工作情况等汇报，并进行座谈交流。

18日　市防指到全椒县开展防汛抢险业务知识培训。县防指常务副指挥长、副县长曹宏华，县防指副指挥长、县水利局局长陶平，协助圩区县直单位防汛责任人，各镇镇长及分管负责人，水利局包镇技术干部，水管单位负责人，镇水利站工作人员，防汛重点村书记、主任等共150余人参加培训。

同日　根据《全椒县2016年度干部教育培训计划》，全椒县新任科级干部培训班在县委党校举行。县委副书记、县委党校校长孔祥宁做开班动员讲话。县委常委、组织部长、统战部长陈岭主持开班仪式。孔祥宁从“准确定位，敢于担当”“求真务实，争创一流”“牢记宗旨，清正廉洁”等三个方面给学员们提出殷切希望；对办好本次培训班，提出严肃培训纪律；严肃课堂纪律；严格教学管理；团结互助，共同提高四点具体要求。

20日　台湾台中市安徽同乡会经贸团一行19人，在理事长钟家麟率领下，到全椒县考察。县委常委、副县长陈飚以及县市场监督管理局、统战部、招商局、商务局等单位主要负责人参加座谈会。县委常委、副县长陈飚在致词中对台中安徽同乡会经贸团一行的到来表示欢迎，并简要向考察团一行介绍全椒县情和经济社会发展情况。她说，全椒具有良好的区位优势和丰富的资源，希望台中安徽同乡会经贸团一行回去以后在台湾多多宣传家乡，积极发挥桥梁纽带作用，进一步强化两地间的沟通和联系，加强各方面合作，为促进家乡的发展做出积极的贡献。

21日　县委、县政府举行4月招商项目集中开工月暨滁州颐高电子商务产业园奠基仪式。上午10时58分，县委副书记、县长王珏宣布项目开工。县领导杨勇、董光林、陈飚、沈文琪以及招商产业办负责人、县直相关单位及项目引荐单位主要领导以及县经济开发区、10个镇主要负责人等参加活动。县委常委、副县长陈飚主持。新开工的9个项目，总投资33.6亿元，其中亿元以上项目7个，涉及先进工程机械、新能源、新材料、电子商务、粮食储备加工等领域。其中颐高电子商务产业园项目，由颐高集团和浙江德清乐顺投资有限公司投资建设，占地面积250亩，总投资15亿元，建设集网货交易、企业孵化、物流配送、产业服务、综合配套等多功能现代化的电子商务产业园。项目建成投入运营后，可实现产值10亿元，每年可孵化企业30 ~50家，预计可带动就业3000人。

同日　全椒县科技局在二郎口镇曹埠村赤镇龙虾经济专业合作社会议室，组织召开全县科技创新工作现场会，县政府副县长胡刚出席会议并讲话，各镇及开发区分管科技工作负责人以及来自全县10个镇30家农业科技创新企业负责人参加会议，会议由县科技局副局长边传胜主持。

同日　全椒县2016年商事制度改革、食品药品安全暨质量强县工作会议召开。会议主要是贯彻落实3月4日全市市场监管工作会议精神，安排部署2016年全县商事制度改革、食品药品安全以及质量强县三方面工作。县食品药品安全委员会、县推进质量强县标准化和品牌战略工作领导小组、县企业信息公示工作联席会议领导小组成员单位分管负责人及县各镇、经济开发区分管负责人、部分企业代表100余人参加会议。县政府副县长沈文琪出席会议并讲话。县市场监管局党组书记、局长黄平向大会汇报2015年全县市场监管工作，对2016年工作提出意见和建议，县市场监管局副局长、县质量办负责人刘哲通报全椒县首届县长质量奖评审工作开展情况。

22日　董光林主席主持召开县政协九届二十九次主席会议。县政协副主席朱华丽、苏守复、张华、姚本山，秘书长李敬出席会议。县政协副主席赵丛祥因公请假。会议审议通过县政协文史委《关于古襄河治理及建设工程调研报告》、科教文卫体委《关于全县玩具行业发展情况调研报告》以及民族宗教和港澳台侨委《关于全县台侨资企业发展调研报告》;审议通过《县政协九届二十六次常委会议程》,会议决定县政协九届二十六次常委会议于4月28日上午在会议中心召开。

同日　全县“两学一做”学习教育工作会议召开,学习贯彻习近平总书记关于“两学一做”学习教育重要指示精神,传达学习省、市“两学一做”学习教育工作会议精神,动员部署全椒县“两学一做”学习教育工作。县领导王珏、杨勇、董光林、孔祥宁、杨光、史法勇、陈飚、陈岭、张华贵、王永明等出席会议。

会议指出,要高度重视“两学一做”学习教育工作,深刻理解开展学习教育是推进党的思想政治建设常态化的重要部署,是推动全面从严治党向基层延伸的有力抓手,是全面推进县域经济社会发展的重要保证。

同日　县政府召开第四次廉政工作会议,主要任务是认真学习贯彻中央和省、市、县纪委全会以及国务院和省、市政府廉政工作会议精神,总结2015年全县政府系统反腐倡廉工作,安排部署2016年重点工作任务。县领导王珏、杨光、史法勇、陈飚、曹宏华、金义平、胡刚、宣宁宁出席会议,县政府各部门、直属机构及有关单位主要负责人,各镇主要负责人参加会议。会上,县监察局、县财政局、县规建局、县扶贫办及襄河镇政府主要负责人围绕廉政建设工作,先后作表态发言。

同日　县委副书记、县长王珏在全县扶贫工作调度会上强调:扶贫工作是一项政治任务,精准核查是脱贫攻坚的关键环节,全县上下要紧急行动起来,全力以赴做好补缺补差工作。县领导杨勇、董光林、孔祥宁、杨光、史法勇、陈飚、陈岭、张华贵、曹宏华、金义平、胡刚、宣宁宁出席会议。孔祥宁主持会议。会议指出,2016年,全椒县认真落实中央和省、市扶贫工作会议精神,紧紧围绕“精准识别和精准施策”的工作要求,坚持问题导向,抢抓建档立卡“回头看”和“一户一策”制定,已取得阶段性成果。

24日　儒林教育论坛——江树人教授专栏在全中校史馆落成暨树人讲堂在全椒中学大礼堂举行。原中国农业大学校长、全中学子江树人、全中校友秦德文、蔡木森、钱进,县领导王成山、杨勇、陈飚、赵丛祥以及县直有关部门负责人等与近千名全中的学子们共同参加典礼。“树人讲堂”是由北京全椒发展促进会提议在全椒中学校园内构建的一个非传统课堂性质的育人平台,讲堂的名称来源于“十年树木、百年育人”的古语,传达出教育是兴国之本、育人是教育核心的办学理念,北京全椒发展促进会将联合全国各地全椒乡友,邀请社会各界知名人士、专家、学者或知名校友不定期到“树人讲堂”举办讲座,为全椒学子解道授惑、拓宽眼界。

同日　受科技部和省科技厅委托,安徽省科技厅和滁州市科技局组织有关专家对全椒县达诺乳业有限公司负责实施的“国家科技富民强县专项行动计划后续项目”以及安徽农科爱是福粮油有限公司承担实施的省科技攻关计划“浙油50高产高效集成技术攻关和产业化项目”两个项目进行现场验收,专家组经听取PPT汇报、现场考察、审阅资料、专家质疑和讨论,认为项目实施完成合同规定的目标任务,同意通过验收。

25日　2016年4月25日是第30个“全国儿童预防接种宣传日”,2016年的主题是“依法预防接种享受健康生活”,当天上午县卫计委、县疾控中心与全柴、南城两个社区卫生服务中心和襄河镇卫生院联合在县城街心花园广场举行宣传活动。县人民政府副县长曹宏华、县卫计委主任任应和、副主任廖勇等参加活动。

同日　安徽省总工会法律部部长王健、省职工维权法律顾问团律师许文春,以及市总工会党组成员、经审委主任王继亮,法律保障部部长王蕾一行,在“五一”国际劳动节到来之际,到全椒县经开区开展进园区、送法进企业专题普法讲课活动。县政府副县长胡刚出席当天的活动。全省最美农民工梅志平所在企业科昌机械有限公司工会、全省示范帮扶工作站安徽达诺乳业有限公司等企业工会主席以及全省最美农民工梅志平一线职工代表等共计16家企业40多人参加普法讲课。

26日　2016年4月26日是第9个“全国疟疾日”,宣传主题为“消除疟疾:谨防境外输入”。为进一步加大疟疾防治工作力度,宣传疟疾防控措施,确保如期实现《2010—2020年全国疟疾防治规范》确定的目标，让更多的人了解疟疾，掌握疟疾防治知识，防范境外疟疾输入，防止二代病例发生，阻止疟疾的传播，动员全社会共同参与疟疾防治工作。4月25日，结合全国计划免疫日，县卫计委牵头，县疾控中心、襄河镇卫生院、全柴卫生服务中心、新南社区卫生院站相关单位和专业人员在县城繁华地段——街心花园联合举行疟疾防治主题宣传咨询活动。副县长曹宏华、县卫计主任委任应和、副主任廖勇参加现场活动。此次宣传活动结合爱国卫生运动宣传活动向群众介绍怎样消除蚊虫滋生场所，杀灭蚊虫。工作人员向人民群众阐明疟疾对人体的严重危害性，疟疾的传播途径，提醒群众夏天来临要注意蚊帐的使用，尤其是重点宣传从非洲国家务工、旅游回来的人群要特别注意疟疾感染。通过这次宣传活动使群众对疟疾防治知识有了一定的了解，也为输入性病例的管理和控制做基础，进一步提高疟疾防治知识知晓率。

同日　滁州市2016年度地震群测群防观测员培训会在全椒召开。市地震局局长冉家政、全椒县副县长胡刚出席会议并讲话。来自南谯、来安等区县地震办负责人、地震宏观观测员共40余人参加培训。

27日　国务院医改领导小组在北京召开2016年全国医改工作电视电话会议。中共中央政治局委员、国务院副总理、国务院医改领导小组组长刘延东出席会议并讲话。全椒县在县政务中心8号会议室设置分会场。县委副书记、县长王珏，县委常委、组织部长陈岭，副县长胡刚以及县政府办、编办、发改委、财政局、人社局、卫计委、教体局、民政局、市场监管局等单位主要负责人及有关人员参加会议。

27—28日，为宣传全椒县林业增绿增效发展经验做法，推动各地特别是江淮丘陵地区打好工程建设决胜战，省林业厅会同中央及省主流媒体组成采访组到全椒县采访报道林业工作。采访组由省林业厅调研员余遵本牵头，新华社安徽分社、《安徽日报》、省广播电台、《中国绿色时报》等主流媒体记者随行，县委宣传部和县林业局负责人陪同采访。采访组先后参观合宁高速和滁马扬高速十字段森林长廊、美心生态园林精品苗木基地、黄栗树林场生态环境保护、襄河景观带、一环线、辉隆集团和金牛公司标准化现代林业示范园、太禾公司薄壳山核桃基地，听取企业和林场负责人关于基地建设和生态保护以及对于森林增长实施的认识、看法等相关情况介绍。

28日　全椒县政协九届二十六次常委会议在会议中心召开。县政协主席董光林出席会议并讲话，党组副书记、副主席赵从祥，副主席朱华丽、苏守复、张华，秘书长李敬以及县政协常委参加会议。县委副书记孔祥宁，县政府副县长宣宁宁应邀出席会议。会议由赵从祥主持。会议审议通过增补县政协专委会负责人的建议；听取县政协提案委提案交办情况通报、文史委关于古襄河治理及建设工程调研情况汇报、民族宗教和港澳台侨委关于全县台资企业发展调研情况的汇报。与会领导和县政协常委还对古襄河治理、玩具行业发展、台资企业发展报告进行协商讨论。

同日　全县扶贫开发和美丽乡村建设工作调度会在县会议中心二号会议室召开。县委副书记孔祥宁、副县长曹宏华出席会议，各镇、县直相关部门主要负责人参加会议。会议由县委办副主任陈继龙主持。

同日　由人民网安徽频道主办的"人民网品牌安徽行成果发布会"在合肥万达文旅城"中国鼓"举行，正式向社会发布"享誉中国的100个安徽品牌"。全椒县凭借"走太平民俗文化"与滁州琅琊山风景区、安徽天康、秦栏电子、凯源农业、凤阳花鼓、中国农歌会等滁州地区品牌一起荣膺享誉中国的100个安徽品牌。

29日　全市教育体育系统政务服务工作现场交流研讨会在全椒县召开。会议总结2015年全市教体系统政务服务工作，安排部署2016年工作任务。省教育厅审批办主任、办公室副主任韩光，市教体工委委员、教体局调研员杭守法，市政务服务中心副主任王莉以及县委常委、副县长陈飚出席会议，各县市区教体局分管负责人、教体局办公室负责人等参加会议。

同日　全县金融工作会议召开，会议全面贯彻落实省、市金融工作会议精神，分析当前全县金融工作形势，安排部署下一阶段金融工作任务。县委常委、常务副县长杨光，副县长沈文琪以及各相关部门负责人、部分企业负责人等参加会议。据悉，截至3

月末，全县银行业金融机构各项存款余额164亿元，较年初增长9.84%，同比增长14.58%；各项贷款余额114.45亿元，较年初增长3.29%，存贷比69.78%。全县信贷投放平稳增加，融资担保能力不断提升，“税融通”业务全面开展，企业上市有序推进，金融环境不断优化。

5月

3日　县委副书记、县长王珏在县政府三楼会议室主持召开县长办公会议，听取讨论城市网络化管理实施方案、屏二路、屏四路项目建设、二水厂等融资项目、企业担保公司增加资本金等事项。县政府各位副县长出席会议，县政府办公室副主任，县监察局负责人、县政府法治办主任及议题相关单位负责人列席会议。会议原则通过县城管执法局关于《全椒县城市网络化管理实施方案》会议还讨论通过县规建局《关于屏二路、屏四路项目建设的情况汇报》，县城基公司《关于二水厂等融资项目情况汇报》，县监察局《关于给予邵华开除公职处分的情况汇报》、《关于取消董玉才退休待遇的情况汇报》等议题。

同日　全椒县依法治县领导小组办公室发布《2016年度重点普法目录》。包括《中华人民共和国宪法》《中华人民共和国刑法》《中华人民共和国国家安全法》《中华人民共和国反家庭暴力法》等27部法律法规和安徽省《安徽省法治宣传教育条例》等9部法规，共36部。

同日　县委书记王成山在县政务中心会议室主持召开县委常委扩大会议，学习传达习近平总书记视察安徽重要讲话精神，以及省、市委常委扩大会议相关精神，安排部署当前工作重点。县几个班子领导王珏、杨勇、董光林、孔祥宁、杨光、史法勇、陈飚、陈岭等出席会议。王成山要求要迅速掀起学习贯彻习近平总书记视察安徽重要讲话精神高潮。领导干部要带头学，要正确理解，准确领会其精神实质，要结合全椒实际，融会贯通；要扎实开展“两学一做”教育。要深刻理解“两学一做”的重要意义，把握其基本要求，突出问题导向，要突出经常性，扎实推进“两学一做”的主要任务。坚持以学促做，引导广大党员增强“四个意识”，按照党员标准严格要求自己，做合格共产党员；做好县委换届考察暨2015年度综合考核各项准备工作。要加强组织领导，要协调支持配合，要细致做好各项工作；要加大工作推进力度，创新工作方式方法，拉伸工作标杆，确保“双过半”，实现“新突破”。要全力推进项目建设，大力开展招商引资，真情实意帮扶企业，扎实做好防汛工作，加快重点领域改革；要深入开展扶贫攻坚工作；要加快美丽乡村建设；要统筹抓好基层党建、党风廉政建设、民生工程、信访维稳、安全生产、计划生育等各项工作。会上，县委副书记孔祥宁传达学习习近平总书记视察安徽重要讲话精神；县委副书记、县长王珏传达省、市常委扩大会议精神；孔祥宁传达《关于做好县(市、区)党委换届考察暨2015年度综合考核前期准备工作有关事项的通知》。县人大常委会副主任，县政府副县长，县政协副主席，县公安局局长、县人民法院院长、县人民检察院检察长，县直单位主要负责人，正科级事业单位、部分垂直单位主要负责人，各镇党政主要负责人等列席会议。

4日　全椒县在县椒陵会堂举办国防形势教育报告会，会议邀请原南京军区装备部副部长孙德斌将军，作“新军事革命与我国的安全形势”专题报告，县委书记王成山主持报告会，王成山、杨勇、董光林、孔祥宁、史法勇，陈飚，陈岭，王永明等县几个班子领导出席报告会。县直各单位领导班子全体成员，各镇党委书记、镇长和专武干部，县城各中、小学校长及部分驻全部队官兵聆听报告会。

同日　市委副书记、市长张祥安，市委常委、副市长汪建中等一行到全椒县实地走访调研扶贫工作。全椒县委书记王成山，县委副书记、县长王珏，副县长曹宏华等参加调研活动。

同日　全椒县召开纪念“五四”运动97周年暨团队工作会议，县委副书记孔祥宁，县委常委、副县长陈飚，县委常委、组织部长陈岭，县政协副主席苏守复等出席大会，全县各级团队组织负责人和受表彰的先进青年代表150余人参加会议，团县委副书记杨林主持。会上，县少工委聘请关工委10位“五老”同志作为全椒县少先队志愿辅导员。会议表彰2015年度的“两红两优”集体和个人、青年岗位能手、我最感动的椒陵志愿者。团县委结合当前工作实际布置下一阶段的工作并进行业务培训。

5日　县人武部党委第一书记任职大会召开，决定由县委书记王成山任县人武部党委第一书记职务。市委常委、市军分区政委潘晓，县委书记王成山，县委常委、组织部长陈岭，县委常委、县人武部政委王永明以及县人武部全体干部职工、县国防动员委员会“8办”负责人、各镇党委书记、武装部长参加任职会。王永明主持大会。

同日　市人大常委会副主任朱云霞一行到全椒县调研现代农业示范区及城市建设工作。县人大常委会党组书记、主任杨勇，县人大常委会党组副书记、副主任王万贵，县人大常委会副主任王晓平等参加调研。

7日　安徽省经信委、省科技厅、省商务厅、省知识产权局四部门联合公布安徽省首批“省知识产权示范园区”名单。全椒经济开发区入选首批“安徽省知识产权示范园区”，成为《安徽省知识产权示范园区认定工作方案（试行）》实施后全省首批19家知识产权示范园区之一。

8日　全椒县举办2016年职业教育活动周启动仪式暨职教中心办学成果展，全椒县委、宣传部长张华贵出席开幕式，观展的市民络绎不绝。县委常委、副县长陈飚在开幕前致辞：“弘扬工匠精神，打造技能强国，要让全社会了解职教、体验职教、参与职教，共享职教成果。”陈飚提出，要营造崇尚劳动、崇尚技能的良好社会氛围，提升职业教育社会影响力和吸引力，切实加大对职业教育发展规划、资源配置工作力度；要创新职教服务方式、人才培养模式、专业设置与建设，深化产教融合，把教学成果广泛运用到生产生活中，服务全椒经济社会发展。

10日　全县关心下一代工作会议在县公安局礼堂召开。会议主要任务是传达贯彻中央和省、市关心下一代工作有关精神，总结、部署全椒县关心下一代工作。滁州市关工委常务副主任陈家声、陈六，县委常委、常务副县长杨光，县人大党组副书记、副主任季奎，县政协副主席、统战部副部长姚本山，县关工委主任马有华等出席会议。县委常委、常务副县长杨光主持会议。

同日　全椒县组织召开全县社区矫正工作协调领导小组会议，县人大常委会党组书记、主任、县政法委书记杨勇，政法委副书记李荣平及公、检、法、编、民等成员单位分管领导参加会议。

同日　全市乡镇综合文化服务中心和农民文化乐园建设推进会在全椒县召开。总结交流基层公共文化服务体系建设工作经验，对2016年乡镇综合文化服务中心和农民文化乐园建设工作进行动员和部署。市委常委、宣传部长李树，市委宣传部副部长于晓波，市文广新局局长杨成志出席会议，全椒县领导王成山、董光林、张华贵等参加当天的活动。

同日　全椒县召开2016年妇儿工委全体会议，县妇儿工委32家成员单位负责人及重点部门联络员参加会议。县委常委、副县长、县妇儿工委主任陈飚出席会议并重要讲话。会议由县妇联主席、县妇儿工委办公室主任尚云主持。会上，县统计局副局长陈祥勇通报《全椒县妇女儿童发展规划（2011—2020）》中期评估监测指标完成情况。县妇联主席、县妇儿工委办公室主任尚云安排部署迎接国家“两纲”中期评估督导准备工作，并就“六一”庆祝活动做安排。

11日　全椒县在政务中心八号会议室组织收听收看全市防汛抗旱、秸秆禁烧、夏粮收购、土地确权工作电视电话会议。县委副书记、县长王珏，县人大常委会副主任童志全，副县长金义平，县政协党组副书记、副主席赵从祥及各镇、县直关单位主要负责人在全椒分会场参加会议。市长张祥安在会上强调，抓好当前四项农业工作事关改革发展稳定大局，事关广大群众切身利益，要以习近平总书记在滁州视察讲话精神为强大动力，进一步贯彻落实“三严三实”，按照严明责任、严实措施、严肃纪律、严加督察、严格奖惩的“五严”要求，不等不靠、敢于担当、主动作为，扎实做好四项农业工作。

同日　由北京科华微电子科技有限公司投资的光刻胶国家级工程实验室及产业化基地项目在县经济开发区会议室成功签约，在热烈掌声中，沈文琪代表县政府与投资方在投资协议书上签字。县委书记王成山，县委副书记、县长王珏，副县长沈文琪等参加项目前期商洽或签约仪式。光刻胶又称光致抗蚀剂，主要运用于模拟半导体、发光二极管、太阳能光伏、光电子器件等方面。该项目选址位于十谭产业园，前期占地50亩,项目固定资产总投资5亿元。

12日 广东省遂溪县政协主席苏琛率领该县部分政协委员到全椒县,考察水生态文明城市建设工作,县政协主席董光林、副主席姚本山、秘书长李敬及县水利局负责人陪同。考察团一行实地参观考察黄栗树水库、襄河水利风景区、古襄河治理、吴敬梓故居及纪念馆,委员们边看边问,在亲身体验全椒县自然风貌、人文风情及水生态环境治理后,考察团认为全椒县文化底蕴深厚、生态环境优美、区位优势明显、城乡发展和谐,高度赞赏全椒县的经济社会发展及水生态文明城市建设成果。

同日 团市委书记孙枝娟、副书记郝仙红及青农部负责人一行到全椒县走访调研青年就业创业工作,县委副书记孔祥宁以及团县委、相关镇负责人参加调研。

同日 县委常委、常务副县长杨光在县政府三楼会议室主持召开全椒县2016年度部分事业单位公开招聘工作领导小组第一次会议。县委常委、副县长陈飚,副县长沈文琪、金义平及全县事业单位公开招聘人员工作领导小组成员单位主要负责人及有关人员出席会议。

16日 全县防汛抗旱、秸秆禁烧、夏粮收购、土地确权工作会议召开,贯彻落实全市会议精神,统一思想、深化认识,明确任务,压实责任,扎实做好全椒县防汛抗旱、秸秆禁烧、夏粮收购和土地确权工作。县委书记王成山出席会议并作重要讲话。县委副书记、县长王珏主持会议并就如何贯彻落实会议精神提出要求。县几个班子领导董光林、孔祥宁、童志全、沈文琪、曹宏华、金义平、赵丛祥、姚本山等出席会议。王成山在会上就如何做好这四项工作作重要讲话。

同日 市委第五巡查组对全椒县马厂镇巡察工作进行"回头看",并召开县委"五人小组"见面会。县委书记王成山,县委副书记、县长王珏,县委副书记孔祥宁,县委常委、县纪委书记史法勇,县委常委、组织部部长陈岭参加会议。

17—18日 省农委渔业局在全椒县开展全省稻田综合种养现场观摩活动,各市及部分稻田综合种养重点县(市、区)水产技术推广机构负责人、部分市渔业主管部门分管负责人、相关专家、部分典型交流单位负责人,共约100人参加会议。

18日 省委台办副主任汪泗淇带领省委统一战线工作领导小组第八调研组到全椒县调研检查统一战线工作,采取听取汇报、查阅资料、实地察看、召开座谈会等方式,就贯彻落实中央、省委关于统一战线系列重大决策部署情况进行调研检查。市委统战部副部长卓海燕,县委常委、组织部长、统战部长陈岭,县政协副主席、统战部副部长姚本山等出席座谈会并参加调研。

同日 市委副书记许继伟一行到全椒县对秸秆禁烧和综合利用工作进行检查,县委副书记、县长王珏,县委副书记孔祥宁等参加检查活动。在全椒期间,许继伟一行先后到久久秸秆回收专业合作社,辉隆现代农业示范区检查,听取相关情况介绍。

19日 省委党校工作处副处长苏同明、主任科员涂明龙一行莅临全椒县委党校,就该校中专体制创建情况进行调研。市委党校副校长姜小平,全椒县委常委、宣传部长张华贵参加调研。

19日晚 县委副书记、县长王珏在二郎口镇会议室主持召开全县防汛抗旱和秸秆禁烧工作现场会。会议分析研究当前防汛抗旱和秸秆禁烧工作形势,安排部署2016年工作任务。县委副书记孔祥宁,副县长曹宏华、金义平出席会议,各镇书记、镇长,县防办、禁烧办、效能办、政府办和县秸秆禁烧工作包保单位主要负责人参加会议。

23日 县委副书记、县长王珏在县政务中心会议室主持召开由县环保、公安、行政执法、国土等13家单位主要负责人参加的全县大气污染非煤矿山治理专题会议,传达全市相关会议精神,安排部署全县工作。县委常委、常务副县长杨光,副县长沈文琪、曹宏华等出席会议。

同日 县委书记王成山在县政务中心会议室主持召开县委常委(扩大)会议,会上,市委考察考核组领导就如何做好党委换届考察以及县综合考核相关工作进行动员讲话。县领导王成山、王珏、杨勇、孔祥宁、杨光、史法勇、陈飚、陈岭、张华贵以及县委候补委员,其他现任副县级以上党员领导干部参加会议。市委组织部副部长、市委非公有制经济和社会组织工委书记、市委考察考核组长吕祖碧等参加会议并作重要讲话。吕祖碧在会上重点就这次换届的指导思路和相关政策规定以及考察考核的主要任务、方法步骤等作详细阐述，并就如何做好此次换届考核考察工作提出具体要求。

同日　全椒县在县委宣传部会议室召开全县“两学一做”学习教育宣传工作会议，对“两学一做”学习教育活动的宣传报道工作进行全面安排部署。县委宣传部副部长胡玉屏主持会议，县广播电视台副台长张启林，县文联副主席王敬，县委讲师组、县党员电教中心、全椒县电视台、全椒政府网、全椒新闻网等相关新闻媒体负责人参加会议。

同日　市人大常委会主任李耀才到全椒县考察防汛准备工作。市人大常委会副主任傅厚华，市人大常委会秘书长朱承艺，县委书记王成山，县委副书记、县长王珏，县人大常委会主任、县政法委书记杨勇，县委副书记孔祥宁，市县水利部门主要负责人参加视察活动。

24日　县人大常委会主任、县政法委书记杨勇在县人大会议室主持召开县十五届人大常委会第四十四次会议。县人大常委会党组副书记、副主任王万贵、季奎，县人大常委会副主任王晓平、童志全以及县人大常委会各位常委出席会议。县委常委、常务副县长杨光以及县人民法院院长朱有亮，县人民检察院检察长喻尊晏，县人大常委会各委、室负责人，各镇大主席团主席或主持镇人大工作的副主席等列席会议。会上，听取和审议农产品质量安全情况报告、扶贫工作报告；会议听取和审议《中华人民共和国土地管理法》《中华人民共和国城乡规划法》贯彻实施情况报告，并进行满意度测评，测评结果都为基本满意等次；会议听取和审议被评议单位专项工作报告，四个被评议单位县人民检察院、县市场监督管理局、县环保局、县交通运输局负责人分别作表态发言；会议听取和审议并通过县政府《关于提请审议追加义务教育均衡发展经费的议案》。

同日　县委副书记、县政府党组书记、县长王珏在县政府三楼会议室主持召开县政府党组会议，深入学习贯彻习近平总书记视察安徽重要讲话精神，研究推进县政府党组“两学一做”学习教育，对县政府党组的党风廉政建设等工作进行安排部署。县政府党组副书记、党组成员、县政府办公室主任参加会议，各挂职副县长及县纪委、县委组织部有关负责人列席会议。

同日　省环保厅副厅长罗宏带队，对全椒县环境保护工作开展督察。滁州市市委常委、副市长阎中洋、市环保局局长郑有保、全椒县委副书记、县长王珏、副县长沈文琪等参加检查。

26日　在六一儿童节即将来临之际，副省长刘莉，省政协副主席童怀伟一行到全椒县江海小学城南幼儿园、第二实小和特教学校，看望慰问少年儿童，给他们送去学习用品，向他们致以节日里最温馨的祝福。省、市、县有关领导金燕、赵东、张若平、李明、何希勇、金力、王成山、王珏、董光林、陈飚等参加慰问活动。

同日　文化部公示第四次全国文化馆评估定级结果，县文化馆由原先的无等级文化馆，跻身于国家一级文化馆的行列。

27日　县委书记王成山在政务中心会议室主持召开县委理论中心组学习会。县领导王珏、董光林、孔祥宁、杨光、史法勇、陈飚、张华贵、王永明等出席会议。王成山就贯彻落实省委、市委有关会议精神，深入推进“两学一做”学习教育作强调部署。王成山要求：一、要全面学习贯彻习近平总书记视察安徽重要讲话精神，加快实现全椒跨越发展。要把握习总书记讲话的核心要义，结合全椒县发展实际学以致用，强化知行合一，真正把总书记重要讲话精神转化为强大精神动力，把学习成果转化为发展成果。要全面贯彻创新、协调、绿色、开放、共享发展理念，尽快完善县域“十三五”发展专项规划；要扎实推进供给侧结构性改革，坚持工业强县主战略；要加快发展现代农业，培育壮大新型经营主体，增加农民收入，全县域打造美丽乡村；要深化各项改革，深入推进水生态文明、知识产权等国家级试点改革，稳步推进新型“政银担”、集体产权等4项省级试点改革，全面完成农村土地确权扫尾任务，不断释放改革红利；要加大对外招商力度，大力实施精准招商、产业链招商、以商招商；要增进人民群众获得感，深入实施民生工程，坚决打赢脱贫攻坚战，确保各项扶贫措施精准落地；要加强生态文明建设，重点抓好水资源保护、推进矿山整治；要以“两学一做”学习教育为契机，加强干部队伍建设，全面推进从严治党。二、要扎实有效开展“两学一做”学习教育。要“学”在先、“做”在实，增强政治意识、大局意识、核心意识和看齐意识，坚守法律底线、纪律底线、政策底线和道德底线，做到讲政治有信念、讲规矩有纪律、讲道德有品行、讲奉献有作为。王成山还对招商引资、农村改革、秸秆禁烧、防汛抗旱、安全生产、计划生育、扶贫攻坚、信访维稳、县委换届考察和县级领导班子年度综合考核等当前各项重点工作提出具体要求。会上，县委副书记、县长王珏传达学习全省深入贯彻落实习近平总书记视察安徽重要讲话推进大会会议精神，传达学习省委书记王学军在全省“两学一做”学习教育工作会议上的讲话精神。县委副书记孔祥宁传达学习省委书记王学军在省委中心组理论学习会议上的讲话精神。县领导孔祥宁、杨光、王万贵、季奎、曹宏华、赵从祥、姚本山分别围绕“三个深入思考”、农村工作、深化改革等方面内容作交流发言。参加会议的还有县委理论中心组成员，各镇、县直各单位、部分垂直单位、正科级单位、全柴集团的主要负责人等。

同日　全椒县召开2016年招生委员会工作会议，县委常委、副县长陈飚出席会议，县招生委员会各成员单位负责人参加会议。陈飚在会上要求：招生委员会各成员单位要根据部门职责进一步量化、细化工作任务，充分认识到高、中考安全的重要性，加强工作培训，完善工作机制，细化工作方案，切实做到高、中考“百密无一疏”；要按照省、市要求，抓住关键岗位、关键环节、重点领域，确保中、高考绝对安全，要严肃考风纪律，严格执行回避制度，落实中、高考安全保密各项规定，做好听力考试设备检查、试听工作，加强考试期间噪音污染整治工作，要严格抓好后勤保障工作以及高、中考后续工作；各相关单位要齐心协力、密切配合，主动作为、切实履责，坚持问题导向，确保全椒县高、中考工作取得圆满成功。

28日　位于全椒县城北新城的北大培文滁州实验学校举行奠基仪式，县政协主席董光林，县委常委、常务副县长杨光，县人大常委会副主任王晓平，县政协副主席赵从祥、苏守复，县直相关单位、项目引进单位及开工项目企业的主要负责人等参加活动。据悉，北大培文教育文化产业集团是北京大学直属的专业从事教育文化产业的一级全资校企，北大培文学校是集团在基础教育上的核心内容，具有丰富的办学经验。北大培文滁州实验学校由北大培文与全椒奥能投资公司共同投资、联合办学，项目位于全椒县城北新城纬七路以北、永乐路东侧及西侧，占地约180亩，将涵盖幼儿园、小学、初中和高中4个教育基地，共计约96个班级，计划于2018年9月开始进行全面招生。

30日　2016年度第一期县直单位党务干部培训班在县委党校举办。县委副书记、党校校长孔祥宁在开班仪式上作动员讲话。县直工委书记宇世凯主持开班仪式，党校常务副校长罗玉亮参加。

同日　董光林主持召开县政协九届三十次主席会议。县政协副主席赵从祥、朱华丽、苏守复、张华、姚本山，秘书长李敬出席会议，各专委会负责人列席会议。会议审议讨论县政协人资环委《关于发展薄壳山核桃等特色产业调研报告》、经济委《关于农产品批发市场使用情况调研报告》以及提案委《关于城乡居民养老保险工作情况调研报告》，并就进一步完善报告内容提出修改意见。

31日　副市长罗建华一行到全椒县，对全椒县商务工作进行调研，县委副书记、县长王珏，县委常委、副县长陈飚及相关部门负责人参加调研。

同日　县委书记王成山主持召开党政联席会议，研究全椒县有关城市重点建设工程规划建设等事项。县领导王珏、董光林、孔祥宁、杨光、史法勇、陈飚、陈岭、张华贵、王永明、王万贵、童志全、沈文琪、曹宏华、金义平、宣宁宁等出席会议，县委办、政府办、效能办、法治办主要负责人，县委办、县政府办副主任，县纪委副书记、财政局、审计局、公管局及议题涉及相关单位负责人列席会议。会议听取关于南屏山文化体育公园（市民健身中心）和老体育场改造方案的汇报、关于古襄河景观提升工程的情况汇报、关于吴敬梓路改造提升工程的情况汇报、关于城东片区路网建设工程的情况汇报、关于吴敬梓纪念馆改造提升暨吴敬梓故居周边环境整治工程的情况汇报、关于“两校一馆”建设情况的汇报；并听取有关项目设计单位设计方案汇报。

同日　安徽省科技厅副巡视

员严一民、社发处处长杨剑波等一行到全椒调研科技工作，滁州市科技局局长王燕永，全椒县委副书记、县长王珏，副县长胡刚以及县科技局局长刘小平等参加调研。调研组一行先后深入到安徽牧龙山铁皮石斛生物科技开发有限公司、全椒县荣鸿农业开发有限公司等企业，听取企业负责人有关情况汇报，实地参观企业生产基地等，详细了解企业生产经营、科技创新、平台建设、科技成果转化等情况。

同日　全椒经济开发区获省首批知识产权示范园区授牌仪式在经开区会议室举行，省知识产权局常务副局长刘栋，省知识产权局局长助理、办公室主任刘君、省知识产权局副总工程师、协调指导处处长陶平出席授牌仪式，市科技局副局长刘大庆、市知识产权局副局长初晓林、县人大常委会副主任王晓平以及县经开区、科技局有关负责等参加仪式。据悉，全省荣获“首批知识产权示范园区”称号的单位共计19家。

6月

1日　县委书记王成山在县政务中心会议室主持召开全县领导干部会议，对市委有关领导2015年度履行党风廉政建设责任情况进行问卷调查评估，开展县委换届考察会议投票推荐和2015年度全椒县领导班子和领导干部综合考核述职测评工作。县领导王珏、董光林、孔祥宁、杨光、史法勇、陈飚、陈岭、张华贵、王永明等参加会议。市委组织部副部长、市委非公有制经济和社会组织工委书记、市委考察考核组长吕祖碧等参加此次会议并作动员讲话。

同日　国家卫计委监督局监察专员刘登峰一行到全椒县，专项督察计划生育行政执法工作，省卫计委巡视员朱庆、综合监督处处长江文，滁州市政府副市长金力以及全椒县领导王成山、孔祥宁、曹宏华等参加督察。

4日　全县纪检系统领导干部会议在县政务中心会议室召开。县纪委委员，监察局副局长，机关工作人员，各镇纪委书记、派驻县直单位纪检组组长（纪委书记、纪工委书记）参加会议。县委常委、县纪委书记史法勇主持会议。县委考察组组长、县委组织部副部长阚立新，考察组副组长、市纪委党风政风监督室副科级纪检监察员郭源出席会议。

6日　全椒县召开全县计划生育工作推进会。县委副书记、县长王珏，县委副书记孔祥宁，副县长、县委政法委书记曹宏华，县政协副主席赵从祥出席会议，各镇书记、镇长、分管镇长、计生办主任、计生服务所所长，县计划生育领导小组成员单位主要负责人，县卫计委相关负责人等参加会议。县委副书记孔祥宁主持会议。

7日　全椒县在县政府三楼会议室开会议，专题研究部署当前午季小麦收购工作，县领导王珏、杨光、童志全、曹宏华、赵从祥出席会议，县农委、市监局、财政局、六镇镇、十字镇、古河镇等单位主要负责人及有关粮食收购企业负责人参加会议。会议听取各单位关于午季小麦收割、烘干、收购情况的汇报，进一步分析全椒县午季小麦收购工作所面临的形势，就相关工作进行安排部署。

同日　县委副书记、县长王珏在县政府三楼会议室主持召开县政府常务会议，讨论研究义务教育均衡发展、农村道路畅通工程等事项。县政府各位副县长、县政府办公室主要负责人出席会议。县人大、县政协、县人武部负责人应邀出席会议；县政府办公室副主任、县监察局局长、县法治办主任、议题相关单位负责人等列席会议。会议讨论并通过县教体局关于《全椒县创建全国义务教育发展基本均衡县整改方案》。会议讨论并通过县交通局关于《全椒县农村道路畅通工程实施方案》的汇报。会议听取县监察局《关于县政府党组落实党风廉政建设相关要求的情况汇报》。会议还讨论通过县交通局《关于滁马高速全椒段相关工作情况汇报》；县政务中心《关于提请对2015年度政务服务政务公开工作成绩突出的单位予以通报的情况汇报》；县农委《关于要求对2016年粮食收购贷款承诺兜底并指定收购企业的情况汇报》等议题。

8日　以省双拥办副主任、省民政厅双拥联络处处长宋仁贵为组长的省级双拥模范县中期调研督察组莅临全椒调研督察双拥工作，市民政局副局长梁茂生、县委常委、县人武部政委王永明、副县长宣宁宁等参加调研督察。

同日　县委、县政府召开创建省级文明县（县城）工作推进会，贯彻落实省、市关于开展文明创建工作系列部署，进一步动员全县上下统一思想、深化认识、压实责任、主动作为，确保成功创建第四届省级文明县城、第二届安徽省文明县，为创建全国文明县奠定坚实基础。县几个班子领导王成山、王珏、孔祥宁、杨光、史法勇、陈岭、张华贵、金义平、吴金华以及县直单位、各镇党委主要负责人等参加会议。县委副书记、县长王珏主持会议。此次争创的目标任务是创建第四届安徽省文明县城、第三届安徽省未成年人思想道德建设工作先进县，争创第二届安徽省文明县。创建省文明县（县城）时间跨度为半年，将于2016年7—8月申报迎评。

同日　县委书记王成山主持召开县委常委扩大会议，传达学习上级有关会议精神，听取卫计委有关工作情况汇报。县领导王成山、王珏、杨勇、董光林、孔祥宁、杨光、史法勇、陈飏、陈岭、张华贵等出席会议。会上，县委书记王成山传达学习全省领导干部工作会议精神；县委副书记孔祥宁传达学习关于进一步严肃会风会纪的通知；县委常委、组织部长陈岭传达学习全国宗教工作会议精神。会上，还听取县卫计委负责人关于当前计生工作和2015年度单项预警整改方案及进展的汇报。

同日　省地震局局长刘欣率监测处处长凌学书、办公室副主任梅盛华到全椒县调研防震减灾工作，滁州市委常委、市政府副市长阎中洋、市地震局局长冉家政、全椒县政府副县长胡刚等参加调研。

13日　全省文化市场行政审批培训会在全椒县举行，省文化厅副巡视员葛光，省文化厅文化市场局局长胡敏，县委副书记、县长王珏，县委常委、副县长陈飏，县委常委、宣传部长张华贵出席培训动员会，全省各市、县（区）文化部门分管行政审批负责人和审批人员约250人参加培训。

15日　全省农村生活垃圾治理工作现场会在全椒县召开，省住建厅厅长侯淅珉率省直有关部门、省农发行、全省各市县区及农村生活垃圾治理行业主管部门的负责人、省内多家媒体等约300多人到全椒县，现场参观考察全椒县农村生活垃圾治理工作开展情况。省住建厅总工程师宋直刚，市委副书记、市长张祥安，副市长刘茂松，县委书记王成山，县委副书记、县长王珏，县委副书记孔祥宁，副县长、县政法委书记曹宏华等出席会议。

16日　全省贸易救济工作会议在全椒召开。省商务厅副厅长朱宁、滁州市政府副市长罗建华出席会议并讲话，滁州市商务局局长李向军，县委副书记、县长王珏，县委常委、副县长陈飏出席会议，来自全省二十多市县区的商务局负责人和辖区内34家企业负责人参加会议。

17日　县委副书记、县长王珏在县政府三楼会议室主持召开县政府常务会议，讨论研究投资项目邀请招标监督管理暂行办法、规范性文件清理等事项。县政府各位副县长、县政府办公室主要负责人出席会议。县人大、县政协、县人武部负责人应邀出席会议；县政府办公室副主任、县监察局局长、县法治办主任、议题相关单位负责人等列席会议。

同日　县委书记王成山在县政务中心会议室主持召开县委十三届十次全会，县委常委王成山、王珏、孔祥宁、杨光、史法勇、陈飏、陈岭、张华贵以及县人大常委会主任杨勇，县政协主席董光林，十三届县委委员、候补委员出席会议。会议讨论确定《关于召开中国共产党全椒县第十四次代表大会的具体时间》。会议决定：中国共产党全椒县第十四次代表大会将于6月21日召开在县城召开。会议讨论研究《县十三届县委工作报告》和《十三届县纪委工作报告》；听取和讨论县委组织部《关于县委换届人事安排方案说明》的汇报和《关于确定全椒县出席市第六次党代会代表候选人预备人选名单并作说明》。会议表决通过全椒县出席市第六次党代会代表候选人预备人选名单。

19日　县公共资源交易监督管理委员会第一次会议召开。县委副书记、县长王珏，副县长金义平出席会议，县监察局、法治办、公管局、审计局、财政局、规建局等公管委成员单位主要负责人参加会议。

21日　中国共产党全椒县第十四次代表大会在县政务中心椒陵会堂隆重开幕。大会的主题：高举中国特色社会主义伟大旗帜，深入学习贯彻中共十八大以及中共十八届三中、四中、五中全会精神和习近平总书记系列重要讲话精神，团结带领全县广大党员干部群众，坚定信心、奋发图强、创新发展、再攀高峰，为全面建成小康社会而努力奋斗。大会执行主席王成山、王珏、杨勇、董光林、孔祥宁、陈岭、张华贵在主席台前排就座。在主席台就座的还有主席团其他成员，担任过正县级实职的离退休老干部。由市委换届工作指导组组长、市委组织部副部长、市委非公经济和社会组织工委书记吕祖碧，市委组织部干部一科科长朱伟等组成的市委换届工作指导组专程前来指导、出席开幕会，并在主席台前排就座。大会执行主席王珏主持开幕式。上午8时30分，会议在雄壮的国歌声中隆重开幕。本次会议应到代表298名，因事因病请假7名，实到代表291名，符合法定人数。王成山代表十三届县委作题为《创新发展、再攀高峰，为全面建成小康社会而努力奋斗》工作报告。报告共分为四个部分：一、认真总结过去，在发展变化中提振信心；二、准确把握形势，明确发展目标和路径；三、推进跨越发展，努力提升经济社会发展质量效益；四、坚持全面从严治党，不断强化发展保障。

同日　副省长谢广祥到全椒县，深入部分企业调研督察供给侧结构性改革工作，市委书记李明，市委常委、常务副市长章义，副市长杨东坡及全椒县领导孔祥宁、沈文琪参加调研。谢广祥一行先后到悦达实业、旭能光伏、全柴集团，深入生产车间，边看边交流，向企业负责人详细了解企业生产经营、化解产能过剩、新产品研发、技改升级、降低生产成本等情况。

23日　中国共产党全椒县第十四次代表大会在县椒陵会堂胜利闭幕。大会选出新一届全椒县委员会、全椒县纪律检查委员会，并通过关于十三届县委工作报告等决议。王成山、王珏分别主持大会。大会执行主席王成山、王珏、董光林、杨光、史法勇、陈岭、张华贵等在主席台前排就座。市委换届工作指导组也专程前来指导，出席闭幕会，并在主席台前排就座。会议首先通过监票人名单。在总监票人和监票人的监督下，到会的代表以无记名的投票方式，选出33名县委委员、7名县委候补委员组成的中共全椒县十四届委员会。选出19名县纪委委员和出席市第六次党代会代表50名。当选举结果公布时，会场上响起热烈的掌声。随后，大会通过《中国共产党全椒县第十四次代表大会关于十三届县委工作报告的决议》和《中国共产党全椒县第十四次代表大会关于十三届县纪委工作报告的决议》。

同日　中国共产党全椒县第十四届委员会第一次全体会议在县椒陵会堂召开。33名新当选的县委委员及7名县委候补委员参加会议。会议通过投票依法产生中共全椒县第十四届委员会常务委员11名，书记1名，副书记2名。王珏、王永明、王成山、孔祥宁、史法勇、杨光、张华贵、陈飚、陈岭、金义平、曹宏华（按姓氏笔画为序排列）当选为县委常委，王成山当选为县委书记。王珏、孔祥宁当选为县委副书记。全会还批准县十四届纪律检查委员会第一次全体会议选举产生的县纪委常委、书记、副书记人选。

29日晚　县防汛抗旱指挥部工作会议召开，会议深入分析当前全县防汛形势，安排部署防汛工作任务。县领导王珏、孔祥宁、曹宏华和县防汛抗旱指挥部成员单位主要负责人、各镇镇长参加会议。会上，县气象局、国土资源和房产管理局、襄河镇、水利局分别汇报全县近期天气形势、地质灾害防范、城市防洪和全县防汛工作的总体情况。王珏指出，据气象部门预测，受超强厄尔尼诺现象影响，2016年雨情、水情十分严峻，因此全县防汛抗洪任务艰巨。各级各部门务必克服麻痹思想，做好防大汛、抗大洪、救大灾的各项准备，切实保障广大群众的生命财产安全。

30日　“七一”即将来临。县委、县政府在县椒陵会堂召开表彰大会，隆重纪念中国共产党建党95周年。县几个班子领导王成山、王珏、杨勇、董光林、孔祥宁、史法勇、陈飚、陈岭、张华贵、王永明、金义平及各镇党委书记、县直各单位党组（党委）书记，县直机关各总支、支部书记、正科级事业单位主要负责人等参加会议。

7月

1日　2016年是中国共产党成立95周年。上午10时，中共中央在人民大会堂隆重举行庆祝中国共产党成立95周年大会，回顾中国共产党团结带领中国人民不懈奋斗的光辉历程，展望党和人民事业发展的光明前景，表彰全国优秀共产党员、优秀党务工作者、先进基层党组织，动员全党全国各族人民更加充满信心朝着实现全面建成小康社会奋斗目标、实现中华民族伟大复兴的中国梦胜利前进。中共中央总书记、国家主席、中央军委主席习近平出席大会并发表重要讲话。全椒县组织各级党员干部通过电视、广播、网络等多种渠道,收听收看大会现场直播。县委书记王成山,县委副书记、县长王珏,县人大主任杨勇,县政协主席董光林,县委副书记孔祥宁等县领导分别在所属各党组与广大党员干部共同收看大会盛况。

同日 县委副书记、县长王珏在县政府三楼会议室主持召开县政府常务会议,讨论研究农业“三项补贴”改革、国有林场改革方案等事项。县政府副县长、县政府办公室主任出席会议。县人大、县政协、县人武部负责人应邀出席会议;县政府办公室副主任、县监察局局长、县法治办主任、议题相关单位负责人等列席会议。

2日 市委书记李明到全椒县检查指导防汛工作时,要求全椒县克服麻痹思想,立足防大汛、抗大洪,加强汛情监测,落实包保责任,加强巡堤查险除险,做细做实突发情况的应急处置等各项防汛工作,切实保障人民群众生命财产的安全。市委常委、副市长汪建中,县委书记王成山,县委副书记、县长王珏,县委常委、政法委书记、副县长曹宏华,县政协副主席赵丛祥参加检查。

3日 县委副书记、县长王珏主持召开防汛抗旱指挥部会议,专题部署地质灾害防范工作。县委副书记孔祥宁,县委常委、政法委书记、副县长曹宏华出席会议,马厂镇、石沛镇及县国土房产、民政、公安等相关部门负责人参加会议。县委副书记、县长王珏在会上要求,各相关镇、相关部门要密切关注、严格防范地质灾害的发生,要按照预案要求,切实履行职责,扎实做好地质灾害应对处置各项工作。要做到重视到位。各镇、各部门要高度重视,迅速传达本次会议精神;宣传到位。包保镇村组的干部,要做好地质灾害防范宣传工作。各镇要再摸排灾害隐患点,国土部门要给予技术支持;防范到位。相关镇要加强值班、值守和巡查工作,做到责任到人,工作留有痕迹;处置到位。一旦出现情况要第一时间向上级报告同时按预案处置到位,保证人民生命财产安全;督察到位。纪检监察部门和效能办要做好督察工作;报告到位。县应急办牵头,国土等相关部门配合,一量发生地质灾害灾情、险情,立即按规定做好地质灾害上报等工作。县委副书记孔祥宁,县委常委、政法委书记、副县长曹宏华也在会上就相关工作进行部署,要求各部门要密切关注近期的雨情,注意台风天气,加大地质灾害点的监测,对发现的地质灾害隐患处,要及时转移人员,提前处置到位。

同日 由长江委设计院副院长仲志余带队的国家防汛抗旱总指挥部办公室工作组,深入全椒县滁州襄河口闸、荒草圩等防汛一线,现场检查指导全椒县防汛工作。县防指指挥长王珏、常务副指挥长曹宏华及市县水利部门负责人参加检查。国家防总工作组详细了解全椒县各项防汛准备工作,给予充分肯定,并对下一步工作提出具体要求:要求全椒县继续保持警惕、丝毫不能松懈,严格落实防汛应急预案体系,密切关注雨情、水情变化,把各项防汛措施进一步落到实处,确保安全度汛;同时要继续做好荒草二、三圩蓄洪区启用各项准备工作。

5日 市长张祥安深入全椒县滁河流域、城市防洪工程和部分中小型水库现场,考察指导防汛工作,并亲切看望慰问坚守防汛一线的干部群众。市委常委、副市长汪建中以及县领导王成山、王珏、杨勇、孔祥宁等参加。

同日 县委副书记、县长王珏在县防指主持召开指挥部工作会议。县委常委、政法委书记、副县长曹宏华以及县防指各工作组负责人参加会议。会议传达5日上午市长张祥安在全椒检查指导防汛工作时提出的要求;县防指各工作组结合各组职责分工分别汇报前一阶段防汛工作开展情况、存在问题以及下一步重点工作。王珏在会上要求,县防指及全县各级各部门要继续保持高度紧张状态,众志成城,全力投入到防汛工作中;要倾力尽责,按照应急响应要求履职到位;要坚持属地管理,死看硬守,确保人民群众生命安全;要加强宣传,发现典型,多角度宣传防汛工作正能量;要及时报告,实事求是上报受灾情况;要严肃纪律,确保取得2016年防汛抗洪全面胜利。

6日 副省长谢广祥等一行到全椒县荒草二圩、三圩、黄栗树水库、襄河口闸、襄河排涝站查看堤防、水情等情况,听取相关情况汇报,看望慰问奋战一线的防汛工作人员，对全椒县防汛工作给予充分肯定，希望全椒县要科学调度，加强全局防守，严格落实责任，做好群众安置转移以及防大汛抗大洪准备，确保人民群众生命财产安全。市、县有关领导张祥安、许继伟、汪建中、焦义朝、王成山、王珏、杨勇、孔祥宁等参加检查指导。

6日　安徽省高级人民法院副院长徐致平、省高院机关党委专职副书记杨佳华一行5人，在滁州中院党组书记、院长陈严法、中院党组成员、纪检组长李增伟、全椒县委常委、政法委书记、副县长曹宏华的陪同下，到全椒法院开展专项政治巡查。巡查组一行首先考察全椒法院的诉讼服务大厅、远程接访室、科技法庭、诉调对接中心等，随后与全椒法院领导班子进行座谈。座谈会由滁州中院院长陈严法主持。座谈会上，徐致平副院长就本次专项巡查的重要意义、巡查内容、工作方式、工作纪律作简要动员，要求全椒法院要把思想和行动统一到省高院党组的决策和部署上来，坚持客观公正的态度认真查找问题、分析原因、有效整改，确保司法巡查工作扎实有效开展。

5—8日　由全国友协主办、市政府和省友协承办的2016美大地区友好论坛在滁州市举行。7日，来自美国、澳大利亚、新西兰、瓦努阿图、汤加等12个国家、60余位国际机构的政要、专家、国际友好组织和友城代表的与会人员，到全椒县考察访问。县委常委、政法委书记、副县长曹宏华等参加考察访问。

7日　省水利厅副厅长王广满一行到全椒县督察指导防汛工作，县委副书记、县长王珏及县水利局主要负责人参加检查。在全椒县期间，王广满一行先后到襄河闸、荒草二、三圩、襄河口闸，实地察看水情汛情，并听取全椒县防汛工作情况汇报。

同日　全椒县义务教育均衡发展工作推进会在椒陵会堂召开，县委常委、副县长陈飚出席会议，全县义务教育阶段中小学校长、责任区督学和局机关全体工作人员参加会议。

12日　全县“扫黄打非”工作半年总结会暨全省“扫黄打非”现场会协调部署会在县委宣传部会议室召开。会议总结上半年全县“扫黄打非”工作，传达市委关于2016全市“扫黄打非”重点工作任务方案，部署全省“扫黄打非”案件办理现场会工作。县委常委、宣传部部长张华贵出席会议并讲话，县“扫黄打非”领导小组常务副组长、县委宣传部副部长胡玉屏主持会议。

同日　晚7时许，县委书记王成山主持召开民生工程紧急调度会，通报上半年民生工程进展以及存在的问题，县国土、规建、交通、水利等6个单位就各自的民生工程情况作发言。县领导王珏、孔祥宁、史法勇、陈飚、陈岭、张华贵、曹宏华、金义平、沈文琪、宣宁宁等出席会议。会上，王成山对6个单位的发言作点评，并就如何做好民生工程提出具体要求。王成山在会上指出，就刚才通报的情况来看，一些民生工程在推进谋划等方面确实存在一些问题，将直接影响2016年民生工程任务的完成以及全年目标任务的实现。关于如何进一步做好2016年的民生工程，王成山要求：增强政治责任和纪律意识。必须完成民生工程任务；要增强争先拼搏意识，要有冲起来的气势，拼着干的精神，干快干好的实招；要提升工作执行能力和工作水平；要强化监督问责，坚决反对不作为，慢作为，反对推诿扯皮，反对懈怠，反对抓而不牢，抓而不实。要强化民生工程的乡镇党委政府的责任。真正把民生工程办成德政工程、民心工程。

18日　县政协主席董光林主持召开县政协九届三十一次主席会议。县政协副主席赵丛祥、朱华丽、苏守复、张华、姚本山，秘书长李敬出席会议。县委统战部负责人、县政协委办负责人列席会议。会议审议通过有关人事任免事项；协商讨论县政协社会法治委《关于推进城北新城深度发展谋划对接南京江北新区的调研报告》、文史委《关于全县宗教工作的视察报告》；审议通过《县政协九届二十七次常委会议程》，会议决定县政协九届二十七次常委会议于7月29日上午在会议中心召开。

22日　全椒县在政务中心五号会议室召开县政府安委会第三次全体会议，传达国家、省、市安全生产相关会议精神，总结全县上半年全县安全生产工作，分析当前安全生产形势和存在问题，安排部署下一阶段工作。县委副书记、县长、县安委会主任王珏，县安委会各位副主任，县政府安委会全体组成人员参加会议。副县长沈文琪主持会议。

同日　全椒县委非公工委

（扩大）会议召开，会议总结2016年上半年全县非公企业和社会组织党建工作目标管理任务分解及完成情况，对下半年全县非公党建工作重点任务进行部署。县委常委、组织部部长、统战部部长陈岭出席并讲话，县委组织部副部长、县委非公工委书记周宗金主持会议，县委非公工委副书记、委员，各镇组织委员和全椒经济开发区分管负责人参加。

26日　县人大常委会党组书记、主任杨勇在县人大会议室主持召开县十五届人大常委会第四十五次会议。县人大常委会党组副书记、副主任王万贵、季奎，县人大常委会副主任王晓平、童志全以及县人大常委会各位常委出席会议。县委常委、常务副县长杨光以及县人民法院院长朱有亮，县人民检察院检察长喻尊晏，县人大常委会各委、室负责人，县政府办公室负责人，各镇人大负责人等列席会议。会议听取和审议“一府两院”关于2016年上半年工作情况和下半年工作安排的报告；听取和审议2015年度预算执行情况和其他财政收支审计情况报告；听取和审议2015年度财政决算和2016年上半年财政预算执行情况报告；听取和审议打击和防范毒品危害专项工作报告；听取和审议全椒县医疗卫生体制改革工作报告；听取和审议2016年度城市建设重点项目计划执行情况报告；审议通过《全椒县人大常委会关于开展第七个五年法治宣传教育决议（草案）》；听取和审议关于全椒县2016年改善农村人居环境项目政府购买服务资金分年度列入财政预算的议案；听取和审议关于全椒县化肥厂等4个地块城中村棚户区改造项目政府购买服务分年度列入财政预算的议案。

29日　县政协九届二十七次常委会议在会议中心召开。县政协主席董光林出席会议并讲话，县政协党组副书记、副主席赵丛祥，副主席朱华丽、苏守复、张华、姚本山，秘书长李敬以及县政协常委参加会议。县委副书记孔祥宁，县委常委、常务副县长政府杨光应邀出席会议。县政协党组副书记、副主席赵丛祥主持会议。会议听取县政府关于全县经济社会发展情况的通报；听取县法院、检察院上半年工作情况的通报；听取县政协社会法治委关于推进城北新城深度发展谋划对接南京江北新区调研情况的汇报；听取县政协经济委关于农产品批发市场使用调研情况的汇报；听取县政协文史委关于宗教工作视察情况的汇报；审议通过有关人事任命事项。

29日　省工商联副主席纪劲松一行到全椒调研《安徽省人民政府关于公布安徽省省级涉企收费清单的通知》贯彻落实情况，市工商联党组书记庆德超、县政府副县长沈文琪以及全椒县工商联负责人等参加调研。

该月全椒县地方志工作喜讯频传。由全椒县人民政府主办、全椒县地方志办公室编纂的2014年《全椒年鉴》荣获全国县区级综合年鉴三等奖；由全椒县档案局地方志办公室编纂的《全椒县志》荣获全省市、县（市、区）志三等奖。

8月

1日　全市供给侧结构性改革电视电话会议召开，会议深入贯彻落实习近平总书记视察安徽重要讲话，认真贯彻全省供给侧结构性改革暨国资国企改革工作会议精神，就全市供给侧结构性改革工作进行部署。市委书记李明出席会议并讲话。他强调，全市上下要紧密团结在以习近平同志为核心的党中央周围，在省委、省政府的坚强领导下，解放思想、真抓实干，坚决打赢供给侧结构性改革这场硬仗，奋力推动滁州更快更好更美发展，为冲刺总量全省第三、加快建设环滁皆美家园做出新的更大贡献。市长张祥安主持会议。县领导王成山、王珏、孔祥宁、杨光、王晓平、张华以及相关部门负责人在全椒县分会场收听收看。

2日　县委副书记、县长王珏就在建和竣工未验收安置房建设工作进行调研，县委常委、副县长金义平，副县长阚绪瑞及县重点局、规建局、国土房产局、安监局、消防大队等相关部门负责人参加调研。王珏一行先后到在建安置房画荷苑、儒学苑、屏山苑，竣工未验收安置房广源安置小区、千佛庵安置小区、陈勾安置小区、丰乐园，仔细查看项目建设合同、监理日志、施工效果图，听取相关情况的汇报，仔细询问工程进展情况和存在问题。

同日　省人大常委会副主任梁卫国率考察调研组一行到全椒县，开展《中华人民共和国促进科技成果转化法》执法检查和

《安徽省公共文化服务保障条例》立法调研。市人大常委会副主任朱云霞，副市长金力，县委书记王成山，县人大常委会党组书记、主任杨勇，县委常委、副县长陈飚，县人大常委会副主任王晓平等参加调研。

同日　全椒县2015年度综合考核结果反馈会召开，市委第三考核组向全椒县反馈2015年度全椒县领导班子和市管干部综合考核情况。市委组织部副部长吕祖碧出席会议。县委书记王成山主持会议并做重要讲话，王珏、杨勇、董光林、孔祥宁、杨光、史法勇、陈飚、陈岭、张华贵、曹宏华、金义平等县几大班子领导等参加会议。

3日　县政协主席董光林主持召开县政协九届三十二次主席会议。县政协副主席赵从祥、朱华丽、苏守复、张华、姚本山，秘书长李敬出席会议。县政协委办负责人列席会议。会议协商讨论县政协提案委《关于镇政府及原乡镇所在地环境整治情况视察报告》、科教文体委《关于全县民营医院发展情况调研报告》；审议通过《中共政协全椒县委员会党组工作规则》。

同日　以省政府副秘书长汪莹纯为组长的省委、省政府督察组到全椒县就习近平总书记视察安徽重要讲话精神贯彻落实情况进行督察。市领导朱诚、杨东坡，县领导王成山、王珏、孔祥宁、杨光、陈岭以及全椒县有关单位主要负责人参加督察活动。

3—5日　由中国出版协会主办、安徽年鉴研究会承办、合肥通鉴文化传播有限公司协办的第十六期全国年鉴编纂高级研讨班在全椒县召开。中国出版协会年鉴工委会会长许家康、常务副会长王守亚等，以及来自全国各会员单位年鉴编辑部负责人、资深编辑，部分新创编年鉴（非会员单位）主编，各省市年鉴界、地方志办公室代表二百多人参加会议。全椒县委、全椒县政府高度重视，精心部署，确保这次会议的顺利进行。

4日　县委副书记、县长王珏主持召开县政府常务会议，县政府各位副县长及县政府办公室主任出席会议，县人大、县政协、县人武部相关负责同志参加会议，县政府办公室副主任，县监察局、法治办以及议题相关单位负责人列席会议。会议原则通过县国土房产局关于《全椒县城市规划区国有土地棚户区改造货币化安置暂行办法》《全椒县城市规划区国有土地棚户区改造房屋征收补偿方案》的汇报。会上，与会人员就征收范围房屋产权确认、补偿安置方式与标准、特殊人群的住房保障等进行专题讨论。

5日　县委、县政府组织对全县美丽乡村、现代农业、产业扶贫、农村人居环境整治、卫生院建设等农业农村重点工作进行现场观摩。王成山、王珏、杨勇、孔祥宁、杨光、陈飚、陈岭、曹宏华、金义平等县几个班子领导以及各镇党政主要负责人、县直相关部门主要负责人参加观摩活动。

同日晚　全椒县政务中心广场人头攒动，热闹非凡，由中共全椒县委宣传部、全椒县文明办主办，县文广新局、中共全椒县委讲师组、县文化传媒演艺公司协办，部分省市级文明单位和县直承办的2016年全椒县践行“两学一做”暨创建省级文明县夏季广场纳凉晚会在此正式拉开帷幕。据悉，2016年广场纳凉晚会将在政务中心广场、太平文化广场、奥康商业步行街、江海新城市广场等地共举办20场。旨在宣传全椒县“两学一做”学习教育活动成果，积极践行“两学一做”和弘扬社会主义核心价值观，让群众在观赏演出的同时，感受文明新风尚，进一步推进精神文明建设。

6日　2016年全椒县马厂镇首届葡萄采摘旅游节正式开幕，县委副书记孔祥宁，县委常委、副县长陈飚，副县长宣宁宁以及县委宣传部、县文明办、县旅游局、马厂镇相关单位负责人，颐高集团、滁州颐高电子商务产业园、马厂君杰庄园等相关企业负责人出席开幕式。马厂镇镇长李大龙主持开幕式。

同日　全椒县2016年开放型经济工作会议召开，县委常委、副县长陈飚出席会议，各镇、县直单位、开发区管委会分管负责人、各外贸实绩企业负责人、已办理外贸自营进出口经营权的企业负责人参加会议。

9日　县长王珏在县政府三楼会议室主持召开县政府常务会议，常务副县长杨光，副县长陈飚、曹宏华、金义平、沈文琪、胡刚、宣宁宁、阚绪瑞及县政府办公室主任关敬文出席会议，县人大副主任王晓平、县政协副主席赵从祥及县人武部部长王庆应邀出席会议，县政府办公室各位副主任、县法治办主任、县监察局有关负责人以及议题涉及相关单位负责人列席会议。会议讨论并原则通过县民政局关于《全椒县临时救助实施办法》的汇报。会议讨论并原则通过县经信委关于《全椒县降低工业企业运行成本促进供给侧结构性改革实施意见》的汇报。会议还原则通过县城基公司关于《全椒县产业投资基金暂行管理办法》《“农业融资风险基金”设立方案》《全椒县银行业金融机构支持地方经济发展考核激励办法》等议题。

10 日　县政府召开动员会，全面启动烟花爆竹经营市场清理整治工作。县烟花爆竹经营市场清理整治工作领导小组成员、县直有关单位包保责任人、各镇镇长及分管负责人、襄河镇各社区包保负责人参加会议。县委常委、常务副县长杨光主持会议，副县长沈文琪在会上作动员讲话。

同日　全椒县召开旅游发展专题会议，研究全县旅游业发展工作，县领导王成山、王珏、杨勇、孔祥宁、杨光、陈飚、曹宏华、赵丛祥出席会议。

11 日　到滁州调研城乡绿色发展工作的省政协副主席牛立文一行到全椒县十字镇华林新村，实地察看新村建设情况。市政协主席何希勇，县领导王成山、董光林、曹宏华、赵丛祥等参加调研。

同日　全县计划生育工作调度约谈会在十字镇政府会议室召开，会议进一步分析当前计生工作面临的严峻形势，认真梳理查摆存在的突出问题，全力补缺补差，奋力加压冲刺，打好 2016 年计生工作“翻身仗”。县委副书记、县长王珏，县委副书记孔祥宁，县委常委、县委政法委书记、副县长曹宏华出席会议，县政府办、公安局、人民法院、人民检察院分管负责人，县监察局、效能办、县卫计委主要负责人，各镇党委书记、分管镇长、卫计办主任、计生服务所所长参加会议。

16 日　人民日报社《人民论坛》杂志社一行在中央党校博士生导师甄小英的带领下到全椒调研，县委常委、宣传部部长张华贵，县委常委、政法委书记、副县长曹宏华以及市、县美丽办负责人陪同调研。

同日　省委党校副校长邓玉明带领省委党校暑期督察组一行 6 人，在市委党校常务副校长王跃、副校长姜小平等人的陪同下，冒着高温酷暑到全椒县委党校，对党校中专体制建设等工作开展督察。县委副书记孔祥宁，县委常委、组织部长陈岭，县委党校常务副校长周宗金等参加督察。

17 日　市政协调研组一行到全椒县就如何促进房地产健康发展进行专题调研。县政协主席董光林，副县长阚绪瑞，县政协党组副书记、副主席赵丛祥等参加调研活动。

18 日　根据县委、县政府 2016 年“十大为民办实事”工作部署，全椒县城乡规划建设部门牵头，中铁合肥建筑市政工程设计院设计的《南屏山文体公园(市民健身中心)规划方案》通过专家评审。南屏山文体公园位于全椒县南屏山森林公园南大门(原县看守所旧址)，总体规划面积 34754 平方米，景观总面积 31440 平方米，公园设计结合海绵城市理念，建设生态体系下的绿色公园，兼顾全龄化运动场地，打造城市文脉，体现地域文化城市特色。新建的文体公园包含雕塑公园、体育馆、镂空景墙、儿童篮球场、儿童乐园、健身跑道、篮球场等，工程投资造价约 1000 万。南屏山文体公园方案正在完善中，10 月开工建设，届时广大市民将多一个健身游玩休息的好去处。

19 日　国家级光刻胶工程实验室及产业化基地建设项目在十谭产业园举行奠基仪式，县领导王珏、沈文琪以及项目投资单位，县直有关部门负责人等参加奠基仪式。该项目由北京华微电子材料有限公司投资建设。该公司是集光刻胶研发、生产、检测、销售于一体的中外合资企业，同时也是中国第一个在光刻胶领域拥有自主知识产权的高新技术企业。该项目也是国家“极大规模集成电路制造装备及成套工艺”重大专项之一，总投资 5 亿元，占地 50 亩，项目建成后可实现年产值 3 亿元，年缴税收 3000 万元。

24 日　县总工会开展第十九届“金秋助学”活动资助仪式，72 名来自家庭贫困、品学兼优的学生，每人获得 4000 元的助学金。县委副书记孔祥宁参加活动。

同日　2016 年发展中国家农村医疗卫生保障官员研修班一行，到全椒对农村医疗卫生保障工作进行访问。市卫计委主任张文金，县委常委、政法委书记、副县长曹宏华以及县卫计委主要负责人等参加访问活动。研修班一行主要来自塞拉利昂、津巴布韦、马拉维、埃塞俄比亚、乌干达、赞比亚、蒙古、加纳、尼泊尔、缅甸、巴拿马、多米尼克12个国家。

25日　省政府法治办党组成员、副主任张敏，省政府法治办依法行政指导处处长张金潮，省政府法治办依法行政指导处副处长吴险峰一行，在市政府法治办主任章勤惠的陪同下到全椒县调研依法行政工作开展情况，县委常委、副县长陈飚，县政府办、法治办及相关部门负责人参加调研。

同日　以市政府副秘书长胡明英为组长的市委、市政府督察组一行，到全椒县对贯彻执行中央“八项规定”情况进行督察。县委副书记孔祥宁，县委常委、县纪委书记史法勇以及县委办主任陈劲松等参加督察活动。

同日　市委常委、组织部长张东明到全椒县调研指导基层党建及选派工作。县委书记王成山，县委副书记孔祥宁，县委常委、组织部长陈岭等参加调研。调研座谈中，王成山介绍全椒县近年来经济社会发展和党建情况，陈岭汇报全椒县组织工作开展情况。

同日　《全椒县城市规划区国有土地棚户区改造货币化安置暂行办法》已正式实施，全椒“房产超市”也开始试运营，让棚改征迁户足不出户就能实现看房、选房、洽谈、网签、银行结算等一站式服务，助推棚改工作顺利实施。棚户区改造，属政府民生工程，对改善住房困难家庭居住条件，化解房产库存，促进房地产市场平稳运行，实现经济稳定增长，起到重要作用。

26日　滁州市食品安全民生工程工作推进会在全椒召开。滁州市食药监管局副局长朱寰，全椒县副县长宣宁宁，市局食品流通科负责同志，各县、市、区局分管食品安全民生工程的局领导、相关股室负责人和部分食药监管所的所长以及全椒县民生办负责人、全椒县快检室代表共70余人参加会议。

30日　董光林主席主持召开县政协九届三十三次主席会议。县政协副主席赵丛祥、朱华丽、苏守复、张华，秘书长李敬出席会议，县政协委办负责人列席会议。会议协商讨论县政协经济委《关于全县招商引资工作情况的调研报告》、民族宗教和港澳台侨委《关于全县保障性住房建设管理使用情况的调研报告》；审议通过《县政协九届二十七次常委会议程》，会议审议通过有关人事任免事项。

31日　县委副书记、县长王珏在县政务中心会议室会见徽商银行总行公司部经理吴耘一行，双方就滁马全椒连接线PPP项目初步方案进行深入地交流座谈。县委常委、副县长陈飚等参加交流座谈会。S326滁马高速全椒出口连接线工程建设在即，县委、县政府创新思路，将采取“PPP”模式进行工程建设。“PPP”模式，即政府和社会资本合作，是公共基础设施中的一种项目融资模式。作为金融服务商的徽商银行，积极参与该项目建设。

同日　由全柴动力、雷沃动力、天津内燃机研究所、清华大学等15家企业及科研院所联合承担的国家重点研发计划“新型节能环保农用发动机开发”项目启动会在全柴顺利召开。项目各课题研究单位的计划、财务和研究任务负责人等56人参加此次会议。

31日—9月1日　安徽省环保厅组成验收组，对全椒县农村环境连片综合整治项目进行验收。验收组考察赵店村污水处理厂、非规模化养猪场污染治理工程等项目现场，并认真审查该项目审计报告、技术报告等有关文件资料，经过充分讨论，验收组认为全椒县对项目实施领导重视，措施得力，质量达标，项目区环境得到明显改善，检查组成员一致同意通过验收，同时希望认真做好扫尾工作，进一步完善相关资料，加强后续管理，确保相关设施正常运转。

9月

2日　县委、县政府召开化肥厂地块棚户区改造房屋征收工作启动培训会，县委副书记、县长王珏，县委常委、副县长金义平，副县长阚绪瑞出席会议。化肥厂地块棚户区改造房屋征收工作领导小组全体成员，各工作组成员参加会议。会议由金义平主持。随着经济社会和新型城镇化建设的发展，加快对城市棚户区和城中村改造，已为广大群众所期盼，全椒县已将棚户区改造确定为民生工程之一，2016年共涉及居民688户，其中化肥厂地块涉及390户，房屋建筑面积约3.8万平方米。为做好征收相关工作,全椒县成立化肥厂地块棚户区改造房屋征收工作领导小组,下设领导小组办公室和房屋测绘、认证、审核等7个专项工作组,同时抽调36个单位人员成立36个房屋征收工作组。

同日 县委副书记、县长王珏在县政府三楼会议室主持召开县政府常务会议。县委常委、常务副县长杨光,县委常委、副县长陈飚、金义平,副县长沈文琪、胡刚、宣宁宁、阚绪瑞,县政府办主任关敬文出席会议,县人大常委会副主任王晓平、县政协副主席赵丛祥等应邀出席会议。会议讨论并原则通过县发改委《关于调整城市客运出租车运价的情况汇报》。据了解,全县出租车运价将取消执行的每车次加收1元的临时燃料附加费,起步基价每2千米3元调整为5元,车千米租价1.5元/千米,夜间起步基价加价1元,即每2千米5元调整为6元,夜间时间为晚上10点至次日凌晨5点。会议原则通过县审计局《全椒县政府投资建设项目审计监督暂行办法》。会议原则通过县市场监督管理局《关于实施保护性商标注册相关建议的情况汇报》。会议还讨论通过《关于征集2016年度规范性文件制定计划的情况汇报》等议题。

同日 县政府召开专题会议,动员部署秋季秸秆禁烧工作。会议由县委常委、政法委书记、副县长曹宏华主持,各镇主要负责人和县直包保单位负责人参加会议。

5日 县委召开贯彻落实中央"八项规定"精神督察工作会议,安排部署对全县各镇、各单位贯彻落实中央"八项规定"精神情况开展再督察。县委副书记孔祥宁,县委常委、常务副县长杨光,县委常委、县纪委书记史法勇等参加会议。

6日 省政务公开办副主任、政务服务中心主任郑训练到全椒县调研政务公开政务服务工作,开展"四进四服务"活动,并主持召开安徽省东南片区政务公开政务服务工作座谈会。滁州市政务服务中心(政务公开办)主任张显忠,副主任王莉、鲁凯,全椒县委常委、副县长陈飚等参加调研。

8日 全椒县召开全县社会组织党的建设工作会议。县教体局、司法局、民政局、交通局、卫计委、财政局、市场管理局、工商联、襄河镇、十字镇等单位分管负责同志及业务科室负责同志参加会议。县委常委、组织部部长、统战部部长陈岭,组织部副部长周宗金出席会议。会上宣读《关于开展集中推进非公企业和社会组织党的组织和工作覆盖专项行动实施方案》。参会人员就社会组织党的建设交流工作经验,积极研究思路举措。

9日 大墅产业新城规划建设汇报会召开,县委书记王成山出席会议,要求大墅镇认真做好总规,甩开膀子,拉开架式,充满信心做好产业新城规划建设,全县各相关部门以及涉及镇要全力配合、鼎力支持,举全县之力全面推进大墅产业新城各项建设。县人大常委会主任杨勇,县委常委、组织部长陈岭,县委常委、副县长、古河镇党委书记金义平以及相关镇、相关部门负责人等参加会议。

同日 滁州市浙江商会代表大会暨招商引资推介会在全椒县儒林外史大酒店召开,市委副书记、市长张祥安,市人大常委会党组副书记、副主任王图强,省工商联秘书长李俊波,副市长杨东坡,市政协副主席、市工商联主席查镜波,县委书记王成山以及浙江商会主要负责人和成员出席会议。

12日 县人大常委会主任杨勇在县人大常委会议室主持召开十五届人大常委会第四十六次会议,听取和审议"调转促"推进工作、城市管理网格化工作和社会治安综合治理工作情况3个专项工作报告,听取和审议县人民检察院、市监局、环保局以及交通局4个部门专项工作评议整改情况报告,并进行满意度测评。县人大常委会党组副书记、副主任季奎,县人大常委会副主任王晓平、童志全以及各位县人大常委会委员等出席会议。县委常委、常务副县长杨光以及县人民法院院长朱有亮,县人民检察院检察长喻尊晏,县人大常委会各委、室负责人,县政府办公室负责人,各镇人大负责人等列席会议。会议对县人民检察院、市监局、环保局和交通局专项工作评议进行满意度测评,均为满意;会议补选杨勇、王珏为市五届人大代表;因工作需要,会议决定免去曹宏华、金义平的县人民政府副县长的职务。

同日 全椒县召开水和大气污染防治工作调度会,县委副书记、县长王珏,县委常委、政法委书记、副县长曹宏华,副县长沈文琪及县直相关单位、各镇主要负责人,黄栗树水库、三湾水库、马厂水库、赵店水库、黄栗树林场主要负责人,黄栗树水库周边行政村党总支书记参加会议。会议观看专题片《斩断污染"大水缸"的黑手》,听取全县水和大气污染防治工作情况的通报,相关单位作表态发言。王珏强调,要坚定必胜信心,合力攻坚克难,以"三严三实"的要求坚决打赢水和大气污染防治工作攻坚战,全面拆除黄栗树水库库区的"钓鱼房"和"钓鱼台",全面清理水面养殖,加大对畜禽养殖业的污染防治,强化工业污染源的监管,高度重视农业面源污染防治,同时也要在扬尘、尾气、燃煤锅炉、油气油烟、秸秆禁烧、工业大气方面下功夫。县委常委、政法委书记、副县长曹宏华就水源保护工作进行安排部署;副县长沈文琪就进一步做好水和大气污染防治工作提出明确要求。

13日　市人大常委会副主任沈中林率市人大调研组一行到全椒就县乡人大换届选举工作进行调研。县人大常委会主任杨勇,县人大常委会党组副书记、副主任季奎等参加调研活动。

同日晚　全椒县太平文化广场人头攒动,彩灯闪烁,一派热闹欢腾景象。由全椒县文明委、中共全椒县委宣传部主办,全椒县网宣办、全椒县文明办、全椒华府骏苑承办,全椒县文广新局、中共全椒县委讲师组、全椒县文联、县文化馆、县图书馆协办的2016年全椒创建文明县暨"美好全椒"2周年纳凉晚会精彩上演。县领导孔祥宁、陈飚、张华贵、张华,县委宣传部、全椒华府骏苑、县文广新局、县电视台、县文联等相关负责人与现场千余名观众共同观看晚会。

17日　县委副书记、县长王珏,县委常委、古河镇党委书记金义平带领县文明办、效能办、执法、商务、交通、规建、市场监管、襄河镇、公安、国土房产等部门主要负责人,重点对县汽车站、火车站、南屏农贸市场、县医院、城南社区等地的环境卫生情况进行现场督察、现场办公,要求各包保单位高度重视,履职履责,众志成城,争创省文明县(县城)。

18日　县委召开全县"两学一做"学习教育工作推进会,深入学习贯彻习总书记系列重要讲话精神,认真落实全市相关会议精神,总结前一阶段工作情况,分析存的问题,安排部署下一阶段工作,把全县"两学一做"学习教育工作引向深入。县委书记王成山,县委副书记孔祥宁,县委常委、县纪委书记史法勇,县委常委、组织部长陈岭,县政协副主席姚本山以及各镇党委书记、相关部门主要负责人等参加会议。孔祥宁主持会议。

9月19日下午,全椒县在县政务中心五号会议室召开全县扶贫攻坚暨计划生育工作推进会。县委副书记孔祥宁,县委常委、政法委书记曹宏华出席会议。关于扶贫工作,孔祥宁指出脱贫攻坚是当前最首要的政治任务、最重要的中心工作,各镇、单位要做好在人、财、物等方面做好保障,集中时间和精力完成县扶贫办交办的各项任务。驻村工作队和所有帮扶责任人要进村入户开展工作。关于计生工作,孔祥宁强调:一要高度重视,加强领导。要进一步提高思想认识,切实担负职责,增强工作责任感和紧迫感,毫不松懈抓好计生工作。要加强工作领导,正视存在问题,坚定工作信心,健全各项机制,坚决做到思想认识不松、基本政策不变、工作力度不减,打好计生工作"翻身仗"。二要突出重点,狠抓落实。各镇、各有关单位针对工作中存在的问题,认真对照年度考核工作方案标找差距,并采取行之有效的办法,做好查漏补缺工作。三要明确责任,强化督察考评。要继续坚持党政一把手亲自抓、负总责,县卫生计生委要充分发挥职能作用,做好指导、协调、服务工作,确保完成2016年计划生育工作目标任务,为促进全县卫生计生工作再上新台阶营造良好的环境。

同日　县委副书记、县长王珏主持召开县政府常务会,县委常委、常务副县长杨光,县委常委、副县长陈飚、副县长沈文琪、胡刚,县政府办公室主任关敬文出席会议,县委常委、古河镇党委书记金义平,县人大副主任童志全、县政协副主席赵丛祥,县人武部长王庆应邀出席会议。会议讨论并通过县教体局《关于全椒县2016—2018年教育布局调整规划的情况汇报》。会议讨论并通过县政务服务中心《关于规范行政审批行为改进行政审批工作的情况汇报》。会议讨论并原则通过县交通局《关于城乡公交一体化工作暨三个工业园区公交运行改进方案》。会议还讨论并通过县财政局关于《全椒县企业城镇土地使用税财政奖励政策(暂行)》的汇报。

同日 “创新放飞梦想,科技引领未来”为主题的全椒县2016年全国科普日主场活动启动仪式在县政务广场举行。滁州市科协主席张家水,县人大主任杨勇,县政协主席董光林,县委副书记孔祥宁,县委常委、副县长陈飚,副县长胡刚,政协副主席赵从祥以及县科普暨全民科学素质工作领导小组成员单位主要负责人等出席活动。

21日 全县非公企业和社会组织党组织书记暨党建工作指导员培训班在县委党校正式开班。县委组织部副部长、县委非公工委书记周宗金主出席开班动员会并讲话。全县369名非公党组织书记和党建指导员参加会议。

23日 县委书记王成山在县政务中心会议室主持召开县委常委扩大会暨县委理论中心组学习,传达学习贯彻市第六次党代会精神。县领导王珏、杨勇、孔祥宁、杨光、史法勇、陈飚、陈岭、张华贵、王永明、曹宏华、金义平等参加会议。县人大常委会副主任、县政府副县长、县政协副主席、县公安局局长、县人民法院院长、县人民检察院检察长以及县直单位主要负责人、正科级事业单位领导等列席会议。会上,王成山传达学习市第六次党代会精神;听取和讨论县委办关于《全椒县贯彻落实市第六次党代会精神总体安排方案》情况汇报;听取县委副书记孔祥宁关于文明创建工作情况通报以及下一步工作安排。与会的各位县委常委分别就《全椒县贯彻落实市第六次党代会精神总体安排方案》提出意见和建议。

26日 全国地方公务用车制度改革现场会的与会人员在国家发改委体改司司长徐善长带领下到全椒县观摩公车改革及公车管理平台建设工作。市委常委、常务副市长朱诚,县委书记王成山,县委副书记、县长王珏,县委常委、常务副县长杨光,县政府副县长宣宁宁参加观摩活动。观摩中,徐善长一行实地察看全椒县公务用车管理服务中心调度室、监控室,详细了解公车管理制度以及公车改革后应急、调研等用车申请、审核、调度使用流程,现场调取外出运行车辆行车记录、观看车辆管理服务平台操作演示,并深入县委、县政府大院停车场实地查看公车停放情况,对全椒县公务用车制度改革工作表示充分肯定。

27日 市水利局局长郑田生一行到全椒县检查指导水功能区水质管理工作。县委副书记孔祥宁,县水利局局陶平等参加检查。

28日 全县人大工作会议召开,会议的主要任务:全面贯彻中共十八大以及中共十八届三中、四中、五中全会和习近平总书记系列重要讲话精神,认真落实中央和省、市、县委关于人大工作和建设的重大决策部署,进一步加强和改进党对人大工作的领导,更好地推动人民代表大会制度和人大工作与时俱进、完善发展,不断开创全椒县人大工作新局面。县领导王成山、王珏、杨勇、孔祥宁、史法勇、陈飚、陈岭出席会议并在主席台就座。县委副书记孔祥宁主持会议。

同日 全县统战工作会议召开。县政协副主席、统战副部长姚本山出席会议并讲话。全椒县委统战部、县工商联、县民政局(民族宗教局)等单位全体干部职工以及各镇统战委员、党外知识分子部分代表、非公经济人士代表出席会议,会议由姚本山主持。

29日 全椒县组织人事干部培训班在县委党校开班。县委副书记、县委党校校长孔祥宁出席开班动员会并讲话。开班仪式由县委常委、组织部部长陈岭主持。县直各单位党组(党委)、各镇党委、县直各部委相关负责同志共200余人参加会议。

同日 董光林主席主持召开县政协九届三十四次主席会议。县政协副主席赵从祥、苏守复、张华、姚本山,秘书长李敬出席会议。县委统战部负责人、县政协委办负责人列席会议。会议协商讨论县政协社会法治委《关于落实五保供养,加强敬老院管理工作调研报告》、人资环委《关于推进矿山整治及环境恢复治理情况调研报告》、民族宗教和港澳台侨委《关于全县侨情的调研报告》;听取县委统战部关于撤销任金刚九届政协委员资格的情况说明;会议决定于9月30日下午在县会议中心召开县政协九届二十八次常委会。

30日 县人大常委会主任杨勇主持召开县十五届人大常委会第四十七次会议,县人大常委会副主任王晓平、童志全及常委会全体委员出席会议。县委常委、常务副县长杨光，县人民法院、县人民检察院及县人大各委、室负责人列席会议。会议听取《关于接受潘崇明辞去滁州市第五届人民代表大会代表职务的情况报告》，并通过投票表决，决定接受潘崇明因涉嫌套取中央投资补助资金辞去滁州市第五届人民代表大会代表职务的请求，并报滁州市人大常委会备案。

同日　县政协第九届委员会第二十八次常委会议在县公共服务中心二号会议室召开，县政协主席董光林，县政协党组副书记、副主席赵丛祥，县政协副主席苏守复、张华，秘书长李敬出席会议。会议进行人事任免，会议同意县政协副主席朱华丽因到达任职年龄界限辞去九届政协副主席职务。县政协主席董光林对朱华丽长期以来认真履职，为推进全椒政协工作和人事政协事业发展所做的重要贡献给予充分的肯定，与会人员以热烈的掌声向朱华丽表示敬意。会议还撤销任金刚的县政协九届委员资格。

同日　全椒县召开全县脱贫攻坚领导小组暨美丽乡村建设会议，进一步贯彻落实省、市有关会议精神，深入推进部署全县脱贫攻坚、美丽乡村建设工作。县委书记王成山主持会议并讲话。县委副书记孔祥宁，县委常委、常务副县长杨光，县委常委、宣传部部长张华贵出席会议。

10月

4日　县政府在政务中心二号会议室召开省环境保护督察工作落实会。县委副书记、县长王珏，副县长沈文琪出席会议，县环保、规建、农委、国土房产、交通、水利、商务、城管执法等部门负责人和各镇镇长参加会议。会议指出省环境保护督察工作的重要性，提出督察工作的具体要求，并对各项工作进行责任明确、任务分解。

8日　全椒县召开计划生育群众满意度提升工作推进会，对前一阶段计划生育工作督察情况进行通报，就相关工作进行部署。县委副书记、县长王珏，县委副书记孔祥宁，县委常委、政法委书记曹宏华出席会议。会议由县委副书记孔祥宁主持。

10日　为期三天的2016年度全椒县宣传文化干部培训班在县委党校开班。县委常委、宣传部长张华贵出席开班仪式并做动员讲话。县委宣传部副部长胡玉屏主持开班仪式。

11日　县委副书记、县长王珏在县政府三楼会议室主持召开县政府常务会议。县委常委、常务副县长杨光，县委常委、副县长陈飚，副县长沈文琪、宣宁宁，县政府办主任关敬文出席会议，县委常委、政法委书记曹宏华，县人大常委会副主任王晓平，县政协副主席赵丛祥等应邀出席会议，县政府办公室各位副主任，县监察局局长，县法治办主任，议题相关单位负责人列席会议。会议讨论并同意县科技局《关于加快高新技术企业发展的情况汇报》。会议讨论并原则同意县人社局《关于全县事业单位专业技术人员岗位等级晋升的情况汇报》。会议讨论并原则同意县财政局《关于对滥发津贴补贴专项整治中存在违规发放津贴补贴进行整改的情况汇报》。会议还听取讨论县城基公司《关于滁来全快速通道全椒段(S326)项目PPP实施方案》的汇报，同意县监察局《关于给予桓祖斌行政撤职处分的情况汇报》。

15日　从省科技厅获悉，全椒县安徽天安新材料有限公司的“高阻燃型环保热塑性弹性体汽车内饰表皮材料的开发与产业化”项目、安徽达诺乳业有限公司的“炼乳生产关键技术研发及产业化”项目、全椒金竹机械制造有限公司的“多层多管分散进风粮食烘干机开发”项目获安徽省科技重大专项立项，各获得省财政补助资金共100万元。

17日　由省人大常委会秘书长朱读稳带队的省人大常委会环保“一法一条例”执法检查组一行到全椒县，就贯彻落实《中华人民共和国环境保护法》和《安徽省环境保护条例》情况开展执法检查。市人大常委会党组书记、主任李耀才，副市长阎中洋，市人大常委会副主任李庆宁，市人大常委会秘书长朱承艺，县委书记王成山，县人大常委会主任杨勇，县委常委、常务副县长杨光，县人大常委会副主任童志全等参加检查。检查组一行实地查看海螺公司粉尘排放治理、石沛镇黄栗树水库水质自动监测站和黄栗树水库大坝、六镇镇农村生活垃圾处理点、六镇镇草庵村污水处理设施、县空气自动监测站，听取相关工作汇报。

同日　全椒县2016年中青年干部培训班在县委党校举行开班仪式，县委常委、组织部长陈岭作动员讲话，县委党校常务副校长周宗金主持开班仪式。来自全县各镇和县直各单位的48名中青年干部将参加为期一个月的集中脱产培训。

18日　市委副秘书长蒋新志带队到全椒对美好乡村建设进展情况进行督察。县委副书记孔祥宁、县委常委、政法委书记曹宏华等参加督察活动。市委督察组一行重点对西王镇“百镇计划”和隆兴中心村建设情况进行督察。随后在西王镇政府召开情况汇报会。县美办负责人汇报全椒县工作开展情况。

同日　市人大常委会主任李耀才带领市人大城建环资工委、市规建委、市质监局、市公共资源交易监管局、市国土房产局、市建筑勘察设计院、市城乡规划设计院，以及部分房地产企业、电梯生产厂家负责人，到滁州博杰科技有限公司，专题调研电梯断电应急系统相关产品的生产、研发及科技创新情况。市人大常委会秘书长朱承艺，县委书记王成山，县长王珏，县人大常委会主任杨勇，县人大常委会副主任王晓平等参加调研活动。

19日　市委副书记、市长张祥安等一行至六镇镇、马厂镇就扶贫工作开展一段时间以来，扶贫效果，县镇村相关政策落实对接等情况，走访调研部分贫困户。市政府秘书长焦义朝，全椒县委书记王成山，县委副书记孔祥宁以及市县相关部门负责人等参加调研活动。

20日　科技部高新技术中心副主任卞曙光、南京工业大学刘祥教授等一行到全椒经济开发区就拟入驻锂电池黏结剂项目进行实地考察，县委副书记孔祥宁热情接待考察团一行。

同日　县委副书记、县长王珏率县经济开发区、国土、规建、招商、行政执法、财政、交通、发改委以及襄河镇、十字镇等单位负责人，赴明光市就城市建设、棚户区征迁改造以及园区“僵尸企业”处置盘活等方面进行考察学习。县领导金义平、沈文琪、阚绪瑞等参加调研活动。

21日　全国人大代表、扬州市政协党组书记朱民阳率领扬州市部分全国人大代表，就襄河水系治理工作到全椒县调研考察。何希勇、阎中洋、朱云霞、焦义朝、王珏、董光林、王晓平、沈文琪等市县领导参加考察考察组一行实地考察太平文化广场、南屏山改造项目等地，认真听取全椒生态文明建设情况介绍，近距离感受全椒生态之美。

24日　董光林主席主持召开县政协九届三十五次主席会议。县政协副主席赵丛祥、苏守复、张华、姚本山，秘书长李敬出席会议。县政协委办负责人列席会议。会议审议通过县政协九届二十九次常委会议方案，协商讨论县政协科教文卫体委《关于加强农村专业技术协会建设和发展的调研报告》、经济委《对县经济开发区争创省级创新型园区的视察报告》；会议决定于10月28日下午在县会议中心召开县政协九届二十九次常委会。

25日　市政协党组副书记、副主席高迁率部分市政协常委以及市相关部门负责人一行到全椒，就民生工程实施情况进行巡视。县委常委、古河镇党委书记金义平及相关部门负责人等参加巡视活动。

同日　省民政厅党组书记、厅长叶露中到全椒县调研指导民政工作。省民政厅办公室主任李永骧，市民政局局长范新玉，县委书记王成山，副县长宣宁宁等参加调研。

26日　全椒县法学会成立大会在县政务中心第五会议室召开。县委副书记孔祥宁、市法学会秘书长刘彦宏出席会议，对县法学会的成立表示祝贺。会议宣读《中国法学会章程》，选举通过全椒县法学会选举办法（草案）；选举产生全椒县法学会第一届理事会常务理事、秘书长、副会长、常务副会长、会长，县委常委、政法委书记曹宏华当选为法学会理事会会长。

27日　副省长谢广祥率省教育厅、财政厅等有关领导，到全椒县对基础教育工作进行调研。省政府副秘书长吴行，市委副书记、市长张祥安，市委常委、副市长金力以及全椒县领导王珏、陈飏等参加调研活动。在全调研期间，谢广祥等一行先后到南屏中学、江海小学以及全椒中学考察，听取相关情况汇报。

同日　省委党校校委委员、巡视员顾党胜带领省中专体制规格考察验收组一行，对中共全椒县委党校中专体制规格进行验收。市委党校常务副校长王跃，县委书记王成山，县委副书记、县委党校校长孔祥宁，县委常委、组织部长、统战部部长陈岭，县委常委、宣传部长张华贵出席验收会。

28日 县委理论中心组学习会议召开,迅速传达学习中共十八届六中全会等有关会议、文件精神。王珏、杨勇、董光林、杨光、史法勇、陈岭、金义平等县委理论中心组成员,县直单位主要负责人,各镇书记、镇长,正科级事业单位主要负责人,全柴集团主要负责人参加会议。会议由县委副书记、县长王珏主持。会上,县委副书记、县长王珏传达学习《中国共产党第十八届中央委员会第六次全体会议公报》;县委常委、常务副县长杨光传达学习习近平总书记在纪念红军长征胜利80周年大会上的讲话;县委常委、组织部长陈岭传达上级关于认真学习宣传中共十八届六中全会精神相关工作要求。

31日 副市长杨东坡率由市安监局、规建委、消防支队、交通局等有关部门负责人组成的市安全生产督察组一行,到全椒县对全椒海螺水泥、汽车站等地的安全生产工作进行督察。县委常委、古河镇党委书记金义平等参加督察活动。

同日 滁州市特色种养业扶贫工作现场会在全椒县马厂镇召开,各县、市、区农委负责人参加会议,市农委主任李俊、扶贫办副主任方树林、全椒县委副书记孔祥宁出席会议。

11月

1日 市政协副主席高潮一行到全椒县石沛镇调研指导美丽乡村建设工作,县委副书记孔祥宁陪同调研。

2日 县四个班子办公室工作会议召开,深入贯彻学习习近平总书记视察中办"5·8"重要讲话精神,传达学习全省党委秘书长会议精神,准确把握办公室工作的特点、规律,认清面临的新形势、新任务,努力提高几个班子办公室服务发展的能力和水平,为推动全县经济社会又好又快发展贡献力量。县政协主席董光林出席会议并讲话,县委副书记孔祥宁主持会议。

3日 县委党建工作领导小组召开会议,学习中共十八届六中全会公报、《关于新形势下党内政治生活的若干准则》等文件和会议精神,汇报2016年党建工作开展情况,安排部署下一步工作。县委书记王成山,县委副书记孔祥宁,县委常委、纪委书记史法勇,县委常委、组织部部长陈岭,县委常委、宣传部部长张华贵,县委常委、古河镇党委书记金义平以及党建工作领导小组全体成员参加会议。会议由孔祥宁主持。会上,王成山就如何贯彻落实中共十八届六中全会以及省十次党代会相关精神,以及全椒县当前党的建设存在的问题,工作重点以及工作方式方法等作讲话。

5日 县委副书记、县长王珏在县政府三楼会议室主持召开县政府常务会议。县委常委、常务副县长杨光,县委常委、副县长陈飚,副县长胡刚,县政府办主任关敬文出席会议,县委常委、政法委书记曹宏华,县委常委金义平,县人大常委会副主任王晓平,县政协副主席赵丛祥等应邀出席会议,县政府办公室各位副主任,县监察局局长,县法治办主任,议题相关单位负责人列席会议。会议讨论并通过县林业局《关于全椒县2017年林业增绿增效行动实施意见》。会议讨论并通过县美丽办《关于2016年美丽乡村市级中心村建设资金的情况汇报》。会议还讨论并通过县教体局《关于加快发展体育产业促进体育消费的实施意见》和县开发区管委会《关于开发区集中供热项目资金使用情况的汇报》。随后,与会人员还集中学习中国共产党安徽省第十次代表大会精神和省委书记李锦斌在党代会上的报告。

8日 市政协副主席、琅琊山管委会主任苏虹率由市政协人资环委、部分市政协常委以及市相关部门负责人组成的市政协调研组一行,到全椒县就滁州"一主三副"新型区域中心城市规划建设工作进行调研。县委书记王成山,县委副书记、县长王珏,县政协主席董光林,县委常委、古河镇党委书记金义平,县政协副主席赵丛祥等参加调研活动。

9日 中共十八届六中全会精神宣讲报告全省电视电话会议召开。中央宣讲团成员、中央政策研究室副主任、中央宣传部副部长王晓晖作宣讲报告。省委书记李锦斌主持报告会。县领导王成山、杨勇、孔祥宁、史法勇、陈飚、陈岭、张华贵、曹宏华等在全椒分会场参加收看收听会议。

同日 省财政厅党组成员、纪检组长项中胜,省财政厅相关工作人员以及市财政局主要负责人到全椒县调研基础财政工作情况,县人大常委会主任杨勇,县委副书记孔祥宁陪同调研。

10日　全县办公室主任工作会议召开，传达全省党委秘书长会议精神，就办公室工作以及文字工作等进行交流学习和辅导，并就如何做好办公室工作提出具体要求。县委办、县政府办主任、副主任，县委督察室、县政府督办室主任，各镇、县直各单位分管负责人、办公室主任等参加会议。县政府办主任关敬文主持会议，并就如何贯彻落实会议精神提出要求。

14日　县十五届人大常委会举行第五十八次主任会议。县人大常委会党组书记、主任杨勇主持会议，县人大常委会党组副书记、副主任季奎，县人大常委会副主任王晓平、童志全出席会议。会议听取并讨论通过县人大常委会人选工委关于提请县十五届人大常委会第四十八次会议人事任免情况的报告、关于换届选举证件、表格、材料等印刷品印制情况的报告；听取并讨论通过县人大常委会办公室相关工作情况的报告。会议决定：县十五届人大常委会第四十八次会议定于11月18日在全椒召开，会期半天。

同日　市委组织部人才办主任曹昆斌带领市委“两学一做”学习教育第三督导组一行5人到全椒县开展学习教育第三轮集中督导。县委副书记孔祥宁、县委组织部长陈岭及县学教办相关负责同志陪同。

15日　由国家林业局山核桃工程技术研究中心主办，安徽省林科院承办，全椒县林业局承办的薄壳山核桃（山核桃）技术培训会在全椒召开，来自安徽、四川、浙江、江苏、河南等全国各地的山核桃主产区的科研单位和生产企业约100人参加此次会议。会议邀请中国林业科学研究院亚热带林研究所、安徽省林业科学院、安徽农业大学等专家就薄壳山核桃（山核桃）良种选育、丰产园营建、病虫害防治及加工工艺等技术进行培训。会上，安徽省林业厅副厅长吴建国和中国林科院亚林所副所长盛能荣到会致辞。会后，全体与会人员参观全椒县六镇镇杭州长林园艺和金润园林有限公司、马厂镇方岗园林和孤山林场薄壳山核桃示范基地建设现场。

16日　省人大常委会委员、法治委员会主任委员陈军，市人大常委会副主任傅厚华一行到全椒县开展《安徽省湖泊保护条例（草案）》立法调研，县人大常委会党组书记、主任杨勇，县人大常委会副主任童志全，部分省人大代表、县人大委员及相关部门负责人陪同调研。

17日　全县安全生产工作会议召开，贯彻落实张祥安市长、杨东坡副市长对全椒县“11·13”疑似非法生产烟花爆竹爆炸事故的批示精神，分析研究2016年安全生产形势，安排部署2016年冬季2017年春季安全生产工作。县委副书记、县长、县安委会主任王珏在会上强调：安全生产重于泰山，要切实解决重视不够、排查不力、管控不力、追责不力、调度不力的问题，确保全县安全生产形势持续稳定。县委常委、古河镇书记金义平，副县长沈文琪、胡刚、阚绪瑞出席会议，县安委会全体组成人员，部分重点企业负责人参加会议。会议由阚绪瑞主持。

18日　县委书记王成山在县委常委会议室主持召开县委第七次常委会议，讨论研究县镇人大换届选举以及如何进一步强化信访责任体系建设等事项。县领导王珏、杨勇、董光林、孔祥宁、杨光、史法勇、陈岭、张华贵、王永明、金义平等出席会议。县委办主任、副主任，议题涉及相关单位主要负责人等列席会议。会上讨论研究并通过《全椒县镇人大换届选举工作领导小组成员名单》《中共全椒县人大常委会党组关于做好全县县镇两级人民代表大会换届选举工作意见》；听取关于进一步强化信访责任体系建设的情况汇报；王成山解读《关于新形势下党内政治生活的若干准则》和《中国共产党党内监督条例》。

同日　县人大常委会召开第四十八次常委会议，讨论研究县镇两级人大换届选举工作等事项。县人大常委会党组副书记、副主任季奎，县人大常委会副主任王晓平以及各位县人大常委等出席会议。县委常委、常务副县长杨光以及县人民法院院长朱有亮，县人民检察院检察长喻尊晏，县人大常委会各委、室负责人，县政府办公室负责人，各镇人大负责人等列席会议。会上听取和审议全椒县县镇两级人民代表大会换届选举相关事项。会议通过《中共全椒县人大常委会党组关于做好县镇两级人民代表大会换届选举工作的意见（草案）》，通过《全椒县人大常委会关于县镇两级人民代表大会换届选举工作实施方案（草案）》，通过《关于提请任命全椒县换届选举委员会组成人员的议案》。会议还进行相关人事任免事项。

同日　全市旅游扶贫现场会在全椒县马厂镇召开。全市各县市区旅游局、全椒县扶贫办、马厂镇和三合村相关负责人参加会议。市旅游局局长严明、全椒县县委常委、副县长陈飚、市旅游局管理科科长黎国梁出席会议。

同日　由省政协文史资料委员会副主任,新闻出版广电局原党组书记,省政协新闻出版界委员郭永年率带队的考察团到全椒县考察调研农家书屋建设情况,市政协副主席、党组副书记高迁,县政协主席董光林,县政协副主席张华,县文广新局相关负责人等陪同考察。

同日　县委书记王成山在县政务中心会议室主持召开县委理论中心组学习暨“两学一做”学习教育第四专题学习研讨会,观看相关警示教育片,书面学习相关文件及会议精神,并就“坚守底线,培养高尚情操”,开展“两学一做”学习教育专题研讨。县几个班子领导王珏、杨勇、董光林、孔祥宁、杨光、史法勇、陈飚、陈岭、张华贵、王永明、曹宏华、金义平等参加会议。县直单位主要负责人、正科级事业单位、各镇党政主要负责人等列席会议。

19日　由中共全椒县委宣传部主办、县网宣办承办的全椒官微“美好全椒”在与众多强劲对手的竞争中,以44万加的总阅读数、5268个点赞数、755.6的高分指数,荣登由安徽新媒体集团、腾讯网、新榜联合发起的安徽微信影响力排行榜政务类月榜(10月)第一名。据悉,自2015年3月设榜以来,“美好全椒”已连续20个月位居全省前列。另外,自10月10日以来,“美好全椒”连续5周位居全省微信政务周榜排行前两名!“美好全椒”2014年8月上线运营,已累计发布594期,各类信息3000多条,关注人数突破2万人,总点击量超过630万次,其中万次以上阅读量就有近100篇。

20日　全县县镇两级人大换届选举业务骨干培训会在椒陵会堂召开。县人大常委会党组副书记、副主任、县人大常委会代表资格审查委员会主任季奎出席培训班并动员讲话,县人大常委会各委室负责人、县委组织部负责人、各镇人大主席、党委副书记、组织委员、人大常委会副主席、人大秘书、各村(居)书记、文书、县直单位办公室主任、全柴集团办公室主任、县人武部荒草圩部队有关人员等约400人参加培训。

21日　全椒县召开2016年似脱贫县级入户核查工作培训会。会议的主要任务:动员全县上下开展2016年你脱贫户县级入户核查,全面做好迎接省第三方评估各项准备工作。县委副书记孔祥宁出席会议并讲话,县委常委、政法委书记曹宏华主持会议。孔祥宁在讲话时指出,县级入户核查工作,是当前推进全县脱贫攻坚的重要举措。各乡镇、县直各单位要深化思想认识,切实增强县级入户核查工作的责任。第一,做好县级入户核查工作,是贯彻落实县委、县政府关于脱贫攻坚工作要求的实际行动;第二,做好县级入户核查工作,是贯彻落实全县脱贫攻坚工作调度会精神的具体举措;第三,做好县级入户核查工作,是确保全椒县完成2016年脱贫攻坚任务的重要保障。

22日　全县县镇两级人大换届选举工作动员会,在政务中心一号会议厅召开。会议贯彻落实中央、省、市、县委有关文件精神和工作要求,进一步统一思想认识,对全县县镇两级人大换届选举工作进行全面动员部署。县几个班子领导王成山、王珏、杨勇、董光林、孔祥宁、史法勇、陈飚、陈岭、王永明、张华贵、金义平以及县人大换届选举工作领导小组成员,县直各单位党政主要负责人,各镇党主要负责人、人大主席等出席会议。县人大常委会党组副书记、副主任季奎主持会议。

22日至23日　安徽省教科院院长李灿莉率省督导评估预检组对全椒县义务教育发展基本均衡县迎国检工作进行预检。市政府教育督导委员总督学周勇,县委副书记、县长王珏,县委常委、副县长陈飚及教体局主要负责人陪同。

23日　县十五届人大常委会召开第四十九次常委会议,就县镇两级人大换届选举工作相关事项进行审议。县人大常委会主任杨勇,县人大常委会党组副书记、副主任季奎,县人大常委会副主任王晓平、童志全及县十五届人大常委出席会议,各镇人大主席列席会议。会议审议通过《关于提请任命全椒县各镇换届选举委员会组成成人员的议案》《全椒县第十六届人民代表大会代表名额分配方案(草案)》《关于成立全椒县县镇两级人民代表大会换届选举工作指导组的议案》。

同日 省政协常委、港澳台侨和外事委员会主任、省委宣传部原常务副部长朗涛一行到全椒县考察台资企业发展情况，市政协主席何希勇，县委书记王成山，县政协主席董光林，县政协副主席、统战部副部长姚本山等参加考察活动。

同日 省委以电视电话会议的形式召开全省党员干部“讲看齐、见行动”学习讨论动员大会。王成山、王珏、杨勇、孔祥宁等县几个班子领导以及各镇党政主要负责人、县直各单位主要负责人在全椒分会场参加会议。

同日 全椒县妇女第十一次代表大会隆重召开，来自全县各条战线的160名妇女代表出席会议。大会全面总结全椒县妇女工作自上次换届以来取得的成就和主要经验，科学谋划未来五年全椒县妇女事业发展的奋斗目标和主要任务，选举产生县妇联新一届领导班子。市妇联主席史成霞到会祝贺，县委书记王成山出席会议并讲话，县委副书记、县长王珏，县人大常委会主任杨勇，县政协主席董光林，县委副书记孔祥宁等县几个班子领导出席会议。

24日 浙江嘉兴市政协副主席、九三学社嘉兴市委主委马玉华率各县市区政协副主席、文史委主任等一行，到全椒县对历史文化旅游等工作进行考察。市政协副主席、市工商联主席查镜波，县政协主席董光林，县政协副主席张华等参加考察活动。嘉兴市政协考察团一行先后至神山国家森林公园、吴敬梓故居以及太平文化广场参观考察，听取相关情况汇报。

同日 全县今冬明春火灾防控暨公共娱乐场所消防安全专项治理会议召开，县委常委、古河镇党委书记金义平出席会议，县公安局、县消防大队负责人以及县消防安全委员会全体成员，各镇主要负责同志、派出所主要负责同志和消防安全重点单位负责同志参加会议。

26日 北京全椒发展促进会2016年会暨全椒创新发展研讨会在北京京都黄河会议中心举行，会议的主题是“联络乡情、创新发展”。本次会议也是北京全椒发展促进会第27届年会。滁州市人大常委会党组书记、主任李耀才，全椒县委书记王成山，已故的原安徽省省长、滁县地委书记、全椒县委书记、北京全椒发展促进会名誉会长王郁昭书记的夫人、全椒人民尊敬的贾粹华老师，全椒县著名乡贤、原安徽省政协副主席秦德文，已故中国著名版画大师、全椒著名乡贤汪刃峰先生的夫人李萍，滁州市人大副主任、曾经担任全椒县委书记汪世和，滁州市招商局局长吴孝水、全椒县副县长沈文琪等市县相关部门的领导嘉宾，以及来自深圳、广西、上海、无锡等地的全椒商会的代表和各地全椒乡友400余人参加会议。会议由北京全椒发展促进会副会长许朝友主持。

27日 全国安全生产电视电话会议召开，中共中央政治局委员、国务院副总理、国务院安委会主任马凯出席会议并讲话。会议要求要认真贯彻落实习近平总书记和李克强总理关于江西丰城发电厂坍塌事故和全国安全生产工作的重要指示批示精神，坚持以人民为中心的发展思想，切实增强红线意识，严格落实安全生产责任，强化监管和防范措施，深入开展安全生产大检查，坚决遏制重特大事故发生，切实保障人民群众生命财产安全。县委副书记、县长王珏，县政府副县长沈文琪以及各镇、各相关部门主要负责人，有关企业负责人在全椒县分会场收听收看会议。

同日 县公安局、安监局、市场监管局、国土资源和房产管理局、规建局、交通局、县供电公司等多家单位，连夜召开会议，传达贯彻国家和省以及县安全生产会议精神，布置安排本系统、本部门安全生产工作。

28日 县委副书记、县长王珏主持召开县政府常务会议。县委常委、副县长陈飚，副县长沈文琪、胡刚、阚绪瑞出席会议，县委常委、政法委书记曹宏华，县委常委金义平，县人大常委会党组副书记、副主任季奎，县人大副主任童志全，县政协副主席姚本山，县人武部部长王庆等应邀出席会议，县政府办公室各位副主任，县监察局局长，县法治办主任，议题相关单位负责人列席会议。会议讨论并通过公管局《关于进一步加强公共资源交易监督管理工作的实施意见》。会议讨论并通过县美丽办关于《全县农村污水处理一体化工作方案》。

会议讨论并通过县商务局《关于全椒县促进电子商务发展扶持奖励政策》。会议还听取讨论县招商局关于《全椒县促进重点产业发展暂行规定》和县编办

《关于2016年县级政府权力清单和责任清单动态调整》的汇报。

同日　市委常委、常务副市长、市委统战部部长朱诚深入全椒县武岗镇中心村，调研脱贫攻坚、村级集体经济发展和基层党建情况，他强调，要进一步提高服务群众的水平、进一步提高引领发展的水平、进一步提高党建工作的水平，提升百姓满意度，努力开创武岗镇中心村各项社会事业发展新局面。县委副书记孔祥宁，武岗镇及中心村负责人等参加调研。

30日　县政务公开办公室召开第四季度重点领域新闻发布会。县重点工程建设管理局就全椒县2016年重点建设工程推进情况，县民政局就社会就助相关政策及2016年工作开展情况，县市场监督管理局就2016年食品药品质量抽检情况，县安全生产监督管理局就2016年安全生产形势，县民生办就2016年民生工程实施情况，县公共资源交易监督管理局就全椒县公共资源交易规范发展推进情况进行新闻发布。

同日　市委副书记许继伟深入石沛镇黄栗树村，就现代农业发展、"百镇计划"、村级集体经济发展、脱贫攻坚和基层党建工作进行驻村调研。市委副秘书长蒋新志，县委书记王成山，县委副书记孔祥宁，县委常委、宣传部长张华贵等参加调研活动。

12月

1日　极大规模集成电路制造装备及成套工艺重大专项实施管理办公室副主任、科技部重大专项办公室副巡视员邱钢一行，至南大光电视察。市委副书记、市长张祥安在全椒南大光电公司会见专家组一行，双方就进一步加强产业、科技等方面的合作进行深入交流。县领导王成山、王珏、沈文琪等参加会见。极大规模集成电路制造装备及成套工艺重大专项负责人一行首先参观南大光电生产线，询问企业生产、技术、人才以及环保、安全等情况。全椒南大光电项目属国家极大规模集成电路制造装备及成套工艺重大专项的重点项目，一期投资3亿元，项目全部建成投产后，将填补国内电子气体产业空白。

2日　全椒县法治宣传教育工作领导小组办公室组织全县36家单位在法治广场举办声势浩大的法治宣传咨询活动。县委常委、政法委书记曹宏华，县委常委金义平，县政协副主席苏守复等领导莅临活动现场，观摩并亲切慰问工作人员。

同日　县政协主席董光林主持召开县政协九届三十六次主席会议。县政协副主席赵丛祥、苏守复、张华，秘书长李敬出席会议。县政协机关委办负责人列席会议。会议协商讨论县政协文史委《关于全县残疾人生活现状的调研报告》、人资环委《关于落实全面二孩政策的视察报告》、社会法治委《关于县法院法治庭审工作的视察报告》；审议通过《2016年度优秀政协委员名单》《2016年度优秀提案、提案办理先进单位名单》；审议通过有关人事任免事项；部署安排县政协换届筹备工作；书面学习《中国人民政治协商会议章程》。

7日　文化部公共文化司副司长陈彬斌一行到全椒县督察城乡社区治理情况，省民政厅副厅长孙邦平，市政府副市长陆峰，县委副书记、县长王珏，副县长阚绪瑞等参加督察。

同日　市委宣讲团成员、市委党校副校长王永康到全椒县宣讲中共十八届六中全会精神。县几个班子领导王成山、王珏、杨勇、董光林、孔祥宁、史法勇、陈飏、陈岭、张华贵、金义平以及县委理论中心组成员，各镇党政主要负责人、县直各单位主要领导等，在政务中心会议厅聆听宣讲。县委副书记孔祥宁主持宣讲活动。

同日　县委理论中心组"讲看齐、见行动"学习讨论第一次专题研讨会召开，观看相关警示教育片，部分中心组成员结合自身工作实际，就如何"讲看齐、见行动"作精彩发言。县几个班子领导王成山、王珏、杨勇、董光林、孔祥宁、史法勇、陈飏、陈岭、张华贵、金义平以及县委理论中心组成员，各镇党政主要负责人、县直各单位主要领导等参加研讨会。县委书记王成山主持会议。

9日　县委、县政府召开会议，对扶贫攻坚工作进行再安排再部署，县委副书记、县长王珏要求各镇各部门坚决贯彻落实省市精准扶贫、精准脱贫的要求，对照年度目标任务，全面查摆问题，确保扶贫工作取得实效。县领导孔祥宁、史法勇、陈岭、曹宏华以及各镇党政主要负责人、扶贫工作站全体人员，各村（居）书记或村（居）主任等参加会议。县委副书记孔祥宁主持会议。

同日　市委副书记（主持市委工作）、市长张祥安在县政府《关于全椒县财政收入迈上20亿元新台阶的情况报告》上作出重要批示："20亿是个重要的台阶，值得祝贺！望立足这样一个好的基础，抢抓机遇，在重点产业培育和大项目引进上再下功夫，在全省同类县中快速提升位次。"

同日　县十五届人大常委会举行第六十次主任会议。县人大常委会党组书记、主任杨勇主持会议，县人大常委会党组副书记、副主任季奎，县人大常委会副主任王晓平、童志全出席会议。县人大常委会各委室主任、副主任，人大机关全体工作人员列席会议。会议听取各换届选举工作指导组第二阶段检查指导情况的汇报；讨论通过县十五届人大常委会第五十次会议建议议题，听取相关委室涉及会议议题准备情况的报告。会议决定，县十五届人大常委会第五十次会议于2016年12月16日在全召开，会期一天。会议还对县十六届人民代表大会第一次会议筹备工作、年终各项考核工作进行部署、安排。

10日　内蒙古自治区林业厅副巡视员乔云等一行4人到全椒县考察省级森林城市创建，陪同人员有安徽省林业厅造林绿化管理处处长余本付、副处长刘平，滁州市林业和园林局副局长汪海洋、造林绿化科科长王晖，全椒县委副书记孔祥宁、政法委书记曹宏华及林业局局长杨新文等有关领导。

同日　2016年第三届中国（马鞍山）互联网大会隆重开幕。县委书记王成山，县委常委、副县长陈飏应邀出席会议。县商务局还组织县内6家电子商务企业参加会议。开幕式上，王成山上台参加"互联网+"区（县）域经济联盟成立发起仪式，并在电子墙上按下启动按钮。会议期间，南南合作促进会副会长、长三角分会会长傅水根先生还亲切会见县委书记王成山，双方并进行简短的会谈。

11日　市委副书记、市长张祥安到全椒县调研企业发展、扶贫脱贫及"讲看齐，见行动"活动开展情况，县领导王成山、王珏、孔祥宁、曹宏华、沈文琪以及市县经信委、扶贫办等相关部门负责人参加调研。

12日　市委常委、市委组织部部长张东明率督察组一行到全椒县开展换届风气督察工作。县领导王成山、王珏、杨勇、董光林、孔祥宁、史法勇、陈岭以及十个镇主要负责人参加督察汇报会。会议由县委书记王成山主持。

14日　滁州学院党委副书记张勇、市人大常委会秘书长朱承艺等部分省市人大代表到全椒县就"调转促"工作及新型城镇化建设工作情况进行考察。县委书记王成山，县人大常委会主任杨勇，县人大常委会党组副书记、副主任季奎，副县长阚绪瑞参加考察活动。

16日　县人大常委会党组书记、主任杨勇在县人大会议室主持召开县十五届人大常委会第五十次会议。县人大常委会党组副书记、副主任季奎，县人大常委会副主任王晓平、童志全以及各位县人大常委等出席会议。县委常委、常务副县长杨光，县人民法院、县人民检察院及县人大常委会各委、室负责人，县政府办公室负责人，各镇人大负责人等列席会议。会议听取和审议"一府两院"落实县人大常委会2016年度审议意见情况报告；听取和审议工业企业研发经费投入及政府政策支持相关情况报告；听取和审议2016年本级预算调整方案报告；听取和审议县十五届人民代表大会五次会议议案、代表建议办理情况报告；听取10个重点督办建议主办单位办理情况报告，并进行满意度测评。会议听取和审议关于召开县十六届人民代表大会一次会议时间、建议议程和各项建议名单的报告，决定县十六届人民代表大会第一次会议将于1月4日至7日在县城召开。会议通过表决补选韦昌平为滁州市五届人大代表。会议还进行人事任免。决定接受杨忠传因到任职年龄界限，辞去全椒县人大常委会研究室主任职务；决定任命王政为全椒县人民法院代理院长，王凯为全椒县人民检察院代理检察长。决定接受朱有亮因工作职务变动，辞去县人民法院院长、审判委员会委员职务，接受喻尊晏因工作职务变动，辞去县人民检察院检察长职务。

22日　县政府会议审议通过全椒县首届县长质量奖，确定滁州兴达机电有限公司和全椒海螺水泥有限公司为县长质量奖，安徽达诺乳业有限公司和安徽全柴锦天机械有限公司为县长进步奖。县长质量奖是全椒县政府在质量领域设立的最高奖，旨在通过质量奖励制度，推动国际领先的质量经营模式在企业的广泛运用，提高全椒县产业竞争力和经济可持续发展能力。

同日　省妇联主席黄红一行到全椒县调研妇女工作，市委常委、市委秘书长汪建中，市政协副主席、市政府副秘书长徐崇华，县委书记王成山，县委常委、副县长、县妇儿工委主任陈飚等参加调研。

26日　县政协主席董光林主持召开县政协九届三十七次主席会议。县政协副主席赵丛祥、苏守复、张华、姚本山，秘书长李敬出席会议，县政协机关委办负责人列席会议。会议审议通过《县政协九届三十次常委会议方案》《县政协十届一次会议议程、日程(草案)》《十届政协委员提名人选名单》《县政协十届一次会议分组办法和小组召集人名单》《县政协十届一次会议列席人员名单》《九届县政协常委会工作报告》《九届县政协提案工作报告》，会议决定于12月28日召开县政协九届三十次常委会议。

同日　市委常委、常务副市长朱诚冒雨深入全椒县石沛镇大季村、石沛村看望慰问贫困户，为他们送去党委、政府的温暖。县委常委、常务副县长杨光，市审计局、县扶贫办、石沛镇等相关单位负责人参加慰问。

同日　中国地震局下发《关于2016年度全国市县防震减灾工作考核结果情况的通报》(中震防发〔2016〕75号)，全椒县喜获“2016年度全国县级防震减灾业务工作考核先进单位”称号，县科技局副局长、地震办主任冯玉林被评为“2016年度全国市县防震减灾人员考核先进工作者”。这是继2013年以来，全椒县连续四年获得全省县级防震减灾工作先进单位荣誉称号后的又一殊荣。全省获此殊荣共有5个县，滁州市唯一。

27日　全椒县委统战部在县政协会议室召开县工商联(总商会)换届工作会议。县经济开发区、各镇统战委员或分管工商联工作的负责人以及有关部门负责人参加会议。

同日　县十五届人大常委会举行第六十二次主任会议。县人大常委会党组书记、主任杨勇主持会议，县人大常委会党组副书记、副主任季奎，县人大常委会副主任童志全出席会议。会议听取关于县十五届人大常委会第五十一次会议建议议题的报告。会议还先后听取《县人大常委会关于召开县第十六届人大一次会议的决定(草案)》的报告。《关于提请确认杨勇等辞去县选举委员会组成人员职务的议案》的报告。《全椒县人大常委会代表资格审查委员会关于全椒县第十六届人民代表大会代表资格的审查报告》的报告。会议还听取人选工委关于人事任免事项的报告。会议对上述议题逐一进行认真审议和讨论，并提出相关建议，决定将有关议题提交县十五届人大常委会第五十一次会议审议。会议还传达学习县纪委《关于进一步严明2017年元旦春节期间作风纪律要求的通知》。

28日　县政协九届三十次常委会议召开，听取县政府关于2016年度提案办理情况通报，审议县政协十届一次会议召开日期以及相关议程和日程等事项。县政协主席董光林，县政协党组副书记、副主席赵丛祥，县政协副主席苏守复、张华、姚本山及县政协秘书长李敬、全体政协常委参加会议。县委常委、常务副县长杨光应邀列席会议。会上，听取县委常委、常务副县长杨光关于2016年度提案办理情况的通报。2016年，县政府共办理县政协委员提案107件，并分别答复委员，办复率和委员满意率100%。会议听取县委通报县几个班子和政协常委人事安排方案；协商通过政协全椒县第十届委员会名单；审议通过关于召开县政协十届一次会议的决定。会议决定1月3—6日在县城召开政协全椒县第十届委员会第一次会议。会议还审议县政协十届一次会议主席团和秘书长名单(草案)；审议县政协十届一次会议提案审查委员会成员名单(草案)；审议县政协十届一次会议议程、县政协十届一次会议日程;审议县政协十届一次会议分组办法和小组召集人名单;审议县政协十届一次会议列席人员名单;审议县政协九届常委会工作报告(草案);审议县政协九届常委会提案工作报告(草案)。会议协商通过人事任免决定:免去李道平县政协民族宗教和港澳台侨委员会主任(兼),决定任命毕守荣为县政协民族宗教和港澳台侨委员会主任。

29日　县森防指、县林业局在国有瓦山林场召开今冬明春森林防火暨增绿增效行动工作会议。县委常委、县政法委书记、县森防指指挥长曹宏华主持会议并作重要讲话。县森防指成员单位领导,各镇镇长,各国有林场场长参加会议。

29—30日　全市工业投资、重点项目和重点工程现场会在全椒召开,市经信委机关党委书记陈庭竹、全椒县政府副县长沈文琪等领导参加现场会。与会人员参观全柴动力、嘉莱顿活塞、禹王防水和天安新材料等重点投资项目和技改项目;会议全面布置2016年工作收官和2017工作谋划。

30日　县人大常委会党组书记、主任杨勇在县人大会议室主持召开县十五届人大常委会第五十一次会议。县人大常委会党组副书记、副主任季奎,县人大常委会副主任王晓平、童志全以及各位县人大常委等出席会议。县委常委、常务副县长杨光,县人民法院、县人民检察院及县人大常委会各委、室负责人,县政府办公室负责人,各镇人大负责人等列席会议。会议听取和审议《县人大常委会关于召开县十六届人大一次会议的决定(草案)》;听取和审议《关于提请确认杨勇等辞去县选举委员会组成人员职务的议案》;听取和审议《全椒县人大常委会代表资格审查委员会关于全椒县第十六届人民代表大会代表资格的审查报告》。

同日　省纪委常委、省监察厅副厅长张志宏带队的省换届风气巡回督察组到全椒县督察县镇人大政府和县政协工作,县人大常委会主任杨勇,县政协主席董光林,县委常委、县纪委书记史法勇,县委常委、组织部长、统战部长陈岭,市、县相关部门负责人等参加汇报会。

31日　中共全椒县第十四届委员会第三次全体(扩大)会议召开,本次会议的主要任务深入贯彻中共十八届六中全会、中央经济工作会议和农村工作会议精神,认真学习习近平总书记系列重要讲话,特别是视察安徽的重要讲话精神,全面落实省委十届二次全会、全省经济工作会议、市委六届二次全会精神,坚定地用新发展理念统领发展全局,全力实施"五大发展"行动计划,扎实推进供给侧结构性改革,深入推进全面从严治党,以一心一意谋发展、聚精会神抓党建的优异成绩,迎接中共十九大胜利召开。县委常委王成山、王珏、杨光、史法勇、陈飚、陈岭、张华贵、王永明、曹宏华、金义平,县人大常委会主任杨勇,县政协主席董光林以及县委委员出席会议。县委副书记、县长王珏主持会议。会上,县委书记王成山代表县委常委会向全委会作题为《凝心聚力讲看齐、砥砺前行争进位,奋力谱写全椒"十三五"跨越发展新篇章》工作报告。

同日　县委副书记、县长王珏带领县扶贫办、县效能办主要负责人到六镇镇小集村、马厂镇方岗村、大墅镇章辉村、大墅村等多个村镇,实地了解2016年预脱贫户家中具体情况。

2016年为有效保护和充分利用农村土地确权档案,促进农村土地确权工作健康发展,全椒县档案局加强农村土地确权档案接收保管和调阅利用工作。成立全椒县农村土地确权档案管理工作领导小组;改造档案馆库房,设置农村土地确权档案室;对接收保管的全县各镇、村(社区)农村土地确权档案进行科学分类、制定档案分类大纲、逐类逐项按编号顺序上架;做好农村土地确权档案全文扫描工作,截至12月底,全县10个镇、98个村(居)、2619个村民组、79950户农户土地确权档案文件材料已进行全文扫描230多万件。县档案局还制定农村土地确权档案保管制度、农村土地确权档案保密制度和农村土地确权档案调阅利用制度。

2016年全椒县认真落实中央和省、市关于大力发展实体经济的系列部署,积极适应经济发展新常态,以"调转促"为抓手,着力推进供给侧结构性改革,综合施策,科学征管,财政收入保持平稳较快增长。截至2016年12月6日,全椒县财政总收入完成201748万元,其中国税完成收入61422万元、地税完成收入82653万元、财政完成收入57673万元,占年初预算的93.1%,财政收入迈上20亿元新台阶。

链接▶

全椒精准扶贫见效快

安徽日报 2016-05-16

2016年5月9日,记者到全椒县马厂镇复兴村周杨农业有限公司生产基地,65岁的姚维芳正在西瓜大棚里忙碌着。因为老伴患有重病,自己身体也不好,女儿还在读大学,全家人的生计就靠姚维芳一人支撑。

"平时在公司基地打零工,过段时间我就能在自己的大棚里种香菇了。"姚维芳说。据公司负责人杨增环介绍,他免费为复兴村4户贫困户每户提供一个200平方米的大棚种植香菇,并提供香菇菌棒、栽植技术辅导以及免费帮助销售,确保每户年收入至少有1万元。贫困户还可以在公司打零工,帮助采茶叶、种植西瓜、山核桃等,也能增加一份收入。

"我们还帮助姚维芳家建了一座简易鸡舍,免费提供了300只鸡苗,由镇兽医站负责提供技术指导和疫情防治。"全椒县扶贫办副主任冯正云告诉记者,该县对有意愿、有劳动能力、有一技之长的贫困家庭支持其发展特色种养业,并出台了补助标准,与商业保险公司对接,建立风险保障机制。同时,通过政府购买服务的方式,为贫困户发展特色种养业提供生产技术指导、疫病防治等服务。该县已为符合条件的800多户贫困户制定了特色种养业脱贫计划。而对生活更为困难或者劳动时间无法保证的家庭,全椒县则想方设法安排他们在附近打短工挣钱。

马厂镇喻河村范河组60岁的村民王汉银,每天都要骑垃圾清扫车在附近几个村民组进行一次卫生保洁。他告诉记者,老伴在4年前突发脑溢血成为植物人,家里3亩田只能满足口粮,支撑不了每月的治病花销……2015年10月,王汉银被省君联环境产业投资公司聘为保洁员,一个月能挣到800元。公司考虑到他家的特殊情况,允许其在工作间隙回家照应老伴。据了解,在县扶贫办的牵线搭桥下,已有60多名贫困人员在君联公司就业。

对于无发展资源的贫困村、无劳动能力的贫困户,全椒县采取光伏发电托底扶贫,在县经开区旭腾光伏电力公司内建设了村级集中扶贫光伏电站项目,总投资600万元,由村、企按8∶2享有股份,统一建设、统一管理、统一结算。"电站可为12个贫困村每村每年增加村集体收入8万多元。"冯正云对记者说。

文件选录

- 全椒县县域医疗服务共同体试点工作实施方案
- 全椒县税收共治暂行办法
- 全椒县2016年基层农技推广体系改革与建设补助项目实施方案
- 全椒县资产收益扶贫实施方案
- 全椒县金融精准扶贫实施方案
- 全椒县中小微企业续贷过桥资金使用管理办法
- 全椒县安全生产“黑名单”管理暂行办法

全椒县县域医疗服务共同体试点工作实施方案

为深化医药卫生体制改革，推进县域医疗服务共同体工作，更好地发挥县级医院专业技术优势及带头作用，加强基层医疗卫生机构能力建设，构建分级医疗、急慢分治、双向转诊的新诊疗模式，根据安徽省医改办、卫计委、人社厅、财政厅、物价局《关于开展县域医疗服务共同体试点工作的指导意见》（皖医改办〔2015〕6号）文件精神，结合全椒县实际，制定本实施方案。

一、工作目标

建立由县级医院与基层医疗卫生服务机构组成的县域医疗服务共同体（简称：县域医共体），整合县镇医疗卫生服务资源，建立分工协作机制，新农合基金对县域医共体实行按参合人头总额预算支付等综合改革，整体提高县域医疗资源的配置和使用效率，提高县乡两级医疗服务能力，减少住院病人外流，实现“90%以上的住院病人不出县”的医改目标。

二、基本原则

（一）纵向合作，横向竞争，双向选择。由县卫计委统筹规划县域内县镇两级医疗机构，组建3个县域医共体，服务范围覆盖全县城乡居民。牵头的县级医院与加盟的成员单位双向选择，建立纵向合作的县域医共体；县域医共体之间形成横向竞争机制。

（二）稳妥起步，循序渐进，逐步完善。全县十所镇卫生院、一级民营医院全部与县级医院组成县域医共体，建立纵向合作关系。医共体早期可以从对口帮扶、技术合作等方式起步，逐步深化合作，实现“四个统一”，即统一调配人力资源、统一核算医疗服务成本、统一成员单位的绩效考核办法、统一管理和分配医疗收入以及节约的新农合资金。

（三）统分结合，权责廓清，强化监督。理顺县域医共体人事、财务、资产等管理体系，科学界定医共体内部管理职能。中心（镇）卫生院功能不变，继续承担基本医疗、公共卫生、协助卫生执法、管理村卫生室等综合医疗卫生任务。各成员单位的财政补偿政策和政府投入方式不变。中心（镇）卫生院继续享受公益一类事业单位财政补助待遇，财政补助资金不纳入县域医共体的收入分配方案，医疗服务之外的收入不纳入县域医共体核算和分配。医疗收入和医保结余资金在成员单位之间的分配由县域医共体牵头医院拟订草案，各成员单位达成初步一致意见后，报县卫计委、人社局、财政局批准后实施，并报县政府备案。新农合结余资金的分配可适度向中心（镇）卫生院倾斜。

三、组建方式与功能定位

（一）成立县域医共体。分别依托县人民医院、县中医院、县同仁医院成立3个县域医共体，由县人民医院（牵头单位）联合二郎口镇中心卫生院、马厂镇中心卫生院、十字镇卫生院、武岗镇卫生院、襄河镇卫生院、椒陵医院、花园桥医院组成县域医共体；由县中医院（牵头单位）联合古河镇中心卫生院、石沛镇卫生院、西王镇卫生院、新城医院组成县域医共体；由县同仁医院（牵头单位）联合大墅镇卫生院、六镇镇卫生院、洪栏桥医院组成县域医共体。县域医共体内各单位原有机构设置和行政隶属关系不变，第一名称不变，增挂“全椒县某某医院医共体某某医院”牌子。

（二）县域医共体的管理模式。

1. 在县医管会的领导下，县域医共体牵头医院与各成员单位签订结对联合协议书，县域医共体所属医疗机构以医共体章程为共同规范，以技术为支撑，以利益共享为纽带，以支付方式为杠杆，以服务协议为行为准则，相互协作，共同发展。

2. 成立县域医共体理事会。分别成立全椒县人民医院、全椒县中医院、全椒县同仁医院县域医共体理事会。县域医共体理事会作为医共体的决策和管理机构。县域医共体理事会负责医共体所属医疗机构总体发展规划、运行方针、资源调配、专科建设、收入分配、人力资源管理等事项的决策管理。

3. 各县域医共体理事会设理

事长1名，理事若干名。理事会定期召开会议，讨论和解决医共体运行中出现的问题。

4. 县域医共体理事会下设办公室，办公室设在牵头单位内，抽调专人负责医共体理事会的日常工作。

（三）县域医共体的职责分工。

县域医共体理事会：负责联合县域医共体区域内的医疗卫生服务机构，构建分工协作机制，制定县域医共体章程、医共体双向转诊实施细则、医共体成员单位绩效考核实施办法、医共体医疗服务收入结算与分配办法及各项规章制度，建立和完善县域医共体组织架构和运行制度，并具体推进落实。

县级牵头医院：提供基本医疗服务、急危重症病人的抢救、疑难疾病转诊，承接上级医院下转危重病人稳定期康复治疗服务，负责下级医疗卫生机构的业务指导；与结对基层医疗机构有效对接，做好辖区病人的接转诊工作；统筹协调医共体内各医疗机构床位的使用和管理，建立一体化管理机制，做好医务人员的上下交流和出诊工作；承担县域医共体日常事务、做好信息、数据收集整理和上报工作。

基层医疗机构（包括乡镇卫生院、城内一级综合医院，下同）：开展基层首诊工作，承担常见病、多发病诊疗服务、疑难危重疾病转诊服务，承接诊断明确、病情稳定的慢性病延续服务（康复、护理服务）和健康管理。完成县域医共体理事会规定的其他工作。

三、主要内容

（一）建立分级诊疗、双向转诊机制。按照基层首诊、急慢分治、双向转诊连续服务的原则，县域医共体医院实行分级诊疗管理。一般常见病应在基层医疗机构诊治；轻度疑难复杂或急性期的常见病，应由县级医院派专家现场指导基层医疗机构就地治疗；受基层医疗机构技术条件所限难以诊治的，应转往县级医院诊治。基层医疗机构转来的病人，县级医院应优先安排入院。县级医院与基层医疗机构建立双向转诊。在县级医院已完成难度较大的诊治，并且病情平稳后，转回基层医疗机构，县级医院派原经治医生跟踪病人至基层医疗机构，指导后续诊治工作。县域医共体内县级医院确实无法诊治的疾病，可由县级医院出具转诊单向县外签约医院转诊。全县统一遴选确定若干家县外三级以上综合医院或专科医院，与之谈判签订协议，建立相对稳定的合作关系，并对县外医保签约医院定期进行评估，评估内容包括合作医院的技术水平、服务质量、医疗费用的控制、按病种付费执行率、病人满意度等情况，必要时另选合作医院。

（二）建立业务指导工作机制。建立县域医共体内基层医疗机构医务人员到上级或牵头医院进修和培训机制。县级医院有计划地对基层医务人员安排免费进修和专业技术培训，每年举办不少于2期技术骨干临床诊疗技能培训班，对村医举办1-2期慢性病防治知识和技能培训班；县级医院要委派骨干医生到基层医疗机构执业、进行技术指导或者兼任学科带头人，通过高年资医师定期下基层、“卫生支农”、“对口支援”、长期派驻专业技术人员、开展远程视频会诊、远程教学查房、远程病理及医学影像诊断、远程专家门诊等多种形式，对医共体内基层医疗机构开展帮扶和技术指导工作，不断提升基层医疗机构的服务能力。

（三）规范医疗行为。镇村医疗机构门诊推广使用“标准处方集”、住院服务推广实施临床路径，建立质量监控指标体系，规范基础医疗质量。革新医疗服务流程，开设检验影像绿色通道，强化科室之间和上下级医疗机构之间的协作，减少不必要的等待和重复检查，在县域医共体内实现检验结果互认，鼓励在县域医共体内建立统一的检验、影像、病理等中心，实行大型设备统一管理、共同使用。建立科学合理的考核指标体系，利用信息化手段，加强对医务人员的绩效管理。

（四）开展医共体内医师多点执业。县域医共体内县级医院具有执业医师资格的人员可根据工作需要，选择县域医共体具有相应诊疗科目的1～3个镇卫生院作为多点执业地点，并予注册，开展诊疗服务；中心卫生院的执业医师可以在医共体内部的1～2个一般乡镇卫生院执业。

（五）开展签约服务。进一步完善镇村卫生服务和管理一体化，优化村医队伍，改善村医服务手段，推广村医签约服务。依托有资质的村医组建全科医生或乡村医生服务团队，采取签约服务模式，为辖区内居民提供常见病、多发病诊疗和双向转诊、基本公共卫生服务等。落实包保责任制，推行网格化管理、团队化管理和家庭医生负责制，利用基本公共卫生服务项目经费，激励完善签约服务，引导县域居民养成“有序就医、履约转诊”的习惯。

（六）完善新农合基金支付方式改革。改革新农合基金对县域医共体的支付方式，实行按参合人头总额预算包干，超支不补，结余留用。新农合按当年筹资总额提取风险基金后的95%作总预算，总额预算转换成参合人头费，交由县域各医共体包干，负责承担全县参合农民当年住院补偿、门诊补偿、大病保险补偿和新农合规定的其他费用补偿。

（七）严格考核监管。新农合经办机构继续履行并加强相应职责：按照全省统一的政策框架，拟订全椒县补偿方案，报县政府批准后实施；强化监管，确保基金安全；继续做好经办服务工作。转变部分职能和管理方式：按月预拨部分资金至县域医共体；按季度考核县域医共体临床路径执行率、病人实际补偿比、县外转诊率等，并与新农合资金年终决算挂钩。

四、配套措施

（一）深化人事制度改革。建立县域医共体人才柔性流动机制，对2013年12月31日前进入县域医共体牵头单位（县级公立医院）的在岗不在编人员中具有执业医师资格和医药卫生类大专以上学历的，经县级卫生计生部门会同人力资源社会保障部门对照条件审核确认并公示后，以县为单位统一组织考试、考核，合格者可安排到相应岗位空缺的乡镇卫生院工作，纳入乡镇卫生院编制和岗位管理。

（二）提升中心卫生院服务能力。县级卫生计生部门要依据新型城镇化发展要求，促进人力资源和设备资源向中心卫生院集中，扶持实力较强的二郎口镇中心卫生院创建二级综合医院，力争到2016年达到二级综合医院水平。调整中心卫生院编制结构，公共卫生人员按服务人口规模核定后，其余编制原则上应全部用于医疗岗位。医共体牵头医院要通过定期委派骨干医生到基层成员单位坐诊、巡诊、定点帮扶等方式，提高中心卫生院的医疗服务能力。

（三）加强信息化建设。全面建设中心卫生院HIS（医院信息管理系统）、CIS（临床信息系统）、LIS（实验室信息管理系统）、PACS（医学影像信息系统）、EMR（电子病历）、HRP（医院资源管理系统）等，促进县级医院与基层医疗机构的合作，全面优化整合区域医疗卫生资源，完善区域医疗信息共享平台，真正实现区域内医疗机构在检验、影像、心电、脑电、病理等医疗信息互联互通、资源共享和技术共享。

（四）开展专科合作或联合病房。根据功能定位及各成员单位的业务特点，县级牵头医院与成员单位选择部分科室形成一对一对口关系，开展合作专科或联合病房，共同投入人力技术和设备，收益共享。

五、工作进度安排

（一）第一阶段：2015年12月底前，完成县域医共体实施方案、章程等配套文件制定。

（二）第二阶段：2016年1月底前，完成县域医共体成员单位签约及医共体挂牌，建立医共体理事会。

（三）第三阶段：2016年2月—12月，县域医共体试运行，及时调整工作机制，完善制度运行。

（四）第四阶段：2017年1—2月，对县域医共体运行成效进行总结、评估。

六、工作要求

（一）加强组织领导。成立由县政府分管领导为组长，县编办、发改委、卫计委、财政局、人社局等相关单位为成员的县域医共体工作领导小组（具体名单见附件）。县域医共体理事会在领导小组领导下，统筹推进县域医共体建设，协调解决运行中出现的困难和问题。

（二）明确工作职责。县域医共体工作涉及一系列体系、体制、机制的建立和完善，是一项十分复杂的系统工程。县域医共体领导小组各成员单位要根据各自工作职能，深入研究，明确责任，建立信息沟通渠道，解决医共体实施中的实际困难，共同推进县域医共体建设。县卫计委牵头负责医共体实施工作；县财政局负责医共体原有的补偿和投入政策的落实；县发改委负责县域医疗卫生资源配置的统一规划和医疗服务价格的核定工作；县编办负责医共体内必要的编制调整；县人社局负责配合做好医共体所需人员的聘用和流动管理工作的落实。各部门要分工协作,各尽其责,确保医共体工作有序推进、取得实效。

(三)加强舆论宣传。充分发挥媒体作用,大力宣传开展县域医共体工作目的、意义和政策措施,充分调动广大医务人员参与改革的积极性和主动性,在全社会广泛宣传合理就医和分级诊疗制度的必要性,树立科学就医理念,改变不合理就医习惯,全力争取广大群众和社会各界对医共体工作的理解与支持,为平稳顺利实施营造良好舆论氛围。

全椒县人民政府

2016年1月26日

全椒县税收共治暂行办法

第一章 总 则

第一条 为进一步依法加强税收征管,保障税收收入,维护纳税人的合法权益,促进全县经济社会和谐发展,根据《中华人民共和国税收征收管理法》及《深化国税、地税征管体制改革方案》(中办发〔2015〕56号)等规定,结合全椒县实际,制定本办法。

第二条 本办法所称税收共治,是指国税机关和地税机关(以下合并统称“税务机关”)以及有关政府部门、单位根据税收管理的特点和要求,为保障税收及时、足额征缴入库所采取的监管、协助等措施的总称。

第二章 税收共治

第三条 任何部门、单位和个人不得违反法律、行政法规的规定,擅自作出税收开征、停征以及减税、免税、退税、补税和其他同国家税收法律、行政法规相抵触的决定。

第四条 有关部门和单位应当支持、协助税务机关做好税收征管工作:

(一)国税机关和地税机关应建立服务合作常态化机制,采取互设窗口共建办税服务厅等方式,相互委托代征税款,防止税收流失。

(二)国税机关和地税机关应加强以票管税合作,对于国税机关或地税机关管理的纳税人、扣缴义务人有税收违法行为,拒不接受税务机关处理的,具有发票管理权的税务机关按《中华人民共和国税收征管法》规定收缴发票或停止向其发售发票,促进税收管理,营造公平的税收环境。

(三)国税机关和地税机关联合开展税收执法,共同开展税收核定、欠税追缴、风险应对和税收处罚等。联合实施税务稽查,避免重复入户,交叉执法。

(四)国土资源和房产管理部门在单位和个人申请办理不动产权属登记手续时,对不能提供税务发票、完税证明或者税务机关出具的不征税证明的,不予办理相关手续;税务机关依法对纳税人实施扣押、查封时,对有产权证不动产,由税务部门出具协助执行通知书,相关部门在扣押、查封期间不再办理该不动产的过户手续。

(五)公安部门与税务机关应当建立协调工作机制,税务机关在查处涉税违法行为中,发现涉嫌犯罪的,应当及时移送公安部门处理,公安部门应按规定时限办结。

(六)人民法院在组织实施企业破产清算时,及时通知税务机关介入参与税款清算。企业申请破产偿还债务时,人民法院应依法定顺序安排欠税入库,并将清算结果书面传递税务机关;纳税人因强制执行活动而被人民法院执行或拍卖、变卖财产的收入,人民法院及时传递信息并协助税务机关依法从该收入中征收税款。

第三章 工作保障

第五条 为加强对税收共治工作的领导,县政府成立由县政府分管负责人任组长,县财政局、国税局、地税局、法院、公安局、国土房产局主要负责人为成员的全椒县综合治税领导小组,负责全县税收征管共治的组织、协调工作。

第六条 税务机关应建立信

息交换机制。在每月终了后5日内,国、地税机关应互相交换税收核定、税收查处和非正常户等有关信息情况;互相交换欠税信息,提供需停止发票供应的纳税人信息;定期确定联合执法、联合稽查纳税人名单。

第七条 税务机关与其他有关部门应当建立信息共享制度。

提供涉税信息的具体方式、格式要求等,由税务机关与有关部门协商确定。

第八条 有关部门和单位应当按照法律规定,为税务机关查询有关涉税信息提供协助。

第九条 税务机关对有关部门和单位提供的涉税信息应当科学分析、综合利用,不得用于税收管理之外的其他用途。

第四章 相关责任

第十条 税务机关应主动与有关部门取得联系,加强沟通与协调,不断完善税收征管共治体系;有效利用相关涉税信息,加强税源监管,堵漏增收,并在年度终了后15日内向县政府报告年度税收征收管理情况。

第十一条 县政府定期组织对税收征管共治工作进行考核,并将考核结果进行通报。考核的内容主要包括:

(一)有关部门和单位履行综合治税职责情况。

(二)有关部门和单位涉税信息传递情况。

(三)税务机关通过税收征管共治措施,组织税收收入情况。

第五章 附 则

第十二条 本办法由县财政局负责解释。

第十三条 本办法自印发之日起施行。

全椒县人民政府

2016年3月22日

全椒县2016年基层农技推广体系改革与建设补助项目实施方案

为贯彻落实中共十八大和中共十八届三中、四中、五中全会精神,深入推进基层农业技术推广体系改革与建设,大力提升基层农业技术推广体系公共服务能力,确保政策落到实处,切实提高资金使用效益,根据《农业部办公厅、财政部办公厅关于组织实施好2016年财政支农相关项目的通知》(农办财〔2016〕22号)及《安徽省农业委员会、安徽省财政厅关于印发安徽省2016年基层农技推广体系改革与建设补助项目实施方案》(皖农科〔2016〕65号)要求,结合全椒县实际,制定本方案。

一、总体要求

牢固树立创新、协调、绿色、开放、共享的发展理念,围绕现代生态农业产业化建设,进一步深化基层农技推广体系改革,以健全完善激励机制释放农技推广活力为切入点,加强基层农技推广队伍建设,提升服务能力,拓展服务内容,提高服务效率,促进职能有效履行,为农业发展、农民增收提供科技支撑。

二、主要任务

通过实施全国农技推广补助项目,进一步健全全椒县农技推广体系并规范管理,组织113名农技员(在编在岗107名农技人员全部参加)开展包村联户服务活动,实现全覆盖。加大农业科技示范户的培育力度,每个农技人员联系10个科技示范户和2个贫困户,共联系1130个农业科技示范户,辐射带动周边近1.2万户,联系贫困户226户。在全县建立1个水稻新品种试验示范基地、1个稻虾连作试验示范基地、1个“粮食作物+经济作物”高效栽培试验示范基地。发布31个主导品种,推广22项主推技术,9—11月对参加包村联户的农技人员进行一次能力提升集中培训,按季度对参加包村联户的农技人员进行绩效考核,并与奖惩挂钩。

三、重点工作

(一)加强推广体系建设不放松。制定《全椒县农技推广人员聘用制度》《全椒县农技人员包村联户制度》《全椒县农技人员培训与学习制度》《全椒县农技人员绩效考评制度》《全椒县多元化农技推广制度》等规章制度，明确农技人员工作任务和工作纪律，做到管理制度化和规范化。积极利用基于移动互联的农技推广服务云平台、农业科技网络书屋等信息化服务手段推广农业技术，推进农业科技进村入户，力争技术到位率达 98%。所有参与农业科技网络书屋学习应用竞赛活动的农技人员，每人积分不得低于 500 分，并纳入绩效考评范围。

（二）完善服务工作机制。完善农技推广服务责任制，把全椒县登记的 414 个家庭农场和 592 个农业专业合作社及种养大户作为重点服务对象，同时将服务内容由单一的技术服务向技术与经营管理、农产品质量安全、法律法规、富民政策、生态安全等“综合性”服务延伸。进一步做好农技人员“包村联户”工作，每名包村联户农技人员要包 1 个以上村、联系 10 个科技示范户，精准扶贫两个贫困户，每年为每个科技示范户和遴选的贫困户提供 10 次以上综合服务。成立县专家组，完善“专家组+试验示范基地+农业技术人员+科技示范户+辐射带动户”的技术推广服务模式，促进技术推广应用。

（三）发布主导品种。1. 水稻主导品种：扬两优 6 号、丰两优 4 号、Y 两优 1 号、Y 两优 2 号、皖稻 163、Ⅱ优 30、欣荣优华占、C 两优华占、徽两优 996、Ⅱ优 346、天协 1 号（9 优 418）11 个水稻品种。

2. 小麦主导品种：宁麦 13、扬麦 18、扬麦 20、扬麦 22、浩麦 1 号、苏麦 188 6 个品种。

3. 生猪主导品种：外来品种有大约克、长白、杜洛克、皮特兰等 4 个品种；国内品种有定远猪、梅山猪 2 个品种。

4. 肉鸡饲养主导品种：黄羽肉鸡，青脚麻鸡 2 个品种。

5. 鱼虾类：河蟹、小龙虾、鮰鱼、鳜鱼、泥鳅、甲鱼 6 个品种。

（四）推广主推技术。1. 小麦主推技术：精少量机条播、测土配方施肥技术、氮肥后移攻大穗技术、病虫草害综合防治技术。

2. 水稻主推技术：肥床旱育秧技术、宽行窄株定向栽植技术、机插秧技术、测土配方施肥技术、好气性灌溉技术、增施穗肥攻大穗技术、病虫草害综合防治技术。

3. 生猪养殖主推技术：能繁母猪高产综合配套技术、多点式生产和分阶段饲养管理技术、规模化猪场疫病综合防控技术、减少污染物排放的饲料添加剂应用技术。

4. 肉鸡饲养主推技术：肉鸡程序化免疫程序技术、疫病综合防控技术、无公害肉鸡饲养管理技术。

5. 鱼虾类主推技术：80 ：20 池塘养鱼技术、稻田小龙虾养殖技术、池塘微孔增氧技术、河蟹池塘健康养殖技术。

（五）遴选科技示范户及贫困户。采取农民自愿、村组评议推荐、镇审核、县审定的办法遴选科技示范户及贫困户。在同等条件下，优先考虑种养殖规模大、示范带动作用大的农户及近两年培育认定的职业农民。科技示范户分布在全县 10 个镇、94 个村，共 1130 户，其中水稻种植科技示范户 420 户、小麦种植科技示范户 400 户、肉鸡养殖科技示范户 120 户、生猪养殖科技示范户 120 户、水产养殖科技示范户 70 户。同时每位技术指导员精准遴选、联系服务 2 个贫困户，全县共联系贫困户 226 户。

（六）建设试验示范基地。2016 年度被认定的 3 个试验示范基地全椒县二郎口镇曹埠稻虾连作试验示范基地、全椒县农科所水稻新品种试验示范基地、全椒县辉隆高效农业栽培试验示范基地。每个试验示范基地分别与 1 个以上农业科研教学单位紧密对接，同时开展新品种、新技术、新机具的引进、试验、示范，定期组织农民到试验示范基地观摩培训，建立健全试验示范档案和经费使用台账，认真做好试验示范总结，加强对试验示范基地的考核验收，提高试验示范效果。

（七）提高农技人员能力和水平。制定 113 名基层农技人员能力提升培训计划，确保每名技术人员的培训学时数达 72 个以上，充分利用现有高产创建片、试验示范基地等场所进行现场实训，组织目标明确的短期异地培训。加强培训教材建设，做到人均 5 本以上教材，采取专家授课、分组讨论、实地演示、异地观摩、撰写学习体会等方式，提高培训效果。将农技人员接受培训的情况纳入绩效考评。对服务成绩突出的农技人员，鼓励支持他们参加农业院校进行学历提升教育，学费从补助项目经费中列支。

四、项目资金使用

2016 年全椒县全国农技推广补助项目申请中央财政专项补助资金 183 万元。资金支出安排如下：

（一）农业技术推广服务补助59万元。

1.对基层农技推广人员进村入户开展技术服务，给予补助35.7万元，主要包括交通工具费用和误餐、通讯等补助，具体补助标准和发放方式如下：

（1）补助发放标准：根据考核结果发放，考核分四个等级，一、二、三、四等每人每年发放3800元、2800元、2000元、1500元。

（2）补助发放方式：列表发放（分上、下半年两次发放，其中上半年发放1500元，下半年根据全年考核结果发放剩余部分）。

2.聘请从事技术指导和开展技术培训的专家补助5万元（按服务次数计算，主要用于技术专家的差旅费、交通费、专家劳务费等）。

3.农技推广人员完成农业技术推广重大任务并由县级农业主管部门评价的绩效奖励9.15万元。

4.技术资料印刷、制度建设及工作考评等费用9.15万元。

（二）农业科技示范补助94万元。

1.用于补助试验示范基地30万元。

2.用于农业科技示范户开展新品种、新技术试验示范所需的农（兽）药、化肥、饲料、种子、种畜禽、水产苗种、试验设施装备等物资投入60万元。

3.组织展示活动补助4万元。

（三）农业技术人员能力建设补助30万元。

1.主要用于基层农业技术人员参加培训和学历提升教育、信息化技术应用等20万元。

2.用于现代生态农业产业化示范区创建农技人员的培训和技术服务10万元。

五、保障措施

（一）加强组织领导。为统筹推进全国农技推广补助项目实施，全椒县成立由县政府分管副县长任组长，县政府办及农委主要负责人任副组长，县科技局、财政局相关负责人及各镇镇长为成员的工作领导小组，领导小组统筹全面工作，制定实施方案，推进工作开展。领导小组办公室统一协调组织种植、畜牧、水产、农机等行业实施项目，统一上报信息，统一组织服务，统一督察通报，统一考核奖惩。

（二）规范项目管理。农技推广责任、考评、培训等各项农技推广制度上墙，全面推行农技人员工作日志公示和考勤制度。为新增的技术指导员、科技示范户分别制作胸牌、门牌；订购并要求规范填写113本技术指导员手册和1130本科技示范户手册，此项工作纳入绩效考评范围，同时对调整出的技术指导员和科技示范户，收回相关标牌、标识等；新增的试验示范基地，竖置基地标牌；绘制全椒县主导产业及包村联户服务分布图。

（三）加强资金监管。全椒县全国农技推广补助项目资金实行专账管理和审计报告制度。补助资金支付按照财政国库制度有关规定执行。同时规范资金使用方向，细化支出范围，完善支出手续，明确补助资金严禁用于发工资、办公经费、基础性农业科研、购买农业科技成果和专利以及与技术推广服务无关的其他支出，确保专款专用，对违规违法行为，将严肃处理。

（四）强化绩效考核。继续开展全国农技推广补助项目绩效自评，由县农委牵头成立绩效考评小组，加强对专家组、农技人员的工作完成情况、农民对服务满意情况和技术水平等进行综合评价，并结合省、市考评结果，形成对每个农技人员的评价，评价结果与补助发放、表彰奖励、职称评定、职务晋升等相挂钩。

（五）加强宣传总结。通过编发简报、下发文件、召开会议，以及利用广播、电视、报刊、网络等，大力宣传基层农业技术推广体系改革与建设成果，大力宣传基层农业技术人员的先进事迹，每名农技人员每年宣传报道不低于2次，参与项目的单位每年宣传报道不低于10次，其中省级以上媒体宣传不低于3次。农委在11月底形成项目总结，并上报省农委，在12月30日前由第三方出具项目资金审计报告，并上报省农委。

全椒县人民政府

2016年5月30日

全椒县资产收益扶贫实施方案

为探索新形势下扶贫工作新路径，运用市场化手段，实现财政资金形成的经营性资产、村（组）集体资产（资源）赢利增值，扶持贫困村、贫困户解困脱贫，特制定如下实施方案。

一、指导思想

以中共十八大和中共十八届三中、四中、五中全会以及中央和省扶贫工作会议精神为指导，牢固树立创新、协调、绿色、开放、共享的发展理念，以增加贫困人口收入、如期实现脱贫为目标，以改革财政资金使用为突破口，盘活村（组）集体资产（资源），增强贫困地区、贫困人口内生动力和发展活力，拓宽贫困人口增收渠道，不断提高贫困人口素质。

二、总体思路

坚持市场导向，发挥市场在资源配置中的决定性作用。坚持以村为主，充分发挥贫困村（组）集体的主导和贫困户的主体作用。坚持改革创新，鼓励镇、村大胆实践，积极开展资产收益扶贫。运用好民主决策、民主管理和民主监督机制，把集体增实力、农户增收益和产业增效益有机统一起来，调动农户广泛参与的积极性，实现集体和农户利益的双赢。

三、目标任务

贫困村（组）生产条件明显改善，扶贫对象收入明显增加，贫困村（组）和扶贫对象自我发展能力明显增强。

四、基本原则

（一）政府引导，自愿参与。坚持自愿原则，村（组）集体以及企业、农民合作组织、家庭农场等新型经营主体协商合作参与资产收益扶贫工作，充分发挥贫困户的主体作用，政府加以引导鼓励。

（二）市场运作，多措并举。坚持市场化原则，从实际出发，尊重历史，兼顾现实，以市场的方式，采取参股入股、租赁、发包、独立经营等资产运营办法，实现赢利增值。

（三）突出扶贫，利益共享。坚持解困扶贫原则，在充分保证贫困户利益的情况下，兼顾村（组）集体以及企业、农民合作组织、家庭农场等新型经营主体利益。

五、主要内容

从2016年起，在全县实施资产收益扶贫制度，按照“便于管理，易于操作”的原则，结合实际，各镇、村根据本方案制定具体的实施方案。

（一）资产收益扶贫的资产范围。包括财政资金形成的经营性资产、村（组）集体资产（资源）等。财政资金形成的经营性资产是指财政资金（不含补贴类、救灾救济类资金）投入到村（组）以及企业、农民合作组织、家庭农场等新型经营主体形成的资产，原则上纳入实施范围的包括机电灌站、仪器设备、农业机械、大棚、农村供水工程等。村（组）集体资产（资源）是指村（组）集体所有的土地、荒山、滩涂、荒地、水面、林木、房屋等，以及村（组）集体接受资助、捐赠和补助形成的资产。

（二）资产收益扶贫的经营方式。按照自愿原则，资产收益扶贫可以采取将资产量化参股分红或固定收益等方式。具体根据企业、农民合作组织、家庭农场等新型经营主体使用资产情况，协商签订入股协议，明确村（组）集体及贫困户所持有股份。持股成员应以资产股权为纽带，共同参与多种形式的合作生产经营，形成按股分红、利益共享、风险共担的利益共同体。除参股经营方式外，可由村（组）集体独立经营，也可以发包、租赁等方式，或委托资产管理公司、成立运营公司实现资产增值。

（三）资产收益扶贫的收益分配。财政资金形成的经营性资产从资金来源分为两类：一类是财政专项扶贫资金形成的经营性资产，以优先股的形式，将资产收益量化给村（组）集体和贫困户（贫困户脱贫后自动退出），并确保贫困户分红底线；另一类是其他财政资金形成经营性资产，经村（组）集体全体成员三分之二以上同意，按一定比例设立优先股，将资产收益量化给贫困户。村（组）集体资产收益归村（组）集体，扣除一部分运营费用后，用于村级公益事业建设、壮大村集体经济，经村（组）集体全体成员三分之二以上同意，可用于扶持贫困户。

（四）资产收益扶贫的监督管理。各镇政府、县直相关部门负责监督管理和协调指导。村民委员会具体负责村(组)集体内的组织及管理工作,承担与企业、农民合作组织等新型经营主体制定共同认可的分红方案,包括分红比例和方式,以及对经营状况、财务报表、年度利润、分红额度的认定方式、核查方法和纠纷处理办法。重点保证贫困户收益。

六、实施程序

(一)开展宣传动员。各镇政府、县直相关部门要积极开展资产收益扶贫的相关政策宣传,加强对组织和参与实施的工作人员、村(组)干部政策和业务培训。实施主体要组织召开成员(代表)大会,把财政资金形成的经营性资产建设目的、项目投资、资金来源、股权量化方式、收益分配等内容宣传到位,做到家喻户晓,引导贫困群众主动参与。

(二)界定量化资产。根据财政资金形成的经营性资产的用途性质逐项进行分类,准确界定适合量化的资产。资产界定结果由实施主体成员大会或成员代表会议审定,并按规定办理资产移交手续。

(三)明确量化对象。实施主体在经营性资产收益扶贫实施前,要召开成员大会或成员代表会议进行专题讨论,并充分征求贫困户的意见,同意参与资产收益扶贫并自愿承担相应权利和义务的贫困户可成为股权量化对象,由实施主体公布并登记确认。

(四)制定量化方案。各镇政府、县直相关部门结合经营性资产特点,负责指导实施主体制定经营性资产收益扶贫方案。方案应包括资产股权量化范围、原则、标准、方式、程序、结果、权责、收益分配等内容。股权量化方案制定后,需广泛征求贫困群众意见,并提交成员大会或成员代表会议讨论,经三分之二的成员或代表同意后形成股权量化决议,建立股权分配台账。实施主体通过的股权量化方案、股权量化决议和股权分配台账需报所在镇政府和县直相关主管部门备案。

(五)颁发股权证书。实施主体将股权量化方案、股权量化决议、股权分配台账经公示无异议后,按照股权分配台账,由实施主体向持股成员填制颁发记名的、持股成员享有收益处置权的股权证。

(六)加强档案管理。实施主体做好全过程文件资料的收集整理和归档工作,确保档案资料齐全完整;加强记名股权凭证的管理,建立股权台账和股权档案,实行动态管理,并定期向成员(代表)大会报告股权转让及股额变动等情况。

七、保障措施

(一)加强组织领导。对贫困人口实行资产收益扶持制度,是中共十八届五中全会作出的重大决策,是加快贫困人口脱贫步伐的有效途径。各镇政府、县直各相关部门要按照“中央统筹、省负总责,市县抓落实,重在乡村”的分工机制精心组织,强化领导,统筹安排,压实责任,扎实推进资产收益扶贫工作。

(二)完善制度体系。县直各有关部门要根据各自职能细化职责,积极探索建立资产收益扶贫的清产核资、股权认定、利润核实、收益分配、股权变更、清算退出、资产处置等制度体系,逐步形成科学有效、标准规范、便于操作的管理流程与模式。

(三)加大政策支持。对资产收益扶贫工作成效显著的镇、村,县直有关部门在项目、资金上给予倾斜。对积极参与资产收益扶贫的企业、农民合作组织等经营主体,可以通过小额扶贫信贷、融资担保、贴息等方式予以支持。

(四)加强督促指导。县直相关部门要加强指导,定期对工作进展情况进行检查,及时发现和解决出现的新情况、新问题,与镇、村加强会商协调,强化政策研究,做好工作谋划,狠抓工作落实,合力推进资产收益扶贫工作。

(五)鼓励探索创新。各镇、村要紧密联系实际,拓宽思路,创新方法,探索资产收益扶贫新模式。凡有利于推动资产收益扶贫的方式方法,都可以积极大胆探索实践,并认真总结经验和推广。

全椒县人民政府

2016年6月8日

全椒县金融精准扶贫实施方案

根据省委、省政府《关于坚决打赢脱贫攻坚战的决定》(皖发〔2015〕26号)和省政府办公厅《关于推进金融扶贫工程的实施意见》(皖政办〔2016〕8号)要求,结合全椒县实际,为进一步完善农村金融扶贫机制,构建全面覆盖的农村金融扶贫体系,加快全椒县贫困村、贫困户脱贫致富步伐,确保贫困人口与全县人民共同步进入小康社会,特制定本方案。

一、指导思想

以习近平总书记扶贫开发战略思想为指导,认真落实省政府坚决打赢脱贫攻坚战的总体部署,充分发挥政府推动,金融撬动,市场牵动,贫困村、贫困户联动综合作用,推动财政扶贫政策与金融支持配合的良性互动,合理配置金融资源,创新金融产品和服务,优化金融生态环境,积极发展农村普惠金融,实现贫困村、贫困户扶持政策全覆盖;拓展特惠政策措施,支持参与扶贫开发的龙头企业、专业合作社、小微企业、家庭农场、能人大户发展地方特色产业,激发贫困村、贫困户内生动力,实现贫困人口脱贫致富目标。

二、基本原则

(一)政府引导、市场运作。坚持市场化运行和政策扶持相结合,以市场化为导向,以政策扶持为支撑,充分发挥市场配置资源的决定性作用;推动财政定向扶持政策与信贷引导政策有效对接,健全激励约束机制,有效防范金融风险,引导金融资源更多地向贫困地区倾斜,协调金融机构为建档立卡贫困村、贫困户量身定制金融产品,完善信贷服务,实现应贷尽贷,全额补贴。

(二)突出重点、自力更生。坚持规划引领,重点支持贫困地区基础设施建设、主导优势产业和特色产品发展,保护生态环境,积极为贫困人口特别是创业青年提供急需的金融产品和服务。加大对有发展意愿、发展基础和发展潜力贫困户的金融扶持力度,鼓励贫困村、贫困户自主贷款、自主发展,对自觉带动贫困户发展的能人大户、家庭农场、农民专业合作社、小微企业和积极履行扶贫责任的龙头企业给予贷款贴息扶持。

(三)规范运作、防范风险。进一步完善思路、改进办法、创新方式,提高扶贫信贷的精准性和有效性。建立和完善风险基金,对建档立卡贫困户进行评级授信,保证资信良好的建档立卡贫困户都能得到"两免一贴"信用贷款。加强金融风险防控,探索建立贷款风险分散和化解机制。

(四)促进发展、保护生态。坚持生态保护与金融扶贫相结合,大力支持循环经济和绿色金融,以生态文明建设带动区域经济发展和扶贫产业结构调整,实现扶贫效益、环境效益、经济效益协调发展。

三、工作目标

(一)对登记在册、有发展愿望和能力、资信良好的贫困村、贫困户实现扶持政策全覆盖,努力增强贫困群众脱贫致富能力。

(二)对积极带动贫困村、贫困户发展的能人大户、家庭农场、农民专业合作社、小微企业、扶贫龙头企业等给予一定的贷款贴息补助,鼓励更多的市场主体主动承担扶贫责任,自觉带动贫困村、贫困户参与产业发展,获得稳定收入。

四、实施范围

(一)全县9个贫困村。

(二)4925户建档立卡在册贫困户。

(三)主动帮助贫困村、贫困户发展的能人大户、家庭农场、农民专业合作社、小微企业和扶贫龙头企业等市场主体。

五、主要措施

(一)加大金融精准扶贫力度。

1. 积极争取省国开行、农发行对贫困村、贫困户易地扶贫搬迁、基础设施建设、特色产业发展、重点项目建设等领域贷款项目。

2. 大力推进扶贫小额信贷。实施"精准扶贫小额信贷工程",大力支持农村商业银行、村镇银行等金融机构向建档立卡贫困村、贫困户中有发展意愿、有发展潜质、有资金需求、有还款来源的贫困户提供5万元以内、3年以下免抵押、免担保的信用贷款。扶贫小额信贷实行利率优惠,贷款利率在同期基准利率的基础上上浮幅度不得超过10%。支持农村金融机构发放扶贫小额信贷,对农村金融机构发放的支农再贷款可以展期两次。对未执行中国人民银行优惠利率的支农再贷款,分年度调回并专项用于扶贫小额信贷。财政专项扶贫资金对获得信用贷款的贫困村、贫困户按基础利率给予贴息支持。加大创业担保贷款、助学贷款、妇女小额贷款、康复扶贫贷款实施力度。

3. 支持新型农业经营主体、扶贫龙头企业发展扶贫产业。根据新型农业经营主体和农业产业化龙头企业吸纳贫困户脱贫致富情况,给予扶贫贷款支持,按每吸纳1户贫困户给予10万元以内的贷款进行累加,新型农业经营主体单户贷款额度最高不超过200万元,农业产业化龙头企业单个贷款额度最高不超过500万元。其中,贷款额度50万元(含)以内,在风险可控的前提下可采用信用方式发放。对有稳定还款来源的扶贫项目,在有效防控风险的前提下,允许采用发放过桥贷款方式,为扶贫项目提供过渡性资金支持,撬动商业性信贷资金投入。

4. 降低贫困村、贫困户和扶贫开发主体融资成本。全面推行支农再贷款"项目化直贷"精准扶贫模式,其中,金融机构利用中国人民银行支农再贷款资金发放的贷款利率按照中国人民银行有关规定执行;匹配自有资金发放的贷款利率至少较同类同档次贷款利率下调0.5个百分点。

5. 对贫困户子女发放助学贷款。争取省国开行、农村商业银行等金融机构对家庭经济困难学生发放生源地助学贷款,其中,全日制普通本专科(含第二学士学位、高职学生)每人每年申请贷款额度最高为8000元,全日制研究生最高为12000元,财政部门按相关规定给予贴息,延长助学贷款期限至20年、还本宽限期3年。

6. 完善贫困户保险保障体系。鼓励保险机构推出保费低廉、保单通俗、适合贫困村和贫困户的保险产品,合理确定理赔标准,提高理赔效率。积极发展扶贫小额贷款保证保险,建立政府、银行、保险三方合作机制,对贫困户保证保险保费予以补助,通过小额贷款保证保险为贫困村、贫困户增信。

(二)建立风险补偿和分担机制。

1. 建立扶贫小额信用贷款风险补偿资金。县政府为贫困村、贫困户设立扶贫小额贷款风险补偿基金,为金融机构对建档立卡贫困村、贫困户发放精准扶贫小额信用贷款提供风险补偿。

2. 政策性融资担保机构提供担保。重点开展扶贫担保业务,积极推广新型政银担合作机制,推进融资担保机构与银行对接,为扶贫开发提供融资担保。

3. 建立村级扶贫互助担保基金。支持贫困村扶贫互助社与金融机构合作建立扶贫互助担保基金,按一定比例放大信贷额度,由金融机构根据入社农户申请提供担保贷款。

4. 扩大农业保险产品类型。逐步提高政策性农业保险的保费补贴标准,积极推广大宗农作物(牲畜)政策性附加补充保险和商业保险模式,提高设施农业、淡水养殖、家禽、中药材、毛竹、果树、油茶、茶叶等特色农业保险的覆盖率。

(三)提高金融服务水平。

1. 创新精准扶贫金融产品。引导金融机构为贫困村、贫困户、扶贫开发主体推出特惠金融产品。稳妥、有序推进农村土地承包经营权、农村住房财产权抵押贷款试点。推广大型农业机械设备、运输工具、林地所有权、林地使用权、水域滩涂养殖权等新型抵质押担保方式,有效拓展贫困村、贫困户抵押物担保范围。鼓励扶贫龙头企业为带动建档立卡贫困户脱贫的农户、家庭农场、农民合作社提供贷款担保。

2. 健全金融扶贫开发组织体系。大力发展普惠金融,推动大中型银行重心持续下移,向贫困村延伸服务网点。不断壮大农村商业银行规模,有效发挥其服务"三农"主力军作用。推动惠农金融服务室"三位一体"的农村普惠金融渠道体系。支持贫困村培育发展农民资金互助组织,稳步开展农民专业合作社内部信用合作试点,逐步形成功能互补、协调配合、共同参与的金融扶贫开发新格局。

3. 提升农村基础金融服务水平。大力发展县域手机支付服务,推动金融机构在农村地区发展移动金融服务,构建覆盖广大农村和边远地区的支付结算网络。实施基础金融服务"村村通"工程,加快建设惠农金融服务室,不断丰富惠农金融服务室功能,建设集自助银行、反假货币工作站、金融消费维权受理站、金融知识宣传站等功能为一体的便民金融服务中心。

4. 优化金融生态环境。贫困

县要率先运用金融生态环境测评结果,从金融外部环境、社会信用环境、金融服务水平、金融生态满意度等方面开展创建工作,为金融支持扶贫开发创造良好的金融环境。大力推进农村信用体系建设,加强农村信用体系建设的成果运用,推动金融机构根据农户信用等级发放小额信用贷款。

5. 开展金融知识宣传。编写金融知识通俗读本,定期组织开展金融政策集中宣讲和“送金融知识进乡村、进社区、进企业、进学校”活动,加强金融知识和政策培训,提高贫困县金融知识普及宣传的针对性与覆盖面。

(四)加大政策支持力度。

1. 强化财税政策支持。改革相关资金投入方式,综合运用风险补偿、贷款贴息、保费补贴、税收优惠、奖励补贴等多种手段,引导金融机构加大对贫困地区信贷投入。全面落实农户贷款税收优惠、农村金融机构定向费用补贴、县域金融机构涉农贷款增量奖励和农业保险保费补贴等政策。

2. 加强货币政策支持。加大扶贫再贷款发放力度,实行比支农再贷款更优惠的利率,重点扶持贫困地区发展特色产业和贫困人口就业创业。

3. 实施差异化监管政策。对贫困地区信贷支持力度大、金融服务质量优的银行业金融机构,实施倾斜性监管政策,在监管评级中给予适当加分。推动银行业金融机构建立健全扶贫开发金融业务尽职免责制度,认真落实“三农”、小微企业差别化信贷和不良贷款容忍度政策。

六、保障措施

(一)加强组织领导。建立县级金融扶贫联席会议制度,县政府分管扶贫工作的领导为召集人,县发展改革委、县财政局、县农委、县人力资源社会保障局、县扶贫办、县政府金融办、县供销社、县人行、县银监办和主要涉农金融机构等单位负责人为成员。联席会议办公室设在县人行,具体负责日常工作。

(二)加强对口帮扶。支持各金融机构与县扶贫办签订合作协议,明确扶贫开发金融支持的重点领域;鼓励各金融机构建立对口帮扶与合作机制,加大扶贫开发信贷投入。

(三)加强监测考核。县人行要建立和完善贫困县金融扶贫的统计分析制度,及时了解工作进展和存在问题,并适时通报,将金融扶贫纳入对各镇政府目标管理绩效考核。修改完善金融机构支持地方发展经营业绩考核办法,纳入金融机构参与扶贫开发的考核指标,其考核结果作为实施差别准备金动态调整和再贷款(再贴现)政策、银行间市场业务准入管理、在银行间债券市场开展金融产品创新试点、差异化监管及费用补贴的重要依据,促进金融政策在贫困县得到有效贯彻落实。

全椒县人民政府

2016 年 6 月 8 日

全椒县中小微企业续贷过桥资金使用管理办法

第一章　总　则

第一条　为改善中小微企业融资环境,解决中小微企业贷款临时性资金周转困难,防范和化解中小微企业因资金暂时困难而出现资金链断裂风险,根据《滁州市市本级中小微企业续贷过桥资金使用管理暂行办法》(财金〔2015〕403 号)精神,结合全椒县实际,制订本办法。

第二条　本办法所指中小微企业续贷过桥资金(以下简称续贷过桥资金),是指由市财政预算超调、县财政配套、专业管理机构等参与,用于支持中小微企业短期过桥的资金。

第三条　本办法所指中小微企业按照国家工业和信息化部、统计局、发展改革委、财政部《关于印发中小企业划型标准规定的通知》(工信部联企业〔2011〕300 号)规定执行,不包括地方政府融资平台公司。

第四条　续贷过桥资金使用管理遵循“专款专用、封闭运行”的原则。

第五条　设立联席会议制度。县财政局牵头,定期召开由县金融办、县经信委、人行全椒支行、县银监办等单位参加的联席会议,通报续贷过桥资金使用情况，解决存在问题。

第二章　资金安排

第六条　续贷过桥资金由市财政及县财政共同设立，规模暂定4000万元。

第七条　全椒县企业融资担保有限公司（以下简称县担保公司）负责续贷过桥资金的具体运作。

第三章　资金使用

第八条　符合国家产业政策和信贷政策的中小微企业，银行贷款到期出现暂时资金周转困难，合作银行同意续贷或新发放贷款的，续贷过桥资金向其提供临时性资金支持。

第九条　续贷过桥资金实行单笔限额管理，原则上最高不得超过1000万元，并且不得超过续贷额。使用续贷过桥资金在规定期限内（原则上7个工作日）按照中国人民银行公布的同期一年期贷款基准利率支付费用，超期按不高于4倍收取费用，费用存入过桥资金专户，定期全额上交县财政，县财政给予续贷工作经费。

第十条　按照“专款专用、封闭运行”的要求，县担保公司选取一家银行开设总专户，用于续贷过桥资金的存放；在各合作银行开设续贷过桥资金分专户，用于续贷过桥资金的划扣和转回，并按季向县财政局、县金融办和县经信委报送银行对账单、资金使用台账等相关资料。

第十一条　申请续贷支持的中小微企业需符合以下条件：

（一）全椒县域内企业；

（二）符合国家产业政策和环境保护标准，依法合规经营、生产经营正常、具有持续经营能力。

（三）企业具有良好的财务状况、信用状况，还款能力与还款意愿强，无挪用贷款资金、欠款欠息等不良行为。原流动资金周转贷款为正常类，符合新发放流动资金周转贷款条件和标准。

（四）企业确实存在流动资金困难，经贷款银行确认正在办理续贷手续并同意给予续贷。

第十二条　续贷过桥资金的申请和批准，按照以下程序进行：

（一）申请。符合上述条件的中小微企业有续贷过桥资金需求的，应在银行贷款到期20日前，通过县经信委或直接向县担保公司提交《全椒县中小微企业续贷过桥资金申请表》，同时提交企业相关资料、即将到期的银行贷款合同、合作银行出具的有效《续贷承诺书》和正在办理续贷的有关材料。

（二）审核。县担保公司收到企业申请后，对企业提交材料的真实性和完整性、企业信用记录、合作银行意见等进行审核，确定是否提供续贷过桥资金。

（三）续贷。县担保公司与合作银行和企业签订相关合同、协议等放款手续，在贷款到期日前向在合作银行开设的续贷过桥资金分专户中汇入相应资金，并通知合作银行扣款，合作银行要确保实时扣款并及时办理企业还贷手续。原则上合作银行需在3个工作日内完成续贷手续，将续贷资金归还县担保公司续贷过桥资金分专户。

第四章　风险控制

第十三条　续贷过桥资金风险控制：

（一）合作银行应向符合条件的续贷中小微企业出具《续贷承诺书》，按期足额续贷；如发生违约，取消该银行的续贷过桥资金合作，取消其享受县政府扶持及奖励资格，减少或转出在该银行的政府性存款，同时向其上级行通告。

（二）如因续贷银行上级银行规定，的确不能在《续贷承诺书》及《三方协议》上加盖公章的，由续贷银行行长、信贷部主任、经办业务经理在《续贷承诺书》及《三方协议》上签字，并对整个资金运行负责。

（三）企业可以为使用续贷过桥资金提供抵（质）押及第三方信用担保等反担保措施，相关抵（质）押登记手续办理完成后，向银行确认放款时限，使用续贷过桥资金。

（四）在保企业需使用续贷过桥资金的，县担保公司可在确保续贷过桥资金安全的前提下，根据企业实际情况，为其办理续贷过桥手续。

（五）使用续贷过桥资金的企业，企业的主要股东、法定代表人夫妇应向县担保公司出具连带责任保证，承诺以其所有资产对续贷过桥资金的归还承担连带责任。

第五章　职责分工

第十四条　县财政局负责续贷过桥资金监管。

第十五条　县金融办、人行全椒支行对续贷过桥资金开户、运作、管理等进行帮助指导，并对资金使用情况进行分析监测。

第十六条　县经信委负责组织中小微企业申请续贷过桥资金，参与续贷过桥资金管理。

第十七条　鼓励银行按银监会《关于完善和创新小微企业贷款服务提高小微企业金融服务水平的通知》（银监发〔2014〕36号）文件要求，为企业提供无还款续贷。丰富完善小微企业流动资金贷款产品。鼓励银行业金融机构积极开发符合小微企业资金需求特点的流动资金贷款产品，科学运用循环贷款、年审制贷款等便利借款人的业务品种，合理采取分期偿还贷款本金等更为灵活的还款方式，减轻小微企业还款压力。合作银行在风险可控的前提下，要放宽审核条件，提高审核效率，为中小微企业续贷业务提供绿色通道。

第十八条　县担保公司要会同合作银行、续贷企业签订《全椒县中小微企业续贷过桥资金使用协议》，明确各方权利、义务、责任。县担保公司应提高资金使用效率，确保年度资金周转率（续贷过桥资金累计发生额/续贷过桥资金数额）达到12次以上。

第六章　监督检查

第十九条　县财政局会同县金融办、县经信委、人行全椒支行等部门按季度对续贷过桥资金使用情况进行考核通报，并报告县政府。

第二十条　县财政局会同有关部门定期或不定期对续贷过桥资金运行情况进行监督检查，必要时可委托社会中介机构进行审计或评估。

第七章　附　则

第二十一条　本办法由县财政局、县经信委、县担保公司负责解释，附件内容在主要原则不变的情况下根据具体情况调整。

第二十二条　个体工商户及农户需要使用过桥资金的，参照本办法执行。

第二十三条　本办法自印发之日起施行。全椒县人民政府办公室《关于转发全椒县中小微企业续贷过桥资金使用管理暂行办法的通知》（全政办〔2015〕86号）同时废止。

全椒县人民政府

2016年6月23日

全椒县安全生产“黑名单”管理暂行办法

第一条　为深入贯彻“安全第一、预防为主、综合治理”的工作方针，进一步落实企业安全生产主体责任，推动安全生产诚信机制建设，进一步加大对安全生产违法失信行为的惩戒力度，防止和减少生产安全事故，根据国务院安委会办公室《生产经营单位安全生产不良记录“黑名单”管理暂行规定》（安委办〔2015〕14号）、省政府安委会《安全生产“黑名单”管理暂行办法》（皖安〔2016〕3号）和市政府办公室《关于印发滁州市安全生产“黑名单”管理暂行办法的通知》（滁政办〔2016〕40号）等有关规定，制定本暂行办法。

第二条　本暂行办法所称的安全生产“黑名单”是指安全生产违法、失信行为的不良记录。生产经营单位是指从事生产经营活动的企业（基本单元）、其他组织和个体工商户。

第三条　生产经营单位黑名单管理按照分级负责、属地管理与行业指导相结合的原则组织实施，由县安全监管局统一管理。

第四条　生产经营单位有下列情况之一的，纳入县级“黑名单”：

（一）发生较大及较大以上生产安全责任事故或12个月内发生工矿商贸事故累计死亡2人及以上的。

（二）发生生产安全事故、发现职业病病人或疑似职业病病人后隐瞒不报或故意破坏事故现场、毁灭有关证据的。

（三）存在重大安全生产隐患、作业岗位职业病危害因素的强度或浓度严重超标，经负有安全监管职责的部门责令限期整改后，拒不按照要求整改的。

（四）被暂扣、吊销安全生产许可证的。

(五)发生非法违法生产经营建设行为,情节严重的。

(六)非煤矿山、危险化学品、烟花爆竹、民爆器材等高危行业企业不按规定缴纳或使用安全生产风险抵押金,或者不持续投保安全生产责任保险的。

(七)其他严重违反《中华人民共和国安全生产法》等法律法规的行为。

第五条　生产经营单位纳入“黑名单”管理的期限,为自公布之日起1年。连续进入“黑名单”的,从第2次纳入“黑名单”起,管理期限为3年。

第六条　实施“黑名单”管理的基本程序:

(一)信息采集。各镇、县级负有安全生产监督管理职责的部门通过执法检查、事故调查、群众举报核查等途径,对符合纳入“黑名单”条件的生产经营单位进行核实、取证,准确记录基础信息和纳入理由,并做好相关证据资料的收集、整理、归档和保全工作。

每条信息应包括生产经营单位名称、工商注册号(或者统一社会信用代码)、单位主要负责人姓名、行政处罚决定、执法单位等要素,其中:事故信息还应包括事故时间、事故等级、事故简况、伤亡人数;非法违法行为信息还应包括违法行为;事故隐患还应包括隐患等级、职业病危害因素检测浓度或强度、整改时限、整改落实情况等要素。

(二)信息告知。对拟纳入“黑名单”管理的生产经营单位,信息采集部门应当提前书面告知,并听取申辩意见。生产经营单位提出的事实、理由和证据成立的,要予以采纳。

(三)信息交换。各镇、县级负有安全生产监督管理职责的部门应及时将本辖区、本行业(领域)决定纳入“黑名单”管理的生产经营单位名单提交县安全监管局。县安全监管局对各镇、各部门报送的“黑名单”进行最终确认。

(四)信息公布。县安全监管局通过县政府信息公开网以及有关媒体,每季度第一个月15日前向社会公开,并以适当方式向本级政府相关部门和单位交换共享纳入本级管理的“黑名单”相关信息,提供“黑名单”信息查询。

(五)信息移出。生产经营单位在“黑名单”管理期限内未发生新的符合纳入“黑名单”条件行为的,由原信息采集部门对其情况进行确认,将相关情况信息报至县安全监管局,在管理期限届满后移出“黑名单”,于10个工作日内向社会公布并通报相关部门。

其中受到责令限期改正、责令停产停业整顿等现场处理或者行政处罚的生产经营单位,应当在“黑名单”管理期限到期30个工作日前,向原信息采集部门报送整改材料并提出移出申请,经组织验收合格、符合规定方能移出。

第七条　纳入市级“黑名单”管理的,同时自动纳入县级“黑名单”。

第八条　信息采集部门应当于每季度第一个月1日前向县安全监管局报送本行政区域或者本行业领域内上季度“黑名单”相关信息。县安全监管局于每季度第一个月5日前将相关信息报市安全监管局。

第九条　信息采集部门应当对信息的真实性负责。信息有错误或者发生变更的,信息采集部门应当及时予以更正或者变更,并报至县安全监管局。

第十条　工作人员在信息采集过程中存在滥用职权、玩忽职守、徇私舞弊行为的,依法依规给予处理。

第十一条　县负有安全监管职责的部门应当严格按照国家、省、市、县关于加强安全生产监管执法的有关规定,对被纳入“黑名单”管理的生产经营单位,严格落实各项制约措施和惩戒制度。在被纳入“黑名单”管理期间,该生产经营单位及其主要负责人一律不得评先评优,实行安全生产“一票否决”。

第十二条　县级负有安全生产监督管理职责的部门要建立“黑名单”企业常态化暗查暗访机制,按照“四不两直”要求,不定期开展检查;将纳入“黑名单”的生产经营单位列入重点监管对象,将其列入年度监管执法计划,加大执法频次,至少每季度进行1次监督检查,管理期限内至少约谈1次其主要负责人;发现新的安全生产违法行为,一律依法依规从重处罚。

第十三条　按照国家、省、市、县有关规定,对纳入“黑名单”管理的生产经营单位采取严格限制或禁止其新增项目的核准、土地使用、采矿权取得、政府采购、证券融资、政策性资金和财税政策扶持等措施,并作为银行决定是否贷款等重要参考依据。

第十四条　本暂行办法自印发之日起施行。

全椒县人民政府

2016年12月19日

索引

●主题词索引

主题词索引

本索引采取主题分析索引法，按索引词首字汉语拼音字母顺序排列，同声同韵字按声调、同音字按笔画顺序排列，若首字相同则按第二字音序排列，依次类推。索引词后的阿拉伯数字表示该词所在页码，数字后的英文字母 a、b、c 分别表示该页文字的左、中、右栏。

A

B

D

H

J

K